Bodo Seidel

Karl David Ilgen und die Pentateuchforschung im Umkreis der sogenannten Älteren Urkundenhypothese

Beihefte zur Zeitschrift für die alttestamentliche Wissenschaft

Herausgegeben von
Otto Kaiser

Band 213

Walter de Gruyter · Berlin · New York
1993

Bodo Seidel

Karl David Ilgen und die Pentateuchforschung im Umkreis der sogenannten Älteren Urkundenhypothese

Studien zur Geschichte der exegetischen Hermeneutik in der Späten Aufklärung

Walter de Gruyter · Berlin · New York
1993

⊗ Gedruckt auf säurefreiem Papier,
das die US-ANSI-Norm über Haltbarkeit erfüllt.

Die Deutsche Bibliothek – CIP-Einheitsaufnahme

Seidel, Bodo:
Karl David Ilgen und die Pentateuchforschung im Umkreis der sogenannten älteren Urkundenhypothese : Studien zur Geschichte der exegetischen Hermeneutik in der späten Aufklärung / Bodo Seidel. – Berlin ; New York : de Gruyter, 1993
(Beihefte zur Zeitschrift für die alttestamentliche Wissenschaft ; Bd. 213)
Zugl.: Jena, Univ., Habil.-Schr., 1991
ISBN 3-11-013833-6
NE: Zeitschrift für die alttestamentliche Wissenschaft / Beihefte

ISSN 0934-2575

Printed in Germany
Druck: Arthur Collignon GmbH, Berlin 30
Buchbinderische Verarbeitung: Lüderitz & Bauer-GmbH, Berlin 61

Pfarrer Erhard Kretschmann

und Diakon Rainer Saurbier

für die Magdeburger Jahre

Vorwort

Die vorliegende Arbeit ist im Sommersemester 1991 von der Theologischen Fakultät Jena als Habilitationsschrift angenommen worden. Für die Veröffentlichung wurde sie überarbeitet und gekürzt. Ich danke den Gutachtern Prof.Dr. Joachim Conrad (Jena), Prof.em.Dr.Dr. Gerhard Wallis (Halle) und Prof.Dr. Rudolf Smend, D.D. (Göttingen). - Dank zu sagen ist auch Herrn OKR i.R. Dr.theol.habil. Konrad von Rabenau, auf dessen Rat ich mich dem Ilgen-Thema zuwandt.

Es ist dies eine forschungsgeschichtliche Arbeit. Sie nimmt aber auch Bezug auf die gegenwärtige Ratlosigkeit vor allem in Sachen Pentateuchexegese und will die zurückgelegten Wege der Forschung in die Gassen und Sackgassen hinein beschreiben. Vielleicht ist hierin Hilfe.

Zu danken habe ich meinen Lehrern an der Theologischen Fakultät Halle und an der Kirchlichen Hochschule (vormals Katechetisches Oberseminar) Naumburg. - Daß etwa zum Zeitpunkt des Erscheinens dieses Buches die Arbeit an dieser Kirchlichen Hochschule eingestellt werden wird, ist sicher kein Anlaß zur Freude. Die Folgen der Friedlichen Revolution im Osten hatten wir uns anders erhofft.

Herrn Prof.Dr.Dr.h.c. Otto Kaiser möchte ich aufrichtig Dank sagen für die Aufnahme des Buches in die Reihe der Beihefte zur ZAW.

Diese Arbeit wurde zwischen Sommer 1989 und Frühjahr 1991 verfaßt. Sie konnte aber so auch nur in dieser Zeit geschrieben werden. Ich selbst erkenne im Text die Erfahrungen der Veränderung in der Welt wieder und die Mühe um die Suche nach den Wurzeln. -
Wer noch?

הנני עשה חדשה עתה תצמח הלוא תדעוה
נאם יְהוָה
אף עשים במדבר דרך
בישמון נהרות

Zwei Brüdern der alten Zeit in Dankbarkeit.

Jes 43, 19

Jena/Halle
im Dezember 1992

Bodo Seidel

Inhaltsverzeichnis

Vorbemerkung

(Damit Forschungsgeschichte ihren Nimbus von der guten Beschäftigung des verregneten Sonntagnachmittags verliert)

Die forschungsgeschichtliche Arbeit wird oft als das schmückende Beiwerk einer wissenschaftlichen Leistung verstanden: Sie zeige, daß ein Theoretiker auch Bildung hat (oder haben kann). Denn Bildung wurde und wird nicht selten als eine gewisse Kenntnis dessen, was *gestern* war, verstanden. Das Interesse an Geschichte also erscheint oft als ein von der eigentlichen seriösen und notwendigen theoretischen Arbeit abgetrenntes Unterfangen. - Die Wissenschaftsgeschichte gilt nicht selten als das Ablagefach alter und überholten Theorien. Nur zur Freude und nicht als *Dienst* - wird am Sonntagnachmittag das Familienalbum aufgeschlagen, um zu sehen, was da *war*, nicht um zu sehen, was da *ist*.

Die Geschichte der Forschung ist aber kein Hypothesen- und Datenfriedhof. Die forschungsgeschichtliche Arbeit erstrebt vielmehr das Sehen dessen, *was da war und was da ist.*

Der Baum, der da Früchte trägt, wurzelt. Und zwar tief. Die Früchte, oben, sind sein, aber auch die Wurzel gehört ihm.

Es sind im wesentlichen die folgenden Fragerichtungen, auf die der Leser hier schonend vorbereitet werden soll:

Was ist eine "Urkunde" und was ist die sogenannte "Urkundenhypothese"?

In den gängigen forschungsgeschichtlichen Überblicken gilt die Ältere Urkundenhypothese meist als Beginn der seriösen und leistungsfähigen historisch-kritischen Bibelwissenschaft. Das ist eine stillschweigende Voraussetzung, die gemacht wird, obwohl noch andere Namen an den Anfang der Forschungsgeschichte gerückt werden.

Der Begriff 'Urkundenhypothese` wird oft nur unter rein exegetisch-methodischem Vorzeichen verstanden. Auch das ist für die Zeit der Späten Aufklärung nicht ausreichend, wenn man denn die Voraussetzungen jener o.g. Theorien verstehen will. - Das eine wie das andere, die unabgeklärten Prämissen und auch die Theorien zur forschungsgeschichtlichen Epochenordnung, müssen als Vorbedingungen der uns angehenden Geschichte aufgedeckt werden.

Was ist das Werk Ilgens?

Hierzu gehört die Beantwortung der Frage, wer denn Ilgen war und worin seine spezifische Leistung für die Ausbildung und Entfaltung der Älteren Urkundenhypothese bestand.

Für uns, die wir wissen, daß seine Arbeit am Alten Testament auf seine Jensenser Zeit beschränkt blieb, ist es wichtig zu fragen, warum er Jena verließ und inwieweit der Abschied von Jena mit der Unabgeschlossenheit der Arbeit zusammenhängt.

Die Urkunden des Jerusalemischen Tempelarchivs. - Was ist das für ein Buch Ilgens?

Ilgen ist weitgehend unbekannt, und der Titel seines Hauptwerkes mutet seltsam an. Es zeigt sich, daß - von Ilgen sicher mit Bedacht gewählt - der Titel schon gleichsam einen Mikrokosmos der Urkundenhypothese darstellt. - Wie aber die Ältere Urkundenhypothese zu verstehen ist, welches die Implikationen, die Arbeitsfelder und die Hintergründe der Urkundenthematik sind, läßt sich mit Hilfe einer analysierenden Paraphrase schon allein des Buchtitels aufzeigen.

Was sind die *speziellen* Leistungen der Älteren Urkundenhypothese und was ist die exegetische Leistung Ilgens?

Die Voraussetzungen waren tatsächlich schon ein Teil der Sache selbst, denn die sogenannte Ältere Urkundenhypothese ist letztlich im Bereich forschungsgeschichtlicher Epochenreihung als Theoriebildung wesentlich schmaler als geahnt und oft vorausgesetzt wurde. Ist sie immer scharf gegen die Fragmenten- und die Ergänzungshypothese abgrenzbar?

Es ist also aufzuzeigen, was Ilgen an exegetischer Arbeit in seinem Buch 'Die Urkunden` leistete und auch, was er in seinem unveröffentlichten Werk hinterließ.

Die Darstellung der nachgelassenen Manuskripte Ilgens kann aber, da es sich um ein unabgeschlossenes und fragmentarisches Werk handelt, nicht mehr als das Fortführen von Linien und ein Hinweisen auf weitere Fragestellungen sein. - Es ist nicht zu übersehen, daß Ilgen scheiterte. Was er für Lösungen anbot, ist schon aufschlußreich. Aber oft ist es noch interessanter zu beobachten, auf welchen Wegen und in welche Richtungen sich Ilgen in der Exegese bewegte, welche Pfade er weiterhin zu beschreiten gedachte und welches die Schwierigkeiten sind, die mit seinen Konzepten nicht zu bewältigen waren.

Zerbrach der Krug am Brunnen - oder schon vorher?

1. Mahnung zur Selbstdurchsichtigkeit exegetischer Arbeit

> Drehen wir nicht täglich in allen Wissenschaften aus dem Grundstoff zeitiger Ideen gleichfalls Hypothesen? und wir könnten jener spotten, uneingedenk, wie auch die klügere Nachwelt unsrer spotten könnte?
>
> Eichhorn

Die alttestamentliche Wissenschaft ist in eine tiefe Krise geraten. Bis vor wenigen Jahren galten noch verschiedene Prämissen als Gemeingut in dieser Fachdisziplin, die nun keinesfalls mehr von der Mehrzahl der Fachvertreter vertreten werden. Die gemeinschaftliche Orientierung an Grundwerten und Grundentscheidungen in der historisch-exegetischen Hermeneutik[1] geht verloren und ist anscheinend in der nächsten Zeit auch kaum wiederzuerlangen.

Was hier nur Abhilfe schaffen kann, ist eine *Neuorientierung* in der gemeinschaftlichen Arbeit an zukünftigen Entwürfen. Deren Voraussetzungen und Grundlagen sollten von Anfang an gleich offengelegt und offen dikutiert werden, so daß die "geheime Prämissenlehre" nicht erneut in schwer kontrollierbarer Weise die Arbeit regiert. Es muß bedacht und thematisiert werden: Die Unklarheiten hinsichtlich der Voraussetzungen historischer Arbeit in der Theologie, die Unsicherheiten hinsichtlich der Leistungsfähigkeit der Methode und die geheimnisvollen Präferenzen in der Werteauswahl im Vollzug exegetischer Arbeit.

Diese notwendige Veränderung muß *erarbeitet* werden.[2] Das ist freilich eine große Aufgabe, die nicht nur eine Generation leisten kann. Aber sie *muß* angegangen werden, damit die Methode, die wir als die historisch-kritische bezeichnen, nicht noch mehr diskreditiert wird, damit wir verantwortlicher und freier und kritischer mit ihr umgehen können. Aber was ist denn nun konkret zu tun?

Zunächst muß mehr als bisher forschungsgeschichtlich gearbeitet werden, um die historische Genese der bisherigen Theorielage zu ergründen. Denn es stellt sich ja nun in aller Schärfe die Frage, wie exegetische Theorien und Hypothesen entstehen als eine Frage, die die bisher geleistete Arbeit durchaus in ihrer Entste-

---

1 Vgl. zur Begriffsbestimmung *'Hermeneutik`* K. Gründer: Hermeneutik und Wissenschaftstheorie. In: Ders.: Reflexion der Kontinuitäten. Zum Geschichtsdenken der letzten Jahrzehnte. Göttingen 1982. S. (74-87) 78f. Siehe auch unten.

2 Vgl. H.-Chr. Schmitt: Die Hintergründe der "neuesten Pentateuchkritik" und der literarische Befund der Josefsgeschichte. In: ZAW 97 (1985) S. (161-179) 162: *"Dies bedeutet: Es kann in dieser Situation nicht um leichte 'kosmetische` Modifikationen der bisherigen Hypothesen gehen, sondern weiterführen kann nur eine methodologische Neubesinnung über die sachgemäßen Ausgangspunkte alttestamentlicher Forschung, bei der allerdings die am Text gemachten Beobachtungen der bisherigen Forschung nicht verlorengehen dürfen."*

hungsgeschichte aus dem Unbewußten ins Bewußte bringen will.[3] Zumal in der gegenwärtigen Zeit ohnehin das Nachblättern in der Geschichte eine besondere Bedeutung hat. Für die allgemeine Lebensorientierung kann und muß es ein neues Interesse an der Geschichte geben, wo Umbrüche in der kulturalen Befindlichkeit der Menschen erfolgen. Was in Gesellschaft und Politik gilt, gilt umso mehr in einer geisteswissenschaftlich arbeitenden Disziplin wie der Theologie. Denn hier sind Themen und Werte, Theorien, Lehren und Methoden, die sich zu entleeren oder zu zerbrechen im Begriff sind, auf ihre geschichtlich-kulturalen Konstituenten hin zu ergründen. -

Was jedenfalls in der Theologie und speziell in der alttestamentlichen Wissenschaft zu tun ist, ist vor allem das Aufspüren der geheimen Prämissen und Vorentscheidungen, die in die Theorien und Hypothesen eingeflochten sind und auf denen auch weitgehend die Produktivität historischer Forschung beruht. Grundsätzlich voraussetzungslose (historische) Wissenschaft kann es nicht geben, aber dennoch und auch deshalb müssen die Voraussetzungen der Arbeit, wo sie denn erkannt sind, offengelegt werden. Und wenn es erst in der forschungsgeschichtlichen Aufarbeitung bestimmter Problemfelder geschieht. Auch die nachträgliche Aufdeckung der Voraussetzung älterer Forschung ist *produktive Wissenschaft*, keinesfalls Verrat an den Vätern. -

Ohne jegliche Überheblichkeit wenden wir unsern Blick in die Geschichte und bemühen uns zu sehen, was *ist*. Daß sich dieses Interesse des Blickes wiederum auch in den Generationen wandelt, ist offensichtlich. Das Anliegen, das mit der forschungsgeschichtlichen Arbeit verbunden wird, verändert sich mit den allgemeinen Bewegungen in der aktuellen Theorielage. Das kann nicht anders sein. Wichtig ist nur, daß sich die zu leistende Arbeit eben um ein wirklich *aktuelles* Anliegen kümmert. Nur so kann verhindert werden, daß die historisch orientierte Arbeit in der Theologie mit dem Verdacht behaftet bleibt, sie kehre den Schnee vom letzten Jahr. Aber letztlich ist auch hierbei Vorsicht geraten, denn wer will so kühn und schnell und dazu noch mit großer Sicherheit bestimmen, was denn derzeit das wirklich *aktuelle* Anliegen der Arbeit sei? Dennoch kann gesagt werden, was getan werden muß. Denn schließlich setzt das Interesse da ein, wo die Not am größten ist. Und am größten ist die Not mit Sicherheit heute in der Pentateuchexegese.[4] Das gegenwärtige Desaster auf diesem Gebiet der alttestamentli-

---

3 Ich finde mich dankbar in Übereinstimmung mit dem Anliegen von J.M. Vincent in 'Leben und Werk des frühen Eduard Reuss` (München 1990, BevTh 106), S. 19f., der mit seiner forschungsgeschichtlichen Arbeit ebenfalls die Wurzeln der krisenhaften Lage in der historisch-kritischen Exegese erhellen will.

4 Vgl. die Sammelrezensionen und Vergleichbares der letzten Jahre: E. Otto: Stehen wir vor einem Umbruch in der Pentateuchkritik? In: VuF 22/1 (1977) S. 82-97. - B. Diebner: Neue Ansätze in der Pentateuchforschung. In: DBAT 13 (1978) S. 2-13. - R.E. Clements: Pentateuchal Problems. In: Tradition and Interpretation. Hrsg. v. G. Anderson. Oxford 1979. S. 96-124. - E. Zenger: Wo steht die Pentateuchforschung heute? In: BZ NF 24 (1980) S. 101-116. - H.H. Schmid: Auf der Suche nach neuen Perspektiven für die Pentateuchforschung. In: VT.Suppl. 32 (1981) S. 375-394. - Y.T. Radday, H. Shore, M.A. Pollatschek u. D. Wickmann: Genesis, Wellhausen and the Computer. In: ZAW 94 (1982) S. 467-481. - E.

chen Wissenschaft, das einmal geradezu Glanzstück der exegetischen Arbeit historisch-kritischer Art gewesen ist[5], kennzeichnet H.-Ch. SCHMITT zutreffend, wenn er schreibt: "*Wer in der gegenwärtigen Situation versucht, eine Aussage über den neuesten Stand der Pentateuchforschung zu machen, der kann nur Enttäuschung verbreiten: Weitgehend anerkannte Auffassungen über die Entstehung des Pentateuch gibt es nicht mehr, und die Hoffnung auf einen neuen Konsens in der Pentateuchkritik scheint zur Zeit nur noch als 'Hoffnung wider den Augenschein` möglich zu sein.*"[6]

Aber mit der Pentateuchexegese begann die kritische Arbeit am Alten Testament[7], von ihr aus wurde seit GRAF-WELLHAUSEN die Einleitungswissenschaft neu entworfen[8], und ihr gegenwärtiger Zustand ist heute weitgehend Quelle der

---

Zenger: Auf der Suche nach einem Weg aus der Pentateuchkrise. In: ThRv 78 (1982) S. 353-362. - A. Gunneweg: Anmerkungen und Anfragen zur neueren Pentateuchforschung (1). In: ThR 48 (1983) S. 227-253, Ders.: Dass. (2). In: ThR 50 (1985) S.107-131. H.-Chr. Schmitt: Ebd. (Anm. 2). - L. Ruppert: Die Aporie der gegenwärtigen Pentateuchdiskussion und die Josepfserzählung der Genesis. In: BZ NF 29 (1985) S. 31-48. - F. Crüsemann: Der Pentateuch als Tora. In: EvTh 49 (1989) S. 250-267.

5 Vgl. E.Zenger: A.a.O. (1982) S. 353.

6 H.-Ch. Schmitt: A.a.O., S. 161.

7 Vgl. im Umkreis der Frühaufklärung die Ansicht von Louis Ellies Du Pin bei R.H. Popkin: Isaak la Peyrère (1596-1676). His life, work and influence. Leiden 1987 (Studies in intellektuell history 1). S. 72: "*At the end of the seventeenth century, the French Catholic theologian, Louis Ellies Du Pin, in his Nouvelle Bibliothèque des Auteurs Ecclesiastiques, declared that, 'de tous les Paradoxes, que l'on a avancez en nòtre siècle, il n'y en à point à mon avis de plus temeraire, ni de plus dangereux, que l'opinion des ceux, qui ont osé nier que Moise fut Auteur de Pentateuque.` This view, he said, would destroy the authority of the Bible as the basis for Judeo-Christianity.*" - Vgl. auch E. Blum: Studien zur Komposition des Pentateuch. Berlin 1990 (BZAW 189). S. 1. (Die veröffentlichte Habilitationsschrift von B. beginnt bezeichnenderweise eben mit diesen Sätzen: "*Die Pentateuchkritik stand am Anfang der historisch-kritischen Arbeit am Alten Testament. Ihre 'Resultate` bilden fundamentale Koordinaten für die Sicht der Geschichte Israels, seiner Religionsgeschichte, der Herausbildung des Kanons u.v.a.m. Nur im Windschatten eines ungefähren, über mehrere Generationen etablierten [und inzwischen als 'gesichertes Ergebnis der Forschung` auch popularisierten] Grundkonsenses konnten weiterführende Hypothesen gedeihen, welche den geschichtlichen Rekonstruktionen des alten Israel erst die plastischen Konturen verschufen.*")

8 Vgl. K.H. Graf: Richard Simon. In: Beiträge z.d. theol. Wissenschaften. Bd. 1. Straßburg 1847. S. 174: "*Die Ansicht, die man von dem Pentateuch hat, wird immer die Ansicht von der hebräischen Litteraturgeschichte überhaupt bedingen; von jenem musste daher die Untersuchung ausgehen.*" - Vgl. auch R. Smend: Julius Wellhausen. 1844-1918. In: Ders.: Deutsche Alttestamentler in drei Jahrhunderten. Göttingen 1989. S. (99-113) 103f.
Sehr deutlich spricht der Verfasser eines Standardwerkes der Jahrhundertwende über die opinio comunis in den Dingen der Pentateuchanalyse; man war einmal 'fertig` damit: E. Meyer: Geschichte des Altertums. 2. Bd. 2. Abt., 3. Aufl. (hrsg. v. H.E. Stier) Darmstadt 1953. S. 189f: "*Diese Erkenntnis, in früheren Zeiten vereinzelt einmal ausgesprochen und als furchtbarste Ketzerei betrachtet, ist wissenschaftlich vor allem von Vatke und Graf begründet und 1878 von Wellhausen in glänzender Darlegung voll erwiesen worden. Sie hat sich alsbald in der*

Orientierungslosigkeit in der notwendigen Neukonzeption der Historie und Theologie des Alten Testaments.[9] Und man muß E. BLUM zustimmen, wenn er einleitend in seiner veröffentlichten Habilitationschrift bemerkt: *"Es braucht mithin nicht zu verwundern, daß gerade der Verlust der Selbstverständlichkeiten in der Pentateuchanalyse als Krisensymptom für die ganze Disziplin gewichtet wird und daß die Diskussion darüber vielfach in die - kaum zufällig - gleichzeitig in Gang gekommene Grundfragen-Debatte über Ziel und Wege der biblischen Exegese einmündet."*[10]

Es ist eben so, wie wohl immer in aller arbeitsamen Gemütlichkeit, daß der Verlust von langgehegten Selbstverständlichkeiten einerseits zu tiefgreifenden (Sinn-)Krisen, aber andererseits auch zu einer fragwürdigen Erleichterung durch vermeintlichen Ballastabwurf im gewachsenen Theoriegebäude führt. Theorien und Ideen, die forschungsgeschichtlich innovationstätig gewesen sind und nicht '*falsch*' sein können, werden dann abgelegt, quasi als 'Kriegsbeute' und 'Gefangene' ins Arsenal des Überwundenen eingelagert, wo es denn eigentlich um das respektvolle und kritische Verstehen ginge. Und die größten Gefahren liegen offensichtlich dort, wo man alte Einseitigkeiten korrigieren wollte, aber neue Torheiten baut, denn *dies* Arsenal ist *nicht* der *Kommunikationsraum*, in dem historische Wissenschaft - so K. GRÜNDER[11] - stattfinden sollte.

Die neuen Schulen, die entstanden sind, arbeiten nun aber nach der langen Periode der Stagnation auf 'geschlossene Gesellschaften' hin, dh. ohne einander wahrzunehmen und ohne die Evidenz ihrer Modelle in dialogischer Abstimmung mit anderen exegetischen Strategiemodellen zu überprüfen. N. LOHFINK schreibt in bezug auf die Sachlage im Bereich des Deuteronomistischen Geschichtswerkes, in dem die Problematik ja ähnlich liegt, von *"Evidenzgemeinschaften und Zitationskartelle(n)"*.[12] - Daß die forschungsgeschichtliche Aufarbeitung beim Pentateuch ansetzen muß, ist sicher. Die Tora ist Anfang und Exempel auch *unserer* Arbeit. Die wissenschaftsgeschichtlichen 'Altlasten' im Bereich des Alten Testamentes sind wohl hier am größten.[13] Die Probleme, die die Literarkritik des Pen-

---

gesamten wissenschaftlichen Welt so gut wie allgemein durchgesetzt, welchen Standpunkt der einzelne Gelehrte auch sonst einnehmen mag. Gegenwärtig ist diese kritische Arbeit in allem wesentlichen abgeschlossen, wenn auch bei Einzelfragen immer verschiedene Auffassungen möglich bleiben werden."

9 Sehr deutlich wird das an zwei Arbeiten der letzten Jahre: E. Blum: Die Komposition der Vätergeschichte. Neukirchen 1984 (WMANT 57) und M. Köckert: Vätergott und Väterverheißungen. Eine Auseinandersetzung mit Albrecht Alt und seinen Erben. Göttingen 1988 (FRLANT 142).

10 Blum: Studien zur Komposition. S. 1.

11 Vgl. oben Anm. 1. - Gründer: A.a.O., S. 83.

12 N. Lohfink: Fortschritt oder Wachstumskrise? Zur Lage der alttestamentlichen Wissenschaft. In: Ev Komm 21 (1988) S. (638-641) 639.

13 Vgl. zu den neuen Versuchen zur Pentateuchforschung (, von denen wohl der von E. Blum als der am erfolgversprechendste gelten kann): E. Blum: Die Komposition der Vätergeschichte (s. Anm. 9; [R. Albertz, Rez.: In: ThLZ 111, 1986, Sp. 180-183.]) und Ders.: Studien zur Komposition des Pentateuch (s. Anm. 7 [B.J. Diebner: Abschied von der "Überlieferungsgeschichte" ... In: DBAT 25, 1988, S.

tateuch aufgibt, stehen nicht allein stellvertretend für die vielen Probleme im literarkritischen Erbe der alttestamentlichen Wissenschaft des 20. Jahrhunderts, sondern die Pentateuchproblematik war seit eh und je das Schlüsselthema dieses Faches. Das mag sich freilich in jüngster Zeit wandeln im Zusammenhang mit der Absicht einer konsequenten Spätdatierung innerhalb der Einleitungswissenschaft bzw. mit dem totalen Umbau des Orientierungsrahmens der Disziplin. Grundsätzlich wird es aber wohl dabei bleiben, daß die Pentateuchproblematik ein *Kriterium* für die historische Grundkonzeption des Alten Testaments ist und damit entscheidender Prüfstein - oder sagen wir besser: geeignetes Demonstrationsfeld? - für die so sehr in Mißkredit geratene historisch-kritische Forschung.

Diese historisch-kritische Forschung hat sich nun folglich auch an sich selbst zu erweisen, indem sie sich historisch-kritisch durchsichtig macht.[14] Das wird sie

---

5-13; Ders., Rez.: Blum, E.: Studien zur Komposition des Pentateuch. Habil. Heidelberg 1987f. In: DBAT 25, 1988, S. 218.]).

Auf ähnlicher Ebene: M. Köckert: Auf der Suche nach dem Jahwisten. Aporien in der Begründung einer Grundthese alttestamentlicher Exegese. In: Theologische Versuche. Bd. 14. Hrsg. v. J. Rogge u. G. Schille. Berlin 1985. S. 39-64. - Ders.: Vätergott und Väterverheißungen (s. Anm. 9) [dazu: H.-J. Zobel: Der frühe Jahweglaube. In: ZAW 101, 1989, S. 342-365].

Konservativ: W.H. Schmidt: Plädoyer für die Quellenscheidung. In: BZ NF 32 (1988) S. 1-14. -

Vor Blum: R. Rendtorff: Das Überlieferungsgeschichtliche Problem des Pentateuch. Berlin 1977 (BZAW 147). - R. Rendtorff: Der Jahvist als Theologe? Zum Dilemma der Pentateuchkritik. In: VT. Suppl. 28 (1975) S. 158-166 [dagegen: J. VanSeters: The Yahwist as Theologian? A Response. In: ISOT 3 (1977) S. 15-20]. - Älter auch: I. Engnell: Methodological Aspects of Old Testament Study. In: VT 7 (1957) S. 13-30. -

H.H. Schmid: Der sogenannte Jahwist. Beobachtungen und Fragen zur Pentateuchforschung. Zürich 1976 [G. Wallis, Rez.: ThLZ 106, 1981, 23-25]. - Ähnlich: M. Rose: Deuteronomist und Jahwist. Untersuchungen zu den Berührungspunkten beider Literaturwerke. Zürich 1981 (AThANT 67) [Vgl. A. Gunneweg: Anmerkungen ... (1.). In: ThR 48, 1983, S. 239-245].

J. VanSeters: Abraham in History and Tradition. New Haven u. London. 1975 [Vgl. A. Gunneweg: ThR 48, 1983, S. 245ff]. - Ders.: In Search of History. Historiography in the Ancient World and the Origins of Biblical History. New Haven u. London 1983 [S. Herrmann, Rez.: In: ThLZ 113, 1988, S. 177-180]. - Ders.: Der Jahwist als Historiker. Zürich 1987 (ThSt 134). -

Ähnlich W.H. Schmidt: F. Kohata: Jahwist und Priesterschrift in Exodus 3 - 14. Berlin 1986 (BZAW 166) [Chr. Levin, Rez.: In: ThLZ 113, 1988, S. 582-584].

Von ganz anderer Sicht her pro Quellenscheidung: J.H. Tigay: Die Evolution of the Pentateuchal Narratives in the Light of the Evolution of the Gilgamesh Epic. In: Ders. (Ed.): Empirical Models for Biblical Criticism. Philadelphia 1985. S. 21-52 [H.-J. Zobel, Rez.: In: ThLZ 114, 1989, Sp. 590-592].

Überschauend: R.N. Whybray: The Making of the Pentateuch. A. Methodological Study. Sheffield 1987 (JSOT.Suppl.Ser. 53). - H. Seebass: Art. Jahwist. In: TRE Bd. 16 (1987) S. 441-451.

14 Vgl. H.H. Schmid: A.a.O., S. 388: *"Eine ganze Reihe von Voraussetzungen der bisherigen Pentateuchforschung hat ihre Verbindlichkeit eingebüßt - und dies gilt es in seinen Konsequenzen zu bedenken. Das allerdings heißt* [...]*: Die Überprüfung der Grundlagen kann sich nicht auf die Überprüfung der grundlegenden Ergebnisse der bisherigen Pentateuchforschung beschränken. Sie hat vielmehr den*

aber nur können, wenn man ihr ein gewisses Grundmaß an Vertrauen entgegenbringt und auf Grund ihrer kritischen Leistungsfähigkeit auf ihre *Relevanz* setzt. Aber wie anders wird man ein 'vernünftiges` Verhältnis zu ihrer Leistungsfähigkeit gelangen als über den Weg der forschungsgeschichtlichen Aufarbeitung ihrer Leistungen?

So kann man denn nicht mehr so einfach wie vor Jahrzehnten die Anwendung der Methode historischer Kritik propagieren, ihr in der *"kritischen Überprüfung der Grundlagen"*[15] ihre unbestreitbare Kompetenz zuweisen - ohne ihr die kritische Kontrolle ihrer eigenen Arbeit, vor allem *ihrer eigenen Geschichte* anzubefehlen. Erst damit würde das geleistet, was W. SPARN[16] als *"historische Selbstdurchsichtigkeit einer historischen Disziplin"* bezeichnet.[17] -

Es kann also nicht einfach naiv die Überwindung der Methode gefordert werden, wo sie noch längst nicht ausgereizt ist. Sie ist schon deshalb unverzichtbar, weil sie das Verständnis des Textes in seiner *Individualität* intendiert. Und die Wahrheit eines Textes ist an seine Individualität, seine Einmaligkeit gebunden. Die *"unmittelbare Würde des Einzelnen"*[18], ganz gleich ob es sich um eine Person oder um einen Text handelt, konstituiert sein geschichtliches Werden. In diesem Sinne ist der alttestamentliche Text *Urkunde*.

"Aufklärung, die sich über sich selbst aufklärt, organisiert sich als Arbeit." (N. Luhmann)

---

gesamten Verstehenskonnex unseres Forschungszweiges mit seinen facheigenen und fachfremden Implikationen aufzuarbeiten."

15 G. Ebeling: Die Bedeutung der historisch-kritischen Methode für die protestantische Theologie und Kirche. In: Ders.: Wort und Glaube. Tübingen 1960. S. (1-49) 38. - Vgl. W. Trillhaas: Vom geschichtlichen Denken in der Theologie. In: ThLZ 80 (1955) S. (513-522) 518: Historische Kritik ist auch immer Selbstkritik, denn sie veranlaßt uns immer wieder zu *"Mißtrauen gegen vorzeitige Ausformung von Geschichtsbildern, die doch immer wieder der Probe auf die Wahrheit unterworfen werden müssen."*

16 In einem Brief an den Verf.

17 Vgl. B. Seidel: Über die notwendige Ergänzung der historisch-kritischen Arbeit durch die forschungsgeschichtliche Überprüfung exegetischer Theoriebildung. In: FS G. Wallis: Überlieferung und Geschichte. Hrsg. v. H. Obst. Halle 1990 (Wissenschaftliche Beiträge der Martin-Luther-Universität Halle 38) S. 59-71.

18 H. Weder: Neutestamentliche Hermeneutik. Zürich 1986. S. 370. (W. spricht hier metaphorisch von der Person in ihrer geschichtlichen Individualität.) - Vgl. auch A.a.O., S. 362ff. 401.

2. Die Voraussetzungen.
Geschichte der wesentlichsten Etappen der historischen Bibelkritik vor der Pentateuchquellenscheidung im Umkreis der sogenannten Älteren Urkundenhypothese

scripserunt Hebraei ante Mosem.

La Peyrère

Betrachtet man gar das Alte Testament blos als Urkundensammlung zur Geschichte geoffenbahrter Lehren; sollte aus derselben erlernt werden können, wie sie bey einer Nation erhalten, fortentwickelt und erweitert worden: wer könnte sich nur träumen lassen, daß in ihm lauter Ideale von Tugend und Heiligkeit geschildert werden mußten?

Eichhorn

Vorbemerkung

Angesichts der relativ verbreiteten Ahnungslosigkeit über die historische Genese der literarkritischen Arbeit an der Bibel, speziell dem AT, ist es angebracht, die wesentlichsten Etappen der Erforschung des Alten Testaments unter neuzeitlich-aufklärerischem Vorzeichen zu beschreiben.
Eine vollständige Geschichte der historisch-kritischen Erforschung des Alten Testaments soll hier *nicht* versucht werden. Es gibt denn auch eine solche *'Geschichte`* bislang nirgends zu lesen. Auch die (in lehrbuchartiger Form veröffentlichte) Geschichte von H.-J. KRAUS[1], die ohnehin in vieler Hinsicht veraltet ist, kann das nicht leisten, was sie eigentlich nach Auskunft ihres Titels leisten will. - Hier soll es uns nun vielmehr um die wesentlichsten Elemente der historisch-kritischen Exegese gehen, die im Zusammenhang der geistigen Bewegung *'Aufklärung`* innerhalb der Bibelkritik zur *'Urkundenhypothese`* führen. Daß dabei relativ früh begonnen werden muß, zeigt die Darstellung selbst. Daß dabei nicht selten zentrale Anliegen der Bibelkritik repetiert werden müssen, liegt in der Natur der Dinge. Daß die Entstehung der Urkundenhypothese durchaus zur 'Hauptstraße` des Entwicklungsweges wird, kann nicht übersehen werden. Daß damit diese kurze Darstellung in mancher Hinsicht doch annähernd deckungsgleich mit der Geschichte der historisch-kritischen Erforschung des Alten Testaments wird,

1 H.-J. Kraus: Geschichte der historisch-kritischen Erforschung des Alten Testaments. 3., erw. Aufl. Neukirchen-Vluyn 1982.

läßt sich dabei nicht verhindern. Denn die Urkundenhypothese *war* das Zentrum der historischen Kritik an der Bibel.[2]

2.1. Wie kommt das geschichtliche Denken in die Theologie? Denkentwicklungen

2.1.1. Bekenntnis und Geschichte. Vom 'sola scriptura` zur 'Urkunde`

Wie das geschichtliche Denken in die Theologie kommt, ist nicht aus einem einfachen Begründungszusammenhang zu erklären. Sicher ist hierfür eine Vielzahl von Einflüssen maßgeblich an einem Prozeß beteiligt, den man grob mit den Anfängen des neuzeitlich rationalen Denkens parallelisieren kann. Dabei lassen sich dennoch markante Erscheinungen in der abendländischen Geistesgeschichte aufzeigen. Sie bringen Veränderungen mit sich, die durch ihre tiefe Wirkung in der europäischen Geisteskultur die alte christliche abendländische Verfassung des Theologischen und Kirchlichen umgestalten. Die Einheit der Wissenschaft, die der *'christliche Aristoteles`* garantierte, das Verstehensprinzip christlichen Denkens, gerät aus den Fugen. E. HIRSCH beschreibt diesen Vorgang: *"Die gesamten Universitätswissenschaften wußten sich in das Weltbild des christlichen Aristoteles gebunden und standen zunächst verständnislos vor der da von einem Astronomen angehobnen in ihren Folgen unübersehbaren Revolution."*[3] Sicher sind dergleichen Einflüsse durch 'äußere` Horizonterweiterungen schon im Mittelalter - die Handlungsreisen, Kreuzzüge, Marco Polo etc. - zu verzeichnen, aber sie haben wohl nie diese tiefe Wirkung gehabt. Die an der Wende zum 16. Jahrhundert bringen in der Vergrößerung des Weltwissens das neue Abendland hervor. Gemeint sind die großen astronomischen und geographischen Entdeckungen. Beide Entdeckungsrichtungen, die horizontale wie die vertikale, sprengen das bisherige geistige Heim des alten Abendländlers. Freilich beginnt hier ein Prozeß, der seine volle und sicher auch noch ganz andere Gestaltungskraft erst mit dem Einsetzen der eigentlichen Revo-

---

2 Das wird im neutestamentlichen Bereich ebenso deutlich: G.E. LESSING, J.G. HERDER, J.G. EICHHORN, H.E.G. PAULUS - *'Urevangeliumshypothese`*, d.h. die Annahme einer 'Urkunde` (hebr. Urevangelium), die die drei Synoptiker unabhängig voneinander benutzt hätten. - Vgl. W.G. Kümmel: Das Neue Testament. Geschichte der Erforschung seiner Probleme. Freiburg u. München 1958. S. 88ff.

3 E. Hirsch: Geschichte der neuern evangelischen Theologie im Zusammenhang mit den allgemeinen Bewegungen des europäischen Denkens. Bd. 1. Gütersloh 1949. S. 128. - Probleme der Periodisierung neuzeitlicher Denkentwicklung vgl. J. Mittelstrass: Neuzeit und Aufklärung. Studien zur Entstehung der neuzeitlichen Wissenschaft und Philosophie. Berlin 1970. S. 104ff.

lution, der Kopernikanischen Wende[4] und der Kartesianischen Wende[5], also der Verarbeitung in der Philosophie und der Theologie, erreicht. Aber schon die Zeit der Reformation und die Reformation selbst sind Ausdruck einer Wandlung, die besagt, daß das Mittelalter seine Zeit gehabt hatte.

In einem Prozeß von ca. dreihundert Jahren und (auf die geistige Bewegung der Aufklärung enger begrenzt) im Verlaufe von ca. hundertfünfzig Jahren wird in der allgemeinen Folge von Weltbildveränderungen und im Verfall der Orthodoxie die alte Verbalinspirationslehre destruiert. Dennoch erhält sie gerade im protestantischen Bereich ihre eigentliche und deutliche Ausprägung erst in dieser Zeit. Für die frühe Phase der protestantischen Theologie ist nach TRILLHAAS charakteristisch: *"Noch die auf die Reformation folgende ältere Dogmatik verfährt* [...] *ganz unhistorisch, daß sie in den Begriffen und Kategorien der alten Schulmetaphysik denkt."*[6] Einerseits ist die grobe *"Gleichsetzung von Wort Gottes und Heiliger Schrift"*[7] ein offenkundiger Verstoß gegen das Schriftverständnis Luthers und konnte sich im Entstehungsprozeß des neuzeitlichen Denkens auch nicht unabgeschwächt durchhalten[8]. Andererseits aber ist sie aber doch erst spät mit der Überwindung der 'alten` Einleitung (J.G. CARRPZOV), d.h. in einem der letzten Anstürme von Seiten der Aufklärung gefallen.[9] Sie hatte sich zuvor tatsächlich relativ lange der offiziellen Zustimmung erfreuen können.[10] Was als gegenläufiger und paradoxer Vorgang Geschichte macht, ist aber nichts weiter als das Voranschreiten des neuzeitlichen Denkens.[11] - Die Ursachen für die Weltbildverände-

---

4 Vgl. T.P. Seine: Von der Kopernikanischen bis zur Französischen Revolution. Die Auseinandersetzung der deutschen Frühaufklärung mit der neuen Zeit. Berlin 1987. S. 14ff. - H. Karpp: Der Beitrag Keplers und Galileis zum neuzeitlichen Schriftverständnis. In: ZThK 67 (1970) S. (40-55) 41. - J. Hübner: Die Theologie Johannes Keplers zwischen Orthodoxie und Naturwissenschaft. Tübingen 1975 (BhTh 50). S. 210ff. - A. Deißmann: Johann Kepler und die Bibel. Ein Beitrag zur Geschichte der Schriftautorität. Marburg 1894. - F. Krafft: Kepler, Johannes (1571-1630). In: TRE Bd. 18 (1989) S. 97-109. 107!. - G. Hornig: Hermeneutik und Bibelkritik bei Johann Salomo Semler. In: Historische Kritik und biblischer Kanon in der deutschen Aufklärung. Hrsg. v. H. Graf Reventlow, W. Sparn u. J. Woodbridge. Wiesbaden 1988 (Wolfenbüttler Forsch. 41). S. (219-236) 222f.

5 Vgl. H. Thielicke: Glauben und Denken in der Neuzeit. 2. Aufl. Tübingen 1988. S. 57ff. - G. Hornig: In: Handbuch der Dogmen- u. Theologiegeschichte. Bd. 3. Die Lehrentwicklung im Rahmen der Ökumenizität (2. Lehre und Bekenntnis im Protestantismus) Göttingen 1984. S. (71-146) 94ff.

6 W. Trillhaas: Vom geschichtlichen Denken in der Theologie. In: ThLZ 80 (1955) S. (513-522) 515.

7 Hornig: A.a.O.(Handbuch), S. 78.

8 Vgl. Hirsch: A.a.O., S. 227ff. - die *'Ermäßigung`* der Lehre bei Grotius und R. Simon.

9 Zu J.G. Carpzov: R. Smend: Spätorthodoxe Antikritik. Zum Werk des J.G.C. In: Ders.: Historische Kritik und biblischer Kanon in der deutschen Aufklärung. Wiesbaden 1988 (Wolfenbüttler Forsch. 41). S. 127-137.

10 Vgl. Hornig: A.a.O.(Handbuch), S. 77f.81.

11 Vgl. hierzu P. Kondylis: Die Aufklärung im Rahmen des neuzeitlichen Rationalismus. München 1986 (= Stuttgart 1981). S. 538ff.

rung sind sicher recht vielfältig, und eine saubere Trennung von Ursache und Wirkung soll hier nicht versucht werden. Die Sinnrichtung jedoch läßt sich im Blick auf die Bibellehre, die nun zur *Wissenschaft* wird, leicht beschreiben: Weltwirklichkeit und biblische Darstellung lassen sich nicht mehr miteinander identifizieren. Biblisches Weltbild ist nicht mehr die Grenze, Vorgabe oder Rahmen für Welterkenntnis.[12] Darin steckt ein Mehrfaches: Einerseits, wie erwähnt, der An-

---

Es ist zweifelsohne der Ansatz zum historischen Denken und Empfinden unter neuzeitlichem Anspruch, der im Protestantismus die Verbalinspirationslehre zunächst befördert. Der *sensus literalis* kann vor seiner Umwandlung in den *sensus historicus* in der Aufklärung zeitweilig nur in einem *Verbalpurismus*, also eben in Verbalinspirationslehre existieren, um sich gegen den Katholizismus zu behaupten. Daß das nicht leicht ist, beweist das Auftrumpfen R. Simons (s.u.). In der frühen Phase jedenfalls war der Katholizismus dem Aufklärungsdenken näher als der Protestantismus, da die Bedeutung der Tradition innerhalb des theologischen Denksystems besser auf historisches Denken vorbereitet als das 'sola scriptura`. - Für die altprotestantische Orthodoxie gilt nach G. Ebeling ("sola scriptura" und das Problem der Tradition. In: Schrift und Tradition. Hrsg. v. K.E. Skydsgaard u. L. Vischer. Zürich 1963. S. [95-127] 96): *"Für sie war konservierende Verarbeitung der Tradition ein wesentliches Moment ihrer Methode im Banne der konfessionellen Auseinandersetzung. Durch Übereinstimmung mit der alten Kirche sollte die wahre Katholizität und damit die Legitimität der Reformation erwiesen werden. Doch wirkte sich zugleich die Nötigung, das 'sola scriptura` gegen das römisch-katholische Traditionsverständnis zu verteidigen, als Hindernis aus, sich auf die theologische Relevanz des Traditionsproblems unbefangen einzulassen. "* - Das Insistieren auf Verbalinspiration ist die Folge des 'sola scriptura` und steht am Anfang neuzeitlichen Denkens.(Hornig: A.a.O. [Handbuch], S. 78: *"Auf dem Trienter Konzil* [...] *hatte man die inhaltliche Insuffizienz der Heiligen Schrift und die Notwendigkeit ihrer Ergänzung durch die in der Kirche bewahrte mündliche Überlieferung gelehrt. Als Reaktion auf diese Position suchte die altprotestantische Orthodoxie ihrerseits das reformatorische Schriftprinzip [sola scriptura] durch die Behauptung der inhaltlichen Insuffizienz und Vollkommenheit der Heiligen Schrift abzusichern und zu verteidigen. "*) -
Aber dennoch hemmt es gleichzeitig die sich entwickelnde Auffassung vom sensus historicus. Das ist vielleicht ein Grund dafür, daß sich die historische Wissenschaft im deutsch-protstantischen Raum in der Aufklärung später entwickelte als im französisch-katholischen Raum. Gleichwohl aber *ist* dann 'sensus historicus` elementarer Bestandteil von (deutscher) Aufklärung überhaupt. - Vgl. C.-H. Ratschow: Lutherische Dogmatik zwischen Reformation und Aufklärung. B. 1. Gütersloh 1964. S. 117ff. - O. Weber: Grundlagen der Dogmatik. Bd. 1. 3. Aufl. Neukirchen-Vluyn 1964. S. 364.

12 Ein Naturwissenschaftler des 16. und 17. Jahrhunderts, J. Kepler, sieht die Naturgesetze *nicht* in Konkurrenz zur Bibel stehend, wohl aber in Konkurrenz zur üblichen Auslegung. Sein Interesse ist die Herstellung der Harmonie zwischen 'Buch der Bibel` und 'Buch der Natur`. Vgl. J. Hübner: A.a.O., S. 210ff. 220: *"Die Verfasser* [der Bibel, B.S.] *gehen nach Kepler nirgends darauf aus, die Menschen in natürlichen Dingen zu belehren. Ihr Interesse ist das Heil der Menschen. "* - Offensichtlich wollten die Naturwissenschaftler weiter, als ihre Zeit weit sein konnte. - Es soll hier nicht versucht werden, der spezifischen Bedeutung der Entwicklung im Bereich der Naturwissenschaften für die Exegese nachzugehen; soviel sei aber noch angemerkt, daß wohl denen, die mit 'Weltwissenschaft` umgingen, kaum daran gelegen war, Probleme zu *schaffen*. Sie wollten wohl eher Probleme aus der Welt räumen. Ihre 'Weltwissenchaft` waren Erklärungsversuche für die *Welt* und ihre theologischen Äußerungen (,von denen es ja nicht wenige gab,) waren Auslegungen in o.g. Sinne. Beide wurden als solche (leider) nicht oft erkannt.

fang der historischen Wissenschaft und die Integration der historischen Wissenschaft in die Bibelbetrachtung[13]. Andererseits der Fortschritt der empirischen Wissenschaften und folglich eine Krise im Theologischen, in der es um die Bewältigung des Autoritätsverlustes von Kirche, Theologie und Bibel geht.[14] Denn wo sich das 'sola scriptura` eng an eine Verbalinspirationslehre band und beide Lehren zusammen den 'Quellencharakter`[15] der Bibel für Glaube und Lehre konstituierten, muß eine Verunsicherung mit der historischen und 'weltwissenschaftlichen` Relativierung der 'Quelle` einhergehen.[16] Aber am Ende des Vorgangs steht (zumindest im Bereich der deutschen Aufklärung) das historische Verständnis der Bibel (die historisch-kritische Exegese) und die 'Vereinbarkeitsklausel` von Glauben und Denken, von (protestantischer) Theologie und Aufklärung.[17] Es kommt nicht zu einem wie auch immer gearteten Bruch

---

- Vgl. auch H. Karpp: Zur Geschichte der Bibel in der Kirche des 16. und 17. Jahrhunderts. In: ThR 48 (1983) S. (129-155) 149: *"Aber auch Kepler und Galilei stellten als Vertreter des neuen Weltbildes keineswegs die Schriftautorität als Ganze in Frage, wenn sie einzelnen Bibelstellen abweichend deuteten. Sie wollten, indem sie diese Autorität auf die Kenntnis Gottes und des Heilswegs beschränkten, sogar zu einem besseren Verständnis der Schrift anleiten."* - Vgl. auch G. Galileis Brief an Elia Diotati vom 15. Januar 1633 abgedr. in: W. Heisenberg: Das Naturbild der heutigen Physik. Hamburg 1955. S. 61f.

13 Von Ebeling (Die Bedeutung der historisch-kritischen Methode für die protestantische Theologie und Kirche. In: Ders.: Wort und Glaube. Tübingen 1960. S. [1-49] 29f.) ist dieser Zusammenhang von naturwissenschaftlich-neuzeitlichem Denken und Entstehung der Bibelkritik sehr hervorgehoben worden. Danach ebenfalls von K. Scholder (Ursprünge und Probeleme der Bibelkritik im 17. Jahrhundert. München 1966 [Forsch. z. Gesch. u. Lehre des Prot. 10.28]. S. 80f.). Das wurde von H. Graf Reventlow (Wurzeln der modernen Bibelkritik. In: Historische Kritik und Biblischer Kanon in der deutschen Aufklärung. S. [47-63] 58) angegriffen. Tatsächlich hat m.E. Scholder recht, denn gerade hinsichtlich der *Urkundenhypothese* lassen sich wohl diese Ansichten erhärten. Siehe unten.

14 Vgl. Hornig: A.a.O. (Hermeneutik und Bibelkritik bei J.S. Semler), S. 222: *"Man kann in der Tat fragen, ob der von der altprotestantischen Orthodoxie erhobene generelle Geltungsanspruch für die Bibeltexte, insbesondere die Behauptung der göttlichen Verbalinspiration, die jedes Wort des vorliegenden Bibeltextes zum irrtumslosen und absolut verpflichtenden Gotteswort werden ließ, nicht zu einer äußerst schwierigen Problematik führen mußte."* - Nämlich einer Problematik, die die Aufklärung herausforderte!

15 Vgl. Hornig: A.a.O. (Handbuch), S. 78.

16 Vgl. Ebeling, 'sola scriptura` (a.a.O.), S. 98: *"Denn durch das geschichtliche Denken war die theologische Prinzipienlehre der altprotestantischen Orthodoxie erledigt. Was der Sicherung des reformatorischen Schriftprinzips hatte dienen sollen, nämlich die Lehre von der Verbalinspiration, schlug nun um in eine Gefährdung des 'sola schriptura` . Jedenfalls wurde das herkömmliche Verständnis der Schriftautorität fraglich."*

17 Vgl. Hornig: A.a.O. (Hermeneutik und Bibelkritik), S. 226: Allein schon die Textkritik, das Vergleichen von verschiedenen Bibelhandschriften, *"macht nach Semlers Urteil die orthodoxe Schriftlehre mit ihren Behauptungen einer Unvollkommenheit, Unversehrtheit und Verbalinspiration des überlieferten Textes völlig gegenstandslos."* Mitte des 18. Jahrhunderts stürzt die Inspriationslehre. Im neuen ('neologischen`) Bibelverständnis wird sie nicht mehr gebraucht und wäre nur noch ein Hemmnis. Aber es kommt nicht zu einem Bruch mit der Bibel; die

mit der Bibel; die 'Neologie` hat quasi die Bibel gerettet. Protestantische Kirchlichkeit und protestantische Frömmigkeit setzen in einem langwierigen Prozeß konsequent *ein* Anliegen durch - den verborgenen Kern ihres Denkens, der die Krise meistert: Die Schrift hat einen *sensus genuinus*.[18]

Aber dieses Anliegen ist eben nicht nur ein *Verstehen* oder *Interesse*, sondern eine Art *Theologumenon*. Dieses geht aus dieser Krise hervor. Das *Theologumenon* macht als hermeneutische Modifikation dieses Interesses die Denkbarkeit des *sensus genuinus* aus und entspricht im tiefsten Sinne dem alten Verständnis der Bibel als 'Quelle`: Die *Urkundenhypothese* als exegtisch-*hermeneutische* Ausprägung der protestantischen Schriftlehre in der späten Aufklärung[19] nach der Herausbildung des historischen Denkens in der Theologie. - Somit wäre die Urkundenhypothese eben nicht nur ein exegetisch-methodisches Instrument zur Bewältigung der exegetischen Schwierigkeiten des Textes[20]. Sie ist zudem auch noch eine Prolongation des protestantischen 'sola scriptura` unter aufklärerischem und nachaufklärerischem Vorzeichen.

Entstanden ist die Urkundenhypothese als Beobachtungs- und Erklärungsparadigma *nicht* im Bereich des deutschen Protestantismus. Denn wesentlichste Vorarbeiten erwuchsen im französischen, niederländischen und englischen Sprach- und Kulturraum.[21] Aber herausgebildet als hermeneutisches und literarkritisches Theorem mit wissenschaftlich-theologischem Anspruch wurde es in der deutschen Theologie des späten 18. Jahrhunderts.[22]

Neologie (und die Urkundenhypothese) haben die Bibel 'gerettet`(siehe unten). - Vgl. auch K. Aner: Die Theologie der Lessingzeit. Halle 1929. S. 175f., 209ff.

18 Vgl. N. Hammerstein: Der Anteil des 18. Jahrhunderts an der Ausbildung der historischen Schulen des 19. Jahrhunderts. In: Historische Forschung im 18. Jahrhundert. Hrsg. v. K. Hammer u. J. Voss. Bonn 1976 (Pariser hist. Stud. 13). S. (432-450) 436: *"Der aufgeklärte Geist stößt hier immer wieder an seine Grenze, das hat gerade auch im Hinblick auf die Wissenschaftsgeschichte beachtliche Folgen. Eine davon ist die, daß sich im 18. Jahrhundert die philologische, aber auch die theologische Hermeneutik vom reinen Schriftprinzip immer stärker zu einer allgemeinen historischen Auslegekunst entwickelt. Das Einzelne, aus dem das Ganze zu verstehen, et vice versa, umfaßt nicht nur mehr die litterae, verba, sondern auch die Realia, die res factae, die historische Umwelt."*

Vgl. auch O. Weber: A.a.O., S. 364.

19 Vgl. oben die Ausführungen zur "Historiotheologie" in der späten Aufklärung.

20 Vgl. J. Mittelstrass: Neuzeit und Aufklärung. S. 306: *"Neben den synthetischen Wissenschaftstyp rückt jetzt ein analytischer Typ"*. - Das ist wohl 'Aufklärung`! Siehe unten.

21 I. LA PEYRERE, B. SPINOZA, R. SIMON, J. LE CLERC, J. ASTRUC - diese Namen stehen für die *Vorarbeiten und literarkritische Entwürfe*, die dann am Ende des 18. Jahrhunderts im deutsch-protestantischen Bereich zur wissenschaftlichen Literarkritik werden.

22 Vgl. zur Entwicklung der profanhistorischen Wissenschaft am Ende des 18. Jahrhunderts: R. Vierhaus: Historisches Interesse im 18. Jahrhundert. In: Aufklärung und Geschichte. Hrsg. v. H.E. Bödeker, G.G. Iggers, J.B. Knudsen u. P.H. Reill. Göttingen 1986 (Veröff. d. MPI 81). S. (264-275) 273. - Zur Entwicklung der historisch-philologischen Methode im profanwissenschaftlichen Bereich vgl. U. Muhlack: Historie und Philologie. In: Aufklärung und Geschichte. A.a.O., S.

Exkurs (1). Das geschichtliche Denken in der Aufklärung

Das frühere Insistieren auf ein 'ungeschichtliches` 18. Jahrhundert ist seit ein bis zwei Historikergenerationen aufgegeben worden.[23] Diese These war auch kaum haltbar, denn es ist das Gegenteil der Fall: Das Zeitalter der Aufklärung kann nur verstanden werden, wenn man das ihm innewohnende Bemühen um einen Aufbruch hin zum historischen Denken ernst nimmt.[24] Das heißt freilich nicht, daß das historische Denken eine 'Erfindung` der Aufklärung sei. Die Renaissance schon entwickelte ein Weltempfinden, das mit der Dimension des Historischen umzugehen verstand.[25] - Aber keinesfalls ist das 18. Jahrhundert als ein unhistorisches zu bezeichnen. Die Lebenswelt der Aufklärungszeit wäre schon ein beredter Widerspruch dazu: Das 18. Jahrhundert, vor allem die Spätzeit der Aufklärung, ist ja denn auch das Zeitalter der Bücher und Zeitschriften.[26] Nicht unwichtig ist hier, daß sich desgleichen nicht nur, wie häufig festgestellt, für den allgemeinen Bildungsbereich beschreiben läßt, sondern auch und gerade für Theologie und Religion. Auch hier wird hinsichtlich der gewachsenen Bildungsmöglichkeiten für den jungen Theologen die Verbreiterung des Informations- und Medienangebots konstatiert. Nach EICHHORN mußte SEMLER in seiner Jugend (in den dreißiger Jahren des 18. Jahrhunderts) noch entbehren, was dann später (in den neunziger Jahren) der Allgemeinheit zur Verfügung stand. - *"Denn die gangbarsten und gelesensten von ihnen* [den Büchern, B.S.] *waren ohngefähr die Autoren, welche man in dem armen Bücher-Vorrath eines dürftigen Geistlichen in einer Stadt ohne öffentliche Bücher-Sammlung für einen heranwachsenden Jüngling in jenen Zeiten finden konnte, wo noch nicht wie itzt in den cultivirtern Theilen Deutschlands alle Stände lasen, und legionen von Journalen ganze Bücher-Magazine füllten."*[27] Und Semler selbst schreibt über

---

49-81. (Hier kommt m.E. etwas zu kurz, daß ein bestimmter Teil der Philologie, wenn nicht gar der größte, theologisch motiviert war.)

23 Vgl. R. Vierhaus: Geschichtsschreibung als Literatur im 18. Jahrhundert. In: Historische Forschung im 18. Jahrhundert. A.a.O., S. (416-431) 420: *"Die ebenso falsche wie hochmütige Charakterisierung des 18. Jahrhunderts als unhistorisch bedarf keiner Widerlegung mehr."* - Vgl. auch O. Dann: Das historische Interesse in der deutschen Gesellschaft des 18. Jahrhunderts. In: Historische Forschungen. A.a.O., S. (386-415) 387. - Anders schon W. Dilthey: Das achtzehnte Jahrhundert und die geschichtliche Welt. In: Ges. Schr. Bd. 3 (1925). S. (220-3022) 224. und abwägend E. Fueter: Geschichte der neueren Historiographie. München u. Berlin 1911 (Handb. d. mittelalterl. u. neueren Gesch. 1). S. 338ff. - Vgl. B. Seidel: Bibelkritik in der Aufklärung. Stationen auf dem Wege zur Pentateuchquellenscheidung. In: WZ Halle (G-Reihe) 38 (1989) S. (81-90) 81f.

24 Vgl. H. Möller: Vernunft und Kritik. Frankfurt a.M. 1986. S. 157: Das historische Empfinden ist das *"Zeit- und Epochengefühl der Aufklärer."*

25 Dieser Bereich der Vorgeschichte der Aufklärung soll hier nicht erörtert werden. Siehe aber: Paracelsus, Laurentius Valla! (1407-1457), I. La Peyrère. (s.u.) - Vgl. auch N. Hammerstein: A.a.O., S. 435.

26 Vgl. B. Fabian: Im Mittelpunkt der Bücherwelt. In: Wissenschaften im Zeitalter der Aufklärung. Hrsg. v. R. Vierhaus. Göttingen 1985. S. 249-274. Siehe hier die Ostermeßkataloge S. 249f.

27 Eichhorn: Johann Salomo Semler. geb. am 18ten Dec. 1725. gest. am 14ten März 1791. In: ABBL 5.1 (1793) S. (1-202) 6.

seine Studien in seiner Jugend, daß das Lesen des GROTIUS, CLERICUS und R. SIMON bestraft wurde.[28]
Die steil anwachsende Medienvielfalt des 18. Jahrhunderts selbst ist der Spiegel der Gesellschaft und ihrer geistigen Inhalte und Freiheiten. -
Die Geschichtswissenschaft ist ein konstitutiver Bestandteil der Aufklärungsbewegung. HERDER gilt als Schöpfer des Historismus oder jedenfalls als Konzipient seiner Grundlagen.[29] Nach E. TROELTSCH - und das sicher zu Recht - ist unter *"Historismus"* die *"grundsätzliche Historisierung unseres Denkens und Wissens"*[30] zu verstehen, und in keiner Epoche der geistesgeschichtlichen Entwicklung in der Neuzeit ist ein so radikaler Aufbruch zur historischen Relativierung aller Kultur zu verzeichnen wie in der Aufklärung.[31] Historismus ist nach F. MEINECKE in der Beschreibung von K. KUPISCH die 'Anwendung der historischen Bewegung seit Beginn der Aufklärung auf die Lebensprinzipien`. Und *"Diese Lebensprinzipien sind gewonnen worden durch den um die Mitte des 18. Jahrhunderts einsetzenden Umschwung von einer doktrinär-mechanischen zu einer dynamischen Ansicht des Daseins."*[32] Gerade diese Anwendung eben leistet die Verbindung von Individualität und universaler Schau der Kultur. Das hat nichts zu tun mit rationalistischer oder naturalistischer Religions'kritik`, es wird vielmehr zur 'Beobachtung` der Religion als Bestandteil des Menschlich-kulturalen, das in seinen Ur- und Anfangsbedingungen zu erfassen ist. Nicht umsonst interes-

---

28 Vgl. J.S. Semler: Lebensbeschreibung von ihm selbst abgefaßt. Erster Theil. Halle 1781. S. 258: *"Solte ich auch blos unwillig seyn, über Richard Simon und über den Clericus, dieweil es gleichsam die Gewonheit der theologorum in Teutschland bisher war? Wie man das Lesen des Grotius wol mit Entziehung mancher Vortheile oder Wohlthaten damalen bestrafte, wenn es bekant wurde, daß ein Studiosus den Grotius zu Hause las?"*

29 Vgl. G.G. Iggers: Deutsche Geschichtswissenschaft. Eine Kritik der traditionellen Geschichtsauffassungen von Herder bis zur Gegenwart. München 1971. S. 43-61. 50ff. - F. Meinecke: Die Entstehung des Historismus. 2. Bd. Die deutsche Bewegung. München u. Berlin 1936. S.383-479. 409ff. -

30 E. Troeltsch: Der Historismus und seine Probleme. In: Ges. Schr. Bd. 3 (1922). S. 9.

31 Ich glaube nicht, daß Trillhaas (A.a.O. S. 519) recht hat, wenn er behauptet, daß die Aufklärung versuche, der *"Relativität des Geschichtlichen dadurch zu entrinnen, daß sie auf das 'Überzeitliche` sann"*. Sicher wollten die Aufklärer in der Theologie das 'locale und blos temporelle` (Semler u. Eichorn) biblischer Aussagen von dem überzeitlichen Evangelium des 'reinen Christenthums` unterscheiden, jedoch kann von einem Entrinnen nicht die Rede sein. Mit der 'Ewigkeit` und der 'Wahrheit` geht man doch schon - zumindest im Bereich der Wissenschaft - sehr bescheiden um. (Vgl. Eichhorn: Johann David Michaelis. In: ABBL 3.5, 1791, S. 827-906). - Was T. meint, trifft dann mehr für den Deutschen Idealismus zu.

32 K. Kupisch: Die Hieroglyphe Gottes. Große Historiker der bürgerlichen Epoche. München 1967. S. 197. - H.E. Bödeker, G.G. Iggers, J.B. Knudsen, P.H. Reill: Einleitung: Aufklärung und Geschichtswissenschaft. In: Aufklärung und Geschichte. S. (9-22) 16f.: *"Der einsetzende Prozeß der 'Vergeschichtlichung`, der Historisierung der Geschichte und der Historisierung des Menschen, war bereits eine theoretische Leistung der Aufklärungshistorie. Das neue Verständnis der Historie als Entstehungsbedingung der Gegenwart, als begründende Herleitung der gegenwärtigen Zustände aus den vergangenen blieb für den Historismus und darüber hinaus maßgebend."* - Der Historismus ist aber nicht als Gegensatz zur Aufklärungshistorie zu verstehen, sondern als weiterführende Modifikation desselben. (Vgl. a.a.O., S. 20).

siert sich HERDER für die *'Aelteste Urkunde des Menschengeschlechts`*, sondern es geht ihm um die ferne Welt unserer eigenen Menschheitsgeschichte. Die *Urkunde*, das Zeugnis der eigenen fernen Geschichte, ist testimonium originalis eben der Einheit von Geschichte und Kultur. Und Urkundenkritik im allgemeinsten und weitesten Sinne - ganz gleich, ob im profanhistorischen und juridischen Bereich[33] oder in der Bibelwissenschaft - ist also Teilhabe an der Botschaft der Vergangenheit, an der Geschichte, wo immer sie ein Teil von uns selbst ist.[34] Freilich steht als unabdingbare Voraussetzung vor dieser spezifischen aufklärerischen Weltsicht eine starke Erweiterung des Informationsvolumens innerhalb der Gesellschaft an Breite und an Tiefenschärfe, wie im Falle der Biographie SEMLERS durch EICHHORN aufgezeigt. Wenngleich das *Verstehen* von Information - und hier rundet sich das Bild - durch relativ konsequente historistische Interpretamente wiederum zur wesentlichen Konstituente der Weltsicht wird. - *Das 'Du` zur Geschichte ist die Leistung der historischen Kritik* - so WEIZSÄCKER, und das trifft m.E. den Kern der Sache: *"Die historisch-philologische Theologie hat an dem zweiten der großen wissenschaftlichen Fortschritte der Neuzeit teil, an der Entdeckung des geschichtlichen Denkens oder allgemeiner der Geisteswissenchaft. Hier besteht die Leistung darin, fremde Individualität, ja fremde Kultur gerade dadurch zu verstehen, daß wir uns nicht mit ihr identifizieren. Eine ungeheure Horizonterweiterung gelingt dieser Denkweise. Das Du wird gerade dadurch zum Sprechen gebracht, daß ich nicht mehr meine, es habe eben das sagen wollen, was ich selbst sagen würde oder zu hören erwarte."*[35] Der Begriff der *'Urkunde`* spezifiziert diesen Satz und macht die historische Kritik zu einer Disziplin am Du der eigenen Geschichte, hält aber Ich und Du auseinander.

Die Aufklärung macht das 18. Jahrhundert zum geschichtlichen Jahrhundert. Dabei ist aber nicht selten erst das 19. Jahrhundert als das historische bezeichnet worden. Nur wird man das keinesfalls bejahen können, wenn das als Bruch zwischen 18. und 19. Jahrhundert verstanden werden muß.[36] Aber letztlich ist das historische Denken auch nicht die 'Erfindung` des 18. Jahrhunderts. In die Geleise der (deutschen) Aufklärung kam wohl das geschichtliche Denken durch LEIBNIZ.[37] Ohne ihn wäre sie wohl einerseits ra-

---

33 Die juristische und juridische Relevanz des Urkundenbegriffes soll hier außer acht gelassen werden. - Aber es dürfte kein Geheimnis bleiben, daß sich eben auch *dieser* Gültigkeitswert des Begriffes mit der von uns verhandelten Problematik der (exegetischen) Urkundenhypothese zusammenfassen läßt unter dem Aspekt der *gültigen Manifestation in der Vergangenheit geschriebener und in der Gegenwart (und Zukunft) zu lesender Textschriftung mit maßgeblichem Wahrheitsanspruch und -wert,* - also Rückbindung des Gegenwärtigen und Vorfindlichen an (s)eine geschichtliche Wurzelung. - Vgl. Zedler: Grosses vollständiges Universal-Lexicon. Bd. 51 (1747) Sp. 151ff.

34 Vgl. Kap. 1. - Auch: J.G. Herder: Aelteste Urkunde des Menschengeschlechts (1774-1776). In Herders sämmtliche Werke. Hrsg. v. B. Suphan. Bd.6 (1883) S. 193-501. u. Bd. 7 (1884) S. 1-171. - Th. Willi: Herders Beitrag zum Verstehen des Alten Testaments. Tübingen 1971 (Beitr. z. Gesch. d. bibl. Herm. 8). S. 60ff. (Vgl. Kap. 4).

35 C.Fr. von Weizsäcker: Gedanken eines Nichttheologen zur theologischen Entwicklung Dietrich Bonhoeffers. In: Ders.: Der Garten des Menschlichen. Beiträge zur geschichtlichen Anthropologie. München 1977. S. (335-355) 342.

36 Vgl. N. Hammerstein: A.a.O., S 433.

37 Über Leibniz hier nichts weiter. Eine Erörterung seines Werkes in diesem Zusammenhang kann nicht geleistet werden, wie denn auch keine Erörterung des

dikal, andererseits vielleicht ein rationalistisch-spekulatives Spiel für intellektuelle Außenseiter geblieben.[38] - Aber: (Und das ist für die theoretische Exegese von entscheidender Wichtigkeit!) Durch die Hinwendung zur historischen Differenzierung wird der Aufklärung in einem gewissen Maße die Ambition zum Universellen, zum 'Synchretistischen`, genommen; die Zusammenschau, die 'Synthese`, ist vorhanden, ist aber extern und *objektiv*, sie ist in der Summe der Individuen[39], sie ist nicht in 'mir`. U. ECO läßt eben dieses Defizit an 'Weisheit` im Europäischen einklagen: *"Der Weise ist nicht derjenige, der diskriminierend unterscheidet, sondern der die Funken des Lichtes zusamensieht, woher sie auch kommen mögen ..."*[40]. - Gewiß ist noch darüber hinaus der Gegensatz von Vielheit und Einheit, von Individualität und System - das geistige Problem der Aufklärungsbewegung in ihren feinen Seitenzweigen. Aber sollte man nicht vermuten, daß gerade darin ein Ideenkern für das Bemühen um eine Zerlegung des Bibeltextes in Urkunden sitzt?! - LEIBNIZ: *Utique delectat nos varietas, sed reducta in unitatem.*[41] - Aufklärung ist somit auch Begrenzung.

Im folgenden wird der dreifache Verwendungssinn der 'Urkundenhypothese` in den wichtigsten Elementen seiner historisch-genetischen Konstitution zu beschreiben sein. Die Verwendung dieses Begriffes ist m.E. (und das soll im Verlauf dieser Abhandlung noch deutlicher werden) der Kernbestand der Zuwendung der Theologie zur historischen Arbeit. Sie wird damit zugleich zur *echten* historisch-kritischen Arbeit, da sie ihr echtes Erkenntnisanliegen in methodisch reflektierter Weise und unter hermeneutischer Abklärung ihres Interesses an den Gegenstand heranlegt. - Es ist deutlich gesagt, was die Theologie will, und nicht nur hier bei J.G. EICHHORN:

> *"Der bloß theologische Gebrauch, welcher von den Schriften des Alten Testaments gewöhnlich gemacht wird, hat bisher mehr, als man denken sollte, verhindert, diese Werke des grauen Alterthums nach Verdienst zu würdigen. Man suchte darin nichts als Religionsideen, und war für ihren übrigen Inhalt blind; man las sie ohne Sinn für Alterthum und seine Sprache, nicht viel an-*

Werkes von Herder. Die hier gegebenen Interpretationen lehnen sich an die aufgeführten oder zitierten Darstellungen an.

38 Vgl. E. Troeltsch: Die moderne Welt. Der deutsche Idealismus. In: Ges. Schr. Bd. 4 (1925) S. (532-587) 536: *"Leibniz war auf allen Gebieten ein rastlos experimentierender und projektierender Reformer, der die westliche Zivilisation in Deutschland durchsetzen wollte und dabei insbesondere auf dem Gebiete der Wissenschaft die mathematisch-mechanische Naturforschung und die historische Kritik nach Deutschland verpflanzte. Allein er hat mit dem monistischen Mechanismus vermöge der religiösen Grundrichtung seiner Persönlichkeit idealistisch-teleologische Elemente verbunden, die dem Ganzen einen neuen Sinn gaben."*

39 Diese Seite der Aufklärung beschreibt gerade die 'Frankfurter Schule`: *"Die Vielheit der Gestalten wird auf Lage und Anordnung, die Geschichte aufs Faktum, die Dinge auf Materie abgezogen."* (M. Horkheimer u. Th.W. Adorno. Dialektik der Aufklärung. Frankfurt a.M. 1969. S. 10.)

40 U. Eco: Das Foucaultsche Pendel. München 1989. S. 212.

41 Zitiert nach P. Hazard: Die Krise des europäischen Geistes. Hamburg 1939. S. 260.

ders, als ein Werk der neuern Zeiten; und mußte nach Verschiedenheit der Geisteskräfte den allerungleichartigsten Erfolg in sich verspüren. " Es komme nun darauf an, den Schriften des AT Gerechtigkeit widerfahren zu lassen und zu zeigen, daß diese Schriften "*die Geschichte der Cultur und Aufklärung eines alten Volks so vollständig beschrieben, wie sie sonst von keinem andern weiter übrig ist; daß sie uns dasselbe in Zuständen zeigten, die bey andern bekannten und weit berühmtern Völkern des Alterthums lange vor dem Anfang ihrer übrig gebliebenen schriftlichen Denkmähler hergegangen, und daß sie zu tausend für Menschen und Menschengeschichte wichtigen Betrachtungen Gelegenheit gäben.* "[42]

Der dreifache Verwendungssinn also der "*Urkundenhypothese*":
(Kein vollständiges Konzept einer Periodisierung in der Geistes- und Theologiegeschichte, aber wesentlichste Stufungen in den Denkvoraussetzungen der modernen Bibelwissenschaft.)

1. Verwendet wird, wie eben angedeutet, die Urkundenhypothese als Prolongation des alten protestantischen Anliegens im Bereich der Schriftlehre.
2. Verwendet wird sie als geschichtswissenschaftlich-hermeneutisches Verstehensparadigma der Voraussetzung historisch-literarkritischer Arbeit.
3. Verwendet wird sie ebenfalls als exegetisch-methodisches Instrument im literarkritischen Vollzug der historischen Exegese.

Exkurs (2). Erwägung zum Einfluß des Pietismus auf die Historisierung von Theologie und Bibelwissenschaft

Eines soll dem noch hinzugefügt werden: Der Einfluß des Pietismus auf diesen Prozeß der Historisierung des theologischen Denkens. Dies läßt sich allerdings schwer beschreiben. Sicher ist, daß der Pietismus nichts geleistet hat, was direkt der historischen Arbeit zuträglich gewesen wäre.[43] Davon kann ausgegangen werden. Der Pietismus war interessiert an einer Bibelfrömmigkeit, die auf die Innerlichkeit und vor allem auf die praktische Übung des Christentums ausgerichtet war. Aber vielleicht liegt hier dennoch auf eine besondere Weise eine 'Mittäterschaft' des Pietismus verborgen.[44] -

---

42 J.G. Eichhorn: Einleitung in das Alte Testament. Erster Band. Vierte Original-Ausgabe. Göttingen 1823. S. III-V. (Vorrede, aus der zweiten Ausgabe). - Vgl. E. Sehmsdorf: Die Prophetenauslegung bei J.G. Eichhorn. Göttingen 1971. S. 20f. 100f. - R. Smend: Wilhelm Martin Leberecht de Wette's Arbeit am Alten und am Neuen Testament. Basel 1958. S. 17.

43 Vgl. W. Gaß: Geschichte der Protestantischen Dogmatik in ihrem Zusammenhange mit der Theologie überhaupt. 3. Bd. Berlin 1862. S. 237: "*Der Pietismus war auf Abwege gerathen, weil er sein besonderes Verständniß der Bibel nur innerhalb des Organs der Erleuchtung hatte gelten lassen wollen; dies führte zu einer doppelten Auffassung, und Francke läßt wirklich die Unterscheidung des buchstäblichen von dem geistlichen Schriftsinn in Hermeneutik übergehen.* "

44 Vgl. P. Kondylis: Die Aufklärung im Rahmen des neuzeitlichen Rationalismus. Stuttgart 1981. S. 563-575. - G. Hornig: In: Handbuch der Dogmen- u. Theologiegeschichte. Bd. 3. Die Lehrentwicklung im Rahmen der Ökumenizität (2.

Denn es kann wohl sein, daß gerade durch diese bedeutsame Bemühung um die Innerlichkeit und Frömmigkeit die Heilige Schrift in einem gewissen Maße vom 'metaphysisch-dogmatisch Literalwert` abgelöst und befreit wird. Den Einfluß des Pietismus auf die Theologie - so wird gelehrt - kann man kaum überschätzen, und auch er hat seinen Einfluß auf die Aufklärung. Und wenn es denn stimmt, daß der Erbauungswert *zu ungunsten* des gerade in der Orthodoxie ausgebauten Literalwertes hervorgehoben wird und stark dominiert, dann ist es nicht schwer vorstellbar, daß eben hierin der Pietismus seine Verdienste an der historischen Erforschung der Bibel hat: Indem den orthodox Interessierten (*metaphysischer Literalwert*) die Tür von den Pietisten zugeschlagen wird, da diese nicht 'dogmatisch`, sondern 'erbaulich` lesen wollen, - wird sie doch gleichwohl den Historikern (*Urkundenwert*) aufgetan, die nun für sich den herrenlos gewordenen Literalsinn (sensus genuinus) okkupieren können.[45] Die Entwicklung der Naturwissschaft profitiert in dieser Art nach KONDYLIS eben gerade von der 'anti-scholastischen` Interpretation.[46] Der *Quellencharakter* der Schrift bleibt erhalten, aber er verrutscht durch die Preisgabe der Bibel an Gefühl und Erbauung - quasi auf dem Wege durch die Hintertür - vom Transzententen hin zum historisch Kontingenten. Aber dennoch gilt grundsätzlich für den Pietismus, daß er *keinen echten* Verdienst hat an der Historisierung des Denkens in der Theologie.[47]

Anhang: SIGMUND JACOB BAUMGARTEN[48]

Der Hallenser und Lehrer SEMLERS, BAUMGARTEN, wird wie kaum ein Theologe des 18. Jahrhunderts für die Historisierung der Theologie und die Einführung der historischen Kritik in die Bibelwissenschaft verantwortlich gemacht. Das soll hier nicht grundsätzlich für falsch erklärt werden, aber hierdurch zeigt sich auch, daß tradierte Weisheiten der Forschungsgeschichte

---

Lehre und Bekenntnis im Protestantismus) Göttingen 1984. S. (71-146) 102ff. 114f. - E. Peschke: August Hermann Francke und die Bibel. In: Pietismus und Bibel. Hrsg. v. K. Aland. Witten 1970 (AGP 9). S. 59-88.

45 So einhellig ist allerdings der Pietismus in dieser Sache auch nicht. Siehe Bengel. - Vgl. M. Brecht: Johann Albrecht Bengel und der schwäbische Pietismus. In: Pietismus und Bibel. A.a.O., S. 193-218. 194. - Hornig: A.a.O. (Handbuch), S. 110.

46 Für die Naturwissenschaft kann das nach Kondylis, a.a.O., S. 564, so gelten: *"Indem die Bibel als Quelle der Erbauung bzw. als Ausgangspunkt oder Orientierungsrahmen zur Entdeckung wahrer persönlicher Religiosität betrachtet wurde, blieb die neuere Naturwissenschaft in ihrem Bereich praktisch unangefochten, was im allgemeinen als erfreuliche Annäherung bzw. gegenseitige Ergänzung beider Gebiete gutgeheißen wurde, trotz vielfachen Sträubens konservativer Protestanten gegen das, was sie als Gefährdung der Religion schlechthin durch Fortschritte der Naturwissenschaften ansahen."*

47 Vgl. Hornig: A.a.O. (Handbuch), S. 114.

48 Baumgarten. Geb. 1706 in Berlin. Gest. 1757 in Halle. - Vgl. ADB (G. Frank): Bd. 2 (1875) S. 161. - Vgl. M. Schloemann: Siegmund Jacob Baumgarten. System und Geschichte in der Theologie des Übergangs zum Neuprotestantismus. Göttingen 1974 (FKDG 26). - Ders.: Wegbereiter wider Willen. Sigmund Jacob Baumgarten und die historisch-kritische Bibelforschung. In: Historische Kritik und biblischer Kanon. S. 149-155. - W. Sparn: Vernünftiges Christentum. In: Wissenschaften im Zeitalter der Aufklärung. S. 18-57. - G. Hornig: Lehre und Bekenntnis im Protestantismus. In: Handbuch der Dogmen- u. Theologiegeschichte. Bd. 3. Die Lehrentwicklung im Rahmen der Ökumenizität. Göttingen 1984. S. 71-146. - Ders.: Hermeneutik und Bibelkritik bei Johann Salomo Semler. In: Historische Kritik und biblischer Kanon in der deutschen Aufklärung. S. 219-236.

oft trotz neuerer wissenschaftlicher Prüfung Plätze halten, die sie in der Forschungsgeschichte selbst vielleicht weniger als in der Forschungsgeschichts*schreibung* innehaben. - Der Hallenser BAUMGARTEN ist Kind des Halleschen Pietismus, und das heißt - wie Schloemann differenzierend bemerkt - er ist Historiker in der Theologie wider eigenen Willen. BAUMGARTEN ist sicher Wegbereiter des historischen Denkens, da er die Schriftlehre so formuliert, daß die Verbalinspiration so abgemildert wird, daß der Mensch denn schließlich als Verfasser der Schrift gelten kann.[49] Aber er behält die Verbalinspiration! Er verzichtet auf die 'hermeneutica sacra` zugunsten einer allgemeinen Hermeneutik und verfährt mit inspirierten Texten dennoch besonders: Wir finden bei BAUMGARTEN die *"noch zu Semlers Studienzeit vertretenen Thesen, daß für die Überlieferung des biblischen Textes eine besondere providentia dei anzunehmen sei und daß das richterliche Ansehen der Heiligen Schrift auch die 'unverfälschte Richtigkeit` des uns überlieferten Bibeltextes impliziere."*[50] - Er betont die Auslegung in Unabhängigkeit vom kirchlichen Lehrurteil, bleibt aber letztlich dennoch Hallescher Pietist, der gerade in den späteren Jahren mehr Praktisch-homiletisches veröffentlichte bzw. hinterließ als alles andere[51] und auch für die Beibehaltung des Religionseides plädierte.[52] Er soll gerade durch seinen Schüler J.S. SEMLER gewirkt haben, der viel weiter ging als er selbst.[53] Aber JOHANN MELCHIOR GOETZE (Lessing!) und JOHANN CHRISTOPH WÖLLNER (Religionsedikt) waren auch seine Schüler![54] Und das berühmte Buch von R. SIMON 'Histoire critique` hat er mit harten Worten charakterisiert.[55] - Es kann denn wohl sein, daß hinter der Zuordnung BAUMGARTENS zur 'historischen Schule` die Feststellung DILTHEYS steht: *"Derselbe Baumgarten, der die kirchliche Hermeneutik vollendete, ward der Vater der historischen Schule"*[56]. Aber ist dieses definitive Urteil denn richtig?[57] - SCHLOEMANN: BAUMGARTEN geriet an

---

49 Schloemann: A.a.O. (Wegbereiter), S. 153.

50 Hornig: Hermeneutik und Bibelkritik bei Johann Salomo Semler. S. 227.

51 Schloemann: A.a.O. (Wegbereiter), S. 154. - In dieser letzten Veröffentlichung hat Schloemann gerade herausgehoben, daß im Bereich der späten Veröffentlichungen manches noch nicht geklärt ist.

52 Hornig: A.a.O., (Handbuch) S. 130.

53 Vgl. H. Schultze: Orthodoxie und Selbstbehauptung. Zum theologiegeschichtlichen Ort eines spätorthodoxen Theologen. In: Verspätete Orthodoxie. Über D. Johann Melchior Goetze (1717-1786). Hrsg. v. H. Reinitzer u. W. Sparn. Wiesbaden 1989 (Wolfenbüttler Forschungen 45). S. (121-134) 125f.

54 Vgl. W. Sparn: Vernünftiges Christentum. A.a.O., S. 35. - G. Hornig: Orthodoxie und Textkritik. Die Kontroverse zwischen Johann Melchior Goetze und Johann Salomo Semler. In: Verspätete Orthodoxie. A.a.O., S. (159-177) 162.

55 S.J. Baumgarten: Nachrichten von merkwürdigen Büchern. 10. Bd. Halle 1756. S. (491-498) 491: *"Dieses berüchtigte und berümte Buch, welches mit häufigen aus Unwissenheit, Vorurtheil und Neuerungssucht herrürenden Unrichtigkeiten und Irtümern sowol als mit nützlichen Untersuchungen und fruchtbaren Nachrichten angefüllet ist, hat soviel Lerm verursachet, und eine solche Menge von Streitschriften veranlasset, daß es eine genauere Kentnis gar wol vedienet."* - Spinozas 'Tractatus` enthalten nach B. *"gottlose Betrachtungen"* (S.J. B., Nachrichten. Bd. 1 [1748] S. [58-69] 64). - Laur. Valla aber erhält Lob, jedoch mehr aus konfessionalistischer Sicht (vgl. a.a.O., S. 417-422).

56 W. Dilthey: Leben Schleiermachers. Bd 2.2. In: Ders.: Ges. Schr. Bd. 14.2. Berlin 1966. S. 625. - Auch bei Schloemann: A.a.O. (Wegbereiter), S. 153. - Wagt denn keiner zu widersprechen??

die Grenze, an den Punkt, "*wo es nur noch durch einen radikalen Umschlag auf bereiter Front unter Abkehr von vielen traditionellen Lösungsversuchen weiter gehen konnte.*"[58]

2.1.2. Das Element der Kultur. Von der Erweiterung des Weltwissens zum Erfassen der kulturalen Diachronie

2.1.2.1. Die ferne Welt

> Hindurchgedrungen durch ein Gewirr von Völkern, Zeiten, Zeichen und Sprachen, wo sind wir? auf welcher Zauberhöhe! Stimmen Gottes, Sagen des Ursprungs tönen umher von allen Hügeln der Vorwelt.
>
> Herder

Die Frage, wie das historische Denken in die Theologie kommt, ist notwendig orientiert an den allgemeinen geistigen Bewegungen der geschichtlichen Zeitspanne, an die sich die Frage hauptsächlich richtet. Die Frage muß gewandelt werden in die Suche nach der Herleitungsmöglichkeit des Differenzbewußtseins zwischen der eigenen Gegenwart (der *eigenen zeitlich-kulturalen Befindlichkeit*) und der Vergangenheit (der *'vergangenen`, fremden zeitlich-kulturalen Befindlichkeit*). - Dabei ist für die Theologie das Verständnis der Bibel gleichsam das Einfallstor für dieses Differenzempfinden.[59] Das protestantische Schriftverständnis (s.o.) hat mit seinem Verbalpurismus diesem Empfinden, wie eben dargestellt, einerseits entscheidend Vorschub geleistet (, weil ja doch verstanden werden *muß*, was denn da geschrieben steht), andererseits auch gegen historisches

---

57 Eichhorn über S.J.B. in: Johann Salomo Semler. geb. am 18ten Dec. 1725. gest. am 14ten März 1791. In: ABBL 5.1 (1793) S. (1-202) 1: "*Was war die Theologie in Deutschland, als er sie aus Baumgarten's Händen zur Pflege übernahm? und was ist sie durch die Art der Pflege, die er zuerst versuchte, und in der ihm andere folgten, in unsrer letzten Zeit geworden?*" Auch Schloemann: A.a.O., (S.J.B.) S. 29. - Dem Urteil Eichhorns ist wohl zu trauen.

58 Schloemann: A.a.O., (S.J.B.) S. 170.

59 Hier hat Scholder eben doch recht: Ursprünge und Probleme der Bibelkritik. A.a.O., S. 82: "*Es gibt kaum ein Gebiet, auf dem sich die Bedeutung der Bibel als Voraussetzung und Folge dieser Einheit* [von altem physikalisch-biblischem und neuem historischen Weltbild, B.S.] *besser zeigen ließe als das der Geschichte.*" - Man beachte aber das Moment der Verzögerung in der Umsetzung von neuer Weltsicht in Weltbild. (Scholder, S. 80.)

Verstehen eine Zeit lang ein Verdikt ausgesprochen. Haltbar war auf die Dauer dieses Verdikt nicht, und die Theologie selbst war (im deutsch-protestantischen Bereich) eine entscheidende Förderin der Aufklärungsbewegung.[60]

Das geschichtliche Denken geht aber der Aufklärung eigentlich voraus[61] und konstituiert sich aus der Vielzahl der Anstöße, die empirische Wissenschaften und erweitertes Weltwissen in die geistige Bewegung einbrachten. Das Weltbild der Bibel (, die verstanden werden *will*), ist denn nun nicht mehr verständlich, wo Erkenntnisse ihm offen widersprechen. Der feste Besitz der Schrift verhindert denn also nicht, daß dieses Buch zu einem fremden Buch werden kann, wo seine mangelnde Übereinstimmung mit der zeitlich-kulturalen Befindlichkeit seines Lesers nicht mehr geleugnet wird oder werden kann. Die Welt ist größer als in der Bibel vorgestellt, und diese kann doch verstanden werden, wenn man sie als Urkunde *'alten` und begrenzten Wissens* nimmt.[62] - Es läßt sich eine Parallelentwicklung beschreiben: Wie das historische Denken im Profanbereich seinen Impuls von 'außen` erhielt durch die Erweiterung des geographischen und ethnologischen Überblicks - die geographischen Entdeckungen -[63], so kann für die Theologie und Bibelwissenschaft ähnliches gelten: Nach dem Vorbild des großen MONTESQUIEU

---

60 Vgl. P. Kondylis: A.a.O., S. 540. - Das Pfarrhaus als *'ideologisches Laboratorium`*!

61 Vgl. N. Hammerstein: A.a.O., S. 435.

62 Grundsätzlich ist aber damit die Auffassung verbunden, daß da, wo keine Schriftüberlieferung auch keine Geschichte auszumachen ist. Die historische Kenntnis hängt an der 'Quelle`. - Vgl. F. Schiller: Was heißt und zu welchem Ende studiert man Universalgeschichte? Eine akademische Antrittsvorlesung. In: Schillers Werke. Nationalausgabe Bd. 17. Historische Schriften. 1. Tl. Weimar 1970. S. (359-376) 375ff. - Vgl. auch K.-H. Hahn: Schiller als Historiker. In: Aufklärung und Geschichte. A.a.O., S. (388-415) 393.

63 G. Pflug: Die Entwicklung der historischen Methode im 18. Jahrhundert. In: DtVjs 28 (1954) S. (447-471) 460:

"Der Impuls für die Erweiterung der historischen Methode kam wiederum von außen. Nach den großen geographischen Entdeckungen der letzten beiden Jahrhunderte entwickelte das 17.Jahrhundert eine reiche Literatur geographischer und ethnologischer Beschreibungen, die in dem Maße, wie sich das Material über die Verschiedenheit der Völker mehrt, immer stärker zu einer allgemeinen Relativierung des sittlichen Bewußtseins führten. " -

Vgl. auch H.E. Bödeker: Reisebeschreibungen im historischen Diskurs der Aufklärung. In: Aufklärung und Geschichte. S. (276-298) 278: *"So nahm das ganze gebildete Deutschland durch die Lektüre von Reisebeschreibungen teil an der Erschließung der geschichtlichen Welt."* - Gleiches gilt aber auch für den 'frühaufgeklärten` Westen. -

Vgl. P. Hazard: Die Krise des europäischen Geistes. La Crise de la Conscience Européenne. 1680-1715. Hamburg 1939. S. 417: *"Falls Ludwig XIV die Briefe gelesen hat, die Pater Prémare aus Kanton an Pater de La Chaise sandte, so hat er annehmen müssen, daß es auf der Welt noch seltsamere Affen gäbe, als die, welche auf den Bildern der Holländer zu sehen waren. Kanton welch wunderliche Stadt! Stellt euch schmale Straßen vor, in denen ein ganzes Volk durcheinader wimmelt; Lastträger, die barfuß gehen und den Kopf mit einem merkwürdigen Strohhut bedecken, der sowohl gegen Regen wie gegen Sonne schützt ... "*. - Vgl. auch K. Scholder: Ursprünge und Probleme der Bibelkritik im 17. Jahrhundert. S. 80.

entwirft JOHANN DAVID MICHAELIS[64], neben JOHANN SALOMO SEMLER[65] wohl der einflußreichste Aufklärungs-Bibelwissenschaftler des zweiten Hälfte des 18. Jahrhunderts, das Buch *"Mosaisches Recht"*, um hier zu einer historischen Relativierung des Bibelwortes zu gelangen.

> MICHAELIS schreibt: *"Sie* [die Gesetze, B.S.] *werden schon denn unserer Aufmerksamkeit würdig, wenn man sie als Gesetze eines sehr entfernten Landes, und Ueberbleibsel der allerältesten gesetzgebenden Weisheit, ansiehet. Ein bloßer Rechtsgelehrter kann damit zufrieden seyn, daß er die Gesetze kennet, die in seinem Lande gültig sind: allein wer über die Gesetze philosophiren, und, um mit einem einzigen Nahmen mehr zu sagen als ich durch lange Umschreibung deutlich machen würde, wer mit dem Auge eines Montesquieu die Gesetze ansehen will, dem ist es unentbehrlich, die Rechte anderer Völker zu kennen; je entfernter an Zeit und Himmelstrich, desto besser.* [...] *So lange man dis älteste Recht der Kindheit der Völker nicht kennet, so ist gleichsam die Genealogie unserer Rechte unvollkommen: ein Mangel, darüber sich der bloße Juriste trösten wird, den aber der Philosophe ersetzt zu sehen wünscht."*[66]

Nicht geringen Einfluß hatte für das Denken der Aufklärung wohl J.J. ROUSSEAU. - Die 'Polyvalenz' der *Natur* als neues Anschauungsparadigma läßt den allgemeinen Kulturbegriff auch nicht mehr sein, wie er einmal war.[67] Natur wird als eine Instanz der Kultur und des Menschlichen angesehen, d.h., er sensibilisiert den Blick für das (kulturell) Fremde, das andere. Gerade der von ROUSSEAU in die geistige Auseinandersetzung der Zeit eingespielte Entwicklungsbegriff im Zusammenhang von Natur, Kultur und der Vorstellung von einem *Kindheitszustand*[68] der Menschheitsgeschichte hat für den Geschichtsbegriff der Aufklärungstheologie seine Folgen. ROUSSEAU selbst leugnete nicht eine Entwicklung als Fortbewegung

---

64 Zu Johann David Michaelis (geb. 1717, gest. 1791) vgl. auch R. Smend: Aufgeklärte Bemühungen um das Gesetz. Johann David Michaelis' "Mosaisches Recht". In: FS H.-J. Kraus: "Wenn nicht jetzt, wann dann?" Neukirchen-Vluyn 1983. S. 129-139. - Ders.: Johann David Michaelis. 1717 - 1791. In: Ders.: Deutsche Alttestamentler in drei Jahrhunderten. Göttingen 1989. S. 13-24. - Anders als das kritische Urteil von R. Smend (jun.) das Wort von P.H. Reill: The German Englightenment and the Rise of Historicism. Berkeley 1975. S. 135: *"The resulting work, Mosaisches Recht (1770-1775), was a masterpiece of its time. It opened new paths to understanding the Old Testament."*

65 Siehe zu Semler auch Kap. 4. - Vgl. G. Hornig: Die Anfänge der historisch-kritischen Theologie. Johann Salomo Semlers Schriftverständnis und seine Stellung zu Luther. Göttingen 1961 (FSThR 8). - Ders.: Hermeneutik und Bibelkritik bei Johann Salomo Semler. In: Historische Kritik und biblischer Kanon in der deutschen Aufklärung. A.a.O., S. 219-236.

66 J.D. Michaelis: Mosaisches Recht. Erster Theil. Dritte vermehrte Ausgabe. Frankfurt a.M. 1793. S. 2f.

67 Vgl. C. Becker: Natürliche Erziehung - Erziehung zur Natur? Kontroverses um Rousseau. In: Idealismus und Aufklärung. Kontinuität und Kritik der Aufklärung in Philosophie und Poesie um 1800. Hrsg. v. Chr. Jamme u. G. Kurz. Stuttgart 1988 (Deutscher Idealismus 14). S. (137-152) 140f.

68 Vgl. Hirsch: A.a.O. Bd. 3. S. 105.

vom Niederen zum Höheren, versteht sie aber vordringlich als vom *Natürlichen* zum *Künstlichen* gehend, und er bestritt diese Bewegung als Wert an sich.[69] Das ist einerseits ein Schlag gegen das Vollkommenheitsbewußtsein der 'Künstlichkeitskultur` und des Zivilisationsfetischismus im 18. Jahrhundert[70], andererseits ist das eine der wesentlichsten Voraussetzungen (auch der Romantik) für das Erfassen der Individualität in seiner Ursprünglichkeit. Das Ursprüngliche ist nicht allein grob und primitiv und schon gar nicht im pejorativen Sinne, seine Grobheit und Primitivität ist vielmehr eine Art 'Reinheit`, die nur dem unverdorbenen Zustand der Ursprünglichkeit, der Ur-Kunde, entspricht.[71] -

Seine, ROUSSEAUS, und die des großen LEIBNIZ[72] Ambitionen zum Geschichtlichen geben der Aufklärung in ihrem deutschen und theologischen Bereich die Zurüstung für eine Widerstandsfähigkeit gegen den puren rationalistischen Vernunftschauvinismus.[73] Die Theologie kann, sofern sie diese Impulse aufnimmt, nicht mehr nur aufklärerisch 'vernünfteln` oder gar versuchen, eine schulphilosphische Verwaltung der metaphysischen Dogmensysteme zu restaurieren. Die Wahrnehmung der Geschichte ist an der Zeit, und das wirft seine Schatten auf die Bibelwissenschaft. Wenn denn also unter geschichtlichem Gesichtspunkt der (alte) Bibeltext nicht mehr vordringlich das Bündel der (metaphysischen) Wahrheit

---

69 A.a.O., S. 103f.: *"Rousseau leugnete weder den geistigen und künstlerischen Fortschritt unter dem Gesichtspunkt der Ausbildung von angelegten Fähigkeiten noch die ungeheure Erleichterung und Verfeinerung des Lebens. Er leugnete nur den Wert von dem allen für Glück und Sittlichkeit. Damit war das Streben des Zeitalters ins Herz getroffen."* - Das eben gilt es zu beachten und nicht zu ignorieren!

70 Vgl. A.a.O., S. 104. - E. Troeltsch: Der Historismus und seine Probleme. A.a.O., S. 18. und Ders.: Die moderne Welt. Der Deismus. In: Ges. Schr. Bd. 4 (1925) S. (429-487) 483: *"Daher sucht auch Rousseau die normale Religion nicht wie Voltaire lediglich in der kultivierten Vernunft, sondern gerade umgekehrt in der einfachen, schlichten und herzlichen Anspruchslosigkeit eines kulturlosen Zustandes, der das Gefühl statt des Verstandes, die einfache Genügsamkeit statt des Kampfes der kultivierten Welt, die Beschränkung auf das Natürliche statt der unnatürlichen Ueberreizung und Künstlichkeit pflegt."*

71 J. u. W. Grimm: Deutsches Wörterbuch. Bd. 11.3 (1936) Sp. (2455-2463) 2457 (Hinsichtlich der Breite der Bedeutung und des Bedeutungswandels unvollständig und inkompetent.) Anders Zedler: Universal-Lexicon. Bd. 51 (1747) Sp. 151ff. - Vgl. die theologisch orientierten Bibliographien Kap. 4.

72 Leibniz wird die Verantwortlichkeit für die Überleitung der westeuropäischen Aufklärung in den deutschen Kulturbereich zugemessen. Er nahm in seinem Wirken der Aufklärung die atheistische Spitze und gab ihr eine *"historisch-teleologische Auffassung"* (E. Troeltsch: Der deutsche Idealismus. In: Ges. Schr. Bd. 4, 1925, S. [532-587] 537).

73 Vgl. Hornig: A.a.O. (Handbuch), S. 126f. - E. Troeltsch: Leibniz und die Anfänge des Pietismus. In: Ges. Schr. Bd. 4 (1925) S. 491-514 (Die liebevollen [!] Worte zeigen nicht gerade undeutlich, wo T.s Herz selbst schlägt.) - P. Hazard: Die Krise des europäischen Geistes. S. 258-280. - L. Krieger: The Philosophical Bases of German Historicism. In: Aufklärung und Geschichte. S. (246-263) 250 (*"Leibniz's way resulted in early German historicism."*).

ist, sondern vielmehr Zeugnis des Glaubens und Lebens (= religiöser Kultur), dann ist es zum hermeneutischen Begriff der Urkundenhypothese nicht weit.[74]

Die Vorstellung vom *Kindheitszustand der Menschheit* - eine Idee, an der ROUSSEAU seinen maßgeblichen Anteil hatte - ist prinzipiell ein geschichtsphilosophisches Paradigma, das die Geschichte der Exegese im 18. Jahrhundert begleitet. Eine Art Wahlverwandtschaft zeigt ihre theoretische Produktivität in der Philosophie wie in der Theologie. Für die Exegese ist tatsächlich diese Voraussetzung, eben jene Vorstellung von einer kultural-diachronen Distanz zu den Ursprüngen der alttestamentlichen Texte, ein konstitutives Element der philologischen Strategie. Deutlich wird das darin, daß der Exeget, sich dankbar der Verwendung eines vorgeprägten historisch-hermeneutischen Sachverhaltes legitim bedienend, eine qualifizierende Interpretation auf den Bibeltext anwendet, die diesen Bibeltext in seinem *Schlichtheitscharakter* beschreibt. Die kindhafte Einfachheit, die dem Text zu eigen sei, entspreche seinem Ursprung in der schlichten Kultur der frühen (*kindhaften*) Menschheit, das zugleich als das sogenannte *'goldene Zeitalter`*[75] angesehen wird.

---

74 Hier darf keinesfalls JOHANN GOTTFRIED HERDER vergessen werden! - Vgl. Ders.: Vom Geist der Ebräischen Poesie. Eine Anleitung für die Liebhaber derselben, und der ältesten Geschichte des menschlichen Geistes. In: Herders Sämmtliche Werke. Hrsg. B. Suphan. Bd. 11. Berlin 1879. S. 444f. u.a.

75 Vgl. Fr.W.J. Schelling: Antiquissimi de prima malorum humanorum origine philosophematis Genes. III. Tübigen 1792. In: Friedrich Wilhelm Joseph Schelling. Werke. Bd. 1. (Historisch-kritische Ausgabe. Reihe I. Werke) Stuttgart 1976. S. (59-100) 64f., Anm. B.: *"Jure hic primus nominamus Grotium, (de jure belli & pacis. L. II. c. 2. §. 4) qui hominum ex aureo seculo transitum describi hoc philosophemate censuit, deinde perill. Herderum in Aelteste Urkunde des Menschengeschl. P. III. &: Ueber den Geist der ebr. Poes. P. I. Lessingium in Comm. die Erziehung des Menschengeschlechts 1780. §. 48. S.R. Flattium in vermischte Versuche 1785. p. 201. Kantium in comm., quam mihi plurimum profuisse testor, Muthmasslicher Anfang der Menschengeschichte in Berl. Monatsschr. Jan. 1786. &, qui novissime hanc explicationem protulit, ill. Eichhornium in Allg. Bibl. der bibl. Litter. P. I. p. 989."* - Die Bezüge sind bei Schelling teilweise falsch (vgl. A.a.O., S. 150ff.), dennoch zeigt die von Schelling in der Magisterschrift gewählte Breite der Berufung auf die Literatur, welche der für die Aufklärungtheologie am Ende des 18. Jahrhunderts wichtigen Geister hierin zusammenstehen. - Hier ist aber noch zu differenzieren: Nicht immer wird das Zeitalter der 'Kindheit` als das 'goldene` angesehen, vielmehr ist es oft das 'silberne` (argentea), in dem man anfängt zu schreiben, um über das 'goldene` zu reflektieren. - Vgl. Eichhorn [Rez.]: [Propst Johann Sigmund Rüdiger:] Die ältesten Urkunden der Hebräer im ersten Buch Mose, für freymüthige Alterthumsforscher, neu übersetzt und erläutert. Stendal [1788]. In: ABBL 1.6 (1788) S. (984-999) S. 991: *"Es ist gewiß, daß die alten Nationen sehr früh über den primitiven Zustand der Menschheit nachgedacht; daß sie diese ihre Kinderversuche in der Philosophie der Menschheit in hohe Bildersprache eingekleidet; und dieselben, ihre Schilderung der aurea aetas, und ihren Uebergang in die argentea, unmittelbar hinter die Kosmogonien gestellt haben."* -
Vgl. auch Ilgen: Die Urkunden des Jerusalemischen Tempelarchivs. S. 403.

2.1.2.2. *Die Urkunde des 'grauen Altherthums`*

Daß dieses Interpretament direkt auf die Exegese angewendet werden kann und auch angewendet wird, wird m.E. in besonderer Weise bei EICHHORN deutlich. Der Text des Alten Testaments kann seinen eingentümlichen Charakter nicht verbergen und gibt Zeugnis von der 'primitiven` Kultur der frühen Menschheit. Was für alle alten Kulturen gilt, das gilt selbstverständlich auch für die Kultur Israels. In einer Rezension zu DITMARS Geschichte der Israeliten von 1788 bemerkt EICHHORN:

> *"Ist es nicht natürlicher und dem Gang des menschlichen Geistes, der sich auf gleichen Stufen der Cultur überall gleich zu bleiben pflegt, angemessener, bey der Entwickelung solcher Vorstellungen* (von der Geschichte Israels, B.S.) *auf die Kinderphilosophie der ältesten Welt zurückzugehen, die sich so tief in die Sprachen einprägt, und in ihnen so lange erhalten hat?"*[76]

Es gehöre auch zu den allgemeinen Bedingungen, daß *"ungebildete Nationen"*, die sich auf der Kindheitsstufe der Kultur befinden, ihre Geschichtsbetrachtung *mythisch* beginnen.[77] - Der Mythosbegriff kehrt ein in die Theologie, sie beerbt hierin die Philologie, die den Begriff vor allem für den Bereich der klassischen Antike gebildet hatte (vor allem bei CHR.G. HEYNE).[78] - Von HERDER her war

---

76 Eichhorn [Rez.]: Geschichte der Israeliten bis auf den Cyrus, zur Ehre und Vertheidigung der Bibel und zur Berichtigung des Wolfenbüttelschen Fragmentisten. Von Theodor Jacob Ditmar. Berlin 1788. In: ABBL 1.6 (1788) S. (959-979) 966. - Vgl. über die Völkertafel bei Eichhorn: Johann David Michaelis. In: ABBL 3.4 (1791) S. (827-906) 851ff.: *"Man betrachtete die Menschen auf der weiten Erde wie die Familie eines Einzigen; und analogisch hielt man wieder jede Nation für eine kleinere Familie, deren Stammbaum in dem Namen eines Einzigen zusammengehe* [...]| *Indessen war es eine Hypothese dem ersten Kindheits-Alter historischer Völkerforschungen völlig angemesssen."* - Vgl. auch Ders. [Rez.]: [J.S. Rüdiger:] Die ältesten Urkunden der Hebräer im ersten Buch Mose, für freymüthige Alterthumsforscher. Stendal 1788. In: ABBL 1.6 (1788) S. (984-999) 991.

77 Eichhorn [Rez.]: Beyträge zur Beförderung des vernünftigen Denkens in der Religion. Achtzehntes Heft. Winterthur 1794. In: ABBL 6.4 (1795) S. (747-752) 748.

Schon auch B.Le B. de Fontenelle: *"Aus diesem Grund gibt es kein einziges Volk, dessen Geschichte nicht mit Mythen beginnt..."* - aber anders als die späteren 'Historiotheologen` meint F.: *"... nur das auserwählte Volk macht eine Ausnahme, bei ihm hat eine besondere Fürsorge der Vorsehung die Wahrheit erhalten."* (Über den Ursprung der Mythen. In: B. Le B. de F.: Philosophische Neuigkeiten für Leute von Welt und für Gelehrte. Ausgew. Schr. Leipzig 1989 [RUB]. S. [228-242] 238.). Mythen seien aber *Irrtümer* (A.a.O., S. 242).

78 Siehe unten. - Vgl. Chr. Hartlich u. W. Sachs: Der Ursprung des Mythosbegriffes in der modernen Bibelwissenschaft. Tübingen 1952 (Schriften d. Studiengemeinsch. d. Ev. Akademien). S. 69ff. - E. Sehmsdorf: Die Prophetenauslegung bei J.G. Eichhorn. Göttingen 1971. S. 16ff. Der Mythosbegriff wird von dem Altphilologen Ch.G. Heyne in die Diskussion gebracht. - Vgl. auch A.E.-A.

der Begriff ohnehin schon im Gebrauch der historisch orientierten Geistesgeschichte, die in der späten Aufklärung mit der Theologie in beständiger Wechselwirkung stand: In einem mythologisierenden Lied versuche der kindliche Geist der altorientalischen Welt, sich die Entstehung des Kosmsos und der Menschengeschichte zu erklären.[79] Auch SCHELLING[80] beteiligt sich hieran. Auch der gemäßigte Deismus[81] ist schließlich eine der Grundvoraussetzungen für die mythische Interpretation des Alten Testaments, denn die Literarkritik setzt ja nirgends anders als bei dem Distanzempfinden zum alten (biblischen) Weltbild ein; die Al-

---

Horstmann: Mythologie und Altertumswissenschaft. Der Mythosbegriff bei Christian Gottlob Heyne. In: Archiv für Begriffsgeschichte 16 (1972) S. (60-85) 82f. - Ders.: Der Mythosbegriff vom frühen Christentum bis zur Gegenwart. In: Archiv für Begriffsgeschichte 23 (1979) S. (7-54) 39f. - Ders.: Art. Mythos, Mythologie II-IV. In: HWPh Bd. 6 (1984) Sp. 283-295. -
Chr. Jamme: Aufklärung via Mythologie. In: Idealismus und Aufklärung. Kontinuität und Kritik der Aufklärung in Philosophie und Poesie um 1800. Hrsg. v. Chr. Jamme u. G. Kurz. Stuttgart 1988 (Deutscher Idealismus 14). S. (35-58) 38ff. (Sehr unzulänglich; sicher ist Mythos das Gegenteil von Aufklärung, wenn man davon ausgeht, daß Mythos = dunkel und Aufklärung = hell ist. Wenn man aber zu sehr in die Philosophie 'abgleitet`, wie J. und die Frankfurter Schule, hat man halt keinen Blick mehr für den *Mythos* in der historischen Interpretation *durch* die Aufklärung!! Und was de Fontenelle über die Irrtümer des Mythos schreibt, ist keinesfalls die ganze Aufklärung! - Vgl. Diestels klärendes Wort zum Mythos: A.a.O., S. 737 und H. Poser: Mythos und Vernunft. Zum Mythenverständnis der Aufklärung. In: Philosophie und Mythos. Hrsg. v. H. Poser. Berlin 1979. S. [130-153] 134ff.).

79 Die Freundschaft Herders mit Eichhorn spricht in allen Auskünften über die gegenseitige geistige Befruchtung gerade auf dieser Strecke der theologischen Arbeit. - Vgl. Th. Willi: Herders Beitrag zum Verstehen des Alten Testaments. Tübingen 1971 (Beitr. z. Gesch. d.bibl. Herm. 8). S. 98. - Herder: Aelteste Urkunde des Menschengeschlechts (1774-1776), s.o. und Ders.: Briefe, das Studium der Theologie betreffend. In: H.s sämmtl. Werke. Bd. 10 (1879) S. 730 - Vgl. R. Haym: Herder. 1. Bd. Berlin 1954. S. 584ff. 590.- K. Scholder: Herder und die Anfänge der historischen Thologie. In: EvTh 22 (1962) S. (425-440) 430ff.

80 Siehe oben die Magisterarbeit Schellings: Antiquissimi de prima malorum humanorum origine philosophematis Gen. III explicandi tentamen criticum et philosophicum. Auctore Frid. Guil. Ioseph Schelling. Tübingen 1792 (Eichhorn [Rez.]: In: ABBL 4.5 [1793] S. 954-956.) und Ders.: Ueber Mythen, historische Sagen und Philosopheme der ältesten Welt. In: Memorabilien 5 (1793) S. 1-68. Abgedr. in: Ders.: Werke 1. (Historisch-kritische Ausgabe. Reihe I. Werke) Stuttgart 1976. S. 193-246.

81 Nicht zu verwechseln mit dem *"antidogmatischen Deismus"* eines Rousseau und eines Lessing (vgl. C. Becker: Natürliche Erziehung - Erziehung zur Natur. A.a.O., S.146). *Gemäßigter Deismus* ist hier notwendig zu definieren als weltanschauliche Grundhaltung, die davon ausgeht, daß die Welt anders 'funktioniert` als nach dem schlichten Weltbild, und auf die Lückenbüßerfunktion Gottes in der Betrachtung der Weltzusammenhänge bewußt verzichtet. - (Ich verdanke einem Hinweis von Th. Zippert die Erkenntnis, daß Herder selbst in bewußt anti-deistischer Option seine geschichtsphilosophischen und theologischen Betrachtungen anstellt: Aus der Nachfolge Leibnizens heraus (Monadologie) stellt Herder fest, daß Gott seine Dynamis nach der Schöpfung nicht aus dem Geschaffenen zurück nimmt!) - Die alten Hebräer aber waren die wahren Deisten! - So Schiller u.a. (Vgl. F. Schiller: Die Sendung Moses. In: A.a.O., Bd. 17. Historische Schriften. 1.Tl. Weimar 1970. S. [377-397] 387).

ten wollten denn - nach EICHHORN - immer *"alles auf die Gottheit unmittelbar"* zurückführen und gemäß dem alten Weltbild *"die Ursachen der Dinge aus einer einzigen Quelle"* ableiten.[82] - Der Begriff *'Mythos`* wird zu einem festen Instrument der Kritik in der alttestamentlichen Wissenschaft, und zwar wesentlich einerseits durch EICHHORNS früheste Pentateucharbeit, die 'Urgeschichte` von 1779[83], andererseits durch die von GABLER in der Neuherausgebe und Interpretation der 'Urgeschichte` von EICHHORN ausgefeilte Definition des Begriffes: Zum Kindheitsalter der Kultur gehöre - so GABLER - eine mythische, d.h. eine *sinnliche Denkart und Sprache*.[84]

Exkurs (3). Die Abgrenzung gegen den Wolfenbüttelschen Fragmentisten

Hier zeigt sich gerade in der Verwendung des Gedankens eines *Kindheitszustandes* die Möglichkeit der Abgrenzung vom Radikaldeismus des Wolfenbüttelschen Fragmentisten[85], der mit einer Urkundenhypothese

---

82 Vollständiges Zitat bei Eichhorn in Nachrichten [über seine Göttinger Antrittsvorlesung, 1788] in: ABBL 2.1 (1789) S. (174-181) 179f.: Überlegungen zur Entstehung der Sprachen: *"Dies geschah zu einer Zeit, wo man aus Unwissenheit noch immer die Ursachen der Dinge aus einer einzigen Quelle ableitete, und alles auf die Gottheit unmittelbar zurückführte. So auch die Verscheidenheit der Sprachen. Nun berachtete man sie aber bey den mancherley Hindernissen, welche sie der Handlung und dem Menschen-Verkehr in den Weg legte, als etwas Nachtheiliges, das nur im Zorn und Widerwillen von der Gottheit könne verhängt worden seyn. Diese Grund-Ideen wurden allmählig weiter in einer Erzählung so lange fortgeführt und ausgebildet, bis sie endlich ein Geschichts-Mythus wurden."* - Vgl. Ders. [Rez.]: Geist der Philosophie und Sprache der alten Welt. Erster Theil, von W.Fr. Hezel. Lübeck u. Leipzig 1794. In: ABBL 6.5 (1795) S. (858-867) 862f.: *"Endlich, was Gott blos zuläßt und nicht gewaltsam hindert, wird von der alten Welt als unmittelbare Wirkung der Gottheit gedacht, so wenig auch diese Vorstellung eines unendlichen Wesens vereinbarlich ist."*

83 Anonym [!]: Urgeschichte. Ein Versuch. In: Repertorium für biblische und morgenländische Literatur (RBML) 4 (1779) S. 129-256. - Vgl. Kap. 6.

84 J.Ph. Gabler gibt E.s Urgeschichte in Bearbeitung und Kommentierung heraus: Johann Gottfried Eichhorns Urgeschichte. Herausgegeben von D. Johann Philipp Gabler. Zweyten Theiles erster Band. Altdorf und Nürnberg 1792. S. 481ff. (S. 482: *"In diesen Mythen darf man also nicht eine Begebenheit gerade so dargestellt erwarten, wie sie wirklich vorgefallen ist; sondern nur so, wie sie dem damaligen Zeitalter nach seiner sinnlichen Art zu denken und zu schließen vorkommen mußte ..."*.) - Vgl. oben Kap. 2.3.2.2. über das Problem des Widerspruchs von mündlicher Tradition und Frühverschriftung aller Tradition.

Vgl. Eichhorn [Rez.]: Dass. In: ABBL 4.3 (1792) S. 482-503.

85 Vgl. die Auseinandersetzungen mit dem Wolfenbüttelschen Fragmentisten: Eichhorn [Rez.]: Uebrige noch ungedruckte Werke des Wolfenbüttelschen Fragmentisten. Ein Nachlaß von Gotthold Ephraim Lessing. Herausgegeben von C.A.E. Schmidt. 1787. In: ABBL 1.1 (1787) S. 3-90 (S. 7: Der Fragmentist - so Eichhorn - gehe mit einem Ideal, nämlich mit einem *"reinen und vollständigen Lehrbegriff"*, um und überanstrenge so den Gegenstand der Kritik, das AT.) - Ders.[Rez.]: Für Christenthum, Aufklärung und Menschen-Wohl. von D.Willh. Fried. Hufnagel. VII Heft. Erlangen 1787. In: ABBL 1.4 (1788) S. 608-617. -

schlicht nicht vereinbar ist, da er die Unbrauchbarkeit der Heiligen Schrift in ihrer historischen Qualität konstatiert.[86] Für die (deutsche) theologische Aufklärung waren Radikaldeismen unbrauchbar[87]; für die Koinzidenz der Kategorien *"historisch nicht authentisch"* und *"unecht"* bzw. *"Betrug"* im Bereich der historischen Analyse war sie nicht zu gewinnen. Gerade hier wird u.a. in der Begegnung mit dem Fragmentisten das hermeneutische Werkzeug der historischen Interpretation und der geschichtlichen Betrachtung von Bibeltexten geschärft. Weil die *nicht authentischen* Texte eben nicht einfach '*falsch*' und deshalb nur obsolet sein können, gilt es, sie in ihrer *Form* zu verstehen. Daher sind hier also im Bereich des Mythosbegriffes die frühesten *formkritischen* Beobachtungen zu verzeichnen.[88] Der in der historischen Kritik erfaßte Abstand vom Text kann nun in der Verwendung eines kritischen Begriffes, dem des *Mythos* oder der *Urkunde*, überwunden werden. Denn (EICHHORN): *"An die Personen des Alten Testaments werden vom Verfasser* [dem Wolfenb. Fragmentisten, B.S.] *eben so überspannte Forderungen gethan. Zuerst träumt er von ihnen, sie müßten übermenschliche Wesen, Heilige der ersten Größe seyn; und wie der darauf bey näherer Beleuchtung seinen Traum von ihnen nicht realisirt findet, haut er sie in Stücken* [...]. *Betrachtet man gar das Alte Testament blos als Urkundensammlung zur Geschichte geoffenbahrter Lehren; sollte aus derselben erlernt werden können, wie sie bey einer Nation erhalten, fortentwickelt und erweitert worden: wer könnte sich nur träumen lassen, daß in ihm lauter Ideale von Tugend und Heiligkeit geschildert werden mußten?"*[89]
Und hier bekommt die Einübung in das geschichtliche Denken im Bereich der Aufklärung auch seine letzte philosophische Tiefenschärfe. - LESSING gibt zwar die Wolfenbüttelschen Fragmente heraus, nimmt aber selbst eine dazu distanzierte Position ein: Vernunft und Geschichte sind inkommensurabel, d.h., die Wahrheit der Offenbarung muß von deren zufälliger und ge-

---

Ders.[Rez.]: Versuch einer Prüfung der fortgesetzten Werke des Wolfenbüttelschen Fragmentisten besonders Abraham betreffend, von C.H. Griese. Jena 1787. In: ABBL 1.6 (1788) S. 1031-1033. - Ders.[Rez.]: Für Christenthum, Aufklärung und Menschenwohl. Von D. Wilhelm Friedrich Hufnagel. Zweyter Band. III Heft. In: ABBL 2.6 (1790) S. 1055-1060. -

Diese Auseinandersetzung kehrt in einer modifizierten Weise im Streit um Kants Hermeneutik wieder. Vgl. Ders.: Vorschläge zur Hermeneutik. In: ABBL 4.2 (1792) S. 330-343. - Ders.: Briefe die biblische Exegese betreffend. In: ABBL 5.2 (1793) S. 203-281. - Außerdem: ABBL 6.1 (1794) S. 52-67. - ABBL 7.4 (1796) S. 713-716. - ABBL 7.6 (1797). S. 1077-1084. (Hier geht es um die rechte Verhältnisbestimmung zwischen Text und Auslegung; es darf eben keine nur moralische Akkomodation des Bibeltextes vorgenommen und dabei die echt historische Auslegung übersprungenwerden! [ABBL 7.4, S. 713ff. und 7.6, S. 1077ff.]).

86 Vgl. Fragmente eines Ungenannten. In: Gotthold Ephraim Lessing. Gesammelte Werke. 7. Bd. Hrsg. v. P. Rilla. Berlin u. Weimar 1968. S. 751-812.

87 Vgl. oben und E. Troeltsch: Die Aufklärung: In. Ges. Schr. Bd. 4 (1925) S. (338-374) 370f.

88 Vgl. J.M. Schmidt: Karl Friedrich Stäudlin - ein Wegbereiter der formgeschichtlichen Erforschung des Alten Testamens. In: EvTh 27 (1967) S. 200-218. Siehe vor allem der Hinweis auf die Prophetenforschung in Verbindung mit Herders und Eichhorns Leistung. - Vgl. auch Scholder: Herder und die Anfänge. A.a.O., S. 431.

89 Eichhorn [Rez.]: Uebrige noch ungedruckte Werke des Wolfenbüttelschen Fragmentisten. Ein Nachlaß von Gotthold Ephraim Lessing. Herausgegeben von C.A.E. Schmidt. 1787: In: ABBL 1.1 (1787) S. (3-90) 26f.

schichtlicher Einkleidung getrennt werden.[90] Und hier eben greift auch LESSING zum Begriff der Kindheit der Menschheit.[91]

Über die Notwendigkeit einer Betrachtung der frühen Kultur als Entstehungsort des Buchstabens kann es keinen Zweifel mehr geben. - Die Schrift (die Bibel) ist dennoch also brauchbar, denn trotz aller Verluste durch die neuzeitlich-rationalistischen Einwürfe: Ihre Betrachtung als "alte Urkunde" erhebt sie wieder - und zwar über den Weg des Empfindens der kulturalen Diachronie - in den Stand des Mediums, das etwas mitzuteilen hat. Man muß die "alte Urkunde" mit dem Maßstab ihrer Zeit messen, und so kann es deutlich werden, daß nur so, nur mit dem Anlegen eines besonderen Maßstabes, die frühesten quellenscheidenden Operationen im Bereich der Älteren Urkundenhypothese möglich werden:

EICHHORN schreibt in seiner frühesten Pentateucharbeit, der 'Urgeschichte`: Das zweite Kapitel der Genesis müsse *"zu einer Zeit verfaßt seyn, wo es noch der Sprache des Urhebers an allumfassenden Ausdrücken mangelte, wo man also Theile nennen mußte, um Begriffe vom Ganzen zu geben; mit einem Wort, in der Kindheit der Welt, wo dem Menschen noch der umfassende Blick mangelte."*[92] - Das 'Denkmahl` stamme aus dem *"grausten Alterthum"*[93], aus der *"Jugend der Welt"*[94], daher herrschen in ihm *"noch sehr unvollkommene, rohe Begriffe von*

---

90 Vgl. M. Bollacher: Lessing: Vernunft und Geschichte. Tübingen 1978 (Stud. z. dt. Lit. 56). S. 116ff. (Hier zum Problem Lessings, der relativen Balance zwischen Orthodoxie und Rationalismus.) und A. Schilson: Geschichte im Horzont der Vorsehung. G.E. Lessings Beitrag zu einer Theologie der Geschichte. Mainz 1974 (TthSt 3). S. 98ff. - H. Graf Reventlow: Die Auffassung vom Alten Testament bei Herrmann Samuel Reimarus und Gotthold Ephraim Lessing. In: EvTh 25 (1965) S. 429-448. - R. Smend: Lessing und die Bibelwissenschaft. In: VT.Suppl. 29 (1978) S. (298-319). 313f.

HAMANN sieht das freilich gänzlich anders: Er meint nämlich, daß *"zufällige Geschichtswahrheiten Ewigkeitstiefe und Gegenwartsbedeutung zugleich haben können"*. (Fr.W. Kantzenbach: Idealistische Religionsphilosophie und Theologie der Aufklärung. In: Idealismus und Aufklärung. A.a.O., S. [97-1149] 106.) - Aber Hamann nimmt, was die Bibelkritik anbelangt, ohnehin eine besondere Haltung ein: Hamann über die Heilige Schrift: *"Jedes Capitel ist eine Geschichte der menschlichen Erlösung."* Und: *"Jede einzelne Traube des göttlichen Wortes ist eine ganze Weinerndte für einen Christen. Alle Wunder sind tägliche Begebenheiten, stündliche Erfahrungen des Lebens in Gott."* (K. Gründer: Figur und Geschichte. Johann Georg Hamanns "Biblische Betrachtungen" als Ansatz einer Geschichtsphilosophie. Freiburg u. München 1958. [Symposion 3]. S. 104.)

91 In: G.E. Lessing. Ges. Werke. A.a.O., S. 812-853. Hier S. 838, §15: *"Ein Volk aber, das so roh, so ungeschickt zu abgezognen Gedanken war, noch so völlig in seiner Kindheit war, was war es für einer moralischen Erziehung fähig? Keiner andern, als die dem Alter der Kindheit entspricht."*

92 Eichhorn: Urgeschichte. In: RBML 4 (1779) S. (129-256) 177. Weiter: *"Zu der Zeit gleicht die Sprache einer Malerey, die auch alles einzeln in Theilen vorlegt."*

93 A.a.O., S. 174.

94 A.a.O., S. 184.

Gott"[95] vor. Diese Urkunde sei also aufgrund ihres hohen Alters, ihrer Anciennität/antiquitas, die sie in die früheste Kindheitsgeschichte der Menschheit datieren läßt, in ihrem besonderen literarischen Charakter zu erkennen. Das Unvermögen der Menschen in der frühen Zeit, zu einer glatten und abgerundeten Darstellung zu gelangen, gibt der Urkunde den Charakter, der es dem Kritiker nun ermöglicht, sie abzugrenzen und historisch zu orten: Der Text erscheint 'defekt`, denn die Schlichtheit der Kunst und des Künstlers bringt mit sich, daß der Text eben nichts vollkommen, sondern "*theilweis*" darstellt.[96] - Die Interpretation des defektiven Textes ändert sich bei Eichhorn später; er erwägt in der Weiterentwicklung der Theorie die Ansicht, der besondere Charakter des Textes käme dadurch zustande, daß er als ein 'Auszug` einer alten Vorlage eben *nicht alles* Material, sondern lediglich eine - mehr oder minder geschickte - *Auswahl* biete.[97]

Auch bei KARL DAVID ILGEN findet sich der Umgang mit diesem Interpretament, dem 'Kindheitsalter` bzw. dem 'Jugendalter der Menschheit`. Man müsse - so ILGEN - sich in das Kindgemäße hineinversetzen, um den Charakter der alten Urkunden verstehen zu können:

> "*Um diese Schriften recht zu verstehen ist nöthig:*
> *1.) daß man das Jugendalter der Menscheit studirt: dies kann man*
> *a.) wenn man unerzogene Kinder fleißig beobachtet* [...?]
> *b.) Wenn man den Charakter, Sitten, Gewohnheiten,*
> *Gebräuche der heutigen Völker sich bekannt macht,*
> *vorzüglich der* [...?] *der Südländer.* |
> *2.) Muß man sich mit der Geschichte des Orients bekannt machen. Kein Volk ist in seim Charakter, Sitten und Gewohnheiten im ganzen sich durch alle Zeitalter so gleich geblieben, als die Asiatischen Völkerschaften. Wenn man also die heutigen Araber z.B. kennt, so kennt man ziemlich ebendieselben Völker zu Zeiten Mosis.* "[98]

---

95 Ebd.

96 A.a.O., S. 178. 181. 191. - Vgl. B. Seidel: J.G. Eichhorn. Konstruktionsmechanismen in den Anfängen einer historisch-kritischen Theoriebildung. In: WZ Halle (G-Reihe) 39 (1990) S. (79-87) 81.

97 Eichhorn: Einleitung in das Alte Testament. Bd. 3. Vierte Original-Ausgabe. Göttingen 1823. S. 62. - In den späteren Modifikationen, wo Eichorn von der Verfasserschaft des ersten Kapitels der Genesis durch Mose abrückt und den Verfasser der Quellen im "Zusammenordner" sieht, bleibt doch grundsätzlich die Vorstellung von der ursprünglichen Schlichheit des Textes erhalten: Es gehöre eben generationenlange Übung dazu, die Geschichte des Volkes zu zeichnen, und diese konnte in der frühen Zeit nicht vorhanden sein. Vgl. Einleitung. A.a.O., S. 38.

98 Ilgen: Ms Einleitung in das A.T. Port. 150.4. S. 299f. - Letztlich ist dieser Begriff bei fast allen, von Lessing bis Ilgen, vorhanden. Und die Vorlage von G.L. Bauers 'Entwurf einer Einleitung` hat sie selbstverständlich auch. Daher kann und muß man annehmen, daß Ilgen hierbei auf eine 'Beerbung` Bauers für seine Einleitung gar nicht angewiesen war. - Vgl. Bauer: Entwurf einer Einleitung. S. 268: "*Sie* [die Schriften der Bibel] *sind im Geiste der alten Welt geschrieben, natürlich, ungekünstelt, ohne Schmuck und Beredsamkeit, und es sind Begriffe in ihnen herr-*

Die allgemeine Vorstellung von der Schlichtheit der alten Urkunde ist hier konkret die Voraussetzung für eine exegetische Operation, die zur Urkundenhypothese greifen kann, - nicht weil sie ihr als philologisches Entdeckungsobjekt gleichsam in die Hände fällt, sondern weil sie von der geschichtlichen Hermeneutik dafür prädisponiert ist.[99]

2.2. Stationen auf dem Wege zur 'Urkunde'. Theorieentwicklungen

2.2.1. Die kleinen Anläufe.

Anachronismen im Alten Testament und die Vielfalt der Textüberlieferung

Das geistige Fundament für die ausgeführte theoretische Urkundenhypothese im Umfeld EICHHORNS und ILGENS besteht, wie oben dargestellt, einerseits in den Weltbildveränderungen und Denkentwicklungen, die im protestantischen Bereich der Theologie das besondere Anliegen der Schriftlehre via sensus historicus in das geschichtliche Denken der Aufklärung und in dessen Aufgipfelung im Historismus überführen, andererseits aber auch in einem gewissen Maß an ausgeformter Theoriebildung. Während der eine Aspekt des Fundamentes sich kaum bestimmten Personen zuweisen läßt - man kann sie nur herausheben und paradigmatisch geistige Entwicklungen aufzeigen - , so verhält es sich nach Maßgabe der anderen Option, also hinsichtlich der Weitergabe von Ideen und Theorien, also in der Wissenschaftsentwicklung anders. Hier kann man sehr wohl das Werk von Personen benennen und deren Leistung für die ausgeformte Bibelkritik beschreiben.

Für das Reformationszeitalter kann das aber so nicht gelten. Nicht nur, weil die geistigen Prozesse, die zur Bibelwissenschaft führen, ohnehin erst später einsetzen, sondern auch, weil die Orientierung der Theologen eine ganz andere war. - Aber wenn es gerade um den direkten Einfluß der Reformation

---

schend, welche dem Kinderalter der Welt eigen sind." - A.a.O., S. 269: *"Wer diese Schriften recht lesen und verstehen will, der muß sie a) im Geist der alten Welt lesen, das ist, sich in die frühern Zeiten der noch uncultivirtern Menschen, in ihre Denkungsart, Ideen und Lage ganz versezen, und unser Zeitalter, Begriffe und Sitten vergessen."*

99 Was hier nicht berücksichtigt werden kann, ist die 'Reichshistorie`, die mitsamt ihrer Vorgeschichte freilich auch zu den Vorbedingungen der quellenscheidenden Bibelwissenschaft in der Aufklärung wird. Aber die Verknüpfungen dieser Dinge kann wahrscheinlich nur sehr allgemein beschrieben werden. - Vgl. N. Hammerstein: Reichs-Historie. In: Aufklärung und Geschichte. A.a.O., S. (82-104) 100 (Es wirken nach Hammerstein das *'Instrumentarium`* und das *'Problembewußtsein`* der Reichshistorie nach.)

der Reformatoren auf die Entwicklung der historischen Kritik geht, dann ist zu fragen, ob denn nicht über die Weltbildveränderungen[100] des 17. Jahrhunderts hinaus der geistigen Bewegung des *Humanismus* dafür eine gewisse Mitverantwortung beizumessen ist. Es ist in der Tat so, daß die Reformatoren, wo sie denn in diesem unserem Sinne '*kritisch*` werden, es als '*Humanisten*` oder jedenfalls aus ihrer prinzipiellen Bindung an die Bewegung des Humanismus tun.[101] Hier allerdings ist der sogenannte 'linke Flügel der Reformation` zu nennen, wenn denn diese Klassifikation sachgemäß ist.[102] Nicht zu verkennen ist aber auch, daß sich der Unterschied zwischen Wittenberg und Genf hierin ebenfalls niederschlägt, denn Calvin hat der allegorischen Auslegung deutlich mehr gewehrt. Er hat auch in weit größerem Maße die bibelkritischen Vorarbeiten des mittelalterlichen Judentums berücksichtigt.[103]
Aber man soll sich nicht täuschen lassen: zwischen der reformatorischen Theologie und dem 'christlichen Humanismus` besteht eine nicht geringe Kluft.[104] Die Reformation selbst löste - zumindest im protestantischen Einflußbereich, aber sicher auch darüber hinaus - nur den *Anspruch* auf eine weitere Klärung der Problematik aus. Schon bei MELANCHTHON[105] und vor allem bei KARLSTADT[106] findet man die Frage nach der historischen Qualität und Integrität des Bibelwortes. Auch FLACIUS, der ein hohes Alter der Vokalisation des hebräischen Textes anzweifelte[107], ist nicht zu übersehen. Der Anfang neuzeitlicher Bibelkritik aber liegt denn doch *nicht hier*, wenngleich die Quellen der Bibelwissenschaft mit der Reformation verwoben sind.

Die ersten Namen sind die bekannten Namen des mittelalterlichen und Renaissance-Judentums, deren Beobachtungen am Bibeltext durch die Forschungsgeschichte getragen wurden, die aber - wie es den Zeitumständen entsprach - keine Theorien, aber wichtige Vorgaben für spätere kritische Arbeiten wurden.[108] Die

---

100 Siehe oben: Kopernikanische Revolution und cartesianische Revolution. - Vgl. K. Scholder: Ursprünge und Probleme der Bibelkritik. S. 56ff. 131ff.

101 Vgl. A. Westphal: Les Sources du Pentateuque. Bd. 1. Paris 1888. S. 49. - H.Graf Reventlow: Bibelautorität und Geist der Moderne. Göttingen 1980 (FKD 30). S. 89ff. - L.W. Spitz: Art. Humanismus/ Humanismusforschung. In: TRE Bd. 15 (1986) S. 639-661.

102 Vgl. zur Erörterung des Begriffes bei H. Graf Reventlow: Ebd.

103 Kraus: A.a.O., S. 12f.

104 Vgl. Spitz: A.a.O., S. 652.

105 H. Sick: Melanchthon als Ausleger der Bibel. Tübingen 1959 (BGbH 2). S. 44: *"Denn so ist seine Meinung, ein Text hat immer nur einen einfachen Sinn, ob durch den direkten Wortlaut ausgedrückt oder durch besondere Redefiguren. Um diesen einfachen Textsinn zu ermitteln, bedarf es einer wissenschaftlichen Methode, der die Auslegung unterworfen ist."*

106 Vgl. Westphal: A.a.O., S. 50f. - Holzinger: Einleitung in den Hexateuch. Freiburg u. Leipzig 1893. S. 29f. - Kraus: A.a.O., S. 28-31.

107 *'Clavis sripturae sacrae`* 1567. - Vgl. Hirsch: A.a.O., S. 222. - Kraus: A.a.O., 36f. 83.

108 Allerdings wurden die jüdischen Arbeiten später intensiv studiert und verarbeitet. - Vgl. S. Zac: Spinoza et l'interprétation de l'écriture. Paris 1965 (B.P.C. Hist. d.l. philosophie et philos. générale). S. 16. 37f. 39. - J. Steinmann: Richard Simon et les origenes de l'exégèse biblique. Paris 1960. S. 42. 98. - H. Graf Re-

Namen sind unter anderen vordringlich: IBN ESRA[109], RABBI JIZCHAQ[110], RABBI DAVID KIMCHI[111], ABRABANEL[112], ELIAS LEVITA[113]. - Ihre Beobachtungen richten sich auf die Anachronismen im Alten Testament, vor allem aber auf die Frage nach dem Alter der hebräischen Vokalisation. Denn mit dem Zweifel an der Ursprünglichkeit der Vokalzeichen im Text ist dessen Sicherheit problematisiert. Aber der inspirierte Text *muß* sicher und unzweideutig auch in seinem Ursprung sein, soll die *alte* Anschauung von der Heiligkeit der Schrift weiter Bestand haben. Und läßt sich das Problem der Vokalisation nicht im Sinne der alten Prämissen lösen, muß sich zwangsläufig unter der Maßgabe des neuzeitlich-rationalistischen Denkens die Tür zur historischen Interpretation öffnen. Nach dem zutreffenden Urteil von HOLZINGER aber setzt hier noch nicht die Kritik am Alten Testament ein - die jüdische Theologie bleibt vielmehr ein Vorbote der Bibelkritik: *"Die jüdische Theologie* [...], *in welcher* [...] *doch auch eine leichte Unsicherheit in Einzelheiten zu bemerken ist, war bemüht, die Tradition gegenüber von Schwierigkeiten, die man erkannte, zu rechtfertigen. Zur Erklärung auffallender Erscheinungen wird der mangelhafte Zustand der von Esra benutzten Manuskripte beigezogen oder aber wird kurzerhand auf die Notwendigkeit der in der*

---

ventlow: Wurzeln der modernen Bibelkritik. In: Historische Kritik und biblischer Kanon in der deutschen Aufklärung. S. (47-63) 48.

109 Abraham Ibn Esra aus Toledo. Geb. 1089 in Toledo. Gest. 1167 [?]. - Vgl. L. Diestel: Geschichte des Alten Testaments in der christlichen Kirche. Jena 1869. S. 197. 253. - Westphal: A.a.O., S. 30-37. - H. Holzinger: A.a.O., S. 28f. - A. Grabois: L'exégèse rabbinique. In: Le Moyen Age et la Bible. Hrsg. v. P. Riché u. G. Lobrichon. Paris 1984 (Bible de tous les temps 4). S. (233-260) 237ff. - Enzyklopädist mittelalterlich-jüdischer Gelehrsamkeit; Zweifel am Alter der hebräischen Vokale.

110 Rabbi Salomo Jizchaq [Jizchaki] = RASCHI. Geb. 1040 in Troyes. Gest. 1106 [?]. - Vgl. Diestel: A.a.O., S. 197. 199. - Westphal: A.a.O., S. 29 Anm. - Holzinger: A.a.O., 28f. - A. Grabois: L'exégèse rabbinique. In: A.a.O., S. 249-252 (S. 249: *"... été sans doute le plus important et le plus célèbre exégète juif au Moyen Age."*)

111 Rabbi David Kimchi = RADAK. Geb. 1160 in Narbonne. Gest. 1235. - Vgl. Diestel: A.a.O., S. 197. 322. - A. Grabois: L'exégèse rabbinique. S. 239ff. (S. 239: *"Par ses méthodes de travail, il peut être considéré le continateur d'Abraham Ibn Esra."*).

112 Don Isaak Abrabanel [Abarbanel, Avravanel] aus Lissabon. Gest. 1405. - Vgl. Diestel: A.a.O., S. 197. 322. 356. - Westphal: A.a.O., S. 37. - Holzinger: A.a.O., S. 31f. - Für R. Simon wird gerade A. zum Kronzeugen der 'Urkundenhypothese`, denn *"c'est à lui que Richard Simon doit bon nombre de ses plus ingénieuses pensées. Ce qu'il lui doit surtout, c'est sa fameuse théorie des prophètes ou écrivains publics, qui sont censés avoir eu, durant tout le cours de l'histoire des Hébreux, la haute main sur les archives d'Israel."* (R. Simon: Histoire critique. S. 26. 536f., auch Westphal, S. 37.)

113 Elias Levita. Geb. 1469 bei Nürnberg. Gest. 1549 in Venedig. *'Sefer Massoreth Hamassoreth`*. Venedig 1536, Basel 1539 (deutsch unter Verantwortung und Bearbeitung von J.S. Semler, Halle 1772). Später Ursprung der hebräischen Vokalzeichen. - Vgl. Diestel: A.a.O., S. 253. 322. 338. - Westphal: A.a.O., S. 49 Anm. - RE (3. Aufl.) Bd. 3 (1897) S. 616: E.L. übte in der Reformationszeit und danach einen außerordentlich großen Einfluß auf die sich entwicklende protestantische Einleitungswissenschaft aus.

mündlichen Gesetzestradition gegebenen inspirierten authentischen Exegese verwiesen."[114] -

Auch für die christlichen Theologen sind es die einfachen Beobachtungen von Anachronismen, die zum Einstieg in die 'Kritik` veranlassen, und ebenfalls auch die drängende Frage nach dem Alter der Vokalisation des hebräischen Textes. Beide Fragerichtungen lassen sich nicht mehr abwenden und verlangen nach einer befriedigenden Klärung. Drei Katholiken, A. MASIUS[115], B. PEREIRA[116], J. BONFRERE[117], gelangen dabei in unterschiedlicher Modifikation zu einer Art 'Urkundenhypothese` als Konsequenz aus der Überlegung zur fraglichen Verfasserschaft des Mose am Pentateuch: Mose kann nicht ein Zeugnis über seinen eigenen Tod geben; was unter seinem Namen in der Bibel steht, kann und muß denn also auch von anderen geschrieben sein. -

J. MORINUS[118], L. CAPELLUS[119], H. GROTIUS[120] bemühen sich im Wissen um die zahlreichen textkritischen Probleme des Alten Testamentes um ein philolo-

---

114 Holzinger: A.a.O., S. 27f. - Vgl. auch B.E. Schwarzbach: Les adversaires de la Bible. In: Le Siècle des Lumières et la Bible. Hrsg. v. Y. Belaval u. D. Bourel. Paris 1986 (Bible de tous les temps 7). S. (139-166) 145-147.

115 Andreas Masius/ André Maes (kath.). Gest. 1573 in Kleve. *'Josuae imperatoris historia illustrata.`* Antwerpen 1574. "Urkundenhypothese", M. meint, ESRA habe alte Urkunden kompiliert. R. Simon (Histoire critique du Vieux Testament, 1685) benutzte sein Werk und nennt ihn *"un des plus scavans & des plus judicieux Interpretes de l'Ecriture que nous ayons eu dans ces derniers siecles"* (S. 31). Vgl. Diestel: A.a.O., S. 311f (Textwiedergabe aus Simon bei D. fehlerhaft.).- Westphal: A.a.O., S. 50f. - Holzinger: a.a.O., S. 31f. - Kraus: A.a.O., S. 38-40.

116 Bento Pereira (SJ). Lehrer des R. SIMON. Geb. ? Gest. ? (kein biograph. Nachweis). - *'Tomus I-IV commentariorum et disputationum in Genesin.`* Lyon 1594-1600. Von Masius abhängig, aber dennoch etwas konservativer. Vgl. R. Simon: Histoire critique (1685): *"Pererius Jesuite entre aussi dans ce sentiment raisonnable. Ce Jesuite croit qu'on a pris quelque chose des Ouvrages de ces Ecrivains publics"* (S. 31). - Vgl. Westphal: A.a.O., S. 51-53. - Holzinger: A.a.O., S. 32f. - Kraus: A.a.O., S. 40f.

117 Jacques Bonfrère (SJ). Gest. 1643. - *'Pentateuchus Mosis commentario illustratus.`* Antwerpen 1625; *'Josue, Judices et Ruth commentario illustrati.`* Antwerpen 1631. - Das Grundprinzip jeder Urkundenhypotese: Der Text ist *historisch* zu begreifen, also auf der Ebene menschlichen Werkes. D.h. bei B., es könne nicht zulässig sein, anachronistische Unebenheiten aus dem 'prophetischen Geist` des Autors zu erklären: *"non licet Moysi prophetam agendi omnia adscribere"* (Holzinger: A.a.O., S. 33). - Vgl. Diestel: A.a.O., S. 360. 440. - Westphal: A.a.O., S. 53f. - Kraus: A.a.O., S. 44f.

118 Johannes Morinus/Jean Morin (kath.). Geb. 1591. Gest. 1659. - Radikal: Der hebräische Text ist total unzuverlässig; allein die Septuaginta liefert den richtigen Text. - *'Exercitationes biblicae.`* 2 Tle. Paris 1633. 1669. - Vgl. R. Simon: Histoire critique. S. 465: "... *que les Originaux de la Bible; comme s' il n'étoit pas constant que, ces premiers Originaux ont été perdus, & que ceux qui nous restent présentement sont remplis de fautes."* - Vgl. S.J. Baumgarten: Nachrichten von merkwürdigen Büchern. 10. Bd. Halle 1756. S. 18-24. - E.F.K. Rosenmüller: Handbuch für die Literatur der biblischen Kritik und Exegese. Bd. 1. Göttingen 1897. S. 439-462. - Diestel: A.a.O., S. 344-346. - Westphal: A.a.O., S. 54. - Kraus: A.a.O., S. 46f.

gisch-technisches und historisch-exegetisches Verhältnis zur Schrift. 1654-57 erschien in London die Polyglotte des Anglikaners BRIAN WALTON.[121] Dieses Werk liefert nicht nur in seinem kommentierenden Beiwerk[122] die hermeneutische Begründung der Textkritik und technische Anleitung dazu, es liefert auch das, was im 17. Jahrhundert letztlich die historische Bibelbetrachtung voranbrachte: Die prinzipielle Vergleichbarkeit und der Vergleich zwischen den Versionen des Alten Testaments lieferten den augenscheinlichen Beweis dafür, daß der Text eben nicht über den schnellen Weg mit der Wahrheit identifiziert werden kann - die Wahrheit muß denn durch *kritische Auswahl*, und d.h. durch historisches Urteil, eruiert werden. Hier setzt der entscheidende Angriff der 'wissenschaftlichen` Bibellektüre auf ihre erklärte Gegnerin, die starre Inspirationslehre, an. Nach DIESTEL sind eben die "*Unfehlbarkeit*" und die *"perspicuitas des Erkenntnisprinzips"* schlicht nicht mehr vereinbar mit der besseren *"Kenntnis der von der Masora überlieferten verschiedenen Lesarten und durch die Vergleichung des hebräischen Textes mit den Uebersetzungen"*.[123]

---

119 Ludwig Capellus/Louis Capell (reformiert). Geb. 1585. Gest. 1658.- Gemäßigt: Die Vokalisation ist jung, man muß mit der Vielfalt der Bibeltraditionen kritisch umgehen, denn Gott hat sie nicht verhindert, sondern zugelassen. - [Anonym:] *'Arcanum punctationis revelatum.`* Basel 1624. *'Tractatus de punctorum origine.`* Basel 1648. *'Critica sacra.`* Paris 1650 - Der jüngere Buxtorf (RE [3.Aufl.] Bd. 3, 1897, S. 615) greift dieses Werk an, und C. kann sich kaum durchsetzen. - Vgl. E.F.K. Rosenmüller: Handbuch. 1. Bd. (1797) S. 466-483. - Diestel: A.a.O., S. 336. 344. - Westphal: A.a.O., S. 54. - Kraus: A.a.O., S. 47-50. - F. Laplanche: La Bible chez les Réformés. In: Le Siècle des Lumières et la Bible. A.a.O., S. (459-480) 463f. - RE (3. Aufl.): Bd. 3 (1897) S. 718-722.
Über das junge Alter der hebräischen Vokalisation vgl. auch Jacob Perez von Valentia (Gest. 1491), Diestel: A.a.O., S. 205.

120 Hugo Grotius/ de Groot (reformiert). Geb. 1583 in Delft. Gest. 1645 in Rostock. Von der 'critica sacra` des Capellus belehrt. Für G. liegt der reformatorische sensus literalis im sensus *primarius*. Bei G. vereinen sich eine konservative Grundhaltung im Hinblick auf die Verfasserschaft der biblischen Bücher mit einer Ablehnung der radikalen Inspirationslehre.- *'Annotationes ad Vetus Testamentum`*. 1644 (neu herausgegeben von J.C. Doederlein, Halle 1775-76) - Vgl. Diestel: A.a.O., S. 430ff. - Westphal: A.a.O., S. 54. - Kraus: A.a.O., S. 50-53. - H.R. Guggisberg: Art. Grotius, Hugo (1583-1645). In: TRE Bd. 14 (1985) S. 277-280. - H.Graf Reventlow: L'exégèse humaniste de Hugo Grotius. In: Le Grand Siècle et la Bible. Hrsg. v. J.-R. Armorgathe. Paris 1989 (Bible de tous les temps 6). S.141-154. - Ders.: Wurzeln der modernen Bibelkritik. In: Historische Kritik und biblischer Kanon in der deutschen Aufklärung. S. (47-63) 53-56.

121 Vgl. Diestel: A.a.O., S. 350 u.ö. - RE (3. Aufl.): Bd. 15 (1904) S. 532-533. - S.J. Baumgarten: Nachrichten von merkwürdigen Büchern. 8. Bd. Halle 1751. S. 379-404.

122 *'Apparatus.`* 1658 (*Biblicus apparatus chronologico-topographico-philologicus*. Hrsg. v. J.H. Heidegger. Zürich 1673, auch Leipzig 1777, hrsg. von J.A. Dathe). Vgl. Diestel: Ebd. u. RE (3. Aufl.), a.a.O., S. 532.

123 Diestel: A.a.O., S. 319. -

Für die Vergleichsarbeit am alttestamentlichen Text ist aber auch - und nicht zuletzt - das Werk der beiden BUXTORFS, Vater[124] und Sohn[125], ein wichtiges Arbeitsinstrument. Hier verbindet sich aber konservativer Protestantismus (Calvinismus) mit dem Anspruch höchster wissenschaftlicher Akribie. Es ist, so widersprüchlich es auch scheinen mag, da die BUXTORFS mit ihrem Anliegen ja die protestantische 'Schriftorthodoxie` zu stützen angetreten waren - es ist seltsam aber war, daß ihr Werk auch von denen gewinnbringend verwendet wird, die das Gegenteil leisten und die neuzeitliche historische Kritik *fördern* wollten: die Widersprüchlichkeit der textlichen Bezeugung der Masora verstehen und in einer kritischen Analyse zum historischen Verständnis des göttlichen Wortes vordringen.[126] (Was im 17. Jahrhundert die Buxtorfs leisten, hat sein Pendant im 18. Jahundert bei CH.F. HOUBIGANT[127], B. KENNICOTT[128] und G.B. DE ROSSI[129].) -

---

124 Johannes Buxtorf (sen.). Geb. 1564 in Camen/ Westf. Gest. 1629 in Basel. - Vgl. ADB (C. Siegfried): Bd. 3 (1876) S. 668-673. - *'Manuale hebraicum et chaldaicum.`* Basel 1602. - *'Lexicon hebraeo- chaldaicum.`* Basel 1607. - *'Biblia sacra hebraica et chaldaica.`* 4 Bde. Basel 1618-19, dazu (später selbständig:) *'Tiberias sive commentarius masoreticus.`* Basel 1620 (später 1665) - B. nahm die Aufstellung des reichen Materials als Beweis für die Konsistenz des Textes und das hohe Alter der Vokalisation. - Vgl. Diestel: A.a.O., S. 336ff. - RE (3. Aufl.) Bd. 3 (1897) S. 612-614. - Kraus: A.a.O., S. 80f.
Wie B. in der späteren Zeit nur noch J.G. Carpzov (Introductio, 1714-21 u. Critica sacra, 1728).

125 Johannes Buxtorf (jun.). Geb. 1599 in Basel. Gest. 1664 ebd. - Vgl. ADB (C. Siegfried): Bd. 3 (1876) S. 673-676. - *'Lexicon chaldaicum et syriacum.`* Basel 1622. - *'Concordantiae bibliorum hebraicae`*. Basel 1632 (vom Vater angefangen). - *'Lexicon chaldaicum, talmudicum et rabbinicum.`* Basel 1639 (vom Vater angefangen). - *'Dissertation de litterarum hebraicarum genuina antiquitate.`* Basel 1643 (gegen Capellus). - *'Tractatus de punctorum`*. Basel 1648 (gegen C.). - *'Anticritica seu vindiciae veritatis hebraicae`*. Basel 1653 (gegen C.). - Vgl. E.F.K. Rosenmüller: Handbuch. 1. Bd. (1797) S. 484f. - Diestel: A.a.O., S. 336f. 445. RE (3. Aufl.) Bd. 3 (1897) S. 614-616.

126 Vgl. E.F.K. Rosenmüller: Handbuch. 1. Bd. (1797) S. 479. - Diestel: A.a.O., S. 347, Anm. - Kraus: A.a.O., S. 47ff. Vgl. auch R. Simon: Histoire critique. S. 479: *"Plusieurs Protestans, principalement dans l'Allemagne, ont suivi entierement les opinions des deux Buxtorfes, & n'ont fait presque autre chose que copier leur Livre, en changement seulement leur méthode."*

127 Charles Francois Houbigant (Oratorianer). Geb. 1686. Gest. 1784. *'Biblia hebraica cum notis criticis et versione latina ad notas criticas facta.`* 4 Bde. Paris 1743-54. - Sein Werk wird von der deutschen und protestantischen Forschungsgeschichtsschreibung sehr gern übersehen; Diestel, Geschichte des Alten Testaments, nennt ihn nicht. - Vgl. Eichhorn: Einleitung. 2. Bd. 4. Aufl. Göttingen 1823. S. 699f. - M. Hadas-Lebel: Le P. Houbigant et la critique textuelle. In: Le siècle des Lumières et la Bible. S. 103-112.

128 Benjamin Kennicott (Anglikaner). Geb. 1718. Gest. 1783. - *'Vetus testamentum hebraicum cum variis lectionibus.`* 2 Bde. Oxford 1776-80. - Vgl. Eichhorn: Einleitung. 2. Bd. 4. Aufl. Göttingen 1823. S. 700. - E.F.K. Rosenmüller: Handbuch. 1. Bd. (1797) S. 502-524. Bauer: Entwurf einer Einleitung. S. 231. - W. Gaß: A.a.O., 3. Bd. (1862) S. 237. - Diestel: A.a.O., S. 593f.

129 Giovanni Bernardo de Rossi (kath.). Geb. 1742. Gest. 1831. - *'Variae lectiones Veteris Testamenti`* 4 Bde. Parma 1784-88 (Suppl. 1798) Neu: Amsterdam 1969/70 in 2 Bden. - *'Scholia critica.`* Parma 1798. - Vgl. Eichhorn: Einleitung.

Überhaupt ist die - ob nun *für* die historisch-kritische Exegese oder *gegen* sie gestellte - große Gelehrsamkeit der Bibelwissenschaft im 17. Jahrhundert, die das rabbinische und talmudische Material und die orientalischen Versionen kenntnisreich sammelte und vorstellte, ein wesentlicher Beitrag zur Entstehung der Bibel*wissenschaft*. Denn letztlich kann nur die Einsicht in die historisch-geschichtliche Vielfalt des Bibelzeugnisses sensibel machen für *das* Bibelverständnis, das dann hundert Jahre später zur Literarkritik führte. Wenn denn nämlich die Textüberlieferung des Alten Testaments unter der Maßgabe menschlicher Fehlbarkeit und geschichtlicher Kontingenz steht, so kann dann die Sicht der historisch-literarischen Differenz zwischen den einzelnen "*Text-Denkmahlen*" (EICHHORN/ILGEN) später auch nur auf den Weg zur Literarkritik und d.h. zur 'Urkundenhypothese` führen. Aber auch unter den Theologen, die eine philologisch-*historische* Exegese ablehnen, ist, wie nicht nur das Beispiel der BUXTORFS zeigt, in vergleichbarem Maße die philologische Fleißarbeit anzutreffen: so bei J. COCCEJUS.[130] -

Die Entstehung der Bibelwissenschaft bzw. der Bibelkritik läßt sich nicht datieren, und es ist auch kaum möglich, in einem der bekannten Namen den 'Anfänger` zu suchen. Die Bibelkritik geht zurück in die vor-aufgeklärte Zeit und kristallisiert sich um konkrete Entdeckungszusammenhänge, wie oben dargestellt. Dabei sind die Entdeckung der einfachen Anachronismen (wie Gen 12, 6 u.ä.) und die erweiterte Kenntnis der Textgeschichte für die frühe Zeit die Tür der Wissenschaft. Weder Protestantismus noch Katholizismus können sich einer besonderen Vorreiterrolle rühmen und einen 'Helden` geltend machen, wenngleich aber die geistigen Zusammenhänge und Folgen der Reformation eine Grundlage der zur Urkundenhypothese führenden Literarkritik sind. - Man wird nicht, wie H.-J. KRAUS[131] (HERDER[132] folgend für R. SIMON) und es G. HORNIG[133]

---

2. Band. 4. Aufl. Göttingen 1823. S. 701. - Nouvelle Biographie Générale (NBG) Bd. 42 (1866) Sp. 657-658. - Diestel: A.a.O., S. 594. - LThK Bd. 9 (1964) Sp. 59.

130 Johannes Coccejus. Geb. 1603. Gest. 1669. - *'Lexicon et commentarius sermonis hebraici et chaldaici veteris testamenti.`* 1669. - Vgl. H. Faulenbach: Art. Coccejus, Johannes (1603-1659). In: TRE Bd. 8 (1981) S. 132-140. - E. Staehelin: Der Briefwechsel zwischen Johannes Buxtorf II. und Johannes Coccejus. In: ThZ 4 (1948) S. 372-391.

131 Richard Simon. - Vgl. Kraus: A.a.O., S. 70: *"Hier liegt die entscheidende Stelle, an der die historisch-kritische Wissenschaft beginnt. Doch kommt Simon erst im 18. Jahrhundert in Deutschland zu Gehör."* - Damit relativiert K. seine eigene Aussage, aber in angemessener Weise. Die Entwicklung der Bibelkritik hat einen *Prozeßcharakter*.

132 Vgl. J.G. Herder: Brief, das Studium der Theologie betreffend. Erster Theil. Erster Brief. In: Herders Sämmtliche Werke. Bd. 10. Hrsg. v. B. Suphan. Berlin 1879. S. (7-12) 11: *"Richard Simon ist der Vater des Kritik A. und N.T. in den neuen Zeiten"*.

133 Johann Gottfried Semler. - Vgl. G. Hornig: Die Anfänge der historisch-kritischen Theologie. S. 56ff. - H. verweist hier auf das Urteil Eichhorns (ABBL 5.1, 1793, S. 182): Semler sei *"der erste Reformator unserer neueren Theologie"*.
Die Auseinandersetzung zwischen Hornig (a.a.O., S. 39) und Kraus (a.a.O., S.

(EICHHORN[134] folgend für SEMLER) versuchten, *eine* Person der Theologiegeschichte benennen können, der man eine 'Begründer-Funktion` in der Geschichte der Bibelwissenschaft zuweisen könnte; die Geschichte hat keinen 'Anfang`, sondern Prozeßcharakter, dessen unscheinbare Ideen und Entdeckungen und dessen große Theorien einander gegenseitig bedingen oder gegebenenfalls auch behindern. Hier zeigt sich, daß Wissenschaftsgeschichte nicht zulezt auch die Geschichte der Entwicklung und Veränderungen von Erkenntnis-*Tugenden* ist oder sein kann. - Wichtiger könnte es sein, für den Weg der Bibelwissenschaft Entdeckungen, Bewegungen und Ideen zu benennen, die mit ihrer besonderen Innovationskraft starke Intentionen in den Prozeß einbringen. - Der Satz von Scholder kann wohl kaum noch gelten: Bis 1680 etwa seien die wichtigsten Positionen in der Entwicklung der Bibelkritik abgesteckt.[135] Es sind doch vielmehr wichtige *Voraussetzungen*, die bis zu diesem Zeitpunkt gelegt sind, denn 'Bibelkritik` kann nicht identisch sein mit den etwa bis R. SIMON eingebrachten Errungenschaften. Die Ausformung der Urkundenhypothese in der späten Aufklärung ist, wie schon angedeutet wurde, kein neues Paradigma der Kritik, sondern das legitime Erbe der neuzeitlich-protestantischen Bibellehre.

Es kann durchaus sinnvoll sein, folgende Grobeinteilung, der Phasen der Entwicklung, vorzunehmen:

1. Entdeckung der anachronischen Unebenheiten des alttestamentlichen Textes, Endeckung der Unsicherheit und Vielfalt des Urtextes -
2. Entdeckung des kultural-diachronen Abstandes vom Bibelwort
3. Auffassen des 'alten` Textes als 'alte` Urkunde und Aufbau der Urkundenhypothese.

Exkurs (4). Thomas Hobbes: Leviathan.

TH. HOBBES[136] wird im Zusammenhang mit der Entstehung der frühen Bibelkritik genannt und der geistigen Strömung des Bewegung des Deismus zugerechnet. Grundsätzlich ist diese Einordnung unter 'Deismus` nicht hinterfragbar[137], aber die Zuordnung zur Bibelkritik nur bedingt sachgemäß.

111f.) ist m.E. sinnlos und geht an der Sache vorbei. - Vgl. auch O. Kaiser: Johann Salomo Semler als Bahnbrecher der modernen Bibelwissenschaft. In: Von der Gegenwartsbedeutung des Alten Testaments. Ges. Stud. Göttingen 1984. S.(79-94) 86: S. als *"Begründer der historisch-kritischen Theologie"*.

134 Eichhorn: Johann Salomo Semler. geb. am 18ten Dec. 1725. gest. am 14ten März 1791. In: ABBL 5.1 (1793) S. (1-202) 182f: Semler ist *"der erster Reformator unserer neueren Theologie"*.

135 K. Scholder: Ursprünge und Probleme der Bibelkritik. S. 171.

136 Thomas Hobbes. Geb. 5.4. 1588 in Malmesbury. Gest. 4.12. 1679 in London [?]. - Vgl. Zedler: Grosses vollständiges Universal-Lexicon. Bd. 13 (1735) S. 293-295. - Jöcher: Gelehrten-Lexicon. Bd. 2. (1750) Sp. 1629-1631. - Es handelt sich hier um sein Werk *'Leviathan`*, erschienen 1651 in London.

137 Die RE (3. Aufl.) kennt kein Stichwort 'T.H.`, sondern gibt einen Verweis auf 'Deismus`, a.a.O., Bd. 8 (1900) S. 162. - Vgl. H. Graf Reventlow: Bibelautorität

Freilich gibt es Stellen bei H., die deutlich zeigen, daß Bibelkritik, vor allem Zweifel an der Verfasserschaft des Pentateuch durch Mose, ihn in die Reihe der frühen Kritiker stellen, dennoch ist das Anliegen von H. ein anderes. - Es geht ihm um die Autorität und Funktion des Staates und der Kirche (Vernunft, Offenbarung, Kanonizität, Rechtsordnung). Die Bibel ist eigentlich in dieser Art nicht sein Problem.[138] Aber dennoch ist es nicht uninteressant, daß H. als Repräsentant des aufgeklärten Absolutismus in den entscheidenden Begründungszusammenhang, d.i. bei ihm die Autorität der Ordnung, des Rechtes[139], Verhandlungen über die Autorität des Schriftzeugnisses eingeflochten hat und daß hierbei auch die Verfasserschaft des Pentateuch abgeklärt wird.[140]

Die Kanonizität der alttestamentlichen Bücher ist nach H. von der Kirche festgelegt, und zwar in einer verbindlichen Art und Weise: "*According to this obligation, I can acknowledge no others books of the Old Testament, to be Holy Scripture, but those which have been commanded to be acknowledged for such, by the authority of the Church of England.*"[141] - Über die Verfasserschaft der Bücher des AT gebe es nicht eigentlich ein geschichtliches Zeugnis, daher sei sie aus den Büchern selber zu erhellen: "*Who were the original writers of the several Books of Holy Scripture, has not been made evident by any sufficient testimony of other history, wich is the only proof of matter of fact* [...] *The light therefore that must guide us in this question, must be that wich is held out unto us from the books themselves*".[142] Dabei geht es nicht vordringlich um den Verfasser, als vielmehr um die Zeit der Entstehung des betreffenden Bibelbuches: "... *and this light, though it show us not the writer of every book, yet it is not unuseful to give us knowledge of the time, wherein they were written.*"[143]

Die nun folgende 'literarkritische` Feststellung geht aber nicht sehr weit. Die durch den Hinweis auf die 'Entstehungszeit` zu erwartende weitere Analyse der biblischen Bücher bleibt aus. Es wird von H. lediglich auf das anachronistische Sperrgut im Bibeltext hingewiesen.: "*And first, for the Pentateuch, it is not argument enough that they were written bey Moses, because they are called the five Books of Moses; no more than these titles, the Book of Joshua,*

---

und Geist der Moderne. S. 328-370.

Was 'Deismus` allerdings ist, will in diesem Zusammenhang nicht so scharf gefaßt werden; durchaus auch *'im guten Verstande`* mit der wahren Religion zu identifizieren. Oben schon Schiller (Anm. 81). So z.B. durch J.G. Rosenmüller: Historischer Beweis der Wahrheit der christlichen Religion. o.O. 1771. S. 31: "*Die einzigen ächten Deisten und Unitarier (im guten Verstande), von denen wir aus dem grauen Altherthum zuverlässige Nachricht haben, waren die Hebräer.*"

138 Vgl. U. Weiß: Das philosophische System von Thomas Hobbes. Stuttgart 1980. S. 242f.

139 Reventlow: A.a.O., S. 331 nennt den Leviathan kurz und zutreffend einen "*staatspolitischen Entwurf*".

140 Daß H. Bibelauslegung für seinen Begründungsversuch verwendet, ist nicht verwunderlich, sondern erklärt sich vielmehr aus seinen geistigen Wurzeln. Vgl. Reventlow: A.a.O., S. 351ff. Daß er darüber hinaus zur Bibel*kritik* kommt, ist *nicht* selbstverständlich. Vgl. auch B. Willms: Die Antwort des Leviathan. Thomas Hobbes' politische Theorie. Neuwied 1970. S. 196.

141 Th. Hobbes: Leviathan, or The Matter, Form, and Pover of a commonwealth Ecclesiastical and civil. In: Ders.: The English Works. Now first collected and edided by Sir William Molesworth. Bd. 3. London MDCCCXXXIX [1839] (Neudr. Aalen 1966). S. 366f.

142 Leviathan, a.a.O., S. 367f.

143 A.a.O., S. 368.

the Book of Judges [...] *For in titles of books, the subjekt is marked, as often as the writer.* [...] *We read in the last chapter of Deuteronomy, verse 6th, concerning the sepulchre of Moses, that no man knoweth of his sepulchre to this day, that is, to to* [sic!] *the day wherein those words were written. It is therefore manifest, that those Words were written after his interment."*[144] - Daraus allerdings leitet H. noch kein Urteil über den ganzen Pentateuch ab: *"But it may perhaps be alleged, that the last chapter only, not the whole Pentateuch, was written by some other man, but the rest not."*[145] Aber durch Überprüfung anderer Stellen, wie die altbekannte Stelle Gen 12, 6, oder Num 21, 14 (*"the writer citeth another more ancient book"*[146]) kann gefolgert werden: *"It is therefore sufficiently evident, that the five Books of Moses were written after his time, though how long after it be not so manifest."*[147] - Aber es gibt nach H. keinen Grund anzunehmen, Mose hätte das, was ihm im Pentateuch ausdrücklich zugemessen wird, nicht geschrieben: *"yet he wrote all that which he is there said to have written."*[148]
In der Zeit zwischen der Rückkehr aus dem babylonischen Exil und der Übersetzung der Septuaginta sei das AT in die Form gebracht worden, in der es heute vorliegt; ESRA sei es gewesen, der den entscheidenden Anteil dran hatte:
"And if the books of Apokrypha, which are recommended to us by the church though not for canonical, yet for profitable books for our instruction, may in this point be credited, the Scripture was set forth in the form we have it in, by Esdras: as may appear by that which he himself saith, in the second book (chapter XIV. verse 21,22, &c.) ...".[149] - Ein ähnliches Urteil fällen über diesen Sachverhalt auch SPINOZA und SIMON.[150]

2.2.2. Die großen Gedanken und Theorien. Von la Peyrère bis Eichhorn

Vorbemerkung

Die im folgenden zu Wort kommenden Bibelkritiker haben alle in ihrer Art, *aber entscheidend*, zur Entwicklung der Urkundenhypothese beigetragen. Nicht nur sie, aber sie in besonderer *Qualität*. - Es ist darum angebracht, ihre Arbeit ausführlicher zu würdigen. - Was sie taten, läßt sich zusammenfassend auf einen Nenner bringen: Sie haben der Historisierung

144 Ebd.

145 Ebd.

146 A.a.O., S. 369.

147 Ebd.

148 Ebd.

149 A.a.O., S. 374. - Vgl. S. Zac: Spinoza et l'interprétation de l'écriture. Paris 1965 (B.P.C. Hist. d.l. philosophie et philos. générale). S. 61: *"Enfin, Hobbes déclare que non seulement les livres historiques, mais toute l'Écriture, sous sa forme actuelle, ont été rédigés par Esdras."*

150 Zu beiden siehe unten.

neuzeitlichen Denkens, aber auch der Bibelbetrachtung entgültig Vorschub geleistet, ihre Theoriebildung, wie sie sonst auch immer zu bewerten sein mag, war produktiv. Ihr Werk hat in der Rückschau geradezu einen regelrecht geheimen 'Unverzichtbarkeitscharakter' für die Theologie bekommen, wenngleich ihr Verdienst oft geleugnet und ihre Wirkung freilich auch gern verschwiegen wurde. Das gilt für LA PEYRERE, für SPINOZA, für SIMON. *Nicht* mehr für den hundert Jahre später wirkenden EICHHORN.
Vorblickend sei diese Historisierung beschrieben:
1. LA PEYRERE: Die Heilige Schrift enthält nur eine partielle Welt- und Geschichtsbeschreibung und hat keinen Totalcharakter.
2. SPINOZA: Die Heilige Schrift ist natürlich und muß natürlich erklärt werden, und das heißt: geschichtlich.
3. SIMON: Heiligkeit und Geschichtlichkeit der Schrift können und müssen zusammengehen, aber die Geschichte zieht der Heiligkeit voraus. Die heiligen Literaten schrieben und bewahrten die offiziellen Akten.

2.2.2.1. La Peyrère. Die Präadamitenhypothese. scripserunt Hebraei ante Mosem

Eine nicht geringe Rolle für die Entwicklung der historischen Exegese im 17. Jahrhundert spielt ISAAC LA PEYRERE.[151] Sein Name ist regelrecht zum Paradigma für eine Ideen-Konstellation geworden, ohne die der entscheidende Vorstoß zur historischen Relativierung des alttestamentlichen Textes nicht denkbar gewesen wäre. Der grundlegende Sachverhalt dieses Stadiums der Kritik (*"that the question of the Mosaic authorship was central to belief or disbelief"*[152]) wird hier, bei LA PEYRERE, in eine Theorie gewendet, die als 'Idee zum Weltbild' die Exegese von alten Prämissen der Chronologie und Geographie der Urgeschichte befreite. Im 18. Jahrhunderts, zur Zeit der Ausformung der Urkundenhypothese, war dann zwar seine Theorie nicht mehr aktuell, aber dennoch war der Name LA PEYRERES nicht vergessen. In SPINOZAS Bibliothek schon stand das berühmte

---

151 Mit der Schrift *'Systema Theologicum ex Praeadamitarum Hypothesi'*, o. Ort 1655.
Isaac La Peyrère (ref., dann kath.). Geb. 1594 in Bordeaux. Gest. 30.1. 1676. - Vgl. Zedler: Grosses vollständiges Universal-Lexicon. Bd. 27 (1741) Sp. 1183-1184. - Ersch u. Gruber: Allgemeine Encyclopädie der Wissenschaften (H.[?]): Bd. III.19 (1844) S. 38-39. - Jöcher: Gelehrten-Lexicon. Bd. 3 (1751) Sp. 1480-1481.
Die folgende Interpretation richtet sich vor allem nach dem neuen Werk von R.H. Popkin: Isaac la Peyrère (1596-1676). His life, work and influence. Leiden u.a. 1987 (Brill's Studies in intellektual history 1) - [Rez. dess.:] H. Bost: Isaac La Peyrère (1596-1676). A propos d'un livre récent. In: ETR 63 (1988) S. 435-440. - Vgl. auch G. Frank: Geschichte der Protestantischen Theologie. Zweiter Theil. Leipzig 1865. - A. Klempt: Die Säkularisierung der universalhistorischen Auffassung. Zum Wandel des Geschichtsdenkens im 16. und 17. Jahrhundert. Göttingen 1960 (Gött. Baust. z. Geschichtswiss. 31).

152 Popkin: A.a.O., S. 73.

Werk jenes provokativen Denkers: *'Systema Theologicum ex Praeadamitarum Hypothesi'*.[153] Auch ASTRUC hatte es gelesen.[154] Und auch sonst erscheint sein Name so selbstverständlich wie auch einfach nebenbei.[155] Zumindest mußte durch seine häufige Zitation in den Briefen von R. SIMON[156] sein Werk auch in der *Späten* Aufklärung bekannt bleiben.[157] Daher ist es eben sehr verwunderlich, daß bei Simon in der Histoire critique *keine* Hinweise auf LA PEYRERE zu finden sind.

---

153 A.a.O., S. 80-86. - Vgl. auch J. Freudenthal: Die Lebensgeschichte Spinozas in Quellenschriften, Urkunden und nichtamtlichen Nachrichten. Leipzig 1899. S. 161 (die Bibliothek Spinozas Nr. 54). - K. Scholder: Ursprünge und Probleme der Bibelkritk. S. 168. - Spinoza sei direkt von La P. beeinflußt. Das sei - so Popkin - auch unter der Zeitgenossenschaft Sp.s bekannt gewesen: *"Nonetheless, it is of interest that some of Spinoza's contemporaries saw La Peyrère in the background behind Spinoza."* (Popkin, S. 86).

154 Popkin: A.a.O., S. 88f.: *"Regarding La Peyrère, Astruc contended that in order to maintain his view that there were man before Adam, he had to weaken the authority of Genesis. To do that, La Peyrère denied the Mosaic authorship. This denial, Astruc asserted, seems to have been the malady of previous century."* - Vgl. J. Astruc: Conjectures sur les Mémoires Originaux. Brüssel 1753. S. 454.

155 So wird von J.G. Hasse (Entdeckungen im Felde der ältesten Erd- und Menschengeschichte aus näherer Beleuchtung ihrer Quellen. Bd. 1. Halle u. Leipzig 1801. S. 80) die Identifikation seiner Theoriebildung (d.i. der 'ägyptische Ursprung` der Urgeschichte) mit dem Präadamitismus von La Peyrère abgelehnt: *"Unsere gewöhnliche Geschichte, von Adam 1 Mos. II berechnet, befaßt nur die Geschichte der Menschheit, seitdem Ackerbau betrieben wird. Denn dieser Adam war nicht der erste Mensch, sondern der erste Ackerbauer."* Das sei - so Hasse - aber nicht *"Peyrer's aufgewärmter Präadamitismus"*.
VOLTAIRE beschäftigt sich mit La P. und GOETHE spricht mit Eckermann über die Präadamitentheorie. Vgl. Popkin: A.a.O., S. 133.

156 In der Histoire critique erscheint der Name La Peyrères nicht. Dafür setzt sich S. aber in den 'Lettres choisies` mit La P. auseinander. (R. S.: Lettres choisies. Nouv. ed. Bd. 2. Amsterdam 1730. Brief vom 4.6. 1690. S. [19-26] 19: *"... votre Système Préadamitique, qui me paroît indigne d'un Chrétien"*.) Vgl. Steinmann: A.a.O., S. 55. - Es existieren fünf Briefe von S. an La P., aber keine von La P. an S. Die Briefe befinden sich in A.a.O. Bd. 2 (1730) S. 1-13; S. 13-18; S. 19-26; Bd. 3 (1730) S. 41-42; S. 42-49. - Vgl. Popkin: A.a.O., S. 87.

157 Bekanntermaßen hat R. Simon seine zweite Wirkungsgeschichte in der deutschen protestantischen Exegese (s. oben; Kraus: A.a.O., S. 70). - Auch Ilgen benennt Simon ausdrücklich als Anfänger der historischen Kritik (Einleitung. In: Ilgen-Archiv [Nachlaß] Port 150. Bd. 4. S. 7). Und auch Herder führt Simon: Brief, das Studium der Theologie betreffend. Erster Theil. Erster Brief. In: Herders Sämmtliche Werke. Bd. 10. Hrsg. v. B. Suphan. Berlin 1879. S. (7-12) 11. - Und Wellhausen erinnert sich des Namens La Peyrère (Die Composition des Hexateuch. 4. Aufl. Berlin 1963. S. 15). So kann es nicht anders sein, daß mit S. auch La P. in der Diskussion präsent ist. - Es gibt eine Kette bzw. einen roten Faden in der Geschichte der neuzeitlichen Exegese - und nicht zuletzt wird dieser Faden regiert durch eine Art Kontinuum: das ist die Auseinandersetzung um bestimmte Personen und Ideen. Ein Blick in das höchst instruktive Werk von E.F.K. Rosenmüller: Handbuch für die Literatur der biblischen Kritik und Exegese (Bd. 1 - 4, Göttingen 1797-1800) zeigt, daß sich die Sachdarstellung vordringlich um die historische Genese der *höheren Kritik* kümmert.

- Seine Ideen haben aber Geschichte gemacht, wenngleich sie - wie zu erwarten war - *immer* rundweg abgelehnt worden sind.[158]

Die Wirkung LA PEYRERES auf die ihm nachfolgende Generation kann nicht hoch genug veranschlagt werden. Wie aber ist sie im eigentlichen zu verstehen?

Die Quellenscheidung im Pentateuch entsteht - nicht nur, aber auch - aus dem Scheitern der biblischen Geographie und des biblischen Weltbildes. Hierbei legt LA PEYRERE eine *Theorie* vor, wo die herkömmliche Interpretation der Urgeschichte bislang nur durch Fragen und Zweifel erschüttert wurde. Das wurde ihm, wie es zu erwarten war, von der Kirche seiner Zeit verübelt.[159] Seine Ansicht ist, jedenfalls im Kernbestand, daß das von der Bibel, d.h. von der Genesis vorgestellte Bild von der monogenetischen Entstehung der Menschheit nicht stimmen kann: Vielmehr müsse man an einen polygenetischen Ursprung denken: So kann denn Adam nicht als der erste Mensch schlechthin gelten, sondern lediglich als der Urvater des *jüdischen* Volkes. Das führt zur Theorie, daß auch und schon Menschen *vor* Adam Kultur hatten und - *schrieben*. Aber nicht nur dies, es schrieben auch Hebräer vor Mose: *"scripserunt Hebraei ante Mosem"*[160]. - Hier verbindet sich also die korrigierte Kosmo- und Anthropogonie des biblischen Weltbildes in der Neuzeit mit der Theorie einer vor-mosaischen Textaufzeichnung, d.h. also mit einer 'Urkundenhypothese`. Denn die Verfasserschaft des Mose am Pentateuch (bzw. an der Genesis, denn auf die Gen beschränkt sich die Idee notwendigerweise) fällt, wo Mose nicht mehr als alleiniger Autor des Pentateuchs herhalten muß, wo das herkömmliche Verständnis des Alten Testaments von einer Hypothese abgelöst wird, die versucht, der neuzeitlichen Fragestellung mit einem kompetenten und geschichtsbezogenen Erklärungsmodell zu begegnen: wo also aus der polygenetischen Hypothese heraus der Satz gefolgert wird, *vor Mose* sei schon im hebräischen Volk (und nicht nur dort!) *geschrieben* worden. - Dieser entscheidende Sachverhalt macht LA PEYRERE zu einem jener précurseurs der Bibelkritik und der 'höheren Kritik`, die hundertfünfzig Jahre später zur exegetisch ausgeführten Quellenscheidung führt.

"Hence biblical history is not world history, but Jewish history."[161]

Dieser Theoriegewinn erfolgt aus Überlegung. - Mit den entscheidenden geistigen Umbrüchen am Beginn der Neuzeit hängt die drängende Frage nach der Herkunft der sehr alten antiken Völker (Babylonier und Ägypter[162]) und der Herkunft der

---

158 Vgl. A. Klempt: Die Säkularisierung der universalhistorischen Auffassung. S. 95.

159 Popkin: A.a.O., S. 72ff. Die Verurteilung trifft auch *"the medieval Jewish thinker"*, Th. Hobbes und Spinoza.

160 La Peyrère: Systema Theologicum ex Praeadamitarum Hypothesi. S. 181. - Vgl. Holzinger: A.a.O., S. 35.

161 Popkin: A.a.O., S. 2.

162 Vgl. La Peyrère: Systema. S. 160. - Vgl. A.a.O., Vorwort [unpaginiert]: *"Conditi orbis epocham non ducendam esse ab illo principio quod vulgo fingitur*

von der europäischen Kultur abgetrennten Völker, der asiatischen und überseeischen Völker, zusammen; man kann sie schwerlich von den geschichtlichen Bewegungen und Entwicklungen der orientalisch-biblischen und griechisch-abendländischen Kultur herleiten, die nach den Prämissen des alten Weltbildes auf den gleichen Ursprung rückführbar sind - wenn auch vielleicht mit einigen Schwierigkeiten. Aber die Alten und die Fernen, die Ägypter, die Eskimos und die Indianer, können nun unmöglich Kinder Noahs sein: *"The first is that it really does not seem plausible that the ancient pagan groups like the Egyptians, the Babylonians, the Greeks, and others were biological and cultural descendants of the ancient Hebrews. It also does not seem plausible that the Eskimos, the American Indians, the Mexicans, the Chinese, the South Sea Islanders, and others are descendants of the survivors of Noah's ark."*[163] - Ist es also doch nicht so, daß alle Welt im heilsgeschichtlichen Strang inbegriffen ist, der die Einheit aller Kultur voraussetzt: Orient - Abendland, Israel - Kirche; gibt es denn also Völker, die sich nicht aus Gen 10 herleiten lassen[164], gibt es also noch andere Sprachen außer denen, die mit der Sprachverwirrung (Gen 11) entstanden sind?[165] Die Antwort auf diese Fragen mündet eben in der Hypothese LA PEYRERS, und die Antwort, die sie gibt, muß sein: Es gab vor Adam schon Menschen. - *"It also suggested that there were multiple sources of human beings and that many of these peoples had commenced their existence prior to the arrival of Adam. If that were the case, then the account of human history given in Genesis could only be a partial one."*[166] Und dazu gehört das Komplement: Die Flut war begrenzt. - Von diesen Überlegungen aus ist es keinesfalls mehr weit zur Quellenscheidung.

Wo Kulturen unabhängig von Adam und Mose existieren, da existiert auch Geschichtsschreibung unabhängig von dem, was die klassische Sicht als - wenn auch nicht im Herderschen Sinne - älteste Urkunde betrachtete. Das biblische Dokument verliert seine absolute Universalität und wird damit zur *Urkunde*, die eine *bestimmte* Geschichte eines *bestimmten* Volkes beschreibt.[167] - *"La Peyrère was able to make some people see that the Bible as we possess it is a document that has had a history."*[168]

---

in Adamo, naturalis est suspicio omnibus insita cognitione rerum vel mediocriter imbutis. Videtur enim altius et a longissime retroactis seculis petendum illud principium, tum ex antiquissimis Chaldaeorum rationibus, tum ex vetustissimis Aegyptiorum monumentis." - Vgl. Klempt: A.a.O., S. 92f.

163 Vgl. La Peyrère: Systema. S. 154. - Vgl. Popkin: A.a.O., S. 69. Vgl. S. 119f. - Interessant ist, daß auch die Chinesen und nicht nur die Menschen von Übersee für P. das Bild der biblischen Geographie sprengen. - Vgl. A. Klempt: Die Säkularisierung der universalhistorischen Auffassung. S. 93f.

164 Vgl. Popkin: A.a.O., S. 37. 41.

165 Vgl. A.a.O., S. 126.

166 A.a.O., S. 2.

167 Vgl. A.a.O., S. 71.

168 A.a.O., S. 76.

Die Präadamitentheorie ist allerdings älter als ihre Ausformung durch I. LA PEYRERE. So jedenfalls nach Popkin.[169] LA PEYRERE kannte sie; schon in der Renaissance bildete sich die polygenetische Theorie der Menschheit heraus.[170] Freilich konnten die frühen Formen der Hypothese keinen Boden gewinnen und seien auch entsprechend ungefährlich für Theologie und Kirche gewesen. Erst LA PEYRERES Theorie sei - so Popkin - *"the culmination of Renaissance speculations concerning the conflict between exploration data and classical data on the one hand, and the biblical view on the other"*.[171]

Zur Bibelkritik selbst äußert sich LA PEYRERE, indem er - wie schon Hobbes[172] - seine Zweifel an der herkömmlichen mosaischen Verfasserschaft des Penteteuch beschreibt. Im vierten Buch seines Werkes *'Systema Theologicum ex Praeadamitarum Hypothesi'* legt er dar:

> LA PEYRERE:
> *"Literarum sane usu fuisse apud Phoenices longe ante Mosem, compertum est: nec non Phoenices eadem locutos constat, quae Hebraei loquebantur."*[173] -
> *"Fatum idem, quod exemplaria profana illaque innumera abstulit, autographa sacra absumpsisse quamplurima, meo mihi sum conscius et promus pectori. Nullus certe dubito, quin Moses Judaeorum exitum ex Aegypto, tum legem Dei latam in monte Sinai, tum coeremonias lege illa praescriptas, tum hisoriam quadraginta annorum, quibus coerraverunt Judaei in deserto, tum denique memorandum Deuteronomii mysterium scriptis accuraverit."*[174]

Die Beurkundung der göttlichen Belehrung des Menschen, die als ausschließliches Didagma vom Heiligen Geist - so LA PEYRERE - für die Menschen vorgesehen war, beinhalte *nicht alles, was war*, sondern *nur alles, was wichtig ist*.[175] Zudem

---

169 Vgl. A.a.O., S. 26ff. - Vgl. auch O. Zöckler: Geschichte der Beziehungen zwischen Theologie und Naturwissenschaften. Bd. 1. Gütersloh 1877. S. 340. und Ders.: Peyrére's (gest. 1676) Präadamiten-Hypothese nach ihren Beziehungen zu den anthropologischen Fragen der Gegenwart. In: Zeitschrift für die gesamte Lutherische Theologie und Kirche 39 (1878) S. (28-48) 38f.

170 Der erste, der eine Vorstellung über den separaten Ursprung der amerikanischen Indianer äußerte, war Paracelsus. - Sie, die Amerikaner, stammten von einem anderen Adam (Popkin: *"from a different Adam"*, S. 33) ab. Es sei nicht vorstellbar, daß Adams Kinder versteckte Inseln aufgesucht haben sollten.

171 Popkin: A.a.O., S. 42.

172 Siehe oben. Vgl. Popkin: A.a.O., S. 72.

173 La Peyrère: Systema. S. 182.

174 A.a.O., S. 181. - Vgl. A.a.O., S. 195: *"Mosem certe, qui totius praecipue erat in digerenda sua et suis temporis historia, carptim scripsisse existimo, quae sua praeverterent saecula, raptim vero maxime quae universi genesin comprehendebant. At qui Mosem secuti sunt apographorum concinnatores, breviores multo creationis universae et priorum Judaeorum apices, tetigisse extimo."*

175 La Peyrère: A.a.O., S. 183: *"Biblis Sacris contineri quicquid scire hominibus concessit Deus, vel origine Mundi vel de historia sacra, vel de mysteriis divinis, vel de saluta nostra."*

können die Bibelschriften nicht mit den ursprünglichen Urkunden (*autographa*[176]) gleichgesetzt werden.[177]

Aber dies ist es freilich nicht allein, sondern eben die Verbindung der kritischen Skepsis mit der Präadamitenvorstellung. Denn allein *diese* Vorstellung ist in der Mitte des 17. Jahrhunderts die treibende Kraft für die Entwicklung einer theologischen Hermeneutik, die die Einwürfe des neuen Weltwissens gegen Theologie und Kirche in Aussagen umzusetzen weiß. Die Bibel erscheint als 'defekt', als Dokument von historischer Kontingenz, denn sie ist ein *"Judeocentric document"*.[178] Mit dieser Charakterisierung kann man auskommen, wenn sie begriffen worden ist: Der Absolutheitsanspruch und die Vollkommenheit der Bibel müssen dabei preisgegeben werden, sie liefert *kein* perfektes Bild der göttlichen Heilsordnung. Popkin: *"... the Bible, as we possess it, is a defective document. From what we know of it, it was written by ancient Jews to tell the story of Jewish history."*[179] Dabei kann es aber nicht bleiben, denn der defektive und judäozentristische Charakter fordert nach Popkins Interpretation von LA PEYRERE geradezu die Bibelkritik heraus: *"Therefore, we need biblical criticism to reconstruct the accurate Bible, which can then be evaluated and interpreted."*[180]

LA PEYRERES Einfluß war, wie oben erwähnt, sehr groß, wenngleich er nur Ablehnung erfuhr.[181] Dennoch aber zeigen seine Theorien, daß es einer Vorstellung, einer ausgeführten und erklärenden Idee bedurfte, um im Konflikt mit dem erweiterten Weltwissen dem Alten Testament einen Raum zu schaffen, jenseits der sturen Weltleugnung, und auch jenseits der späteren grob-deistischen Kritik. Es ist die konsequente historische Betrachtung, die LA PEYRERE dazu veranlaßt zu schreiben: scripserunt Hebraei ante Mosem.[182]

---

176 La Peyrère: A.a.O., 184.

177 G. Frank: Geschichte der Protestantischen Theologie. 2. Theil. S. 70.

178 Popkin: A.a.O., S. 53.

179 Ebd.

180 Ebd.

181 Vgl. Zöckler: Peyrére's Präadamiten-Hypothese. A.a.O., S. 33ff.

182 La Peyrère: Systema. S. 182.

2.2.2.2. Baruch Spinoza. Die Methodenlehre. nobis de vera methodo Scripturam interpretandi agendum est

Ein ähnliches Schicksal wie LA PEYRERE ereilte auch B. SPINOZA.[183] Sein Werk zur Bibelkritik '*Tractatus-theologico-politicus*`[184] wurde verboten und dessen Verfasser isoliert. Dennoch - oder besser: *deshalb* aber gelten er, SPINOZA, als Person und sein Werk als wichtige Meilensteine in der Geschichte der Bibelkritik, denn in der zweiten Hälfte des 17. Jahrhunderts war keineswegs oportun, was sich in der Späten Aufklärung schon weitgehend durchgesetzt hatte.[185] Gleichwohl aber standen die Zeichen der Zeit durchaus günstig für den Aufbruch aus der religiös-theologischen Erstarrung.

Es sind nicht nur Einzelbeobachtungen am Alten Testament, die SPINOZA beschreibt, es ist nicht nur 'Kritik` im schon gekannten und oft geübten Sinn, sondern es ist vor allem die Ergänzung der im wesentlichen schon vorgetragenen Kritik durch ein hermeneutisches Regelwerk - vor allem aber die hinter diesem Werk stehende und deutlich ausgesprochene Intention, die jenen 'Tractatus` des *nicht unfrommen* SPINOZA[186] in die Reihe der verbotenen Bücher setzt. *"Mit dem*

---

183 Baruch (Benedict) Spinoza. Geb. 24.11. 1632 in Amsterdam. Gest. 21.[?] 2. 1677 in Den Haag. - Vgl. Zedler: Grosses vollständiges Universal-Lexicon. Bd. 39 (1744) Sp. 75-86. - Jöcher: Gelehrten-Lexicon. Bd. 4 (1751) Sp. 746-747.

184 Vgl. B. Spinoza: Tractatus Theologico-Politicus. Darmstadt 1979 (Ders.: Opera 1. Hrsg. v. G.Gawlick u. F. Niewöhner). - L. Strauss: Die Religionskritik Spinozas als Grundlage seiner Bibelwissenschaft. 1930 (Veröffentl. d. Akad. f.d. Wissensch. d. Judentums. Phil. Skt. II) = Neudr. Darmstadt 1981. - S. Zac: Spinoza et l'interprétation de l'écriture. Paris 1965 (B.P.C. Hist. d.l. philosophie et philos. générale). - A. Malet: Le Traité théologico-politique et la pensée biblique. Paris 1966 (Publ. de l'Université de Dijon 35). - J.v. Kempski: Spinoza, Reimarus, Bruno Bauer - drei Praradigmen radikaler Bibelkritik. In: Hermann Samuel Reimarus (1694 - 1768) ein "bekannter Unbekannter" der Aufklärung in Hamburg. Göttingen 1973. S. 96-112. - M. Greschat: Bibelkritik und und Politik. Anmerkungen zu Spinozas Theologisch-politischem Traktat. In: FS K. Aland: Text - Wort - Glaube. Hrsg. v. M. Brecht. Berlin-New York 1980 (AzKG 50). S. 324-343. - J. Sandys-Wunsch: Spinoza - The first Biblical Theologian. In: ZAW 93 (1981) S. 327-341. - N. Altwicker: Benedictus de Spinoza. In: Die Aufklärung. Hrsg. v. M. Greschat. Stuttgart 1983 (Gestalten der Kirchengeschichte 8). S. 89-103. - B. Seidel: Bibelkritik in der Aufklärung. Stationen auf dem Wege zur Pentateuchquellenscheidung. In: WZ Halle (G-Reihe) 38 (1989) S. 81-90.

185 So folgenlos, wie J. v. Kempski (A.a.O., S. 97) meint, ist Spinoza doch keinesfalls gewesen. R. Simon verdammt ihn (siehe unten); man denke auch an die sogenannte 'Spinoza-Renaissance`. - Auch der Vergleich mit den anderen beiden (vgl. Titel des Aufsatzes von v. Kempski) erscheint mir unsachgemäß. Denn ein Kritiker war Spinoza wohl, aber keiner wie Reimarus!

186 Sp. ist nicht selten als 'Atheist` bezeichnet worden (, so R. Simon, siehe unten), und das ist sicher falsch. Überzogen ist aber im Kontext und Umkreis der Frühaufklärung auch die Interpretataion von S. Zac (A.a.O., S. 40): *"L'ambition de Spinoza était au contraire* [zu R. Simon], *d'interpréter l'Écriture indépendamment de toute tradition théologique au philosphique."* - Das sicher nicht! Aber

Traktat erhält die zaghaft beginnende europäische Aufklärung ihren klassischen Grundtext."[187] Diese besondere Eigenart seines Werkes war es, die zur Zeit seines Erscheinens nur schwer Duldung beanspruchen konnte. Sein Anliegen ist eben *nicht* eine theologisch-bibelkritisches, sondern ein im weitesten Sinne politisch-philosophisches (und weist insofern bei allen schwerwiegenden Unterschieden hierin eine Ähnlichkeit mit dem '*Leviathan*` von Th. HOBBES auf[188]). - *"Spinoza will aber nicht allein die theologische Herkunft der politischen und moralischen Wertvorstellungen und Ordnungsprinzipien, ihre historische Bedingtheit und befristete Rechtskraft, bewußt machen, es geht ihm vor allem um den Nachweis, daß die Freiheit des Denkens, d.i. zu philosophieren und die Vernunft als lebensbestimmende Macht zur Geltung zu bringen, 'nicht nur ohne Schaden für die Frömmigkeit und den Frieden im Staate zugestanden werden könne, sondern daß sie nur zugleich mit dem Frieden im Staate und mit der Frömmigkeit selbst aufgehoben werden könne`."*[189]

Er, SPINOZA, ist zu unrecht in die Riege der frühaufgeklärten Atheisten gestellt worden.[190] Sein Anliegen in rebus religionis war nicht Destruktion, sondern vielmehr *Erklärung*. Sein Anliegen war die Erläuterung der historischen

---

ganz neue Wege geht Sp. schon. - Wie noch zu zeigen sein wird, sind die eigentlichen theologisch-hermeneutischen Implikationen bei Sp. und R. Simon doch ganz ähnlich.

187 N. Altwicker: Benedictus de Spinoza. A.a.O., S. 96.

188 Was Spinoza vom 'Leviathan` gelesen hat, scheint nicht ganz sicher zu sein; wahrscheinlich aber den 3. Teil (S. Zac, a.a.O., S. 60f.). - Der *'staatspolitische Entwurf`* Hobbes' steht letzlich doch aber auf der anderen Seite der Brücke; denn Sp. geht es um den 'bürgerlichen Organisiertheitsgrad` der Gesellschaft im Blick auf die Grundlagen der aufklärerischen Selbstbestimmung des modernen Individuums, H. dagegen um den autoritativen Charakter der Rechtsordnung und um den Frieden der Autorität mit der Vernunft. - Vgl. H. Graf Reventlow: Bibelautorität und Geist der Moderne. S. 328-370. - L. Strauss: Die Religionskritik Spinozas als Grundlage seiner Bibelwissenschaft. S. 61.

189 N. Altwicker: Benedictus de Spinoza. A.a.O., S. 96. (Inneres Zitat von Sp.: Tractatus Theologico-Politicus. Darmstadt 1979 [Ders.: Opera 1. Hrsg. v. G. Gawlick u. F. Niewöhner]. S. 10: *"si ostenderem hanc libertatem non tantum salva pietate et reipublicae pace concedi, sed insuper eandem non nisi cum ipsa pace reipublicae ac pietate tolli posse".*)

190 Zu diesem Problem soll hier nicht ausführlicher Stellung bezogen werden, es sei nur der Hinweis darauf gegeben, welches sehr harte Urteil sein 'Nachfolger` in Sachen der Bibelkritik, Richard Simon, über Sp. fällt: *"Je dis Athée: car d'apeller Spinoza Hérétique, c'est trop peu dire. Cet Homme n'a été ni Juif, ni Chrétien. Il a été opposé également aux deux réligions & il n'a reconnu le Souverain Dieu, qu'il apelle quelquefoi 'un ètre souverainement parfait & absolument infini`, que de nom seulement."* (Zitiert aus: J.D. Woodbridge: Richard Simon's Reaction to Spinaoza's "Tractatus Theologico-Politicus". In: Spinoza in der Frühzeit seiner religiösen Wirkung. Hrsg. v. K. Gründer u. W.Schmidt-Biggemann. Heidelberg 1984 [Wolfenb. Stud. z. Aufkl. 12]. S. [201-226] 218.) - Vgl. auch W. Sparn: Formalis Atheus? In: Ebd. S. (27-63) 53!. - Ganz anders dann später Schleiermacher: *"Opfert mit mir ehrerbietig eine Locke den Manen des des* [sic!] *heiligen, vestoßenen Spinoza! Ihn durchdrang der hohe Weltgeist ...* " (Über die Religion. Reden an die Gebildeten unter ihren Verächtern. Leipzig o.J. [PhB 139b]. Abschn. 54. S. 37).

Schriftauffassung unter der Berücksichtung von Regeln. Denn es reiche nicht aus, falschen Schriftauslegungen zu wehren[191], es reiche nicht, die mosaische Verfasserschaft des Pentateuch anzuzweifeln oder abzulehnen[192], man müsse die historisch-kritische Fragestellung einbinden in eine Methode: *"nobis de vera methodo Scripturam interpretandi agendum est"*[193]. - Die Rückgriffe Spinozas auf die oben dargestellte mittelalterliche jüdische Exegese soll hier übergangen werden.[194]

Diese Regeln lauten wie folgt:

In der Vorrede des Traktatus schon legt Spinoza dar, daß es eine falsche Vorraussetzung in der Auslegung sei, der Heiligen Schrift an allen ihren Stellen die gleiche Divinität zumessen zu wollen. Ein Urteil über Unterscheidung von Texten und Aussagen könne erst das Ergebnis des Bibelstudiums sein:

> *"quod hinc etiam patet, quod plerique tanquam fundamentum supponunt (ad eandem scilicet intelligendum ejusque verum sensum eruendum) ipsam ubique veracem et divinam esse; id nempe ipsum, quod ex ejusdem intellectione et severo examine demum deberet constare, et quod ex ipsa, quae humanis figmentis minime indiget, longe melius edoceremur, in primo limine pro regula ipsius interpretationis statuunt."*[195]

Die Bibel lehre aber nichts - so Spinoza - was wieder die Vernunft sei; die Propheten lehrten in schlichter Art und Weise, für jedermann begreiflich, eben so, daß sie um der Verständlichkeit und Gefälligkeit ihrer Botschaft willen zu zahlreichen Ausschmückungen des Textes hatten greifen müssen.[196] Aus diesem Grunde eben sei es widersinnig zu meinen, alle Worte der Bibel hätten das gleiche Gewicht und die gleiche Heiligkeit. - Die Schrift sei nicht Philosophie!

> *"Sed cum in iis, quae Scriptura expresse docet, nihil repperissem, quod cum intellectu non conveniret nec quod eidem repugnaret, et praeterea viderem prophetas nihil docuisse nisi res admodum simplices, quae ab unoquoque facile percipi poterant, atque has eo stylo adornavisse iisque rationibus confirmavisse, quibus maxime multitudinis animus ad devotionem erga Deum*

---

191 Vgl. Spinoza: Tractatus. A.a.O., S. 230: *"quare non mirum est, quod homines, ut Scripturam magis admirentur et venerentur, eam ita explicare studeant, ut his, rationi scilicet et naturae, quam maxime repugnare videatur; ideoque in sacris literis profundissima mysteria latere somniant et in iis, hoc est, in absurdis investigandis, caeteris utilibus neglectis, defatigantur, et quicquid sic delirando fingunt, id omne Spiritui Sancto tribuunt et summa vi atque affectuum impetu defendere conantur."* - Vgl. auch Greschat. Bibelkritik und Politik. A.a.O., S. 333.

192 Vgl. A.a.O., S. 294: *"supra enim ostendimus nobis de similibus nihil esse statuendum nisi id, quod ex ipsa Scriptura constat aut quod ex solis ipsius fundamentis legitima consequentia elicitur".*

193 A.a.O., S. 230. - Vgl. für das folgende auch Greschat: A.a.O., S. 335ff.

194 Vgl. S. Zac: Spinoza et l'interprétation de l'écriture. S. 16. 37f. (A. Ibn Esra sei ein *'prédécesseur`* Spinozas, S. 39). - A. Malet: Le Traité théologico-politique et la pensée biblique. S. 193.

195 A.a.O., S. 14.

196 Zur 'Akkomodation` vgl. unter 4.2.2.

moveri posset, omnino mihi persuasi Scripturam rationem absolute liberam relinquere et nihil cum philosophia commune habere".[197]

Die Heilige Schrift richtet sich also nach dem Auffassungsvermögen ihrer Adressaten.[198] - Das Differenzempfinden: hier philosophisches System, da Schriftlehre in historisch-geschichtlicher Akkomodation - diese Unterscheidung allein hat schon seine maßgebliche Bedeutung für die beginnende historisch-kritische Schriftbetrachtung. Aber darin steckt auch einer der wichtigsten Quellpunkte aufklärerischer Theologie: *Die Schrift und das Wort bzw. der Wille Gottes sind nicht identisch.* So ist die Folgerung jedenfalls bei SPINOZA.[199] Es ist für SPINOZA ein abergläubischer Hochmut (*'superstitio`*[200]), die Schrift höher zu halten als das Wort Gottes selbst. Hundert Jahre später kehrt die Grundidee dieses Denkens bei J.S. SEMLER - als aufklärerische Verlängerung cartesianischen Denkens[201] - in der Unterscheidung von 'öffentlicher und privater Religion` und zwischen 'Theologie und Religion` und zwischen 'Wort Gottes und Heiliger Schrift` wieder.[202] (Und ähnlich verhält es sich bei I. KANT in der Unterscheidung von 'historischem Glauben` = 'Kirchenglauben` und 'reinem Religionsglauben` = 'reinem Vernunftsglauben`.[203]) - Hier aber soll es uns um das hermeneutische Regelwerk zur Bibelauslegung bei SPINOZA gehen.

Im siebenten Kapitel des Werkes legt SPINOZA seine Hermeneutik dar. Es handelt sich dabei um die Reihe der letztlich unüberholbaren und auch heute noch gültigen Grundbestimmungen historischer Kritik; die Ausschaltung der 'Vor-

197 A.a.O., S. 16f.

198 A.a.O., S. 18: *"Atque hoc ostendo in Scriptura doceri secundum captum et opiniones eorum, quibus Prophetae et Apostoli hoc verbum Dei praedicare solebant; quod ideo fecerunt, ut id homines sine ulla repugnantia atque integro animo amplecterentur."*

199 S. Zac: A.a.O., S. 92.

200 Ebd. - Vgl. S. Zac: A.a.O., S. 93.

201 K. Scholder: Ursprünge und Probleme der Bibelkritk. S. 165ff. - P. Kondylis: Die Aufklärung im Rahmen des neuzeitlichen Rationalismus. München 1986. S. 581ff. - H. Thielicke: Glauben und Denken in der Neuzeit. S. 85.

202 Vgl. J.S. Semler: Abhandlung von freier Untersuchung des Canon [4 Bde. 1771-1776]. Hrsg. v. H. Scheible. Gütersloh 1967 (Texte z. Kirchen- u. Theologiegesch. 5). [§ 5.] S. 26-29. - Vgl. auch G. Hornig: Die Anfänge der historisch-kritischen Theologie. S. 56ff. 111. u.ö. - H. Donner: Gesichtspunkte zur Auflösung des klassischen Kanonbegriffs bei Johann Salomo Semler. In: Fides et communicatio. FS. M. Doerne. Hrsg. v. D. Rössler u.a. Göttingen 1970. S. (56-68) 56f. - E. Ruprecht: Die Frage nach den vorliterarischen Überlieferungen in der Genesisforschung des ausgehenden 18. Jh. In: ZAW 84 (1972) S. (293-314) 307f. - O. Kaiser: Johann Salomo Semler als Bahnbrecher der modernen Bibelwissenschaft. S. 91ff.

203 Vgl. I. Kant: Die Religion innerhalb der Grenzen der bloßen Vernunft [1793]. In: Ders.: Schriften zur Religion. Hrsg. v. M. Thom. Berlin 1981. S. (93-315) 177f. u.a. - Vgl. auch O. Kaiser: Kants Anweisung zur Auslegung der Bibel. Ein Beitrag zur Geschichte der Hermeneutik. In: Ders.: Von der Gegenwartsbedeutung des Alten Testaments. S. (47-70) 49f.

eingenommenheit gegenüber dem Gegenstand` ist die unverkennbare Absicht: Es kann eine 'vernünftige` Betrachtung - und das heißt schließlich und endlich bei SPINOZA '*Kritik*` - nicht anders vonstatten gehen als in der *Trennung von Bekenntnis zur Bibel und (historischem) Verständnis der Bibel.* - Gadamer: *"Die 'Natürlichkeit` des Bibelverständnisses beruht also darauf, daß das Einsichtige einsehbar, das Uneinsichtige 'historisch` verständlich wird."*[204] Die früh-historistischen Implikationen bei SPINOZA sind unverkennbar, sollen an dieser Stelle aber nicht grundsätzlich kritisiert werden.

SPINOZA:
1. Die Methoden von 'Natur-` (d.h. Welt-) und Schrifterklärung dürfen sich im Prinzip nicht unterscheiden: Bei 'Natur-` und Schrifterklärung gehe es um das Erfassen der *historischen Genese.*[205]

> *"Eam autem, ut hic paucis complectar, dico methodum interpretandi Scripturam haud differre a methodo interpretandi naturam, sed cum ea prorsus convenire. Nam sicuti methodus interpretandi naturam in hoc potissimum consistit, in concinnanda scilicet historia naturae, ex qua, utpote ex certis datis, rerum naturalium definitiones concludimus: sic etiam ad Scripturam interpretandam necesse est ejus sinceram historiam adornare, et ex ea tanquam ex certis datis et principiis mentem authorum Scripturae legitimis consequentiis concludere".*[206]

Die Schrift also definiert sich nicht selbst, wie es die Natur auch nicht tut. Es gibt die Geschichte der Schrift Auskunft. Und diese ist zu untersuchen: *"Regula igitur universalis interpretandi Scripturam est, nihil Scripturae tanquam ejus documentum tribuere, quod ex ipsius historia."*[207]

---

204 H.-G. Gadamer: Wahrheit und Methode. 4. Aufl. Tübingen 1975. S. 170. - Vgl. L. Strauss: Die Religionskritik Spinozas als Grundlage seiner Bibelwissenschaft. S. 259. - S. Zac: A.a.O., S. 15f.

205 Der Begriff Natur ist möglicherweise für modernes Verständnis irreführend; es handelt sich nicht um eine vorschnelle Analogisierung von Natur- und Geisteswissenschaften. Gadamer (A.a.O., S. 169f.) verwendet hilfreich und zutreffend den Begriff *'Natürlichkeit`*, der wohl auch von Sp. in diesem Zusammenhang intendiert ist: Die Weltzusammenhänge sind *natürlich*-vernünftig zu erklären, die Heilige Schrift ebenso! - Gleichwohl aber ist zu betonen, daß *"zwischen der Philologie und der Naturwissenschaft in ihrer frühen Selbstbesinnung eine enge Entsprechung besteht, die einen doppelten Sinn hat. Einmal soll die 'Natürlichkeit` des naturwissenschaftlichen Verfahrens auch für die Stellung zur biblischen Überlieferung gelten - und dem dient die historische Methode. Aber auch umgekehrt weist die Natürlichkeit der in der biblischen Exegese geübten philologischen Kunst, der Kunst, aus dem Zusammenhang zu verstehen, der Naturerkenntnis die Aufgabe zu, das 'Buch der Natur` zu entziffern."* (Gadamer, a.a.O., S. 170.)

206 Spinoza: Tractatus. A.a.O., S. 230f. - Vgl. K. Scholder: Ursprünge und Probleme der Bibelkritik. S. 168ff.

207 A.a.O., S. 234.

2. Die Schriftuntersuchung muß festen Regeln unterworfen sein.

- Die literarisch-stilistischen Eigenschaften der Bibelschrift müssen beachtet werden; nur dann ist es möglich, den Sinn der Schrift zu erfassen:

> *"Nempe ... continere debet naturam et proprietates linguae, qua libri Scripturae scripti fuerunt et quam eorum authores loqui solebant. Sic enim omnes sensus, quos unaquaeque oratio ex communi loquendi usu admittere potest, investigare poterimus."*[208]

- Ein jedes Bibelbuch muß in seinem Sinngehalt beschrieben werden; dazu sind Einzelaussagen zusammenzustellen, zu ordnen und zu analysieren:

> *"Sententias uniuscujusque libri colligere debet easque ad summa capita redigere, ut sic omnes, quae de eadem re reperiuntur, in promtu habere possimus: deinde eas omnes, quae ambiguae vel obscurae sunt, vel quae invicem repugnare videntur, notare."*[209]

- Die Geschichte der Bibelschrift ist abschließend zu ergründen. Sie beginnt mit dem 'Sitz im Leben`. Die Geschichte umfaßt aber auch Geschick und Wirkungsgeschichte der Schrift (bzw. auch den Prozeß der Kanonisierung):

> *"Denique enarrare debet haec historia casus omnium librorum prophetarum, quorum memoria apud nos est; videlicet vitam, mores ac studia authoris uniuscujusque libri, quisnam fuerit, qua occasione, quo tempore, cui et denique qua lingua scripserit. Deinde uniuscujusque libri fortunam: nempe quomodo prius acceptus fuerit et in quorum manus inciderit ..."* etc.[210]

Diese Grundprämissen historisch-kritischer Arbeit erinnern nicht wenig an die Überlegungen zur 'historischen Analogie`, die ca. dreihundert Jahre nach SPINOSA E. Troeltsch vorstellte.[211] Freilich sind diese Bestimmungen nicht die letzte Grenze der Hermeneutik, sondern einerseits Ergebnis einer sehr am Historismus orientierten Arbeit[212], andererseits aber Grundmodell der - wenn das Prinzip der

---

208 Ebd.

209 Ebd.

210 A.a.O., S. 238.

211 Troeltsch (Über historische und dogmatische Methode in der Theologie [Neudruck]. In: Theolgie als Wissenschaft. Hrsg. v. G. Sauter. München 1971 [ThB 43]. S. [105-127] S. 108:) geht von der *"prinzipielle*(n) *Gleichartigkeit alles historischen Geschehens"* aus, die die *"Allmacht der Analogie"* einschließe. Diese Überlegungen, so sehr sie auch heute noch zu den Grundbausteinen der historischen Kritik gehören, wären aber nun durchaus zu aktualisieren. - Vgl. Gadamer: A.a.O., S. 170f.

212 M.E. liegen hier noch einige Arbeitsaufgaben, denn die vorschnelle Kritik am 'Historismus` hilft im allgemeinen nicht sehr weiter. Vgl. den sehr instruktiven Aufsatz von W. Sparn: Inquisition oder Prophetie. Über den Umgang mit der Ge-

historisch-philologischen Selbstbesinnung (GADAMER) gegenüber der Tradition nicht aufgegeben werden soll und wir nicht hinter die Aufklärung zurückfallen wollen - unverzichtbaren Einweisung in die historische Analyse; *"chercher d'abord le sens des textes et ne se préoccuper qu' ensuite de leur vérité, est aussi celui de la critique moderne."*[213]

Nicht unwichtig ist der enge Zusammenhang zwischen Schrift(-Geschichte) und Natur(-Geschichte). Schon bei LA PEYRERE ist deutlich geworden, daß am Anfang des neuzeitlichen Denkens, um die Mitte des 17. Jahrhunderts, der große Neuaufbruch zur Historisierung von Welt und Natur geschah, weil das differenzierte Weltempfinden und -wissen mit den geschichtlichen Komplementen des traditionellen Weltbildes nicht mehr auskommen konnte. So wie dort schon sichtbar wurde, daß sich eben ein geschichtliches Denken ohne Historisierung letzlich auch der Natur nicht konstituieren kann, so wird bei Spinoza durch die obengenannten Prämissen erkennbar, daß dieser enge Konnex nur noch in feste Prämissenform gebracht zu werden verlangte, um nun den 'theologisch-politischen` Horizont zu beleben.

So ist es denn nur folgerichtig, wenn im weiteren Verfolg der Darstellung SPINOZAS die Anschauungen über die 'literarkritischen Maßnahmen` am alttestamentlichen Text in eine Urkundenkonzeption einmünden, die m.E. früher als bei SPINOZA in dieser konzeptionellen Art noch nicht auftauchen.

Die Beobachtungen und Analysen des Pentateuchs (und der historischen Bücher) ergeben für SPINOZA mit einiger Sicherheit, daß sie, diese Bücher, zwar einerseits von ein und dem selben Verfasser geschrieben worden sind, aber eben Jahrhunderte nach dem Ablauf der darin geschilderten Ereignisse. (*"Si jam ad connexionem et argumentum horum omnium librorum attendamus, facile colligemus eos omnes ab uno eodemque historico scriptos fuisse, qui Judaeorum antiquitates ab eorum prima origine usque ad primam urbis vastationem scribere voluit."*[214] - *"Ex his igitur tribus simul consideratis, nempe simplicitate argumenti horum omnium librorum, connexione, et quod sint apographa multis post saeculis a rebus gestis scripta, concludimus, ut modo diximus, eos omnes ab uno solo historico scriptos fuisse."*[215]) - Dieses Urteil, das zunächst als ein der allgemeinen Urkundenhypothese zuwiderlaufendes anmutet, ist aber nicht alles, was zur historischen Genese des Alten Testaments zu sagen ist. SPINOZA beginnt im Kern der Analyse mit der Beschreibung der Bibelentstehung von hinten, also bei der vorfindlichen Letztgestalt: Esra habe - wahrscheinlich, denn sicher könne man es nicht sagen! - die *Bücher geschrieben*: *"Quisnam autem is fuerit, non ita evidenter ostedere possum, suspicor tamen ipsum Hesdram fuisse ..."*.[216]

---

schichte. In: EvTh 44 (1984) S. (440-463) 457f. ('Bescheidenheit des Historismus`).

213 A. Malet: Le Traité théologico-politique et la pensée biblique. S. 192.

214 Spinoza: A.a.O., S. 298.

215 A.a.O., S. 300.

216 Ebd.

Jedoch habe er aber nicht die letzte Hand an die Schriften gelegt.[217] Daher die Unregelmäßigkeiten und Widersprüchlichkeiten des vorfindlichen Textes.[218] (*"Horum praecipuum est, quod Hezras* [...] *narrationibus in hisce libris contentis ultimam manum non imposuit *... ".*[219]) Er - Esra - habe vor allem als 'sein Gesetz` (Esr 5,6), das Deuteronomium, verfaßt.[220] - Insgesamt seien es zwölf Bücher, die Esra in dieser Art 'geschrieben` habe.[221]

Aber diese Orientierung, die von der Letztgestalt des Textes ausgeht, weitet sich aus und versucht eine Vorstellung über die Anfänge der Bibelschriften zu gewinnen: Das Schreiben der Bücher ist letztlich doch auch bei SPINOZA nur eine Art Redaktion oder eine kompilierende Arbeit, die mit den alten Dokumenten verwertend umgeht! Die Art der Verwertung ist aber eben die *Sammlung* und *Anordnung* der alten, längst existierenden Schriften:

> **"... nec aliud fecit quam historias ex diversis scriptoribus colligere et quandoquoque non nisi simpliciter describere, atque eas nondum examinatas neque ordinatas posteris reliquit. "*[222]

Die Urschriften des Mose (*"prima originalia Mosis"*[223]) seien nicht mehr erhalten, auch die echte Bundesurkunde (*"verum originale foederis"*[224]) nicht. Keinesfalls aber sei das zu bedauern, da die wahre Religion aus dem Wort Gottes komme, das *in* der Schrift stecke (, aber nicht mit der Schrift deckungsgleich sei!), nicht aber aus einer *bestimmten Anzahl* von kanonischen Büchern vermittelt werde.[225]

Wie beiläufig erwähnt nun SPINOZA einen gewichtigen Gedanken, der bei ihm, in seinen Erklärungen, zwar keine zentrale Funktion innehat, aber dann für die Urkundenhypothese eine Innovationskraft erhält: Auch wenn wir weniger Bibelschriften hätten, wären wir also - im Zusammenhang mit obiger Argumenta-

---

217 Vgl. A.a.O., S. 308: *"quod Hezdras* [...] *narrationibus in hisce libris contentis ultimum manum non imposuit".*

218 Viele Ungereimtheiten rühren von den Abschreibern des Textes her. - Vgl. A.a.O., S. 329ff.

219 A.a.O., S. 308. (* = Fortführung siehe Anm. 224.

220 *"... hinc conjicio librum Deuteronomii illum esse librum legis Dei ab Hesdra scriptum"* (A.a.O., S. 302).

221 Vgl. a.a.O., S. 311.

222 A.a.O., S. 308 (* = Fortführung von Anm. 221). - Esra habe eben die Schriften oft nur zusammengestellt und nicht geprüft! - Vgl. A.a.O., S. 326.

223 A.a.O., S. 400.

224 Ebd.

225 Vgl. A.a.O., S. 402. - Das ist wohl auch der Grund dafür, daß Spinoza darauf verzichtet, die Unordnung in dem Kompilat 'AT` aufzuheben und zu versuchen, eine Ordnung herzustellen (vgl. a.a.O., S. 326). - H.-J. Kraus: Geschichte der historisch-kritischen Erforschung des Alten Testaments. S. 67: *"Für ihn kulminiert die Entstehung des Pentateuch im Sammelwerk des Esra."* - Spinoza intendiert Fragmentenhypothese!

tion - von der wahren Religion nicht getrennt ... Aber wir haben eben nur jene, die wie die alte Bundesurkunde (*'foederis syngraphus`*) und andere Schriften, die im Tempel aufbewahrt worden waren.

> *"... sicuti non putamus nos eodem jam destitutos esse, etsi multis aliis praestantissimis scriptis caremus, ut libro legis, qui tanquam foederis syngraphum religiose in templo custodiebatur, et praeterea libris bellorum, chronologiarum et aliis plurimis, ex quibus hi, quos Veteris Testamenti habemus, decerpti et collecti sunt: atque hoc multis praeterea rationibus confirmatur."*[226]

Die Urschriften also, die nicht mehr erhalten sind, waren im *Tempel* aufbewahrt. Der Ort der Aufbewahrung - hier noch nicht ausdrücklich als ein Archiv vorgestellt - wird dann aber vom Akoluthen und Kritiker SPINOZAS, RICHARD SIMON, zu eben dieser institutionellen Lokalität ausgebaut werden, die zu eben jenem, der quellenscheidenden Philologie vorauseilenden Geminatsbegriff *'Archive und Urkunden`* führt.

Der 'Spätdatierer` SPINOZA, der in Esra den Sammler/Redaktor/Ordner/ und gleichermaßen auch den Endpunkt der Schriftentstehung sieht, wird aber von K.D. ILGEN in der Spätdatierung noch übertroffen werden.

Was SPINOZA tat und was im Sinne der neuzeitlichen Aufklärung die Bibelbetrachtung in die hermeneutischen Bahnen der historischen Kritik drängte, war die relative Loslösung der 'Wahrheit` vom Bibelwort. Das ist eine der wesentlichsten Voraussetzungen der Urkundenhypothese. Denn diese kann - wie oben gezeigt - in der Theologie nur Lebenskraft haben, wenn das orthodoxe Prinzip, nämlich das Prinzip des schnellen Wahrheitsgewinns aus der geoffenbarten und totalinspirierten Schrift, wenn also dieses Prinzip überwunden ist.[227] Gottes Wille und Gottes Wort in der Schrift kann SPINOZA trennen. Damit kann die Schrift zur menschlich-historisch-literarischen Urkunde werden. Sie wird (historisch) *untersuchbar*. Damit ist aber der (aufklärerischen!) Ethisierung der Religion Tor und Tür geöffnet.

---

226 A.a.O., S. 404.

227 Vgl. Greschat: A.a.O., S. 337: *"Das, was die Grundlage und Stärke aller Orthodoxien ausmachte, nämlich eindeutig und zweifelsfrei Bescheid zu wissen über Gottes Wahrheit und Willen, zerschlug Spinoza mit voller Absicht durch die von ihm entworfene historisch-kritische Methode der Bibelauslegung."*

2.2.2.3. Richard Simon. Die historische Konzeption. Les Actes et les Prophetes ou Ecrivains publics

Mehr als SPINOZA und vorher LA PEYRERE und auch mehr als alle bisherigen Bibelforscher hat RICHARD SIMON für die Entwicklung der kritischen Exegese gewirkt.[228] Sein Hauptwerk, *'Histoire critique du Vieux Testament`*[229] von 1678[230] gilt zu Recht als umfänglichstes kritisches Kompendium der alttestamentlichen Wissenschaft der betreffenden Zeit.[231] Wenn man jedoch fragt, was es denn für

---

228 Richard Simon. Geb. 1638 in Dieppe. Gest. 13.5. 1712 ebd. - Vgl. Zedler: Universal-Lexicon. Bd. 37 (1743) Sp. 1457-1459. - Jöcher: Gelehrten-Lexicon. Bd. 4 (1751) Sp. 605-607. -
Vgl. S.J. Baumgarten: Nachrichten von merkwürdigen Büchern. 10. Bd. Halle 1756. S. 491-498 (Besprechungen der auf die 'Histoire critique` folgenden Streitschriften a.a.O., S. 498-509). - E.F.K. Rosenmüller: Handbuch für die Literatur der biblischen Kritik und Exegese. Bd. 1. Göttingen 1797. S. 115-137. - S. Zac: Spinoza et l'interprétation de l'écriture. S. 40. - R.H. Popkin: Isaac la Peyrère (1596-1676). His life, work and influence. S. 87.

229 K.H. Graf: Richard Simon. In: Beiträge zu den theol. Wissenschaften. Bd. 1. Straßburg 1847 (= 2. Aufl. Jena 1851). S. 158-242. - J. Steinmann: Richard Simon et les origines de l'exégèse biblique. Paris 1960. - P. Auvray: Richard Simon. 1638-1712. Étude bio-bibliographique avec des textes inédits. Paris 1974 (Le mouvement des idées au XVIIe siècle. 8) [Bibliographie Richard Simons]. - H. Graf Reventlow: Richard Simon und seine Bedeutung für die kritische Erforschung der Bibel. In: Historische Kritik in der Theologie. Beiträge zu ihrer Geschichte. Hrsg. v. G. Schwaiger. Göttingen 1980 (Stud. z. Theol. u. Geistesgesch. des Neunzehnten Jahrh. 32). S. 11-36. - J. Le Brun: Meaning and Scope of the Return to Origins in Richard Simon's Work. In: TrinJ 3 NS (1982) S. 57-70. - J.D. Woodbridge: Richard Simon's Reaction to Spinoza's "Tractatus Theologico-Politicus". In: Spinoza in der Frühzeit seiner religiösen Wirkung. Heidelberg 1984 (Wolfenb. Stud. z. Aufkl. 12). S. 201-226. - B. Seidel: Bibelkritik in der Aufklärung. Stationen auf dem Wege zur Pentateuchquellenscheidung. In: WZ Halle (G-Reihe) 38 (1989) S. 81-90.

230 Ohne Verfasser und Ort in Paris. - Das Werk ist bald eingestampft worden. - Nach H. Graf Reventlows Angaben gelangte es erst glücklich durch die Zensur, konnte dann aber nicht an dem 'Praeceptor Franciae`, dem berühmten Bossuet, vorbei. Dieser veranlaßte die Vernichtung fast der gesammten Auflage. Es sei - so Reventlow - der Satz über dem 5. Kapitel des ersten Buches gewesen, der das Werk stürzte: *"Preuve des additions & autres changements qui ont été faits dans l' Ecriture, & en particulier dans le Pentateuque. Moise ne peut ètre l'Auteur de tout ce qui est dans les Livres qui lui sont attribués."* Hieran, sofern diese Hinweise zuverlässig sind, zeigt sich, was am Ende des 17. Jahrhunderts noch der Streitpunkt in der Theologie war. (H. Graf Reventlow: Richard Simon. S. 18. - Vgl. auch K.H. Graf: A.a.O., S. 200).
1680 druckt der berühmte Verleger Elzevier in Amsterdam das Buch nach; eine von R.S. bearbeitete und erweiterte Ausgabe erschien 1685 in Rotterdam (= Nachdruck Frankfurt 1967). Hier auch die Diskussionen um das Werk nach seinem erstmaligen Erscheinen.- Der Wissenschaft gilt die Ausgabe von 1685, die auch dieser Untersuchung zugrunde liegt, als die beste und zuverlässigste.

231 Vgl. E.F.K. Rosenmüller: Handbuch für die Literatur der biblischen Kritik und Exegese. Bd. 1. S. 115ff. - Was die derzeitige Hochschätzung des Werkes Simons

eine Anschauung, bzw. eine Theorie sei, die in besonderer Weise Geschichte machte und machen mußte, kann man letzlich *nicht* auf einen spezifischen Satz verweisen, der in diesem Sinne in der Wissenschaftsgeschichte die Dinge entscheidend voranbrachte. Es ist vielmehr eine Idee, die Vorstellung von einem historischen Vorgang. Was aber wollte RICHARD SIMON? Nach J. Steinmann: *"Donner un discours complet de la méthode en exégèse et la charte de la critique à propos d'abord de l'Ancien Testament."*[232] - Sicher ist das nicht unzutreffend; jedoch treffender wäre zu formulieren: 'Donner une critique de la méthode de l'exégèse ancien.` Denn der Fundamentalentwurf Simons überholt die alte Exegese total und bietet die Alternative einer *historischen Konzeption* für die Entstehungsgeschichte des Alten Testamanents.[233]

Eine Aussage, die in ihrer besonderen Art hervortritt, ist allerdings bezeichnend für das Denken R. SIMONS. Sie findet sich im Kompendium von H.-J. Kraus[234] und in anderen Darstellungen:

> *"Les Catholiques, qui sont persuadés que leur Religion ne dépend pas seulement du Text de l'Ecriture, mais aussi de la Tradition de l'Eglise, ne sont point scandalisés de voir que le malheur des temps & la négligence des Copistes ayent apporté des changemens aux Livre Sacrés, aussi bien qu'aux Livres profanes. Il n'y a que des Protestans préoccupés ou ignorans qui puissent s' en scandalisés. Je dis des Protestans préoccupés ou ignorans ... ".*[235]

Für die Bibelkritik also sind nur die Katholiken prädisponiert, da sie der Bibel unbefangener gegenüber ständen als die Protestanten. Diese theologisch-hermeneutische Voraussetzung hat bei R. SIMON ihren besonderen Stellenwert, denn sie wird erhärtet an der mehr oder weniger geheimen Voraussetzung: Eigentlich ginge

---

anbelangt, spricht H. Graf Reventlow (A.a.O., S. 12f.) von Überschätzung. - Ein Urteil, das m.E. nicht so recht einzuleuchten vermag.
Was Simon alles kannte und verarbeitet hat: BUXTORFF, CAPELLUS, MORINUS, die KIRCHENVÄTER, die rabbinische Literatur (IBN ESRA, ABRABANEL, RASCHI, KIMCHI, SAADIA GAON). - Vgl. J. Steinmann: Richard Simon et les origines de l'exégèse biblique. S. 98.
Gelesen haben die Histoire critique von R. Simon viele, das bedarf hier keines weiteren Nachweises. - Vgl. Steinmann: A.a.O. S. 275.

232 Steinmann: A.a.O., S. 97.

233 Die historische Konzeption soll hier nur soweit dargestellt werden, wie sie Pentateuchkritik und werdende Urkundenhypothese tangiert. Damit allerdings muß ihr Zentrum aber beschrieben werden.
Die Schärfe der Konzeption und des historischen Entwurfs wird sicher damit zusammenhängen, daß S. als Katholik im echt protestantischen Milieu aufgewachsen ist. (Steinmann: A.a.O., S. 28: *"Connaitre la Bible, il savait que telle serait la Tâche de sa vie. Pour un jeune catholique élevé au milieu de Protestants, c'était nécessaire et il n'y avait pas d'oeuvre plus évangélique ni plus urgente."*)

234 Kraus: A.a.O., S. 68. Deutscher Text, aber falsche Seitenzahl.

235 R. Simon: Histoire critique [1685/1967]. S. 8. - Jean le Clerc kritisiert diese Auffassung später. Siehe unten.

es auch ohne Bibel.[236] - Ob daher die besondere Intensität, mit der SIMON in seiner Zeit Kritik treibt, herrührt, muß freilich offen bleiben. Jedenfalls wird hier deutlich, daß sich am Ende des 17. Jahrhunderts keinesfalls schon allgemein durchgesetzt hat, was dann in der eigentlich aufklärerischen Bibelwissenschaft die hermeneutische Basis aller Kritik ist: Daß man bereit und fähig ist, auch die Heilige Schrift (als Offenbarungsquelle) der historischen Kritik zu unterziehen, da sie letztlich aus einem ganz besonderen Grund über die Kritik erhaben sei; die Kritik trifft nur auf die (alte) historische Urkunde, sie trifft das akkomodierte Wort, sie trifft nicht das Wort bzw. den Willen Gottes selbst.

R. SIMON selbst muß noch die Wahrheit und die Dignität der Tradition auf die 'kirchliche Tradition` verlagern, um radikalere historische Kritik an die Bibel herantragen zu können. Später ist das dann nicht mehr so.[237] - SPINOZA hatte hierfür aber - wie oben zu zeigen gewesen ist - deutlich das Fundament gelegt; Wort Gottes und Heilige Schrift seien nicht deckungsgleich. R. SIMON folgt diesem Ansatz, und dieser wird zu einer der Grundvoraussetzungen seiner Arbeit am Alten Testament. SIMONS Verhältnis zu SPINOZA ist allerdings nicht ganz klar zu beschreiben.[238] Einerseits beschimpft er ihn,[239] andererseits hat er aber doch so offensichtlich wesentliche Elemente seiner Kritik übernommen. Und nicht zuletzt hat er auch wichtigste Bausteine der hermeneutischen Basis übernommen, daß man mit guten Gründen annehmen kann, SPINOZAS 'Tractatus` stelle doch eine Art 'Vorlage` für das Buch SIMONS dar.[240] Letztlich ist die Wertung dieses Sachverhaltes aber nicht ausschlaggebend für die Wertung des Buches *'Histoire critique du Vieux Testament`* in der Forschungsgeschichte.

Allerdings hat dieser hermeneutische Baustein, also die Voraussetzung, daß die Tradition der Schrift prinzipiell vorausgehe, *keine geringe* Bedeutung für die Erstellung der spezifischen Pentateuch-Theorie SIMONS. Hiervon hängt in sehr interessanter Weise die zur Urkundenhypothese führende Entwicklung der Pentateuchtheoriebildung ab: Simon verlagert *seine*[241] Auffassung von Tradition in den

---

236 Vgl. R. Simon: A.a.O.,S. 494f.; Vorwort (Preface), S. 3f. (Die Tradition ist bei S. so deutlich der Schrift vorgeordnet, daß sie das eigentlich kanonische Gewicht erhält!) - Vgl. auch H.-J. Kraus: A.a.O., S. 68. - H. Graf Reventlow: Richard Simon und seine Bedeutung für die kritische Erforschung der Bibel. S. 25f. - J. Le Brun: A.a.O., S. 61.

237 Vgl. die hermeneutische Diskussion der Späten Aufklärung im Umkreis von Kant und Eichhorn (ABBL).

238 Es gilt als sicher, daß R. Simon vor der endgültigen Fertigstellung der *'Histoire critique`* den *'Tractatus`* von Spinoza gelesen hatte. - Vgl. H. Graf Reventlow: Richard Simon und seine Bedeutung für die kritische Erforschung der Bibel. S. 32. - J.D. Woodbridge: Richard Simon's Reaction to Spinoza's "Tractatus Theologico-Politicus". S. 218ff.

239 Siehe oben; vgl. J.D. Woodbridge: A.a.O., S. 218.

240 Vgl. J.D. Woodbridge: A.a.O., S. 219: *"... he had designed the HCVT* [d.i. Histoire critique, B.S.] *with a subsidiary purpose of refuting several conclusions in the Tractatus ... "*. - Vgl. auch Greschat: Bibelkritik und Politik. S. 341.

241 Es war die *seine*!, nicht die Lehre des Tridentinums. So Reventlow: A.a.O., S. 25.

Bereich der alttestamentlichen Schriftentstehung hinein. Der Denkweg SIMONS ist der folgende:

Es ist schon gesagt worden, daß die Idee des Geminatsbegriffes 'Archive und Urkunden' in entscheidendem Maß durch R. SIMON die alttestamentliche Forschungsgeschichte belebt. Und in der Tat ist es *seine* Argumentation, die dieser Idee entscheidenden Vorschub gegeben hat. - Esra ist auch nach SIMON der Kompilator des Alten Testaments[242]. Aber vor der Sammlung und Sichtung (*"recueillir anciens Mémoires"*[243]) habe es die Aufbewahrung der Akten im Heiligtum, d.h. im Tempel gegeben. *Verfasser* der Akten und damit die eigentlichen Garanten der 'Tradition' waren *'les Prophetes ou Ecrivains publics'*. Die Institution der (wie man sie nennen kann:) *'inspirierten Sekretäre'* ist für SIMON neben der Arbeit des Mose die Quelle der Schrift. Nicht Mose allein kann diese Bedeutung beanspruchen, denn dessen Werk sei eben nicht nur das Schreiben von Urkunden, sondern auch die Installation dieser Institution. Nur im quasi mittelbaren Sinne kann die Verfasserschaft des Mose in bezug auf das Ganze des Pentateuchs behauptet werden. Verfasser im unmittelbaren Sinne sind auch jene Ecrivains, und diese These löse die 'literarkritischen Schwierigkeiten'[244]:

> *"Si ces Ecrivains publics étoient dans la République des Hébreux dés le tems de Moise, comme il est fort vrai-semblable, il sera aisé de satisfaire à toutes les difficultés qu'on propose, pour montrer que le Pentateuque n'est pas entierement de Moise; ce qu'on prouve d'ordinaire par la maniere dont il est écrit, laquelle semble insinuer, que quelque autre que Moise a recueilli les Actes, & les à mis par écrit. En supposant ces Ecrivains publics, on leur attribuera ce qui regarde l'Histoire de ces Livre, & à Moise tout ce qui appartient aux Loix & Ordonnances; & c'est ce que l'Ecriture nomme la Loi de Moise. Ainsi l'on pourra dire en ce sens-là, que tout le Pentateuque est veritablement de Moise, parce que ceux qui en ont fait le Recueil, vivoient de son ordre. L'usage de ces Prophetes ou Ecrivains publics se continua en suite dans la République des Hébreux; car nous voyons que l'Ecriture appelle Prophetes, Samuel, Nathan ... "*.[245]

---

242 A.a.O., S. 4: *"Les Peres confirment aussi nòtre sentiment touchant les Prophetes ou Ecrivains publics, dans la personne d'Esdras, qu'ils reconnoissent étre l'Auteur du Recueil de la Bible dont nous nous servons présentement."* - Vgl. auch A.a.O., S. 25f.

243 A.a.O., S. 4.

244 Weil die literarischen Unebenheiten selbstverständlich von dem relativ freien Umgang der Ecrivains mit der Schrift herrühren, vgl. a.a.O., S. 16. 26. - Vgl. Preface [S. 2, unpag.]: Les Scribes publics - *"... avoient la liberté de faire des Recueils des anciens Actes qui étoient conservés dans les Archives de la République, & de donner à ces mémes Actes une novelle forme ... "*.

245 A.a.O., S. 3. - Übersetzung bei P. Hazard: Die Krise des europäischen Geistes. Hamburg 1939. S. 225f.

Mose habe also nach - wie hier zu erwarten ist - *ägyptischem*[246] Vorbild diese '*Ecrivains publics*' beauftragt, die Historiographie des hebräischen Staates zu leisten. Damit sind diese 'öffentlichen Schreiber', die auch prophetischen Charakter hätten, also inspiriert seien[247], direkte Verfasser der Schriften des Alten Testaments. Mose habe selbst vor allem juridisches Material (*Loix* et *Ordonnances*[248]) verfaßt, die Ecrivains vor allem historiographisches.[249]

Am Stil sei im Pentateuch oft zu erkennen, daß Geschehnis und Darstellung eines Sachverhalts nicht auf einer zeitlichen Ebene liegen.[250] Die Ordnung der Aufzeichnungen sei sehr unvollkommen.[251] - "... *on doit seulement être persuadé en general, que les choses dont nous avons fait mention se trouvent en plusieurs endroits de l'Ecriture, parce que ces Livres ne sont qu'un Recueil qui n'a pas tout les perfections d'un veritable Original, comme les Peres en demeurent d'accord.*"[252] Die Sammlungstätigkeit und die quasi-redaktionelle Arbeit der Ecrivains habe eben kein vollkommenes Werk hinterlassen; oft hätte es sich dabei eben um die Abänderungsarbeit (*changer*), wie z.B. das Anfertigen von 'Auszügen' (*abrégés*)[253] aus älterem Schriftgut gehandelt. Das scheint für die letzten 'Schreiber' (*les derniers E.*[254]) zu Esras Zeiten selbstverständlich, läßt aber für die Zeiten des Anfangs dieser Institution Fragen offen. -
An dieser Stelle kommt die Theoriebildung SIMONS an ihr Ende. Sie scheitert tatsächlich an der ihr eigenen hermeneutischen Voraussetzung. Denn um seine hermeneutische Prämisse durchzuhalten, mußte eben Simon doch festlegen, daß die Ecrivains (erst!) durch Moses Beauftragung an die Arbeit gingen. Ihre Arbeit und diese Institution sind durch die vorlaufende divinatorische Autorität des Mose abgesegnet. Aber hier widerspricht SIMON sich in

---

246 Vgl. A.a.O., S. 16: "*Les Egyptiens, parmi lesquels Moise avoit été élevé, avoient des Prêtres ausquels ils donnoient le nom des Scribes ou Ecrivains des choses sacrées*".

247 Vgl. A.a.O., S. 2: "... *parce qu'ils étoient en effet dirigés par l' Esprit de Dieu* [...]. *Pendant que la République des Hébreux a subsisté, il y a eu de tems en tems parmi eu des ces sortes de personnes inspirées de Dieu, soit pour écrire des Livres Divins & Prophetiques...*".

248 Das klingt sehr nach La Peyrère. Siehe oben.

249 A.a.O., S. 17: "*On attribuera à Mose les Commandemens & Ordonnances qu' il donna au Peuple; au lieu qu'on pourra faire auteurs de la plus grande partie de l'Histoire ces mémes Ecrivains publics.*"

250 A.a.O., S. 36. - Z.B. Zusammenhänge von Beschneidung und Namengebung Isaaks. - A.a.O., S. 39: "*La diversité de stile qui se rencontre dans les Livres de Moise, semble aussi être une preuve, pour montrer qu'un méme Ecrivain n'en est pas l'Auteur.*" - Hinzu käme noch in diesem Zusamenhang die dritte Ebene: Die Sammlung der Darstellung.

251 Ebd.: *Z.B. Gen 38.* - "*Il n' y a personne qui en lisant ces paroles du Chap. 38. de la Genese, Il arriva en ce tems-là, que Juda quitta ses freres, etc. ne croye d'abord qu'elles sont jointes avec celles qui précedent, & que le tems auquel cette action se passa, est designé. Il n'en est pourtant rien, & les plus scavans Interpretes de l'Ecriture tombent d'accord, que cela arriva dans un autre tems.*"

252 A.a.O., S. 38.

253 A.a.O., S. 4. 26. 38 u.ö. - Siehe oben. Die 'Schreiber' hatten ja das Recht zu ändern, zu kürzen und zu erweitern.

254 Siehe unten.

der Sache selbst. Denn dadurch kann er kaum erklären, was denn mit dem 'vormosaischen Material' sei, wie denn eben die Dinge, die chronologisch *vor* Mose liegen, nachträglich historiographisch bewältigt worden sind, und ob es denn nicht eher so sei, daß auch *vor* Mose schon Ecrivains am Werke gewesen seien . - Diese Frage wird durch JEAN LE CLERC gestellt in dessen Werk *'Sentimens de quelques Théologiens de Hollande sur l'Histoire Critique Du Vieux Testament, composée par le P. Richard Simon de l'Oratoire'*[255]. LE CLERC fragt an, wie es denn sein könne, daß die Ecrivains aus schon älteren Mémoires geschöpft haben, wenn doch, wie SIMON selbst voraussetze, die Aufzeichnung von Texten erst unter Mose befohlen und begonnen wurde.[256] Die Anfrage gibt offenbar ein Mißverständnis wieder, aber dessen ungeachtet nutzt LE CLERC den Widerspruch bzw. die Unklarheit SIMONS aus, um seine Vorstellungen mitteilen zu können. (Nach LE CLERCS Meinung ist der Pentateuch nach 722 im Nordreich, aber *vor* der Entfremdung der Juden und Samaritaner voneinander[257], entstanden. Und zwar unter Verwendung privater Bücher, *"deren eines in Num 21,13 zitiert wird."*[258] Beachtenswert ist, daß nach LE CLERC *private* Aufzeichnungen und nicht wie bei SIMON *offizielle* dem Pentateuch zugrunde liegen.[259] Auch nach LE CLERC ist der Pentateuch also nicht von Mose![260]) -
Und die Antwort, die SIMON auf diese Frage zu geben hat, kann aber seine

---

255 Erschienen 1685 als fingierte Briefserie in Amsterdam. - Deutsche Ausgabe: H. Corodi: Briefe einiger holländischen Gottesgelehrten über P. R. Simon' s kritische Geschichte des alten Testaments; herausgegeben von le Clerc; aus dem Französischen übersetzt und mit Anmerkungen und Zusätzen vermehrt. 2 Bde. Zürich 1779. - Zu Le Clerc siehe unten. - Vgl. Kraus: A.a.O., S. 70-73. - B.E. Schwarzbach: Les adversaires de la Bible. In: Le siècle des Lumières et la Bible. S. (139-166) 156f. - H. Graf Reventlow: Bibelexegese als Aufklärung. Die Bibel im Denken des Johannes Clericus (1657 - 1736). In: Historische Kritik und biblischer Kanon. 1988. A.a.O., S. (1-19) 12f.

256 Vgl. Le Clerc: Sentimens de quelques Théologiens de Hollande sur l'Histoire Critique Du Vieux Testament. 6. Brief, S. 123. *"En effet l' Histoire de la Création, du temps qui s'est écoulé devant le Déluge, & depuis le Déluge jusqu'à Moise, ne peut pas avoir été tirée des Regitre public, puisque ce fut Moise, selon le P.S. qui introduisit cette coutume parmi les Israelites."* -
Vgl. Graf: Richard Simon. S. 212f. - Diestel: A.a.O., S. 353f. - Westphal: A.a.O., S. 78-100. - Holzinger: A.a.O., S. 38f. - H. Graf Reventlow: Bibelexegese als Aufklärung. A.a.O., S. 14f.

257 Womit die Esra-These von (Hobbes-)Spinoza widerlegt sein soll; Holzinger: A.a.O., S.39. - B.E. Schwarzbach: A.a.O., S. 156.

258 H. Graf Reventlow: Bibelexegese als Aufklärung. A.a.O., S. 15. - Vgl. das instruktive Referat von Holzinger: A.a.O., S. 38f.

259 Le Clerc: Sentimens. S. 122f: *"Un de nos Amis nous en proposa une autre, qui semble avoir plus de fondement. Il croit que les Histoires que l'on trouve dans Pentateuque, ont été tirée de quelques anciens Livres écrits par des particuliers, & non pas des Regitres, dont on ne vait aucune trace dans l' Ecriture, que dès que le gouvernement Monarchique eut été introduit dans la République d'Israel."* - Le Clerc versteckt sich wohl hinter 'einem Freund'. - Vgl. J.S. Vater: Commentar über den Pentateuch 3. Theil. Halle 1805. S. 685 (Vater weist darauf hin, daß es sich um eine Vorstellung handelt, die R. S. bewußt [?] entgegengesetzt wird; bemerkbar sind die Sympathien V.s für Le C., weil dessen Einwurf gegen R.S. gut zu seiner Ablehnung einer relativ frühen Verschriftung paßt.)

260 Später tritt Le Clerc (im Genesis-Kommentar [Anhang dazu 'Dissertatio', s.u.] einen Rückzug auf ganzer Linie an. - Vgl. Holziger: A.a.O., S. 39.

Auffassung dennoch stützen.[261] Denn die bei SIMON anscheindend so wichtige Instituion der Ecrivans mit ihrer spezifischen theoretischen Strenge läßt offenbar aber doch zu, daß 'vor-ecrivainische` Tradition vorhanden war. Nur sichert sich SIMON an anderer Stelle vorsichtig ab: Diese Tradition sei nicht nur - aber *auch mündlich* gewesen! In einer Anfrage des rabbinischen Gelehrten EZECHIEL SPANNHEIM[262], die ganz ähnlich lautet wie die LE CLERCS, antwortet SIMON: "... *il prétend même que les Livres de l'Ecriture qui nous restent présentement, ne sont que des Abrégés de ces anciens Actes*"[263]. Und was das Gesetz des Mose anbelangt - so schon im Vorwort des Werkes - sei die Religion durch die *Tradition* bewahrt worden: "*Avant que la Loi eust été écrite par Moise, les anciens Patriarches ne conservoient la pureté de la Religion, que par le moyen de la Tradition.*"[264]

Die Evrivains redigierten also offenbar nicht nur die Urkunden ihrer ecrivainischen Vorgänger, sondern auch noch älteres Material. Dabei verzichtet SIMON auf die Offenlegung seiner Vorstellung über Funktionen und Unterschied eben der mündlichen bzw. schriftlichen Überlieferung. Das spielt aber in der Agrumentation SIMONS kaum eine Rolle. Im wesentlichen seien auch hier die Ecrivains am Werk gewesen - als *Verfasser*! Das wirkt unglaubhaft, und es wehrt auch zugleich einer Theorie, die *vormosaische Urkunden* postuliert, wenngleich sie sie auch nicht ganz ausschließt. Am Postulat der vormosaischen Urkunden aber hängt die weitere Entwicklung der Urkundenhypothese. - ASTRUC: "*M. le Clerc, & M. Simon, qui ont senti ces difficultez, ont avoué, l' un & l' autre, qu' il estoit trez apparent que Moyse, en écrivant la Genese, avoit en le secours de quelques mémoires anciens ...*"[265]. -

LA PEYRERE hatte hier ein Fundament gelegt, das SIMON nun nicht in allen seinen Implikationen abruft und ausformt. - Es gibt - so also nach SIMON - de jure nur (1.) *mosaische* Akten, geschrieben von Mose und den Ecrivains und abgesichert durch Mose, und (2.) *nachmosaische* Akten, geschrieben von den Ecrivains und abgesichert durch die von Mose installierte Institution. - Die 'alten Memoiren` können m.E. nach SIMON kaum Urkundencharakter beanspruchen. - Dennoch dürfte deutlich sein, daß seine Wirkkraft auch durch so beschriebenen Unklarheiten in seinem Werk kaum abgeschwächt wurde.

261 Ich greife hier dankbar auf die Vorarbeiten H. Graf Reventlow (Richard Simon und seine Bedeutung ...) zurück.

262 Der erste Kritiker Simons. E. Spannheim: *Lettre à un ami. Où l'on rend compte d'un Livre, qui a pour titre, Histoire Critique Du Vieux Testament.* Paris 1678. Angebunden an Histoire critique [1685/1967] mit fortlaufender Paginierung, S. 565ff.

263 R. Simon: *Réponse a la Lettre de Mr. Spannheim, ou Lettre d'un Théologien de la Faculté de Paris, qui rend compte à un de ses Amis de L'Histoire Critique Du Vieux Testament.* Angebunden an Histoire critique [1685/1967] mit fortlaufender Paginierung, S. 625ff. Zitat: S. 629. - Vgl. H. Graf Reventlow: Richard Simon. S. 25 Anm.

264 R. Simon: A.a.O., Preface (unpag.), nach H. Graf Reventlow (Richard Simon., S. 26, Anm.) fol. 3c. Zwar ist hier nicht ausdrücklich von *mündlicher* Tradition die Rede, aber so deutlich wie sich hier R. S. über den Gegenstand der Tradition *'avant* [...] *eust été écrite`* ausspricht, kann man nicht anders als eben von der vor-schriftlichen Tradierung, also von 'Mündlichkeit` reden; die Argumentation S.'s hätte ansonsten keine logische Konsistenz.

265 J. Astruc: Conjectures. S. 7.

Freilich ist hier nicht zu übersehen, daß es Simon nicht nur um das Schreiben und Redigieren[266] der Akten geht. Die Aufgabe der Ecrivains ist nicht nur das Verfassen von Schriften, sondern auch deren *Bewahrung* in Archiven: *"... de mettre par écrit les affaires les plus importantes de la Republique, & d'en conserver les Actes dans des Archives destinées à cet usage."*[267] - Nicht unwichtig ist hierbei, daß das Archiv, dessen Institution sich, wie schon erwähnt, bis Esra hält, nach den Ereignissen von Krieg und Exil unter der Aufsicht von Esra in seinen (Rest-)Beständen eine neue Ordnung, quasi eine Umarbeitung, erfährt: *"Ces derniers Ecrivains ayant compilé sous Esdras, comme on le croit communément, tous les anciens Memoires qu'ils púrent trouver, & en ayant fait un Recueil en abregé, où ils ajoùterent quelque chose, il est mal-aisé de distinguer les changemens qu'ils ont faits, d'avec ceux que chaque Prophete en particulier avoit faits avant ce tems-là dans les Ouvrages qu'il a recueillis sur les Memoires de ses predecesseur, & qui se conservoient dans les Archives."*[268] - Ein Gedanke, der bei EICHHORN in der Einleitung ähnlich wiederkehrt.

Dieser Gedanke der *Bewahrung* von Texten ist *nicht* nur die schlichte Folge der historiographischen Beauftragung, sondern nach SIMONS Vorstellungen der zweite Teil ihres Amtes. Deutlich erkennbar ist die spezifische Logik dieser These an der Prämisse, die auf alte Kenntnis zurückgeht: *"Cette opinion, qui est d'Origine & de quelques autres Peres, est conforme à l'Ecriture, qui renvoye souvent le Lecteur à ces anciens Actes plus étendus, que les Juifs ont sans doute conservés pendant quelque tems dans leur Archives."*[269] - Alle Völker des alten Orients hatten Archive.[270] Also auch die Juden. Seltsam, aber doch den Vorstellungkreis SIMONS erhärtend, die Annahme: *"Les Origines mème de la ville de Rome ne contiennent presque rien de vrai, parce que l'usage des Archives n'a été que fort tard parmi les Romains."*[271] - Von den Römern wissen wir nicht viel Zuverlässiges, denn sie hatten keine Archive. - Die Geschichtlichkeit und die Divinität der Akten ist kein Widerspruch, sondern geht somit zusammen. Aber die Geschichtlichkeit geht der Divinität prinzipiell voraus, das ist die verborgene Prämisse SIMONS. Die traditio wird durch ihre Geoffenbartheit erst geadelt.

Die Ecrivains also hatten mit all ihren (ausdrücklich erwähnten) Freiheiten[272] bei der Abfassung die spezifische Funktion des Schreibens und des *Bewahrens*. Diese für die Theoriebildung Simons regelrecht konstitutive Doppelheit der Beauftragung ist ein wesentliches - vielleicht *das* wesentlichste Element - in der

---

266 In dem berühmten Buch von P. Hazard (Die Krise des europäischen Geistes. Hamburg 1939. S. 225f.) werden die Ecrivains bezeichnenderweise als *"offizielle Redaktoren"* bezeichnet. Das verkennt aber die oben dargestellte Problematik.

267 A.a.O., S. 15.

268 A.a.O., S. 26. - Vgl. auch S. 37 u.a.

269 A.a.O., S. 4. - Nota bene die Berufung auf Origenes, später dann (S. 16) auf Josephus und Euseb.

270 A.a.O., S. 15 u.ö.

271 A.a.O., S. 16. - Vgl. L. Diestel: A.a.O., S. 356.

272 Siehe oben Anm. 252-255.

hermeneutischen Vorsatzhypothese, auf die die Entwicklung der literarkritischen Exegese in der Späten Aufklärung aufbaut.[273] Ohne diese prägnante und plastische Vorstellung von einem historischen Vorgang, den die Geschichtstheorie in die Historie hineinzeichnet - *daß man nämlich Archive hatte!* - ist die quellenscheidende Rekonstruktion der Anfänge des Alten Testaments nicht zu leisten. Archive waren da, so wie auch die Urkunden, *les Actes*, bei R. SIMON. Im symbiotischen Sinne einer echten valeur partielle stehen beide Begriffe beieinander. - ILGEN schreibt dann über die Urkunden des Tempelarchivs. Nach EICHHORN und BAUER ist das dann wie selbstverständlich.

Die *'Urkundenhypothese`* aber ist aber nun keinesfalls auf diesem Entwicklungsstand der Litararkritik von den anderen Hypothesen, die sich von eben den gleichen Voraussetzungen her entfalten (, nur in den Hauptwerken vielleicht etwas später,) zu trennen. *Fragmenten-* und *Ergänzungshypothese* können als Erweiterungsmodelle für die Urkundenhypothese dienen, wo diese in ihrer philologisch-exegetischen Kompetenz versagt. - Überhaupt ist die Schwierigkeit der Sache erst erkannt worden, als J.S. VATER statt *'Urkunde`* lieber das für ihn angemessenere Wort *'Fragment`* verwendet[274], und der Begriff der sogenannten 'Älteren Urkundenhypothese` ist letztlich erst geprägt worden, als das Phänomen *'Urkunde`*, von seiner geschichtsphilosophisch-hermeneutischen Provenienz abgelöst, zu einem rein exegetisch-methodischen Begriff wird, der ca. hundert Jahre nach EICHHORN und ILGEN *immer* für den Pentateuch-Längsschnitt-Text steht.[275] Am Ende des 18. Jahrhunderts stand der Begriff nicht ausschließlich für den Längsschnitt-Text! - 'Unser` Urkundenbegriff kommt nicht nur von EICHHORN her, sondern auch von WELLHAUSEN! Daß also der Begriff

273 Ob man die Arbeit der Ecrivains so sehr mit der Arbeit z.B. des Jahvisten vergleichen kann, muß m.E. offenbleiben. Steinmann (A.a.O., S. 101) sagt: *"c'est la même chose"*. - (?)

274 Vater nimmt Abstand vom Urkunden-Begriff - aber auch von der mit der Urkunden-Interpretation ursprünglich verbundenen Frühverschriftung: *"Diese einzelnen Stücke sind gewöhnlich die Urkunden der Genesis genannt worden, welcher Name aber leicht unrichtige Vorstellungen veranlassen kann. Der Begriff einer Urkunde ist der einer öffentlich autorisirten Nachricht, oder wenigstens des Berichtes eines Augenzeugen. Daß aber die einzelnen Stücke, z.B. in den genannten ersten Kapiteln der Genesis, dies nicht sind, sondern lange nach den Ereignissen aufgezeichnet, und zum Theil blos aus dem Nachdenken über die frühsten Weltereignisse entstanden seyn müssen, bedarf hier keines Erweises. Wenn dagegen z. B. die Gesetze Moses von ihm selbst so, wie wir sie itzt lesen, promulgirt worden sind, so sind sie Urkunden. Wie Vieles in diesen Büchern den Begebenheiten gleichzeitig aufgeschrieben worden sey, ist erst Gegenstand der Untersuchung, der durch den Namen: Urkunde, leicht vorgegriffen würde. Wenn die einzelnen Stücke in diesem Commentare: Fragmente, überschrieben worden sind, so soll damit nur gesagt werden, daß sie einzelne Stücke ohne gegenseitigen Zusammenhang sind; denn wer möchte von so uralten Aufsätzen genau angeben können, ob und in welchem Verhältnisse sie einst zu größeren Ganzen gestanden haben?"* (Vater: A.a.O., S. 394f. Anm.).

275 Bei Wellhausen auch *'Fäden`*, *'Quellen`*, *'Geschichtsbücher`*. Vgl. Ders.: Die Composition des Hexateuchs und der historischen Bücher des Alten Testaments. 4. Aufl. Berlin 1963. S. 30 u.a. JE ist eine *"Composition aus diesen beiden Geschichtsbüchern"* (A.a.O., S. 22). - Ders.: Prolegomena zur Geschichte Israels. 6. Aufl. Berlin u. Leipzig 1927. S. 293ff.

'Urkundenhypothese` an sich daher sehr problematisch ist, hat in diesem Zusammenhang auch OTTO EIßFELDT erkannt.[276]
(Daß hier, in dieser Zeit, also von hundert Jahren, die Längsschnitt-Quellenscheidung sich als 'richtig erwiesen` hatte, war erkannt und zum Fundament der alttestamentlichen Wissenschaft gemacht worden.[277] Somit wurden die Ambitionen EICHHORNS und anderer zur Längsschnitt-Option eben zur *'Älteren Urkundenhypothese`* erhoben. Das war nicht falsch, darf aber heute nicht über den entscheidend wichtigen Sachverhalt hinwegtäuschen, daß von der historischen Genese der Wissenschaft her die Differenzierung zwischen den verschiedenen Pentateuch-Schulen an der Wende vom 18. zum 19. Jahrhundert nur begrenzten Wert hat.)

'Wenn so vorbereitet ist`, dann ist hinlänglich dargelegt, daß die Urkunden-Interpretation in der Späten Aufklärung einen langen Weg hinter sich hat und keinesweg als deckungsgleich angesehen werden muß mit dem Bereich, der oft kurz mit der Dreiheit 'ASTRUC-EICHHORN-ILGEN` abgegolten ist.[278] Sie ist vielmehr *das* hermeneutische Instrument, um die Distanz und die Nähe zum alttestamentlichen Text unter neuzeitlich-rationalistisch-aufklärerischem Vorzeichen zu *verstehen*. Auch da, wo das 'alte Textdenkmahl` nicht ausdrücklich als 'Urkunde` deklariert wird. - Eine weitere Differenzierung der Urkunden-Interpretation auf rein philologisch-exegetischem Gebiet findet danach statt.

Zusammenfassend zu ergänzen ist hier - wiewohl das als inhärenter Bestandteil der oben geschilderten Entwicklung erkennbar ist - , daß dem Begriff der 'Urkunde` in der frühen Phase der historischen Kritik am Alten Testament ein apologetisches Interesse anhaftet. Das ist aber quasi selbstverständlich. Die 'Urkunden` waren als solche die Gewähr dafür, daß es sich bei den alten Aufzeichnungen nicht um 'irgendwelche` Aufzeichnungen handelt, sondern um jene *'mémoires originaux`*[279], die die Echtheit der Genesis gewährleisteten. Denn bei aller Literarkritik will ja 'Urkunde` nicht den Quellencharakter der Bibel zerstören, sondern *verstehen* lehren.

---

276 Einleitung. 3. Aufl. 1964. S. 237f. Eißfeldt meint, für die Ältere Urkundenhypothese hätte nunmehr eher die Bezeichnung *"Additionshypothese"* Verwendung finden müssen. Das ist zutreffend, aber nicht - wie E. offensichtlich meint - weil die Älteren Urkundler mit der Kompilation, d.h. also mit der Verzopfung der Urkunden nicht zurechtkämen, sondern weil - wie es bei Ilgen deutlich ist - sie die Urkunden noch einzeln zählen und die Summe der Urkunden *eines* Verfassers eben den Längsstrang der 'Urkunde` ausmacht!

277 Vgl. Kap. 1. - E. Meyer: Geschichte des Altertums. 2. Bd. 2. Abt., 3. Aufl. (Hrsg. von H.E. Stier) Darmstadt 1953. S. 189f. - Auch C. Steuernagel: Lehrbuch der Einleitung in das Alte Testament. Tübingen 1912. S. 130ff. - R. Kittel: Geschichte des Volkes Israel. 1. Bd. 3., erw. Aufl. 1916 (Handbücher der Alten Geschichte. I.3.). S. 265ff. - Ders. (*'für's Volk!`*): Die Alttestamentliche Wissenschaft in ihren wichtigsten Ergebnissen. 5. Aufl. Leipzig 1929. S. 95f.

278 Als erster führt die 'Dreiheit`, die zur 'Epoche` wird, so m.W. J.S. Vater an. - Vgl. A.a.O., S. 697 (u.ö.).

279 Astruc! - Vgl. A. Merx in F. Tuch: Commentar über die Genesis. 2. Aufl. Halle 1871. S. LXXX.

3. Ilgen - Zur Person

Vorzüglich aber freuen wir uns, diesen geschickten und sehr thätigen Mann, der uns zugleich wegen seines rechtschaffenen, offenen Charakters bekannt geworden ist, nicht nur als einen ausgezeichneten Orientalisten, sondern auch als einen treflichen Exegeten der höchsten Gnade Serenissimorum empfehlen zu können, und zweifeln nicht, daß er, nach unseren gemeinsamen Wünschen alle Fächer der erledigten Professur vollkommen ausfüllen werde.

Heinrich

3.1. Zur Biographie[1] - Überblick

Geboren wurde Karl David Ilgen am 26. Februar 1763 in Sehna bei Eckartsberga (Thüringen). Der Vater war ein einfacher Schulmann. In die Wiege gelegt war ihm ein gesellschaftlicher Aufstieg keineswegs, ebenfalls auch eine akademische Karriere nicht. - Ilgen fiel bei seinen Lehrern durch gute Begabung auf, wurde gefördert und konnte somit ab 1777 erst die Stadtschule, dann das Domgymnasium in Naumburg besuchen.

"'Nun, Er soll studiren`, sagte der Vater, 'doch geben kann ich nichts dazu; Er muß sehen, wie Er durchkommt; aber dawider will ich nichts haben.`"[2]

1 Vgl. für das Biographische: J.C. Kraft: Vita Ilgenii. Altenburg 1837. - C. Kirchner: Die Landesschule Pforta in ihrer geschichtlichen Entwickelung seit dem Anfange des 19. Jahrunderts. Naumburg 1843. - H.E. Schmieder: Erinnerungs-Blätter. Zur dritten Jubelfeier der Königlich-Preußischen Landes-Schule Pforte. Leipzig 1843. (Hier abgedruckt: [Anonym:] Zur Charakteristik des Rector zu Pforte, Consistorialrath Dr. Ilgen. Aus den Jahrbüchern für wissenschaftliche Kritik. Juli 1838 S. 187-208 [Kritik Krafts: Vita Ilgenii, s.o.] zitiert: Bei Schmieder). - W.N.[?]: Ilgeniana. Erinnerungen an D. Karl David Ilgen, Rector der Schule zu Pforte, insbesondere an dessen Reden in Erholungsstunden. Leipzig 1853. - Ersch u. Gruber: Encyclopädie. Bd. II,16 (1838) S. 158-162 (Verf.: G. Herrmann[?]). - ADB (H. Kaemmel): Bd. 14 (1881) S. 19-23. - RGG 2. Aufl. (Bertholet): Bd. 3 (1929) Sp. 181. - F. Heyer: Wilhelm von Humboldt und Rektor Ilgen von Schulpforte. In: Gymnasium 61 (1954) S. 442-448. - RGG 3. Aufl. (E. Kutsch): Bd. 3 (1959) Sp. 676-677.

2 Ersch u. Gruber: Encyclopädie. Bd. II,16 (1838) S. 158. - Dieses 'märchenwürdige` Zitat übernahm der Verf. im Ersch/Gruber aus Krafts Vita.

Die Schulzeit war für ILGEN aufgrund beschränkter Finanzen offenbar entbehrungsvoll. Er wohnte in einem Kämmerlein im Haus des Totengräbers und verdingte sich als Kurrendeschüler. Aber er

> *"bewahrte* [...] *doch die ganze Heiterkeit des Gemüths im Umgange mit strebsamen Freunden, und seine Studien dehnten sich rasch über das ganze Gebiet der orientalischen Sprachen aus."*[3]

Diese zweite, recht summarische Bemerkung im Märchenstil ist im älteren Biographischen zur Person ILGENS zu lesen: Zitiert vom Verfasser des ADB-Artikels, der sich eng an die Vita Ilgenii von J.C. KRAFT anlehnt. So haben sich über die Generationen die Weisheiten über ILGENS Leben aus wenigen Quellen genährt. Über sie kommt man kaum hinaus. Ohnehin soll es hier nicht um die Neuschreibung einer Biographie gehen, sondern um die Frage, was ILGEN mit seiner Arbeit im Bereich der Pentateuchforschung und Urkundenhypothese leistete. Wir fahren hier also in einer knappen Schilderung seiner Vita fort. - Daß ILGEN sich aber immer seine Heiterkeit bewahrte, das mag man nicht ganz glauben.

1783 bezog er die Universität Leipzig und studierte dort Theologie, Philologie und Orientalistik bei den akademischen Lehrern MORUS[4], DATHE[5], REIZ[6], ERNESTI[7], BECK[8]. Diese Namen geben allein schon deutliche Auskunft, in welcher Art und Weise ILGEN auf die philologisch-historischen Studien, die er später

---

3 ADB (H. Kaemmel): Bd. 14 (1881) S. 20.

4 Samuel Friedrich Nathanael Morus. Geb. 30.9. 1736 in Lauban/Oltz. Gest. 11.9. 1792 in Leipzig. - Vgl. ADB (G. Lechler): Bd. 22 (1885) S. 343-344. - Meusel: Lexikon. Bd. 9 (1809) S. 276-281. - Schüler und Nachfolger des *alten* Ernesti in Leipzig. Griechische und lateinische Philologie, Neues Testament und Systematisches.

5 Johann August Dathe. Geb. 4.7. 1731 in Weißenfels. Gest. 17.3. 1791 in Leipzig. - Vgl. ADB (Siegfried): Bd. 4 (1876) S. 764-766. - Meusel: Lexikon Bd. 2 (1803) S. 286 - 288. - Vgl. auch B. Seidel: Johann August Dathe. In: Dictionary of Biblical Interpretation (DBI) [erscheint demnächst]. - Schüler des *alten* Ernesti. Orientalisches, Altes Testament, Hebräisch, Septuaginta, Peschitta.

6 Friedrich Wolfgang Rei(t)z. Geb. 2.9. 1733. Gest. 2.2. 1790 in Leipzig (?). - Vgl. ADB (R. Hoche): Bd. 28 (1889) S. 178-179. - Meusel: Lexikon. Bd. 11 (1811) S. 211-213. (Nachfolger Morus' in der Philosophischen Fakultät Leipzigs. Vgl. ADB, S. 178). - Schüler des *alten* Ernesti. Griechische und lateinische Philologie, Rhetorik und Poetik.

7 Johann Christian Gottlieb Ernesti. Geb. 1756 in Arnstadt. Gest. 6.6. 1802 bei Leipzig. Vgl. ADB (Eckstein): Bd. 6 (1877) S. 242-243. (Nicht der 'große` Ernesti!! Neffe vom Leipziger Philologen Johann August Ernesti. - Vgl. W. Gaß: Geschichte der Protestantischen Dogmatik im Zusammenhange mit der Theologie überhaupt. Bd. 4. Die Aufklärung und der Rationalismus. Berlin 1867. S. 68.1). - Griechische und lateinische Philologie, Neues Testament.

8 Christian Daniel Beck. Geb. 22.1. 1757 in Leipzig. Gest. 13.12. 1832 in Leipzig. - Vgl. ADB (Eckstein): Bd. 2 (1875) S. 210-212. - Sein erstes Buch heißt *'Specimen observationum criticarum in Euripidis Hyppolytum`* (1775) - Griechische und lateinische Literatur. Neues Testament, Geschichte, Dogmatik, Kirchengeschichte, Antiquitäten [= Archäologie].

trieb, vorbereitet war. Ohne daß diese in besonderer Weise deutliche Spuren in der historisch-exegetisch arbeitenden Theologie, geschweige denn in der sogenannten 'Urkundenhypothese` hinterlassen hätten, gilt ihr Werk doch für die zweite Hälfte des achtzehnten Jahrhunderts als weitgehend maßgebend für die historische Philologie und ist damit *eine der* Voraussetzungen für die Entwicklung der Literarkritik im Bereich der alttestamentlichen Wissenschaft. Ohnehin geht aus dem Lehrangebot der Lehrer ILGENS hervor, daß er in Leipzig kaum die Möglichkeit wahrnehmen konnte, sich sonderlich auf die Arbeit im Alten Testament vorzubereiten. Seine ersten Veröffentlichungen sind auch weitgehend in den Bereichen angesiedelt, in denen er von seinen Lehrern überwiegend unterwiesen wurde. Freilich verraten auch die Geburtsdaten, daß die Mehrheit der Lehrer ILGENS eine reichliche Generation älter war als er selbst. Es war etwa die Generation SEMLERS. Sie schrieb zum größten Teil noch Latein (, wie ILGEN anfänglich auch). DATHE hatte (noch) Gefallen daran, die *'Propheten des Alten Testaments ciceronisch reden`*[9] zu lassen; er schaffte eine glänzende, aber letztlich doch nicht mehr zeitgemäße lateinische Übersetzung des Alten Testaments. - Die Zeit der Lehrer ILGENS in Leipzig ist die Zeit *vor* der sehr innovativen Literarkritik EICHHORNS und seiner Akoluthen, die Zeit des vorsichtigen Ausgleichs der Exegese mit der 'christlichen Lehre`, der großen philologischen Gelehrsamkeit auf dem Gebiet der *'niedern Critik`*. - Nachweisbar sind bedeutsame Anregungen jedenfalls nicht, die ILGEN hinsichtlich der speziellen Literarkritik im Bereich des Alten Testamentes von diesen Lehrern erhalten haben könnte, und bekanntlich gelang vor EICHHORN kaum der Aufstieg in die sogannte *'höhere Critik`*.[10] Es ist nur die strenge historisch-philologische Schule der Universität Leipzig, aus der ILGEN hervorgeht. Und die gehörte zum Besten, was er auf seinem Bildungsweg mitnehmen konnte.

1785 wurde ILGEN Amanuensis beim Orientalisten DATHE und trat in die neue, von BECK gegründete 'Philologische Gesellschaft` (1785) ein. Von diesem Lehrer beeinflußt und zur Arbeit angeregt erfolgt in dieser Zeit die erste Veröffentlichung unter dem Titel *'Poeseos Leontini Tarentini Specimen.`* (1785)[11]. Zwei Jahre später erlangt ILGEN den Studienabschluß (1787) als Magister Artium (MA).

Was hat er dann gemacht? Diese Frage läßt sich nicht präzise beantworten. Eine Lücke von zwei Jahren bleibt in der Biographie. Es ist von einer Krankheit

---

9 Vgl. L. Diestel: Geschichte des Alten Testaments in der christlichen Kirche. Jena 1869. S. 646.

10 Vgl. Ersch u. Gruber (H.Döhring): Encyclopädie. Bd. I,26 (1835) S. (251-255 [Art. Doederlein]) 254. - Doederlein war bis 1792, bis zu seinem Tod in Jena und gehört der Vätergeneration Ilgens an. Für diesen, in seiner Zeit bedeutsamen Exegeten gilt dies Urteil; in der Generation vor Eichhorn und Ilgen war der Weg von der 'niedern` zur 'höhern Critik` nicht gefunden.

11 Bezeichnend ist vielleicht, daß er seine erste schrift 'specimen` nennt, wie auch sein Lehrer Beck seine erste Arbeit so bezeichnete. Wenn es auch vielleicht nicht unüblich gewesen sein wird, eine Magisterarbeit 'specimen` [= Musterstück] zu nennen, so zeigt es doch sicher die Prägung auf, die Ilgen erfahren hat.

zu lesen.[12] Freilich sollte man die Schnittlinie zwischen Studium und Beruf nicht so scharf ziehen wollen; die sogenannte 'akademische Zeit`, also die des Aufenthaltes an der Universität, war seinerzeit mithin in ihrer Endphase nicht nur Lern-, sondern auch Lehrzeit: ILGEN gibt Privatunterricht - ohne daß von einem Anstellungsverhältnis die Rede sein kann.[13] Er unterrichtet den *'nachmals so berühmte*(n)`[14] GOTTFRIED HERMANN, der nie eine öffentliche Schule besuchte.[15]

Von zwei Veröffentlichungen wird dann berichtet: *'De choro Graecorum tragico.`* (1788) und *'De Jobi antiquissimi carminis hebraici natura et virtutibus.`* (1789)[16]. Diese letzte Schrift soll er während des physischen Leidens geschrieben haben.

1789 setzen die Berichte wieder ein. Er wurde Rektor der Stadtschule in Naumburg. 1793 verheiratete er sich mit einem Mädchen namens Johanna. Über ILGENS Frau wird SCHILLER später in Jena lobende Worte sprechen.[17] - In Naumburg bleibt er nicht sehr lange. Sicher ist die Stelle des Rektors eines Gymnasiums recht attraktiv, aber dennoch ist dagegen eine Berufung an die in der damaligen Zeit nicht unbedeutende Universität Jena[18] mehr. Später wird ILGEN dieses Universitätsamt wieder mit der Schule vertauschen, aber dann ist es eine 'Landesschule`, und das war wiederum besser als die Universität.

1794 erfolgt also die Berufung an die Universität Jena. Er wird hier der Nachfolger H.E.G. PAULUS'[19] an der Philosophischen Fakultät[20], der '93 an die

---

12 Vgl. Kaemmel (ADB), S. 20.

13 Ersch u. Gruber: Encyclopädie. Bd. II,16 (1838) S. 159.

14 Hermamm über sich - wenn es denn stimmt, daß der Art. in Ersch u. Gruber (hier Zitat S. 159) von ihm stammt.

15 Vgl. F. Heyer: Wilhelm von Humboldt und Rektor Ilgen von Schulpforte. In: A.a.O., S. (442-448) 442f.

16 Eichhorn [Rez.]: ABBL 2.1 (1789) S. 67-81.

17 Eine Begegnung Goethes mit Johanna Ilgen in Humboldts Haus, wo Ilgen wohnte und Goethe ebenfalls abzusteigen gedachte, führte offenbar dazu, daß er (Goethe) sich für sie (Johanna I.) interessierte. *"Wie er aber hörte, daß sie in ihren Mann und in ihre Tugend verliebt sey, so wurde von dem Logis nicht mehr gesprochen."* (Brief Schillers an W. v. Humboldt vom 9.11. '95 in: Schillers Werke. Nationalausgabe. Bd. 28. Briefwechsel, Schillers Briefe 1795-1796. Hrsg. v. N. Oellers. Weimar 1969. Brief Nr. 84. S. [100-103] 103.)

18 Ersch u. Gruber: Encyclopädie. A.a.O., S. 159: H. [?] spricht von der *"damals durch ganz Teutschland und das Ausland glänzenden Universität"*. - Es waren gute Zeiten für die Universität. Noch!

19 Heinrich Eberhard Gottlieb Paulus. Geb. 1.9. 1761 in Würtemberg. Gest. 10.8. 1851 in Heidelberg. - Vgl. ADB (Wagenmann): Bd. 25 (1887) S. 287-295. (ADB, S. 288 ist 1789 Nachfolger Eichhorns in der Philosophischen Fakultät. Er war der Rationalist, der seine theologische Arbeit als *"gotteswürdige Denkgläubigkeit"* bezeichnete.) - Vgl. K. Heussi: Geschichte der Theologischen Fakultät zu Jena. Weimar 1954. S. 201f.

20 Vgl. F. Hartung: Das Großherzogtum Sachsen unter der Regierung Carl Augusts. 1775-1828. Weimar 1923. S. 150: *"Im Einklang mit dieser Richtung der theologischen Fakultät* [s.c. Aufklärung, B.S.] *wurde auch die Professur der orientalischen Sprachen besetzt, die zwar zur philosophischen Fakultät gehörte, aber mit der theologischen so eng verbunden war, daß der Inhaber in der Regel als Ho-*

Theologische Fakultät überwechselte.[21] ILGEN beginnt seine Arbeit in Jena als Philologe und übt damit eine Tätigkeit aus, die er in Leipzig vordringlich gelernt hatte. Grundsätzlich aber wird man veranschlagen müssen, daß unter dem Oberbegriff 'Philologie` gleichermaßen die lateinisch-griechische sowie auch die morgenlandische Sprach-und Literaturkunde gehörten, je nach dem, wie die entsprechende Lehraufgabe beschrieben war. Siehe unten.

Der alte Lehrstuhl EICHHORNS war bekanntlich geteilt zunächst an PAULUS und SCHILLER übergegangen. Als PAULUS in die Theologische Fakultät 'aufrücken` (!) kann, bekommt also ILGEN die PAULUSsche Hälfte des Ordinariats. - ILGEN wohnt in Jena bei HUMBOLDT.[22]

Zum Doktor promoviert war er allerdings noch nicht. Das war für die Berufung grundsätzlich auch nicht ausschlaggebend. Auch FICHTE reist bekanntlich im gleichen Jahr in Jena an und wird als Magister wie ILGEN Ordinarius. - ILGENS Dissertation (Phil.) ist : *'De notione tituli filii Dei Messiae hoc est uncto Jovae in libris sacris tributi`*, erschienen in der von H.E.G. PAULUS herausgegebenen Zeitschrift 'Memorabilien` (7.8 [1795]).[23]

ILGEN hält entsprechend seiner Verpflichtung Vorlesungen über Orientalistisches, Altphilologisches und Alttestamentliches. Für ihn ist die Zeit der achtjährigen Lehre an der Universität allerdings nicht nur die Zeit des Vortrags, sondern auch der Niederschrift, wenngleich er es auch manchen weitaus produktiveren Zeitgenossen nicht gleichtut.[24] Er forscht weiter und veröffentlicht: *'Hymni homerici.`* (1796). *'Opuscula varia philologica.`* (1797).[25] Σχολια *Graecorum.* (1798). Vor allem aber bringt er das Werk heraus, mit dem er in die Forschungsgeschichte eingegangen ist, das unvollendet blieb, einen seltsamen Ti-

---

norarprofessor der theologischen Fakultät zugleich angehörte, meist auch beim Freiwerden einer Stelle in sie aufrückte."

21 In der Literatur findet sich oft die Angabe, Ilgen wäre Nachfolger Eichhorns. - Das ist falsch, denn Eichhorn ging ja schon 1789 nach Göttingen. Paulus wurde Nachfolger Eichhorns in der Philos. Fakultät. Ilgen wurde Nachfolger Paulus' an der Philos. Fakultät. - Vgl. *falsch*: Kaemmel (ADB): S. 20, Bei Schmieder: A.a.O., S. 194, Kirchner: A.a.O., S. 73f., Ersch u. Gruber: Encyclopädie: Bd. II,16 (1838) S. 159. - Dagegen *richtig*: Heussi: A.a.O. S. 210. - Vgl. UAJ. Bestand A. Acta 17. Nr. 614. Loc. II. Fach 57. - Siehe unten Archivalien.

22 Friedrich Wilhelm Christian Karl von Humboldt. Dieser kam Februar '94 nach Jena. - Vgl. ADB (A. Dove): Bd. 13 (1881) S. 338-358 (Geb. 22.6. 1767 in Potsdam. Gest. 8.4. 1835 in Tegel). - Vgl. F. Heyer: A.a.O., S. 442ff.

23 Memorabilien 7.8. Hrsg. v. H.E.G. Paulus. Leipzig 1795. S. 119-198. - Eichhorn [Rez.:] In: ABBL 7.1 (1795) S. 120. Hier lobendes Urteil Eichhorns, das der historisch-exegetischen Arbeitskraft Ilgens viel zutraut: *"... eine tiefgelehrte und tiefbelesene, mit Gelehrsamkeit und Belesenheit fast zu überladene Abhandlung, welche aber den Recensenten in seinen vorzüglichen Erwartungen, die er längst von dem gelehrten Verfasser gefaßt hat, aufs neue bestätiget."*

24 Eichhorn, der neben seinen 24 Stunden, die er las, auch noch Regale mit von ihm geschriebenen Büchern füllte. - Vgl. R. Smend: Johann Gottfried Eichhorn. 1752 - 1827. In: Ders.: Deutsche Alttestamentler in drei Jahrhunderten. Göttingen 1989. S. (25-37) 28.

25 Hier sind mehrere kleine Schulschriften aufgenommen. Siehe bei Ersch u. Gruber: A.a.O., S. 159. Anm. 2.

tel hatte und ihm eigentlich viel mehr Kritik als Lob eingebracht hatte: *'Die Urkunden des Jerusalemischen Tempelarchivs.`* Band I (1798).[26] - Erst jetzt schreibt er erstmalig für die Veröffentlichung deutsch und nicht mehr lateinisch. Die größten Bibelwissenschaftler seiner Zeit waren schon vor einer Reihe von Jahren fast nur noch mit deutsch geschriebenen Arbeiten an die Öffentlichkeit getreten. (Es sei denn, es handelte sich um Doktordissertationen, da blieb das Lateinische noch ein halbes Jahrhundert üblich.) - Noch vor seiner eigentlich theologische Lehrbeauftragung schrieb er ein Buch für die Wissenschaft des Alten Testaments, an dem die exegetisch-historische Passion einer ganzen Generation, vielleicht auch eines ganzen Zeitalters erkennbar ist. Es ist im Anschluß an das Biographische in der Erläuterung des Titels dieser Schrift zu ersehen, was diese Generation, dieses Zeitalter erkennen wollte oder auch zu erkennen glaubte. -

Wenngleich ILGEN auch von Zeitgenossen als guter Wissenschaftler eingeschätzt wurde, so war er doch wahrscheinlich kein sehr guter Dozent. Er beklagt sich in Jena bei SCHILLER, daß die Studenten leider ausblieben.[27] (Vielleicht ist auch dies ein Anlaß für seinen Abschied von Jena?)

1799 kann ILGEN den Schritt vollziehen, den PAULUS vor ihm vollzogen hatte: Er kann aufrücken in die Theologische Fakultät als ordentlicher Professor.[28] Die nächste und letzte Veröffentlichung folgt. Es ist allerdings nicht der nächste Band der *'Urkunden des Jerusalemischen Tempelarchivs`*, sondern: *'Die Geschichte Tobi's nach drei verschiedenen Originalen und mit Anmerkungen, auch einer Einleitung versehen.`* (1800).[29]

Am 13. Mai 1802 erfolgte die Ehrenpromotion (Theologie) ILGENS in Jena, für die er sich selber vorgeschlagen hatte.[30] Auch das ist, wie der oben angeführte Antritt als Magister und Ordinarius zugleich, damals nicht unüblich gewesen, und es ist hierin nur eine Initiative ILGENS zu sehen, die Abschiedsgepflogenheiten von der Universität zu organisieren. ILGEN verläßt die Universität Jena. Es gibt Besseres:

1802 folgt er dem Ruf der sächsischen Landesregierung Dresdens in das Rektorat der Landesschule Pforte. Er wird Nachfolger des berühmten Rektors

---

26 Rez: Anonym in: Jenaische Allgemeine Literatur Zeitung (JALZ): 182 (1799) Sp. 625-631; 183 (1799) Sp. 633-637. - Rez.: Hld. [?] in: Neuestes theologisches Journal. Hrsg. v. J.Ph. Gabler. Bd. V. (1800) S. 469-499 (angeschlossen Nachtrag vom Herausgeber J.Ph. Gabler S. 499-501).

27 Vgl. Brief Schillers an W. v. Humboldt vom 9.11. '95 in: Schillers Werke. Nationalausgabe. Bd. 28. A.a.O., S. 103. - Ersch u. Gruber: A.a.O., S. 159.

28 Vgl. Universitätsarchiv Jena (UAJ). Bestand A. Acta academica 19. Nr. 464 Loc. I. Fach 49 (Das Gesuch des Herrn Professoris Philosphiae ordinarii Carl David Ilgen, um Ertheilung einer Professionis Theologiae ordinariae honorariae. Jena 1799. [Kopie des Gesuchs von I. vom 19.10. 1799 auf Blatt 5f.]).

29 Goethe interessierte sich für den Tobit Ilgens: Briefwechsel zwischen Schiller und Goethe. Bd. 3. Hrsg. v. Ph. Stein. Leipzig 1944 (RUB 4154-4156). S. 157.

30 Vgl. UAJ. Bestand J. [Theologie]. Nr. 47. Decanatsacten von 6. Febr. 1802 - 6. August 1802. geführt von C.C.E. Schmid, D. continuit vom 7. August 1802 bis zum 6. Febr. von demselben.

HEIMBACH[31]. ILGEN hat wohl nicht wenig nachgeholfen. Der ökonomische Stand, den der Ordinarius in dieser Zeit in Jena innehatte, war für ihn wohl kaum noch zu akzeptieren.

Zur Lehre: Die Professur, die er anfänglich in der Philosophischen Fakultät bekleidete, war prinzipiell auch für die Theologie zuständig. Daher berührten seine Lehraufgaben die Gebiete zweier Fakultäten (, wenngleich es aber auch so aussieht, als sei die Philosophische Fakultät per se für das AT zuständig gewesen). Daß er darauf ('99) auch ordentliches Mitglied der Theologischen Fakultät wurde, war durchaus nicht unselbstverständlich.

ILGEN liest von '94 bis '99 an der Philosophischen Fakultät und zusätzlich 1799 bis 1802 an der Theologischen. Dh. er liest an beiden! Gedruckte Vorlesungsankündigungen und handschriftliche Lektionszettel geben folgendes Bild seiner Vorlesungstätigkeit:

SS '94[32]: *Hebräisch nach Schröder*[33] *- Psalmen - Arabisch nach Paulus*[34] *und Michaelis*[35] *- und 'scribendi ac disputandi scholas* [...] *aperiet`*[36]
WS '94/95: *Jesaja - Homer - 'scholas`- griechische und lateinische Schriftsteller - Arabisch*[37]
SS '95: *Homer - 'Genesin cum particulis difficilioribus reliquorum librorum*

---

[31] Carl Wilhelm Ernst Heimbach. Geb. 20.10. 1765. Gest. 10.10. 1801. Trat 1795 das Rektorat in Schulpforte an. - Vgl. Deutsches Biographisches Archiv [DBA]. Microfiche-Ausgabe. Tafel 497, Nr. 320-356. - Ersch u. Gruber: A.a.O., S. 159.

[32] Für 'Sommersemester` und 'Wintersemester` werden im folgenden die üblichen Abkürzungen SS bzw. WS verwendet.

[33] N. W. Schröder: Institutiones ad fundamenta linguae hebraeae. In usum studiosae juventutis. Groningen 1766, auch 1775, später Frankfurt u. Leipzig 1778, Ulm 1785, 1792.

Nikolaus Wilhelm Schröder (Hebraist). Geb. 22.8. 1721 in Marburg. Gest. 30.5. 1798 in Groningen. - Vgl. ADB (C. Siegfried): Bd. 32 (1891) S. 524-525. - Meusel: Lexikon. Bd. 12 (1812) S. 457-460. - G.W. Meyer: Geschichte der Schrifterklärung. Bd. 5 (1809) S. 129f.

[34] H.E.G. Paulus: Compendium grammaticae arabicae ad indolem linguarum orientalium et ad usum rudimentorum conformatorum. Cum progymnasmatibus arabicae ex historia ortus et progressus literarum inter Arabes decerptis. Chrstomathiae arabicae a se editae jungendum elaboravit. Jena 1790.

Paulus als Arabist: vgl. Meyer: A.a.O., Bd. 5 (1809) S. 59f.

[35] J.D. Michaelis: Vorrede zur arabischen Grammatik und Chrestomatie. 2. Aufl. Göttingen 1781.

[36] Lektionszettel in: UAJ. Bestand M. Nr. 200. Acta Decanatus geführet von Seiner Wohlgebohrnen dem Herrn Hofrath Heinrich von 6tn Februairi 1794 bis den 9tn Augusti. a.c. - Blatt 133. Ein Vorlesungsverzeichnis ist für das Semester nicht vorhanden.

[37] Lektionszettel in: UAJ. Bestand M. Nr. 201. Acta Decanatus Jo. Aug. Henr. Ulrich ab Aug. 1794 - Febr. 1795. - Blatt 145. (Ilgen las ab 23. Oktober.) Siehe auch: Vorlesungsverzeichnis. Jena H.I. VI, f. 29. Catalogus praelectionum in Academia IENENSI. Blatt 102 recto.

Mosaicorum interpretabitur` - Tacitus - Hebräisch - Arabisch und Syrisch[38]
WS '95/96: *'mores atque indolem hominum, quorum vitas Scriptura S. exponit depingam` - Einleitung in das AT nach G.L. Bauer*[39] *- Psalmen - Homer - Arabisch und Syrisch - [...] griechische und lateinische Philologie*[40]
SS '96: *Jesaja - Homeri - Philosophiegeschichte nach Gurlitt*[41] *- Hebräisch - Arabisch und Syrisch*[42]
WS '96/97: *Genesis - Philosophiegeschichte nach Gurlitt - Cicero - Arabisch - 'Disputatoria etiam et philologica exercitia instituet`*[43]
SS '97: *Leviticus - psalmos interpretabor - Einleitung in die Apokryphen des AT - Hebräisch - Arabisch*[44]
WS '97/98: *Jesaja - Homer - 'Exegetico-practicum in Novi Foederis libros instituam` - Arabisch - 'Scribendi et disputandi de rebus philosophicis exercitia habebo`*[45]
SS '98: *Arabisch - 'Genesin cum exquisitis reliquorum quatuor de Mose librorum particulis interpretabor, ad quod collegium non inutile erit, librum a me editum et mox prelum relicturum sibi comparasse, qui inscriptus est:* DIE URKUNDEN DES JERUSALEMISCHEN TEMPELARCHIVS IN IHRER URGESTALT. VOL. 1` [sic!!] *- Philosophiegeschichte nach Gurlitt - Cicero*[46]
WS '98/99: *Psalmen - Einleitung in das AT nach Bauer - Homer - Arabisch und Syrisch*[47]

---

38 Lektionszettel in: UAJ. Bestand M. Nr. 202. Acta Fakultatis Philosophicae sub Decanatu Conr. Joannis Danielis Succowii a die VI Febr. MDCCLXXXXV usque ad diem VI Augusti ej. anni. - Blatt 69. Siehe Vorlesungsverzeichnis, a.a.O., Blatt 105 recto.

39 G.L. Bauer: Entwurf einer Einleitung in die Schriften des Alten Testaments, zum Gebrauch seiner Vorlesungen. Nürnberg und Altdorf 1794 (vgl. Eichhorn [Rez.]: ABBL 6.1, 1794, S. 68-78).

Georg Lorenz Bauer. Geb. 14.8. 1755. Gest. 12.1. 1806. - Vgl. ADB (Erdmann): Bd. 2 (1875) S. 143-145.

40 Lektionszettel in: A.a.O. Nr. 203. Dekanats Akten von August 1795 bis 6 Februar 1796 geführt von Justus Christian Hennings. - Blatt 119. Siehe Vorlesungsverzeichnis, a.a.O., Blatt 108 recto.

41 J.G. Gurlitt: Abriß der Geschichte der Philosophie. Leipzig 1786.

Johann Gottfried Gurlitt. Geb. 13.3. 1754 in Halle. Gest. 14.6. 1827 in Hamburg. - Vgl. ADB (H. Kämmel): Bd. 10 (1879) S. 182-185.

42 Lektionszettel in: A.a.O. Nr. 204. Acta Fakultatis Philosophicae sub Decanatu Jo. Henr. Voigt. a.d. VI Febr. usque ad diem VI Augusti MDCCLXXXXVI. - Blatt 111. Siehe Vorlesungsverzeichnis, a.a.O. Blatt 111 recto.

43 Lektionszettel für das Wintersemester 1795/97 nicht vorhanden. Siehe Vorlesungsverzeichnis, a.a.O., Blatt 114 recto.

44 Lektionszettel in: A.a.O. Nr. 206. Acta Decanatus geführet von Sr Wohlgebohren dem Herrn Hofrath Heinrich vom 6tn Febr. 1797 bis zum 6 August 1797 - Blatt 38. Siehe Vorlesungsverzeichnis, a.a.O., Blatt 117 verso.

45 Lektionszettel in: A.a.O. Nr. 207. Acta Decanatus quinti Jo. Aug. Henr. Ulrich ... inde a 5. August MDCCLXXXXVII usque ad X. Febr. MDCCLXXXXVIII. - Blatt 119. Siehe Vorlesungsverzeichnis a.a.O., Blatt 120 recto.

46 Lektionszettel in: A.a.O. Nr. 208. Acta Decanatus tertii Jo. Henr. Voigt ... inde a X Febr. usque ad VI Aug. MDCCLXXXXVIII. - Blatt 54. Siehe Vorlesungsverzeichnis, a.a.O., Blatt 123 recto.

47 Lektionszettel in: A.a.O. Nr. 209. Acta Decanatus primi Caroli Davidi Ilgen ... inde a 4. Augusti MDCCXCVIII. usque ad 9. Febr. MDCCIC. - Blatt 95. Siehe Vorlesungsverzeichnis, a.a.O., Blatt 126 recto.

SS '99: *Jesaja - Einleitung in die Apokryphen des AT, 'ostendamque quomodo dogmata in Novo Testamento conspicua` - Philosophiegeschichte nach Gurlitt - Arabisch und Syrisch*[48]
WS '99/1800: *Genesis - 'librorum apocryphorum partem moralem explicabit` - Cicero - Arabisch und Syrisch*[49]
SS 1800
[Theologische Fakultät:]
Dogmatik - Declamatorium homileticum - Psalmen - Hebräisch nach Vater[50] *- Arabisch und Syrisch*[51]
[Philosophische Fakultät]
Psalmen - Hebräisch nach Vater - Arabisch und Syrisch[52]
WS 1800/01
[Theologische Fakultät:]
'Dogmata religionis Christianae tradet` - Declamatorium homileticum[53]
[Philosophische Fakultät]
Jesaja - Einleitung in die Apokryphen des AT - Hebräisch, Syrisch, Arabisch[54]
SS '01
[Theologische Fakultät:]
Johanneische Schriften - Declamatorium homileticum[55]
[Philosophische Fakultät]
Genesis - Hebräisch nach Vater - Arabisch und Syrisch[56]
WS '01/02
[Theologische Fakultät:]
Dogmata - Declamatorium homileticum[57]
[Philosophische Fakultät]
Psalmen - Arabisch und Syrisch - 'disputando et scribendo latine exerceri voluerint`[58]

---

48 Lektionszettel in: A.a.O. Nr. 210. Acta Decanatus XIVte Conr. Joannis Dan. Succowii ... inde a X Febr. usque ad 5. Aug. MDCCLXXXIX. - Blatt 77. Siehe Vorlesungsverzeichnis, a.a.O., Blatt 129 recto.

49 Kein Lektionszettel. Vorlesungsverzeichnis, a.a.O., Blatt 132 recto.

50 J.S. Vater: Hebräische Sprachlehre. Nebst einer Kritik der Danzschen und Meinerschen Methode in der Vorrede. Leipzig 1797. 2. Aufl. 1814.

Johann Severin Vater. Geb. 27.5. 1771 in Altenburg. Gest. 15.3. 1826 in Halle. - Vgl. ADB (E. Kuhn): Bd. 39 (1895) S. 503-508.

51 Lektionszettel in: UAJ. Bestand J. Nr. 43 Decanatsakten vom 9. März bis 10. August 1800. geführt von D. Carl Christian Erhard Schmid - Blatt 21. Vorlesungsverzeichnis, a.a.O., Blatt 134 verso u. 135 recto.

52 Vgl. oben. Es gibt für SS '00 nur *einen* Lektionszettel. Ilgen hat nur in der Theologischen Fakultät angezeigt, aber auch für die Hörer der Philosophischen Fakultät. - Vorlesungsverzeichnis, a.a.O., Blatt 135 recto (Dieses Verzeichnis spaltet das Angebot Ilgens nach den Fakultäten auf.)

53 Von jetzt an keine Lektionszettel mehr. Vorlesungsverzeichnis, a.a.O., Blatt 137 verso.

54 Vorlesungverzeichnis, a.a.O., Blatt 138 recto.

55 Vorlesungsverzeichnis, a.a.O., Blatt 140 verso.

56 Vorlesungsverzeichnis, a.a.O., Blatt 141 recto.

57 Vorlesungsverzeichnis, a.a.O., Blatt 143 verso.

58 Vorlesungsverzeichnis, a.a.O., Blatt 144 recto.

Es fällt auf, daß ILGEN viel griechische und lateinische Philologie treibt, Homer und Cicero. Neutestamentliches liest er fast gar nicht, Alttestamentliches aber um so mehr. Aber neben ILGEN lesen auch W. HALLER[59], J.A. JACOBI[60], CHR.W. AUGUSTI[61] und J.S. VATER[62] über alttestamentliche Themen.

Ebenfalls wird durch das Vorlesungsverzeichnis deutlich, daß zwei von den drei theologischen Ordinarien (J.J. GRIESBACH[63], J.W. SCHMID[64], PAULUS[65]) der neunziger Jahre kaum alttestamentliche Veranstaltungen anboten. Nur PAULUS liest in der fraglichen Zeit einmal alttestamentliche Einleitung.[66] Anscheinend war das Alte Testament doch mehr eine Domäne der Philosophischen Fakultät.

Üblich war noch zur Zeit ILGENS in Jena, daß Vorlesungen nach vorhandenen gedruckten Lehrbüchern gehalten wurden, seien es des Vortragenden eigene oder auch fremde.[67] Das galt nicht nur für Grammatiken zum Erlernen der orientalischen Sprachen, sondern auch für die Einleitungsvorlesungen oder für Philosophiegeschichte. Daß sich dieser alte Brauch halten konnte, liegt sicher nicht nur daran, daß die Universität am Ende des 18. Jahrhunderts noch weitgehend eine Lernschule war und das Pauken von Kompendien noch Vorrang hatte, sondern auch an rein praktischen Gegebenheiten. So liest ILGEN Einleitung nach

---

59 Vgl. Vorlesungsverzeichnis, a.a.O., Blatt 103 recto (Proverbia, Ecclestiastes, Canticum, Acta, Hebräisch, Chaldäisch, Syrisch, Arabisch) - 109 recto (Ezechiel, Daniel, Johannes, Hebräisch) - 112 recto (Johannes u. Briefe, Deuteronomium, Ruth, Sprachen). Ilgen und Haller bieten in den Sprachen oft Parallelveranstaltungen an, vgl. ebd., Blatt 105 recto, 106 recto.
Wilhelm Haller. Geb. 1749 in Erfurt. Gest. ? - Vgl. Deutsches Biographisches Archiv [DBA]. Microfiche-Ausgabe. Tafel 465, Nr. 80f.

60 Vgl. Vorlesungsverzeichnis, a.a.O., Blatt 103 verso (Hiob, Genesis) - 106 verso (Psalmen) - 109 verso (Jesaja, Pentateuch, Sprachen) - 118 verso (Pentateuch).
Johann Adolph Jacobi. Geb. 9.8. 1769. Gest. 12.8. 1847 in Waltershausen. - Vgl. ADB (Redslob): Bd. 13 (1881) S. 592-593.

61 Vgl. Vorlesungsverzeichnis, a.a.O., Blatt 141 verso (Paulus, Jesaja) - 144 verso, 147 verso, 150 verso u. 151 recto: AUGUSTI löst Ilgen in dessen spezifischem Lehrangebot ab.
Johann Christian Wilhelm Augusti. Geb. 27.10. 1771 in Eschenberga (Gotha). Gest. 28.4. 1841 in Bonn. Seit '90 in Jena. '98 Privatdozent. 1819 Prof. der Theologie in Bonn. - Vgl. ADB (F.A. Nitzsch): Bd. 1 (1875) S. 685-686 u. G.W. Meyer: A.a.O., Bd. 5 (1809) S. 436.

62 Johann Severin Vater: ADB, Bd. 39, S. 503ff. - Im WS 1795/96 kommt Vater nach Jena und hält im Bibelfach zunächst nur Hebräisch. - Vgl. Vorlesungsverzeichnis, a.a.O., Blatt 109 verso, 112 verso, 121 verso, 126 verso.

63 Johann Jakob Griesbach. Geb. 4.1. 1745 in Gießen. Gest. 24.3. 1812 in Jena. - Vgl. ADB (Bertheau): Bd. 9 (1879) S. 660-663. - Ersch u. Gruber (J. Hasemann): Bd. I. 91 (1871) S. 28-35. - Vgl. Heussi: A.a.O., S. 185-188.

64 Johann Wilhelm Schmid. Geb. 29.8. 1744 in Jena. Gest. 1.4. 1798 in Jena. - Vgl. ADB (Wagenmann): Bd. 31 (1890) S. 672-673. - Meusel, Lexikon: Bd. 12 (1812) S. 291-292. - Vgl. Heussi: A.a.O., S. 198-199.

65 Zu Paulus siehe oben.

66 Vgl. Vorlesungsverzeichnis, a.a.O., Blatt 117 recto.

67 Vgl. Heussi: A.a.O., S. 177. - Siehe oben.

G.L. BAUER[68], und das bedeutet, daß er sich nicht nur der Grundentscheidung Eichhornscher Literarkritik verpflichtet fühlt[69], sondern auch ein Lehrbuch wählt, dessen Verfasser sich in besonderem Maße um die theologische Interpretation der literarkritischen Analysen in der Späten Aufklärung verdient gemacht hat[70].

Nicht uninteressant ist, daß ILGEN, nachdem sein Buch *'Die Urkunden des Jerusalemischen Tempelarchivs`* im Druck vorlag, sofort eine Vorlesung zum Thema anbietet. Das geschieht im SS '98.[71] Die Entstehung des Werkes begleitende oder vorbereitende Vorlesungen über die der Genesis hinaus sind nicht angekündigt. Daher ist es auch nicht möglich, anhand von Vorlesungsmitschriften die Genese des Buches zu rekonstruieren.[72]

Allerdings finden sich im ILGEN-Nachlaß Prälektionarien zur Genesis[73], Einleitung in das Alte Testament[74] und zur Einleitung in die Apokryphen.[75] - Diese Vorlesungen hielt ILGEN mehrfach in seiner Jenenser Zeit und die Prälektionarien weisen Veränderungen und Überarbeitungen auf. Hierdurch lassen sich interessante Aufschlüsse über die Prämissen literarkritischer Hermeneutik finden, die der weiteren Arbeit ILGENS zweifelsohne zugrunde liegen. Dazu aber lassen sich vor allem die Entwicklungsschritte im exegetischen Konzept ILGENS erkennen.

1802 ist also der Abgang ILGENS von der Jenenser Universität. Das ist das Ende seiner wissenschaftlichen Tätigkeit. Er widmet sich anderen Dingen, die gänzlich mit dem Schulamt zu tun hatten. Er arbeitet nicht weiter, wie es durchaus der Gepflogenheit seines Zeitalter entsprochen hätte. (Denn bekanntlich kam eine Vielzahl historisch-philolgoischer Leistungen nicht nur von der Universität, sondern aus den Pfarrhäusern oder aus dem Schulämtern.) ILGEN also läßt die Wissenschaft für sich ruhen. Hier läßt sich die Frage nach dem Grund dieser Entscheidung schwerlich unterdrücken.

---

68 So auch Paulus nach Vorlesungverzeichnis, a.a.O., Blatt 117 recto. Siehe oben.

69 Vgl. Bei Schmieder, a.a.O., S. 195: *"In der biblischen Kritik folgte er auf seine Weise dem von Eichhorn und Gabler eingeschlagenen Wege."* - Siehe G.L. Bauer: Entwurf einer Einleitung. S. 274. - Zu G.L. Bauer vgl. G.W. Meyer: Geschichte der Schrifterklärung. Bd. 5 (1809) S. 435.

70 Chr. Hartlich u. W. Sachs: Der Ursprung des Mythosbegriffes in der modernen Bibelwissenschaft. Tübingen 1952 (Schriften d. Studiengemeinsch. d. Ev. Akademien). S. 69ff.

71 Siehe oben Lektionszettel und Vorlesungsverzeichnis.

72 Verzeichnisse der Teilnehmer an Vorlesungen und Seminaren (!) sind in Jena erst ab 1819 in der neu geschaffenen Quaestur geführt.(Nach Auskunft von Dr. L. Arnold, Universitätsarchiv Jena) Für die Zeit vorher sind alle Funde in diesem Bereich zufällig und nicht organisierbar.

73 Für die im folgenden aufzuführenden Manuskripte und Prälektionarien Ilgens siehe unter Archivalien.
K.D. Ilgen: Ms Vorlesungen über die Genesis. Schulpforte, Port 150. Bd. 5.

74 Ders.: Ms Einleitung in das A.T. A.a.O., Port 150. Bd. 4.

75 Ders.: Ms Einleitung in die Apokrypha des A. Test. A.a.O., Port 150. Bd. 8.

Die Einführung ins Amt des Rektors in Schulpforte erfolgt am 31. Mai 1802.[76] Es folgen nun die wohl besten Jahre ILGENS. - Allerdings erinnerte er sich gern auch an die Zeit in Jena, denn diese war angefüllt mit den intensiven Kontakten zu den vorzüglichsten Gelehrten der Zeit.[77] Und die Jahre in Jena waren unbeschwerte und ungetrübte, wenn auch bescheidene Jahre.

ILGEN wird Rektor in Schulpforte. Er wird der vielleicht berühmteste Rektor dieser nicht unbedeutenden Bildungseinrichtung. Pforte war (noch) sächsisch, aber bleibt es bekanntlich nicht. - Als 1815 der Übergang der Landesschule Pforte an Preußen durch den Wiener Kongreß eingeleitet wird, beginnt für Rektor und Institution eine neue, aber glücklicherweise keine dunkle Zeit. In Preußen ist ILGEN akzeptiert, und man läßt diesen arrivierten Wissenschaftler und Schulmann nicht fallen. Seine Leistungen finden Anerkennung durch die preußische Schulbehörde. Ein fataler Behördenirrtum aber trübt das Verhältnis zwischen Staat und Rektor: Man verwechselte ihn mit dem preußischen Staatsminister VON ILGEN.[78] - Aber ILGEN ist nicht ganz brav: Er freundet sich nicht in jeder Hinsicht mit den neuen Verhältnissen an und einige Veränderungen lehnt er auch rundweg ab.[79] Er wird dennoch Konsistorialrat.[80] (Er spricht sich als nunmehr preußischer Staatsbediensteter gegen Entscheidungen der vorgesetzten Behörde aus. Aber in einem Maße, wie es für den Staat duldbar gewesen ist. Freilich darf man auch nicht vergessen, daß es sich um das Preußen HUMBOLDTS handelte ...).

Eine Reihe nachmals berühmter Männer durchlief seine Bildungseinrichtung. Zu den wohl tatsächlich berühmtesten dieser gehören ohne Zweifel LEOPOLD VON RANKE[81] und der spätere preußische Ministerpräsident OTTO VON MANTEUFFEL[82].

---

76 Ersch u. Gruber: A.a.O., S. 160.

77 Ersch u. Gruber: A.a.O., S. 159

78 Der war aber zur Zeit Ilgens schon tot. Von Ilgen. Gest. 1750. - Vgl. ADB (Isaacsohn): Bd. 14 (1881) S. (16-19) 19. - Der Rektor fühlte sich *geadelt* (!) und geehrt... - Die Pein war wohl groß, als der Irrtum herauskam. Armer Ilgen! Das Ministerium entschuldigte sich. - Vgl. F. Heyer: A.a.O., S. 443f.

79 Auf die temporären Streitigkeiten Ilgens (, den man wohl als einen in seinen wesentlichen Vorstellungen konservativen Menschen bezeichnen kann,) mit der vorgesetzten (nun preußischen!) Schulbehörde nach dem Wiener Kongreß soll hier nicht weiter eingegangen werden; zu einem totalen Zerwürfnis mit dem preußischen Schulregiment ist es jedenfalls nicht gekommen. I. wurde denn auch zum Konsistorialrat gemacht, weil das Magdeburger Konsistorium in ein 'Provincial-Schulcollegium` umgewandelt wurde und Ilgen als Schulmann an den Sitzungen teilzunehmen das Recht haben mußte. Ilgen erhielt (vielleicht als Wiedergutmachung) den 'Roten Adlerorden`. - Zur Sache vgl. bei Schmieder, Ersch u. Gruber passim und bei F. Heyer: A.a.O., S. 443ff.

80 Ersch u. Gruber: A.a.O., S. 161.

81 Leopold von Ranke. Geb. 21.12. 1795 in Wiehe an der Unstrut. Gest. 23.5. 1886 in Berlin. - Vgl. ADB (A. Dove): Bd. 27 (1888) S. (242-259) 243.

82 Otto von Manteuffel. Geb. 3.2. 1805 in Lübben (Lstz.). Gest. 26.11. 1882 in Kossen (Lstz.) - Vgl. ADB (Wippermann): Bd. 20 (1884) S. (260-272) 260. Mehrere Namen noch, wie: F. Moebius, K.I. Nitzsch, Schulze-Gävernitz, Ehrenberg, bei F. Heyer: A.a.O., S. 446.

Ein Augenleiden stellt sich ein. Im April 1831 erfolgt die Verabschiedung aus dem Dienst aus gesundheitlichen Gründen.[83] ILGEN aktiviert seine alten Kontakte zu WILHELM VON HUMBOLDT, die über dreißig Jahre, wie der Briefwechsel zeigt, nicht abgerissen waren.[84]

Er siedelt nach Berlin über und wohnt bei HUMBOLDT. Dann erblindet er.

Ilgen starb am 17. September 1834.

3.2. Ursachen für den Abbruch der Arbeit am Pentateuch

Die weiteren biographischen Erörterungen zum Werk ILGENS können sich im wesentlichen auf die acht Jahre seines Aufenthaltes in Jena konzentrieren. Viel interessanter als die allgemeinen Dinge der Biographie ILGENS aufzuspüren, ist es, nach Dingen zu fragen, die in seinem Leben enger mit der Arbeit in der Exegese zusammenhängen:

Jena von 1794 bis 1802. - In dieser Zeit lag die Phase der wissenschaftlichen Produktivität ILGENS. Der Anonymus in den *'Jahrbüchern für wissenschaftliche Kritik`* kennzeichnet den Abbruch der Veröffentlichungstätigkeit ILGENS, ohne den Grund anzugeben:

> *"Wäre Ilgen in seinem vierzigsten Jahre gestorben, so wäre dennoch sein Name immer würdig gewesen mit Auszeichnung genannt zu werden: er hat wirklich seine schriftstellerische Laufbahn damals beschlossen, wenn man ein Programm, das er 1820 schreiben mußte, abrechnet. Wäre er akademischer Lehrer geblieben, so würde er noch mehr Gelehrsamkeit gehäuft, mehr Bücher geschrieben, aber nimmermehr die Krone erlangt haben, die ihn jetzt ziert. Er mußte Rector in Pforte werden ... ".*[85]

Veröffentlicht hat Ilgen nur den ersten Teil seines Werkes, der die Genesis umfaßt. Der zweite Teil ist nie im Druck erschienen. Den Grund dafür gilt es zu ergründen. - Zwei Ursachen liegen im Bereich des Möglichen, sofern man von dem selbstverständlich auch zu erwägenden Umstand der prinzipiellen Resignation und der folgenden Abstandnahme von seinen literarkritischen Analysen absieht. Daß ILGEN einfach deshalb nicht weiterarbeitete, weil er sich frühzeitig widerlegt sah

---

83 Ersch u. Gruber: A.a.O., S. 161. - Kraft: A.a.O., S. 226.

84 Auch zu Hufeland u.a. - Vgl. Kaemmel (ADB), S. 22. - F. Heyer. A.a.O. passim. - Vgl. auch Wilhelm von Humboldt. Sein Leben und Wirken, dargestellt in Briefen, Tagebüchern und Dokumenten seiner Zeit. Hrsg. v. R. Freese. Berlin 1955. S. 759.

85 Bei Schmieder: Zur Charakteristik des Rector zu Pforte. S. 197.

bzw. ob der zahlreichen Schwierigkeiten in der Literarkritik die Weiterarbeit aussetzte, ist grundsätzlich nicht von der Hand zu weisen. Die Rezensionen und Rezeptionen, mit denen die wissenschatliche Welt auf 'Die Urkunden des Jerusalemischen Tempelarchivs` reagierte[86], waren eben nicht sehr positiv, wenngleich auch nicht ganz ohne anerkennende Worte.

Grundsätzlich wird man veranschlagen können, daß es ILGEN schon bewußt gewesen sein muß, daß er mit seiner Arbeit mehr geleistet hatte als die meisten der an der Entwicklung der Quellenscheidung Beteiligten. Vor allem der unten noch zu erörternde besondere Doppelcharakter seines literarkritischen Lösungsversuchs hätte ihm eigentlich - wenngleich in seiner exegetischen Duchführbarkeit problematisch - bleibend sinnvoll erscheinen können und müssen. - Im engeren biographischen Bereich sind es jedoch zwei Sachverhalte, die in ihrer Bedeutung für den Abbruch der Arbeit aufgezeigt werden müssen:

1. Möglicherweise bricht die wissenschaftliche Produktivität ILGENS ab, da er sich in Schulpforte anderen Aufgaben zu widmen hatte, die ihm kaum Zeit ließen, die Pentateucharbeit abzuschließen.

Gesundheitliche Gründe aber, die seine Leistungskraft beeinträchtigten, können für die Frühzeit seines Rektorats nicht geltend gemacht werden. Als er nach Pforte ging, war er im Vollbesitz seiner physischen Kräfte.[87] - Diese Erklärungsmöglichkeit kann leicht ausgeschlossen werden. Denn ILGEN trieb in Pforte ausgiebig andere Dinge, die verraten, daß seine Zeit nicht allein ausschließlich von administrativen Aufgaben beansprucht wurde: Numismatik, Topographie, Territorialgeschichte, Geschichte seiner Lehranstalt, Heraldik, Genealogie, Lexikographie; er besaß eine Hölzer-Sammlung, er beschäftigte sich mit den verschiedensten Handwerkskünsten, wurde im Jahr 1819 Gründungsmitglied des

---

86 Rezensionen und Vergleichbares: JALZ 182 (1799) Sp. 625-631; 183 (1799) Sp. 633-637. (vgl. Anm. 11) - Eichhorn: ABBL 10.5 (1801) S. 939. - Ders.: Einleitung in das Alte Testament. Dritter Band. Vierte Original-Ausgabe. Göttingen 1823. S. 43 Anm.t. - Neustes theol. Journal. Bd. 5 (1800) S. 469-499. - J.S. Vater: Commentar über den Pentateuch. Dritter Theil. Halle 1805. S. 697ff. 717ff. - G.L. Bauer: Entwurf einer historisch-kritischen Einleitung in die Schriften des alten Testaments zu Vorlesungen. *Dritte* (!) verb. Aufl. Nürnberg u. Altdorf 1806. S. 314-135. - Jahn: Einleitung in die göttlichen Schriften des Alten Bundes. Spätere Aufl. S. 99ff. - W.M.L. de Wette: Beiträge zur Einleitung in das Alte Testament. Kritik der Israelitischen Geschichte. Erster Theil. Halle 1807. passim. -

Die Ablehnung wird aber nicht allein Ilgen zuteil; obwohl - wie oben dargestellt - zahlreiche Exegeten dem Eichhornschen Grundansatz folgen, wird in rezensierenden und ähnlichen Darstellungen (s.o.) eines doch immer deutlich: Die Quellenscheidung *in ihrer Durchführung* wird hinterfragt, weniger die Urkundenhypothese an sich. Es besteht weitgehend keine Einigkeit über die Gültigkeit von Scheidungskriterien. Ein nicht nur *altes* Problem der Literarkritik. - Daß Ilgen gerade von seiten der Fragmenten- bzw. der Ergänzungshypothese kritisiert wird, tut hier nichts zur Sache; das Kriterium der Unterscheidung dieser Schulen ist ohnehin ein sekundäres.

87 Vgl. Kaemmel (ADB), S. 22. - Kirchner: A.a.O., S. 74.

'Thüringisch-Sächsischen Vereins zur Erforschung vaterländischer Alterthümer`.[88]

2. Eine andere zu erwägende Ursache liegt eventuell in einem Charakterzug ILGENS. Diese Vermutung wird zu erhärten sein, denn es liegt doch nahe, daß ILGEN sich von seinem Thema abkehrt, als er veranlaßt wird, sich einer neuen Beauftragung zu widmen. Der Wechsel des Bezugsfeldes seiner Tätigkeit bedeutete für ihn die Abkehr von bisherigen Interessen. Das kann freilich im strengen Sinne nicht als erwiesen gelten, aber es läßt sich doch begründen: Der Ananymus in den 'Jahrbüchern` beschreibt ILGENS Charakter, indem er auf eine Neigung zu einer gewissen Art von 'Anpassung` hinweist, auf einen gewissen Mangel am Schöpferischen, wodurch ILGEN veranlaßt werde, Arbeitsaufgaben an vorhandene Paradigmen anzugleichen und sein Interesse auf vorgegebene Erfordernisse auszurichten[89]:

> *"Ilgen fühlte den Impuls seiner Umgebungen und verarbeitete die empfangenen Eindrücke unter außerordentlichen Anstrengungen so, wie es seinen Gaben gemäß war. Ohne schöpferisch zu sein, war er scharfsinnig und gelehrt. Er studierte und las Geschichte der Philosophie und drang, so weit es seine Zeit und seine Gabe erlaubte, in Fichtes Philosophie ein."*[90]

FICHTE[91] war der Stern der Universität Jena in den neunziger Jahren, und seine Philosophie versprach bald eine Weiterentwicklung des verbreiteten Kantianismus.[92] Daher nimmt es nicht wunder, daß sich ILGEN in FICHTES Philosophie kompetent zu machen suchte. In den Dingen der alttestamentlichen Literarkritik mußte er sich aber umsehen, denn das Angebot an Lehrveranstaltungen in diesem Bereich der Philosophie (!) war mit Berufung und Beauftragung als Professor für morgenländische Sprachen verbunden. Die Akten des Berufungsvorganges im Jahr 1794 geben darüber deutliche Auskunft.[93] Was ILGEN tatsächlich in den acht Jah-

---

88 Vgl. Ebd.; Ersch/Gruber: A.a.O., S. 162. - Bei Schieder: A.a.O., S. 195f. - Kirchner: A.a.O., S. 74.

89 Es muß wohl aber deutlich hervorgehoben werden, daß dieser 'Oportunismus` offensichtlich nicht durch schnöde Erfolgsstreben oder vordergründigen Ehrgeiz motiviert war, sondern durch die interessierte Einübung in Themen der ersten Reihe.

90 Bei Schmieder: A.a.O., S. 194f.

91 Johann Gottlieb Fichte. Geb. 19.5. 1762 in der Oberlausitz. Gest. 27.1. 1814 in Berlin. - Vgl. ADB (K. Fischer): Bd. 6 (1877) S. 761-771.

92 Vgl. W. Beyer: Der Atheismusstreit um Fichte. In: Debatten und Kontroversen. Literarische Auseinandersetzungen in Deutschland am Ende des 18. Jahrhunderts. Hrsg. v. H.-D. Dahnke und B. Leistner. Bd. 2. Berlin u. Weimar 1989. S. (154-245) 165: *"Die Jenaer Universität galt als Hochburg des Kantianismus - vor allem infolge des Wirkens von Fichtes Vorgänger Karl Leonhard Reinhold."* - Vgl. auch F. Hartung: A.a.O., S. 156.

93 Vgl. Gutachten über Ilgens Anstellung 1794 in Jena: UAJ. Bestand M. Nr. 200. Acta Decanatus geführet von Seiner Wohlgebohrnen dem Herrn Hofrath Heinrich von 6tn Februaru 1794 bis den 9tn August. a.c. Bl. (9-10 [Gutachten vom 15. 2. '94:]) 10: Ilgen sei ein *"vorzüglicher Orientalist"* sein Buch "De natura et virtuti-

ren seines Wirkens in Jena tat, war ihm hier am Anfang seiner Tätigkeit aufgegeben worden.

In der Rektor-Akte von 1794 heißt es: Die durch die Überwechslung PAULUS' erledigte Stelle in der Philosophischen Fakultät möge durch einen Wissenschaftler besetzt werden, der sich die

> *"philologische Integration biblischer Bücher hauptsächlich* [...] *den Fundamental-Unterricht im Hebaräischen, Chaldäischen, Syrischen und Arabischen angelegen seyn ließe".*[94] Diese Beauftragung wird erweitert durch den Wunsch, daß er *"hiernächst von Zeit zu Zeit abwechselnd die Einleitung ins A.T. die jüdischen Alterthümer, biblische Geographie läse."*[95]

Bezeichnenderweise gilt diese Angleichung an das Erfordernis auch, als ILGEN 1799 die Professur in der Theologischen Fakultät anstrebt. Im Begründungsschreiben für seine Bewerbung um diese Stelle weist ILGEN darauf hin, daß zwar sein Hauptaugenmerk weiterhin auf die historische Kritik gerichtet sein wird, verspricht hier aber auch, seine praktisch-theologischen Fähigkeiten, die er erworben zu haben meint, nutzbringend in der Lehre einzusetzen.[96] - Obwohl er nach seiner Meinung nicht zum Prediger geeignet war[97], eröffnet er nach seiner Neuberufung den Hörern der Theologischen Fakultät, auch ein *"Declamatorium homileticum"* im Rahmen seiner Lehrveranstaltungen anzubieten.[98] Während nun die biblische Einleitungswissenschaft, die er ab '94 zu lesen hatte, durchaus noch als Erweiterung seiner in der philologisch orientierten Ausbildung gründenden Sache anzusehen war, kann man die Homiletik kaum noch als eine im Bereich seiner Neigung und Kenntnis liegende Disziplin ansehen, wenngleich auch seine Aussage im ge-

---

bus Jobi antiqui carminis Hebraici" (sic! richtig s.o.) sei *"mit größtem Beyfall aufgenommen"* worden. - *"Vorzüglich aber freuen wir uns, diesen geschickten und sehr thätigen Mann... "*. (Siehe oben).

94 UAJ. Bestand A. Acta 17. Nr. 614. Loc. II. Fach 57. (Blatt 3-6 [Schreiben des Dekans, des Seniors und der übrigen Professoren der philosophischen Fakultät an den Prorektor vom 20.1. 1794]). Zitat Bl. 4.

95 Ebd. - Die Anliegen des Dekans und der Professorenschaft der Philosophischen Fakultät werden in den Bestätigungsurkunden der Erhalterfürsten aufgenommen und haben damit für Ilgen rechtskräftige Wirkung. Vgl. Briefe der Erhalter. In: UAJ. Bestand A. Acta 17. Nr. 614. Blatt 8.16-32 (Herzog Ernst [Gotha] an Prorektor vom 28.1. 1794; Herzog Carl August [Weimar] an Prorektor vom 4.3. 1794 u.a.)

96 UAJ. Acta academica 19. Nr. 464. Loc. I. Fach 49. Bl. 5 recto: *"Mein Hauptaugenmerk würde nicht so wohl auf den populären Theil der Theologie, als vielmehr auf den historisch-kritischen gerichtet seyn; doch hoffe ich den hiesigen Studenten, die sich der Theologie widmen, durch ein Institut zur Beförderung der Canzelberedtsamkeit und des richtigen Vortrags, wozu ich in früheren Verhältnissen mir die nöthigsten Kenntniße verschafft zu haben glaube, auch in praktischer Hinsicht nützlich zu werden. "*

97 Bei Schmieder: A.a.O., S. 204. - Ilgeniana, S. 12f.

98 Lektionszettel in: UAJ. Bestand J. Nr. 43. Decanatsakten vom 9. März bis 10. Oktober 1800. geführt von D. Carl Christian Erhard Schmid. Blatt 21: Vorlesungsankündigung SS 1800, u.a.: *"Declamatorium homileticum moderabor"*.

nannten Bewerbungsschreiben etwas anders lautet. - Aber er widmet sich auch dieser Aufgabe. Denn ILGEN tut, was man ihm aufträgt. Und was man ihm aufträgt, das tut er gründlich. Daß er hierbei der Willensbekundung der Erhalter nachkommt, ist offensichtlich. Daß er dabei aber mehr tut, als die Theologische Fakultät von ihm erwartet, deren Anliegen nämlich die Fortsetzung seiner bibelphilologischen Arbeit war[99], zeigt, daß ILGENS sich Interesse auf die Wahrung des Versprechens und auf die Widmung der neuen Aufgabe richtete.

Sicher wird man nicht sagen können, ILGEN sei überhaupt nicht schöpferisch gewesen. Seine Arbeiten, die durchaus keine geringe Bedeutung hatten und auch von EICHORN gelobt wurden, widerlegen das. Aber es scheint doch so zu sein, daß ILGENS wissenschaftliche Produktivität zwar innerhalb vorgegebener Prämissen, aber auch mit Blick auf Herausforderungen zur Entfaltung kommt. Seine Biographie verrät letztlich ja auch, daß er ein 'Aufsteiger` war; das impliziert vielleicht, daß er sich im bürgerlich-akademischen Bereich eventuell nicht mit der Souveränität bewegte, die notwendig ist, um nicht nur zu Leistungen besonderer Innovationskraft zu gelangen, sondern sie stetig und selbstverständlich als Theorievorgaben einbringen zu können. Diese Erwägung geht freilich etwas über den vorhandenen Materialbefund hinaus. Nicht unbeachtet bleiben darf dabei, daß ILGEN sich nicht eben nur schlicht und einfach opportun verhält, sondern sich dem *Notwendigen* und *Wichtigen* zuwendet. Denn was mag wohl am Ende des 18. Jahrhunderts wichtiger in der alttestamentlichen Wissenschaft und biblischen Literarkritik gewesen sein, als sich der in den von EICHHORN gemachten Anfängen so glücklich betriebenen Pentateuchquellenscheidung zu verschreiben. Hier lag die Aufgabe der Theologie.

Wenn es denn aber stimmt, daß ILGEN unter dem Einfluß der Impulse aus der Umwelt arbeitete, wie bei SCHMIEDER dargestellt ist[100], dann ist es in der Tat so, daß er mit der Zuwendung auf FICHTES Philosophie und auf die Quellenscheidung

---

99 Die Theologische Fakultät hat anscheinend das Interesse, daß Ilgen auch in seinem neuen Wirkungsbereich seine orientalistischen und bibelwissenschaftlichen Ambitionen zum Tragen kommen läßt. - Vgl. UAJ. Bestand J. Nr. 42. Decanats Acten vom 6 Aug. 1799 bis 8 März 1800 geführt von D. Joh. Got. Griesbach. Bl. 1-2 Begutachtung und Stützung Ilgens Gesuch um die Profession Theologiae [Griesbach]:

"*Den durchlauchtigsten Herrn Erhaltern der hisigen Universität ist die Gelehrsamkeit und Geschicklichkeit des Herrn Professors* [Ilgen, B.S.] *nebst dessen Eifer, der Akademie zu nützen, ohnehin schon zu bekannt, als daß es unsers Lobes desfalls bedürfte. Und da sein Fleiß unter andern auch solche Cenntniße mit umfaßt hat, welche in näherer Beziehung auf theologische Disciplinen stehen, und als Vorbereitung zu diesen betrachtet werden können, so läßt sich für die Behandlung theologischer Wissenschaften viel Gutes mit Grunde von ihm erwarten* [...], *als daß wir hoffen und sehr wünschen, der Herr Professor werde doch seine künftigen unmittelbar auf theologische Gegenstände mit gerichtete Bemühungen sich nicht abhalten lassen, das dem gelehrten Theologen so wichtige Studium der morgenländischen Sprachen noch ferner mit möglichstem Eifer zu befördern und den Studirenden alle Gelegenheiten, darin gründlich unterrichtet zu werden, auch künftig zu verschaffen* ... ".

100 Siehe oben, Anm. 28.

im Pentateuch auf die Zentralthemen der Wissenschaft im Umkreis der Theologie zugeht, die am Ende des 18. Jahrhunderts die größten Geister beschäftigen. Zumal gerade die entstehende Urkundenhypothese einen Philologen und Orientalisten wie ILGEN zur kritischen und schöpferischen Mitarbeit herausfordern *mußte*. Die Vorgaben EICHHORNS und anderer Exegeten, die er verfolgte[101], mußten ihn zur Beteiligung reizen. - Er verläßt aber die Urkundenanalyse - jedenfalls was die weitere Veröffentlichung einer Urkundenanalyse in Ex bis Dtn anbelangt - mitsamt der akademischen Gelehrtenarbeit, dh., er publiziert nicht mehr, als er Rektor in Pforte wird. Daß er sich der Numismatik, Heraldik, Territorialgeschichte und Naturalienkunde widmet, deutet aber sehr darauf hin, daß er als Schulmann nun das tut, was mehr in den Bereich des vom akademischen Treiben abgeschnittenen Lehrers gehört als an die Universität. Diese Art von Geschichtswissenschaft und Realienkunde war jedenfalls zu ILGENS Zeiten mehr eine Sache der Schule als der Universität.[102] - Das mag zur Klärung der Frage, warum ILGEN die Pentateucharbeit von Schulpforte aus nicht fortführte, ausreichen.

Der Verzicht auf eine weitere Drucklegung seiner Quellenscheidung jedenfalls bzw. die Weiterarbeit am Pentateuchthema wäre auch noch aus der spezifischen Theoriebildung, zu der ILGEN findet, zu erklären. Denn was er, ILGEN, wollte, war zu genial, als daß er es allein hätte (vor DE WETTE, vor VATER!) bewältigen können. - Hier kommt man aber über hypothetische Erwägungen nicht hinaus. Denn es ist nicht in Erfahrung zu bringen, wie ILGEN seine Arbeiten am Pentateuch tätsächlich selbst einschätzte, ob er (noch) an die Sinnhaftigkeit dieser und an einen befriedigenden Erfolg glaubte, als er sich anschickte, Vorlesungs- und Veröffentlichungstätigkeit zu verlassen.

---

101 Wie unten noch gezeigt werden wird, verfolgt Ilgen die ABBL.

102 Vgl. das Lehrprogramm der Schule Pforte bei Kirchner: A.a.O., S. 32-37. Stundenpläne: S. 90ff.
Bei Schmieder, a.a.O., S. 195 ist dargestellt, daß Ilgen vor allem das Buchbinderhandwerk selbst sehr gut verstand. - Daß er damit einen Anspruch der kursächsischen Schulordnung nicht nur erfüllte, sondern doch deutlich übererfüllte, zeigt nur, daß er sich in seine Pflichten ganz und gar hineingibt. Nach der Ordnung hat er dafür zu sorgen, daß die Zöglinge des Instituts mit den Grundbegriffen von Handwerk und Gewerbe vertraut gemacht werden. - Vgl. Die evangelischen Schulordnungen des achtzehnten Jahrhunderts. Hrsg. v. R. Vormbaum. Gütersloh 1864 (Evangelische Schulordnungen. 3. Bd.). S. 663:
"Eben so nöthig ist es auch, daß die Knaben, schon in der frühen Jugend, eine Anleitung zur Kenntniß der Natur, der gewöhnlichen Erscheinungen des Himmels, der Beschaffenheit der Erde, der Art sie zu bauen, ihrer Gewächse [...] *und dadurch zu höherer Erkenntniß des Schöpfers geführet werden. Dahero sollen die Lehrer alle Gelegenheiten ergreifen, ihnen* [...] *das Brauchbarste davon zu lehren. Von gleicher Nutzbarkeit wird für die Schüler die Bekanntschaft mit den Künsten und den veschiedenen Arten des Gewerbes, unter den Menschen, seyn. Die Lehrer sollen ihnen allgemeine Begriffe davon beybringen, oder selbst mit ihnen die Werkstätten der Künstler besuchen."* (Aus: Erneuerte Schulordnung für die lateinischen Stadtschulen der Chursächischen Lande [1773]. Sie galt aber auch komplementär zu der Ordnung der drei chursächsischen Fürsten- und Landesschulen; vgl. a.a.O., S. 649.)

Als DE WETTE und VATER ihre Arbeiten vorgelegten, war ILGEN wohl schon zu sehr mit seinen Schulsachen behaftet. Es gab keine Rücksprache - jedenfalls nicht auf verfolgbarem, literarischem Wege - mehr.

3.3. Ursachen für den Abschied von Jena

Der Abbruch der Arbeit am Pentateuch steht in zeitlicher Verbindung mit dem Weggang aus Jena. 1798 erscheint das Buch *'Die Urkunden des Jerusalemischen Tempelarchivs`*, vier Jahre später geht ILGEN nach Pforte und hat sich damit von der Wissenschaft abgewandt. Sicher ist, daß die Abwendung von der Pentateuchanalyse nicht als eine direkte Folge des Abschiedes von der Universität anzusehen ist, insofern daß mit der neuen Berufung keine Möglichkeiten für das alte Thema gewesen wären. ILGEN hätte am alten Thema festhalten können. Daß Schulmänner sich der wissenschaftlichen Exegese widmeten, ist oft der Fall gewesen[103], und daß ILGEN zu neuen Themen kam, liegt wohl, wie oben erwogen, in seinem Charakter begründet. Er verließ nicht nur Jena, sondern auch die Exegese. Aber warum verließ er Jena?[104]

Auch hierfür liegen zwei Gründe im Bereich des Wahrscheinlichen. Jenas Universität stand in der späten Aufklärung in ihrem Zenit. - Bis 1775 aber waren kaum berühmte Gelehrte an dieser Hochschule[105]; die ausgehende Zeit der Orthodoxie ließ die Jenenser Theologische Fakultät zeitweilig in der zweiten Hälfte des 18. Jahrhunderts zu einem vor allem durch Überalterung und Verkommenheit gelähmten Gebilde werden, so daß die Zahl der Neuimmatrikulationen im Sommer-

---

103 Vgl. das Beispiel des berühmten Nachtigal (Otmar). - ADB: Bd. 23 (1886) 199-200.

104 Vgl. UAJ. Bestand M. Nr. 216. DecanatsAkten des Herrn Professor Ilgen. und des Pro-Decani Hennings vom 8 Februar 1802 bis 7 August ej. anni. Inhalt: Bl. 47-48 [Begründungsschreiben Ilgens für den Wechsel nach Pforte]. - Ilgen gibt leider keine Auskunft über seine Motivationen; hier heißt es lediglich über die verwaltungstechnischen Konseqenzen seines Fortganges: "... *daß Ihro Churfürstl. Durchlaucht zu Sachsen bey Besetzung des Rectorats der Landschule in Pforte, in Hinsicht auf die Veränderungen, und der gänzlichen Neuschaffung, welche diesem Institute bevorsteht, Ihr gnädigstes Absehen auf meine Person geäußert haben, und, da ich diesem Rufe zu folgen aus mehr als einem Grunde für Pflicht halte, eine Trennung von meinen bisherigen Verhältnissen mir unvermeidlich wird. Ich habe bereits um meine Entlassung bey den Durchlauchtigsten Erhaltern unterthänigst nachgesucht, und, wie ich vernommen, sind zwey gnädigste Reskripte schon eingelaufen. Indem nun zu erwarten steht, daß auch die zwey übrigen ehstens eintreffen werden, so dürfte ich etliche Wochen nach Ostern meinen Abgang von hier ins Werk setzen können.*"

105 Vgl. F. Hartung: A.a.O., S. 148.

semester 1779 auf den tiefsten Stand des ganzen Jahrhunderts kam.[106] Mit dem Eintritt GRIESBACHS, PAULUS', EICHHORNS und anderer kehrte die Universität sehr bald zu ihrer vollen Blüte zurück. Denn:

> *"Griesbach glänzte als biblischer Kritiker, Schütz als Philolog: Paulus machte schon Aufsehn: Fichte und Niethammer, Schelling und Hegel gingen über das Non plus ultra der kantischen Philosophie kühn hinaus: Hufeland und Starke hatten als praktische und theoretische Aerzte einen wohlverdienten Ruhm: Schiller wirkte mächtig über ganz Deutschland und Göthe ließ von Weimar her sein Licht herüberleuchten. Mit allen diesen Männern stand Ilgen in näherer oder entfernterer Berührung und jüngere Männer, deren Name bald groß werden sollte, die beiden Humboldt, die beiden Schlegel, Süvern, traten in Verbindung mit ihm."*[107]

FICHTE betrat etwa gleichzeitig mit ILGEN die Universität[108], SCHILLER war schon 1789 als 'Teilnachfolger` EICHHORNS eingezogen.[109] ILGEN und FICHTE waren begeistert in Jena erwartet worden. Ein Freund schreibt an FICHTE:

> *"In Jena unter den Studenten ist seit einigen Wochen über das Triumvirat der zu Ostern ankommenden Professoren - außer Ihnen wird noch der wackere Ilgen, vielleicht der gelehrteste und geschmackvollste jetzt lebende Schulmann in Sachsen, Professor orientalium, und Woltmann*[110] *... - ein unbeschreiblicher Jubel."*[111]

Wenn ILGEN freilich auch nicht zu den Berühmtheiten gezählt haben mag, so war er doch kein unbeschriebenes Blatt in der wissenschaftlichen Welt und konnte daher einen guten Anfang in Jena feiern.

---

106 K. Heussi: A.a.O., S. 163-181. S. 179: Immatrikulationen Ostern 1779 waren bei 97 angelangt.

107 Bei Schmieder: A.a.O., S. 194.

108 Vgl. UAJ. Bestand A. Nr. 614. Acta 17. Loc. II. Fach 57. ist auch die 'Anstellung des M.[agisters] Fichte zu Zürich als 'Professor Philos. ord. supernum` verhandelt, außerdem wird Woltmann angestellt; siehe unten. - Vgl. auch W. Beyer: Der Atheismusstreit um Fichte. In: Debatten und Kontroversen. S. 166: *"In Fichtes Jenenser Zeit fiel auch die geistige Blüte Jenas."*

109 Vgl. R. Buchwald: Schiller. Leben und Werk. 4., neubearb. Ausg. Leipzig 1959. S. 488ff. - M. Wundt: Die Philosophie an der Universität Jena. Jena 1932. S. 222f.

110 Karl Ludwig Woltmann. Historiker. Geb. 9.2. 1770 in Oldenburg. Gest. 19.6. 1817 in Prag. Seit 1805 'von Woltmann`. Kam 1795 (?) nach Jena. - Vgl. ADB (M. Mendheim): Bd. 44 (1998) S. 188-190.

111 J.H. Fichte: Johann Gottlieb Fichte's Leben und litterarischer Briefwechsel. Bd. 1. Sulzbach 1830. S. 264. Aus einem Brief eines Freundes Fichtes über dessen Berufung.

Die Geistesfreiheit schien in Jena gewährleistet. Der neue Regent des kleinen, politisch unbedeutenden Staates Sachsen-Weimar, KARL AUGUST, garantierte sie in einem Rahmen, der von den übrigen Erhalterstaaten, aber auch von Kursachsen zugestanden wurde.[112] Von Bedeutung war dabei wohl auch das Beispiel des aufgeklärten Fürsten FRIEDRICH II. VON PREUßEN.[113] Dabei muß allerdings beachtet werden, daß der neue Schwung, der in die thüringische Hochschulpolitik kam und den die Universität für ihre Restauration nutzte, wiederum wesentlich von einem nun wieder größeren Zulauf zur Universität profitierte. Die Ausländer, vor allem die Russen, brachten Geld in die arme Universität und damit in das arme Land.[114] Die Abhängigkeit des Staates von diesen neuen Einnahmen schien beträchtlich zu sein.

Mit dem Namen Fichte verbindet sich allerdings dasjenige Problem der Universität Jena, das ihr durch seine unglückliche Lösung die besten Lehrkräfte rauben sollte. Und das eben zu der Zeit, in der auch ILGEN seinen Abschied von Jena nahm: Der Atheismusstreit, von FICHTE selbst ausgelöst, nahm seinen Anfang mit zwei Aufsätzen, die einerseits er selbst, FICHTE[115], und andererseits der Saalfelder Conrektor, ein früherer Kollege FICHTES, FORBERG[116], veröffentlicht hatten, nahm seinen Fortgang mit literarischen Auseinandersetzungen[117] und endete mit einer Provokation Fichtes und dessen Entlassung[118].

---

112 Hierbei hatte wohl vor allem J.G. Herder seine Verdienste, der sich gegen das Eisenacher Oberkonsistorium von Weimar aus zu wehren wußte. - Vgl. F. Hartung: A.a.O., S. 172-180. - Heussi: A.a.O., S. 184. - W. Beyer: A.a.O., S. 165ff. und H. Eberhardt: Johann Gottfried Herder in Weimar. In: Fundamente. Dreißig Beiträge zur thüringischen Kirchengeschichte. Berlin 1987 (Thüringer kirchliche Studien 5). S. (155-168) 166.

113 Vgl. Heussi: A.a.O., S. 182f. - R. Vierhaus: Deutschland im Zeitalter des Absolutismus (1648-1763). In: Deutsche Geschichte. Bd. 2. Frühe Neuzeit. Hrsg. v. B. Möller, M. Heckel, R. Vierhaus u. K.O. Freih. v. Aretin. Göttingen 1985. S. (357-512) 477-479.

114 Vgl. W. Beyer: A.a.O., S. 166f.

115 Fichte: *"Über den Grund unseres Glaubens an eine göttliche Weltregierung."* In: Philosophisches Journal einer Gesellschaft Teutscher Gelehrter. Hrsg. v. J. G. Fichte u. Fr.I. Niethammer. Bd. 8.1 Jena u. Leipzig 1798. S. 1-20. Abgedruckt in: Appellation an das Publikum ... Dokumente zum Atheismusstreit um Fichte, Forberg, Niethamer. Jena 1798/99. Hrsg. v. W. Röhr. Leipzig 1987 (RUB). S. 11-22.

116 F.K. Forberg: *"Entwickelung des Begriffs der Religion."* In: A.a.O., S. 21-46. Abgedruckt in: Appellation an das Publikum. S. 23-38. Über Friedrich Karl Forberg: Vgl. ADB (Richter): Bd. 7 (1878) S. 153-154. Geb. 1770 in Meuselwitz (Altenburg). Gest. 1848 als Geh. Kirchenrath (!) in Hildburghausen. - F. war ab '92 Privatdozent in Jena und ab '97 Conrektor in Saalfeld.

117 Am 10.1. '99 forderte der derzeitige Prorektor der Universität, H.E.G. Paulus, Fichte und Forberg auf, ein Verantwortungsschreiben einzureichen. Dem kamen Fichte und Forberg nach. Allerdings verhielt sich Forberg dabei diplomatischer. Fichte appellierte öffentlich an das Publikum als es seine Pflicht gewesen wäre, sich zunächst vor dem Hof zu verantworten. Seine wohlwollenden Freunde wollten dem nicht zustimmen. Fichtes eigentliche Verantwortungsschrift folgte im März '99. In einem Brief an Voigt (vom 22.3. '99) zeigt sich Fichte verletzt, verweist auf die durch die gegen ihn geführte Klage gefährdete Lehrfreiheit und droht

An der Auseinandersetzung um diesen Streit waren allerdings nicht nur die aus der häufigen Darstellung des Sachverhalts bekannten Personen beteiligt, sondern auch eine Reihe von Jenenser Professoren, die sich schützend vor FICHTE stellten und im Falle seiner Kündigung mit ihrem Weggang von Jena drohten. Diese Professoren sind PAULUS, HUFELAND (Jurist)[119], LODER[120], HUFELAND (Mediziner)[121], ILGEN, NIETHAMMER[122] und KILIAN[123]. Leider ist nichts Sicheres über dieses Versprechen der Solidarität verbürgt. Tatsächlich sind aber fast alle dieser Männer um die Jahrhundertwende aus Jena verschwunden.[124] Daher liegt auch für ILGEN die Vermutung nahe, daß er im Zusammenhang mit dieser Ankündigung seinen Abschied von Jena genommen habe.

Außerdem wissen wir, daß FICHTE die Situation zur Zeit seines Abgangs von Jena als außerordentlich kritisch beurteilt hat; er glaubte, daß auch der Theologe PAULUS, dem er noch kurz zuvor als dem Rektor der Universität sein Recht-

---

mit dem Gesuch auf Demission. Damit gibt er dem Hof den offenbar gewünschten Anlaß, ihn zu entlassen. - Vgl. zum Vorgang: Appellation an das Publikum. (W. Röhr), S. 507-518 und W. Beyer: A.a.O., S. 179-178.

118 Vgl. F. Hartung: A.a.O., S. 180. - W. Beyer: A.a.O., S. 168f. u.ö. - Appellation an das Publikum. S. 491. 502ff. - Fichte selbst sieht es so: Brief an K.L. Reinhold, seinen Vorgänger, vom 22.5. '99, a.a.O., S. 387ff. und Verantwortungsschrift, a.a.O., S. (183-235) 224: *"Es ist nicht mein Atheismus, den sie gerichtlich verfolgen, es ist mein Demokratismus."*

119 Gottlieb Hufeland. Geb. 19.10. 1760 in Danzig. Gest. 18.2. 1817 in Halle. - Vgl. ADB (Eisenhart): Bd. 13 (1881) S. 296-298.

120 Ferdinand Christian von Loder. Arzt. Geb. 1753 in Riga. Gest. 1832 in Moskau. - Vgl. DBA: Tafel 774, Nr. 236-241.

121 Christoph Wilhelm Hufeland. Geb. 12.8. 1762 in Langensalza (Thüringen). Gest. 25.8. 1836 in Berlin. - Vgl. ADB (Gurlt): Bd. 13 (1881) S. 286-296.

122 Friedrich Immanuel Niethammer. Geb. 6.3. 1766 bei Heilbronn. Gest. 1.4. 1848 in München. - Vgl. ADB (Prantl): Bd. 23 (1886) S. 689-691.

123 Konrad Joachim Kilian. Geb. 1771. Gest. 1811. *"Systematiker unter den naturphilosphischen Aerzten"*, später Leibarzt des Zaren Alexander I. - Vgl. ADB (v. Hecker): Bd. 15 (1882) S. 739. (Dieser Artikel bezieht sich auf den Vater von K., der selbst keinen in der ADB erhielt.)

124 Fichtes Sohn, Immanuel Hermann, nimmt folgende Information von Augusti (s.u.) in die Darstellung der Biographie seines Vaters auf:

Hinweis Augustis: *"Von der Zusicherung, welche Ihr seliger Vater von mehreren Professoren und Dozenten erhalten haben soll, daß sie ebenfalls ihre Dimission fordern würden, wenn er die seinige erhielte, habe ich niemals etwas Offizielles erfahren. Aber soviel ich weiß, daß ein ziemlich allgemeines Gerücht folgende Männer als diejenigen nannte, welche eine solche Versicherung gegeben hätten: 1. Kirchenrat Paulus. 2. Justizrat Hufeland, 3. Geh. Hofrat Loder, 4. Geh. Hofrat Hufeland, Professor Illgen* [sic!], *6. Professor Niethammer, 7. Privatdozent Dr. Kilian* [...] *Merkwürdig ist nun, daß alle jene Männer kurze Zeit darauf Jena wirklich verließen, so daß der Ausspruch Goethes, es habe sich infolge Fichtes Dimission ein 'heimlicher Unmut` aller Geister bemächtigt, seine vollständige Bestätigung erhält."* Abgedruckt aus I.H. Fichte: Fichtes Leben und literarischer Briefwechsel. Bd. 1. Sulzbach 1830. S. 367. In: Appellation an das Publikum. S. 582, Anm. 214.

fertigungsschreiben einzureichen hatte[125], kaum noch eine Zukunft an dieser Universität hätte. Aus einem Brief an seinen Vorgänger REINHOLD: *"Ich bin z.B. erbötig, jede beliebige Wette einzugehen, daß unser Paulus sich kein Jahr mehr hier erhalten wird."*[126] - Die Lage in Jena kurz vor der Jahrhundertwende wird also zumindest eine gewisse Resignation der akademischen Lehrer bewirkt und damit ein Verlassen Jenas provoziert haben. Ob sie wirklich Fichtes Entlassung wegen gingen, bleibt für ILGEN wie für die Kollegen ungewiß. Ausgeschlossen ist es nicht. Gegen eine direkte Verbindung der Entscheidung ILGENS mit Vorgängen um FICHTE läßt sich noch ein schwerwiegender Einwand geltend machen: Zwischen dem Abgang FICHTES und ILGENS Antritt in Pforte liegt doch relativ viel Zeit. Es wird ein anderer Grund wahrscheinlicher für ILGENS Weggang aus Jena sein, so sehr man auch edle Beweggründe der Solidarität mit FICHTE favorisieren möchte. -

Bekanntlich war die Jenenser Universität berühmt-berüchtigt für ihre schlechte Bezahlung der Professoren.[127] Sie galt als die universitas pauperum. Das gab zwar einer Anzahl von Bauernsöhnen die Möglichkeit (Theologie) zu studieren,[128] jedoch bedeutete es in praxi ein außerordentlich schlechtes Auskommen für die Professoren. Über ILGEN wissen wir aus einer beiläufigen Notiz eines Fichte-Briefes, daß er wohl aus diesem Grunde in Geldsorgen war.[129] Und aus dem Briefwechsel ILGENS mit EICHSTÄDT[130] wissen wir, daß er sich, wie auch EICHSTÄDT selbst, für Schulstellen interessierte und entsprechenden Einblick in den Arbeitsmarkt hatte[131]: Offenbar war eine Schulstelle eine attraktive Alterna-

---

125 Vgl. W. Beyer: A.a.O., S. 174f.

126 Johann Gottlieb Fichte: Briefe. Hrsg. v. M. Buhr. 2. erw. Aufl. Leipzig 1986 (RUB). S. 241.

127 Vgl. H. Eberhardt: A.a.O., S. 165.

128 Ebd.

129 Fichte an Schiller vom 10.12. '94: [Es geht um ein unbekanntes Schreiben Ilgens] *"Haben Sie doch die Güte, Beiliegendes Herrn Cotta mit zu übersenden und, wenn Sie wollen, die Idee mit zu unterstützen. Der Verfasser ist Professor Ilgen, von welchem ich allerdings etwas Gutes erwarte; und welcher redlichgesinnte Mann der Unterstützung durch ein gutes Honorar allerdings höchstwürdig und bedürftig ist. (Das letztere unter uns.)"* In: Johann Gottlieb Fichte: Briefe. S. 129.

130 Heinrich C.A. Eichstädt. Geb. 8.4. 1772 in Oschatz. Gest. 4.3. 1848 in Leipzig. - Vgl. ADB (Halm): Bd. 5 (1877) S. 742-743. - E. leitet ab 1804 die Universitätsbibliothek in Jena. - Vgl. Geschichte der Universitätsbibliothek Jena. 149-1945. Weimar 1958 (Claves Jenenses 7). S. 340ff.

131 UB Jena (Handschriftenabteilung). Nachlaß Eichstädt. 20; 109. Brief von Ilgen an E., Jena den 3. Oktober 1798:
"Wollen sie in das Schulfach. Und wenn es dieses wäre, würden Sie wohl zur ersten Ausflucht ein Conrectorat annehmen, wenn es eine ansehnliche Schule, und nicht so schlechte Besoldung wäre, den Rector ehren auf [...?] *ginge, so daß Hoffnung zu einer baldigen Succession vorhanden, u.s.w. Wollten Sie wohl bey einem oder mehreren jungen Herren Hofmeister werden, und sie auf Universitäten führen (ins Haus wollte ich Ihnen nicht rathen; es müßte denn in einer Universitäts-Stadt seyn), damit Sie sich gleich da nostrifizieren ließen, und beyhin etwas läsen, wie es izt ein Anverwandter macht, der als Hofmeister hierher kommt, und sich hat nostrifizieren lassen. Manchmal findet sich auch Gelegenheit einen jungen*

tive zur armen thüringischen Universität, und ILGEN war - wohl seiner Vergangenheit als Rektor in Naumburg wegen - auf diesem Felde umsichtig und kompetent.

Es ist daher anzunehmen, daß es für ILGEN - wie sicher auch für eine Anzahl seiner Kollegen - wirtschaftlich nicht mehr erträglich war, in Jena zu lehren. Diese Begründung liefert auch die Enzyklopädie von Ersch und Gruber:

> *"Wie ehrenvoll auch immer die Stellung in Jena war, so war sie doch nicht sehr einträglich, und so mußte auch in dieser Hinsicht eine Veränderung und Verbesserung seiner Lage ihm willkommen sein."*[132]

ILGEN ging doch wahrscheinlich aus wirtschaftlichen Gründen.

Herren auf Reisen zu begleiten. Dies, theuerster, lassen Sie mir ja bald wissen, es könnte doch kommen, daß etwas [...]. Ich und H. Hofr. Schütz werden es uns beyde zur Pflicht machen, aufzustellen, wo wir nur können und wissen: letzterer hält sehr auf sie; und wenn er Ihnen nicht schreibt, so kehren Sie sich nicht daran; er schreibt äußerst selten an jemanden weil die Ltz. [d.i. die "Literaturzeitung", B.S.] *viel Correspondenz verlangt und seine Kränklichkeit ihn hindert."*

132 Ersch u. Gruber: Bd. II. 16. Sp. 159. - Auch der berühmte Historiker aus Leipzig, J.M. CHLADENIUS, vertauschte die Professur an der Universität mit einem Rektorat an einem Gynasium. Man wird für das 18. Jahrhundert veranschlagen müssen, daß darin eben *kein* gesellschaftlicher Abstieg lag, eher sogar ein Aufstieg. - Vgl. H. Müller: Johann Martin Chladenius (1710 - 1759). Ein Beitrag zur Geschichte der Geisteswissenschaften, besonders der historischen Methodik. Berlin 1917 (Hist. Stud. 134). S. 18f.: "... *der Direktor eines Gymnasiums academicum ungefähr im Ansehen eines Universitätsprofessors stand und deshalb eine Vertauschung einer solchen Stelle mit einer Universitätsprofessur öfter vorkam ...* ".

4. Ilgens Buch - Erörterungen zum Hintergrund des Themas

> Wenn so vorbereitet ist, so läßt sich eine berichtigte Geschichte einer Nation liefern; und sind die Geschichten aller einzeln bekannten Nationen berichtiget, so läßt sich endlich unter der Bearbeitung eines philosophischen, mit Kenntniß und Thätigkeit ausgerüsteten Geistes, der alles mit gehörigem Scharfblick zu umfassen weiß, eine allgemeine berichtigte Geschichte des politischen und religiösen Menschen zu Stande bringen.
>
> Ilgen

4.1. Die Relevanz seines Werkes für die alttestamentliche Forschung am Ende des 18. Jahrhunderts

Sicher war er keiner der größten Exegeten und Theologen seiner Zeit. Freilich kann man dieses Urteil nur mit Vorsicht fällen. Denn ILGEN ist kaum bekannt. Gedruckte Werke hat er, gemessen an dem, was seine bedeutenden Zeitgenossen - wie in besonderem Maße der berühmte EICHHORN[1] - der Öffentlichkeit vorlegten, recht wenige herausgebracht.[2] Das will aber über die Qualität seiner Arbeit noch nicht viel besagen, und auch nicht viel über seine spezifische Stellung in der für die Entwicklung der historisch-kritischen Methode so wichtigen späten

---

1 Zum Werk Eichhorns siehe auch Kap. 6.
Johann Gottfried Eichhorn. Geb. 16.10. 1752 in Dörrenzimmern. Gest. 25.6. 1827 in Göttingen. - Vgl. ADB (C. Siegfried): Bd. 5 (1877) S. 731-737. - Ersch u. Gruber: Allgemeine Encyclopädie der Wissenschaften (Döring): Bd. I.32 (1839) S. 21-23. -
Lit: J. Puschmann: Alttestamentliche Auslegung und geschichtliches Denken bei Semler, Herder, Eichhorn, Schleiermacher unter besonderer Berücksichtigung de Wette's. Diss. theol. Hamburg 1959. - E. Sehmsdorf: Die Prophetenauslegung bei J.G. Eichhorn. Göttingen 1971. - H.-J. Zobel: Art. Eichorn, Johann Gottfried. In: TRE Bd. 9 (1982) S. 369-371. - R. Smend: Johann Gottfried Eichhorn. 1752 - 1827. In: Ders.: Deutsche Alttestamentler in drei Jahrhunderten. Göttingen 1989. S. 25-37. - B. Seidel: Bibelkritik in der Aufklärung. Stationen auf dem Wege zur Pentateuchquellenscheidung. In: WZ Halle (G-Reihe) 38 (1989) S. 81-90. - Ders.: Johann Gottfried Eichhorn. Konstruktionsmechanismen in den Anfängen einer historisch-kritischen Theoriebildung. In: WZ Halle (G-Reihe) 39 (1990) S. 73-81.

2 Siehe unter Kap. 3. die Angaben zur Biographie Ilgens und zu seinem wissenschaftlichen Werk.

Aufklärungszeit.- Der größte Teil seines Werkes liegt unveröffentlicht als Manuskript im Ilgen-Archiv unter Rep. Port 150 in Schulpforte.[3]

ILGENS Name taucht heute vor allem noch in den alttestamentlichen Einleitungen auf im Zusammenhang mit der sogenannten Älteren Urkundenhypothese.[4] Aber nicht nur hier, sondern auch in forschungsgeschichtlichen Darstellungen.[5] Dabei findet man in allen Darstellungen recht wenig über seine Leistung. Sie bestehe in einer weiteren Ausformung der Älteren Urkundenhypothese; daß er in der Gen zwei Elohisten und einen Jahvisten entdeckte. Dabei macht man sich die Skepsis zu eigen, die schon EICHHORN in den späteren Auflagen seiner Einleitung gegen ILGENS Theorien vorbrachte.[6] - Zugang zu seinem Werk (vielleicht zur Person) wird eher verhindert als eröffnet durch die Fremdheit *desjenigen* Buchtitels, der als sein Hauptwerk gilt. Dieses Werk, den seltsam erscheinenden Titel 'Die Urkunden des Jerusalemischen Tempelarchivs`, kann man zur Kentnnis nehmen aus den alttestamentlichen Einleitungen - aber ohne forschungsgeschichtliche Kenntnisse kaum verstehen.

Aber wer war denn nun eigentlich ILGEN, und was hat er getan? Die erste der beiden Fragen soll hier in diesem Zusammenhang nur in soweit angesprochen werden, wie sie der Beantwortung der zweiten dient. Dabei sollen nun nicht mehr nur die bekannten Tatsachen, die in Einleitungen und Forschungsgeschichten zu lesen sind, wiederholt, sondern die verborgenen Dinge ans Licht geholt werden, die nun neues Licht auf die in der Forschungsgeschichtsschreibung so wichtige Epoche der Spätaufklärung werfen können. Denn hier in dieser Zeit wurden einerseits Weichen für die historisch-kritische Exegese des 19. Jahrhunderts gestellt, andererseits Problemlösungen im Bereich der historischen Exegese entworfen, die heute erneut, wenn auch unter etwas anderem Vorzeichen, zur Disposition stehen. Ohnehin ist die Erkenntnis der historischen Genese der wichtigsten Bereiche in der exegetischen Theoriebildung die Erkenntnis dessen, was die wissenschaftliche Diskussion der Gegenwart wirklich regiert. Und KARL DAVID ILGEN hat, wenn auch vielleicht unvollkommen, die Problematik der Älteren Urkundenhypothese weiter vorangetrieben als alle seine Zeitgenossen. Denn - und das mag vielleicht das Bedeutsamste an seinem Werk sein - er versuchte, die Quellenscheidung nicht nur an der Urgeschichte zu verifizieren oder an der Genesis, sondern versuchte,

---

3 Siehe das Verzeichnis des Ilgen-Nachlasses in Schulpforte.

4 Vgl. O. Eißfeldt: Einleitung in das Alte Testament. 4. Aufl. 1976. S. 214. - O. Kaiser: Einleitung in das Alte Testament. 5., neubearb. Aufl. 1984. S. 48. - R. Smend: Die Entstehung des Alten Testaments. 3. Aufl. 1984. S. 37. - G. Fohrer: Einleitung in das Alte Testament. 12. überarb. u. erw. Aufl. 1979. S. 118.

5 L. Diestel: Geschichte des alten Testamentes in der christlichen Kirche. Jena 1869 (= Neudr.: Leipzig 1981). S. 610. - H. Holzinger: Einleitung in den Hexateuch. Freiburg u. Leipzig 1893. S. 42f. - H.-J. Kraus: Geschichte der historisch-kritischen Erforschung des Alten Testaments. 3., erw. Aufl. 1882. S. 154f.

6 J.G. Eichhorn: Einleitung in das Alte Testament. Dritter Band. Vierte Orig.-Ausgabe. Leipzig 1823. S. 43f.: *"Ob ich nun gleich des Verfassers scharfsichtigen Zergliederungen sorgfältig nachgegangen bin, so hat mir doch kein zweyter Elohist, der sich dem Jehovisten in Sprache und Charakter näherte, wahrscheinlich werden wollen."*

sie auf die restlichen Bücher des Pentateuch auszudehnen[7], ja er versuchte sogar, alttestamentliche Texte außerhalb des Pentateuchs den Quellenschriften zuzuordnen[8]. Der große EICHHORN selbst hatte mit einem Mißgriff in der historisch-hermeneutischen Orientierung seiner anfänglichen Arbeit der Entwicklung der Literarkritik selbst eine Fessel angelegt: Indem er nämlich vertrat, zwischen Ex 3 und Dtn sei jegliches auf mosaische Verfasserschaft zurückzuführen. Andere gingen am Ende des 18. Jahrhunderts weiter.[9]

Mit dem Titel seines Hauptwerkes kündigt sich schon an, daß ILGEN bereit ist, über die bisherigen Grenzen der quellenscheidenden Pentateuchexegese hinauszugehen. Der vorgelegte Band ist als der 'Erste Theil` des Gesamtwerkes angezeigt. Das setzt voraus, daß die Quellenscheidungsarbeit über die Genesis hinaus geplant wurde. Das Werk trägt den Titel: *'Die Urkunden des Jerusalemischen Tempelarchivs in ihrer Urgestalt als Beytrag zur Berichtigung der Geschichte der Religion und Politik. Erster Theil. Die Urkunden des ersten Buchs von Moses.`*[10] Nur dieser erste Band erschien im Druck. Weitere Ergebnisse hat er nicht vorgelegt. Sie sind aber fragmentarisch in den Manuskripten des Nachlaß-Archivs vorhanden.

Die Ältere Urkundenhypothese galt bisher in der Forschungsgeschichte als mangelhaft, da sie es nicht vermochte, die Analyse der Texte über Gen 50 hinaus zu treiben. Dieses Urteil wurde zum entscheidenden Charakteristikum für die wesentlichste Leistung in dieser Epoche der Exegese. O. EIßFELDT schreibt in seiner Einleitung:

> *"Die Zerlegung des Pentateuchs in Parallelfäden - denn das sind Astrucs Hauptquellen - hat ihren Ausgangspunkt von der Untersuchung der ein reines Erzählungsbuch darstellenden Genesis genommen, und diese mit zwei oder drei* [...] *Parallelfäden rechnenden Lösung des Pentateuchproblems, die man*

---

7 Manuskript Ilgens unter Port 150, Band 28 *"Zur Geschichte der Israeliten unter Diktatoren"*. Siehe unten: Ilgen-Archiv unter Archivalien. - In Kap. 6 wird eine kurze Darstellung dieser Versuche Ilgens vorgenommen. Siehe auch die Edition im Anhang.

8 Manuskript Ilgens unter Port 150, Band 9. - Vor allem im *Josua-* und *Richterbuch* versucht Ilgen die Quellen zu verifizieren. Hier, vor allem im Josuabuch, (Bd. 9, Heft 5-6) entdeckt er sogar einen zweiten Jahvisten (siehe unten). Da es sich aber offensichtlich um Vorarbeiten handelt, die weniger weit gediehen sind als die fast veröffentlichungsreifen 'Urkunden Nr. 18 - 20` im Nachlaß-Band 28 [siehe Edition], bleiben diese Versuche Ilgens außer acht. Aber dennoch: für unsere Zwecke ist hier deutlich zu erwähnen, daß Ilgen mehr leistete als seine Zeitgenossen, daß die Versuche deutlich zeigen, daß Ilgen über die Genesis weit hinaus wollte, daß es Ilgen schließlich und endlich um ein möglichst *vollständiges Konzept* für das AT ging. - Siehe auch Kap. 5.

9 Es ist bei Eichhorn in der Frühphase seines Werkes nicht immer ganz entschieden, ob die 2-Quellen-Theorie über Gen 1 - 11 hinaus Gültigkeit haben kann. In der zweiten Auflage der Einleitung äußert er sich mit Vehemenz dazu, daß Quellenscheidung in Ex 3ff (bis Dt) nicht möglich sei, da hier Einheit vorherrsche, die auf mosaische Verfasserschaft zurückzuführen sei. - Erst in der Diskussion mit Zeitgenossen und Mitstreitern wird diese geklärt. Siehe Kap. 6.

10 Erschienen in Halle bei Hemmerde und Schwetschke 1798.

wohl als die ältere Urkundenhypothese bezeichnet hat, ist herrschend geblieben, so lange der Blick im wesentlichen auf die Genesis beschränkt blieb. Als auch die anderen, großenteils gesetzlichen Stoff enthaltenden Bücher mit in die Untersuchung einbezogen wurden, begann man an der Urkundenhypothese irre zu werden, weil man in den Gesetzen keine Parallelfäden erkennen konnte, und suchte nun die Lösung in der [...] *Fragmentenhypothese.* "[11]

Sicher ist das weitgehend zutreffend, und es soll auch nicht voreilig behauptet werden, daß ILGENS Theorie als perfekt bezeichnet werden kann. Aber dieses Urteil ist dennoch ein Schmalspururteil, das von anderem als gerade von Kompetenz in diesem Bereich der Forschungsgeschichte zeugt. Klar ist, daß *'man gerade in den Gesetzen an der Urkundenhypothese irre wurde`*. - Die Spätaufklärung ist weitgehend interessanter und problemvoller, als die forschungsgeschichtlich orientierte Literatur oft durchblicken läßt. Hier werden sicher nicht die Lösungen des Problems vorgelegt, und auch ILGENS Pentateucharbeit macht die Ältere Urkundenhypothese nicht zu der Urkundenhypothese schlechthin. Aber sie, ILGENS Arbeit, stellt doch einen achtbaren Versuch dar, der die exegetischen Konstruktionsmechanismen der Spätaufklärung in größerer Vollständigkeit vor Augen führt und die ganze Art und Tragfähigkeit der Hypothese zeigt. An der Älteren Urkundenhypothese war doch noch mehr dran, als allgemein bekannt ist. Hier wurde etwas zu Ende gedacht und versuchsweise auch zu Ende gearbeitet, was weitgehend als unbedacht und unerarbeitet in der Forschungsgeschichte beschrieben wird.

Die Ältere Urkundenhypothese war aber auch zu weiten Teilen etwas anderes als die Arbeiten der forschungsgeschichtlichen Orientierung versprechen. Der Begriff selbst - an sich ein Kunstprodukt und im wesentlichen durch einen Forscher inhaltlich bestimmt, der sich von der 'Urkundenhypothese` abwandte und diese damit definierte: JOHANN SEVERIN VATER - dieser Begriff ist in seiner Bindung an die historische Genese seiner theologisch-theoretischen Inhalte auf viel mehr bezogen als nur auf den engeren Rahmen der exegetischen Methodik. Das ist für die Zeit vor ILGEN deutlich erkennbar. Und für das Werk ILGENS gilt, daß es in besonders deutlicher Weise die theologisch-hermeneutisch-exegetische Fragestellung der Neuzeit an die Bibel / an das Alte Testament aufzeigt. Exegetisch ist ILGEN sicherlich gescheitert. Seine Bemühungen im Verständnis des Alten Testaments auf der literarkritischen Ebene aber führen in manchen Dingen bis an den Punkt, an dem sich die alttestamentliche Wissenschaft heute auch befindet.

---

11 Einleitung. S. 213. - Vgl. das Beispiel der forschungsgeschichtlichen Ahnungslosigkeit bei dem Autor des Standardwerkes 'Geschichte des Altertums` E. Meyer. (Siehe Kap. 1.)

4.2. Zur Erläuterung seines Werkes *'Die Urkunden des Jerusalemischen Tempelarchivs'*

4.2.1. Die *'Urkunden'* - Gegenstand der Analyse

Freilich ist das nicht das einzige Bemerkenswerte an der Arbeit ILGENS. Im Titel seines Hauptwerkes sind noch andere wichtige Prämissen verborgen, die die Bedeutung nicht nur seines Werkes, sondern auch die der exegetischen Arbeit des ausgehenden 18. Jahrhunderts verdeutlichen, indem sie auf ihren theoretischen Unterbau hinführen. - Im Titel des Werkes geht es um die 'Urkunden`. Dieser Titel - für den Unkundigen in seiner seltsamen Formulierung kaum verständlich - verdeutlicht die Bedeutung eines der in der späten Aufklärung höchst wichtigen hermeneutischen Begriffe. Die 'Urkunden` sind für die historisch arbeitenden Theologen am Ende des 18. Jahrhunderts Anlaß für eine Art erkenntnistheoretischen Optimismus in der Erforschung der Bibel. Die Vorstellung, die Bibel - das gilt nun mehr für das Alte Testament[12] - sei eigentlich eine Sammlung von Urkunden, die ursprünglich vielleicht einmal unabhängig voneinander existierten und jede nach ihrer eigenen Art mit einem ihr entsprechenden spezifischen Anlaß entstanden, bedingt die historische Auflösung - die Analyse - dieser Sammlung und ihren neuen Zusammenschluß unter historischem Verständnis.

Die Datierung einer Urkunde, die Herauslösung dieses 'Denkmahls` (ILGEN) aus der Masse des Textes und seine zeitliche Einordnung sind aber nicht einfach die Endstufe der Arbeit zu nennen, sondern nach ILGEN die Voraussetzung der darauffolgenden Arbeit:

> ILGEN:
> *"Dann erst, wenn herausgebracht ist, in welches Zeitalter eine Urkunde gehört, läßt sich eine befriedigende Erklärung hoffen: denn jede Urkunde oder die Einem Verfasser zugehörige Zusammenstellung kann nur aus sich selbst und aus ihrem Zeitalter erklärt werden; man darf nichts aus andern, sie mögen frühern oder spätern Ursprungs seyn, zur Erklärung borgen, außer was die strengste Prüfung erlaubt. Wenn nun die Urkunden in ihrer Urgestalt vor Augen liegen, wenn ihr Zeitalter entschieden ist, wenn sie gehörig erläutert sind, dann läßt sich durch Vergleichung unter einander ihr Werth oder Unwerth bestimmen; dann lassen sich Sagen, Traditionen und Mythen von den eigentlich historischen Nachrichten unterscheiden ... ".*[13]

---

12 Freilich gilt das in gewissern Weise auch für das Neue Testament. - Vgl. O. Merk: Biblische Theologie des Neuen Testaments in ihrer Anfangszeit. Marburg 1972 (MThSt 9).

13 Ilgen: Die Urkunden des Jerusalemischen Tempelarchivs. S. XIVf.

Das heißt nun also, daß die Separierung bestimmter Textbereiche des Alten Testaments zwar einerseits die exegetische Entdeckung an der Heiligen Schrift ausmacht, andererseits aber nur die Basis für eine analytisch orientierte Weiterarbeit ist. Die 'Urkunden` aber sind schlechterdings der Kernbestandteil der historisch-kritischen Arbeit jener Epoche.[14]

Hierin haben die Theologen am Ende des 18. Jahrhunderts drei zu erwähnende précurseure, deren Werk wohl zu den wesentlichsten Voraussetzungen ihrer *"neueren Theologie"*[15] gehört. Es sind dies LA PEYRERE, B. SPINOZA und R. SIMON.[16] Sie haben ein volles Jahrhundert früher Bibelkritik betrieben - weitgehend gegen den Strom der Zeit, und sind dafür gemaßregelt worden. Am Ende des 18. Jahrhunderts aber waren die genuin historisch-kritischen Aspekte der Bibelanalyse im wesentlichen zeitgemäß und wurden keinesfalls mehr so barsch angefochten.[17] Auch wenn die Theorien der oben genannten Forscher später nicht in jedem Fall Zustimmung fanden, bewegte sich die Kritik an ihnen doch auf gänzlich anderer Ebene.[18] Was sich durchgesetzt hatte, war die Voraussetzung der modernen Ex-

---

14 Wie sehr diese Intention an die von Semler herkommende theologische Aufklärung gebunden und eigentlich in gewisser Weise eine Prolongation der Semlerschen Arbeit ist, zeigt das Zitat von J.A. NÖSSELT: Anweisung zur Bildung angehender Theologen. 2. Bd., 2. verm. u. verb. Aufl. Halle 1791. S. 12f.: *"Zwar könnte er* [der Theologe, B.S.] *sich auf Andre verlaßen, die bereits diesen Unterricht und Lehre aus der heiligen Schrift gezogen, oder den Sinn der Bibel sorgfältig untersucht haben.* [...] *Mit jenen kan er sich nicht entschuldigen; denn was kan für ihn wichtiger seyn, als vorerst Gottes Willen aus den reinsten, ächtesten Urkunden seines Willens zu schöpfen? ...* " - Vgl. K. Aner, Die Theologie der Lessingzeit. Halle 1929. S. 90.

15 Vgl. J.G. Eichhorn: Johann Salomo Semler. In: ABBL 5.1 (1793) S. (1-202) 182. - E. nennt Semler den *"ersten Reformator unserer neueren Theologie"*. - Zur Bezeichnung der Epoche oder des geistes-/theologiegeschichtlichen Ortes (Begriff *'Neologie`* - *'Historiotheologie`*) vgl. B. Seidel: Zum Problemkreis Theologie und Geschichtsphilosophie in der Auflärung. Ein Diskussionsbeitrag, die ältere biblische Exegese betreffend. In: Das achtzehnte Jahrhundert. 14 (1990) S. (58-62) 62.

16 Vgl. zu La Peyrère, B. Spinoza und R. Simon die Darstellung in Kap. 2.

17 In welchem Maße diese sogenannte *'höhere Kritik`*, dh. also die literarkritisch orientierte Einleitungswissenschaft am Ende des 18. Jahrhunderts eine sehr weitgehende allgemeine Akzeptanz gefunden hatte, wird dadurch deutlich, daß Bücher der wissenschaftlichen Exegese für den Gebrauch 'normaler Schulen` gedacht und geschrieben wurden: *Exegetisches Handbuch des Alten Testaments für Prediger, Schullehrer und gebildete Leser. Erstes Stück, enthaltend den Josua. Zweytes Stück, enthaltend das Buch der Richter.* Leipzig 1797. Und: *Fr.Chr. Zange: Kurze Einleitung in die sämmtlichen Bücher des alten und neuen Testaments. Zum Gebrauch für Bürger und Landschulen. Eisenach 1795* (Vgl. Eichhorn: ABBL 8.6, 1799, S. 1017-1018. - Daß ein solches Buch für Dorfschulen geeignet sein könne, bezweifelt allerdings Eichhorn - aus Mangel an geeigneten Dorfschullehrern!)

18 SPINOZA, LA PEYRERE und SIMON finden sich in dieser Reihenfolge auch in dem berühmten Werk von J. Astruc: *Conjectures sur les Mémoires Originaux* (Brüssel 1753, S. 452-455) angeführt.

egese: *"Ein Text hat nur einen Sinn und nicht mehrere"*[19] (ERNESTI). Der protestantische *sensus literalis* wird via 'Urkunde` zum *sensus historicus*.[20] Das bedeutet aber notwendigerweise, daß das alte Inspirationsdogma kaum noch eine Rolle spielen kann.[21]

Diese Vorstellung also ist der Anfang der eigentlichen Einleitungswissenschaft, die am Ende des 18. Jahrhunderts entsteht - vor allem in der Ablösung der sogenannten 'alten Einleitung`, die mit dem Namen J.G. CARPZOV verbunden war.[22] Die Bedeutung EICHHORNS, dessen Name für die 'neue Einleitung` steht, kann dabei kaum hoch genug eingeschätzt werden. Seine Arbeit war weithin maßgebend[23]; G.L. BAUER[24] entwirft eine 'Einleitung` weitgehend nach den Ergebnissen EICHHORNS unter dem Titel *'Entwurf einer Einleitung in die Schriften des Alten Testaments zum Gebrauch seiner Vorlesungen`* (Nürnberg u. Altdorf 1794)[25] und schreibt in der Vorrede:

> *"Daß ich Herrn Hofrath Eichhorns Einleitung genützt habe, wird mir zu keinem Vorwurf gereichen, indem in diesem herrlichen Buche, nicht nur im ersten Theile viele schon von andern gut bearbeitete Materialien treflich sind zusammengestellt, vermehrt und zu einem schönen Ganzen verbunden wor-*

---

19 P. Hazard: Die Herrschaft der Vernunft. Hamburg 1949. S. 114. - Vgl. E. Hirsch: Geschichte der neuern evangelischen Theologie. Bd. 4. Gütersloh 1952. S. 11.

20 Vgl. O. Weber: Die Grundlagen der Dogmatik. 1. Bd., 3. Aufl. Neukirchen-Vluyn 1964. S. 366.

21 Vgl. G. Hornig: Die Anfänge der historisch-kritischen Theologie. Göttingen 1961 (FSThR 8). S. 60ff. - Siehe Kap. 2.

22 Vgl. Smend: Spätorthodoxe Antikritik. Zum Werk des Johann Gottlob Carpzov. In: Historische Kritik und biblischer Kanon. 1988. S. (127-137) 127. 134.

23 Vgl. ebd. und Ders.: Johann Gottfried Eichhorn. In: Ders.: Deutsche Alttestamentler in drei Jahrhunderten. S. 29.

Eichhorns 'Einleitung` war zeitweilig, in den 90er Jahren, übermächtig. Siehe aber auch: J. CH. ANSCHÜTZ: Einleitung in die Bücher der Heiligen Schrift nach Eichhorn und Michaelis zum Handgebrauche herausgegeben. Dresden 1791 (vgl. Eichhorn [Rez.]: ABBL 8.6, 1799, S. 1014). - W.F. HEZEL: Lehrbuch der Kritik des Alten Testaments. Leipzig 1783. - H.E. GÜTE: Entwurf zur Einleitung ins Alte Testament zum Gebrauch akademischer Vorlesungen. Halle 1787 (vgl. Eichhorn [Rez.]: ABBL 1.6, 1788, S. 1033-1034). - J.CHR.W. AUGUSTI: Grundriß einer historisch-kritischen Einleitung ins Alte Testament. Leipzig 1806. - Es sind auch zwei Katholiken, die Eichhorn folgen: J. JAHN: Einleitung in die göttlichen Schriften des alten Bundes. Wien 1793 (vgl. Eichhorn [Rez.]: ABBL 4.6, 1793, S. 1061) und J. BABOR: Allgemeine Einleitung in die Schriften des Alten Testaments, zu Vorlesungen entworfen. Wien 1794 (vgl. Eichhorn [Rez.]: ABBL 8.6, 1799, S. 1015-1016.) - Vgl. zur Problematik G.W. Meyer: Geschichte der Schrifterklärung seit der Wiederherstellung der Wissenschaften. (5 Bde. Göttingen 1802-1809) Bd. 5, 1809, S. 435f. und E.F.K. Rosenmüller: Handbuch für die Literatur der biblischen Kritik und Exegese. 1. Bd. Göttingen 1797. S. S. 55f.

24 Georg Lorenz Bauer. Geb. 14.8. 1755. Gest. 12.1. 1806. - Vgl. ADB (Erdmann): Bd. 2 (1875) S. 143-145.

25 Vgl. Eichhorn [Rez.]: ABBL 6.1, 1794, S. 68-78. - E.F.K. Rosenmüller: Handbuch. Bd. 1 (1797) S. 144-146. - F. Bleek: Einleitung in das Alte Testament. Hrsg. v. J.Fr. Bleek u. A. Kamphausen. Berlin 1860. S. 18.

den, sondern auch hauptsächlich in dem zweyten speziellen Theil so viele neue Ideen sind vorgetragen worden, daß dadurch die Behandlung des Alten Testaments eine ganz neue vorteilhafte Gestalt gewonnen hat. "[26]

G.L. BAUER, der eigentlich im Alten Testament ganz andere Wege geht als EICHORN und sich kaum mehr der speziellen Literarkritik zuwendet, sondern mehr der Theologie und Religionsgeschichte[27], bezeugt hier durch seine strikte Anlehnung an EICHHORN, mit welcher Selbstverständlichkeit dessen 'Neuerungen` zum Fundament der Fachdisziplin geworden sind; die Quellenscheidung im Pentateuch wird denn ja auch zur geistigen Voraussetzung für die spezifisch theologische Interpretation alttestamentlicher Texte, wie sie BAUER unternimmt. (Und auch ein berühmter katholischer (!) Fachkollege EICHHORNS in Wien, JOHANN JAHN[28], folgt ihm mit seiner 'Einleitung` in wesentlichen Dingen der Literarkritik.)

Auch ILGEN nennt EICHHORNS Veröffentlichungen in seinen Vorlesungen, dabei dient ihm die ABBL wahrscheinlich als bibliographische Orientierung.[29] Von nicht geringer Bedeutung ist aber auch, daß er das obengenannte Buch von BAUER zur Grundlage seiner Einleitungsvorlesung macht und in der Vorlesungsankündigung vom Wintersemester 1795/96 ankündigt: *Introductionem in Vet. Test. duce G.L. Bauero, in libro: Entwurf einer Einleitung in die Schriften des A.T.(Nürnb. 1794. 8.) praeibo.*[30] -

Die Aufgabenstellungen der literarkritisch arbeitenden Einleitungswissenschaft in der Späten Aufklärung sind nahezu deckungsgleich mit der Erarbeitung der Älteren Urkundenhypothese, und die daran Beteiligten stellen einen relativ geschlossenen Kreis der bedeutendsten Repräsentanten ihrer Disziplin dar. Keinesfalls wird man davon ausgehen können, daß dieses zentrale Problemfeld der alttestamentlichen Wissenschaft am Ende des achtzehnten Jahrhunderts ein theologisch-historisches Spielfeld sporadischer und singulärer Theoriebildung ge-

---

26 G.L. Bauer: A.a.O., Vorrede (unpaginiert).

27 Mythos-Begriff - Vgl. Kap. 2. u. 4.

28 Johann Jahn. Geb. 18.6. 1750 in Taswitz (Mähren). Gest. 16.8. 1816 in Wien. - Vgl. ADB (Werner): Bd. 13 (1881) S. 665-667. - J. Jahn: Einleitung in die Göttlichen Bücher des Alten Bundes. I. Theil. Zweyte ganz umgearb. Aufl. Wien 1802.

29 Ilgen-Archiv Schulpforte Port 150. Band 8: Vorlesungs-Manuskript Ilgens: *'Einleitung in die Apocrypha des A. Test.`*, S. 33ff. Literaturempfehlungen: Ilgen weist hin auf Eichhorn: Einleitung in die apokryphischen Schriften des Alten Testaments. Leipzig 1795; auf Eichhorns Untersuchungen in der ABBL. Fälschlicherweise schreibt Ilgen *'Ueber das zweyte Buch der Maccabäer`* (ABBL 1.2, 1787, S. 233-241) H.E.G. Paulus zu. - Aus der Art der Literaturauflistung läßt sich schließen, daß I. die ABBL sorgfältig verfolgt hat.
Im folgenden wird mehrfach auf das Ilgen-Archiv hinzuweisen sein. Da nicht alle Bände betitelt und gegebenenfalls nur Fragmente enthalten sind, kann nicht immer auf Titel verwiesen werden; daher ist auf die Bd.-Zählung unter Port 150 des Ilgen-Archivs hinzuweisen.

30 Siehe Vorlesungstätigkeit Ilgens in Kap. 3.

wesen sei. Im Gegenteil! Und die forschungsgeschichtliche Rückorientierung des Anliegens war - trotz aller 'Neuerungen` in der Späten Aufklärung - durchaus bewußt. BAUER schreibt in seiner Einleitung: *"Schon einige ältere Gelehrte, als wie Clericus, Vitringa, Richard Simon, glaubten, daß Moses aus ältern Urkunden geschöpft habe."*[31] - Das soll im Laufe der Arbeit weiter deutlich werden.

Das Urkundenproblem beschäftigte vor allem die Großen der historisch arbeitenden Disziplin in der Theologie, für die die vollständige geschichtliche Interpretation der biblischen Botschaft zentrales Anliegen war. Kein geringerer als J.Ph. GABLER, der 'Vater der Biblischen Theologie`[32], widmete der Urkunde ein solches Interesse, wie es im folgenden Zitat zum Ausdruck kommt: *"Die Quelle der historisch B.Th.* [Biblischen Theologie] *ist die Bibel schon als Sammlung der ältesten Urkunden des Jüdischen und Christlichen Glaubens, wenn nur die Aechtheit der einzelnen Bücher erwiesen ist."*[33]

Keinesfalls beschränkt sich die Verwendung des Begriffes aber auf eben jene Großen oder tritt erst durch ILGEN in den Vordergrund, wie von H.-J. KRAUS dargelegt[34]. Vielmehr läßt die Programmatik seines, ILGENS, Werktitels nur deutlicher erkennen, wozu die Strategie der Wahl hermeneutischer Schlüsselbegriffe führt. Wenn man aber die bibliographischen Sammlungen von ERSCH[35] und THIEß[36] und weitere bibliographisch-theologiegeschichtliche Übersichten[37] betrachtet, dann fällt sofort auf, daß die exegetische Literatur sich seit den siebziger und achtziger Jahren des 18. Jahrhunders vornehmlich eben dieser *Urkun-*

---

31 Bauer: Einleitung. S. 274.

32 Vgl. M. Saebo: Johann Philipp Gablers Bedeutung für die Biblische Theologie. In: ZAW 99 (1987) 1-16. - Vgl. zu Gabler (geb. 4.6. 1753 in Frankfurt a.M., gest. 17.2. 1826 in Jena) ADB (G.E. Steitz): Bd. 8 (1878) S. 294-296.

33 J.Ph. Gabler: Biblische Theologie. Nach Merk (s.o.), S. 118. -

34 H.-J. Kraus: Geschichte der historisch-kritischen Erforschung des Alten Testaments. 3., erw. Aufl. Neukirchen-Vluyn 1982. S. 154.

35 J.S. Ersch: Handbuch der deutschen Literatur seit der Mitte des 18. Jahrhunderts bis auf die neueste Zeit. Neue Ausg. Bd. 1.2 (Theologie) Leipzig 1922.

36 J.O. Thieß: Handbuch der neuern, besonders deutschen und protestantischen Litteratur der Theologie. 2 Bde. Liegnitz und Leipzig 1795-97.

37 Vgl. auch G.B. Winer: Handbuch der theologischen Literatur. Erste Abtheilung (Bd. 1). Dritte sehr erw. Aufl. Leipzig 1837. Sp. 196-202. (J.A. Nösselt: Anweisung zur Kenntniß der besten allgemeinen Bücher in allen Theilen der Theologie. Vierte verb. u. sehr verm. Aufl. Leipzig 1800. ist gänzlich anders in der bibliographischen Darstellung aufgebaut und zeigt aus diesem Grunde kaum die betreffende Beobachtung.) -

Von außerordentlich großer Bedeutung ist m.E. die bibliographisch-theologiegeschichtliche Darstellung von E.F.K. Rosenmüller: Handbuch für die Literatur der biblischen Kritik und Exegese. 4 Bde. Göttingen 1797-1800. - Hier findet sich (Bd. 1, 1797) eine *Inhaltsauflistung* der für die Entwicklung der literarkritischen Arbeit im Pentateuch so wichtigen exegetisch-historischen Zeitschriften und Periodika: S. 67-78 Eichhorns *Repertorium für biblische und morgenländische Litteratur* (RBML), S. 78-81 H.E.G. Paulus' *Neues Repertorium für biblische und morgenländische Litteratur* (NRBML), S. 81-88 H.E.G. Paulus' *Memorabilien*, S. 88-91 H.P.C. Henkes *Magazin für Religionsphilosophie, Exegese und Kirchengeschichte.*

*den*problematik widmet. Das Schwergewicht liegt dabei - wie es denn auch tatsächlich nach der Sinngebung des hermeneutischen Schlüsselbegriffes nicht anders sein kann - auf der *Erforschung der Genesis.*

THIEẞ zeigt 1795/97 in seiner Bibliographie rund hundert Seiten Genesis-Literatur an[38], auf Ex bis Dtn entfallen dagegen nur etwa vierzig Seiten[39]. Dabei beanspruchen Behandlungen der ersten drei Gen-Kapitel allein schon knapp fünfzig Seiten Literaturauflistung.[40] Das bedeutet also, daß die Bearbeitungsdichte des Pentateuchs um so geringer wird, je weiter man nach hinten fortschreitet.[41] - Bei ERSCH wird deutlich, daß die Genesis-Exegese ab etwa Mitte des Jahrhunderts ein besonderes Gewicht bekommt. Die Themen der Veröffentlichungen handeln vornehmlich von *"den Aeltesten Urkunden", den "ältesten Sagen", "ältesten Idyllen".*[42] Offensichtlich werden diese Begriffe weitgehend synonym verwendet[43], und offensichtlich liegt das Augenmerk in der Spätzeit der Aufklärung auf dem Problem der literarkritischen Einordnung und auch - im weitesten Sinne - der literar-/formkritischen Beurteilung eben der Urgeschichte, also des schlechthin ältesten Materials. Das weist zweifelsohne darauf hin, daß die *älteste* Geschichte der Menschheitskultur von besonderem Interesse für die Theologie ist.[44]

---

38 Thieß: A.a.O., Bd. 1. S. 579-678.

39 A.a.O., Bd. 2. S. 1-42.

40 A.a.O., Bd. 1. S. 587-631.

41 Ähnliches läßt sich auch bei Eichhorn in der bibliographischen/rezensierenden Übersicht über die biblische und morgenländische Literatur von 1787 bis 1797 (ABBL 8.6, 1799, S. 951-1120) feststellen. Hier stehen für Gen ca 20 Seiten (S. 1027-1047) zur Verfügung, für Ex bis Dtn (S.1047-1051) nur 5 Seiten. Interessant Eichhorn zur Literatur über Ruth: *"Dieses Buch hat in diesem ganzen Zeitraum nur einen Bearbeiter gefunden"* (A.a.O.: S. 1058).

42 Ersch: A.a.O., S. 66ff.

Vgl. die wohl bekannteste Veröffentlichung in diesem Bereich: J.G. Herder: Aelteste Urkunde des Menschengeschlechts (1774-1776). In: Herders sämmtliche Werke. Hrsg. v. B. Suphan. Bd. 6 (1883) S. 193-501 u. Bd. 7 (1884) S. 1-171.

43 Im Bereich der weiten Rezensionstätigkeit Eichhorns in der ABBL und anderer Publikationen wird der Begriff *"U."* fast austauschbar mit z.B. *"Dokumentum"* (ABBL 2.5, 1790, S. 943), *"Denkschrift"* (ABBL 4.3, 1792, S. 475), *"Haupt-Denkschrift"* (ABBL 2.6, 1790, S. 1057), *"Fragment"* (ABBL 4.1, 1792, S. 96), *"Denkmahl"* (RBML 4.1, 1779, S. 188). Die schwere Abgrenzbarkeit zur Fragmentenhypothese sei hiermit schon angedeutet.

44 Vgl. 'Urkunde` in Zedler: Grosses vollständiges Universal-Lexicon. Bd. 51 (1747) Sp. 151-326. (175 Spalten!!). - 'Urkunden (Biblische)` Sp. 173-179. Hier findet sich eine interessante Unterscheidung; Verf. sieht zwei Bedeutungen. [1.] *"Die Urkunden des alten Testamentes werden entweder als die ersten Exemplarien betrachtet, oder* [2.] *sie stellen die Urkunde des Esra vor, welche er, nachdem jene in der Babylonischen Unruhe verlohren gegangen war, aus den übrigen Abschriften auf göttlichen Befehl gesammlet ...".* (Sp. 173). - Vgl. auch J. W. Grimm: Deutsches Wörterbuch. Bd. 11.3 (1936) Sp. (2455-2463) 2457 - leider unzutreffend.

Es wird im Verlauf dieser Untersuchung zu zeigen sein, in welcher Position ILGENS Werk diesen Vorstellungkreis der spätaufklärerischen Theologie bereichert. Es ist aber klar, daß sich die Exegese, wo sie sich der kritischen Arbeit an Urkunden verschreibt, fast total auf das Gebiet der historischen Wissenschaft verlegt.

4.2.2. Die 'Geschichte` - Ziel der Forschung

> Und seid doch Ihr, liebe, älteste und ewige Sagen meines Geschlechts, Kern und Keim seiner verborgensten Geschichte! Ohn Euch wäre die Menschheit, was so viel Andres ist, ein Buch ohne Titel, ohn erste Blätter und Aufschluß; mit Euch bekommt unsre Familie Grundstein, Stamm und Wurzel bis auf Gott hin und Vater Adam.
>
> Herder

Der Titel des Hauptwerkes ILGENS deutet aber offenkundig noch weitergehende Bezüge zur zeitgenössischen Hermeneutik der Aufklärung an. Er gibt über die weiteren Absichten der exegetischen Arbeit Auskunft: "... *als Beytrag zur Berichtigung der Geschichte der Religion und Politik.*" Hier zeigen sich die frühhistoristischen (und durchaus positivistischen) Anklänge der Bibelwissenschaft im Umkreis EICHHORNS. ILGEN verrät selbst über die Sinngebung seines Unternehmens:

> *"Wie läßt sich bey Materialien, die noch in einer chaotischen Verwirrung liegen, eine Uebersicht gewinnen, und ein Standpunkt wählen, von wo man sicher ausgehen, und einen Gesichtspunkt fassen, den man unverrückt vor Augen behalten könnte? Wenn also Geschichte das seyn soll, was ihr Nahme sagt, das heißt Erzählung und Darstellung von Begebenheiten, die wirklich geschehen sind, nicht etwa eine sogenannte Geschichte a priori, von der man hier und da sprechen hört* [...]*: so ist es ausgemacht, daß sie nicht ein durchaus berichtigtes Ganze ausmachen kann, wenn nicht die Theile, aus welchen dieses Ganze besteht, vorher berichtigt sind."*[45]

---

[45] Ilgen: Die Urkunden des Jerusalemischen Tempelarchivs. S. VI.

Hinter der für uns heute etwas problematisch erscheindenden Sicht der geschichtswissenschaftlichen Ansprüche der Bibelexegese steht doch ein exegetisch-historischer Optimismus, der durchaus der Zeit entsprach und der sich anschickt, seine Künste handwerklicher Art auszuspielen. ILGEN zeigt in der im Titel seines Werkes schon zum Ausdruck kommenden Programmatik in aller nur wünschenswerten Deutlichkeit, worum es der sich zur historischen und literarischen Kritik hin bewegenden Exegese geht: ILGEN treibt Quellenscheidung an der Genesis mit der Absicht, eben jene 'chaotische Verwirrung' der Textmaterialien zu bewältigen. Dazu gehört, daß der Exeget eben nicht nur die Analyse der Texte vornimmt, sondern auch zu einer Synthese vorstößt. Das erklärt er ebenfalls im Vorwort zu der 1798 im Druck erschienenen Genesisanalyse. Die in der Quellenscheidung zu vollziehende Entwirrung ist eine '*Berichtigung*':

> *"Diese Berichtigung der Theile aber muß mit den Quellen anheben. Die Denkmahle, welche die Thaten der alten Völker, ihre Staatsverfassungen, ihre Gesetze, und ihre Religionsmeinungen enthalten, müßten vor allen Dingen vollständig gesammlet, grammatisch berichtiget, mit hinlänglicher Sprach- und Sachkunde erläutert und verständlich gemacht, und nach ihren Zeitaltern mit möglichstem Fleiß geordnet werden; es muß die Glaubwürdigkeit ihrer Verfasser, ihr Amt [...] mit größter Sorgfalt untersucht und der strengsten Prüfung unterworfen werden, ehe von einem sichern und zweckmäßigen Gebrauch derselben die Rede seyn kann. Nur dann erst, wenn alles dieses erfüllt ist, ist es möglich sie als das, was sie seyn sollen, das heißt, als Quellen zu benutzen .... ".*[46]

Hier wird in aller Klarheit gesagt, daß für den Umkreis der sogenannten Älteren Urkundenhypothese die einleitungswissenschaftliche Einbindung der exegetischen Arbeit unter strenger geschichtswissenschaftlicher Motivation steht. Freilich, nicht allein bei ILGEN werden diese Ansprüche sichtbar, sondern auch bei EICHHORN, von dem die verschiedenen Zweige der sich entwickelnden Bibelwissenschaft in breiter Vielfalt weitreichende Anregungen erhalten konnnten.

EICHHORN selbst sieht diese Erneuerung der Exegese auf JOHANN SALOMO SEMLER[47] zurückgehen. Ihm verdanke sie eine 'Reformation'. Er, SEMLER, sei *"der erste Reformator unserer neueren Theologie, der kühnste und belesenste, der an Erforschungen und neuen Resultaten reichste Theolog unter den bis itzt verstorbenen unsers Jahrhunderts."*[48] Sicher ist dieses überschwengliche Urteil in seinem sachlichen Kern zutreffend, denn SEMLER formulierte in der Tat eine radikal-historische Bibelhermeneutik, die in aller Schärfe die historische Relativierung der biblischen Botschaft in den Blick faßte. - *"Die Heiligen Schriftsteller müssen*

---

46 A.a.O., S. VIf.

47 Johann Salomo Semler. Geb. 18.12. 1725 in Saalfeld. Gest. 14.3. 1791 in Halle. - Vgl. ADB (P. Tschackert): Bd. 33 (1891) S. 698-704. - Meusel: Lexikon. Bd. 13 (1813) S. 89-107. - H. Doering: Die gelehrten Theologen Deutschlands im achtzehnten und neunzehnten Jahrhundert. Bd. 4. Neustadt 1835. S. 186-204.

48 Eichhorn: Johann Salomo Semler. geb. am 18ten Dec. 1725. gest. am 14ten März 1791. In: ABBL 5.1 (1793) S. (1-202) 182f.

allein Herren und Meister davon sein, was sie wirklich gemeint haben"[49] - so SEMLER. Die radikale Auffassung des sensus literalis führt notwenigerweise zur historischen Interpretation der Schrift.[50] Die historische (und kritische) Sicht der Schrift kann aber nicht anders als mit einer historischen Relativierung einhergehen. Das ist die Basis einer aufgeklärten geschichtlich-kultural-diachronen Bibelauffassung, ohne die eine Urkundenhypothese als exegetische Methode nicht denkbar ist, wenn sie denn ernsthaft und redlich zur Fremdheit und Ferne des 'alten` Bibeltextes steht, aber das Fremde als solches auch *verstehen* will. - Und wo die historische Relativierung nicht gelingen mag, dh., wo denn der Text auch über die historische Einordnung gar nicht verständlich wird, da soll nach SEMLERS Urteil und EICHHORNS Darstellung der Semlerschen Ideen eben dieser Text keine kanonische Gültigkeit mehr tragen: Sind die biblischen Schriften schon bei ihrer Entstehung *"blos local und temporell"*[51], dh. aus ihrem geschichtlich-kontingenten Anlaß zu verstehen, um wieviel mehr müssen sie nicht von dem Exegeten in ihren *"herrschende(n) Vorstellungsarten"*[52] über eine historisch-analytische Distanz begriffen werden!? In letzter Konsequenz gilt hier also als Urteil über einen Bibeltext, der als quellenkundlich auszubeutende, historische Urkunde anzusehen ist: *"Wir stehen immer in Gefahr, Sinn und Inhalt derselben* [biblischen Schriften, B.S.] *falsch zu verstehen, und bey ihrer Anwendung auf unsre Denkungsart unrichtig zu verfahren* [...]. *Wäre es nicht besser, gemeinnützziger, folglich auch zweckmäßiger gewesen, wenn das Locale von dem Allgemeinen* [...] *geschieden worden wäre, wenn die Schriften unbestimmt werden sollten."*[53]

Diese radikalen Prämissen im exegetischen Umgang mit dem Problem der Kanonizität zeigen hier den Horizont der Absichten, die sich mit dem konsequenten Ernstnehmen der menschlich-geschichtlichen Gestalt des Bibelwortes verbinden. Von geringerer Radikaltiät - und damit wohl enger an der geistigen Norm der späten Aufklärung - ist das Grundurteil EICHHORNS, das er über die prinzipielle Bedeutung der Einleitungswissenschaft fällt und dem man für die hier zu untersuchende Epoche bibelwissenschaftlicher Arbeit eine gewisse allgemeine Konsensqualität unterstellen darf:

> *"Von der Beschaffenheit der historisch-kritischen Kenntnisse von den biblischen Büchern hing in allen christlichen Jahrhunderten die Auslegung so stark ab, daß die letztere mit der erstern immer gestiegen und gefallen ist.*

49 J.S. Semler: Versuch einer nähern Anleitung zu nützlichem Fleisse in der ganzen Gottesgelersamkeit für angehende Studiosos Theologiae. Halle 1757. S. 205.

50 Vgl. G. Hornig: Die Anfänge der historisch-kritischen Theologie. Johann Salomo Semlers Schriftverständnis und seine Stellung zu Luther. Göttingen 1961 (FSThR 8). S. 79.

51 A.a.O., S. 77.

52 A.a.O., S. 78.

53 Ebd.

Von der Berichtigung unserer historisch-kritischen Kenntnisse des A. und N.T. ging unsere neueste Theologische Aufklärung aus. "[54]

Das theologische Interesse richtet sich bei ILGEN und geistesverwandten Theologen auf die Urkundenqualität des Bibelteils, das keinesfalls allein in erbaulichem Sinn gelesen, sondern vor allem um des Begreifens der Relgionsidee willen studiert werden will.[55] Auch als *Urkunde* bleibt der Text doch *Urkunde der Offenbarung*, doch als Zeugnis nicht unserer, sondern *alter* ('religiöser`) Kultur. Freilich ist deshalb dieser als Offenbarung verstandene Text nicht ohne jene alte Akkomodationstheorie[56] zu verstehen, die schon in ihrer besonderen Modifikation bei J. KEPLER[57] und bei SPINOZA[58] ihre Bedeutung hatte. Dieser besonderen Betrachtung der historischen Offenbarungsurkunde wohnt in der Aufklärungstheologie eine differenzierte Ansicht über die Perfektibilität[59] der Offenbarung inne. Die (alte) Urkunde spiegelt die Offenbarung Gottes an eine Kultur älteren Stadiums, also an Menschen einer 'niederen` Kulturepoche mit deren schlichteren 'Moral- und Religionsideen`. Hinter dieser Prämisse verbirgt sich ein Kulturentwicklungsgedanke[60], der aber keinesfalls von der Art eines Kulturchauvinismus im späten 19. Jahrhundert ist. Vielmehr kommt darin die der Spätaufklärung eigene Anstrengung zum echt historischen Verstehen aller menschlich-kulturalen Befindlichkeit zum Ausdruck. So ist es denn zu verstehen, daß ILGEN seine Arbeit als Voraussetzung der 'Berichtigung` nicht nur der politischen Geschichte versteht, sondern auch als Voraussetzung einer auf Religionsurkunden gestützten kritischen Beschreibung der Religionsgeschichte.

---

54 Eichhorn [Rez.]: Entwurf einer Einleitung in die Schriften des Alten Testaments, zum Gebrauch seiner Vorlesungen von Georg Lorenz Bauer. Nürnberg u. Altdorf 1794. In: ABBL 6.1 (1794) S. (68-78) 68.

55 Vgl. Nösselt: Anweisung zur Bildung angehender Theologen. S. 15f.

56 Vgl. H. Thielicke: Glauben und Denken in der Neuzeit. 2., durchges. u. erw. Aufl. Tübingen 1988. S. 233ff. - G. Hornig: Art. Akkomodation. In: HWPh Bd. 1 (1971) Sp. 125-126 (Akkomodation bei Flacius, Kepler, Spinoza, Clericus, Semler).

57 Vgl. J. Hübner: Die Theologie Johannes Keplers zwischen Orthodoxie und Naturwissenschaft. Tübingen 1975 (BHTh 50). S. 222ff.

58 Vgl. B. Spinoza: Tractatus Theologico-Politicus. Hrsg. v. G. Gawlick und F. Niewöhner. Darmstadt 1979 (Ders.: Opera. Bd. 1). S. 16f: *"viderem prophetas nihil docuisse nisi res admodum simplices, quae ab unoquoque facile percipi poterant"*. - Vgl. L. Strauss: Die Religionskritik Spinozas als Grundlage seiner Bibelwissenschaft. 1930 (Veröff. d. Akad. d. Wiss. f.d. Judentum. Philos. Skt. II). S. 247ff.

59 Vgl. H.-W. Schütte: Die Vorstellung von der Perfektibilität des Christentums im Denken der Aufklärung. In: FS W. Trillhaas: Beiträge zur Theorie des neuzeitlichen Christentums. Berlin 1968. S. (113-126) 125.

60 Der Entwicklungsbegriff in der Bibelwissenschaft in der deutschen Aufklärung ist noch nicht hinlänglich untersucht worden. So E. Sehmsdorf: Die Prophetenauslegung bei J.G. Eichhorn. Göttingen 1971. S. 196f. Das gilt wohl auch noch heute.

ILGEN:
"Wenn so vorbereitet ist, so läßt sich eine berichtigte Geschichte einer Nation liefern; und sind die Geschichten aller einzeln bekannten Nationen berichtigt, so läßt sich endlich unter Bearbeitung eines philosophischen, mit Kenntniß und Thätigkeit ausgerüsteten Geistes, der alles mit gehörigem Scharfblick zu umfassen weiß, eine allgemeine berichtigte Geschichte des politischen und religiösen Menschen zu Stande bringen."[61]

4.2.3. Die 'Archive' - Vorstellungskomplement zu 'Urkunden' und 'Geschichte'

Der seltsame, und wie schon erwähnt, nicht leicht zu verstehende Titel des Werkes von ILGEN ordnet die 'Urkunden` über ein einfaches Genitivverhältnis dem '*Jerusalemischen Tempelarchiv*` zu. Es geht dabei um die Vorstellung ihrer spezifischen Aufbewahrung als 'Documente` der Vergangenheit und des Zeugnisses von vergangenen Dingen. - Von der Existenz aber eines solchen Archivs ist allerdings der theologisch/historischen Wissenschaft nichts bekannt. Lediglich eine Bibelstelle aus dem Bereich des deuterokanonischen Schrifttums kann auf eine Art '*Tempelbibliothek*` hinweisen: 2 Makk 2, 13f. - Was meint er denn also mit einem 'Archiv` des Jerusalemer Tempels?

Man erfährt zunächst nähere Erläuterung des Sachverhaltes im Vorwort des besagten Werkes: Die jüdische Nation, *"die sich durch ihre Gesetze, Religion und Gottesdienst, durch ihre Staatsverfassung, so merkwürdig gemacht hat, als fast*

61 Ilgen: Die Urkunden des Jerusalemischen Tempelarchivs. S. VII. - Vgl. S. XV: *"Und nun endlich, wenn die Urkunden so weit bearbeitet sind, und dem Geschichtforscher in die Hände geliefert werden, läßt sich eine Geschichte der Israeliten, ihrer Staatsverfassung, ihres Gottesdienstes, ihrer Moral und Religion, ihrer Sprache und ihrer Kultur erwarten, die den Nahmen einer kritisch berichtigten verdient; dann kann es entschieden werden, ob wir viel oder wenig davon wissen."* - Vgl. Ders.: Ms Vorlesungen über die Genesis. Port 150.5. S. I ['Beylage`] 20ff. (Siehe unter Archivalien).
Vgl. G.L. Bauer: Einleitung. S. 262f.: *"Und wenn wir diejenigen Bruchstücke des Alterthums schätzen, aus welchen wir eine mangelhafte Geschichte der Staatsverfassung, Religion, Cultur der alten Egyptier, Griechen etc. Völker, die längst verschwunden sind, zusammensezen können: warum sollten Schriften nicht einen großen Werth für uns haben, aus welchen wir die Gesezgebung, Religion, Cultur und Schicksale eines so merkwürdigen Volkes, das sich mehrere tausend Jahre, ohngeachtet der härtesten Begegnisse, unvermischt erhalten hat, der Juden, kennen lernen? [...] Aber auch zur Aufhellung der Profangeschichte nüzen die althebr. Schriften."*

keine des Alterthums"[62], habe eine noch weitgehend im Dunkeln liegende Geschichte. Aber:

> *"Es sind zwar in den Büchern, die in der letzten Epoche ihrer Existenz im Nationaltempel zu Jerusalem aufbewahrt wurden, und das heilige Archiv so wie zugleich das Nationalarchiv ausmachten, und die sich bis auf unsere Zeiten erhalten haben, Materialien dazu vorhanden; aber diese Materialien sind schwer daraus zu schöpfen; das Archiv ist in Unordnung gerathen, die Urkunden sind zerissen, zerstückelt, in einander geflossen ... "*.[63]

Mit dem Begriff des Archivs greift ILGEN also, wenn nicht einen real über den Forschungsweg nachzuweisenden Gegenstand, so doch aber eine historisch-hermeneutische Prämisse auf, die ihre unverkennbare Bedeutung in der exegetischen Quellenanalyse hat. *'Archiv'* zeigt hier, daß historisch-philologische Arbeit und historische Imagination im Raum der spätaufklärerischen Literarkritik nicht ohne einander auskommen. Es stellt sich hier die Frage, welche tieferen Zusammenhänge zwischen dieser Prämisse und der Pentateuchforschung jener Epoche existieren, vor allem aber, wie der genetische Herkunftsweg dieser Zusammenhänge zu beschreiben ist; denn ob KARL DAVID ILGEN hierin Dux oder Comes zu nennen ist, dürfte nach der bisherigen Darstellung leicht zu erraten sein. - Es sind hier aber nicht nur jene großen Namen, LA PEYRERE, SPINOZA, SIMON (s.o.) von Bedeutung, sondern auch andere, die hinreichend gewürdigt werden sollen. Aber es ist in der Tat der Fall, daß ILGEN und geistesverwandte Exegeten Vorläufer nicht nur in ihrem Jahrhundert haben. Die Voraussetzungen der exegetischen Arbeit in der späten Aufklärung sollen hier nicht wiederholt werden. Es wäre an hervorragender Stelle eben noch einmal R. SIMON zu nennen, dessen Werk hundert Jahre nach seiner ersten Wirksamkeit in besonderer Weise Gegenstand der Berufung wird, so daß er hier, am Ende des 18. Jahrhunderts zu seiner zweiten, vielleicht eigentlichen Wirkung gelangt.[64] - EICHHORN lobt in seinem Nachruf an SEMLER, daß dieser sich treulich der Führung SIMONS anvertraute[65], und ILGEN selbst beruft sich in dem Vorwort seines Buches auf ihn[66] und benennt ihn im

---

62 Ilgen: Die Urkunden. S. VII.

63 A.a.O., S. VIII.

64 So nach Kraus (a.a.O., S. 70) und in besonderer Geltung für Deutschland.

65 Eichhorn, ABBL 5.1 (1793) S. 86: Er *"vertraute sich [...] ganz der Leitung des vortrefflichen, über sein Jahrhundert weit erhabenen Richard Simon, mit dessen Hülfe er die Schranken brach, mit welchen bis dahin die christlichen Rabbinen das A.T. umschlossen hielten. "*

66 Ilgen: Die Urkunden des Jerusalemischen Tempelarchivs. S. IXf. - Bemerkenswert mag vielleicht sein, daß H. Cor(r)odi herausgibt: Briefe einiger holländischen Gottesgelehrten über P. R. Simon's kritische Geschichte des alten Testaments. Herausgegeben von le Clerc, aus dem Französischen übersetzt und mit Anmerkungen und Zusätzen vermehrt. 2 Bde. Zürich 1779. Und Eichhorn rezensiert: Benedict von Spinoza. Über heilige Schrift, Judenthum, Recht der höchsten Gewalt in geistlichen Dingen und Freyheit zu philosophieren. Aus dem Lateinischen. Gera 1787. In: ABBL 1.1 (1787) S. 149-151.

Prälektionar zur Einleitung ins Alte Testament: *"Dieser war der erste, der sich an die höhre Critik gewagt."*[67] - Es ist sicher, daß ältere Vorarbeiten zur Bibelkritik, die aus dem Bündel der neuzeitlichen Geistes- und Theologiegeschichte stammen, in der späten Aufklärung zu neuen Ehren gelangen. - Freilich hat ILGENS Werk am Ende des 18. Jahrhunderts doch offenkundig eine Sonderstellung, denn er ist es, der mit dem Titel seines Werkes in so prononcierter Art auf eben diese früh angelegte Prämisse in der Pentateuchforschung hinweist.

Für die Annahme der Existenz von Archiven im 'biblisch-historischen Alterthum` und den Einbau dieses hermeneutischen Bausteins in die literarkritischen Konstruktionsmechanismen gibt es einen breiten Weg von Voraussetzungen in der neuzeitlichen Geistesgeschichte. Auf diesem Weg kann sich der Exeget in gewisser Weise - und auch zu Recht - auf das Alte Testament berufen: Es ist die oben schon erwähnte Stelle 2 Makk 2, 13f. Hier ist von der Anlage einer *'Tempelbibliothek`*[68] die Rede, und diese Textstelle findet durchaus ein großes Interesse bei EICHHORN. - Daß man aber die 'älteste(n) Urkunde(n)` in einer Bibliothek oder einem Archiv des *Tempels* niedergelegt vermutete, ist fast selbstverständlich. Die Urkunden wurden in oder neben der Bundeslade niederlegt (vgl. Dtn 31, 26!), gelangten daher mit eben dieser zusammen in den Tempel. Und Esra hat eine entscheidend wichtige Aufgabe am Ende, am Abschluß und im Kanonisierungsprozeß. So schon BUXTORF[69], ZEDLER[70], CARPZOV[71], EICHHORN[72], und auch ILGEN[73]. -

Exkurs (5). Archiv und Kanon

In einer in RBML - das ja quasi eine Vorstufe seiner 'Einleitung` darstellt - veröffentlichten Abhandlung über den Kanon des Alten Testaments[74] verweist EICHHORN auf die hier in 2 Makk 2 vorgestellte Einrichtung einer Bi-

---

67 Ilgen: Ms Einleitung ins Alte Testament. Port 150.4. S. 7.

68 Natürlich steht im griechischen Text nichts von einer *"Tempelbibliothek"*, sondern schlicht βιβλιοθηκη (2, 13). Da aber nur der Tempel als Ort der Sammlung in Frage kommen kann, ist es naheliegend βιβλιοθηκη mit Tempelbibliothek zu übersetzen. - "Urkunden" (επιστολαι, βιβλια) habe Nehemia darin gesammelt.

69 Im 'Tiberias`. Basel 1620. 1665 u.ö. (div. Auflagen und Ausgaben) - Nachweis bislang nicht gelungen.

70 Großes vollständiges Universal-Lexicon. Bd. 51 (1747) Sp. 176.

71 J.G. Carpzov: Critica sacra Veteris Testamenti. Leipzig 1748. Pars I, cap. 1. S. 56. C. meint die 'Urkunde` des Esra hätte noch z.Z. Jesu im Tempel gelegen: *"Ita quidem Christi adhuc aetate, autographum posterius in capsa testamentaria asservatum in templo fuisse, vero perquam est simile, donec ingruente templi, urbis ac reipublicae excido Romano, illud pariter in communi sacrorum suppellectilium ruina abdoleretur."* ('autographum` = Urkunde)

72 Eichhorn: Einleitung. Bd.1. 4. Aufl. 1823. S. 20.

73 Ilgen: Ms Einleitung in das A.T. Port 150.4. S. 37. - Siehe unten Kap. 5.

74 Eichhorn: Historische Untersuchung über den Kanon des Alten Testaments. In: RBML 5.5 (1779) S. 217-282.

bliothek: Sie diene nach dem Exil der Sammlung von *"noch vorhandenen Schrifften der hebräischen Nation"*[75]; von diesen Schriften legte man *"eine heilige Bibliothek im Tempel an"*[76]. Diese Sammlung der Schriften sei weitgehend identisch mit dem Bündel des alttestamentlichen Kanons. Denn *"Seitdem wird immer von den Schrifften der Juden, welche doch in Rücksicht auf Inhalt, Verfasser, Ursprung und Zeit ihrer Abfassung von einander so verschieden waren, als von Einem Ganzen gesprochen..."*.[77] EICHHORN beruft sich hierbei auf JOSEPHUS: Antiquitates (Lib V. cap. 1.§ 17).[78] In einem ABBL-Aufsatz widmet sich EICHHORN ebenfalls diesem Text[79], jedoch setzt er sich hier vorwiegend mit dem Problem der literarischen Integrität von 2 Makk auseinander.
Die Vorarbeiten EICHHORNS sind festgehalten in der berühmten 'Einleitung' und werden hier in der für EICHHORN so typisch überschaulichen Art dargestellt: *"Bald nach dem Ende des Babylonischen Exil's und nach der Gründung des neuen Staats in Palästina wurde alles, was sich noch von alten Schriften bey den Exulanten fand, gesammelt, und um dem neu erbauten zweyten Tempel alle Vorzüge des ersten zu geben, wurde von diesen Trümmern der Hebräischen Litteratur eine eigene Bibliothek in demselben angelegt, welche wir gewöhnlich das Alte Testament nennen. Das Daseyn einer Tempelbibliothek nach dem Exilium kann niemand in Zweifel ziehen* [...] *Und legte nicht Nehemias nach einer früh aufgezeichneten Sage (2 Makk. 2,13) eine heilige Bibliothek an?"*[80] - Daß die Sammlung mit dem Alten Testament gleichzusetzen ist, setzt EICHHORN also in diesem Zusammenhang voraus. Daß es der Tempel gewesen sein müsse, daß er als der Ort der Lagerung anzunehmen sei, erklärte sich aus dem *"Geist der alten Welt"*[81]; auch, daß man alle Schriften zu erreichen und zu sammeln versucht habe. *"Die Sammlung bestand in einer Niederlegung an einem heiligen Ort, im Tempel: dazu gehörte kein Schritt, der ganz unerhört war, sondern nur Nachahmung einer alten Gewohnheit, einige Aufmerksamkeit auf die Bedürfnisse der Zeit, und einige Folgsamkeit gegen ihre Winke, welche auf die Ausschmückung eines aus der Asche wieder aufgestandenen Tempels zu denken befahl. Zu dem ganzen Unternehmen gehörte nicht erst lange Ueberlegung, ob auch die Schrif-*

---

75 A.a.O., S. 217.

76 Ebd.

77 Ebd.

78 A.a.O., S. 218. Vgl. Flavii Iosephi opera. Recognovit Benedictus Niese. Vol. I. Antiquitatum Iudaicarum Libri I-V. Berlin 1888. S. 235. - Vgl. deutsche Übersetzung: Flavius Josephus: Jüdische Altertümer. Übersetzt und mit Einleitung und Anmerkungen versehen von H. Clementz. 1. Bd. (Buch I-X) Halle o.J. S. 262: *"Dass aber der Tag sich damals* [Jos 10, 12f, B.S.] *wirkich verlängerte und über die gewöhnliche Dauer hinaus sich ausdehnte, erhellt aus den heiligen Schriften, die im Archiv des Tempels aufbewahrt werden."*

79 Eichhorn [Rez.]: Ueber das zweyte Buch der Maccabäer. In: ABBL 1.2 (1787) S. 233-241. - Vgl. auch Ders.: Einleitung in die apokryphischen Bücher des Alten Testaments. Leipzig 1795. S. 249ff.

80 Eichhorn: Einleitung. Bd 1. 4. Aufl. 1823. S. 29. 31. (Vgl. auch S. 44y). - Eichhorn sieht das 'eigentliche' Archiv bzw. Bibliothek in der nachexilischen Zeit. Ebenso Ilgen: Mose machte den Anfang mit der Aufbewahrung der Urkunden, selbst schrieb er aber nicht viel; die Schriftkunst mußte sich bei den Hebräern erst vervollkommnen. Das Archiv war aber dennoch schon vorexilisch. Jedoch ist erst das nachexilische Archiv (2 Makk 2!) regelrecht nachweisbar. - Vgl. Ilgen: Ms Einleitung in das A.T. S. 37 und A.a.O., (Zusätze) S. 329-335. - Ilgen folgt hier in der Grundansicht Eichhorn und nicht G.L. Bauer (Siehe unten, Kap. 3).

81 Einleitung, a.a.O., S. 33.

ten, die man in dem Tempel niederlegen wollte, heilig oder göttlich seyen: denn in frühen Zeiten wurden die alten Urkunden eines Volks alle für heilig und göttlich angesehen ... ".[82]
Allerdings gerät E. über diese Problematik in Streit mit H. CORRODI. Dieser nimmt kritisch Stellung zu EICHHORNS Auffassung über die Bedeutung von 2 Makk 2 hinsichtlich der Kanonfrage. Es ist die von E. behauptete Identität von Sammlung und Kanon, die C. anzweifelt: "*Der berühmte Herr. Prof. Eichhorn* [...] *ist wirklich* [in der 'Einleitung`, B.S.] *der Meynung, daß die alten Juden, als sie den Bibelkanon festsetzten, nichts anders gethan haben, als daß sie eine Nationalbibliothek, ein Archiv von alten für Juden, als solche, ehrwürdigen, oder heiligen Urkunden oder Denkmalen anlegten.* "[83] C. kritisiert, daß der Kanonbegriff somit "*ganz unbestimmt sey*"[84]. Denn "*Die Bibelsammlung der alten Israeliten ist immer eine Sammlung solcher Urkunden gewesen, die der Nation ehrwürdig und heilig waren. Es fragt sich nur, in welcher Absicht sie der Nation heilig war?*"[85] nach C.s Meinung war die Heiligkeit nicht einfach der Sammlung "*schätzbarer Denkmale der Litteratur*" zu eigen, sondern den "*Urkunden*" beigemessen, "*welche Beziehung auf das Interesse der jüdischen Kirche hatte*(n)".[86] Auch die Prämisse des Archivs im Tempel, die bei E. keine geringe Rolle spielt, ficht C. an: "*Die Gewohnheit der alten Völker, Bücher, die ein gewisses Nationalinteresse heiligte, in Tempeln zu verwahren, behauptet Herr Eichhorn zwar, beweist sie aber nicht, welches doch, da so viel daran gelegen war, wol nothwendig gewesen wäre.* "[87]
Daß aber in E.s Intention gerade die echt historische Option folgt, daß nämlich die Teile des Kanons, 'heilige` wie auch mehr oder weniger 'unheilige`, unterschiedslos zusammengeführt wurden und nun durch wissenschaftliche Analyse in ihrer Verschiedenheit begriffen werden müssen (SEMLER),[88] ist bei C. nicht im Blick. EICHHORN beharrt in seiner ABBL-Rezension auf seinem Standpunkt und führt das bei Josephus erwähnte "*Tempelexemplar*" an: "*Der Kanon der Juden hat also wohl die selbe Reihe von Büchern umfaßt,*

---

82 Ebd. Vgl. A.a.O., S. 96f. Mit welcher Selbstverständlichkeit andere Zeitgenossen den Begriff '*Tempelbibliothek*` verwenden, zeigt das Beispiel von C. Justi: Ueber die Orakel des Jesajas, die Wegführung der Juden ins babylonische Exil und ihre Rückkehr ins Vaterland betreffend. Ein Versuch der höhern Kritik. In: Memorabilien 4.7 (1793) S. (139-185) 141.

83 [H.Cor(r)odi:] Versuch einer Beleuchtung der Geschichte des jüdischen und christlichen Bibelkanons. Erstes Bändchen, welche Beleuchtungen der Geschichte des jüdischen Kanons enthält. Halle 1792. S. 8.
Heinrich C. Geb. 31. 7. 1752. Gest. 14.9. 1793. - Vgl. ADB (C. Siegfried): Bd.4 (1876) S. 502-504. - J.G. Meusel: Lexikon. Bd. 2 (1803) S. 177-178.

84 [C.:] Versuch einer Beleuchtung. S. 8f.

85 A.a.O., S. 9.

86 Ebd.

87 A.a.O., S. 35.

88 Vgl. Eichhorn zu Semler (s.o.). Die Verschiedenheit der atl. Texte von ihrem historischen Ursprung her, die Scheidung also des "*Localen*" und "*Temporellen*" vom echt 'religiösen` Gehalt des Textes. Die Texte des AT haben zunächst "*eine temporelle, locale und individuelle Bestimmung*" gehabt. "*Die Offenbahrung ging Stuffenweis*". (Eichhorn [Rez.]: De historica librorum sacrorum interpretatione ejusque necessitate commentatio auct. Carol. Aug. Gottl. Keil. Leipzig 1788. In: ABBL 2.3, 1789, S. [463-465] 464.)

welche das damalige Tempel-Exemplar enthielt. Auf diese Weise wären Kanon und Tempel-Exemplar Synonyme."[89]
Jedoch muß sich EICHHORN dazu noch ergänzend äußern, denn die behauptete Einheit von Kanon und Tempelsammlung erweckt Mißverständnisse. Daß sich diese Identifikation lediglich auf die alte Sammlung bezieht, muß noch einmal deutlich gesagt werden. E. unterscheidet zwar auch 'kanonisch` von 'apokryph`, aber die Unterscheidung sei nicht für die ältere Zeit, da es eine *"ununterbrochene Prophetenfolge"*[90] gab, relevant, sondern für die spätere Zeit, deren Schriften freilich nicht kanonisch zu nennen sind. Die jüngeren Schriften, die nach Artaxerxes Longimanus (Josephus, Contra Apionem 1.8[91]) verfaßt wurden, hatten kein Anrecht mehr auf einen Platz in der heiligen Tempelbibliothek.[92] Nicht unwichtig ist dabei das Kriterium, daß die kanonischen Schriften keinen 'Öffentlichkeitscharakter` hätten: *"Daher wurden [...] unter apokryphischen Schriften, im Gegensatz der kanonischen, solche Bücher begriffen, 'welche bey Seite gelegt wurden, und aus denen nichts durfte öffentlich vorgelesen werden`".*[93]
Hier wird deutlich, daß 'Archiv` bzw. 'Bibliothek` nicht etwa allein - wie im modernen Sinne - den Raum zur Lagerung von Schriftstücken meint, sondern weitgehend identisch ist mit Sammlung von Schriftstücken, hier also das Corpus des Kanons bezeichnet. Sicher ist dieser Unterschied nicht erheblich.[94] Bei EICHHORN findet der Begriff 'Archiv` in der 'Einleitung` aber auch, wie noch zu zeigen sein wird, in modernem Sinne Verwendung.

---

89 Eichhorn [Rez.]: [H. Cor(r)odi]: Versuch einer Beleuchtung... In: ABBL 4.2 (1792) S. (252-276) 256. - Wo das Tempelexemplar dann später abgeblieben ist - vgl. Eichhorn: Einleitung. Bd. 1. 4. Ausg. 1823. S. 294f.: Titus brachte es mit nach Rom, so jedenfalls nach Josephus!

90 Eichhorn: Einleitung. Bd. 1. 4. Aufl. 1823. S. 98.

91 Flavii Iosephi opera. (Niese) Vol. V. De Iudaeorum vetustate sive contra Apionem. Berlin 1889. S. 7.- Vgl. deutsche Übersetzung: Flavius Josephus. Kleinere Schriften (Selbstbiographie - Gegen Apion - Über die Makkabäer). Übersetzt und mit Anmerkungen versehen v. H. Clementz. Halle o.J. S. 94: *"Auch von Artaxerxes an bis auf unsere Tage ist alles eingehend beschrieben; diese Bücher stehen aber nicht im gleichen Ansehen wie die früheren, weil es da an der genauen Aufeinanderfolge der Propheten mangelte."* Eichhorn: A.a.O., S. 99 Anm.

92 Eichhorn: A.a.O., S. 97-99.

93 A.a.O., S. 104. Das sei aber nur *eine* Bestimmung des Begriffes *'kanonisch`*. E. meint auch, daß die Definition des Kanons nicht einfach sei, da es verschiedene Kanones gegeben habe. Vgl. a.a.O., S. 106ff.

94 Vgl. die Tatsache, daß in der späten Aufklärung ohnehin Schriftreihen oder Journale als *'Bibliothek`*, *'Magazin`* usw. bezeichnet werden: D. Joh. Christoph Doederleins Auserlesene theologische Bibliothek, darinnen von den wichtigsten theolog. in- u. ausländ. Büchern und Schriften Nachricht gegenben wird. 12 Bde. Leipzig 1780-1781. - Allgemeine historische Bibliothek. von Mitgliedern des königlichen Institutes der historischen Wissenschaften zu Göttingen. Hrsg. v. J. Chr. Gatterer. 16 Bde. Halle 1767-1770. - Magazin für Religionsphilosophie, Exegese und Kirchengeschichte. Hrsg. v. D. Heinr. Phil. Conr. Henke. 12 Bde. Helstädt (sic!) 1794-1802. - Eichhorns Allgemeine Bibliothek biblischer Litteratur. 10 Bde. Leipzig 1787-1801. - Vgl. J.H.Chr. Beutler u. J.Chr. Fr. Guts-Muths: Allgemeines Sachregister über die wichtigsten deutschen Zeit- und Wochenschriften. 1. Bd. Leipzig 1790 (Neudruck Hildesheim/ New York 1976). S. 63. 65. 106. 186. - Vgl. auch G. Müller: Die theologischen Zeitschriften des 18. Jahrhunderts in Thüringen. Diss. theol. Jena 1964. S. (besondes) 129-164. - J. Kirchner: Die Zeitschriften des deutschen Sprachgebietes von den Anfängen bis 1830. Stuttgart 1969. S. 182-212.

K.D. ILGEN folgt nun in der Frage nach dem Kanon dem so oft gerühmten EICHHORN. Wie später noch zu zeigen sein wird, in anderen Dingen durchaus nicht immer.
I. unterscheidet streng die kanonischen von den apokryphen Büchern, diese hätten seiner Meinung nach keinen Platz im 'Tempelarchiv` gehabt. Es sei sicher, so I., *"daß es Bücher sind, die in der Sammlung des Tempelarchivs zu Jerusalem sich nicht fanden, und öffentlich nicht gebraucht werden, und daher auch in der ersten Kirche nicht öffentlich vorgelesen werden, und zum Unterrichte tauglich befunden wurden."*[95] - Die Inspiration war nach I.s Auskunft das Kriterium für die Möglichkeit des öffentlichen Gebrauchs: Apokryph heißt occulta und das bedeutet ου θεοπνευσθη[96], also müsse es sich um Schriften handeln, *"deren Gebrauch nur privatim erlaubt war."*[97]
Wie eng sich I. an E. anschließt, zeigt die Dichte der übernommenen Argumente:
"Weil man nun in den älteren Zeiten keine anderen Schriften der Juden zu der Würde erhob, daß sie in den Catalog der öffentlich zu gebrauchenden Bücher aufgenomen wurden, als die, welche die heilige Bibliothek der Juden, oder das Tempelarchiv ausmachten, so war der Κάνων *der ersten Christen und das Tempelarchiv der Juden [einerley], und ein heiliges Buch der Juden (*ἅγιον βίβλιον*) war eben das, was* βίβλιον κανονιζόμενον *bey den Christen. Das Tempelarchiv bestand aber nach Josephus aus 22 Büchern: S. Joseph. contra Apion. Lib. I. 8., vergl. Euseb. Hist. Eccles. 10. p. 103.104."*[98]
Die an sich problematische Identität des alttestamentlichen Kanons bei Juden und Christen ist bei E. differenzierter dargestellt.

Es fällt auf, daß ILGEN in der spezifischen Wahl des Begriffes '*Tempelarchiv*` nicht dem in der alttestamentlichen Wissenschaft seiner Zeit 'omnipräsenten` EICHHORN folgt. Dieser verwendet '*Tempelbibliothek*`. ILGEN übernimmt sein '*Tempelarchiv*` vielmehr von G.L. BAUER, dessen 'Einleitung`, wie oben dargelegt, ihm für die Lehrveranstaltungen in Jena diente. Denn die Nähe *hierin* zu BAUER scheint doch größer zu sein als die zu EICHHORN.

Die Verwendung des Begriffes durch BAUER zeigt in aller nur wünschenswerten Deutlichkeit den Bezug auf die Voraussetzung: Im Verweis auf eine Gepflogenheit der altorientalischen Welt setzt er bei der Besorgnis des Mose um die Schriften an. Dieser legte ein *Archiv* an, um die heiligen Schrift-Urkunden zu schützen. - Eine neue Sache steckt in dieser Prämisse freilich nicht, nur verwendet er einen etwas anderen Begriff, der aber nichts verrät, was hier nicht schon bei

95 Ilgen: Ms Einleitung in die Apokrypha des A. Test. Port 150.8. S. 57. - Vgl. Ders.: Ms Einleitung in das A. T. Port 150.4. S. 36: *"IV. Abschnitt. Herausgabe und Aufbewahrung der Schriften des A.T. §. XXIII. - Es war im ganzen Alterthum gewöhnlich, alle Gesetze, Verordnungen, Verträge, Erfindungen, aller Werte des Geistes und der Literatur, an einen heiligen Orte niederzulegen und zu verwahren. "* (Vollständiger Text unter Kap. 5.)

96 Ms Einleitung in die Apokrypha. S. 51.

97 Ebd.

98 A.a.O., S. 49.

EICHHORN vorhanden ist. - Ein bemerkenswerter Unterschied zu Eichhorn aber ist vorhanden: Während dieser die eigentliche Archivierung der Schriften für die unmittelbare Nachexilszeit veranschlagt (vgl. die Argumentation oben), sieht BAUER diesen Vorgang schon in sehr viel früherer Zeit geschehen:

> BAUER:
> *"Moses sorgte für die Erhaltung seiner Bücher sehr gut durch ein Tempelarchiv, das er nach dem Beispiel anderer Völker anlegte, indem er sein Gesezbuch den Leviten übergab, und befahl, dasselbe an die Seite der Lade des Bundes beyzulegen, Deut. 31, 24-26."*[99]

Dieser Option schließt sich ILGEN zunächst an. Dann aber wechselt er im Zusammenhang mit dem Ausbau seiner Theorien die Fronten und geht zu EICHHORNS Anschauung über. (BAUER, der bekanntlich nicht sonderlich an der Entwicklung der speziellen Literarkritik beteiligt, sondern mehr an den Dingen der Religionsgeschichte interessiert ist, wird es eventuell nicht aufgefallen sein, daß in letzter Konsequenz *seine* Sicht mit der Urkundenhypothese weniger gut vereinbar ist.)

4.3. Erwägung zur Herkunft des "Archivs" - Eusebs 'Praeparatio Evangelica' und die orientalische Stütze der alttestamentlichen Wissenschaft

4.3.1. Der Text des Euseb. Rückgriff auf die Geheimnisse des orientalischen Altertums

Freilich finden wir außer dieser Stelle (2 Makk 2) keine Anhaltspunkte für 'Archive' bzw. 'Bibliotheken' im Alten Testament. Aber es gibt durchaus andere Ideenquellen für diese wissenschaftliche Entdeckung. Was die biblischen Texte nicht hergeben, geben andere Texte über das Umfeld des biblischen Altertums her. Und dabei handelt es sich, wie dargestellt, einerseits um verschiedene Jose-

---

99 Bauer: Einleitung. S. 30. - Es lassen sich sehr interessante Unterschiede zur *dritten Auflage* von 1806 aufzeigen. Hier schreibt Bauer (A.a.O., S. 29): *"Moses sorgte für die Erhaltung der Gesetze und Aufsätze, die er gegeben, sehr gut durch ein Tempelarchiv ..."*. - Hier sind es nun nicht mehr *'Bücher'*, die wir Mose verdanken, sondern '*Gesetze*' und *'Aufsätze'*; vgl. unten.

phus-Texte, andererseits aber um *die* Quelle historischer Kenntnis über die altorientalische Geschichte vor dem Beginn der archäologischen Entdeckungen im 19. Jahrhundert. Diese ist *Eusebs Praeparatio Evangelica*[100]. -

Josephus ist schon von EICHHORN im Zusammenhang mit der Interpretation von 2 Makk 2 genannt worden und nun keiner näheren Betrachtung zu unterziehen. Sicher ist aber, daß seine Werke über die Geschichte des alttestamentlichen Volkes Gegenstand der historischen Quellenarbeit vor allem für die zwischentestamentarische Zeit und die neutestamentliche Zeitgeschichte sind.[101] Von Interesse sind hierbei die Möglichkeiten von Kenntnisgewinn über den Alten Orient in einer Epoche, in der die alttestamentliche Wissenschaft noch *vor* der Verwertung von Forschungsreisen und Ausgrabungen stand, noch *vor* der Entfaltung der archäologischen Liebhaberei zur Wissenschaft, sofern man von C. NIEBUHRS[102] Reisen durch den Orient absieht.[103]

Die Namen Josephus und Euseb deuten an, daß vor der Wende zum 19. Jahrhundert Orientalistisches (im weitesten Sinne) in der Auswertung gedruckter Texte verhandelt wurde.[104] Ohnehin bedeutete die Entwicklung der historischen Kritik

---

100 Eusebius Werke. 8. Bd. Die Praeparatio Evangelica. Hrsg. v. K. Mras. 2 Bde. Berlin 1954-1956 (GCS 8,1.2).
Eusebs Werke galten aber grundsätzlich als Quellen der Geschichte: so vor allem seine Kirchengeschichte und die Chronik. Siehe J. A. Fabricius: Bibliographia antiquaria sive introductio in notitiam scriptorum. Ed. tert. Hamburg 1760. Bes. S. 232ff. - Vgl. auch Bauer: Einleitung. 256f.

101 Vgl. F.H. Pfannkuche: Ueber die palästinische Landessprache im Zeitalter Christi und der Apostel, ein Versuch zum Theil nach de Rossi entworfen. In: ABBL 8.3 (1798) S. (365-480) 439ff.
Wenn man 2 Makk und Josephus nennt, muß man aber sicher auch in diesem Zusammenhang den Gesamtbereich alttestamentlicher Apokryphen und Pseudepigraphen nennen. Die Erforschung dieser Schriften wird in der späten Aufklärung intensiv betrieben; Eichhorn gibt eine Einleitung in die apokryphischen Schriften (1795) heraus, Ilgen liest in Jena über die Apokryphen (s.o.). - Vgl. hierzu J.M. Schmidt: Die jüdische Apokalyptik. Die Geschichte ihrer Erforschung von den Anfängen bis zu den Textfunden von Qumran. Neukirchen-Vluyn 1969. S. 11ff. 64ff.

102 Vgl. J.D. Michaelis: Fragen an eine Gesellschaft Gelehrter Männer, die auf Befahl Ihro Majestät des Königs von Dännemark nach Arabien reisen. Frankfurt a.M. 1762 (NIEBUHR). - H.E.G. Paulus [Hrsg.]: Sammlung der merkwürdigsten Reisen in den Orient. Jena 1792 (BELON, KORTE). - Bauer: Einleitung. S. 256f.
Vgl. L. Diestel: A.a.O., S. 583. - K.-H. Bernhardt: Die Umwelt des Alten Testaments. Bd. 1. Berlin 1967. S. 24.

103 Man wird wohl unterscheiden müssen zwischen Forschungsreisen, die schon vor der Wende zum 19. Jahrhundert gemacht wurden und die vordringlich geographische und topographische Ziele verfolgten, und den eigentlichen Ausgrabungsreisen, von denen im 18. Jahrhundert kaum die Rede sein kann. Als die erste dieser Art kann vielleicht die Expedition nach Ägypten bezeichnet werden, die mit dem Feldzug Napoleons in Verbindung stand (vgl. Bernhardt: A.a.O., S. 29). Die Auswertung von Reisen und deren Ausbeute erfolgt ja oft weitaus später. So bei den Keilinschrift-Kopien Niebuhrs (A.a.O., S. 22. 24. 310). - Vgl. H.-J. Kraus: A.a.O., S. 163ff.

104 Ein sehr wichtiger Bereich der Orientalistik bleibt hier unberücksichtigt: die Hebraistik bzw. die Wissenschaft von den biblischen Sprachen, unter die hier auch

in den Bibelwissenschaften eine wachsende Offenheit, das religiöse Phänomen des Alten Testaments nicht mehr nur innerbiblisch zu erklären, sondern auch gegebenenfalls durch Einfluß und Beerbung des Alten Orients.[105] Dies gilt aber grundsätzlich in ähnlichem Maße auch für die Arbeit am Neuen Testament.[106] - Es kann nun im folgenden nicht um eine vollzählige Auflistung der Bezüge auf den Alten Orient gehen, sondern um eine prinzipielle Aufzeigung der Möglichkeit, vor-archäologische Arbeit zum Nutzen der alttestamentlichen Wissenschaft zu verwenden. Und hierbei hat unbestreitbar *ein* Werk absoluten Vorrang.[107] - Nach dem Urteil von J. EBACH ist die in der höchst

---

das Syrische, Arabische, Äthiopische etc. zu rechnen sind. Vor den Entdeckungen erschöpfte sich 'Orientalistik` weitgehend darin. Die Erforschung der Grammatik orientalischer Sprachen steht stelbstverständlich in engem Zusammenhang mit der aufgeklärten Bemühung um den sensus literalis der Schrift. Und K.D. Ilgen hat sich eifrig in diesem Sinne um die morgenländischen Sprachen bemüht, wie das Jenenser Vorlesungsverzeichnis (s.u.) verrät. - Hier geht es uns freilich um die Möglichkeiten, erweiterte historische Anschauung altorientalischer Geschichte zu erhalten. - Vgl. zur Erforschung der biblischen Sprachen: D. Bourel: Die deutsche Orientalistik im 18. Jahrhundert. Von der Mission zur Wissenschaft. In: Historische Kritik und biblischer Kanon. Hrsg. v. H. Graf Reventlow, W. Sparn u. J. Woodbridge. Wiesbaden 1988 (Wolfenbüttler Forsch. 41) S. 113-126.

105 J.M. Schmidt: A.a.O., S. 17: *"Schon H. Corrodi (1781) nannte es die 'gewöhnliche Meynung`, daß die Juden auf Grund ihrer unmittelbaren Berührungen mit den Babyloniern und Persern manche ihrer Lehren übernommen und so ganz neue religiöse Vorstellungen ausgebildet hätten.* [...] *Seit Bekanntwerden des Zend-Avesta durch Anquetil de Perron (1774) setzt sich die Überzeugung durch, daß die jüdischen Vorstellungen über Engel, Dämonen und den Satan, wie sie in den nachexilischen Schriften sich fänden, aus dem 'Zoroastrischen System` übernommen worden seien."* - Daß diese Überzeugung sich "*durchsetzte*" ist vielleicht überzogen. Grundsätzlich aber setzt sich die Bereitschaft durch, die historische Relativierung des ATs ernstzunehmen. Und das ist letztlich auch die Voraussetzung, einzelne Textbereiche als *'Urkunde`* zu begreifen. Siehe [H. Corrodi:] Kritische Geschichte des Chiliasmus. Erster Theil. 1. Bd. Frankfurt u. Leipzig 1781. S. 27. 31. - Vgl. auch [G.L. Bauer:] Theologie des alten Testaments oder Abriß der religiösen Begriffe der alten Hebräer. Von den ältesten Zeiten bis auf den Anfang der christlichen Epoche. Zum Gebrauch akademischer Vorlesungen. Leipzig 1796. S. 199: Die Teufel-, Geister- und Engellehre habe das AT aus der *"babylonischen oder chaldäischen Philosophie adoptirt"*.

106 Vgl. den Versuch in der Späten Aufklärung, die Lehre Jesu von den Essenern her zu erklären; siehe S. Wagner: Die Essener in der wissenschaftlichen Dikussion. Vom Ausgang des 18. bis zum Beginn des 20. Jahrhunderts. Berlin 1960 (BZAW 79). S. 11.

107 Die wichtigsten Bücher seit Anbruch der Neuzeit, die sich mit diesem Komlex befassen, sind wohl:

- S. Bochart: Geographia Sacra. Frankfurt a.M. 1646 (revid. Aufl. Frankfurt a.M. 1681 [S. 782-790]).

- J.A. Fabricius: Bibliotheca Graeca sive notitia scriptorum veterum Graecorum. Ed. quarta curante G.Chr. Harles. 1. Bd. Hamburg 1790 (S. 222-227). In den verschiedenen Auflagen am häufigsten verwendet.

- P.E. Jablonski: Pantheon Aegyptiorum. 3 Bde. Frankfurt a.M. 1750-1752 (passim). - Vgl. J.A. Nösselt: Anweisung zur Kenntniß der besten allgemeinen Bücher in allen Theilen der Theologie. 4. Aufl. Leipzig 1800. S. 89. 92. 98.

Interessant und instruktiv ist die Auflistung von F.A. Stroth: Parallelen zur Ge-

bedeutungsvollen Praeparatio Eusebs enthaltene Geschichte Phöniziens von PHILO BYBLIOS Gegenstand der historischen Forschung schon seit Anbruch der frühen Neuzeit: *"Die Forschung am Philo-Text reicht bis in die Zeit von Renaissance und Humanismus zurück. Bevor durch Ausgrabungen an Euphrat, Tigris und Nil die altorientalischen Reiche, ihre Geschichte, Kunst, Literatur, Wirtschaft und Religion aus dem Dunkel der Geschichte traten, erfreute sich als Quelle für die Religionsgeschichte des alten Orients die 'Phönizische Geschichte` des Philo von Byblos besonderer Wertschätzung."*[108]

---

schichte des Alten Test. aus griechischen Schriftstellern. In: RBML 16.2 (1785) S. 65-101. - Die Bezeichnung *'griechische Schriftsteller`* ist hier nicht direkt falsch, aber in diesem Zusammenhang doch irreführend. Es ist in der Tat eine Auflistung von Bezügen der griechischen Literatur auf 'Parallelen`, aber nur im weitesten Sinne. Grundsätzlich aber handelt es sich um Berufungen auf eben ältere, *in griechischen Schriften verkapselte orientalische* Traditionen. Dabei sind die Zitationen aus Euseb, Praep. Ev. eindeutig im Übergewicht. (Daneben noch in alphabetischer Aufzählung auf S. 67 *"die Quellen* [...] *von verlornen* [!] *Schriftstellern": "Abydenus, Alexander Polyhistor, Artapanus, Berosus, Eupolemus, Hekatäus, Numenius, Polemo, der ältere Philo, Pythagoras, Orpheus, Menander der Pergammer, Ptolemäus von Mendes, Apion, Manethos, Sanchoniathon, Aristobulus, Anaximander Afrikanus, Helliadus usw."*; dann folgen die 'unmittelbaren` Schriftsteller wie Josephus usw.)

108 J. Ebach: Weltentstehung und Kulturentwicklung bei Philo von Byblos. Stuttgart 1979 (BWANT 108). S. 4.

Ebach weist darauf hin, daß Herder davor warnte, den Philo-Berichten viel Zutrauen schenken zu wollen: Herder: Älteste Urkunde des Menschengeschlechts (1774, III. Theil). In: Sämmtliche Werke. Hrsg. v. B. Suphan Bd. 6 (1883) S. 431: *"Mehr, als durch alles Geschwätz wird offenbar, was nun von Sanchuniathon zu halten? - Daß er nichts als Zusammenstoppler alter Märchen, Aufwärmer und Wiederaufwärmer heiliger Sagen, Symbole und Erzählungen sei, die er - selbst nicht verstanden."*

- Herder als Orientalist vgl. K.-H. Bernhardt: A.a.O., S. 28 (Über Persepolis, eine Mutmaßung) - J.M. Schmidt: A.a.O., S. 12 - Chr. Bultmann: Herder als Schüler des Philologen Michaelis. Zur Rigaer Erstfassung der "Archäologie". In: Bückeburger Gespräche über Johann Gottfried Herder 1988. Älteste Urkunde des Menschengeschlechts. Hrsg. v. B. Poschmann. Rinteln 1989 (Schaumburger Studien 49). S. (64-80) 66f. -

Vgl. aber Eichhorn: Einleitung. Bd. 3. 4. Ausg. 1823. S. 13: *"Wäre es gewiß, daß Sanchuniaton Josua's Zeitgenosse gewesen wäre, wie manche Chronologen annehmen, so hätten wir noch einen unwiderleglichen Beweis mehr von dem Gebrauch der Phönicischen Buchstabenschrift zu historischen Werken vor dem zehnten Jahrhundert nach der Sündfluth. Er schöpfte seine Weltgeschichte aus Nachrichten der Tempelarchive seiner Nation, also aus Urkunden, die weit über Mose's Zeiten hinaus hätten reichen müssen. Und gesetzt auch, daß alle noch unter seinem Namen vorhandenen Fragmente, sogar in Ansehung der zum Grunde liegenden Ideen, das Werk eines spätern Betrügers wären* [...], *so kann doch selbst die gränzenloseste Zweifelsucht nicht läugnen, daß ein Sanchuniaton im hohen Alterthum, wenigstens bald nach Mose, gelebt, und eine Weltgeschichte hinterlassen habe, die aus alten Tempelurkunden geschöpft war* - [...]" - Interessant ist, daß E. für diesen Bereich des alten Orients auch *'T.-archiv`* verwendet und nicht *'T.-bibliothek`*; vor allem aber, daß es nach Eichhorn eben überhaupt *nicht* um die historische Zuverlässigkeit geht, sondern um geschichtstheoretische Erkenntnisse.

PHILO gibt in der von EUSEB verwendeten 'Geschichte' vor, ein Werk von SANCHUNJATON aus dem zweiten vorchristlichen Jahrtausend widerzugeben; dieser wiederum beruft sich auf überlieferte Schriften des Ägypters TAAUTOS, der als der Schöpfer der Buchstabenschrift gilt und eine Art 'Weltentstehungs-Bericht' hinterlassen haben soll.[109] Über diesen SANCHUNJATON und seine Gewährsleute berichtet PHILO/EUSEB:

> *"Die Zeit dieser Männer liegt noch vor den Trojanischen Geschehnissen und reicht fast an die des Mose heran, wie es die Folgereihen der phönizischen Könige erkennen lassen. Sanchunjaton aber, der wahrheitsliebend die ganze alte Geschichte aus den* ÜBERLIEFERUNGEN DER EINZELNEN STÄDTE UND DEN IN DEN HEILIGTÜMERN VORHANDENEN AUFZEICHNUNGEN *zusammengestellt und in phönizischer Sprache beschrieben hat, lebte unter der assyrischen Königin Semiramis ... ".*[110]

Wenn auch die Dreigliedrigkeit der Traditionskette vor Euseb für sich allein schon interessant wäre,[111] so ist es aber diese Textstelle bei Euseb, die mit ihrem Hinweis auf das Vorhandensein von in Heiligtümern (= Tempeln) aufbewahrten Geschichtsüberlieferungen eine 'Idee' in sich birgt, die entscheidende Bedeutung für die historisch-exegetische Hermeneutik der Späten Aufklärung hat. Denn hier liegt eine der Wurzeln des Schlüsselbegriffes für die Urkundenhypothese: Die Zuordnung der beiden Komplemente *-Archive und Urkunden* - auf den Imaginationshorizont der literarkritischen These hat die Weiterentwicklung der exegetischen Theorie zur Konsequenz; das vorhandene historische Weltbild der

---

109 Vgl. Art. *Taautus*. In: J.H. Zedler: Grosses vollständiges Universal-Lexicon. Bd. 41 (1744) Sp. 1262: *"Taautus, soll der erste gewesen seyn, der die Buchstaben erfunden, und soll zu der Zeit gelebet haben, da Thamuz gantz Egypten beherrschte. Es wird ihm ein Buch de origine mundi zugeschrieben. Könige Bibl. vet.& nova. Eus."* und Art. *Sanchoniaton*. In: A.a.O. Bd. 33 (1742) S.1772: *"Sanchoniaton, ein Phönicischer Historien-Schreiber, lebte, wie man gemeiniglich dafür hält, um das Jahr der Welt 2687, und folglich zu einer Zeit mit Gideon, dem Richter in Israel. ..."* - Von Wichtigkeit seien hier die historisch-historiographischen Grundkoordinaten, die - wie die Aufnahme der Stichwörter bei Zedler zeigt - der Bildungswelt um die Mitte des 18. Jahrhunderts relativ leicht zugänglich waren.

110 Griechischer Text bei Eusebius. Werke 8. Bd. Hrsg. v. K. Mras. Bd. 1. Berlin 1954. (GSC 8.1) S. 40 oben. - Deutsche Übersetzung von O. Eißfeldt: Taautos und Sanchunjaton. Berlin 1952 (SAB. Kl. f. Spr., Lit. u. Kunst. 1952.1). S. 28. (Hervorhebung von mir, B.S.)

111 Diese Dreigliedrigkeit vor Euseb mitsamt ihrer problematischen Zuverlässigkeit ist nicht nur von Herder kritisch gesehen worden. - Vgl. W.C.L. Ziegler: Kritik über den Artikel von der Schöpfung nach unserer gewöhnlichen Dogmatik. In: Magazin für Religionsphilosophie, Exegese und Kirchengeschichte. Hrsg. v. H.Ph.C. Henke. Zweyten Bandes erstes Stück. Helmstädt 1794. S. (1-113) 85: *"... so daß wir die Nachricht von der alten Phönicischen Kosmogonie erst durch die vierte Hand haben. Dieser Umstand macht die Sicherheit und Gewißheit ihrer Ideen sehr zweifelhaft, zumahl da es ausgemacht ist, daß Philo dem Sanchoniathon manches angedichtet hat, wozu denn auch noch Eusebius seine Mißverständnisse und Interpolationen gebracht haben mag."*

Aufklärung, das sich nicht nur durch die Bibel, sondern auch z.B. durch Josephus und Euseb konstituierte, wird durch diesen Geminats-Begriff in die Theorie überführt.[112]

Bei ILGEN finden sich in den veröffentlichten wie auch in den nachgelassenen Arbeiten keine Hinweise auf gerade *diese* schmale Passage in der Praeparatio Eusebs, wenngleich Bezüge auf das Werk selbst bei ihm nicht fehlen.[113] Aber daraus läßt sich keineswegs ableiten, diese Quelle historischer Kenntnis und Theorie sei nicht irgendwie auch von ihm zur Kenntnis genommen worden. Das argumentum e silentio muß hier erlaubt sein, denn man kann hier voraussetzen, Euseb sei ihm auch da bekannt, wo jener am deutlichsten spricht. Zumindest macht das schon der gute Verfolg der aktuellen Literatur in der Bibelwissenschaft durch ILGEN und sein guter Umblick in seinem Fach sehr wahrscheinlich.[114]

Die Philo-Berichte über den Alten Orient stehen im Hintergrund der historischen Forschung vor den großen archäologischen Entdeckungen. Wenn das für die frühe Neuzeit gelten kann, dann mehr noch für die späte Aufklärung. Zu zahlreich sind hier die Hinweise auf Euseb in der Literatur. - Auf zwei der für ILGEN wichtigsten Autoren sei hier besonders hingewiesen:

Die von ihm für die Jenenser Vorlesung verwendete Bauersche 'Einleitung` weist im Zusammenhang mit der Darlegung des Archivierungsvorganges alter Schriften *direkt* auf diese verba laudata hin:

> *"Anmerk.I) nach dem Beyspiel anderer Völker. Euseb. praeparatio evangel. lib. I.c.9.: 'Dieser Sanchuniaton schrieb die alte Geschichte in phönicischer Sprache mit Wahrheitsliebe, wie er sie aus den Archiven der Städte, und in den in Tempeln niedergelegten Schriften sammlete.`"*[115]

Und R. SIMON - *'Fundgrube`* der Wissenschaft[116] - wies früher schon gerade mit der *Praeparatio* Eusebs mehrfach auf einen der Zentralgegenstände seiner *Histoire critique*, nämlich die autorisierte Verwaltung alter Urkunden (in Archiven), hin[117]. Die zentrale Appellation ist:

---

112 Daß Eusebius und 'Geschichtskenntnis` unmittelbar zusammengehören, ist ohnehin keine neue Weisheit im späten 18. Jahrhundert. Aber daß alte Bibelübersetzungen gegebenenfalls mit Euseb-Auszügen im Anhang im Umlauf waren, will erkannt sein: Vgl. P.J. Bruns: Auszug aus Eusebii Chronik aus dem Syrischen übersetzt. In: RBML 11.8 (1782) S. (271-282) 272.

113 Ilgen: Ms Einleitung in das A.T. Port. 150.4. S. 374.

114 Vgl. oben zur Verwendung der ABBL Eichhorns.

115 Bauer: Einleitung. S. 32.

116 Siehe oben: Eichhorn über Semlers Anlehnung an R. Simon.

117 Siehe vor allem auch den Hinweis auf die für S. so wichtige Argumentation *"les Archives"*: R. Simon: Histoire critique du Vieux Testament. Nouv. Ed. Rotterdam 1685. S. 4: *"Ils avoient la liberté en recueillant les Actes qui étoient dans les Archives, d'y ajoûter, diminuer & changer, selon qu'ils le jugeoient à propos; & les Livres, dit Eusebe, qu'on déclaroit Sacrés, étoient revùs par des personnes inspirées de Dieu, qui jugeoient s'ils étoient veritablement Prophetiques & Divins."* -

"Enfin, je ne croi pas qu'on puisse nier que la Republique des Juifs n'ait eu de tems en tems des Prophetes ou Ecrivains publics, qui ont écrit ce qui se passoit parmi eux de plus considerable, & qui en ont conservé les Actes, lesquels avoient l'autorité publique, lors qui' ils étoient autorisés, comme remarque Eusebe, par ceux qui étoient chargés de ce soin-là."[118]

Und nach SIMON auch H.B. WITTER.[119] - Darüber hinaus ist die Berufung auf Euseb und auf die Literaur, die Euseb verarbeitet, sogar bei denen unter den Wissenschaftlern der Späten Aufklärung üblich, die nicht eigentlich der historischen oder der Bibelwissenschaft zuarbeiten, sondern im engeren Sinne der Philosophie. F.W.J. SCHELLING[120] ist es, der sich mit seiner Magisterschrift von 1792 *'Antiquissimi de prima malorum humanorum origine philosophematis Genes. III.`*[121] in die Reihe derjenigen einfügt, die unter philosophischer Fragestellung über Gen 3 verhandeln, dabei aber in korrekter Weise den unter Theologen üblichen historischen Apparat darbietet. SCHELLING verweist auf die verba laudata[122] wie auch auf den Eingang des Eusebschen Materials bei H. GROTIUS (*Annotationes ad Vetus Testamentum*[123]), bei S.J. BAUMGARTEN (*Übersetzung der Algemeinen Welthistorie*[124]), bei Fr.A. STROTH (*Parallelen zur Geschichte des Alten Test. aus griechischen Schriftstellern*[125]), bei J.Fr.W. JERUSALEM (*Briefe über die Mosaischen Schriften und Philosophie*[126]) hin.

Simon paraphrasiert nur. Es sind leider keine Stellenbezüge angegeben. - Vgl. auch S. 15.17 u.a.

118 Simon: A.a.O., S. 20.

119 In: *'Jura Israelitarum in Palaestinam terram Chananaeam comentatione in Genesis.`* Hildesheim [1711]. - Zu H.B. Witter siehe Kap. 6.

120 Friedrich Wilhelm Joseph Schelling. Geb. 27.1. in Leonberg. Gest. 20.8. 1854 in Bad Ragaz. Am 5.10. 1798 kam Sch. nach Jena. - Vgl. ADB (Fr. Jodl): Bd. 31 (1880) S. 6-27.

121 Tübigen 1792. In: Friedrich Wilhelm Joseph Schelling. Werke. Bd. 1. (Historisch-kritische Ausgabe. Reihe I. Werke) Stuttgart 1976. S. 59-100. - Eichhorn [Rez.]: In: ABBL 4.5 (1793) S. 954-956.

122 A.a.O., S. 67.

123 Tomus I. Paris 1644. S. 11. - Bei Schelling, a.a.O., S. 73.

124 Teil I. Halle 1744. S. 179-180. - Bei Schelling, ebd.

125 Erstes Stück. In: RBML 16.2 (1785) S. (65-101) 72. - Bei Schelling, ebd.

126 3. Aufl. Braunschweig 1783. S. 105. - Bei Schelling, ebd.

4.3.2. Die 'orientalische' Interpretation der Urgeschichte

4.3.2.1. Das 'hieroglyphische Gemählde'

"Der Gedanke der vormosaischen Fragmente, Gedichte, Urkunden in den Anfangskapiteln der Genesis ist die Voraussetzung für die Beschreibung ihres nach Nation und Epoche 'orientalischen` oder 'morgenländischen` Charakters, der 'gewisse(n) durchaus reine(n) Orientalische(n) Denkart` in ihnen".[127]

Die Rätsel der Urgeschichte sind schon früh der Bibelwissenschaft zum Gegenstand der altorientalisch-historischen Erörterung geworden. - Aber rund ein Jahrhundert nach dem ersten Versuch, Schöpfung und Sündenfall nicht nur aus innerbiblischer und christlich-dogmatischer Tradition zu erhellen, sondern unter Bezug auf neben-biblische Materialien,[128] setzt eine regelrechte Bearbeitungsflut ein, die unter Hinweis auf Vergleichsmöglichkeiten mit altägyptischen Texten die biblische Urgeschichte zu erklären bereit ist.[129] (Vor allem aber geht sie - oft, aber nicht immer - mit einem hermeneutischen Interpretament einher: dem *Mythosbegriff*.) - An der Erarbeitung der Quellenscheidung im Pentateuch sind diese Erklärungsversuche nur sehr mittelbar beteiligt. Dennoch haben sie - wie zu zeigen sein wird - ihre eigene Relevanz in der Geschichte der sich entwickelnden Literarkritik. Aber: Obwohl die Erörterung des Themas unter wissenschaftlichem Anspruch erst mit der Aufklärung einsetzt - hier läßt sich außerdem noch auf die *tiefe* Einwurzelung dessen, was nun unter Verwendung der historisch-kritischen Methode getrieben wird, in der allgemeinen 'christlichen Tradition` aufzeigen. Denn daß die Bibel etwas mit *Ägypten* zu tun hat, *war Wissensbesitz, der Wissenschaft hervorbrachte*: Schließlich steht schon im Neuen Testament (Acta 7,22): και επαιδευθη Μωυσης εν παση σοφιᾳ Αιγυπτιων κτλ. - *"Die Theorie der ägyptischen Erziehung Moses, auch durch Hieroglyphenwissenschaft, ist antik.*

---

127 Chr. Bultmann: Herder als Schüler des Philologen Michaelis. Zur Rigaer Erstfassung der "Archäologie". A.a.O., S. 68. - Bultmann zitiert hier einen unveröffentlichten Herdertext: die in der Stadtbibliothek Schaffhausen liegende Erstfassung der 'Archäologie` (Zitat: Ms S. 19).

128 M. Metzger: Die Paradieserzählung. Die Geschichte ihrer Auslegung von J.Clericus bis W.M.L. de Wette. Bonn 1959 (Abh. z. Phil., Psych. und Päd. 16). S. (31-39) 31: H. Beverland, 1689.

129 Darstellung der Interpretationen bei: Johann Gottfried Eichhorns Urgeschichte. Herausgegeben mit Einleitung und Anmerkungen von J.Ph. Gabler. Zweyten Theils erster Band. Einleitung zum zweyten Theil der Urgeschichte. Altdorf u. Nürnberg 1792. S. 288f. -
Um dies zu ergänzen: auch der Historiker Fr. Schiller folgt dieser Tendenz und beerbt diese Lehre. Vgl. Fr. Schiller: Die Sendung Moses. In: Schillers Werke. Nationalausgabe Bd. 17. Historische Schriften. 1. Tl. Weimar 1970. S. (377-397) 388.

Clemens Alexandrinus übernimmt sie von Philo von Alexandrien (De vita Mosis) in seine 'Stromata`."[130] (Freilich muß hier noch erwähnt werden, daß zwischen ägyptischen, phönizischen und babylonischen Rückbezügen wenig differenziert wird.)

Hier im folgenden eine Auswahl der Bezüge, vor allem auf Ägyptisches in umgekehrter chronologischer Reihenfolge:

J.G. HASSE, der der Meinung ist, Mose habe sich der Taautischen Schöpfungsgeschichte bedient, und diese sei älter als Gen 1ff, schreibt unter Berufung auf die oben zitierte Stelle der Praeparatio Evangelica (I.9) über die Herkunft des Schöpfungstextes: "*Sanchuniathon nahm die Phönicische Geschichte aus Stadt- und Tempel-Archiven, die Urgeschichte aber aus geheimen, und wenigen bekannten Urkunden im Tempel der Ammuneer ...*"[131] - Wenn auch diese ziemlich undifferenzierte Hypothese eigentlich hinter dem Stand der Wissenschaft seiner Zeit liegt, so ist doch die Argumentation nicht ganz uninteressant. Sie ist in ihrer Grundsubstanz nicht ungewöhnlich. Denn auch der bekannte F.K. FULDA kommt zu einem ähnlichen Urteil. Freilich ordnet er die Rückbezüge von Gen 1 auf die Taautische Schöpfungsgeschichte in einen differenzierteres religionsgeschichtliches Geflecht ein; die Ähnlichkeit von Gen 1 mit Sanchunjatons Bericht erkläre sich aus der Abhängigkeit des alttestamentlichen Textes von seinen altorientalischen Vorstufen und Vorbildern.[132] - Ähnlich urteilt der Katholik L. HUG[133] nach der Darstellung von METZGER: "*Er* [Hug, B.S.] *geht von der Voraussetzung aus, daß Ägypten und Phönizien die frühesten Pflanzstätten von Bildung, Kultur und Wissenschaft gewesen seien. Aus der Tatsache, daß Moses und Sanchunjaton*

---

130 Chr. Bultmann: Herder als Schüler des Philologen Michaelis. A.a.O., 69. Anm. 20

131 J.G. Hasse: Entdeckungen im Felde der ältesten Erd- und Menschengeschichte, aus Näherer Beleuchtung ihrer Quellen. Nebst Materialien zu einer neuen Erklärung des ersten Buches Mose. Halle u. Leipzig 1801. S. 80. - Berufung auf Praep. Evangelica S. 75.
Johann Georg Hasse. Geb. 1759 in Weimar. Gest. 12.4. 1806 in Königsberg. - Vgl. ADB (Redslob): Bd. 10 (1879) S. 758-759.

132 F.K. Fulda: Über Cosmogonie, Androgonie und Menschengeschichte nach der Noachitischen Fluth. In: Memorabilien 2.4. Hrsg. v. H.E.G. Paulus. Leipzig 1792. S. (102-136) 106ff. - Vgl. L. Diestel: A.a.O., S. 726.
Friedrich Karl Fulda. Geb. 13.9. 1724. Gest. 11.12. 1788. - Vgl. ADB (J. Franck): Bd. 8 (1878) S. 192. - Meusel: Lexikon. Bd. 3 (1804) S. 574-576.

133 L. Hug: Die mosaische Geschichte des Menschen, von seinem Ursprunge bis zum Entstehen der Völker. Frankfurt u. Leipzig 1793. S. 8: "*Keine Nation hatte damals noch schriftliche Urkunden, als die Egyptier und die Phönizier.*" - "*Ich habe deßwegen die Fragmente von Sanchunjaton zur Aufklärung der mosaischen Nachrichten zu Hülfe gerufen. Die Quellen von beyden Geschichtschreibern waren ungefähr die nämlichen. Sanchunjaton hat seine ältesten Nachrichten aus den Tempeldenkmälern Egyptens geborgt ...*". (ebd.)
Johann Leonhard Hug (kath.!). Geb. 1.6. 1765 in Konstanz. Gest. 11.3. 1846 in Freiburg. i.Br. - Vgl. ADB (Lutterbeck): Bd. 13 (1881) S. 303-304. - Müller, Gerald: Johann Leonhard Hug (1765-1846). Seine Zeit, sein Leben und seine Bedeutung für die neutestamentliche Wissenschaft. Erlangen 1990 (Erlanger Studien 85).

in der Urgeschichte weitgehend übereinstimmen, schließt Hug, daß beide dieselben ägyptischen und hieroglyphischen Quellen benutzten."[134] Die Parallelität der Tradition weise also auf die Einheit des Ursprungs hin, auf eine (schriftliche) Ur-Quelle.

W.FR. HEZEL[135], der Kritiker[136] der Urgeschichte Eichhorns, hat in seinem Werk *'Über die Quellen der Mosaischen Urgeschichte`*[137] vielleicht gründlicher und zugleich naiver als die oben bereits angeführten Forscher die Parallelität von 'mosaischer` Urgeschichte und den *"Überbleibseln der ägyptischen und phönicischen Philosophie"*[138] erklärt. Für HEZEL ist es relativ einfach zu verstehen, daß biblische Texte und altorientalische Tradition[139] Ähnlichkeiten aufweisen: Die Überlieferung (*zumindest* die Überlieferung von den Erzvätern!) sei durch Jakob nach Ägypten gekommen[140]; Mose habe Zugang zu der Überlieferung, zu den 'reinen` Quellen gehabt, als sie noch unverschlüsselt - denn später sind sie eben von den Ägyptern in Hieroglyphen verschlüsselt worden! - als sie also noch unverschlüsselt zugänglich waren: Die Kenntnisse über die Urzeit waren aber auch bei den Israeliten nie verloren, sondern immer vorhanden. Sie waren auch Israels Eigentum; nur - welch glücklicher Umstand! - konnte Mose in Ägypten die Nachrichten aus der *ägyptischen* Wissenschaft erheben und war nicht auf die unzuverlässige Tradition *"einer ganz sinnlichen, ungebildeten Nation"*[141], nämlich Israel, angewiesen.[142] - Der Name Sanchuniathon ist bei HEZEL *hier* anzutreffen: *"Man hat schon längst zwischen den Ueberbleibseln der ägyptischen und phönicischen Philosophie, beym Eusebius, im zehnten Kapitel des ersten Buchs der evangelischen Vorbereitung, aus dem Sanchuniathon, (so sehr sie auch, bis auf Sanchuniathons Zeit, verunstaltet seyn mögen) und zwischen der mosaischen Beschreibung der Schöpfung eine sehr einleuchtende Parallele bemerkt."*[143] - Interessant ist hieran, daß es ganz ähnlich wie bei L. HUG und auch so deutlich

---

134 M.Metzger: A.a.O., S. 35.

135 Friedrich Wilhelm Hezel. Geb. 16.5. 1754. Gest. 12.6. 1824. - Vgl. ADB (Redslob): Bd. 12 (1880) S. 381-382.

136 In seinem Werk 'Die Bibel Alten und Neuen Testaments` (Erster Theil, Lemgo 1780, S. 5 u.a.) lehnt er die Quellenscheidung Eichorns ab.

137 Lemgo 1870.

138 Hezel: A.a.O., S. 29.

139 Allerdings auch zwischen Bibel und indischer, persischer und griechischer Überlieferung bzw. Mythologie. Vgl. a.a.O., S. 29ff.

140 Hezel: A.a.O., S. 58.

141 A.a.O., S. 55.

142 Ebd.: *"Wird man also Mosen auch seine übrigen Urgeschichten, bis auf Abraham, aus andern, als ägyptischen Quellen schöpfen lassen dürfen? - Großes Glück für uns - Glück für historische Wahrheit ist es, daß Moses zu einer Zeit in Aegypten lebte, wo die ägyptische Gelehrsamkeit noch ächt, noch unverkappte Wahrheit war. Denn in der Folge sannen die ägyptischen Priester oder Gelehrten darauf, durch mehr als eine List ihre Wissenschaften und Heiligthümer vor andern Nationen, die gerne das, was die Aegyptier mit vieler Mühe, Fleiß und Zeit gesammlet und entdeckt hatten, ihnen abgelernet hätten, zu verzäunen."*

143 A.a.O., S. 29.

wie bei dem Abt J.FR.W. JERUSALEM[144] um den Bezug auf die Israel und dem Alten Orient gemeinsamen Traditionswurzeln geht.[145] Die Alten hätten also *eine* Quelle. Nur die Beurkundung sei verschieden. Nach HEZEL ist sie bei den Ägyptern zuverlässiger, und die *Verschriftung* der Überlieferung sei nur bei den Ägyptern, nicht aber bei den Israeliten anzutreffen gewesen - denn die Erzväter waren Analphabeten![146]

Bei JERUSALEM findet sich die Annahme, daß die Urgeschichte eine vormosaische, von den Erzvätern herkommende schriftliche Überlieferung sei, die aber auf eine Quelle zurückgehen müsse, die auch der ägyptischen und phönizischen Überlieferung zugrunde gelegen hätte.[147] Und J.D. MICHAELIS[148] erwog in dem

---

144 [J.Fr.W. Jerusalem:] Briefe über die Mosaischen Schriften und Philosophie. Erste Sammlung. Zweyte Aufl. Braunschweig 1772.
Jerusalem. Geb. 22.9. 1709 in Osnabrück. Gest. 2.9. 1789 in Braunschweig. - ADB (Wagenmann): Bd. 13 (1881) S. 779-783. - Vgl. W.E. Müller: Legitimation historischer Kritik bei J.F.W. Jerusalem. In: Historische Kritik und biblischer Kanon. S. 205-218.

145 Hezel: A.a.O., S. 59.

146 Hezel: A.a.O., S. 17ff.: Mose ist der Verfasser, er ist der erste Schriftkundige unter den Israeliten; die Erzväter, die 'Emire`, mußten nicht schreiben können. Joseph in Ägypten auch nicht. Der Druck seines ministerialen Siegels erübrigte die Kunst des Schreibens.

147 [Jerusalem:] A.a.O., S. 106-108: *"Wie wollen Sie aber diese Aehnlichkeit erklären? Ein bloßes Ohngefähr kann es unmöglich seyn. Moses muß entweder dies System von den Aegyptern angenommen haben; oder die Aegypter müssen ihre Philosophie aus Mosis Buche abgeschrieben haben; oder sie müssen beyde eine gemeinschaftliche ältere Quelle gehabt haben.* [...] | *Es bleibt hier also nichts anders übrig, als daß die Aegypter und Phönizier mit Moses eine gemeinschaftliche Quelle, nemlich eine ältere Tradition gehabt haben müssen* [...] | *Uebrigens schließt die göttliche Inspiration den Gebrauch fremder Nachrichten, auch selbst fremder Worte, nicht gänzlich aus."* - Vgl. Ders.: Betrachtungen über die vornehmsten Wahrheiten der Religion. Zweyten Theils zweyter Band (IV. Betrachtung). Braunschweig 1779. S. 598f.: *"... auch daß er sich, besonders im ersten Buche, der bey den Israeliten von ihren Stammvätern noch aufbehaltenen Nachrichten, auch andrer Urkunden bedienet, und daß er folglich auch diese Schöpfungsgeschichte, dem Glauben der ersten Welt gemäß, und nach der reinen und erhabnen Erkenntniß die er selbst von Gott hatte, beschrieben habe."* - Vgl. W.E. Müller: Legitimation historischer Kritik. A.a.O., S. 209.- Vgl. auch Chr. Hartlich u. W. Sachs: Der Ursprung des Mythosbegriffes in der modernen Bibelwissenschaft. Tübingen 1952 (Schriften d. Studiengemeinsch. d. Ev. Akademien). S. 55f. - Metzger: A.a.O., S. 121.

148 Johann David Michaelis. Geb. 27.2. 1717 in Halle. Gest. 22.8. 1791 in Göttingen. Einer der einflußreichsten Exegeten des 18. Jahrhunderts.
Werke: u.a. *'Fragen an die Gesellschaft gelehrter Männer, die auf Befehl Ihro Majestät des Königs von Dänemark nach Arabien reisen.`* 1762. - *'Mosaisches Recht.`* 6 Bde. 1770-75. - *'Deutsche Uebersetzung des alten Testaments, mit Anmerkungen für Ungelehrte.`* 13 Thle. - *'Einleitung in die göttlichen Schriften des Alten Bundes.`* 1787 (unvollständig). - *'Uebersetzung des Neuen Testaments.`* 2 Thle. 1790-92. - [Autobiographie:] *'J.D.M., Lebensbeschreibung von ihm selbst abgefaßt.`* 1793.
Vgl. ADB (Wagenmann) Bd. 21 (1885) S. 685-690. - Vgl. auch R. Smend: Aufgeklärte Bemühungen um das Gesetz. Johann David Michaelis' "Mosaisches Recht". In: FS H.-J. Kraus: "Wenn nicht jetzt, wann dann?" Neukirchen-Vluyn

ersten Band seiner Einleitung von 1787, die aber nach dem Erscheinen der Einleitung von EICHHORN keinen Platz in der Wissenschaft mehr hatte[149], die Abhängigkeit Sanchuniathons' Schöpfungsgeschichte von der mosaischen[150] und kehrt damit das von der Mehrzahl der Bibelwissenschaftler seiner Zeit festgestellte Abhängigkeitsverhältnis von Bibel und Altem Orient um. Aber auch MICHAELIS vertritt die Auffassung, daß Mose älteres Quellenmaterial verwendet haben müsse.[151]

Für die Geschichte vom Sündenfall kann Verwandtes gelten. Zuvor schon hatte sich nämlich der 'konservativ-aufgeklärte`[152] J.G. ROSENMÜLLER[153] in der religionsgeschichtlichen Vergleichsarbeit geübt. Nur kann auch er (wie Michaelis) die Fremdherkunft des urgeschichtlichen Materials nicht dulden: In einem in dem von EICHHORN herausgegebenen RBML erschienenen Aufsatz[154] nennt er Gen 3 ein *"hieroglyphisches Gemählde"*[155], es sei aus der hieroglyphischen Buchstabenschrift übersetzt und *"eines der ältesten Denkmahle des Alterthums, welches uns den Ursprung des Bösen besser erklärt, als alle Philosophen in der Welt."*[156] Interessant ist aber, daß dieses *"Stück der Bibel"*[157] *nicht* aus der ägyptischen Religion stamme, sondern aus dem Israel eigenen Reservoir heiliger alter Texte. ROSENMÜLLER verzichtet auf eine Herleitung des Materials aus 'fremder` Reli-

---

1983. S. 129-139. - Ders.: Johann David Michaelis. 1717 - 1791. In: Ders.: Deutsche Alttestamentler in drei Jahrhunderten. Göttingen 1989. S. 13-24.

149 Vgl. Smend: Johann David Michaelis. 1717 - 1791. A.a.O., S. (13-24) 23: *"Die Tragweite von Jean Astrucs Entdeckung mehrerer Quellen in der Genesis ist Michaelis nicht aufgegangen."* - Unverständlich ist Metzgers Darstellung: A.a.O., S. 10 (M. soll die Astrucsche Hypothese aufgenommen und zum Sieg verholfen habe ??).

150 Michaelis: Einleitung (1787). S. 206: *"Bey Sanchuniathons Schriften, die wir blos aus Fragmenten einer Griechischen Uebersetzung kennen, habe ich, so wie andere, die noch mehr mit ihnen umgegangen und bessere Kenner sind, einigen Zweifel: aber nur dis, wer sie für alt und ächt erkennet, muß um ihrentwillen auch Mosis Schriften für noch älter, und ächter annehmen."* Vgl. auch S. 269ff.

151 Einleitung. S. 272: *"Doch Mosis Beschreibung der alten Geschichte hat recht kenntliche Spuren älterer zum Grunde liegender Urkunden."* - Vgl. auch S. 281ff.

152 Fichte spricht von: 'Rosenmüllersche Aufklärung!` (In: Brief von F. an Reinhold, Jena 22. Mai 1799. In: Appellation an das Publikum... Dokumente zum Atheismusstreit. Jena 1798/99. Leipzig 1987 (RUB 1179). S. [387-395] 388. - R. lehnt Quellenscheidung der Älteren Urkundenhypothese ab. - Vgl. auch J.G. Rosenmüller: Abhandlung über die älteste Geschichte der Erde, welche Moses im ersten Kapitel seines ersten Buches beschrieben. Nürnberg 1782 (Lat. Ulm 1776). S. 33-35.

153 Johann Georg Rosenmüller. Geb. 18.12. 1736. Gest. 14.3. 1815. - Vgl. ADB (Siegfried): Bd. 29 (1889) S. 219-221.

154 Ders.: Erklärung der Geschichte vom Sündenfall 1. B. M. 3. In: RBML 5.5 (1779) S. 158-185. - Vgl. auch E. Ruprecht: Die Frage nach den vorliterarischen Überlieferungen in der Genesisforschung des ausgehenden 18. Jh. In: ZAW 84 (1972) S. (293-314) 302.

155 A.a.O. (RBML 5.5, 1779), S. 184.

156 A.a.O., S. 185.

157 A.a.O., S. 160.

gion,[158] gleichwohl aber kann oder will er auf die Herleitung aus dem Hieroglyphischen nicht verzichten. Mithin also ist der Charakter der Anciennität des Stückes und zugleich auch der Fremdheit für ROSENMÜLLER Anlaß genug, in diesem Text eben eins der 'alten Denkmähler` zu sehen, die als *Schrift*-Texte im Volk weitergegeben wurden.[159]

4.3.2.2. Die 'mythische Interpretation`. Zwischen Mythos und Urkunde. - Oder: Frühverschriftung aller Tradition?

Mit der 'orientalisch-archäologischen` Interpretation der Urgeschichte bzw. mit der Verwertung phönizisch/altägyptischer Tradition für die Erhellung der ersten Kapitel des Pentateuchs sind aber Probleme verbunden, die erstmalig mit dieser so zu beschreibenden Erweiterung des historischen Gesichtswinkels auftreten:

Die Urkundenhypothese kann nicht - oder kaum - mit hermeneutischen Impulsen umgehen, die ihr relativ wenig zuarbeiten, vor allem aber in gewisser Hinsicht maßgeblich widersprechen. Der Begriff des 'Mythos`[160] ist mit der Vorstellung einer mehr oder weniger *längeren mündlichen Tradition* verbunden.[161] Die Quellenscheidungstheorie aber *muß* davon ausgehen, daß der Prozeß der

---

158 Der Unterschied zu Hasse, Fulda, Hug und Hezel besteht eben nur darin, daß für J.G. R. *Israel* die Quelle ist.

159 Ursprünglich sei der Text in Hieroglyphenschrift geschrieben, die den Israeliten vertraut war (a.a.O., S. 160), als dann die Buchstabenschrift in Mode kam, wurde sie von einem Israeliten übertragen (ebd.). - Vgl. a.a.O., S. 162f.: *"Wie Moses zu solchen alten Denkmählern gekommen, läßt sich gar leicht begreifen. Er fand sie unter seinem eigenen Volke. Denn Abraham und die frommen Erzväter erhielten sie ohne Zweifel in ihren Familien und Jacob brachte sie mit nach Egypten. Und obgleich nachher der große Haufe des israelitischen Volks die wahre Religion vergessen zu haben scheint, so können sich dennoch diese Denkmähler auf mehr als einerley Art, bey den ältesten Häußern der Geschlechter, bis auf die Zeiten Mosis erhalten haben."*
Vgl. die Theorie der Schriftentstehung in der Späten Aufklärung: J.L. Hug: Die Erfindung der Buchstabenschrift, ihr Zustand und frühester Gebrauch im Alterthum. Ulm 1801. Bes. S. 34f. - An der Theorie der Schriftentstehunng hängt aber im Umkreis der orientalischen Auslegung der Urgeschichte vieles. - Vgl. Hezel: A.a.O., S. 19ff.

160 Vgl. zum M.'-Begriff Kap. 2, Anm. 78. - Vgl. auch Diestel: A.a.O., S. 737.

161 Zu diesem recht modern anmutenden Problem der historisch-kritischen Exegese mit diesen ihren frühen Ambitionen zur formkritischen Analyse der 'ältesten Urkunden` vgl. J.M. Schmidt: Karl Friedrich Stäudlin - ein Wegbereiter der formgeschichtlichen Erforschung des Alten Testaments. In: EvTh 27 (1967) S. 200-218 (allerdings auf die atl. Prophetie bezogen) und Chr. Bultmann: Herder als Schüler des Philologen Michaelis. A.a.O., 64-80.

mündlichen Tradierung alter Sagen, Lieder, Gedichte, Text etc. *weniger lang* gewesen sei und rechtzeitig einen Abschluß gefunden habe! -

Wir rekapitulieren zunächst. - Die oben beschriebene historische Einordnung und religionsgeschichtliche Relativierung, die z.B. in der biblischen Schöpfungsgeschichte bzw. Urgeschichte vor allem die Übertragung eines ägyptischen *'hieroglyphischen Gemäldes`* sieht, beschäftigte zeitweilig die alttestamentliche Wissenschft, wenngleich sie, wie sich bald herausstellte, kaum geeignet war, die historische Kritik voranzubringen, da sie im wesentlichen nur die vorhandenen Prämissen der Kritik beerbte.[162] Und diese Beispiele bekannter Autoren des ausgehenden 18. Jahrhunderts (HASSE, FULDA, HUG, HEZEL, JERUSALEM, MICHAELIS, J.G. ROSENMÜLLER) zeigen hier vor allem den 'leichten` Umgang mit Altorientalischem in der Verwertung von Philos 'Geschichte`. Daß aber dabei die Sachinhalte der Interpretation kaum Geschichte machten und für die sich entwickelnde Literarkritik wenig verwendungsfähig waren, ist zweitrangig angesichts der Tatsache, daß sie doch deutlich die Möglichkeiten der Bezugnahme auf Quellenmaterial demonstrieren. Die relativ geringe Bedeutung der Sachinhalte zeigt in der Folge, daß sich die Prämissenlehre der Bibelwissenschaft auf Ideenkerne verlagert, dh. also, daß nicht allein der Hauptstrang der Theoriebildung theologiegeschichtliche Spuren hinterläßt, sondern gleichermaßen die oft geheimen Implikationen des Theoriegebäudes. -

Von Wichtigkeit ist nun aber, daß eine der Grundvoraussetzungen der sich entwickelnden Urkundenhypothese offengelegt wird: Die 'hieroglyphische Interpretation` hat per se eine starke Affinität zur Ursprünglichkeit der Schriftfassung dieser Texte (*'ältestes schriftliches Denkmahl`*) - jedoch erhält im Bereich der Erörterung der Urgeschichte auch die Frage nach der *vorliterarischen* Überlieferung nicht selten ein besonderes Gewicht[163]: Die Erweiterung des hermeneutischen Instrumentariums, die mit der Einführung und Verwendung des Mythosbegriffes durch GABLER[164] und andere geschieht, bringt diese Prämisse in die literarkritische Arbeit und bewirkt eine Umverlagerung der Gewichte. Dh., die 'mythische Interpretation` *muß* eine mündliche Tradierung und eine weitgehend unkontrol-

---

162 Vgl. die Darstellungen und Kritiken von Gabler in: Eichhorns Urgeschichte. Hrsg. v. Gabler. S. 297ff.

163 Vgl. E. Ruprecht: Die Frage nach den vorliterarischen Überlieferungen in der Genesisforschung des ausgehenden 18. Jh. In: ZAW 84 (1972) S. 293-314.

164 Vgl. Eichhorns Urgeschichte. Hrsg. v. Gabler. S. 384ff., 481ff. u.a.

Die Definition Gablers: S. 482f.: *"Mythen sind überhaupt Sagen der alten Welt in der damaligen sinnlichen Denkart und Sprache. In diesen Mythen darf man also nicht eine Begebenheit gerade so dargestellt erwarten, wie sie wirklich vorgefallen ist; sondern nur so, wie sie dem damaligen Zeitalter nach seiner sinnlichen Art zu denken und zu schließen vorkommen mußte, und in der bildlichen, optischen und dramatischen Sprache und Darstellung, in welcher eine Begebenheit damals nur vorgetragen werden konnte. Alle Erzählungen aus der Urwelt, so wie von dem ersten Ursprunge des Volks, müssen also nothwendig Mythen seyn; und je älter ein Buch ist, desto mehr Mythen muß es enthalten."*

Vgl. auch Diestel: A.a.O., S. 737. - Es sind auch G. LEß, H.E.G. PAULUS und G.L. BAUER, die in diesem Zusammenhang erwähnt werden müssen.

lierte Erweiterung alter vorliterarischer Stoffe ('Sagen`) intendieren, wie es letztlich der Gattung 'Mythos` entspricht.[165]

Andererseits aber, im Rückgriff auf die Hypothese von der hieroglyphischen Schriftfassung als Vorstufe des Genesistextes, wird - wie in den oben angeführten Paraphrasen dargestellt - die Alternative zu dieser Verlagerung deutlich, die im strengen Sinne sich besser in den Entwicklungsgang der Literarkritik einpaßt. - Letztlich muß die mündliche Tradition doch weitgehend in die historische Grauzone verwiesen werden, weil die Hypothesen der effektiven Textentstehung trotz allen Einverständnisses[166] mit dem 'mythischen Zeitalter` auf den Urkundenbegriff zurückgreifen.[167] - Die frühen formkritischen Ambitionen, die von den bedeutendsten Köpfen der Zeit getragen werden und die (von Herder und anderen her[168]) die poetische Qualität der 'ältesten Urkunde` aufzeigen, diese Ambitionen in quellen*scheidende* Literarkritik zu wandeln oder mit dieser in Einklang zu bringen, ist allem Anschein nach keine einfach und eindeutig zu lösende Aufgabe. Bei

---

165 Vgl. Kap.2. Anm. 78!

166 Zur Klarstellung: Eichhorn schreibt in RBML (1779) die 'Urgeschichte`, Gabler gibt sie 1790-93 neu heraus, aber in der Textmasse um Einleitung und Anmerkungen um etwa das Fünfache erweitert. Hier legt Gabler seinen 'Mythos-Begriff` dar. Eichhorn rezensiert diese Ausgabe:in ABBL 3.1 (1790) S. 72-76; ABBL 4.3 (1792) S. 482-503; ABBL 5.4 (1794) S. 685-689. - Er rezensiert zustimmend, denn er findet sich mit Gabler wesentlich in Übereinstimmung, allerdings zieht er G.s Darstellung an manchen Stellen fast unmerklich auf seine, etwas andere Position. - Vgl. Metzger: A.a.O., S. 48-55

167 Gabler, der kaum Interesse an der effektiven Entwicklung der Literarkrtik hat, geht von deren einschlägigen Ergebnissen aus, benutzt sie, ohne ihren Sinngehalt präzise mit seiner Mythos-Theorie abzustimmen. (Vgl. a.a.O., S. 313f.: *"Die Schrift mußte also schon eine alte Erfindung seyn; bloßes Stillschweigen in so dunklen Zeiten beweißt durchaus nichts. Und daß Moses aus Urkunden schöpfte, die sich durch die Namen Jehova und Elohim unterscheiden, ist sicher keine leere Hypothese ... "*. Vgl. auch S. 384f.) - Erst Eichhorn, der Gablers Werk rezensiert, modifiziert in seiner Darstellung und nach seiner für die Literarkritik besonders sensibilisierten Intention die Gablersche Mythos-Theorie: Eichhorn [Rez.], in: ABBL 4.3 (1792) S. (482-503) 496: *"Mythen sind nichts anders als Völker-Sagen, welche die älteste mündliche fortgesetzte Geschichte und die ersten Monaden der Philosophie enthalten.* SO BALD SCHREIBKUNST ETWAS GEWÖHNLICH GEWORDEN IST, HÖRT DAS ZEITALTER DER MYTHEN AUF. *Da sie blos durch den Dienst der mündlichen Fortpflanzung erhalten werden, so geht zufällig mit dem ursprünglichen Stoff derselben manche Veränderung vor ... "*. (Hervorhebung von mir, B.S.) - E. Ruprechts Darstellung der vorliterarischen Überlieferungen (a.a.O., S. 298ff.) verzeichnet den Sachverhalt auf Grund der einseitigen Betonung des Mündlichen und der Vernachlässigung der feineren Differenzen zwischen Eichhorn und Gabler. Diese feinen Differenzen aber sind nicht nur für unseren Zweck von Bedeutung, sondern regelrecht konstitutiv für die Kreation der Urkundenhypothese. (Auch schreibt R. [a.a.O., S. 299] den oben zitierten Text Eichhorns aus der ABBL Gabler zu!)

168 *"Die Schöpfungs- und Anfangszeiturkunden sind älter, sie sind* 'AUS DEM ZEITALTER DER ÜBERLIEFERUNGEN: UND DA WURDE ALLES POETISCH' ". Chr. Bultmann: A.a.O. S. 69, Zitat: Herder, Msc. [Schaffhausen] S. 20. - Außer Herder: Heyne, Lowth - Siehe oben.

JERUSALEM ist deutlich, daß er offenbar keinen Zwang zur Differenzierung zwischen mündlicher oder schriftlicher Tradition verspürt.[169]

Auch K.D. ILGEN verhält sich hier nicht ganz eindeutig, wenngleich er aber deutlich genug darlegt, daß der Übergang von mündlicher Tradition (Gedächtnisleistung) zur Verschriftung (Urkunden) ein hilfreicher Entwicklungsschritt in der Geschichte der alten Völker ist.

> ILGEN:
> *"Die Genesis geht in das graue Alterthum zurück, ja bis in die Urwelt; sie enthält Nachrichten, die der Verfasser derselben nicht aus sich selbst erfaren konnte, sie erzählt Begebenheiten, von denen er nicht Augenzeuge war. Wo sollte er diese Nachrichten her haben? Durch Offenbarung? - oder aus seiner Phantasie? - Man kann eins so wenig annehmen, als das andere. Es müste der Verfasser, - er mag *Moses heißen*[170]*, oder anders, - Nachrichten vor sich haben, die er benutzte, wenn er nicht ein offenbarer Betrüger seyn wollte. Es wird nun wohl die Frage müssen aufgeworfen werden, was für Nachrichten ein Mann, wie Moses, in einem Zeitalter, wo der Gebrauch der Schreibkunst noch *nicht lange existirte, benutzen konnte.*[171]
> *1. aber erster Anfang der Geschichte ist mündliche Ueberlieferung. Väter erzählen die Thaten ihrer Vorfahren ihren Kindern, und diese wieder den ihrigen. | Mit jedem Grade der Nachkommenschaft wächst die Begeisterung mit der diese Thaten erzählt werden, mit jeder Generation wird die Einkleidung würdevoller ... "*.[172]
> *"Nach Entstehung der Schreibekunst, die wahrscheinlich der Händlergeist zuerst erzeugte, hatte man ein herrliches Mittel, dem Gedächtnis zu Hilfe zu kommen. Man hielt sich Stammregister, die wahrscheinlich aus blosen Namen bestanden und überlies es dem Gedächtniß bey diesen oder jenen Namen eine merkwürdige Begebenheit hinzuzufügen. "*[173]
> Die freie Gedächtnisarbeit wurde also nicht gleich abgelöst, dennoch aber war das Zeitalter der Mythen vorbei, deren Entstehung er in die Zeit der mündlichen Tradition datiert.[174]

---

169 Vgl. oben in 'Briefe über die mosaischen Schriften`, S. 106-108 und in 'Betrachtungen über die vornehmsten Wahrheiten`, S. 598 bleibt offen, was wohl die *'gemeinschaftliche ältere Quelle`* sei. Vermutlich eine 'Urkunde`. Hier fehlt die Klarheit.

170 Hier ist das Ms überarbeitet. I. ändert zu *"vor der Hand Moses heisen"*.

171 Dito: I. fügt ein: *"so wenig bekannt, und gemein war,"* und streicht *"nicht lange existirte"*.

172 Ilgen: Ms Einleitung in das A.T. Port 150.4. S. 309. - Ilgen fährt fort: S. 310: *"Um aber dem Gedächtnis zu Hülfe zu kommen, gab man den Urvätern bedeutende Namen, z.B. dem Eisenschmidt Jubal, den Stamhaltern (Seth), dem Erdbauern (Kain) u.s.w. Doch dies fing mitunter an, eine sehr verführerische Quelle zu werden. Bisweilen hatte sich die Nachricht, die Urgeschichte* [?] *über den gegebenen Mann gab, verlohren, und man suchte* [...] *anders und da man sie nicht fand, ersann man nach Wahrscheinlichkeit eine, und* [...] *eine, die mit der wahren Veranlassung nicht das geringste ursachlich hatte. Daher kommt es, daß man bisweilen mehrere Traditionen von der Veranlassung eines Namens hat, die sich schlechterdings nicht vereinigen lassen. "*

173 A.a.O., S. 314.

174 A.a.O., S. 312f.

Der theoretische Umgang mit der mündlichen Tradtion war allerdings älter noch, als in der neueren Literatur vorausgesetzt. 1752 hatte schon der berühmte J.M. CHLADENIUS (CHLADNY)[175] in seiner 'Allgemeinen Geschichtswissenschaft`[176] dargestellt, daß die Weitergabe von mündlichem Volksgut *"im Lied"* über 1000 (!) Jahre denkbar ist.[177] - Daß aber nun in einer Phase der besonderen Bearbeitungsdichte und -intensität des 'ältesten Textmaterials` mit seinen deutlichen Tendenzen zu dem, was modern mit überlieferungsgeschichtlicher Forschung bezeichnet werden kann, - daß sich also in dieser Phase der Bibelwissenschaft eine gegenläufige Anschauung, die die Frühverschriftung von Tradition betont, behaupten und auch weitgehend durchsetzen kann, hat seine konstitutive Bedeutung für die Errichtung des Urkunden-Theorie-Gebäudes.[178] Auch die beiden Interpretationen von HASSE und von FULDA, aber auch die Spekulationen von ROSENMÜLLER, gehen nur mit einer Voraussetzung zusammen: Die Überlieferungen der Urgeschichte fanden schon sehr *früh* Schriftgestalt. Sogar der Philosoph SCHELLING befürtwortet dies um der Gewißheit und der Zuverlässigkeit der 'Dokumente` willen.[179] - Aber nur bei EICHHORN wird diese Prämisse, die Frühverschriftung aller Bibelstoffe, regelrecht als Grundbaustein der sich entwickelnden Urkundenhypothese gekennzeichnet. In der 'Einleitung` legt er dar:

> *"So wenig also, bey diesem innern Gehalt, die Nachrichten der Genesis an Werth verlieren würden, wenn sie auch erst zu Mose's Zeit aus mündlichen Ueberlieferungen wären zusammengesetzt worden: so* VERBIETET SICH DOCH DER GENIUS DES BUCHS, SICH SEINEN URSPRUNG SO ZU ERKLÄREN. *Er stimmt vielmehr sehr deutlich für den Gebrauch bereits vorhandener schriftli-*

---

175 Johann Martin Chladenius. Geb. 17.4. 1710 in Wittenberg. Gest. 10.9. 1759 in Erlangen. - Vgl. NDB (A. Coreth): Bd. (3) (1957) S. 206-207.

176 Erschienen in Leipzig 1752. Neudruck Wien 1985.

177 A.a.O., S. 167f. - Vgl. H. Müller: Johann Martin Chladenius (1710 - 1759). Ein Beitrag zur Geschichte der Geisteswissenschaft, besonders der historischen Methodik. Berlin 1917 (Hist. Stud. 134). S. 76. - Vgl. auch [J.Fr.W. Jerusalem:] Briefe über die Mosaischen Schriften und Philosophie. S. 99: *"Die Poesie ist nach der Natur in allen Sprachen älter, als die Prosa. Denn es ist natürlich, daß Menschen ihre wichtigen Begebenheiten schon eher haben aufbehalten und auf ihre Nachkommen fortpflanzen wollen, als sie die Kunst zu schreiben gehabt."*

178 Es stimmt eben nicht ganz so einfach, daß Heynes, Gablers und Eichhorns Wege im Blick auf den vielbeschriebenen Mythosbegriff zusammengehen und daß Eichorn/Gabler diesen Begriff in *'Anwendung auf die mosaischen Urkunden verwerten`*, denn es finden sich doch fundamentale Unterschiede im Blick auf die Entwicklungsfähigkeit der Exegese. Die Literarkritik Eichhorns geht andere - und weitere Wege als die 'mythische` Interpretation. Das Buch von Chr. Hartlich u. W. Sachs (A.a.O., S. 29) ist an so manchen Stellen korrekturbedürftig.

179 Schelling: Antiquissii de prima malorum origine. A.a.O., S. 67, Anm. A: *"Nam, qui traditionem ore tantummodo acceptam in scribendis historiis sequitur* [...] *nihil ex illa potest tanta fide servare, quanta haec munumenta servata videmus. Itaque erit in historia, in quam non scripta monumenta diversa translata sunt, longe major indolis universae, locutionis & narrationis concordia, quam qualem in Genesi observamus."*

> *cher Überlieferung, und außerdem noch für eine fragmentarische Zusammenstellung einzelner Urkunden.*"[180]

Frühverschriftung und Spätdatierung schließen aber einander nicht unbedingt aus. Es ist denn nämlich die Frage, *was* früh Schrift geworden ist. ILGENS Arbeit zeigt, wie gerade im Zusammenhang mit seiner Urkundenhypothese beide Optionen miteinander vernetzt sind.[181]

So sehr gerade im Zusammenhang mit den orientalisch-ägyptischen Recherchen der Geminats-Begriff *'Archive und Urkunden`* als wohl wertvollste Ausbeute vorarchäologischer Orientforschung benannt werden kann, so muß man hier allerding konstatieren: Der Rückgriff auf das *'hieroglyphische Gemälde`* als Vorstufe für Gen 1-3 ist als Interpretament für diesen biblischen Text *nicht* bedingungslos an das Vorstellungskomplement *'Archive`* gebunden, wie auch die mythische Interpretation in einer offensichtlich unbewußten und verborgenen Konkurrenz zur Frühverschriftungstheorie steht. Die Theorielage in der forschungsgeschichtlichen Situation am Ende des 18. Jahrhunderts weist eine spürbare Inkonsistenz und Inkohärenz auf, stellt sich also als ein Theoriekonglomerat dar, das besonders tragfähige Theorien (wie die Urkundenhypothese) ausfällt. - Jedoch zeigt gerade HASSES Deutung der Schöpfungsgeschichte die große Imaginationskraft dieser hermeneutischen Prämisse für Ideen und Vorstellungen im Bereich historischer Forschungen und Interpretationen. Für den Entdeckungszusammenhang der Quellenscheidung in der Älteren Urkundenhypothese wird sie entscheidende Wichtigkeit bekommen.

---

180 Eichhorn: Einleitung. Bd. 3. 4. Aufl. 1823. S. 21. - Für die Urkundenhypothese im Bereich der Einleitungswissenschaft ist die Annahme einer frühen Verschriftung letztlich unerläßlich (vgl. a.a.O., S. 65f.) - Freilich darf man die Ambitionen zur frühen Differenzierung in der historisch-kritischen Exegese am Ausgang des 18. Jahrhunderts auch nicht überfordern; bei Eichhorn ist auch eine gewisse Inkonsistenz in der Theorie. So findet sich in der Rezension zu C.G. Hensler (Bemerkungen über Stellen in den Psalmen und in der Genesis. Hamburg und Kiel 1791) in ABBL 4.1 (1792) S. 80-121 durchaus eine starke Betonung der mündlichen Überlieferung: E.: "*Dergleichen Philospheme werden weit früher gedacht, als geschrieben. Der Denker schreibt sie gewöhnlich nicht, sondern sie erhalten sich durch Traditionen bis zur Schrift. Freylich kann man annehmen, daß sie schon als Geschichte geglaubt wurden, bevor man sie aufschrieb; gewiß aber hatte man sie längst als Geschichte angenommen, bevor sie gesammelt wurden.*" (A.a.O., S. 85f). -
Nicht uninteressant ist, daß Eichhorn für den Bereich der Apokryphenentstehung scheinbar doch eine andere Grundposition einnimmt: Bei den nicht-kanonischen Schriften ist mit einer längeren Dauer der mündlichen Überlieferung zu rechnen (Ders.: Einleitung in die apokryphischen Bücher. S. 270).

181 Siehe unten Kap.3.

4.3.2.3. Der nähere und der fernere Hintergrund der Arbeit Ilgens

Eusebs Praparatio ist aber neben Josephus *nicht* die alleinige Ideenquelle der alttestamentlichen Exegese für den hermeneutischen Geminatsbegriff *'Urkunden und Archive`*. Wenngleich aber wahrscheinlich die bedeutsamste. - Wir finden jedoch mehrfach Hinweise auf ähnliche Bezugsquellen.[182] Inwieweit aber die alttestamentliche Bibelwissenschaft in Vorbereitung und Umkreis der Urkundenhypothese hier in ähnlicher Weise fündig wird, bleibt ungewiß. Wahrscheinlich sind die im folgenden angeführten Stellen von weitaus geringerer Bedeutung als Eusebs Praparatio.

G.L. BAUER verweist zum Beispiel in der 'Einleitung` auf AUGUSTINS *De mirabilibus* im zweiten Buch auf den Wortlaut: *"Esdras Dei sacerdos combustam a Chaldaeis in Archivis templi restituit legem."*[183] Diese Augustin-Stelle, die darstellt, daß der Tempel verbrannte und mit dem Tempel die Bibliothek, daß Esra sie wiederherstellte - ist auch in der 'Einleitung` EICHHORNS[184] zitiert. BAUER beruft sich ebenfalls auf BUXTORFFS *Historia archae foederis* im dritten Kapitel.[185] - Offen bleibt aber, wie breit die Bezugnahme bzw. Kenntnisnahme der verstreut liegenden oder abgelegenen möglichen Bezugsquellen unter den Bibelwissenschaftlern der Späten Aufklärung ist. Bei ILGEN spielt das alles keine große Rolle, wenngleich man voraussetzen kann, daß diese Quellen ihm bekannt waren. Denn deutlich ist: Gerade im Bereich der Einleitungswissenschaft kehren zahlreiche 'Versatzstücke` für den Aufbau des literarkritischen Rahmenkonzeptes wieder. Sie hinterlassen eine deutliche Spur in fast allen großen Standardwerken.

Auffallend ist: JOSEPHUS aber kehrt in dem o.g. Sinne in den bibelwissenschaftlichen Arbeiten vom Anfang der Neuzeit bis zur Späten Aufklärung immer wieder. Die Zahl der Berufungen auf die 'Antiquitäten` ist Legion und kann hier nicht ausführlich dargestellt werden. Es wird nicht falsch sein, wenn man Josephus' Schriften schlechterdings als paradigmatisches Exempel für die Verwendung außerbiblischen Quellenmaterials zur Erkenntnisgewinnung über biblisch- altorientalische Zeiten und Gegenstände vor der Ära der historisch-kritischen Theo-

182 Vgl. oben F.A. Stroth: Parallelen zur Geschichte des Alten Test. aus griechischen Schriftstellern. In: RBML 16.2 (1785) S. 65-101.

183 Bauer: Einleitung. S. 32.

Vgl. Augustin: De Mirabilibus Sacrae. Libri tres. In: Sancti Aurelii Augustini: Opera Omnia. Bd. 8.2 [Appendix]. (J.P. Migne: Patrologia cursus completus. Series Latina Prior. [PL] Bd. 35. Paris 1861). Sp. (2149-2200) 2191: *"Interea captivitatis tempore completo, quod Dominum per Prophetas implendum esse, praedixerat (Jerm. XXV,12; XXIX,10; Dan. IX.2), revisionem populi sui et captivitatis solutionem per Cyri regis elementiam praeparabat. Quo tempore Esdras Dei sacerdos ... "*.

184 Eichhorn: Einleitung. 1. Bd. 4. Aufl. 1823. S. 21. - Ebenfalls Epiphanius: De pond et mens. c, IV. p. 162, T. II. Opp.

185 Bauer: Einleitung. S. 32.

riebildung bezeichnet. Und sicher ist die Verwendung von JOSEPHUS in diesem Sinne noch älter und breiter als die Kenntnisnahme von EUSEB, der mit der spezifisch inhaltlichen Überlegenheit die Geheimnisse der altorientlischen Tradition mit der Geschichte der Bibel in Verbindung bringen konnte.[186] -

Wenn man also voraussetzt, daß so manche singulär angeführten Fundstellen und Entdeckungen für ILGEN selbst und den Umkreis der zeitgenössischen Bibelkritik nur von sehr untergeordneter Bedeutung sein können, bleibt aber dennoch der breite Strang des oben dargestellten Bezugsgeflechts historisch-hermeneutischer Orientierung in den spezifischen Voraussetzungen einer quellenscheidenden Urkundenhypothese. Sie ist in ihrer Entstehungsgeschichte eben nicht denkbar ohne diese hermeneutische Prämissenlehre, keinesfalls ohne die entscheidende Ideenverbindung, die in dem Geminatsbegriff *'Urkunden und Archive`*, vorliegt. Dieser Geminatsbegriff läßt uns die Genese der Urkundenhypothese weniger als Folge der philologischen Kärrnerarbeit als vielmehr als Ergebnis theoretisch-geschichtswissenschaftlicher Hermeneutik und ihrer Verbindung mit der Aufklärungstheologie beschreiben. So ist allem *deutlichen* Anschein nach die rein philologisch-exegetische Entdeckung nicht das *Primäre*, sondern das *Sekundäre* in den Fundamenten der Älteren Urkundenhypothese. Entdeckungszusammenhang und Begründungszusammenhang sind hier von einander geschieden!

Der Hintergrund der Arbeit ILGENS ist aber selbstverständlich nicht nur in den bislang skizzierten Denkvoraussetzungen zu erkennen, in den Pattern, die sich in der merkwürdigen Titelwahl seines Hauptwerkes auftun. Die wissenschaftsgeschichtliche 'Hauptstraße` der Urkundenhypothese ist es nicht allein, was als Herkunftsweg seiner Arbeit gelten kann. Er führt im Vorwort seines Werkes außer SPINOZA, R. SIMON, EICHHORN[187] eine Reihe von Bibelwissenschaftlern an, die ebenfalls als bedeutungsvoll für die Arbeit am Pentateuch angesehen werden müssen. Es sind die Namen, die teilweise im Zusammenhang mit der Erörterung des Werktitels oben schon Erwähnung fanden[188]: HOBBES, CLERICUS, ASTRUC,

186 Das mag vielleicht daran liegen, daß Josephus selbst das beste und auch eines der ersten Beispiele dafür bietet, wie man die übermächtige Tradition ('Mose hat den Pentateuch geschrieben!`) mit dem kritischen Geist vereinigen kann. Somit wäre dann Josephus nicht nur Quelle im oben genannten Sinne, sondern zudem auch noch in anderem Sinne Berufungsinstanz. - Vgl. Flavii Josephi opera (B. Niese). Vol I. Antiquitatum Iudaicarum Libri I-V. Berlin 1888. S. 235.

187 A.a.O., S. IX-X.

188 Da sich die von Ilgen hier vorgenommene Aufzählung nicht ganz korrekt tatsächlich auf die konstruktiven Beiträge in der Entwicklungsgeschichte der Urkundenhypothese bezieht, kann man annehmen, daß die Nennung mancher Namen hier mehr den Großkomplex derer, die sich um die Entwicklung der historisch-kritischen Methode verdient gemacht haben, meint, nicht aber unbedingt den Kreis derer, die die Quellenscheidung im (engeren Sinne) voranbrachten.

VAN DER HARDT[189]. Es sind aber auch Namen von Zeitgenossen und Kollegen: FULDA[190], NACHTIGAL[191], und PAULUS, POTT, GABLER, ZIEGLER, HUG, MOELLER[192].

---

189 A.a.O., S. IX-X. (Zu Hobbes, Clericus siehe Kap. 2.)

190 A.a.O., S. XI. - Siehe Kap. 5. Für Ilgen wird die Arbeit Fuldas besonders wichtig.

191 Ebd. - Vgl. zu Nachtigal Kap. 5 und 6.

192 Ebd.

5. Die hermeneutisch-literarkritischen Entscheidungen als Voraussetzung und Rahmen der Exegese

> ... wenn alle diese Bücher von ungezweifelten göttlichen Ansehen sind, ohne Rücksicht, ob ihre Aufschriften Namenstitel oder Namen ihrer Verfasser seien [...] so ist es keine Glaubenslehre [...] zur Versicherung und Bestätigung ihrer Göttlichkeit, wissen zu müssen, wer alle diese Bücher gemacht, verfaßt und gesammelt habe.
>
> Fulda

5.1. Das Echtheitsproblem und die Verfasserschaft des Pentateuch

5.1.1. Die Auflösung des klassischen Echtheitsbegriffes. Oder: Das neue Verhältnis von Alter, philologischer Integrität der Schrift und ihrer göttlichen Autorität

Das Hauptkriterium der literarkritischen Entscheidungsfindung in der analytischen Arbeit ist die Echtheitsfrage, die an den vorliegenden Text herangetragen wird. Erst die prinzipielle Überwindung des alten Verdiktes, dh. der Bevormundung der kritischen Textlektüre durch die Tradition, kann eine wie auch immer geartete Urkundenhypothese hervorbringen. Bleibt der Pentateuch als ganzer an die Verfasserschaft des Mose gebunden, bleiben dem Exegeten die Augen vor der echt historischen Interpretation des Textes verbunden. Das ist sehr früh schon gesehen worden (R. SIMON, LE CLERC u.a.).[1] Erst mit der Ablösung des Pentateuchs von seinem vermeintlichen Verfasser (und später dann mit der Suspendierung der 'naiven` Echtheitsfrage überhaupt) wird der erste Teil des Alten Testaments zum dem Dokument der alten Geschichte, als das es von den Theologen des Aufklärungszeitalters gesehen wird: zur *Urkunde*, dh. zu *dem* Stück Schrift, das über die Geschichte (Tradition) und sich selbst Auskunft gibt - und (nicht umgekehrt!) das wir durch die Geschichte (Tradition) nicht etwa schon kennen; auf die

---

1 Siehe unter Kap. 2 und 4. - Vgl. H. Graf Reventlow: Bibelexegese als Aufklärung. Die Bibel im Denken des Johannes Clericus (1657-1736). In: Historische Kritik und biblischer Kanon in der deutschen Aufklärung. Hrsg. v. H. Graf Reventlow, W. Sparn u. J. Woodbridge. Wiesbaden 1988 (Wolfenbüttler Forschungen 41). S. (1-19) 14f.

Kurzformel gebracht: Mose erzählt uns nicht den Pentateuch, sondern der Pentateuch erzählt über Mose.

Damit geht freilich einher, daß das Alte Testament - hier nun speziell der Pentateuch als das Glanzstück früher historisch-kritischer Exegese[2] - textlich aufgespalten werden muß, denn wo der Text zur Urkunde wird, dh. also im historischen Sinne Quellencharakter erhält, da müssen literarkritische Abgrenzungen vorgenommen werden. Fertige Texte werden nun eben unter der Maßgabe historischer Kritik in Fragmente, Dokumente, 'Urkunden`, also in literarhistorische Schichten aufgespalten, und damit wird ihre *Vollkommenheit*, die bislang einherging mit der Divinität dieser Heiligen Schrift-Texte, in eine *Unvollkommenheit* aufgehoben, die aber einer gewissen Dignität dennoch nicht verlustig geht, wenngleich sie aber neu verstanden werden muß. Es ist das historische Verständnis der Bibel, das es vermag, Echtheit des Textes und seine Göttlichkeit auseinanderzuhalten und dennoch zusammenzubinden. Der protestantische *sensus literalis* wird zum *sensus historicus*![3]

Mit dem Echtheitsbegriff wird aber grundsätzlich ein sehr differenzierter Umgang geübt. '*Echtheit*` ist nicht mehr einfach deckungsgleich mit '*Authentizität*`. Das ist eine wichtige Implikation der aufgeklärten Einleitungswissenschaft an der Wende zum 19. Jahrhundert. '*Echtheit*` wird zunehmend im Sinne von '*Integrität*` verstanden, '*Authentizität*` nicht selten im Sinne von '*Historizität*`. Die protestantische Aufklärungstheologie erreicht daher mit ihrem geschichtlichen Verständnis der Tradition eine Art *"Traditionsbewahrung und -verteidigung"*[4]. Es ist nicht uninteressant, daß der 'Fragmentenstreit` um die von LESSING in Wolfenbüttel herausgegebenen Reimarus-Schriften[5] etwa zeitgleich ist mit dem Einsatz einer neuen Phase der alttestamentlichen Einleitungswissenschaft (EICHHORN) und damit mit einer intensiven Auseinandersetzung um den Problemkreis von Tradition und Historie einhergeht. In seiner ABBL, in der EICHHORN vornehmlich die neuen Veröffentlichungen im Umkreis der Literarkritik rezensierte, führte er auch eine Kontroverse gegen den Wolfenbüttler Fragmentisten.[6] Denn es kann nach EICHORNS Meinung nicht sein, daß das Kriterium von fehlen-

---

2 Vgl. E. Zenger: In: ThRv 78 (1982) S. (352-362) 353.

3 Vgl. Kap. 2 und 4. - Vgl. auch O. Weber: Die Grundlagen der Dogmatik. 1. Bd. 3. Aufl. Neukirchen-Vluyn 1964. S. 366.

4 G. Hornig: In: Handbuch der Dogmen- und Theologiegeschichte. Bd. 3. Die Lehrentwicklung im Rahmen der Ökumenizität. (2. Teil. Lehre und Bekenntnis im Protestantismus). Göttingen 1984. S. (71-146) 143. - Vgl. Kap. 4.

5 Fragmente eines Ungenannten. In: Gotthold Ephraim Lessing. Gesammelte Werke. 7. Bd. Hrsg. v. P. Rilla. Berlin u. Weimar 1968. S. 751-812. - dann: Übrige, noch ungedruckte Werke des Wolfenbüttelschen Fragmentisten. Hrsg. v. C.A.E. Schmidt. 1787.
Vgl. auch J.S. Semler: Beantwortung der Fragmente eines Ungenannten. Halle 1779. - Hornig: A.a.O., S. 142. - Vgl. auch die Auseinandersetzung Eichhorns mit dieser Problematik unter Kap. 2. Exkurs 3.

6 Vgl. Kap. 2. Exkurs (3). Anm. 85.

der historischer Authentizität den Betrugsverdacht hervorrufen muß.[7] So einlinig kann man - nach EICHHORN und Mitstreitern - das Echtheitsproblem nicht verhandeln.

In der Auseinandersetzung mit J.F. KLEUKER[8] stellt EICHHORN ein Argument in den Vordergrund, das bei ILGEN eine nicht unbedeutende Rolle spielt: Biblische Texte zeugen nicht gegen ihre Echtheit, wenn die Frage nach ihrer Verfasserschaft nicht durch die eindeutige Zuordnung von Text und Autor durch Auskunft des Textes gelöst ist. Im Blick auf die Evangelien heißt das (EICHHORN gegen KLEUKER):

> *"Und selbst der Umstand, daß unsere vier Evangelien ohne vorgesetzte Namen ihrer Urheber auf uns gekommen sind, dient zum Beweiß, daß sie kein Betrug sein können.* [...] *Viel wahrscheinlicher ist es, daß die Evangelisten ihre Namen bey ihren Evangelien blos deshalb weggelassen haben, weil es ihnen gar nicht beyfiel, für die Nachwelt zu schreiben ...* ".[9] -

Die Intention der Argumentation ist ein Teil der auf die Historie zielenden Strategie der spätaufklärerischen Literarkritik, denn die Identität des Textes als historisches Dokument ist nicht mehr die *vorgegebene* Größe, sondern die *gesuchte*. Die Identität des Textes als 'heiliger Text` dagegen kann und muß als vorgegeben gelten. G.W. MEYER kennzeichnet das Prinzip: Die *"Göttlichkeit des Inhalts"* einer Bibelschrift muß abgekoppelt werden von der *"Göttlichkeit des Ursprungs dieser Schrift"*.[10]

---

7 Die Akkomodationstheorie hat hier wieder ihren Wert: *"Die Weise der Offenbahrungen müsse sich noch nach den jedesmahligen Bedürfnissen derer richten, die eine Offenbahrung nöthig haben."* (ABBL 2.6, 1790, S. 1055f). - *"Selbst in den schönsten Zeiten der Aufklärung würde es schwer, wo nicht gar unmöglich seyn, den großen, so sinnlich denkenden Haufen für sie* [für die Religion des 'reinen Lehrbegriffs`, B.S.] *zu gewinnen; was läßt sich nun in den frühen Zeiten der Rohheit und Uncultur, als dem Zeitalter der höchsten Sinnlichkeit, für sie* [diese Religion, B.S.] *hoffen?"* (ABBL 1.1, 1787, S. 8). - Die historische Interpretation allein vermag das historische Religionsdokument richtig zu würdigen. - Vgl. K. Aner: Die Theologie der Lessingzeit. Halle 1929. S. 309ff. - G. Hornig: Art. Akkomodation. In: HWPh Bd. 1 (1971) Sp.125-126.

8 J.Fr. Kleuker: Ausführliche Untersuchung der Gründe für die Aechtheit und Glaubwürdigkeit der schriftlichen Urkunden des Christenthums. Erster Band. Leipzig 1793. - Eichhorn [Rez.]: In ABBL 4.6 (1793) S. 957-992.

9 Eichhorn: A.a.O., S. 974.

10 G.W. Meyer: Geschichte der Schrifterklärung. Bd. 5 (1809). S. 665. - In der Sache auch der berühmte J.FR.W. JERUSALEM, wenn auch in anderen Formulierungen. - Vgl. W.E. Müller. Johann Friedrich Wilhelm Jerusalem. Eine Untersuchung zur Theologie der "Betrachtungen über die vornehmsten Warheiten der Religion". Berlin 1984 (TBT 43). S. 53: *"Um dieses* [...] *Kriterium aber geht es Jerusalem, da ihm das philologisch erhebbare Alter der Genesis beispielsweise kein Kriterium einer göttlichen Authentizität der Schrift ist."*

In dem oben schon angeführten Zitat von J.PH. GABLER[11] wird allerdings Echtheit in bezug auf den Quellencharakter alttestamentlicher Texte nur geltend gemacht, wo sie ihre echte Anciennität behaupten können. Daher sei die Erörterung einleitungswissenschaftlicher Fragen so wichtig.[12] Damit faßt GABLER das Problem, um das es geht, weniger scharf in den Blick als andere, die Exegeten, die im Zeitalter der späten Aufklärung um dieses Problem bemüht sind, und gerät wohl selber auch in Zwiespalt mit den hermeneutischen Implikationen seiner Mythos-Theorie. Denn Quellencharakter kann ein Text auch haben, wenn er, wie es in der Auseinandersetzung EICHHORNS mit dem Fragmentisten deutlich wird, die 'Religionsanschauungen` einer vergangenen Kulturepoche authentisch darstellt[13] oder durch seine literarische Eigenart einfach nur seine späte Entstehung bezeugt - oder auch dadurch, daß er sich als ein literarisches Wachstumsprodukt erweist und Perioden der Bibelentstehung vorführt.[14] - Sicher ist 'Divinität` der Schrift auch bei GABLER nicht an Alter und 'Echtheit` gebunden, denn Quelle theologischen Inhalts ist das Alte Testament seiner Botschaft wegen: *"Theopneustie des A.T. kann nicht von den Schriften als Schriften gelten* [...], *sondern bloß wegen dem religiös moralischen Inhalt."*[15] - EICHHORN begann hier im Zusammenhang von literarkritischer Analyse und konfessioneller Akzeptanz der Bibel mit dem Kanonproblem zu hadern, da die von ihm sehr scharf erkannte historische Differenziertheit der Texte die Echtheitsfrage in mehrfacher Hinsicht stellt.[16] Das hatte er wohl von SEMLER geerbt.[17]

---

11 Vgl. Kap. 4, Anm. 33. - O. Merk: Biblische Theologie des Neuen Testaments in ihrer Anfangszeit. Marburg 1972 (MthSt 9). S. 118. - Das Zitat stammt seltsamerweise *nicht* aus der frühen Zeit Gablers [?]. Als er die Eichhornsche Urgeschichte herausgibt, zur Zeit des 'Mythos`-Begriffes, liegen die Dinge anders. - Vgl. M. Saebo: Johann Philipp Gablers Bedeutung für die Biblische Theologie. In: ZAW 99 (1987) 1-16.

12 Ebd.

13 Man darf - so Eichhorn [Rez.]: Uebrige noch ungedruckte Werke des Wolfenbüttelschen Fragmentisten. In: ABBL 1.1. (1787) S. (3-90) 7 - 'alte` Texte nicht überfordern, man solle selbstverständlich in ihnen keinen *"reinen und vollständigen Lehrbegriff"* suchen. Der 'alte` Text sei Urkunde des *"Menschengeschlecht*(s) *in seinem Kindheitszustand"*. - Vgl. Kap. 2.

14 Vgl. die Dinge der Quellenscheidung bei Eichhorn (s.u.) und hier E.s Stellung zu Gen 49: E. [Rez.]: De autore atque aetate Capitis Geneseos XLIX Commentatio, conscripta a Jo. Henr. Heinrichs. Göttingen 1790. In: ABBL 3.1 (1790) S. 166-170. - Vgl. auch B. Seidel: Johann Gottfried Eichhorn. A.a.O., S. 76.

15 A.a.O., S. 122.

16 Die spätere Sammlung, dh. die neue (nachexilische) Tempelbibliothek umfaßte sehr viel Altes und Neues, das je in seiner Eigenart nach kaum faßbaren Kriterien zusammengestellt wurde. Dieser Sachverhalt erschwere (nach Eichhorns Ansicht) den vernünftigen Umgang mit dem Begriff 'Kanon`. Die sog. 'höhere Kritik` umfaßt einen ganzen Komplex von Themen. Vgl. J.G. Eichhorn: Einleitung in das Alte Testament. Erster Band. 4. Original-Ausgabe. Göttingen 1824. S. 90-108. Der Hader Eichhorns gipfelt in dem Satz *"Es wäre so gar zu wünschen gewesen man hätte den Ausdruck Kanon nie vom Alten Testamente gebraucht."* (A.a.O., S. 106). Vgl. auch: R. Smend: Johann Gottfried Eichhorn. 1752 - 1827. In: Ders.: Deutsche Alttestamentler in drei Jahrhunderten. Göttingen 1989. S. (25-37) 30.

Aber, wie erwähnt, finden sich auch andere Stimmen unter den Bibelwissenschaftlern, die einen schlichteren, weil einfacheren Umgang mit dem Echtheitsproblem üben. Neben F.K. FULDA, der in einer nachgelassenen Schrift versichert, daß die fragliche Authentizität des Pentateuchs der geistlichen Qualität dieser biblischen Bücher keinen Abbruch tut[18], ist es OTMAR/NACHTIGAL[19], der sehr deutlich versucht, das alte alternierende Schema von Betrug oder Echtheit zu überwinden. Gegen Ende des Jahrhunderts setzt sich aber nicht nur die quellenscheidende Literarkritik durch, sondern es wird auch langsam aber sicher die Trias *'Frühheit - Einheit - Bindung an die Person des Mose`* aufgelöst. Sogar anfänglich *gegen* Eichhorn, der ja bekanntlich in den ersten Auflagen seiner Einleitung an der Verfasserschaft des Mose festhalten wollte.

Exkurs (6). Das Echtheitsproblem bei Otmar/Nachtigal

J.K.CHR. NACHTIGAL, der sich auch OTMAR nennt, ist in einem Aufsatz unter dem Titel *'Fragmente über die allmählige Bildung der den Israeliten heiligen Schriften`* in dem berühmten *'Magazin für Religionsphilosophie, Exegese und Kirchengeschichte`*, das H.PH.C. HENKE[20] in den 90er Jahren herausgab, mit einer Literarkritischen Konzeption angetreten, die - in ganz ähnlicher Weise wie ILGEN - eine späte Datierung der Schriften des Alten Testaments in den Blick faßt. Und N. liefert für seine Datierung auch einen 'Sitz im Leben`: Aus einer Art *'Sängerwettstreit`*[21] sei Literatur hervorgegangen. Daher ist auf Grund dieses Erklärungsmodells unter früh-formkritischen Vorzeichen verständlich, daß die Echtheitfrage bei N. schon abseits der

---

17 Vgl. Diestel: A.a.O., S. 608. - G. Hornig: Die Anfänge der historisch-kritischen Theologie. Göttingen 1961 (FSThR 8). S. 61f. - Der Kanon ist bei Semler nicht unbedingt verpflichtend, denn er ist zufällig.

18 F.K. Fulda: Das Alter der heiligen Schriftbücher des alten Testaments. In: NRBML 3 (1791) S. (180-256) 182f.: "*... wenn alle diese Bücher von ungezweifelten göttlichen Ansehen sind, ohne Rücksicht, ob ihre Aufschriften Namenstitel oder Namen ihrer Verfasser seien [...], so ist es keine Glaubenslehre [...] zur Versicherung und Bestätigung ihrer Göttlichkeit, wissen zu müssen, wer alle diese Bücher gemacht, verfaßt und gesamelt habe.*" - Siehe zu Fulda Kap. 2 (biographisch).

19 Johann Konrad Christoph Nachtigal. Geb. 25.2. 1753 in Halberstadt. Gest. 21.6. 1819 in Halberstadt. - Vgl. ADB (A. Richter): Bd. 23 (1886) S. 199-200. N. nennt sich oft OTMAR, so in Magazin für Religionsphilosophie etc.

20 Heinrich Philip Conrad Henke. Geb. 3.7. 1732. Gest. 2.5. 1809. - Vgl ADB (Kolde): Bd. 11 (1880) S. 754-756. - H., der Rationalist, war der Schwiegersohn von J.B. Carpzov! - Vgl. R. Smend: Spätorthodoxe Antikritik. In: Historische Kritik und biblischer Kanon. S. (127-137) 128.

21 Eichhorn [Rez.]: Neues Magazin für Religionsphilosophie, Exegese und Kirchengeschichte. Zweyter Band. Helmstädt 1798. In: ABBL 9.2 (1799) S. (291-315) S. 295: Eichhorn über Nachtigal: Es ist die "*Lieblings-Idee des Verf. aus Sängerversammlungen alles herzuleiten*". - Vgl. auch Ders.[Rez.]: Fragmente über die allmählige Bildung der den Israeliten heiligen Schriften, besonders der sogenannten historischen. In: Magazin für Religionsphilosophie, Exegese und Kirchengeschichte. Hrsg. v. D. Heinr. Phil. Conr. Henke. Bd. 2. Stück 3. S. 433-523. In: ABBL 6.4 (1795) S. 762-767.

o.g. Trias geklärt wird. [OTMAR/NACHTIGAL]: *"Diese Alternative: Entweder sind die heiligen Bücher der Israeliten, von Moses, Josua, Samuel u.s.w. und zwar in der Form, worin wir sie jetzt haben, geschrieben; oder, diese Bücher, deren augenscheinlicher Charakter doch Gradheit und Offenheit ist, die sich so sehr in Absicht der Sprache und der Individualität der Darstellung von einander unterscheiden, sind von einem oder wenigen Betrügern untergeschoben! Diese Alternative, sage ich, hat man, unter tausend verschiedenen Wendungen, von jeher als Schreckbild gebraucht, um allem weitern Forschen mit einem Mal Einhalt zu thun. Denn welcher Gutdenkende wird auf so geschätzte und in der That so äußerst schätzbare, Werke dergleichen Verdacht bringen wollen* [... |]
Religion und Wahrheit! Ach, wie wenig können Meinungen der Menschen euch schaden! [...]
Hätte der Schriftsteller, oder hätten diejenigen Männer, welche die jetzt vorhandenen heiligen Bücher der Israeliten sammleten, ordneten und zum Theil verfertigten, irgendwo behauptet: diese Bücher sind ganz so, wie wir sie jetzt haben, nach Form und Inhalt, von Moses, Josua, Samuel u.s.w. geschrieben! und sie hätten dieselben doch selbst so viel Jahrhunderte nachher verfertigt; so würde der Name Betrüger vielleicht gerechtfertigt werden können [... |]
Aber wo wird denn dies je in den heiligen Büchern der Israeliten behauptet? --- Daß man es aus den Überschriften schloß, --- wessen Fehler war das? Und welche Inconsequenz! Alle gestehen, daß weder Ruth noch Ester, weder Hiob noch Könige, die Bücher schrieben, die wir unter diesen Aufschriften haben; und doch soll die Überschrift: 'Moses, Josua u.s.w.` unwidersprechlich beweisen, daß diese Männer alles das schrieben, was und wie es in den so bezeichneten Büchern steht."*[22] - Die *'Sammler` und *'Ordner`* der Bücher gaben aber - so OTMAR - selbst Hinweise darauf, daß Darstellung und Darsteller der biblischen Texte nicht gleichzeitig sein können; *'Redensarten`* (*"So heißt der Ort noch jetzt."*) wiesen auf diese historische Differenz hin.[23] (Das sind die Anfänge der *Fragmentenhypothese.*[24])

Im übrigen weist das Beispiel EICHHORNS selbst auf die Hemmnisse hin, die die Befürwortung einer mosaischen Verfasserschaft für die Entwicklung der Literarkritik bedeuten. EICHORN vertrat, wie oben angedeutet, in den frühen Auflagen der 'Einleitung` die mosaische Verfasserschaft des zweiten bis fünften Buches Mose. Das bedeutete, daß die Quellenscheidung, die er für die Gen vorschlug, in Ex bis Dtn materialiter keine Basis haben kann. Denn wo Mose selbst schreibt, da kann man dann zwar urkundenähnliche Einschaltungen, die später sind als Mose,

---

22 [Otmar/J.K.Chr. Nachtigal:] Fragmente über die allmählige Bildung der den Israeliten heiligen Schriften, besonders der sogenannten historischen. Beyträge zu einer künftigen Einleitung in das A.T. In: Magazin für Religionsphilosophie, Exegese und Kirchengeschichte. 2.2.16. Hrsg. v. H.Ph.C. Henke. Helmstädt 1794. S. (334-523) 498-499.

23 A.a.O., S. 500. - Vgl. A. Westphal: Les Sources du Pentateuque. Bd. 1. Paris 1888. S. 124f.

24 Vgl. Bleek: Einleitung in das Alte Testament. Hrsg. v. J.F. Bleek u. A. Kamphausen. Berlin 1860. S. 171. - Diestel: A.a.O., S. 610. - J.S. Vater bekennt sich zu Otmar/Nachtigal, wenn aber teilweise auch kritisch. - Vgl. Vater: Commentar über den Pentateuch. 3. Theil. Halle 1805. S. 688.

entdecken, aber natürlich keine Urkunden im Sinne der Älteren Urkundenhypothese.

> EICHHORN:
> *"Mit dem dritten Kapitel [des Buches Ex,* B.S.] *hören alle die Eigenheiten auf, welche den Geschichtschreibern im ersten Buch Mose und in den beyden ersten Kapiteln des zweyten charakteristisch waren, und das Werk eines Einzigen läuft bis ans Ende der Mosaischen Bücher fort."*[25]

Es zeigt sich hier deutlich, daß - wie oft vermutet und selten ausgesprochen - EICHHORN zwar Wegweiser und Konzipient in den Dingen der Urkundenhypothese war und ohne ihn anscheinend nichts ging, aber im einzelnen Schüler und Akoluthen EICHHORNS doch weiter gingen und in den Konsequenzen des Systems literarkritischer Arbeit weiter dachten als ihr Haupt.[26]

In der folgenden Darstellung wichtiger Passagen aus ILGENS oben schon erwähnten Prälektionarien zur
[1.] Vorlesungen über die Genesis[27], zur
[2.] Einleitung ins Alte Testament[28] und zur
[3.] Einleitung in die Apokryphen[29]
ist dessen Urteil über die Verfasserschaft und 'Echtheit` von Bibeltexten, speziell des Pentateuchs, als Abklärung im Vorfeld literarkritischer Grundentscheidungen zu zeigen. Mit der Frage nach der Echtheit und etwaigen 'Mosaizität` des Pentateuchs ist jedoch auch die Erkundigung der literarkritischen Rahmenvorstellung ILGENS zum Alten Testament verbunden. Denn wo nach der Verfasserschaft gefragt und die Frage negativ beantwortet wird, steht - eben nicht nur bei ILGEN, sondern grundsätzlich am Ende des 18. Jahrhunderts per se eine ganz neue und sehr weitreichende Überschau des Alten Testaments zur Debatte. Wie in den zeitgenössischen Lehrbüchern der 'Einleitung`[30] im Bereich der sogenannten 'Allgemeinen Einleitung` die Integrität des Textes, die Authentie verhandelt wird und die Vorstellungen von Textausgaben usw. erfolgt und im 'Zweyten Theil`, in der 'Speciellen Einleitung` neben der Besprechung der einzelnen Bücher auch die Aufdeckung der literarkritischen Gesamtkonzeption für das Alte Testament geschieht, so liefert ILGEN ebenso in seinem Einleitungsprälektionar eine ganz die-

---

25 Eichhorn: Einleitung ins Alte Testament. Zweyter Theil. Zweyte verbesserte und vermehrte Ausgabe. Leipzig 1787. S. 348. - Vgl. A.a.O., S. 363ff. und 385f. - Vgl. Kap. 6.

26 Vgl. B. Seidel: Johann Gottfried Eichhorn. S. 76f.

27 Ilgen-Archiv, Port 150.5. - Vgl. Kap. 3.

28 A.a.O., Port 150.4.

29 A.a.O., Port 150.8.

30 Z. B. auch bei Bauer: Entwurf einer historisch-kritischen Einleitung in die Schrift des alten Testaments zur Vorlesungen. 3. Aufl. Nürnberg u. Altdorf 1806. 'Allgemeine Einleitung` S. 7-295; 'Zweyter Theil, welcher die specielle Einleitung in jedes einzelne Buch des Alten Testaments enthält` S. 296-312.

sem Verfahren folgende Darstellung seiner Ansichten. Er offenbart, wie zu erwarten, eine große Nähe zu den Vorstellungen EICHHORNS und in gewisser Hinsicht eine noch größere Nähe zu den Theorien der anderen, zeitgenössischen, Exegeten. Hierin bestätigt sich die oft konstatierte Beobachtung: der große Einfluß EICHHORNS in der Exegese des ausgehenden 18. Jahrhunderts[31], gleichzeitig aber auch, daß Zeitgenossen EICHHORNS aufgrund seiner theoretischen Vorlagen z.T. weit über den relativ engen Rahmen der (forschungsgeschichtlich bekannten) sogenannten 'Älteren Urkundenhypothese` hinausgehen.

Zudem zeigt eine Gegenüberstellung von früherer und späterer Arbeit ILGENS die Weiterentwicklung seines exegetischen Urteils. Vor allem in dem Gen- und dem Einleitungsprälektionar finden sich Überarbeitungen und Ergänzungen, an denen sich die Fortschritte erkennen lassen. Leider aber lassen sich die Veränderungen nicht datieren. Man kann bestenfalls vermuten, daß die Reihenfolge der in Jena gehaltenen Vorlesungen mit ihren entsprechenden Wiederholungen das chronologische Grundraster liefert, nach dem die Veränderungen in den Manuskripten vorgenommen worden sein können.[32] Hiernach, nach der zeitlichen Folge der Vorlesungen, soll dennnoch versucht werden, in den verschiedenen Schichtungen die chronologische und sachliche Bewegung zu erkennen. Das Verfolgen des Entwicklungsganges ist aber nur begrenzt möglich, denn es läßt sich *nicht in jedem Fall* entscheiden, was im Text der Prälektionarien älteren und was jüngeren Datums ist.[33] Eines ist aber deutlich: Die 'Beylage` zur Genesisvorlesung, in der ILGEN die Prolegomena zur Genesisexegese völlig neu gestaltet vorlegt, und die an die Einleitungsvorlesung angebundenen 'Zusätze`, in denen wichtige Passagen der Einleitung neuformuliert sind - sind *nach dem Erscheinen* des Buches 'Die

---

31 Vgl. oben unter Kap. 4. - Vgl. auch L.J.C. Justi: Ueber die Orakel des Jesajas, die Wegführung der Juden ins babylonische Exil und ihre Rückkehr ins Vaterland betreffend. Ein Versuch der höhern Kritik. In: Memorabilien 4.7 (1793) S. (139-185) 139f: *"Die höhere Kritik, sagt ein vortrefflicher Schriftsteller unserer Zeit, ist ein keinem Humanisten neuer Name."* - Der vortreffliche Schriftsteller, so merkt Justi an, ist Eichhorn.

32 Hier die Reihe der relevanten Vorlesungen samt Wiederholungen:

SS '95	Genesis	(1.)
WS '95/96	Einleitung	[1.]
WS '96/97	Genesis	(2.)
SS '97	Levitucus	/1./
	Apokryphen	{1.}
SS '98	Gen nach 'Urkunden`	(3.)
WS '98/99	Einleitung	[2.]
SS '99	Apokryphen	{2.}
WS '99/00	Genesis	(4.)
WS '00/01	Apokryphen	{3.}
SS '01	Genesis	(5.)

33 So ist zu beobachten, daß Streichungen und Änderungen im Manuskript auftreten, wobei der jüngere Text einen weiterentwickelten Charakter hat. (Siehe unten.) Allerdings erscheinen dann auch Passagen im 'Urtext`, deren weitgehende Formulierungen keinesfalls an den Anfang der Arbeiten Ilgens zu gehören scheinen; hier aber ist es unmöglich, eine spätere Bearbeitung des Manuskriptes auszumachen.

Urkunden` 1798 niedergeschrieben. ILGEN beruft sich im diesen sekundären Texten auf das gedruckte Buch. - Jedoch sind die Änderungen im primären Haupttext der Prälektionarien chronologisch schwer zu ordnen.

5.1.2. Ilgens Urteil über die Verfasserschaft und Echtheit des Pentateuch vor Erscheinen der 'Urkunden des Jerusalemischen Tempelarchivs` - Oder: Was Mose nicht schrieb, muß nicht unecht sein

ILGEN hält den Pentateuch zwar für echt, aber nicht für ein Werk des Mose. Echt sei der Pentateuch im Hinblick auf seine nicht-selbstbekundete Authentie. Der '*Verfasser*` wollte - so ILGEN - als Verfasser des Pentateuch gelten, ohne es jedoch anzugeben. Aber er wollte nicht als Mose gelten. - Dieses Urteil steht aber, wie zu zeigen sein wird, *nicht* am Anfang der Arbeit ILGENS. Es ist nicht die eine Ausgangsposition, die als Voraussetzung der Bearbeitung seines Pentateuchthemas vorangeht, sondern eine Position, die im Laufe der Arbeit erst gewonnen wird bzw. an Klarheit gewinnt. Sie entsteht durch einen gewissen Differenzierungsprozeß in der Fragestellung zu Authentizität und Verfasserschaft, der sich aber anhand der Manuskriptänderungen in den oben genannten Prälektionarien im Nachlaßwerk Ilgens verfolgen läßt und der nachgezeichnet werden soll.-

Was allerdings mit dem '*Verfasserschaft*` in der oben gezeichneten Paraphrase gemeint ist, läßt vor jeder Erklärung mehrere Vermutungen zu, vor allem aber die, daß mit diesem Begriff selbst eine Inkonsistenz in der literarkritischen Prämissenlehre des Werkes angelegt ist: Da ILGEN ja bekanntlich die Texte des Pentateuchs in Quellen aufspaltet, ist somit '*Verfasserschaft*` im strengen Sinne sinnwidrig. '*Verfasser*` kann die Verfasserschaft an einem der Urkundenstränge meinen. Dahin tendiert die Begriffsverwendung, aber Klarheit ist nicht vorhanden. - Im Hinblick auf die Endabfassung des Pentateuchs müßte '*Verfasserschaft*` somit - wenn er, gemessen an den literarkritischen Ambitionen ILGENS, überhaupt sinnvoll sein soll - in *diesem* Zusammenhang sicher die Arbeit des Kompilators, eines '*Sammlers*`, sein. Das ist später so. Aber davon ist in der frühen Phase der Arbeit ILGENS noch nicht die Rede, obwohl die quellenscheidende Urkundenhypothese schon im Blick ist.[34] Auch die Einleitung von G.L.BAUER,

34 Obwohl die Grundentscheidung zur Quellenschiedung nach dem Astruc-Eichhornschen Prinzip selbstverständlich vorhanden war. (Es ist daran zu erinnern, daß diese Entscheidung als Voraussetzung aller anspruchsvolleren Arbeiten [spätestens in den 90er Jahren] anzusehen ist.) -

die ILGEN für die Vorlesung verwendet, äußert sich hier etwas verhalten und liefert nicht die für die Quellenkritik notwendige Differenzierung der Kriterien im Hinblick auf diese Frage.[35] - Dennoch läßt sich aber für ILGENS Arbeit vermuten, daß die hier gemeinte und beschriebene Vorstellung von Verfasserschaft des Pentateuch sich nicht gegensätzlich zur später in den *'Urkunden des Jerusalemischen Tempelarchivs`* ausgeführten Idee von der Quellenscheidung verhält, sondern tatsächlich ausbaufähig ist für die spätere Theoriebildung. ILGEN hat denn auch seinem Vorlesungsmanuskript über die Einleitung in das AT einen Anhang hinzugefügt, in dem er den Wortlaut seines Prälektionars teilweise neu formuliert, wo er ihn im Bereich der Erstschrift selbst nicht geändert hat. Den Begriff *'Verfasser`* in all seiner Zweideutigkeit konnte er nicht ohne weiteres stehen lassen, da er sich sinnwidrig zur schon früh in den Blick gefaßten Urkundenproblematik verhält. Aber verzichten kann oder will er offenbar auf diesen Begriff auch nicht. Also deutet er ihn in folgender Art und Weise:
Während er also vorn, in der Erstschrift des Prälektionars, schreibt:

> *"Das ganze Werk ist aus einzelnen für sich bestehenden Urkunden zusammengesetzt, so daß man nicht nur deutliche Spuren davon sieht, sondern auch im Stande ist, einen ziemlichen Theil wieder zu trennen."*[36]

- So formuliert er in den am Einleitungsprälektionar angebundenen *'Zusätzen`*:

Ilgen: Ms Einleitung in das A.T. Port 150.4. S. 317f.: *"In diesen Nachrichten finden sich manche auffallende Verschiedenheiten des Stils, die unmöglich ein bloses Werk des Zufalls seyn können. - Z.B. bisweilen wird für den Namen Gottes Jehovah, bisweilen Elohim, bisweilen Jehovah Elohim gesetzt, und dies* [*nicht*?] *zufällig durch einander sondern ganze Capitel und Abschnitte hindurch. Z.B. Genes. 1. steht beständig Elohim. Genes. II.III. beständig Jehovah Elohim; In der einen Nachricht von der Zerstörung Sodoms beständig Jehovah. - In der Nachricht von der Fluth haben die Abschnitte mit den Nahmen Jehovah eine | ganz andere Phraseologie als die mit dem Nahmen Elohim."* - Ders.: Ms Vorlesungen über die Genesis. Port 150.5. S. II.29f.: *"Auf dies* [d.s. die Theorien Jerusalems, B.S.] *folgte Eichhorn. Seine Vorstellung ist im Ganzen die des Astruc. Er macht ebenfalls die Namen Jehova und Elohim zum Haupt Unterscheidungszeichen,* [...?] *sich aber auch auf andere Sprach und Sachverschiedenheiten und nimmt da zwey neben einander fortlaufende Urkunden an, von denen die eine bald ganz schweigt, bald nicht so vollständig ist, wie die andere.* [Ergänzung, andere Tinte:] *s. Beylage p. 14.* | [Alles folgende ist gestrichen:] *"Auch ich folge dieser Spur, nur mit dem Unterschiede, daß ich nicht zwey Urkunden, sondern mehrere annehme, wie zu seiner Zeit wird gezeigt werden; uns sind zwey Hauptäste, die sich durch Elohim und Jehova signalisiren."* - Gestrichen, dann ergänzt, da diese Aussagen durch die spätere Arbeit spezifiziert werden.

35 Bauer: A.a.O., S. 64f.: *"Unter der Aechtheit eines Buchs verstehen wir, daß es denjenigen zum Verfasser habe, dem es zugeschrieben wird, oder wenn der Verfasser nicht genennt ist, wie dies häufig der Fall ist bey den Büchern des Alt. Test., daß es so alt sey, als es seyn soll, und nicht von späterer Hand untergeschoben sey."* -

36 Ilgen: Ms Einleitung in das A.T. Port 150.4. S. 316.

> *"Das ganze Werk ist aus einzelnen für sich bestehende Urkunden zusammengesetzt, so daß man gar nicht sagen kann, es habe einen Verfasser, sondern, es habe einen* SAMMLER, ZUSAMMENORDNER, *oder* ZUSAMMENSTELLER. *Daß der Verfasser nicht unabhängig geschrieben, oder die Materie nicht aus älteren Denkmahlen gezogen, daß doch wenigstens die Form von ihm herrührte, läßt sich hinlänglich erweisen."*[37]

Ähnlich in den '*Beylagen*` zur Genesis-Vorlesung[38] und in den veröffentlichten '*Urkunden des Jerusalemischen Tempelarchivs*`[39].

Es deutet sich damit aber auch das Problem der fehlenden Kohärenz eines Werkes an, das *nicht* bis zum Abschluß erarbeitet worden ist[40] und dessen handschriftliche Vorarbeiten nicht alle durch die Ausgaben gedruckter Bücher vollendet worden sind. - Jedenfalls kann man annehmen, daß bei ILGEN frühe Ansichten zur späteren Theorie ausgeweitet werden. Von einer regelrechten Konversion im Entwicklungsprozeß der Arbeit ILGENS kann wohl nicht die Rede sein,[41] jedenfalls ist sie keinesfalls irgendwo nachweisbar. So sollte man eher von einer fortschreitenden Präzisierung innerhalb des Werkes reden, also von einer weiteren Differenzierung der theoretischen Fassung des literarkritischen Rahmens. Dabei

---

37 A.a.O., Zusätze, S. 69. (In Kapitälchen, was Ilgen unterstrich.)

38 Hier noch ausführlicher: Ms Vorlesungen über die Genesis. Port 150.5. S. I.13f.: *"Soll nun die Frage, wie alt der Pentateuch ist, und wer sein Verfasser gewesen beantwortet werden, so muß man ihn selbst auch etwas näher beleuchten.*
Das ganze Werk, so wie es itzt vor uns liegt, ist nicht von Anfange bis zu Ende aus der Feder Eines Verfassers geflossen, sondern er ist aus einzelnen für sich bestehenden Urkunden zusammengesetzt. [... Streichung durch I., B.S.] *Diese Zusammensetzung ist aber nicht etwa so zu verstehen, wie sonst bey einem historischen Schriftsteller, der Quellen anführt, oder ausschreibt; denn da muß doch der Verfasser das, was er aus Quellen hat, wenn er es buchstäblich anführt, von dem unterscheiden, was er selbst hinzu thut, und man muß ihn selbst sprechen hören. Aber dieses gehört zu den fünf Büchern von Moses nicht. Nirgends läßt sich da ein Verfasser selbst vernehmen, sondern er führt blos fremde Worte an; er macht nicht einmahl | einen Übergang von einer Materie zur anderen mit eignen Worten. Man kann also gar nicht von einem Verfasser des Pentateuchs, sondern nur von einem Sammler reden; und die Frage: wie alt ist der Pentateuch? kann gar nicht beantwortet werden, wenn man sie nicht in mehrere andere theilt; nehmlich: wie alt ist die Sammlung in der Gestalt, in der wir sie gegenwärtig haben? und: wie alt sind die einzelnen Stücke, aus welchen die Sammlung besteht?*
Das, was ich von dem ganzen Pentateuch behaupte, haben in der Genesis schon andere theils geahnt, theils gesehen; wiewohl die meisten immer Moses für den Verfasser gehalten."

39 Vgl. A.a.O., S. 344.

40 Grundsätzlich problematisch erscheint es, alle Fragmente Ilgens zum Pentateuch, die in die zahlreichen Nachlaßbände einsortiert und eingebunden wurden, zu sondieren und zu verarbeiten. Offenbar handelt es sich teilweise auch um Notizzettel und fragmentarische Manuskripte, wo bestimmte Einheftungen nicht ausdrücklich als 'Beylagen` (Ergänzungshefte) deklariert sind. - In der Darstellung sollte es wohl ratsam sein, sich an die 'fertigen` Mss. des Nachlasses, dh. also an Bd. 4. 5. 8 und 28 zu halten.

41 In der Einleitung in das A.T. (Port 150.4), S. 318 (u.ö.) spricht Ilgen vom *"Verfasser der Urkunde Jehovah"* bzw. vom *"Verfasser der anderen Urkunde"*.

gelangt ILGEN dann, wo es um die Aufteilung der Entstehungsgeschichte des Alten Testaments auf eine entsprechende historisch-chronologische Fläche geht, zu einer sonderbaren, aber forschungsgeschichtlich sehr schätzbaren Leistung: Das Konzept besteht quasi aus einem Doppelmodell. (Siehe unten.)

ILGEN zunächst über die Echtheitsfrage des Pentateuchs in der relativ kurz vor dem Erscheinen der *'Urkunden des Jerusalemischen Tempelarchivs`* erstmalig gehaltenenen Vorlesung laut Apokryphenprälektionar[42]:

> *"Ja was noch mehr ist, da die Kritik den Pentateuchus erkannt hat, und ihn für ein Werk Mosis gehalten, und nun endlich entdeckt, daß der Pentateuchus nicht könne von Moses geschrieben seyn: | Soll nun der Pentateuchus dieses Misgriffes wegen in die Pseudepigraphis herab gewürdigt werden. Was kann denn der Verfasser desselben für die Einfalt der spätern Gelehrten? Ihm ist es nicht im Traume eingefallen, daß man sein Werk für eine Arbeit des Gesetzgebers der Israelitischen Nation halten wird. Aber so wie ein Buch seinen Rang nicht verlieren darf, weil man es aus Mangel gehöriger Kritik einem andern Verfasser beigelegt hat, als dem, der dafür hat wollen gehalten seyn, so versteht sich von selbst, daß es auch möglich ist, daß ein Buch dem Scharfblick der Kritik entgeht und, ohne es zu verdienen, seinen Rang behauptet."*[43]

Diese Passage aus dem Prälektionar zu den Apokryphen des Alten Tesaments ist deutlich in seinem Ausdruck über das 'Mißverständnis` der sogenannten höheren Kritik: den nicht beachteten Unterschied zwischen einer realen Pseudepigraphie und einer nicht-selbstbekundeten Authentie. Daß Mose *nicht* der Verfasser des Pentateuch sein kann, ist hier *entschieden*, wenn auch der Begriff der Verfasserschaft (noch) nicht in seiner ganzen Problematik erkannt scheint.

Nicht so eindeutig äußert sich ILGEN in einer frühen Fassung des Prälektionars zur *Einleitung ins A.T.*, das mit Sicherheit früher zu datieren ist. (Für das Problem der Datierung läßt sich allerdings nur *eine*, die o.g., Begründung anführen: Einleitung ins Alte Testament hat ILGEN in Jena früher gelesen als Einleitung in die Apokryphen des Alten Testaments[44].) - Es fallen am Manuskript Erwägungen und Modifikationen im Nachdenken über Verfasserschaft und Echtheit auf, die später entschiedeneren Formulierungen weichen; vor allem treten nachträgliche Änderungen am Manuskript zu Tage, die die Entwicklung der Ansichten ILGENS illustrieren. Hier das Einleitungsprälektionar mit den entsprechend hervorgehobenen Textänderungen:

42 Die Vorlesung nach Manuskript ist im SS '97, im SS '99 und im WS 1800/01 gehalten worden; siehe oben. Verwendete Literatur ist u.a. J.G. Eichhorn: Einleitung in die apokryphischen Schriften des Alten Testaments. Leipzig 1795 (a.a.O., S. 33f.).

43 Ilgen: Ms Einleitung in die Apokrypha des A. Test. Port. 150.8. S. 66f.

44 Siehe oben. Apokryphen im Sommersemester '97.

ILGEN:
"IV. Abschnitt. Herausgabe und Aufbewahrung der Schriften des A.T. §. XXIII.

Es waren im ganzen Alterthum gewöhnlich, alle Gesetze, Verordnungen, Verträge, Erfindungen, alle Werte des Geistes und der Literatur, an einen heiligen Orte niederzulegen und zu verwahren. Man hielt dies für einen angenehmen Dienst der Gottheit, und glaubte selbst seinen Worten dadurch eine gewisse Heiligkeit und Ansehen zu verschaffen. Dies weis man ursprünglich von den Egyptiern, Chaldäern und Phöniziern.
Daß der erste Schriftstellernde Hebräer, den wir kennen, Moses, eben so etwas gethan, und die Egyptier, von denen er, als seinen Lehrern, sonst so manches entlehnte, wird nachgeahmt haben, läst sich im voraus erwarten. Und wörtlich finden wir Deut. XXXI, 9.26. daß Moses den Priestern befiehlt, das Gesetz bey der | Bundeslade niederzulegen. Er selbst hat mehrmahls den Befehl erhalten niederzuschreiben. S. Exod. XVII, 14. XXIV, 4. XXXIV, 27.

[Gelöschter Text:]

Es entsteht nun freylich die wichtige Frage, ob das, was ist bey der Bundeslade ist [sic!] *niedergelegt worden, der Pentateuch in seiner itzigen Gestalt gewesen ist. Diese Frage wird erst in der Special-Einleitung befriedigend können beantwortet werden. Gesetzt aber, die Antwort fiele nach einer ernstlichen Untersuchung dafür aus, daß man den Pentateuch, so wie wir ihn itzt vor uns haben, unmöglich verstehen könne, so schehrt das doch die Sache an sich nicht.*

[Neuer, für den gelöschten eingesetzter Text:]

Allein, da der Pentateuch nicht von Moses selbst seine gegenwärtigen Gestalt erhalten haben kann, so läßt sich auf diese Nachrichten nicht viel bauen; es scheint vielmehr, als habe man eine Gewohnheit späterer Zeit in die früheren Zeiten herein verlegt, um ihr ein gewisses heiliges Ansehen zu verschaffen. Indeß aber, wenn man auch annimmt, daß durch eine sichere Tradition diese Nachricht von der Niederlegung und Aufbewahrung der Gesetze von den frühesten Zeiten an sich erhalten hätte, und man ihr völlig Glauben beymessen könnte, so müßte doch wohl die Behauptung wegfallen, daß es das Gesetz in seiner gegenwärtigen Gestalt gewesen sey.

[Alter Text (Fortsetzung):]

Es bleibt aber immer noch gewis, daß Moses gewisse Urkunden, sie mögen geworden seyn welche sie wollen, bey der Bundeslade niederzulegen befohlen hat. Später wurde dem Beyspiele Moses zu folge die Nachricht von der Un-

terhandlung Josua mit den Israeliten, und wie er noch vor seinem Tode ihnen die Beobachtung der Mosaischen Gesetze einschärfte, hinzu gethan Jos. 24, 24."[45]

Durch die Änderung wird deutlich, daß ILGEN die Kompilation bzw. die 'Erstellung` des vorfindlichen Textes von der Arbeit des Mose ablöst, mit der in früher Zeit lediglich durch das 'Sammeln und Niederlegen der Urkunden bei der Bundeslade`[46] die Bewahrung von heiligen Schriften begonnen hat. In der fortgeschrittenen Auffassung ist das Werk Moses lediglich paradigmatisch zu verstehen. Seinem 'Beyspiele` zufolge handelte man in späterer Zeit ebenso. Das Archiv aber, so setzt ILGEN hier voraus, entsteht später. Die Schriftkunst müsse sich denn bei den Hebräern erst noch vervollkommnen.[47] -

Deutlich wird aber auch, daß er sich von der Auffassung G.L. BAUERS trennt, der in seiner Einleitung die Schaffung des Archives in der frühen Zeit ansetzt, also bei Mose.[48] (Dennoch führt ILGEN das Einleitungsbuch Bauers in seinen späteren Vorlesungsankündigungen weiter mit![49]) - Vielmehr schließt er sich EICHHORN an, für den die Anlage der - zwar nicht ersten, aber doch *eigentlichen* - Tempelbibliothek erst in nachexilischer Zeit geschieht.[50]

---

45 Ms Einleitung in das A.T. Port 150.4. S. 36f. -
An anderer Stelle ähnlich: *"Die heilige Bibliothek der Juden wird durch 5 Bücher eröfnet, welche nach der gewöhnlichen Angabe das älteste schriftliche Denkmahl in der Welt seyn müsten. Diese Bücher (trugen den Namen)* [wurden] *Mosis* [beygelegt] *der nach den Stimmen der noch einmüthigen Tradition der Juden Stifter ihres Staats und Gesetzgeber soll gewesen seyn."* (A.a.O., S. 301). - *"Ueber die 5. Bücher Mosis. - Wir haben 5 Bücher, welche (den Namen Mosis führen),* [das ganze Alterthum Moses beylegt] *in welchen Geschichten* [...] *enthalten sind."* (A.a.O., S. 305, die gekennzeichneten Textstellen sind geändert, der kursive Text ist der alte.)
Grundtext und Änderung im vorderen, primären Bereich des Einleitungsprälektionars. - Die Grundschrift des Prälektionars wird in die Jenenser Anfangszeit Ilgens zu datieren sein. Wann die Überarbeitung stattgefunden haben kann, bleibt ungewiß; Einleitung in das AT liest Ilgen erst wieder im Wintersemester '98/99, *nachdem* sein Buch 'Die Urkunden` schon erschienen war. - Siehe unten.

46 Vgl. Dtn 31, 26.

47 Vgl. Ms Einleitung in das AT (Zusätze). S. 329-335. - Auch Otmar/Nachtigal hebt diesen Sachverhalt besonders hervor. - Siehe unten.

48 Bauer: Einleitung. S. 30: *"Moses sorgte für die Erhaltung seiner Bücher sehr gut durch ein Tempelarchiv, das er nach dem Beyspiel anderer Völker anlegte, indem er sein Gesezbuch den Leviten übergab, und befahl, dasselbe an die Seite der Lade des Bundes beyzulegen, Deut. 31, 24-26."* - Siehe oben Kap. 4.

49 Siehe WS '98/99.

50 Vgl. oben Kap. 4. - Siehe Eichhorn: Historische Untersuchung über den Kanon des Alten Testaments. In: RBML 5.5 (1779) S. 217-282. - Ders.: Ueber das zweyte Buch der Maccabäer. In: ABBL 1.2 (1787) S. 233-241. - Ders.: Einleitung. 1. Bd. 4. Aufl. 1823. S. 29.31.44y. (Die Tempelbibliothek war früher, vorexilisch, wohl schon vorhanden, aber die nachweisbare und relevante Bibliothek ist erst nachexilisch!)

Nicht unwichtig ist, daß ILGEN eine Passage im Einleitungsprälektionar streicht, die eine mögliche Verfasserschaft des Mose diskutiert. Später werden die folgenden Erwägungen - die ursprünglich fast wörtlich an EICHHORN anschlossen, wie aus dem Literaturhinweis zu ersehen ist - nicht mehr vorgetragen und sind *ersatzlos* weggefallen:

> *"Gründe für Moses als Verfasser.*
> *Das 2te und 3te Buch muß seine Form und Ordnung am Sinai erhalten haben. Dies erhellet*
> *1.) aus der Unterschrift des dritten Buchs.*
> *Dies sind die Gesetze die Jovah* [sic!] *durch Moses auf dem Berge Sinai gegeben.*
> *2.) aus der Unterschrift des 4ten B. Moses.*
> *Das sind die Gesetze und Verordnungen, die Jovah durch Moses in der Ebene Moabs an dem Jordan Jericho gegen über, gegeben hat.*
> *S. Eichhorn Einl. T. II. p. 363ff."*[51]

Damit ist aber noch nicht gesagt, wie ILGEN die Begriffe '*echt*` und '*authentisch*` versteht. Die Bestimmung beider Begriffe ist nicht unerheblich, da davon das Urteil über die Wertung und Wertbarkeit alter Texte abhängt. Es ist daran zu erinnern, daß sich die Aufklärungstheologie dazu bereit gefunden hatte, mit diesen Begriffen einen differenzierten Umgang zu üben: Bibeltexte[52] haben ihre Urkundenqualität freilich als Texte, die in gewisser Weise 'echt` sein *müssen*, da 'unechte` Texte schließlich nicht 'Urkunden` sein können, aber nicht-authentische Texte müssen nicht gleich unecht sein - wenn sie *nicht* über das referieren, was sie zu referieren vorgeben[53], so müssen sie doch über das berichten, was sie intendieren[54]. - Wie oben dargelegt, hatte sich die Späte Aufklärung dazu befreit, die 'Echtheit` und die 'Authentie` grundsätzlich als zwei Ebenen des Historischen zu

---

51 Ms Einleitung in das A.T. Port 150.4. S. 410.
Ilgen setzt sich hier von Eichhorn (Einleitung ins Alte Testament. Zweyter Theil. Zweyte verbesserte und vermehrte Ausgabe. Leipzig 1787. S. 363ff.) deutlich ab; Eichhorn verhandelt an der angeführten Stelle über die Abfassung und Sammlung des 2. bis 4. Buches Mose und über die *'Unterschriften`* unter den Büchern. E. wörtlich (a.a.O., S. 363): *"Das zweyte und dritte Buch muß seine heutige Ordnung und Form noch am Sinai erhalten haben. "* - (Mit diesem Hinweis auf Seitenzahlen ist denn auch erwiesen, welche Ausgabe der Einleitung Eichhorns Ilgen benutzt: Es ist die 2. von 1787!!)

52 Und das gilt schließlich auch für profane Texte. Schließlich ist die vollkommene Historisierung des Verstehens auch die Historisierung der Interpretamente. - Vgl. Echtheit bei Ch.G. Heyne. - Vg. U. Muhlack: Klassische Philologie zwischen Humanismus und Neuhumanismus. In: Wissenschaften im Zeitalter der Aufklärung. Hrsg. v. R. Vierhaus. Göttingen 1985. S. (93-119) 116. - Siehe oben die Auseinandersetzung Eichhorns mit Kleuker und Kap. 4 die Abgrenzung gegen den Wolfenbüttelschen Fragmentisten.

53 Das heißt also: Der Pentateuch gibt vor: Mose referiert den Pentateuch. - Aber:

54 Der Sammler sammelt bzw. referiert 'Mose`-Urkunden und damit über seine Sammlung als Werk.

betrachten und war durch ihre führenden Vertreter bereit, zwei Möglichkeiten der geschichtlichen Wahrheit zu akzeptieren; denn was echt ist, mag durchaus nicht unbedingt authentisch sein, und was nicht authentisch ist, muß nicht mit Betrug einhergehen. -

Zu diesem sehr deutlich differenzierenden Umgang kann sich ILGEN allerdings nicht bereit finden. Seinem Werk haftet eine gewisse Unentschiedenheit und Ungeklärtheit an in den Dingen der Hermeneutik (, ähnlich wie das o.g. Gabler-Zitat das an sich sehr konsistente Werk Gablers beschattet.) - Dennoch tut das aber der Bereitstellung einer historischen Hermeneutik, die zur Erstellung der Urkundenhypothese geeignet ist, keinen Abbruch. Denn seine historisch-hermeneutische Reflexion wird durch sein historisch-exegetisches Verfahren überholt. - Aber grundsätzlich wehrt er sich gegen alle Belasungen des Alten Testament mit dem Vorwurf, ein Werkes des Betrugs zu sein.[55]

Die Begriffe '*echt*` und '*authentisch*` fallen bei ILGEN zusammen, er verwendet sie synonym: "**authentia kann und darf uns nichts heißen als Aechtheit.*"[56] Sicher befindet er sich mit dieser Bestimmung noch im Konsensbereich der zeitgenössischen Einleitungswissenschaft hinsichtlich der Anwendung der sogenannten 'höheren Kritik`, die nach C. JUSTI schlicht eben "*nicht die Aechtheit oder Unächtheit einzelner Wörter und Redensarten, sondern ganzer Bücher der alten Schriften untersucht*"[57]. - In dem Einleitungsprälektionar sind die Echtheitskriterien noch deutlich auf die oben zitierte 'alte` Auffassung von der Verfasserschaft des Pentateuch ausgerichtet, während das Apokryphenlektionar eine abgewandelte Formulierung bietet, die der präzisierten Betrachtung des Pentateuchproblems eher gerecht wird.

In (der Erstfassung des) Einleitungsprälektionars schreibt ILGEN:

> *"Unter Aechtheit aber muß man das verstehen, daß ein Buch von dem Verfasser, dem es zugeschrieben wird, wirklich ist selbst geschrieben worden, und nicht etwa von einem andern unter seinen Namen. - Hat sich der Verfasser nicht genannt, so muß das Buch wenigstens aus den Zeiten herrühren, aus denen es herrühren soll nach seiner Angabe.*
> *Nota*
> *Wenn ein Verfasser nicht selbst geschrieben hat, sondern dictirt, so schehrt dieses seine Authentie nicht; es ist eben so gut, als ob er selbst geschrieben hätte."*[58]

---

55 A.a.O., S. 87: Hier tritt er gegen die anonyme Schrift von CLERICUS '*Sentimens de quelques Theologiens de Hollande sur l'histoire Critique du Vieux Testament, composée par le P. Richard Simon, a Amsterd. 1685*` auf. - Zu le Clerc und seinem Werk siehe Kap. 2.

56 A.a.O., S. 82.

57 C. Justi: A.a.O., S. 140.

58 Ms Einleitung in das A.T., Port 150.4. S. 82.

Die 'Aechtheit' also wird prinzipiell erkannt durch die Überprüfung der Einheit von Schrift und Verfasserschaft. Auch wenn dieses Prinzip der strengen Grenzziehung durch ein kompliziertes Regelwerk zur Ergänzung der Echtheitsbestimmung durchbrochen wird, liegt hier eine Art Grundnorm. Deren Benutzung *muß* sich ILGEN aber enthalten; sie wird gleichsam wertlos, da die Entscheidung, den Pentateuch als ein *echtes und zugleich anonymes* Werk anzusehen, *dieses* Kriterium der Echtheitsbestimmung ausschaltet. Anders ausgedrückt: Es mag noch soviel über die Authentizität im Zusammenhang mit der Verfasserschaft des Pentateuch verhandelt werden - wo einmal erkannt ist, daß der Pentateuch nicht von Mose geschrieben und auch nicht seinem Namen untergeschoben worden ist, da geht die Verhandlung an der Sache vorbei, denn der Pentateuch entzieht sich diesem Kriterium.

Das komplizierte Regelwerk zur Ergänzung der Echtheitsbestimmung im Einleitungsprälektionar lautet:

> *"Es wird nun bey der Untersuchung über die Aechtheit einer Schrifft alles darauf ankommen, ob sich*
> *1.) ein Verfasser dabey ausdrücklich nennt.*
> *2.) ob er sein Zeitalter bestimmt.*
> *Im ersten Falle wird es wieder darauf ankommen,*
> *a) ob sich der Verfasser selbst gemeint hat; oder ob eine fremde Hand ihn hinzugesetzt hat.*
> *b) ob man richtig interpretirt, und ob z.B. die Bücher Mosis nicht deswegen so heisen, weil sie von Moses handeln und so Josua, Samuelis u.s.w.*
> *c.) ob die fremde Hand*
> *α.) durch ein Versehen,*
> *β.) oder einen Irthum einen falschen Namen hinzugesetzt; oder ob sie wirklich hat betrügen wollen.*
> *d.) ob das, was dem angeblichen Verfasser zuwider ist, von der ersten Hand herrührt oder von Interpolation z.B. Genes. 36 werden die Israelitischen Cönig erwähnt; das Cönigsgesetz Deuteron. 17, 14-20.* | [......]
> *e.) ob bey einer falschen Ueberschrift des Verfassers, oder bey Erwähnung eines falschen Verfassers, der sich dieses Namens bediente, wohl animum fallendi hatte, und ob er dieses sein unter einen andern Namen bekannt gemachtes Werk wirklich für ein älteres wollte anerkannt haben, oder ob er sich aus gewissen Gründen eines anderen Namens bediente. z.b. Coheleth, Hoheslied.*
> *Im 2ten Falle wird es nöthig seyn zu sehen,*
> *a.) ob er nun überhaupt sagt, wann er gelebt.*
> *b.) oder ob er eben zu der Zeit will gelebt haben, deren Geschichte er erzählt.*
> *c.) ob er Augenzeuge zu geben vorgibt.*
> *d.) ob er Quellen will benützt haben, deren Zugang zu einer anderen Zeit versperrt* [?] *gewesen."*[59]

Der bewußten und absichtlichen Anonymität des Pentateuchs entspricht der Text des Apokryphenprälektionars deutlich besser. Hier wird sogar zur Vorsicht vor allen historisch-kritischen Rekonstruktionsversuchen gewarnt, die mit ihren Fest-

59 A.a.O., S. 83f.

legungen und historischen Ortszuweisungen Gefahr laufen, den entsprechenden Bibelteil ungerechtfertigt in die Unechtheit abzudrängen:

> *"Unter Authentie, oder der Aechtheit eines Werkes versteht man, daß es wirklich dem Verfasser angehört, der sich dazu bekennt, oder im Fall, daß der Verfasser unbekannt bleiben will, daß es wirklich so alt ist, als es zu seyn vorgibt.*
> *Ehe man sich anmaßt über Authentie des Buches zu urtheilen, so muß man sich in Acht nehmen, daß man nicht voreilig entweder selbst einen Verfasser oder ein Zeitalter bestimmt, oder die Bestimmung gewisser Vorgänge blindlings annimmt: und so hernach, wenn bey einem längern und sorgfältigerm Studio sich ergiebt, daß das Buch jünger oder von einem andern Verfasser ist, veranlaßt wird es für unaecht zu erklären.* [|]
> *z.B. die Bücher Mosis sind, inwiefern man glaubt, sie müßten von Moses seyn, nach vielen innern Zeugnissen unächt. Wer wird die Unächtheit aber so bestimmen. Wo hat denn der Verfasser dieses Werks Veranlassung dazu gegeben? Es ist ihm wohl nie eingefallen, daß jemand sein Werk für ein Produkt Mosis halten würde. Wenn man also deswegen dieses Werk für unaecht halten wollte, so wäre es gerade als wenn man sich in Kopf gesetzt hätte, die Dionysiaca des Nonnus müßte von Homer seyn ... "*.[60]

Das Regelwerk zur Ergänzung der Echtheitsbestimmung findet sich auch im Apokryphenlektionar wieder. Hier aber in der etwas fortgeschritteneren und ausgefeilteren Art, die zur Anerkennung der 'Authentizität in Anonymität` des Pentateuch einläd. ILGEN schreibt:

Überschriften, in denen *"sich ein Verfasser nennt"* können durchaus sekundär sein und geben daher keine gültige Auskunft über Echtheit oder Unechtheit eines Werkes; das Beispiel dafür seien nach ILGEN die Psalmen.[61] Daher ist zu überprüfen, ob sich ein Verfasser *"in der Schrift nennt. Gesetzt aber, es gibt sich kein Verfasser an, und bestimmt kein Zeitalter, so ist von Unächtheit gar nicht die Rede, denn er überläßt es dem Leser, wem er das Werk zuzuschreiben, und in welches Zeitalter er es verlagern will. Und trifft der Erste in seiner Konjektur fehl, so hat er niemandem als sich selbst die Schuld beyzumessen. "*[62]

> Merkmale der Authentie einer Schrift sind nach ILGEN:
> [1] *"Sprache"* - denn Alter des Ursprungs und Alter der Sprache müssen übereinstimmen[63],
> [2] *"Vortrag und Einkleidung"* - späte Verfasserschaft bedeute *"mehr Präcision, mehr Mannigfaltigkeit"*; älteren Schriften fehle der bessere Stil, sie wiederholten sich, seien auch eintöniger in der Wortwahl[64],
> [3] *"Oerter- und Ländernahmen"* in biblischen Schriften dürften sich nicht anachronistisch zu der von der betreffenden Schrift bezeugten Abfassungszeit verhalten[65],

---

60 Ilgen: Ms Einleitung in die Apokrypha. Port 150.8. S. 357f.

61 A.a.O., S. 358f.

62 Ebd.

63 A.a.O., S. 360.

64 Ebd.

65 Ebd.

[4] *"Geschichtsfacta"*, über die in Schriften verhandelt werde, dürften ebenso nicht widersprüchlich zur im Buch bezeugten Abfassungszeit stehen[66],
[5] Sitten und Gebräuche, die zur Zeit der angegebenen Abfassung noch nicht üblich waren, sprechen gegebenfalls für die Unechtheit der betreffenden Schrift.[67]
[6] Wenn *"religiöse Begriffe und moralische Lehrsätze vorkommen, die nach den Gesetzen der Cultur dem angegebenen Zeitalter noch fremd seyn müßten; und wenn der Verfasser sonst allerhand Kenntnisse zeigt, die man in seinem Zeitalter nicht suchen und nicht erwarten darf"*, ist die Schrift ebenso als unecht anzusehen.[68]

Die Echtheitsfrage wird hier also nach dem 'inneren` Kriterium der kulturalen Diachronie vorgestellt.[69] Soweit befindet sich ILGEN im Kontext der Bibelwissenschaft seiner Zeit. Freilich gehen - wie oben dargestellt - die Zeitgenossen nicht selten etwas weiter. Das zeigt sich vor allem in dem Widerstreit gegen den Wolfenbüttelschen Fragmentisten, wo ganz paradigmatisch auf Trennung von Wahrheit und historischer Authentizität, aber auch auf die notwendige Koinzidenz von historischem Text und geschichtlichem Zeugnis verwiesen wird. - Daß 'unechte` Texte als authentische Zeugen vergangener Kulturepochen und alter 'Religionsansichten`, damit also nicht eigentlich als 'unecht`, sondern als Wachtums- und Verschmelzungsprodukte und in dieser Art als 'Zeugen` zu sehen sind, ist hier weniger in den Blick genommen. Lediglich da, wo es um das Problem von Interpolationen geht, nähert er sich in diesen hermeneutischen Bestimmungen dem Anspruch seiner eigenen literarkritischen Ambitionen: Die als '*Einschiebsel*` erkannten Textbereiche machen - so ILGEN - den Text nicht 'unecht`, sie sind zu indentifizieren, und ein guter Kritiker wird sie auszusondern wissen, *"ohne deswegen das ganze Werk als ein unächtes zu verdammen."*[70] -

Es hat ganz den Anschein, daß die o.g. Kriterien ILGENS grundsätzlich nur als abstrakte, lehrbuchartige Grundbestimmungen anzusehen sind, die auf die feineren Ansprüche der ausgeführten Literarkritik nicht abgestimmt sind. In der Praxis der Konzipierung einer einleitungswissenschaftlichen Übersicht allerdings läßt ILGEN diese Bestimmungen weit hinter sich. Er verteilt nämlich die Texte des Pentateuch in ihrer Entstehungsgeschichte über die ganze tatsächlich mögliche Breite der Geschichte des alten Israel. Damit sprengt er selbst die knappen und abstrakten Eingrenzungen in der Begriffsfindung der Echtheitskriterien.

---

66 A.a.O., S. 361.

67 Ebd.

68 Ebd.

69 Vgl. oben die Auseinandersetzung Eichhorns mit Kleuker, ABBL 4.6 (1793) S. 957ff.

70 Ms Einleitung in die Apokrypha. S. 362.

5.1.3. Die Entstehungsgeschichte des Pentateuch im Zusammenhang mit der Verfasserfrage - Oder: Der Pentateuch zwischen vormosaischer Urkunde und Simon Justus

Im Prälektionar zur Einleitung in das A.T. kommt ILGEN am Ende des Pentateuchabschnittes zusammenfassend zu nachstehendem Ergebnis; es ist eines der wenigen in der Späten Aufklärung vorgelegten Modelle zur Gesamterklärung der Genese der Pentateuchsammlung.[71] Überflüssig zu erklären, daß diese literarkritische Konzeption der strengen Urkundenhypothese, die mit *wenigen* Parallelfäden rechnet, die sich durch den ganzen Pentateuch *'fortschlingen`* sollen (EICHHORN[72]), schwer vereinbar ist. ILGEN selbst stellt also folgendes Doppelmodell, die Kombination von Urkunden- und Fragmentenhypothese, vor; es ist die ausführlichste Form des dreimal in den nachgelassenen Manuskripten[73] vorhandenen Modells:

> *"Es besteht demnach der Pentateuch aus Urkunden aus ganz verschiedenen Zeitaltern.*
> *1.) Aus Vormosaischen Urkunden*
> *dahin gehören die Geschlechtsregister, die über Mosis Zeitalter hinaus gehen.*
> *2.) Aus Mosaischen Urkunden. Dahin gehört*
> *a.) der Dekalogus Exod. 24,3.*
> *b.) das Durchzugslied Exod. 15,1.*
> *c.) das Lagerregister Numer. 33,1.*
> *d.) Vielleicht manche Genealogien.*
> *3.) Aus Urkunden, die mit Moses gleichzeitig sind.*
> *a.) das Fragment eines Kriegsliedes Num 21*
> *b.) das Brunnenlied Num 21.*
> *c.) das Siegslied Num 21.*
> *4.) Aus Urkunden aus den Zeiten der Richter und Samuels.*
> *Dahin mögen die ersten Stücke der Genesis gehören.*
> *5.) Stücke aus den Zeiten der Könige.*
> *Dahin gehört das Königsgesetz Deut. 17,14.ff welches vor Salomo nicht konnte abgefaßt seyn.*
> *6.) Stücke aus den Zeiten kurz vor dem Exil.*
> *Dahin gehört Deut. 27. und 28.*

---

71 Ergänzend muß hinzugefügt werden: Bzw. eines der wenigen Gesamtentstehungsmodelle *des ganzen ATs.* - Otmar/Nachtigal legte eine Übersicht für das ganze AT vor (siehe unten Kap. 6); Ilgen kommt hier wohl mehr von Fulda her als von Otmar. Siehe unten.

72 Eichhorn [Rez.]: Ueber die Verschiedenheit des Styls in den beyden Haupt-Urkunden der Genesis in gewissen Stellen. Von Johann Friedr. Wilh. Möller. Göttingen 1792. In: ABBL 4.3. (1792) S. 475.

73 Daneben noch in: Ms Vorlesungen über die Genesis. S. II.29ff. (älteste Form) und A.a.O., S. I [Beylage]. 14-19 (jüngste Form).

Die Versprechungen von Segen und Androhung von Fluch, wenn das Gesetz Jovahs gehalten oder nicht gehalten würde.
Dies ist wahrscheinl. das Stück, welches dem König Josias vorgelesen wurde, und ihn so erschütterte. 2. Reg. XXII. Der Priester Hilkias wollte es in dem Tempel gefunden haben.
Ich glaube nicht, daß es Hilkias verfertiget hat; er mag es in dem Tempel gefunden haben. Es hat es wahrschenlich ein Priester vor ihm verfertiget, als Salmanasser die 10. Stämme weggeführt hatte; welches etwa 80. Jahr eher geschehn. |
7.) Stücke während des Exils.
8.) Stücke nach dem Exil durch Esras im Deut.
Er hat aus älteren Urkunden Auszüge gemacht; das was sich als Mosaische Verordnung verstand, stellte gehörig zusammen, und legte es Moses in den Mund.
9.) Dazu gehörte auch der ganze Liviticus.
10.) Endl. Zusätze des Simon Justus. "[74]

Die Datierung des jüngsten Stoffes setzt ILGEN also nach ESRA an. ESRA selbst schrieb *'den ganzen Leviticus`*! Diese vielleicht bemerkenswerteste Bestimmung in dem vorgestellten Rahmen erscheint *nur hier*[75] (dh. in den anderen, unten angeführten Rahmen, nicht!), wird aber nirgends ausdrücklich zurückgenommen. Die historischen Umstände für die Verfasserschaft des ESRA am Leviticus, die ILGEN meint ausspähen zu können, sind allerdings vage. In den *'Zusätzen`* zur Einleitungsvorlesung, in denen ILGEN die frühen Formulierungen an manchen Stellen änderte, bietet er folgende Erklärung für das Buch Leviticus:
"Das Buch ist ein förmlicher Priester=Codex, der den andern Gliedern der Nation nicht so geläufig zu seyn brauchte, als dem Stamm Levi. "[76] - Unter der Überschrift *'Verfasser der Sammlung`* schreibt er die vermutete historische Genese nachzeichnend:

"Es entsteht nun die Frage, wie diese Sammlung entstanden ist, und was sie für einen Zweck habe. |
Als im 2ten J. des Darius der Befehl des Cyrus zur Aufbauung des Tempels aufgesetzt wurde, und Esras die neue Gemeinde stiftete, so verpflichtete er das Volk auf das Mosaische Gesetz. S. Nehem. VIII,1-18; [...] *Dieses konnte unmöglich der ganze Pentateuch seyn; denn das Vorlesen dauerte vom Morgen an bis Mittag Nehem. VIII,3. sondern es war ein Auszug aus dem Pentateuch; vielleicht das 5te B. M. von Cap. IV,44 - bis Cap. XXVII,19. Es war dies ein Auszug aus den Materialien, die itzt das 2te und 4te Buch Mosis*

---

74 Ilgen: Ms Einleitung in das A.T. S. 420-422. - Wird nicht erneuert und nicht ergänzt. Siehe 'Zusätze`, S. 363. Hier unter der Frage *'Wann hat nun aber der Pentateuch seine gegenwärtige Form erhalten?`* ein Rückverweis auf *'S. Vorles. p. 411.`*. Das ist also Ilgens letztes Wort zur Grundkonzeption der Entstehungsgeschichte des Pentateuch, denn die 'Zusätze` sind nach dem Buch 'Die Urkunden` aufgezeichnet. Siehe oben.

75 Dh., weder in dem unten noch darzustellenden Modell von K.F. Fulda, von dem Ilgen herkommt, weder im ersten Modell von Ilgen (= 1. Fassung der Genesisvorlesung), noch im dritten und letzten Modell von Ilgen (= 'Beylage` zur Genesis). Siehe unten.

76 Ilgen: Ms Einleitung in das A.T. [Zusätze], S. 329.

ausmachen. Dieses Gesetz war aber blos für das Volk. Die Priester und Leviten waren zwar dabey, aber nicht so wohl als zu verpflichtender Theil, als vielmehr der Feyerlichkeit wegen, und als Zeugen. So wie nun Esras höchst wahrscheinlich einen Codex für das Volk entworfen hatte, so ent | warf er auch einen für die Priester; und dieses ist der Leviticus.
Nun erhebt sich aber die Frage: Woher nahm Esras diese Priester Gesetze? Fand er die schon schriftlich aufgezeichnet vor, oder schrieb er sie selbst erst nieder? Auf diese Frage läßt sich schwerlich eine ganz bestimmte Antwort geben. [...]
Die Priester, die das Gesetz von Mose erhalten hatten, mußten "*diese Lehre weiter mündlich fortpflanzen. Nach und nach, da die Schreibkunst unter den Hebräern bekannter wurde, wurde die Mosaische Verordnung aufgezeichnet, und in dem Tempel beygelegt. Von diesem | Tempelexemplar mögen allerhand private Abschriften genommen seyn worden, die sich hier und da in den Priesterfamilien zerstreuten. Daß solche Abschriften, so wohl der levitischen als der Volksgesetze, nun aber nicht in der Gestalt, wie wir sie gegenwärtig haben, vorhanden gewesen seyn müssen, kann man, wenn es auch schon an sich höchst wahrscheinlich wäre, daraus schließen* [?], *daß Josaphat befiehlt, die Leviten sollten in allen Städten des Reichs herum reisen, und das Volk im Gesetz unterrichten; er stellte in den Provinzialstädten Richter an, und errichtet zu Jerusalem ein Ober=Appellationsgericht, aus Priestern und Leviten, die das Recht nach den Mosaischen Gesetzen verwalten sollten. 2. Chron. XVII. Dabey waren Abschriften unentbehrlich. Wie konnte der Richter sich blos auf sein Gedächtniß verlassen* [...]. | *Wie konnte der, der das Volk unterweisen sollte, sich Zutrauen verschaffen, wenn er nicht ein Exemplar vorzeigte, und bewieß, daß das, was er sagte, nicht seine eigene Erfindung wäre, sondern daß es Wille des Gesetzgebers der Nation, oder wirkliche* [?] *Wille Gottes wäre. Als durch die Chaldäer der jüdische Staat zugrunde gerichtet, die Hauptstadt zerstöhrt, der Tempel eingeäschert wurde, wurde wahrscheinlich das Tempelexemplar mit verbrannt; aber die Copien, die sich in Privathänden befanden*[77]*, konnten nicht alle verlohren gehen; wenigstens mußten sich Bruchstücke davon erhalten, die Esras bey der neuen Einrichtung des Gottesdienstes benutzen, und woraus er einen neuen Codex zusammen setzen konnte.*
Die Gestalt, die Esras dem Prister=Codex gegeben, ist wohl nicht die gegenwärtige; diese rührte von dem letzten Sammler des Pentateuchs her. Doch mag sie wohl auch nicht so ganz verschieden gewesen seyn. "[78]

Damit liefert ILGEN Anlaß zu folgender Vermutung: Da ESRA möglicherweise ebenfalls 'Quellen` verwendete, erscheint es als durchaus möglich, daß nach ILGENS Vorstellung 'Urkunden` und 'Fragmente` durch Verkapselung ineinander verschoben sind. Der Problematik kann hier nicht weiter nachgegangen werden. Offenkundig aber zeigt diese Erklärung zu Leviticus, daß 'Fragmenten-` und 'Urkundeninterpretation` der alttestamentlichen Texte nicht per se einander

77 Hier schließt sich Ilgen deutlich in seinen Erklärungen an Eichhorn an: Vgl. Eichhorn: Einleitung. Bd. 1. 4. Aufl. 1823. S. 24f.: "... *daß unsere jetzige so arme Sammlung zerstreut in einzelnen Stücken bey Privatpersonen sich erhalten, und daß man bey der Wiederherstellung des hebräischen Staats nach dem Verfluß des Exiliums auch die alte Tempelbibliothek in so weit, als es durch die Sammlung der einzelnen zerstreuten Schriften möglich war, wieder hergestellt habe*".

78 A.a.O., Zusätze, S. 331-335.

widersprechen sollen. - Ob sie sich aber tatsächlich widersprechen, ist eine Frage, die nicht nur an die Vorstellung ILGENS, sondern an den Befund der hinterlassenen Werke gestellt werden muß.

Die Spätdatierung des Buches Leviticus bei ILGEN erinnert deutlich an die Arbeit W.M.L. DE WETTES. *"Die sukzessive Ausbildung des Gesetzwesens"*[79] bei DE WETTE (Smend) entspricht etwa der Spätdatierungsoption ILGENS. - Im ersten Teil der *'Beiträge zur Einleitung in das Alte Testament`*[80] schreibt DE WETTE, daß die *"Opfergesetze des Levitikus als die Erfindung und Aufzeichnung späterer Priester* [zu] *verwerfen"*[81] seien. Der Charakter besonderer Zweitrangigkeit resultiere also aus dem ausgesprochen jungen Alter dieses Teils des Alten Testaments - und vor allem aus seiner 'Künstlichkeit`. Diese Ansicht DE WETTES wurzelt - was noch näher zu untersuchen wäre - eventuell in dem persönlichen Kontakt mit ILGEN.[82] - Gleichermaßen erinnert die späte Einordnung des Gesetzes auch an WELLHAUSENS Ansatz; dessen Pentateuchwerk sicher von dem berühmten Satz her verstanden werden muß, der am Anfang der 'Geschichte Israels` steht: *"ich durfte mir gestehen, daß das hebräische Altertum ohne das Buch der Thora verstanden werden könne."*[83] Diese historische Imagination, der Punkt des Verstehens bei WELLHAUSEN, ist eben die Vorstellung einer sehr jungen Ersscheinung aber einer vorlaufenden 'Latenz` des priesterlichen Gesetzes, und damit ist die Intention ILGENS eng berührt:

> WELLHAUSEN: *"Das Gesetz ist das Produkt der geistigen Entwicklung Israels, nicht der Ausgangspunkt derselben. Als Ganzes paßt es erst zum*

---

79 R. Smend: Wilhelm Martin Leberecht de Wettes Arbeit am Alten und am Neuen Testament. Basel 1958. S. 49.

80 Erstes Bändchen. Halle 1806. - Die Kritik der bisherigen Pentateuchforschung erfolgt im 2. Band, Halle 1807. - Vgl. auch R. Smend: Wilhelm Martin Leberecht de Wette. 1780 - 1849. In: Ders.: Deutsche Alttestamentler. S. (38-52) 44.

81 Vgl. A.a.O., S. 263. - A.a.O., S. 262: *"Solche Gebräuche, wie wir sie im Pentateuch vorgeschrieben finden, bilden sich nur allmählig durch die Raffinements der Priester: kein anderer Mensch von gesunden Sinnen wird sie erfinden; am allerwenigsten wird sich dazu Zeit und Mühe nehmen ein Heerführer, Gesetzgeber und Richter von dritthalb Millionen wilder unabhängiger Nomaden."*

82 Es wäre hier der Ort, die Hypothese aufzustellen, daß die drei Jenenser, ILGEN, VATER, DE WETTE, deren Arbeiten in einem deutlichen sachlichen Zusammenhang stehen, von einem Punkt zusammenkommen: daß Vater, der in Jena lehrte, und de Wette, der ab 1799 Student (Jura, Theologie, Philosophie) in Jena war, von Ilgens Anregungen herkommen. - Das wäre ohne nähere Erkundigung der Abhängigkeiten nur eine Behauptung. Auffällig aber ist der engere Konnex der drei Werke schon. Dabei ist aber nur Vater zu einem Abschluß im strengeren Sinne gekommen. Er lehnt 'Urkunden` (Erzählfäden) ab (siehe unten). De Wettes Werk ist ähnlich offen wie das Ilgens (Vgl. Smend: In: Deutsche Alttestamentler. S. 40ff.). - Man vergleiche auch die Aussagen Ilgens über das Dtn mit der Dissertation de Wettes, man setze freilich auch die Ansicht le Clercs dazu.

83 J. Wellhausen: Geschichte Isaels. Bd. 1. Berlin 1878. S. 4. - Vgl. auch R. Smend: Julius Wellhausen. 1844 - 1918. In: Ders.: Deutsche Alttestamentler. S. (99-113) 103 (hier auch Zitation des bekannten Satzes!). -

> *nachexilischen Judentum und zeigt sich da auch erst wirksam; vorher paßt es nicht und ist vollkommen latent.* "[84]

Wenn denn die eigentümliche Ähnlichkeit in entscheidenden Ansichten, dh. in der Option zur Spätdatierung, der drei Jenenser ILGEN, DE WETTE, VATER (den man hier hinzuzählen kann und muß![85]) tätsächlich aus persönlichen Kontakten heraus erklärbar wäre (was keinesfalls von der Hand zu weisen ist!), dann läge hier ein sehr deutliches Exempel dafür vor, daß Ideenkerne, ganz unabhängig von ihrer Einbindung in kompakte Theoriegebäude, durchaus zählebiger sind und sich erhalten, wo das System (Theorie) als solches längst abgelöst ist. VATER verzichtete bekanntlich entschieden auf eine *Urkunden*hypothese.

ILGEN verrät, wer seiner Meinung nach der sei, dem eine außerordentlich wichtige Bedeutung bei der Sammlung der Texte und Urkunden zukommt, wer also der sei, den man als *'Sammler`* bezeichnen kann. Der *Sammler* war nach ILGEN SIMON JUSTUS[86]. Doch wer war SIMON JUSTUS?

Der Hohepriester SIMEON JADDUS, der Sir 50 erwähnt wird und den Josephus *'den Gerechten`* nennt[87], steht für ILGEN in der Nachfolge ESRAS und habe das Bündel des Pentateuches geschlossen.

Von dieser Auffassung trennt sich ILGEN später nicht mehr - obwohl er sich aber vorsichtiger äußert.

> ILGEN:
> "*Wie* [die Arbeit des] *Simon Justus vestehen.*
> *1.) Er wählte eine chronologische Anordnung. Die ältesten Nachrichten stellte er vorn an; die bis auf Moses reichen. Aus den noch vorhandenen*

---

84 J. Wellausen: Israelitische und Jüdische Geschichte. 5. Aufl. Berlin 1904. S. 17.

85 Vater: Commentar über den Pentateuch. Dritter Theil. Halle 1805. S. 649ff. 657: *"Daß eine Nation, welche sich eine Reihe harter Jahre hindurch, mit Mangel kämpfend, mühselig durch Arabien hindurchzieht, zu einer Zeit, wo nur auf die nothwendigsten Gesetze geachtet werden konnte, von einem Gesetzgeber so höchst specielle Gesetze erhalten habe, wie sie nach dem Pentateuch erhalten haben soll, ist gewiß recht unwahrscheinlich."* - Relativ früh ist nach Vater das Dtn bzw. Teile desselben; V. bringt es mit den Reformen des Josaphat und Josia in Verbindung (A.a.O., S. 589ff. 651.).

86 Vgl. Zedlers Großes vollständiges Universal-Lexicon. Bd. 37 (1743) Sp. 1399. - J. Morinus: Exercitationum biblicarum. 2. Bd. Paris 1669. Exercit. 5. Cap. II. S. 281: *"Ioanni mortuo sufficitur Iaddus filius, in cuius Pontificatu Alexander venit Ierusalem* [...] *Nec vere assumunt Simeonem Iustum esse Iaddum Pontificem qui Alexandrum excepit. Simeon ille iustus de quo tam multa fabulantur, erat Iaddi Pontificis ex filio nepos, ut locuples huius rei testis est Iosephus: Nam ultimis verbis libri undecimi ait Iaddo successisse in Pontificatu Oniam filium."* - Vgl. auch E. Schürer: Geschichte des jüdischen Volkes im Zeitalter Jesu Christi. Bd. 3. Leipzig 1909. S. 215ff. - (Nach Bauer, Entwurf einer Einleitung, S. 275f., ist Mose der Kompilator der Gen!)

87 Flavii Iosephi opera. (Niese) Vol. III. Antiquitatum iudaicarum libri XI-XV. Berlin [Nachdr.] 1955. (Kap.12.2.5) S. 80. - [Übers.:] Fl. Jos.: Jüdische Altertümer. Übers. v. H. Clementz. 2. Bd. Buch XI bis XX. Köln 1959. S. 66.

> *Materialien verfertigte er noch zwey Bücher, das 2te und 4te.*
> *Das zweyte bestimmte der Inhalt an seinen Ort, weil es Begebenheiten enthielt die bey dem Auszuge und nach dem Auszuge sich zutrugen.*
> *Auf dies lies er den von Esra gesammelten Priester Codex folgen, weil das zweyte Buch schon manches von den Volksgesetzen enthielt.*
> *Auf diesen Priester Codex lies er das übrige von Materialien folgen, theils zur Geschichte, theils zur Gesetzgebung; und dies machte das 4te Buch Mosis. Endlich die Auszüge des Esra nebst den letzten Nachrichten von Moses Tod, brachte er in das 5te Buch. Er selbst that weiter nichts, als daß er hier und da Erläuterungen hinzufügte. Z.B. damals wohnten die Canaaniter im Lande. u.s.w. So ist der Schluß des Deut. auf jeden Fall von Simon Justus."*[88]

Woher aber nun das Urteil stammt, das in dieser Art Spätdatierung gerade dem an sich wenig bekannten SIMON JUSTUS die Rolle des Sammlers beimißt, kann nur erahnt werden. Von EICHHORN jedenfalls kann kein Hinweis kommen, denn bekanntlich verfährt EICHHORN in dieser Frage ganz anders.[89] ILGEN gibt hier *keine* Erklärung dafür ab, warum es dieser Hohepriester Simon sein muß, der für den Abschluß des Pentateuchs in der o.g. Art verantwortlich sein soll. Vermutet werden kann deshalb, daß es nur die chronologische Abfolge der Pentateuchentstehung ist, die die letzte Phase des Prozesses in eben die Zeit der Regentschaft des Hohenpriesters SIMON JADDUS datiert. An anderer Stelle wird dies bestätigt.
(Diese Erschließen ist unter modernen Gesichtspunkten sicher nicht ausreichend, dennoch darf aber nicht Übersehen werden, daß ILGEN damit ein vollständiges und kompaktes Gesamtkonzept vorstellt. Ohnehin ist ILGEN damit nicht kühner als manche der gegenwärtigen Bibelwissenschaftler.)

Damit sind - sofern ILGEN dieses Konzept behält - für dessen Quellenscheidungsarbeit am Pentateuch wichtige Prämissen gesetzt:
- Da ESRA der Verfasser von Lev ist, kann im Lev also eigentlich keine Auffindung der Urkunden erfolgen. - Es sei denn, sie seien fragmentarisch im Sinne relativ komplizierter literarischer Verkapselung durch das Buch Lev aufgenommen! (Später, wie aus den nachgelassenen Fragmenten deutlich wird, sucht ILGEN im Lev die Urkunden! - Das ist und bleibt ungeklärt.)

---

88 Ms Einleitung in das A.T. S. 422f. (Die Zählung ist nicht ausgeführt!) - Vgl. S. 420: *"Bey dieser Sammlung, die Simon Justus veranstaltete, war noch der alte Samaritanische, oder vielmehr Phönizische Quadratzug gebraucht. Erst bey der Abschließung des ganzen Canons unter den Makkabäern wurde der chaldäische Quadratzug gebraucht."*

89 Eichhorn sieht die 'Litterärgeschichte des Pentateuchs` ganz anders: *"Gleich bey seiner Abfassung wurde das Werk in fünf Bücher getheilt, und den einzelnen Büchern die Folge gegeben, in welcher wir sie jetzt noch lesen. Nachdem Mose diese Bücher mit seines Nahmens Unterschrift beglaubiget hatte, übergab er sein Autograph den Priestern mit dem Befahl, es an die Seite der Bundeslade zu legen."* (Eichhorn: Einleitung ins Alte Testament. Zweyter Theil. Zweyte verbesserte und vermehrte Ausgabe. Leipzig 1787. S. 388f.) - Später, in der 4. Aufl., modifiziert E. sein Urteil noch. - Hier soll es darauf ankommen, inwieweit I. auf E. zurückgreifen kann. Und dies kann er hierin nicht!

- Da bestimmte Pentateuchstücke als 'mosaisch`, 'vormosaisch` oder 'mit Mose gleichzeitig` bezeichnet werden, können diese Stücke ebenfalls nicht den Urkunden angehören. - Es sei denn, der 'Verfasser` der Urkunden sei selbst ein 'Sammler`, der im jeweiligen Urkundenstrang ältere, aber als Fragmente [!] zu bezeichnende Stücke bewahrt hätte.

Diese Fragen ergeben sich aus dem Postulat eines strengeren Systemcharakters, das an die Arbeit ILGENS herangetragen werden muß. - Ob allerdings dessen Arbeit diesem Postulat gerecht wird, hängt nicht nur an der Frage, ob ILGENS Idee der Pentauechexegese die ausreichende Konsistenz aufweist, sondern auch an der rein historischen Frage, ob er mit seinem Werk ans Ende gekommen sei. Das aber ist in den oben erörterten Zusammenhängen schon aufgezeigt worden.

5.2. Die Verfasserschaft und der literargeschichtliche 'Rahmen'

5.2.1. Die Anlehnung Ilgens an Fulda - Oder: Das Doppelmodell - Urkunden und Fragmente

Wir finden nun aber bei dem oben genannten F. K. FULDA eine ganz ähnliche Ansicht, was die historisch breite Aufteilung der Pentateuchentstehung anbelangt. Und ILGENS Werk weist nicht nur gewisse Affinitäten, sondern sogar *erklärte Rückbezüge* zur Arbeit von FULDA auf. Damit aber wäre der Begriff 'Urkundenhypothese` durchaus *auch* auf den Bereich der Forschungsgeschichte, der im allgemeinen mit dem Begriff 'Fragmentenhypothese` abgegolten ist, auszudehnen. Denn was FULDA (auch OTMAR/NACHTIGAL) und ILGEN hier konzipieren, ist im Sinne einer strengen Klassifizierung nach üblichen forschungsgeschichtlichen Kriterien eben nicht allein 'Urkundenhypothese`, sondern weist eine deutliche Nähe zur Nachfolge- bzw. Konkurrenzhypothese auf.[90] Aber vielleicht sind die allzu strengen Kriterien der Forschungsgeschichte hinderlich, die Sache der älteren Exegese zu erfassen; vielleicht auch zeigt sich schon hier, daß die sogenannte 'Ältere Urkundenhypothese`, wo sie mit ihren exegetischen Mitteln ihre gesetzte Aufgabe nicht mehr oder nur schwer erfüllen kann, in die Fragmentenhypothese (gegebenenfalls auch Ergänzungshypothese) umschlägt: Da es eben leichter ist, in der Frühgeschichte der alttestamentlichen Literatur

90 Zur Fragmentenhypothese siehe Kap. 6.

'*Überlieferungsatolle*` (OTMAR: '*Lieder*`) auszumachen als gerade '*Überlieferungskordilleren*`, dh. parallele Längsschnitt-Texte. Es kann aber auch wieder nicht als ausgemacht gelten, daß die Urkundenhypothese in die Fragmentenhypothese umschlägt, wo sie ihre Fragestellung nicht mehr anders bewältigen kann. Letztlich ist das Verhältnis beider Hypothesen eventuell auch umgekehrt zu beschreiben. Dafür ist, wie noch zu beschreiben sein wird, ILGENS Arbeit eine beredtes Beispiel. Dabei bleibt der Doppelcharakter des Lösungsmodells allerdings bestehen. -

Nun zu FULDA:

FULDA, den ILGEN in den 'Urkunden des Jerusalemischen Tempelarchivs` als einen der Vorarbeiter in Sachen der Quellenscheidung anführt[91], legt in einer nachgelassenen Schrift ('*Das Alter der heiligen Schriftbücher des alten Testaments*`)[92] eine Pentateuchanalyse vor, die auf Quellenscheidung bewußt verzichten will, aber dennoch für den wissenschaftsgeschichtlichen Kontext nicht uninteressant ist. EICHHORN schreibt rezensierend: "*Er* [Fulda] *giebt zu, daß Moses einzelne Aufsätze und Urkunden hinterlassen habe; nur sey der Pentateuch von ihnen noch sehr verschieden. Ein später lebender Hebräer habe mit Zuziehung jener ächt Mosaischen Documente eine zusammenhängende Geschichte der Hebräer, und durch Hinzufügen der Genesis auch des Menschen-Geschlechts und des Ursprungs der Welt abgefaßt, und alles mit den alten auf ihn herabgeerbten Urkunden gehörig documentiert.*"[93] - Nach FULDA ist eine Urkundenhypothese zu erstellen deshalb nicht möglich, weil die ursprünglichen Urkunden durch ihre Einkleidung so unkenntlich gemacht wurden, daß man sie nicht mehr vom Kontext abheben könne. Das gilt besonders für die 'vormosaischen` Urkunden. -

> FULDA:
> *"Die Urkunden vor Mose sind derstalt mit andern verwickelt, und durch neuere Einkleidung so unkenntlich gemacht, daß man sie schwerlich wieder absondern, und in ihrer Urgestalt erkennen kann. Ecstatische Reden und Liederstücke, deren vielleicht einige gereimt gewesen sind, schwimmen in dem Flusse der prosaischen Erzählung. Wie etwa die Rede Lamechs an seine Weiber Gen. 4,23. und der Einbruch der Sündflut."*[94]

---

91 A.a.O., Vorwort S. XI. - Siehe oben.

92 F.K. Fulda: Das Alter der heiligen Schriftbücher des alten Testaments. In: NRBML 3 (1791) S. 180-256.

93 Eichhorn [Rez.]: Neues Repertorium für biblische und morgenländische Litteratur, herausgegeben von M. H.E.G. Paulus. Dritter Theil. Jena 1791. In: ABBL 4.5 (1793) S. (919-936) 923f.

94 Fulda: A.a.O., S. 190. - Vgl. auch den Hauptrepräsentanten der Fragmentenhypothese: J.S. Vater: Comentar über den Pentateuch. Dritter Theil. Halle 1805. S. 675: *"Sollte es aber auch, zwar nicht erweislich, jedoch wahrscheinlich seyn, daß sich Manches schriftlich aus dem Mosaischen Zeitalter fortgepflanzt habe: so folgt dies höchstens für eine sehr kleine Anzahl von Stücken, und nicht einmal für die gegenwärtige Gestalt derselben."*

Dennoch aber könne man neben den vormosaischen Urkunden (Gen 4, 23; Gen 7, 11)[95] Urkunden *"von Moses Zeiten"* (Num 21, *"drey Bruchstücke von Liedern"*[96]) ausmachen - und einige mosaische Urkunden, wenn auch mit Mühe, wiedererkennen: Es sind z.B. das *"Buch des Bundes oder die Bundesurkunde"*[97], der *"Decalogus. Ex. 24,3"*[98] das *"Siegslied auf den Durchgang durch das rothe Meer"*[99], das *"Lagerregister. Num. 33,1"*[100]. Daneben sind es: *"Weitere Urkunden von Mosis Hand, man könnte sie Urkunden der zweyten Klasse nennen, sie sind in den Text eingewebt."*[101] Dazu gehören Ex 17, 14-16; Dtn 5, 1; 25, 17-19; Num 17, 2.3; Dtn 5, 8.9.11.18.19; Dtn 24, 1.3.[102] - *"Die letzte Urkunde Mosis ist sein Segens- oder Abschiedslied, c. 33."*[103] - FULDA: *"Die mehrsten und wichtigsten Urkunden von Mose sind diejenigen, wo von es Deut. 31,9. heißt: Mose schrib dieses Gesetz und gab es den Priestern ..."*.[104] - Die literarkritische Unterscheidungsmöglichkeit zur Analyse alter Urkunden seien nach Fulda die *"viele*(n) *veraltete*(n) *Namen"* und andere Archaismen.[105] Aber dennoch seien alle alten Dokumente nur in ihrer paraphrasierten Fassung erhalten und nicht mehr in ihrem ursprünglichen Zustand, auch Dekalog und Deuteronomium.[106] Denn ein '*Verfasser*' (d.i. wohl der 'Sammler' - in *nach-fuldascher* Diktion) habe sie zu einer Erzählung verwendet:

> *"Der heilige Verfasser liefert eine zusammenhängende Geschichte des Volks Gottes, von des menschlichen Geschlechts und der Welt Ursprung an; und geht, der Zeitordnung nach, durch alle fünf Bücher fast; und belegt seine Erzählung mit Urkunden, Sprichwörtern oder Sagen, Liederfragmenten, Lieder und Schriften, wo er sie findet. Natürlicherweise hält er sich da am meisten auf, wo er am meisten zu sagen weiß und wo er die meisten Urkunden vor*

95 A.a.O., S. 190.

96 Ebd.

97 *"Buch des Bundes ist dem Inhalt nach ganz eins mit diesen Tafeln"*. A.a.O., S. 191.

98 A.a.O., S. 191.

99 A.a.O., S. 193.

100 Ebd.

101 Ebd

102 A.a.O., S. 194.

103 A.a.O., S. 198.

104 Ebd. und a.a.O., S. 199: *"Aller dieser mosaischen Urkunden zusammen sind also zehen. Nemlich drey Fragmente von seiner Zeit; und von ihm selbst das Lagerregister; drey Gesetze, eins des Buch des Bundes, der Decalogus, das andere das Gesetz wider Amalek, und das dritte, das andere Gesetz, Deuteronomium; Und drey vollständige Lieder, das Durchgangssiegslied, das Gesetzlied, und das Abschiedslied."*

105 A.a.O., S. 228.

106 A.a.O., S. 204-212.

> *sich hat, wie bey Mose, und seinen Thaten, Worten Schriften, Tode, Charakter und Nachruhm.* "[107]

Wichtig ist hier nun noch, daß FULDA festhält, daß die Schriften des Pentateuchs nicht vor David geschrieben sein könnten.[108] - Mit seinem Gesamturteil liefert er im groben Rahmen ein Konzept, das sehr an die historische Maske der literarhistorischen Materialaufteilung ILGENS erinnert.[109] Vor allem aber betrifft das die unmittelbare Zuweisung von Durchzugslied (Ex 15), 'Decalogus' (Ex 24, 3) und 'Lagerregister' (Num 33) an Mose und Num 21 in die mosaische Zeit. Es scheint also so zu sein, daß eben nicht nur EICHHORN im Hintergrund der Arbeit am Pentateuch steht, sondern auch ein weniger bekannter Gelehrter: FULDA.

Ist nun aber die Arbeit jenes relativ unbekannten Gelehrten eine zufällige bzw. temporäre Bezugsgröße für Ilgen? - Was die Berufung ILGENS auf FULDA anbelangt, muß darauf hingewiesen werden: Schon in dem *frühesten uns zugänglichen Manuskript* ILGENS bezieht sich ILGEN auf FULDA. Nach einer kurzen Auseinandersetzung mit EICHHORN über dessen Annahme eines hohen Alters des Pentateuch schreibt er im ältesten Teil des Gen-Prälektionars:

> *"Den Eichhornschen Beweisen für das hohe Alter des Pentateuchus können entgegengesetzt werden die, die Fulda vorgetragen hat in der Abhandlung über das Alter der Heil. Schriftbücher des alten Testaments. in Paulus neuen Repertor. für bibl. und Morgenl. Literatur T. III. p. 180ff.*
> *1. Der Pentateuchus kann nicht von Mose seyn weil wenige Chaldaismen abgerechnet, die Sprache des Esra noch dieselbe ist, und es wider die Analogie des menschl. Geistes ist, daß sich bey einem Volke die Sprache so unverändert erhalten sollte.*[110]
> *2. Moses wird nicht in der ersten, sondern alles in der dritten Person aufgeführt, welches von einem so alten Schriftsteller nicht zu erwarten wäre. Bey Cäsar, der sich selbst in der dritten Person erwähnt ist es etwas andres; da haben wir äusere Zeugnisse.*
> *3. Es werden Volkslieder angeführt Num 21, 14.15. und vs. 17. und vs. 27*[111] *um die Geschichte zu beweisen. Dieses thut eben | kein gleichzeitiger Schriftsteller. Aber erstl. wozu ein solcher Beweis? und dann, wie kann er sich auf Sagen und Sprichwörter berufen, die erst entstehen müssen? Ein späterer Schriftsteller kann dies wohl, aber kein gleichzeitiger. S. Fulda l.u.p. 202ff.*

---

107 A.a.O., S. 200. Nota bene: Wer ist bei Fulda der '*Verfasser*'?

108 A.a.O., S. 254: *"Die Bücher Mosis sind vor dem König David nicht geschrieben."*

109 Viele Ähnlichkeiten fallen auf, nicht nur die 'mosaischen Urkunden', sondern auch die 'Einkleidung', die Hinweise auf 'Archaismen' etc. I. hat F. also offensichtlich gründlich studiert.

110 Vgl. Fulda: A.a.O., S. 186: *"Die Wortsprache der neuesten und jüngsten Stücke in dieser Urkunde, des Nehemias, der Chronik, - ist, einige Chaldaismen ausgenommen, keine andere als die Wortsprache des ältesten, des Moses; - mit einigen Archaismen, wenn man will, und gleichwohl liegt ein Zeitraum von tausend und mehr hundert Jahren mitten inne."*

111 Vgl. Fulda: A.a.O., S. 190. - Num 21 sind *"Volkslieder"* bei Ilgen!

4. Mosis Decalog wird paraphrasiert an zwey Stellen verschieden Exod. XX, 2 - 17. Deut. V, 6-21. Keiner ist das Original; er würde für Steinschrift viel zu lang seyn.
5. In Beschreibung der Züge sind Abweichungen p. 216.
6. Oerternahmen, welche Moses nicht kann genannt haben. p. 239.
7. Gewisse Ausdrücke der Zeit schließen Moses als Verfasser aus. p. 230.
Einige dieser Einwürfe sind von Eichhorn schon aufgeworfen und beantwortet worden. Einl. T. II.p. 339.ff. " - Anm. die Punkte 5-7 werden durch Textstellen ergänzt. "[112]

ILGEN hat EICHHORN und andere beerbt. Er hat deutlich sichtbar aber keine der Einseitigkeiten seiner Vorarbeiter übernommen: von EICHHORN nicht dessen anfängliche Ambitionen, Ex 3 bis Dt an eine mosaische Verfasserschaft verweisen zu wollen, von BAUER nicht die Frühdatierung des Archivs und von FULDA nicht den literarkritischen Skeptizismus, der auf eine explizierende und quellenscheidende Urkundenhypothese verzichten muß.

In der ersten Niederschrift des Gen-Prälektionars äußert sich ILGEN einerseits bekennend zur Urkundenhypothese, und das Vorhaben, eine eigene Analyse vorzulegen, findet sich hier schon angedeutet. Gleichfalls ist aber auch schon das Bekenntnis zur Fragmentenhypothese Fuldascher Art zu lesen. Wenn man denn nun dem Jenenser Alttestamentler, Orientalisten und Altphilologen K.D. ILGEN hier, also im Bereich der frühen Niederschrift des Gen-Prälektionars, noch an sich unzulässige Inkonsistenzen im Werk konzedieren könnte: daß am Anfang der akademischen Tätigkeit noch die Fähigkeit, eine positive Entscheidung für ein Modell zu fällen, fehlen dürfe - so wird man sich einem solchen Zugeständnis verweigern, wo es sich um die Überarbeitete Version des Lektionars handelt (, das zudem aus etwa der Arbeitsphase ILGENS stammen muß, in der die 'Urkundenhypothese im Vollzug` schon vorgelegt war und sicher mit weiteren Veröffentlichungsabsichten vorangetrieben wurde!).

Im oben zitierten Einleitungsprälektionar und in der Überarbeiteten Version des Gen-Prälektionars *bleiben beide Optionen*: einerseits die deutliche Beschreibung dessen, was ILGEN in den 'Urkunden des Jerusalemischen Tempelarchivs` vorlegt, andererseits die Fuldasche 'Übersicht` über das literarkritische Rahmenkonzept. Das Rahmenkonzept erfährt in der dreimaligen Verwendung ILGENS - wie unten zu zeigen sein wird - schwerwiegende Veränderung; jedoch bleibt es erhalten. Die Vereinigung beider Optionen und die weitere Mitführung beider Modelle deutet darauf hin, daß ILGEN sie beide 'zusammengedacht hat`. Sie bilden demzufolge eine Einheit. Und ergänzen einander. Also kurz: Die 'Urkunden` müssen mit sich den 'Fragmenten` vertragen und umgekehrt.

Was für den Pentateuch gilt, gilt auch in gewisser Hinsicht für das Buch Josua. Freilich spricht ILGEN dabei nicht von Pentateuch-Urkunden. Aber nur

---

112 Ilgen: Ms Vorlesungen über die Genesis. S. II.27f.

hier, in dem Einleitungsprälektionar, nicht. In den wahrscheinlich später zu datierenden handschriftlichen Nachlässen[113] zur Urkundenhypothese versucht er, auch im Josua E', E'' und J nachzuweisen. -
Einleitungsprälektionar:
Zu Josua
"Das Buch ist aus lauter Bruchstücken zusammengesetzt. Ich will itzt nun einige erwähnen, die am auffallendsten sind.
Cap. 5,13 - 15. Ist ein Fragment, wo der Engel erscheint, welches mit dem folgenden in keiner Verbindung steht.
Cap. 6,22-24. ist ein Einschiebsel, der den Zusammenhang unterbricht.
Cap. 10, 12-15. von dem Sonnenstillstand.
Cap. 13,1.ff. Wird ein Befehl gegeben zur Vertheilung des Landes, aber von der Befolgung des Befehls wird nichts gesagt. |
Daß dies Werk also Compilation ist, beweisen diese Bruchstücke. Wann aber ist es abgefaßt. Nicht vor David und Salomo, denn es erwähnt Jos. 15, 63. Jerusalem, und Jos.9, 23. das Haus Gottes. Nicht vor der Trennung beyder Reiche; denn es spricht vom Gebirge Juda und Israel Jos. II, 16.21.
Esra kann der Verfasser auch nicht wohl seyn, weil es heißt Jos, 15, 63 die Jebusiter zu Jerusalem konnnte der Stamm Juda nicht vertreiben; daher wohnen die Jebusiter unter den Juden zu Jerusalem bis auf diesen Tag.
Es ist auf dieselbe Weise zu entscheiden, wie bei dem Pentateuch. Man muß den Compilator von den Verfassern wohl unterscheiden, die die Materialien geliefert haben. Der Sammler scheint ebenfalls Simon Justus gewesen zu seyn, der den Pentateuch sammlete; aber er sammlete aus ältern Urkunden die unter den Cönigen nach David und Salomo verfertiget worden sind."[114]

5.2.2. Die Vorläufigkeit der Bestimmungen. - Oder: Kontinuität und Zurückhaltung in der Beschreibung des Modells

Es bleibt im Zuge der Arbeit ILGENS nicht bei der oben dargestellten Vollständigkeit dieses Rahmens. Seine letzte Form, niedergeschrieben nach dem Erscheinen der einzigen Veröffentlichung ILGENS auf dem Gebiet der Urkundenhypothese, stellt eine Veränderung und eine Verkürzung des Modells dar. Sogar eine erhebliche. Dies bezeugt aber nur, daß, wie die Einzelbewertung der Veränderungen

113 Im Nachlaßband Port 150. Bd. 9 ist dies der Fall. Dieser Band steht unter keinem Titel und hat auch keine durchlaufende Paginierung. Er besteht aus zusammengebundenen einzelnen Heften, die offenkundig den Charakter von Vorarbeiten haben.

114 Ders.: Ms Einleitung in das A.T. S. 443f. - Wird nicht überarbeitet oder ergänzt! - In Nachlaßband 9, Heft Nr. 5-7 trennt Ilgen prognostisch nach den Urkunden A (J'') und B (J'). Das sind allerdings nur Versuche.

auch ausfallen möge, ILGEN hier ein Arbeitskonzept vorlegt, welches trotz aller Veränderungen die Kontinuität der Grundsatzposition nicht verliert.

Zur ältesten Niederschrift ILGENS gehört die erste Version des Genesisprälektionars. Denn Gen hält er in Jena früher als Einleitung und Apokryphen; die erste Fassung, deren einzelne Passagen von ihm handschriftlich durchgestrichen sind, erhalten eine Neuformulierung. So das Manuskript ILGENS:
Nachdem er in den einleitenden Passagen der Genesisvorlesung die Arbeit von ASTRUC und JERUSALEM beschrieben hatte, kommt er in seinem Prälektionar zu folgenden Bekenntnissen:

> "*Auf dies* [d.s. die Theorien Jerusalems, B.S.] *folgte Eichhorn. Seine Vorstellung ist im Ganzen die des Astruc. Er macht ebenfalls die Namen Jehova und Elohim zum Haupt Unterscheidungszeichen,* [...?] *sich aber auch auf andere Sprach und Sachverschiedenheiten und nimmt da zwey neben einander fortlaufende Urkunden an, von denen die eine bald ganz schweigt, bald nicht so vollständig ist, wie die andere.* [Ergänzung, andere Tinte: *s. Beylage p. 14.* §]"[115] |

Alles Folgende ist gestrichen (!):

> "*Auch ich folge dieser Spur, nur mit dem Unterschiede, daß ich nicht zwey Urkunden, sondern mehrere annehme, wie zu seiner Zeit wird gezeigt werden; uns sind zwey Hauptäste die sich durch Elohim und Jehova signalisiren. Aus dieser Zusammensetzung der Urkunden erhellte wenigstens wo viel, daß Moses nicht alles selbst so geschrieben wie es vor uns liegt.*
> *Es geht aber die Zusammenstellung der Urkunden, nur nicht mit einem so auffallenden Unterschiede, durch die übrigen Bücher fort; da es nun dort unmöglich ist, daß Moses der Sammler gewesen, denn er ist ja selbst der beständige Inhalt, so läßt sich mit Sicherheit schließen, daß er es auch im ersten nicht gewesen.*
> *Da Spuren von außerordentlicher Neuheit da sind, aber auch Spuren von einem hohen Alterthum; so ist so viel wahrscheinlich, daß*
> *1.) Manches vormosaische in der Genesis enthalten ist.*
> *2.) Manches von Moses selbst.*
> *a.) verändert*
> *b.) unverändert*
> *3.) Vieles nach Moses zu verschiedenen eben ungewissen Zeiten, und dies vorzüglich in dem 2-4. Buch* |
> *1. Vormosaische Urkunden sind z.B. wahrschl.*
> *a.) Die Geschlechtsregister.*
> *b.) Das Scholium des Lamech.*
> *c.) Das Schöpfungsgemählde* [nachgetragen mit anderer Tinte: '*aber umgearbeitet*`]
> *d.) die Beschreibung des ersten Menschenpaars.* [nachgetragen mit anderer Tinte: '*desgl.* `]
> *2.) Mosaisch.*
> *a.) der Decalogus Exod. 24,3.*
> *b.) das Siegslied Exod. 15.1.*
> *c.) das Lagerregister Num. 33,1.*

---

115 Ders.: Ms Vorlesungen über die Genesis. S. II.29.

d.) das Gesetzlied Deut. 32, 1.ff.
e.) Abschied oder Segen Deut. 33.
[nachgetragen: *'Wer ist nun der Verfasser? S. Prälectionar ad Introduct. in V.T. p. 411-413.*]"[116]

Der ganze gestrichene Komplex, in dem ILGEN nur kurz über sein Bekenntnis zur Urkundenhypothese und deutlich über seine gleichzeitige Anlehnung an FULDA referiert und den man wohl als *erstes* Modell bezeichnen kann, (während aber dann das Einleitungsprälektionar eine ähnliche Position einnimmt[117]) - ist in Gen ('Beylage`) ersetzt durch folgende Bemerkungen.[118] Sie sind auf jeden Fall *nach* Erscheinen des Buches 'Die Urkunden` formuliert.

ILGEN:
"Nach den Untersuchungen, die ich angestellt habe, besteht die Genesis aus 17 für sich bestehenden Urkunden, die drey verschiedenen Verfassern angehören; zwey davon gebrauchen von Gott den Nahmen[119] *Elohim, und eine den Nahmen Jehovah. Ich nenne die, die den Nahmen Elohim gebrauchen, Eliel (mein | Gott El oder Elohim), und um sie beyde wieder zu unterscheiden, so gebe ich dem einen den Beynahmen Harischon, dem anderen den Beynahmen Haschscheni. Den dritten Verfasser nenne ich Elijah (mein Gott ist Jah oder Jehovah) mit dem Beynahmen Harischon. weil noch andere in den folgenden Büchern vorkommen, von denen dieser muß unterschieden werden. Von diesen 17. Urkunden gehören 10. Eliel Harischon; 5. Eliel Haschscheni; und 2. Elijah Harischon. Die Gründe die ich zu der Trennung der Genesis, und zu der Vertheilung an 3. Verfasser, die zu verschiedenen Zeiten gelebt, und ganz unabhängig von einander geschrieben haben, sind folgende fünf.*
I.) Die Überschriften, die sich hier und da in der Genesis finden, und bisweilen ganz an unrechten Orten stehen, z.B. Genes. II,4. XI,27. XXXVII,2.[120]
II.) Die Wiederholungen eben derselben Sache, die sich ein Schriftsteller, wenn er unabhängig schreibt, schwerlich erlauben kann. z.B. daß Gott Menschen erschaffen hat, wird 3. Mahl[121] *erzählt Gen. I,26.ff. II,7.ff. V,1.ff. Von der Noachitischen | Fluth haben wir zwey Nachrichten, die in einander fortlaufen. Cap. VI. VII. VIII. IX. Zwey Mahl bemerkt Gott die Bosheit der Menschen, zwey Mahl spricht er das Todesurtheil über sie aus* [...].[122]
III.) Die Verschiedenheit des Stils, welcher unmöglich Werk des Zufalls seyn

---

116 A.a.O., S. II.30f.

117 In der ersten Fassung des Einleitungspälektionars schreibt Ilgen (A.a.O., S. 320): *"Ich theile die Urkunden in zwey Haupt-Classen, in die mit dem Nahmen Elohim, und mit dem Namen Jehovah. Jenen nenne ich Elohisten, diesen Jehovisten. Elohisten unterscheide ich von ohngefähr 7. und Jehovisten 3. "* - Das ist dann von Ilgen gestrichen und ersetzt worden. Es entspricht etwa der Position der älteren Genesis-Prolegomena.

118 A.a.O., S. I.14-19.

119 Das Wort 'Name` schreibt Ilgen hier mit 'h` wie in den 'Urkunden`.

120 Die fünf 'Beweise` finden sich auch in den 'Urkunden` und werden deshalb hier verkürzt wiedergegeben. - Die 'Überschriften` - A.a.O., S. 351-362.

121 Siehe P.J. Bruns: Untersuchung der ältesten Sagen von der Entstehung des Menschengeschlechts. In: NRBML 2.4 (1790) S. 197-209. - Vgl. Kap. 6.

122 Die 'Wiederholungen` - A.a.O., S. 362-376.

kann. Dahin gehört vorzüglich der Gebrauch der Nahmen Gottes Elohim und Jehovah. [...][123]
IV.) Die Verschiedenheit des Charakters. Z.B. der eine Verfasser macht den strengen Chronologen, verfährt überhaupt historisch; der andere hält sich an Etymologie, und verfährt mythisch [?], | *der eine stellt die Sagen, die er aus der Urzeit hatte, ganz simpel dar, der andere modelt sie um, daß man die Schiksale der späteren Israelitischen Nation darinnen sehen kann. Und so lassen sich wieder andere charakteristische Züge bemerken, wenn man die Urkunden vor sich hat.*[124]
V.) Widersprüche.
z.B. Cap. I. werden erst Bäume, Sträucher, Vögel, Fische, Landthiere erschaffen, und dann der Mensch. Cap. II. wird erst der Mensch erschaffen, und dann die Bäume, Sträucher, Vögel und Thiere. Nach Cap. VI,19ff. soll Noah 1. Paar von jeder Thierart, die nicht im Wasser leben kann zu Schiffe nehmen; nach Cap. VII,2ff. von den reinen Thieren 7. Paar, und von den unreinen nur 1. Paar [...] *Und so giebt es unzählige andere Widersprüche.*[125]
|
Diese Gründe sind in extenso dargelegt in der Abhandlung über die Trennung der Urkunden in dem ersten Buch von Moses, welche dem ersten Theil des Jerusalemischen Tempelarchivs angehängt ist.
In diesen verschiedenen Urkunden trifft man Spuren eines ziemlich hohen Alters aber auch Spuren von einem sehr späten Zeitalter. z.b.
Deut. XXVIII,68. wird von der Verpflanzung nach Ägypten geredet.
Num XXIV,24. wird von Mazedonien gesagt, daß es das Assyrische Reich zerstöhren, hernach aber selbst umkommen würde.
Hingegen kommt Exod. XV,1. ein Lied vor, welches nach dem Durchgang durch das rothe Meer soll gesungen worden seyn, und welches alle Merkmahle des höchsten Alterthums hat.
Num. XXXIII,1. ist ein Lagerregister, welches schwerlich eine späte Hand so abfassen konnte.
Num XXI,14.15.17.27. werden Buchstücke aus Volksliedern[126] *angeführt, die sehr alt seyn müssen.* |
Es besteht demnach der Pentateuch aus Stücken, deren Verfasser in einem Zeitraum von mehr als 1000. Jahren von einander getrennt lebten. Es sind darinnen
1.) Stücke von Moses
a.) Der Dekalogus Exod. XXIV,3.
b.) Das Siegslied Exod. XV,1. zum Theil
2.) Gleichzeitige mit Moses, oder bald nach Moses
a.) Das Lagerregister Num. XXXIII,1.
b.) Die Bruchstücke von Volksliedern Num. XXI,14.15.17.27.
3.) Stücke aus dem Zeitalter Davids und Salomonis.
4.) Stücke der Zeitalter sich noch nicht genau bestimmen läßt, die aber schwerlich vor dem Exilio geschrieben sind.
Die Verpflanzung der Juden nach Egypten, auf die Num. 28,68.[127] *hingedeutet wird, erfolgte unter Ptolemäus Lagi o. ante Christ. 312. Die Cittäer,*

---

123 Die 'Verschiedenheit des Stils` - A.a.O., S. 376- 400.

124 Die 'Verschiedenheit des Charakters` - A.a.O., S. 400-409. Hier benannt 'Von der Nothwendigkeit der Trennung` - A.a.O., S. 409-426.

125 'Widersprüche` hier benannt 'Von der Nothwendigkeit der Trennung` - A.a.O., S. 409-426.

126 Auch hier ist von den Stücken in Num 21 als von *'Volksliedern`* bei Ilgen die Rede.

127 Fehler Ilgens. Er meint Dtn 28, 68 - wie oben richtig.

> *die Num. XXIV,24. ihren Untergang finden sollen, sind die Macedonier unter Alexander. Dieser starb Ol. 114,1 oder a.Christ. 324. also in dieses Zeitalter müssen einige der Urkunden gehören. "*

Deutlich ist, daß diese Bestimmungen manches aussparen, von dem im Rahmenmodell des Einleitungsprälektionars die Rede war. Keine vormosaischen Stücke werden mehr aufgeführt. Von Simon Justus ist hier ebenfalls nicht die Rede. Jedoch wird dieser Name im Zusammenhang mit der Zeitbestimmung der Endabfassung des Pentateuchs nachgetragen: *"... es wird also wohl der beste Zeitpunkt seyn von 300. bis 290 a. Christ. Um diese Zeit war Hoherpriester Simon Justus, dessen Lob Sirach preist Cap. L,1.ff. Es ist höchst wahrscheinlich daß von diesem, oder unter ihm, der Pentateuch gesammlet ist.* "[128] - Der Verdacht, daß es sich nur um ein Kurzfassung der längeren Bestimmung von Einleitung handelt, läßt sich leicht abwenden: Die Zuordnungen sind teilweise anders. Zwar ist keine Neuorientierung erkennbar, da der Rahmen in wesentlichen Teilen noch da ist.

Die drei Lieder in Num 21, die bei FULDA mit Mose zeitgleich waren, erscheinen bei ILGEN als '*Volkslieder*` [129], denn offensichtlich muß vom Volke sein, was aus Moses Zeit, aber nicht von Mose selbst ist.[130] Diese früh-formgeschichtliche Erklärung erscheint hier ohne Kommentar. -

Im Verzicht auf die Nennung des späten Lev ist sicher auch nicht einfach eine Abreviatur zu vermuten, denn in den nachgelassenen Manuskripten versucht er, die Texte des Buches Lev den möglichen Quellenverteilungskriterien zuzuordnen.[131] Aber in der fehlenden Definierung sehr früher (vormosaischer) Texte deutet sich doch das eine Problem an: Das Rahmenmodell vom Einleitungsprälektionar ist sehr weitgehend, vielleicht zu differenziert ausgearbeitet,

---

128 Ms Vorlesungen über die Genesis. S. I.20.

129 Vgl. A.a.O., S. I.19 und A.a.O., S. II.27.

130 Der Charakter von Num 21 ist schon früh aufgefallen: Vgl. [J. le Clerc:] Sentimens de quelques Théologiens. Amsterdam 1685: S. 123: *"... le Livre des guerres de l'Eternel, que l'Auteur du Pentateuque cite Nomb. XXI. 13. "* (Zu le Clerc vgl. Kap. 2 u. 6.) - Vgl. auch [J.Fr.W. Jerusalem:] Briefe über die Mosaischen Schriften und Philosophie. Erste Sammlung. Zweyte Aufl. Braunschweig 1772. S. 100: *"Zu Mosis Zeiten war diese Gewohnheit, das Andenken aller merkwürdigen Begebenheiten durch dergleichen Lieder zu erhalten, und ganze Sammlungen davon zu machen, wenigstens schon alt und allgemein. Er selbst führet aus einer solchen Sammlung, unter dem Titel des Buchs der Kriege des Herrn, zwey solche Lieder an, 4 B. Mose XXI. 14.17.27. ...".* - Erst Vater (A.a.O., S. 643) dann wieder anders.

131 In Bd. 28 ('Zur Geschichte der Israeliten unter Diktatoren`, siehe Editionsteil) und in Bd. 9 Heft 3-4.

und offensichtlich ist es nicht in seinem vollen Umfang abgesichert. Hier ist nach ILGEN nur *"höchst wahrscheinlich"*[132], daß Simon Justus die Sammlung veranstaltete, im Einleitungsprälektionar (siehe oben) wird diese Hypothese mit größerer Sicherheit vorgetragen[133]. - Auch in den veröffentlichten 'Urkunden` war nichts mehr vom Sammler zu lesen.[134]

132 A.a.O., S. I.20.

133 Vgl. Ms Einleitung. S. 422f.

134 Auch das Alter der Verfasser, also E', E'' und J, zu bestimmen, will sich Ilgen hier versagen. Das käme nach der Vorstellung der Analyse der folgenden Bücher. - Vgl. A.a.O., S. 425f.

Vergleich der Modelle:

	Fulda	Ilgen I (Gen)	II (Einl.)	III (Gen-Beyl.)
vormosaisch	Lamechl.	Lamechl.		
		Schöpfung		
		Geschl'-register	Geschl'-register	
	Gen 7,11			
		Dekalog?		
mosaisch	Bundesbuch			
	Ex 15	Ex 15	Ex 15	Ex 15
	Ex 24	Ex 24	Ex 24	Ex 24
	Num 33	Num 33	Num 33	
		Dtn 32		
	Dtn 33 Dtn 33			
			Genalogien	
zeitgleich mit Mose	Num 21		3 Lieder aus Num 21	Num 21
				Num 33
Königszeit			Schöpfung	?
			Dtn 17	
				?
spät			Dtn 27	
			Dtn 28	
			Dtn ?	
			Lev	Dtn 28[135]
				Num 24

Simon Justus

Die Urkundenanalyse hat die Beibehaltung des *vollständigen* Rahmens wohl ausgesetzt. Die Orientierung an der von FULDA vorgestellten Fragmenten-Theorie, die auf das nicht in ein Urkundensystem verteilbare Textmaterial nicht verzichten will, ist bei ILGEN früh vorhanden und wird aber auch nach der Vorstellung der

135 Hier Korrektur einer fehlerhaften Angabe Ilgens. Er schrieb versehentlich *Num 28*!

expliziten Quellenscheidung *nicht zurückgenommen*. Aber die Ausarbeitung der Urkundenhypothese höhlt den Rahmen langsam aus: Dtn 32 und 33 sind früh noch als mosaisch vorgestellt; im Nachlaß werden die beiden Kapitel den Quellen zugeteilt.[136]

5.2.3. Mosaischer Geist und Datierung des Pentateuchs - Oder: Die 'Decke vor Mosis Angesicht` und die Spätdatierung als Abschied von einer unzumutbaren Belastung biblischer Autoren

Nach der Bestimmung des Rahmens mit seinen deutlichen Ambitionen zur Spätdatierung ist es nicht uninteressant, der historisch-literarkritischen Beurteilung der Pentateuch-Schriften die geschichtlich-theologische Bewertung im Sinne einer hermeneutischen Tiefenbeschreibung gegenüberzustellen.

Fraglich ist nun, welcher Art bei ILGEN die nicht-selbstbekundete Authentie des Pentateuchs ist, dh. also inwieweit der Pentateuch sich zu Recht auf seine 'Mosaizität` beruft. Und diese Berufung sei tatsächlich rechtens! Als Lösung bietet ILGEN an: Die Berufung erfolgt *nicht auf den historischen, sondern auf den kerygmatischen Mose*. Der historische Mose ist, da zu viele Traditionsschichten auf ihm lagern, nicht erreichbar. Mosaisch ist denn also, was als mosaisch gilt!

> *"Was beibt nun Moses selbst noch übrig?*
> *Gar vieles. Moses ist und bleibt der Gesetzgeber, und der, der dem Jüdischen Staat seine Gründung, Form, und Dauer gab, wenn er auch keins seiner Gesetze aufgeschrieben hat, es müßten eben Minos, Aratus, Lycurgus bey den Griechen für keine Gesetzgeber gelten, weil sie ihre Gesetze nicht aufschrieben.* |
> *Was bei ihm das Schreiben entbehrlich machte, war dieses:*
> *1.) Viele seiner Gesetze waren auf alte Gewohnheiten gegründet; sie bedurften also einer erst wiederholten Einprägung durch schriftliche Aufzeichnung eben nicht nothwendig.* [.....]
> *2.) Viele Gesetze waren Egyptischen Ursprungs und daher den Israeliten bekannt.* [.....][137]

---

136 Siehe Bd. 28 des Nachlasses (Edition), vgl. Kap. 6.

137 Eine leichte Anlehnung an Eichhorn: Vgl. E.: Einleitung ins Alte Testament. Zweyter Theil. Zweyte verbesserte und vermehrte Ausgabe. Leipzig 1787. S. 387: *"Der übrige Inhalt dieser Bücher besteht in Gesetzen. Sie sind nicht alle erst von Mose ersonnen, oder unmittelbar von Gott revelirt: bald sind sie auf ein uraltes Herkommen bey den nomadischen Vorfahren der Hebräer, bald auf die Aegyptische Verfassung, die Mose so genau kannte, gegründet.* [...] *Seinen Staat gründete er auf Ackerbau, machte den Erbacker eines jeden Privatmannes zum unver-*

3.) Manche dieser Gesetze waren unmittelbar aus der Natur geschöpft, als der Dekalogus. Da sie also den Israeliten gleichsam in das Herz geschrieben waren, so war es nicht nöthig, sie auf Pergament zu schreiben. | [....]
Viele der später hinzugekommenen Gesetze sind wirklich Mosaisch, sie haben sich durch Israeliten erhalten; doch sind viele von den Priestern, die die Zeitumstände nothwendig machten, hineingefügt worden. Alle Gesetze sind übrigens Mosaisch, weil in allen ein Mosaischer Geist herrscht.
Den wahren Moses kennen wir zwar nicht, wir kennen aber doch die Kopie, die uns seine spätern Nachfolger von ihm entwarfen. Dies darf uns eben weder wundern noch verd[...?]. *Kennen wir doch auch keinen wahren Achilles, sondern den, den uns Homer kennen lehrt, keinen Aeneas als den, den uns Vergil aufstellt. Wissen wir doch auch von Sokrates nichts gewisses; denn ein anderer Sokrates ist der Platonische, ein anderer der Xenophonische. Welcher ist denn wahr?* -- [....] *So kann ich auch fragen welcher ist der wahre Moses. Könnte man die vielen Wunder füllen, die immer ein Zeitalter nach dem andern auf ihn geworfen, von Josua bis auf Esra und Simon Justus herab, wieder wegnehmen, so würde* | *ein ganz anderer Moses erscheinen, als der den wir itzt kennen. Hätte nur der simple Elohist, der das Leben des Abraham, Isaaks, Jakobs und Josephs in der Genesis so simpel und so rein und so märlich*[?] *beschreibt, auch Mosis Leben beschrieben; oder hätte die neidische*[?] *Zeit diese wichtige Dokument, wenn es vorhanden war, verschont: was würden wir nicht für einen Moses sehn? - Mit welcher Würde, und mit welchem Anstande würde er handeln und mit welchen Nachdrucke*[?] *würde er sprechen! -*
Aber so hängt leider im strengsten Sinne des Wortes, die Decke vor Mosis Angesicht, er erscheint uns noch weit unzugänglicher mit dieser Decke, als einst der rohe Haufen Israeliten, denen er Vater, Retter, Führer, und Gesetzgeber gewesen."[138]

Der Konzentration auf den kerygmatischen Mose entspricht bei ILGEN nun eine abschließende Datierung für den Pentateuch, die ebenfalls 'von hinten her` schaut. Diese methodische Orientierung ist naheliegend. - Ein summarisches Gesamturteil zur Datierung des Pentateuchabschlusses gibt ILGEN dreimal ab: In der Gen-'Beylage`, im Einleitungsprälektionar und im Apokryphenprälektionar. Es ist nicht verwunderlich, daß alle drei in der Sache kaum von einander abweichen.

Der Pentateuch habe *"seine gegenwärtige Gestalt"* in der frühen hellenistischen Zeit erhalten. Das läßt darauf schließen, daß der Begriff *'seine gegenwärtige Gestalt`* einem Bedeutungswandel unterliegt. Es ist fast zwingend anzunehmen, daß ILGEN ursprünglich nur an eine Art 'Endredaktion` gedacht habe, während später *'seine gegenwärtige Gestalt`* als Ausdruck für die Urkundenkompilation` steht, da der Arbeit des Sammlers zumindest die gezielte Auswahl und die absichtliche Komposition der ursprünglichen Teile entspricht. - Aber: Ein Urteil über die Endredaktion oder die Quellenkompilation findet sich aber nicht im gedruckten Buch 'Die Urkunden`, wie ja dort auch keine Auskunft über die Datierung der Einzelurkunden gegeben wird.

äußerlichen Eigenthum [...] - *lauter Copien Eines Originals, des Staats der Aegyptier."*

138 Ilgen: Ms Einleitung in das A.T. S. 423-426. (Der Text ist an vielen Stellen sehr unleserlich.)

ILGEN:
"Man könnte mit einiger Wahrscheinlichkeit annehmen, daß der Pentateuch seine gegenwärtige Gestalt nicht vor der Zeit der Makkabäer erhalten habe, denn es sind Spuren eines solch späten Zeitalters darinnnen. Die auffallendsten Stellen sind Deut. 28, 68, wo von der Verpflanzung nach Egypten geredet wird; und Numer. 24, 24. wo von den Macedoniern geredet wird, daß sie das Assyrische Reich zerstöhren würden, sie aber würden auch selbst umkommen.
Solche Spuren eines spätern Zeitalters finden sich auch in dem Canon J.b. Ps. 118. gehört in die Zeiten des Judas Maccbäus S[iehe]. *1. Maccab.4,24. Dieser 118. Ps. ist gesungen worden, da Judas Maccabäus den Tempel wieder einnahm. D.i. Ol.*[139] *154,1. oder 164 J. a. Christ.* |
Die Verpflanzung der Juden erfolgte erst unter Ptolemaeus Lagi ao. 312 a. Christ.
Also kann diese Stelle Deut. 28, 68 auch nicht früher geschrieben seyn.
[...]
Später als ao 285 oder 286. kann der Pentateuch wieder nicht geschlossen seyn, weil um diese Zeit, da Ptolemaeus Philadelphos mit | *seinem Vater Ptolemaeus Lagi zugleich regiert, in das Griechische ist übersetzt worden.*
Die Zeit also seiner Abfassung, wo er gegenwärtige Form erhalten, ist zwischen dem Jahr a. Chr. 302. und 285. Da er aber nicht gleich nach der Verpflanzung kann geschrieben seyn d.i. a. Chr. 312. und auch nicht zu nah von der Übersetzung a. Chr. 285. so wird der Zeitraum 300 bis 290. a. Christ. wohl der beste seyn. Um diese Zeit war Hoherpriester Simon Justus; dessen Lob Sirach preist Cap. 50,1 ff. Dieser Simon Justus ist was unstreitig, der die letzte Hand an den Pentateuch gelegt hat, und ihm seine gegenwärtige Form gegeben."[140]

Hier liefert ILGEN also eine vage Erklärung, was es mit Simon Justus auf sich hat: Die Zeit der Fertigstellung des Pentateuchs ist erschlossen. ILGEN trifft unter Nutzung des Hinweises aus Sir 50,1ff. auf diesen Hohenpriester, wenn er die Endphase seines chronologisch-literarkritischen Rahmenkonzeptes zu beschreiben versucht. Er *ent*lastet Mose, er *be*laster Simon - aber nur als Sammler!

Exkurs (7). Was Mose alles angelastet werden kann und was davon nicht zwingend ist. - Der Wandel einer Ansicht.

Zwei Passagen seien hier aus dem Einleitungsprälektionar exzerpiert. - An manchen Stellen hat I. sein Vorlesungsmanuskript um einen Verweis auf Ergänzungen erweitert, die an den Haupttext des Prälektionars angebunden sind.[141] Im folgenden wird wiedergegeben, was I. in der frühen Phase Mose ernstlich zuzuschreiben erwägt, was also - zumindest für ihn - diskutable Gründe *für* die mosaische Verfasserschaft des Pentateuch waren. Von diesen

139 Olympiadenrechnung!

140 Ms Einleitung in das A.T. S. 411-413. (Vgl. Zusätze. S. 365. Hier finden sich keine Neuerungen, sondern der Verweis auf den Haupttext des Prälektionars S. 411.) - Vgl. Ms Vorlesungen über die Genesis. S. I.14-20 (siehe oben, Anm. 128). - Ms. Einleitung in die Apokrypha. S. 127.

141 Die Gen-Vorlesung, die Ilgen früher hielt, enthält eine ganz ähnliche Passage: Genesisprälektionar, S. II.24f.

Gründen trennt er sich später, wie die angefügten Zusätze deutlich zeigen. Entscheidend ist das Argument, nach dem auf Grund der mangelnden Entwicklung der Schreibkunst in früher Zeit die Urkundenverfassung Mose, jedenfalls im größeren Stil, abgesprochen werden muß.

ILGEN:

"Das erst Buch enthält Archäologie, oder die Geschichte der Vorwelt, doch letztere nur in Beziehung auf die Juden. Die übrigen 4 Bücher enthalten die Beschreibung des Auszugs der Juden aus Egypten, die Einrichtung des Staats in der Wüste, die Regulierung desselben durch Gesetze, die Anstellung des Priesterordens, die Anweisung seines Dienstes, und seiner Verrichtungen, die Schiksaale dieser Nomaden den 40 Jährigen Aufenthalt hindurch in der Wüste bis an die Grenze des zu erobernden Landes. Nach diesem blos im allgemeinen angegeben Inhalt könnte wohl ein Mann wie Moses Verfasser dieser Bücher seyn. [*Und man hat dieses als gewiß annehmen zu können geglaubt aus folgenden Gründen.*]

1.) Moses lebte unter einem Volke, das die Schreibkunst hatte; er konnte also diese Kunst erlernt haben. [...] |

2.) Moses war nach nicht ganz unsicheren Nachrichten in die Priesterordnung der Egyptier eingeweiht; er hatte die Gesetze und Regierungsform der Egyptier kennen gelernt; er hatte Gelegenheit gehabt seine religiösen Begriffe zu vervollkommnen. Ein solcher Mann konnte daher Nachrichten von Egypten geben, wie wir sie in diesen Büchern finden, die die strengste Ansicht [?] *entfalten. Er konnte als Gesetzgeber auftreten und solche Gesetze niederschreiben, wie wir sie in dem Pentateuch finden. Er konnte seinen Landsleuten eine solche gottesdienstliche Verfassung geben, wie sie der jüdische Staat hatte.*[142]

3.) Moses war nicht nur durch seine Geburt und Erziehung in den Stand gesetzt, ein solcher Mann zu werden, für den man ihn hält, sondern auch durch seine Schiksaale. Er konnte gegen seyn Volk vielleicht ganz fremd werden. Nur ein Zufall kettete ihn wieder an dasselbe, als er einen Egyptischen Fronvoigt erschlug. Bei seim Aufenthalt in Arabien studirte er die Geschichte der Vorfahren; er lernte die Ebräische Sprache, verbesserte sie durch seine Lieder, und wurde ein künftiger | Meister einer guten Schreibart.

4.) Moses hatte in der Wüste die beste Gelegenheit in Bekanntschaft mit seinen Landsleuten zu bleiben. Nach 1. Chron. VII, 21. irrten manche Ebräische Hirtenfamilien in der Wüste herum, bis an die Grenzen von Palästina. Namentlich wurden an dieser Stelle die Ephraimiten erwähnt, die einmahl die Herden der Einwohner von Gad plündern wollten, aber zurückgeschlagen wurden.

5.) In der Arabischen Wüste, wo Moses Gelegenheit hatte mit den handelnden Nationen, den Midianitern, Ismaelitern, u.a. bekannt zu werden, u.a. konnte er sich auch mit den Ländern dieser Völker, bekannt machen, und mit ihrer Verfassung.

Ein solcher Mann konnte allerdings Verfasser von 5. Büchern werden, wie diese sind, die den Pentateuchus ausmachen. [gestrichen: (Aber es folgt auch weiter nichts daraus als die Möglichkeit. Ob es wirklich ist, kommt auf eine genauere Untersuchung an.)]"[143]

142 Vgl. dazu L. Hug: Die mosaische Geschichte des Menschen, von seinem Ursprunge bis zum Entstehen der Völker. Frankfrt u. Leipzig. 1793. S. 8: *"Die Lage des Mose, alle Umstände der Zeit, und die Beobachtung über seine hinterlassenen Werke, alles führt seine Bildung zum Gesezgeber und Schriftsteller in die Tempelhallen Egyptens zurück."*

143 Ms. Einleitung in das A.T., S. 306-308

Dagegen I. in den 'Zusätzen`:

"Diesen Gründen kann man entgegensetzen:
1.) Ob gleich Moses die Schreibkunst gekannt hatte, so war sie doch in ihrer Kindheit. Man konnte wohl einzelne Nahmen und Zahlen schreiben, aber nicht ganze Bücher. Dazu fehlte es an bequemern Schreibmaterialien. Man kannte Bley, Stein Baumrinde, und Wachstafeln, aber Papier und Pergament waren noch unbekannt. [...]
2.) Die Nachrichten von Egypten, die mit den Profanschriftstellern übereinstimmen, müssen nicht nothwendig von Moses kommen, der in der Priesterordnung war. Es könnte auch ein späterer Schriftsteller solche Nachrichten sich zu verschaffen wissen, wie Herodotus und Diodorus von Sicilien. Schon unter Salomo, der eine ägyptische Prinzessin heirathete, kam der Israelitische Staat mit Egypten in Verbindung. Der KÖnig erkaufte viel Pferde aus Ägypten. Und wieviel Gelegenheit gab es nicht mit der Geschichte und der Verfassung Egyptens bekannt zu werden, besonders in den Zeiten der Assyrischen Einfalle, wo man mit Egypten in Allianze trat, und häufige Auswanderungen nach Egypten begannen. |
ad 3.) Ist im Grunde alles petitio principii. Man setzt dabey voraus, was ist zu erweisen. Wenn in den fünf Büchern, die man Moses beylegt, eine gute Schreibart herrscht, so muß erst erwiesen werden, daß Moses der Meister dieser guten Schreibart ist. Wenn Moses dieser gewesen ist, was er wohl gewesen seyn kann, so ist es eben unwahrscheinlich, daß er Meister einer guten prosaischen Schreibart seyn sollte. Und überhaupt konnte in Moses Zeiten, wo die Schreibkunst noch so wenig war, Prosa noch nicht bekannt seyn.
4.) Wird zu gegeben. Es hat aber keinen Einfluß auf Moses den Schriftsteller.
5.) Die Bekanntschaft, die Moses in der Arabischen Wüste sich mit Ausländern verschaffte, konnte ein Schriftsteller unter David, nach der Bekanntschaft mit Hiram, den König von Tyrus, sich noch viel leichter und vollkommen verschaffen. Denn von den Tyriern und Sidoniern ließ sich noch mehr lernen, als von den Ismaelitern und Midianitern. |
Es ist also in Ansehung der Materie, wenn man sie im allgemeinen betrachtet, keineswegs nothwendig, daß Moses diese Bücher geschrieben hat."[144]
Interessant ist, daß I. in der Korrektur seiner früheren Ansichten historische Loci in der Geschichte Israels aufsucht, die ebenso, wenn nicht gar besser, als Quellpunkte für die Literaturentstehung gelten können. Diese Loci liegen aber alle viel später. Der konsequenten Überanstrengung mosaischer Verfasserschaft stellt I. (methodisch) die Alternative gegenüber: die permanente Möglichkeit der Spätdatierung als *Entlastung* der alten Prämisse von der Verbindung einer Frühentstehung mit der Person des Mose.
Ein Beispiel des radikalen Gegensatzes in der Literarkritik sei dem hinzugefügt: W. FR. HEZEL[145] verfährt im Jahre 1780 andersherum und kommt, nachdem er sich schon einmal der Urkundenhypothese verschrieben hatte[146], zu einer Ablehnung jeglicher Quellenscheidung und zur neuen *Belastung* der Person Mose. Dieser wird quasi zum Erfinder des Pentateuchs:
"Moses hat diese Bücher schreiben können! - Die Erfindung der Buchstabenschrift gehet wenigstens bis auf Josephs Zeit zurück."[147] Und, was I. als möglichen ägyptischen Einfluß aus späterer Zeit ansieht, muß bei H. früh sein: *"Die andere, aber noch nicht erwiesene Quelle aus welcher Moses geschöpft habe, sollen ägyptische, phönizische und chaldäische Denkmäler*

144 A.a.O., Zusätze, S. 65-67.

145 Wilhelm Friedrich Hezel. Geb. ? Gest. ? - Kein biographischer Nachweis.

146 W. Fr. Hezel: Ueber die Quellen der Mosaischen Urgeschichte. Lemgo 1780.

147 Hezel: Die Bibel Alten und Neuen Testaments mit vollständig-erklärenden Anmerkungen. Erster Theil. Lemgo 1780. S. 5.

seyn. Dergleichen schriftliche Monumente soll nun Moses genutzt, und daraus | seine ältere Geschichte, vor Abraham, genommen, und nur gleichsam zusammengesetzt haben. In Ansehung der ägyptischen Monumente beruft man sich, zum Beweis, daß er sie genutzt, auf die vielen Hieroglyphen, welche in den ersten Kapiteln des ersten Buchs, sonderlich Kap. 3. so sehr in die Augen fielen. - Allein ich zweifle, ob dies Beweises genug sey, daß Moses aus ägyptischen Denkmälern geschöpft habe. Die ägyptischen Spuren, welche man hin und wieder in Mosis erster Erd- und Menschengeschichte entdecket, lassen sich, ohne jene, sehr füglich erklären: Moses war in Aegypten geboren und bey Hofe erzogen, wurde in allen Wissenschaften der Aegyptier unterrichtet. Was ist nun wol leichter zu erwarten, als daß sich Moses in seiner Geschichte oft als einen gelehrten Aegyptier werde verrathen haben? Hieraus ließe sich nun im Allgemeinen einsehen, in wie ferne in Mosis Schriften oft Aegyptiismen vorkommen könnten."[148] - Da geht der an sich recht konservative J.F.W. JERUSALEM doch etwas weiter und äußert sich moderater. JERUSALEM über den Pentateuchtext: *"Auch kommen in der Art der Beschreibung verschiedne Anzeigen vor, die es mehr als wahrscheinlich machen, daß dieselbe eigentlich nicht von ihm, sondern von einem Priester, den er hierzu verordnet, abgefasset worden, die aber, da sie unter seinen Augen geschehen, eben die Glaubwürdigkeit hat, als wenn sie von ihm selbst geschrieben wäre."*[149] - Im letzten Jahrzehnt des 18. Jahrhunderts ist solche Ansicht unzweifelbar überholt.

5.2.4. Die Kompilation des Pentateuchs in den 'Urkunden des Jerusalemischen Tempelarchivs` - Oder: Die Arbeit Ilgens und die des namenlosen Sammlers

Mit dem Buch *'Die Urkunden des Jerusalemischen Tempelarchivs`* legt ILGEN die einzige Veröffentlichung zur Pentateuchfrage vor. Es ist, wie schon angemerkt wurde, keine Zusammenfassung der Arbeiten ILGENS, sondern es ist der erste Teil eines nicht zum Abschluß gekommenen Werkes. - Es ist aus folgenden Gründen wahrscheinlich, daß ILGEN sein Buch 'Die Urkunden` erst in relativ kurzer Zeit vor der Veröffentlichung 1798 erarbeitet hat und im Zuge der Erarbeitung der Quellenkritik seine Vorstellungen von Echtheit und Verfasserschaft des Pentateuch in strengere Begriffe faßte. Das kann jedoch nur eine Vermutung bleiben, Sicherheit kann hierin nicht erlangt werden. Aber die Hinweise liegen doch auf der Hand. Es sind die folgenden, die, z.T. wiederholend, aufgelistet werden müssen:

---

148 A.a.O., S. 15f.

149 J.Fr.W. Jerusalem: Betrachtungen über die vornehmsten Wahrheiten der Religion. Zweyten Theils zweyter Band oder viertes Stück. Braunschweig 1779. S. 331. - Vgl. W.E. Müller: Johann Friedrich Wilhelm Jerusalem. S. 51f. Anm. 129.

- In der Vorlesung über die Apokryphen, die ILGEN '97 erstmalig hält[150], spricht er schlicht (noch) vom Verfasser des Pentateuch, der - wie oben dargestllt - Mose nicht sein könne; eine hermeneutische Prämisse also, die vom Stande der Theorie her die Verfasserfrage noch im Blick auf den ganzen Pentateuch zu klären versucht.[151]
- In dem alten Einleitungsprälektionar, also in der Urfassung, die wohl - wie man annnehmen kann - der ersten Einleitungsvorlesung vom WS '95/96[152] nur wenig vorausgeht, diskutiert er sogar noch allen Ernstes die *mögliche* Verfasserschaft des Pentateuch durch Mose.[153] Hier, in der älteren Fassung der Einleitung, wie auch in der Apokrypheneinleitung, fehlt aber auch noch die feine Differenzierung im Begriff der Verfasserschaft. Das gilt ebenso für die älteren Teile des Genesisprälektionars.[154]
- Der Begriff '*Verfasser*' gilt anfangs dem Pentateuch als Ganzem, während er später für den Urheber der Urkunden, den 'Erzähler' des *Urkundeninhaltes* (!), verwendet wird[155]. Vom Verfasser des Pentateuchs zu reden sei - so das spätere Urteil ILGENS - irrelevant[156].
- Die Anlehnung an die Eichhornsche These (Ex und Lev sind ganz von Mose am Sinai[157]) enfällt ganz, aber das Urteil über Lev (von Esra[158]) ist schon relativ früh. Ebenso auch die Übernahme und Modifizierung des Fuldaschen Modells. Dieses bleibt und wird in veränderter Form weiter mitgeführt.
- Die Vorstellungen von einer Doppelhypothese also, deren Elemente wohl möglicherweise zueinander im Spannungsverhältnis der Konkurrenz stehen, aber sich grundsätzlich nicht ausschließen, sondern ergänzen: einer '*Ergänzungshypothese*' von 'Fragmenten' und 'Urkunden' ist *vor* der Veröffentlichung der 'Urkunden' bei ILGEN vorhanden und *bleibt auch nach* der Veröffentlichung erhalten.
- Die Abänderung der Einleitungsvorlesung, also die Aufzeichnung der 'Zusätze' wie oben gezeigt, muß *nach* der Ausarbeitung des Buches 'Die Urkunden', nach dessen Erscheinen im Druck, stattgefunden haben.[159]
- Was den Begriff der Verfasserschaft anbelangt, so begrenzt sich jedenfalls der mögliche Zeitraum für die Überarbeitung der Fundamentation nach dieser Rechnung auf die wenigen Semester von SS '97 bis zum Erscheinungsjahr '98, da die unspezifizierte Ansicht über die '*Verfasserschaft*' den terminus a quo setzt. -

150 Zuerst im SS '97, darauf im SS '99, dann letzmalig im WS 1800/01, vgl. oben.
151 Ms Einleitung in die Apokrypha des A.Test. S. 66f.
152 Siehe oben: zweites Mal WS '98/99.
153 Vgl. Ms Einleitung in das A.T. S. 36f. 305-308 u.a. - Siehe oben.
154 Vgl. Ms Vorlesungen über die Genesis. S. II.29f. (Im Gegensatz dazu S. I.13 und 'Die Urkunden'. S. 344.)
155 A.a.O., S. I.14 u.ö. - Vgl. Ms Einleitung. S. 318.
156 Ms Genesis. S. I.13f. und Die Urkunden. S. 344.
157 Ms Einleitung in das A.T. S. 410.
158 A.a.O., S. 420ff.
159 Ilgen beruft sich auf das Buch. Siehe A.a.O., Zusätze, S. 71. 73. 75 u.ö.

Die im Vergleich zur im Buch vorgestellten Quellenscheidung unfertig und unvollkommen anmutenden Theorien halten sich relativ lange.

Es kann wohl als höchst unwahrscheinlich angesehen werden, daß ILGEN die Quellenscheidung selbst als Konsequenz der neuen Entscheidungen in Sachen der Verfasserfrage in Angriff genommen hat. Die Umorientierung in der Einleitungsvorlesung dürfte wohl etwa gleichzeitig mit der Vorbereitung der ersten Veröffentlichung zur Quellenfrage vollzogen worden sein; als von den Arbeiten an der exegetisch ausgeführten Quellenscheidung letztlich abhängig wird man sie allemal bezeichnen können. (Nach der Veröffentlichung liest ILGEN nur noch einmal die 'neue` Einleitung. Dann verläßt er die Universität.[160])

Die Erarbeitungszeit der Quellenscheidung also ist anscheinend kurz gewesen. Die die Arbeit in Jena begleitenden Vorlesungen haben wahrscheinlich nicht nur Zeit und Mühe gekostet, sondern auch (im Sinne einer Wechselwirkung) zur Entwicklung von Fragestellung und Urteil in der Pentateuchproblematik beigetragen.

Das Buch aber, *'Die Urkunden des Jerusalemischen Tempelarchivs`*, ist also etwas anders gehalten als die Vorarbeiten, denn in manchen und für die historische Konzeption der literarischen Genese des Alten Testaments wichtigen Belangen fällt das veröffentlichte Buch zurückhaltender aus:

> ILGEN:
> *"Nach einer sorgfältigen Untersuchung des Textes der Genesis* [...] *hat sich gefunden, daß die Urkunden, die der Sammler vor sich hatte, und zusammen stellte, drey veschiedenen Verfassern angehören ..."*[161].

In den 'Urkunden` rückt ILGEN vom Begriff *'Verfasser`* im Blick auf die Endgestalt des Pentateuchs ab und verwendet eine Bezeichnung für den Kompilator der Genesis, die auch schon HERDER[162], EICHHORN[163], OTMAR/NACHTIGAL[164] ver-

---

160 Vor seinem Abgang von der Jenenser Universität legt Ilgen allerdings noch *'Die Geschichte Tobi's nach drei verschiedenen Originalen und mit Anmerkungen, auch einer Einleitung versehen.`* (1800) vor. Methodisch begibt sich Ilgen hier auf ganz andere Ebenen (Septuagintaforschung). Auch ein Indiz dafür, daß er sich weiterer Pentateucharbeiten enthält. (Vgl. Kap. 3, Anm. 29).

161 Ilgen: Die Urkunden. S. 425.

162 Z.B.: Vom Geist der Ebräischen Poesie. eine Anleitung für die Liebhaber derselben, und der ältesten Geschichte des menschlichen Geistes. In: Herders sämmtliche Werke. Hrsg. v. B. Suphan. 11. Bd. Berlin 1879. S. 391. 448 u.ö.

163 Z.B.: Einleitung in das Alte Testament. Dritter Band. Vierte Original-Ausgabe. Göttingen 1823. S. 143ff. u.ö.

164 Z.B.: Fragmente über die allmählige Bildung der den Israeliten heiligen Schriften, besonders der sogenannten historischen. In: Magazin für Religionsphilosophie, Exegese und Kirchengeschichte. 2. Bd. Hrsg. v. H.Ph.C. Henke. Helmstädt 1794. S. (434-523) 500ff. u.ö.

wendeten und den auch - nach ILGEN - noch VATER[165] verwenden wird[166]. ILGEN schreibt fast nur noch vom *'Sammler`*, meist im Singular, manchmal aber auch im Plural: *'die Sammler`*[167]. Das ist das Bemerkenswerte, daß im Buch diese Entscheidung endgültig und deutlich deutlich vollzogen ist. - Das Alte Testament ist ja prinzipiell *'Sammlung`*[168] der Urkunden, eben jenes 'Tempelarchiv`, dessen gegenwärtiger Zustand entweder *"Unwissenheit und der Aberglaube"* oder *"auch die Nachlässigkeit der Sammler"* verschuldete.[169] Deshalb könne der Pentateuch auch nicht mit anderen Werken des Altertums verglichen werden, die *"dem Inhalte nach aus ältern Denkmahlen geschöpft* [wurden], *daß die Form dem Verfasser gehörte"*.[170] - Der Pentateuch könne denn wirklich keinen "*Verfasser*" haben, weil sich die Arbeit eines solchen nicht nachweisen lasse:

> *"... es sind vielmehr die ältern Denkmahle selbst in ihrer Urform in Stücken zusamengestellt, und an einander gereihet, und zwar nicht an einzelnen Stellen, oder nur durch gewisse Theile hindurch, daß doch Uebergänge von jemand, den man würde Verfasser nennen können, gemacht wären, sondern von Anfange bis zu Ende des Buchs, ohne daß irgendwo sich jemand als Referent ankündiget, so, daß man gar nicht sagen kann, daß das Werk einen Verfasser, sondern nur, daß es einen Zusammensetzer, einen Zusammenordner, einen Sammler habe."*[171]

Dieser *'Sammler`*, der sehr an den *'Zusammenordner`* des Pentateuch in der Eichhornschen Einleitung erinnert und dessen Namen er, wie erwähnt, in den 'Urkunden` nie nennt[172], habe die Urkunden "*zerstückelt*"[173] und sei damit für ihren vorfindlichen Zustand verantwortlich. Er habe die Ordnung und Reihenfolge der Stücke im Pentateuch bestimmt und die Verbindungen geschaffen[174], deren literarische Eigenart ILGEN jedoch veranlaßt, sie eben nicht *'Übergänge`* nennen zu wollen; es sei wohl dafür zu wenig. Allerdings ist der Zustand der Zerstückelung für ihn kein Anlaß zu einem historisch-literarkritischen Pessimismus. Im Ge-

---

165 Z.B.: Commentar über den Pentateuch. Dritter Theil. Halle 1805. S. 504ff. u.ö.

166 Aber eben nicht nur diese aufgezählten Theologen, sondern fast alle, die sich an die Litararkritik heranwagen und das AT zunächst als eine 'Sammlung` begreifen, bevor die Genese dieser 'Sammlung` rekonstruiert wird.

167 Ilgen: Die Urkunden des Jerusalemischen Tempelarchivs. S. 77f.

168 Ilgen, a.a.O., Vorrede. S. VII.

169 A.a.O. S. XIIIf.

170 A.a.O. S. 344.

171 Ebd.

172 Daß der Name SIMON JUSTUS/JADDUS in dem Buch 'Die Urkunden` nie auftaucht, ist damit zu erklären, daß Ilgen sich vorsichtig gibt, weil das Werk noch nicht abgeschlossen vorliegt.

173 Ilgen, ebd.

174 A.a.O., S. 494f.

genteil, es sehe so aus, als habe der Sammler auf wenig Material bei der Kompilation verzichtet, so daß man annehmen könne, es sei uns nur ein geringer Teil des Urkundentextes verlorengegangen:

> *"Und da hat der von mir gemachte Versuch mich belehrt, daß diese Wiederherstellung der Urgestalt in einem nicht geringen Grade möglich ist, und daß nur weniges, das von dem Sammler ist übergangen worden, für uns verloren ist, davon noch dazu ein Theil durch Conjektur aus dem Zusammenhange* [...] *sich ergänzen läßt."*[175]

Wir konstatieren: Verfasser also in *diesem* Sinne ist bei ILGEN in den 'Urkunden` nicht der Sammler, sondern der *Autor* der Urkunden.[176] Den aber nennt ILGEN jedoch manchmal *'Erzähler`*.[177]

Grundsätzlich muß der Pentateuch bzw. die Genesis - wie oben angedeutet - anders betrachtet werden als jedes andere antike Werk. Die Art, 'höhere Kritik` (, die *"das Echte vom Unechten trennt"*,[178]) zu treiben, muß sich denn auch von anderer Literatur unterscheiden. Bei dem biblischen Material der Genesis haben wir es - so ILGEN - eben *nicht* mit Schriften zu tun, die in annähernder Urgestalt und als singuläre Texteinheiten überliefert, aber nach ihrer Fertigstellung in einer beschreibbaren Art verändert oder überarbeitet worden sind (, in *"Zusätzen, die Abschreiber, Grammatiker, Glossatoren, Besitzer, von Zeit zu Zeit gemacht, und sie dadurch entstellt haben"*[179]). Nein, nicht nur das *"Wegschneiden der fremden Lappen"* vermag den Texten der Genesis (und, gemäß der Intention ILGENS, auch des ganzen Pentateuchs) *"ihre ursprüngliche Gestalt wieder zu geben"*.[180] Das Eigentümliche an der Genesis sei eben, daß diese Arbeiten nicht ausreichten, daß erst eine *"Zerlegung und Trennung der Genesis"*[181], also eine Aufspaltung des Textes in Quellenschriften vonnöten ist, um an das Ziel der Forschung zu gelangen, nämlich zu den ursprünglichsten Bestandteilen. Erst die Analyse der vorfindlichen Stücke, die Quellentrennung, schaffe die singulären Texteinheiten. Das ist 'Urkundenhypothese`.

---

175 A.a.O., S. 345.

176 So z.B. A.a.O., S. 76: *"... besonders da der Sammler eben so gut, wie der erste Verfasser der Urkunde, sich zu Schems Nachkommenschaft rechnete"*. - Vgl. a.a.O., S. 61 unter dd).

177 Vgl. A.a.O., S. 63.64 u.a.

178 A.a.O., S. 343. - Vgl. auch Ders.: Ms Vorlesungen über die Genesis. S. I.13f.

179 Die Urkunden, ebd. - *"Denn hier bleibt doch immer ein ursprüngliches Ganzes eines Verfassers; die Herstellung desselben ist das Ziel, nach welchem man strebt; das weggeschnittene und ausgeworfene bleibt Fragment, aus dem sich nichts machen läßt, weil es entweder aus einem andern Schriftsteller genommen worden, den man nachweisen, oder vermuten kann, oder selbst aus dessen Gehirn, der es einschob, geflossen ist."* (Ebd.)

180 Ebd.

181 Ebd.

Das abschließende Urteil, das auf die Datierung der Quellenschriften verzichtet und auch (noch) verzichten muß, *"weil ohne die Bearbeitung der folgenden Bücher von Mose vor Augen zu haben, die Beweise nach der vollständigkeit, die ich ihnen zu geben wünschte, sich nicht führen lassen"*[182], stellt die Quellenschriften nur in Kolumnen zusammen[183], ohne den 'Sitz im Leben` kennzeichnen zu können. - Keine Datierung und keine Ordnung der Urkunden, und der Sammler bleibt hier also *namenlos*.

Die Weiterarbeit ILGENS verliert sich in der historischen Grauzone, die nicht vollständig durch Dokumentationen zu erhellen ist. ILGEN hat weitergearbeitet. Das zeigen die nachgelassenen Fragmente. Jedoch ist es kaum möglich, die Einzelvollzüge bzw. den Ablauf und die Ökonomie der weiteren Arbeit ILGENS am Pentateuch zu erhellen. Man kann nur zeigen, wie wesentliche Quellenscheidungsprämissen weiter durchgehalten werden.

182 A.a.O., S. 426. Vgl. auch Vorrede S. IV.

183 A.a.O., S. 426-433.

6. Der Aufbau der Quellenscheidungshypothese im exegetischen Vollzug

Im ersten Kapitel, bis zum 4ten Vers des 2ten wird von Gott ohne Ausnahme das Wort, Elohim, gebraucht; hingegen vom Ende des 3ten wird Gott ohne Ausnahme Jehova Elohim genannt. Sollte wohl dieser Unterschied das Werk einen blosen Zufalls seyn?

Eichhorn

Vorbemerkung

Es kann hier nun, nach der relativ ausführlichen Nachzeichnung des Entwicklungsweges des *'sensus historicus`* nicht um die detaillierte Darstellung von WITTER, ASTRUC, JERUSALEM u.a. gehen. Darüber liest man ohnehin in den Einleitungen. Was jedoch ILGEN tat im exegetischen Vollzug - und was MÖLLER, OTMAR/NACHTIGAL, vor ihnen FULDA, vor ILGEN BAUER, dessen Büchlein ILGEN ja in seinen Vorlesungen benutzte, - was diese Theologen taten, ist ungleich viel weniger bekannt, aber doch auch viel mehr interessant. Am Werk dieser Männer zeigt sich die exegetische Kunst *des* Zeitalters, dem in der Theologie mehr als bekannt zu verdanken ist.

6.1. Die Pentateuchtheorien im Umkreis von Ilgen und die Quellenscheidung vor ihm

6.1.1. Die Anfänge. Von Witter bis Eichhorn

Der *"unzählige Einzelfäden zusammenzieht und doch zugleich eine souverän ordnende Hand besitzt"*[1] ist hundert Jahre nach SPINOZA und SIMON ein Mann, der vielleicht wie kein anderer, als Aufklärungstheologe für die Aufklärung in der Bibelwissenschaft eingetreten ist: J.G. EICHHORN.[2] -

---

1 H.-J. Kraus: Geschichte der historisch-kritischen Erforschung des Alten Testaments (3. Aufl., 1982). S. 132.

2 Zur Person Eichhorns siehe Kap. 4, Anm. 1.

Sein Werk hat intensiv gewirkt, wie wohl das Werk WELLHAUSENS[3] gewirkt hat.[4] Nur nicht so lange. Schon zu seinen, EICHHORNS, Lebzeiten war es überholt, denn die sogenannte 'Ältere Urkundenhypothese`, für deren Theoriebildung der Name EICHHORNS steht, ist sehr bald nach ihrer ersten Ausformung von der Fragmenten- und Ergänzungshypothese abgelöst worden.[5] Damit ist aber das Grundsatzproblem der Pentateuchforschung an der Schwelle vom 18. zum 19. Jahrhundert verbunden: Man kann und sollte die eben genannten Hypothesen nicht so scharf voneinander trennen. Die historische Genese der Pentateuchtheorie widerspricht hier einer scharfen Differenzierung.

Allerdings war um die Jahrhundertwende EICHHORNS Werk, vor allem die 'Einleitung`, populär. GOETHE[6] und HERDER[7] interessierten sich dafür und begleiteten seine Arbeit kritisch. Ein zeitgenössischer Roman erwähnt ebenfalls den Namen EICHHORNS.[8] Der Grund dafür kann nur sein: Die Urkundenhypothese, wie sie EICHHORN in seiner sehr gut lesbaren Einleitung vorstellte, hat einen Plausibilitätswert, der aller Rätselei um den Pentateuch - und die währte ja, grob gemessen, schon eineinhalb Jahrhunderte - ein vorläufiges, aber sehr befriedigendes Ende setzen konnte. Und das, obwohl sie in ihrer Theoriebildung offenkundig *nicht* bis ans Ende gekommen war. Sie leistete letztlich weniger, als es dem Anspruch ihrer immanenten Theorieanforderungen entsprach. Denn sie erklärte im allgemeinen *nicht* die Quellenscheidung in Ex bis Num bzw. Dtn.[9] Aber

---

3 Vgl. R. Smend: Wellhausen. In: Ders.: Deutsche Alttestamentler. S. (99-113) 99f.

4 Deshalb ist es unverständlich, daß immer noch eine große Monographie über Leben und Werk Eichhorns fehlt. - Vgl. E. Sehmsdorf: Die Prophetenauslegung bei J.G. Eichhorn (1971). S. 11.

5 Siehe unten.

6 Eichhorn (und Herder) hat Eingang in den West-Östlichen Divan gefunden. Vgl. [J.W.] Goethe: West-Östlicher Divan. Gesamtausgabe. Leipzig 1953. S. 119: *"Erinnern wir uns nun lebhaft jener Zeit, wo Herder und Eichhorn uns hierüber* [sc. über die 'Bibel als älteste Quellensammlung`] *persönlich aufklärten, so gedenken wir eines hohen Genusses, dem reinen orientalischen Sonnenaufgang zu vergleichen. Was solche Männer uns verliehen und hinterlassen, darf nur angedeutet werden, und man verzeiht uns die Eilfertigkeit, mit welcher wir an diesen Schätzen vorübergehen."* - Vgl. W. Schottroff: Goethe als Bibelwissenschaftler. In: EvTh 44 (1984) S. (463-485) 480. - Herders Werk Hebräische Poesie hat vor allem auf Goethe gewirkt. - Vgl. G. Janzer: Goethe und die Bibel. Leipzig 1929. S. 63: *"Zusammenfassend kann man sagen: die Bibelwissenschaft interessierte Goethe stets dann, wenn er mit Menschen in Berührung kam, deren Fach sie war."*

7 Das wird bei Herder vor allem aus dem Briefwechsel deutlich. - Vgl. Brief aus Weimar vom 8. Noveber 1783. an J.G. Eichhorn. In: Johann Gottfried Herder. Briefe. Gesamtausgabe 1763-1803. 5. Bd. Hrsg. von den Nation. Forschungs- u. Gedenkstätten der Klassischen dt. Lit. i. Weimar. Bearb. v. W. Dobbek u. G. Arnold. Weimar 1979. S. 21-22.

8 Jean Paul: Flegeljahre. Eine Biographie. Berlin 1958. S. 95: *"Und im ersten Buch Mosis kannst du es am allerersten lesen, wenn du den Professor Eichhorn dazu liesest, der allein in der Sündflut drei Autoren annimmt, außer dem vierten im Himmel."*

9 Siehe schon Kap. 4.

EICHHORNS 'Einleitung` ist darüber hinaus auch als ein 'Schlußstein` einer theologiegeschichtlichen Epoche zu sehen, vielleicht, wie E. HIRSCH formuliert, als zusammenfassendes und beispielgebendes Lehrbuch der kritischen Arbeit im Zeitalter der '*Neologie*`.[10]

Zwischen Simon und Eichhorn liegen Zeiten. Hier sind die Namen von CLERICUS (JEAN LE CLERC)[11], der weitreichende Pentateuchtheorien (s.o.) aufstellte (, bevor er sie aus unerklärbaren Ursachen wieder zurücknahm), HENNING BERNHARD WITTER[12], der wahrscheinlich als erster[13] eine Textverschiedenheit nach dem Kriterium des Gottesnamens beobachtete[14] und vermutlich als erster wortwörtlich von einer '*mündlichen*` Tradition vor Mose schrieb[15] - und JEAN

---

10 E. Hirsch: Geschichte der neuern evangelischen Theologie. Bd. 5 (1954) S. 44. - Vgl. K. Aner: Die Theologie der Lessingzeit. Halle 1929. S. 315f. - Das Problem des Neologie-Begriffs steht an. Die theologische Bestimmung der Epoche sollte nicht nur aus dem Verständnis des 'vernünftigen Zeitalters` heraus geschehen, sondern echt theologiegeschichtlich aufgezeigt werden.

11 Jean le Clerc (ref.). Geb. 1657 in Genf. Gest. 1736 ebd. - Vgl. E.F.K. Rosenmüller: Handbuch für die Literatur der biblischen Kritik und Exegese. Bd. 1. Leipzig 1797. S. 128-132 [Auseinandersetzung mit R. Simon]. - RE (3. Aufl.) Bd. 4 (1898) S. 179-180. - Vgl. Diestel: Geschichte des Alten Testamentes in der christlichen Kirche. Jena 1869. S. 347ff. 434ff. - A. Westphal: Les Sources du Pentateuque. Bd 1. Paris 1888. S. 94ff. - H. Holzinger: Einleitung in den Hexateuch. Freiburg u. Leipzig 1893. S. 38f. - Kraus: A.a.O., S. 70-73. - B.E. Schwarzbach: Les adversaires de la Bible. In: Le siècle des Lumières et la Bible. Hrsg. v. Y. Belaval u. D. Bourel. Paris 1986 (Bible de tout les temps 7). S. (139-168) 155-157. - H. Graf Reventlow: Bibelexegese als Aufklärung. In: Historische Kritik und biblischer Kanon. Hrsg. v. H. Graf Reventlow, W. Sparn u. J. Woodbridge. Wiesbaden 1988 (Wolfenbüttler Forschungen 41). S. 1-19 (Hier Lit.!).
Werke: [Anonym:] '*Sentimens de quelques Théologiens de Hollande sur l'Histoire Critique Du Vieux Testament, composée par le P. Richard Simon de l'Oratoire.*` Amsterdam 1685; '*Ars critica*`, 1697; 4. Aufl. 1713, Nachdr. Leipzig 1713; '*Genesis, sive Mosis prophetae liber primus.*` 1693. 1710. (Hier in der separaten Abhandlung '*Dissertatio de scriptore Pentateuchi Mose*` ist Le C. wieder konservativ!).

12 Henning Bernhard Witter. Geb. 1683 in Hildesheim. Gest. 1715 ebd. - Vgl. Zedler: Großes Universal-Lexikon. Bd. 57 (1748) Sp. 1813-1816. - A. Lods: Jean Astruc et la critique biblique au XVIIIe siècle. Strasbourg u. Paris 1924. S. 54f. [Die Arbeit von Witter ist erst zu Beginn des Jahrhunderts von Lods wieder ans Tageslicht geholt worden; in der ADB kein Artikel!] - Diestel: A.a.O., S. 485. - (Westphal u. Holzinger erwähnen W. nicht!) - Kraus: A.a.O., S. 95f. - H. Bardtke: Henning Bernhand Witter. Zur 250. Wiederkehr seiner Promotion zum Philosophiae Doctor am 6. November 1704 zu Helmstedt. In: ZAW 66 (1954) S. 153-181. - J.-R. Armogathe: Sens littéral et orthodoxie. In: Le siècle des Lumières et la Bible. S. (431-439) 436. -
Hauptwerk: '*Jura Israelitarum in Palaestinam terram Chananaeam Commentatione in Genesin perpetua sic demonstrata.*` Hildesheim [1711].

13 Witter muß aber *nicht* der erste sein. Siehe unten.

14 Vgl. Witter: A.a.O., S. 80.

15 Sein Werk ist in seiner Zeit sehr umstritten gewesen. Auf das Buch '*Jura Isaraelitarum*` folgen viele Streitschriften, aber die "*mosaische Autorschaft steht ihm keineswegs in Frage.*" (Bardtke, a.a.O., S. 165). Witter nahm an, daß Mose alte Lieder oder Poeme, die durch mündliche Tradition ('*traditio oralis*`) überliefert

ASTRUC[16], der als erster die Texttrennung nach dem Kriterium des Gottesnamens vollzog[17], damit weitaus bekannter wurde als vor ihm WITTER, - dessen berühmtes Buch vermutlich nur (!) als Titel Geschichte machte (, jedenfalls mehr als Titel denn als Sammlung exegetischer Vollzüge,) zu erwähnen. Sie, diese Exegeten, hatten eine wichtige Bedeutung für die Ausformung der Literarkritik, die gegen Ende des 18. Jahrhunderts entstand. Die Aufzählung aber will hier keine Vollzähligkeit beanspruchen, denn die Ambitionen, den Pentateuch ganz oder stückweise von der mosaischen Verfasserschaft zu entfernen oder dem ganzen Alten Testament eine relativ späte Entstehung zuzuschreiben, findet sich mit Sicherheit an der Wende vom 17. zum 18. Jahrhundert öfter, als in Lehrbüchern und forschungsgeschichtlichen Darstellungen verzeichnet.[18] Der französische Zisterzienser Abbé CLAUDE FLEURY[19] sowie der holländische Calvinist JOHANN JACOB SCHULTENS[20] finden sich in den entsprechenden Auflistungen, und der relativ

---

waren, verwendet habe. Die Quellenscheidung nach dem Kriterium des Gottesnamens, die bei ihm aber eigentlich keine richtige Quellenscheidung ist, stützt sich aber nur auf vage Vermutungen (Vgl. Witter: A.a.O., S. 24f. 79f.).
Für Gen 2f. stellt Witter auch eine 'hieroglyphische` Interpretation vor, die sehr anders ist als die in Kap. 4 vorgestellten: Mose sei der erste, der schrieb; er erlernte die Kunst von JHWH. Vor ihm bedienten sich die Menschen hieroglyphischer (Bilder-)Schriftzeichen (Witter: A.a.O., S. 153); Mose griff auf diese alten Aufzeichnungen zurück. (Paraphrasiert nach Metzger, S. 33.) - Vgl. auch Lods: A.a.O., S. 54f. - M. Metzger: Die Paradieserzählung. Die Geschichte ihrer Auslegung von J.Clericus bis W.M.L. de Wette. Bonn 1959 (Abh. z. Phil., Psych. und Päd. 16). S. 33f.

16 Jean Astruc. Geb. 1684. Gest. 1766. - Vgl. Diestel: A.a.O., S. 609. - Westphal: A.a.O., S. 101-118. - Holzinger: A.a.O., S. 40-42. - A. Lods: Jean Astruc et la critique biblique. S. 56ff. - R. de Vaux: A propos du second centenaire d'Astruc. In: VT 1 (1953) S. 182-198. - Kraus: A.a.O., S. 96 u.ö. - J.-R. Armogathe: Sens littéral et orthodoxie. A.a.O., S. 436f. (*"Astruc est tenu pour le fondateur de 'l'école documentaire`, et l'initiateur de la critique moderne du Pentateuque."* [S. 437]). -
Werk: *'Conjectures sur les Mémoires Originaux dont il paroit que Moyse s'est servi pour composer le Livre de la Genese.`* Brüssel 1753. (Deutsche Übersetzung Frankfurt a.M. 1789? [nicht nachweisbar]).

17 Das Nähere dazu bei Westphal: A.a.O., S. 110 (Aufschlüsselung der Textverteilung bei A.).

18 Die historisch-exegetische Literatur an der Schwelle zum 18. Jahrhundert ist unübersehbar. Witter selbst ist eine forschungsgeschichtliche Entdeckung, die noch nicht sehr alt ist. Es kann daher gut möglich sein, daß es in den Dezennien um die Jahrhundertwende durchaus noch weitere Entdeckungen zu machen gibt.

19 C. Fleury (Jurist u. Theologe). Geb. 1640. Gest. 1723. - Vgl. Diestel: A.a.O., S. 579 (eingeordet unter *"geringere Leistungen"*). 609. - RE (3. Aufl.) Bd. 6 (1899) S. 107-108 - J.-R. Armogathe: Sens littéral et orthodoxie. S. 436f. - Vgl. J. Astruc: A.a.O., S. 8: *"Je ne vois point ici, ajoutet-il* [Fleury, B.S.], *la nécessité de recourir au miracle & à la révelation; il est plus vraisemblable que l'écriture estoit trouvée dès devant le Déluge ..."*.
Werk: *'Les Moeurs des Israélites.`* 1681. 1712 u.ö.

20 J.J. Schultens (nicht zu verwechseln mit dem Niederländer Albert Schultens [Diestel, S. 438]). Geb. ? Gest. ? [Biogr. Daten bisher nicht aufgefunden!] - Westphal: A.a.O., S. 118. - Einleitungen: Bertholdt, S. 833. -

unbekannte ANTON VAN DALE[21] gelangte schon vor WITTER zu einer Art Spätdatierung, die etwas an SPINOZA erinnert.

Offen bleibt, wie das Verhältnis von EICHHORN zu ASTRUC zu beschreiben ist. Hier ist von einer Abhängigkeit die Rede, die aber umstritten ist.[22]

Für die letzte Zeit vor EICHHORN, also quasi für Eichhorn und seiner Akoluthen Vätergeneration, war es JOHANN GOTTFRIED HERDER[23], der auf das bibelwissenschaftliche Geschehen großen Einfluß hatte. Der Spätorthodoxe, J.G.

Werk: *'Dissertatio qua disquiritur unde Moses res in libro Geneseos descriptas didicerit.`* 1753.

21 A.v. Dale (Mennonit, Arzt). Geb. 8.11. 1638. Gest. 28.11. 1708 in Harlem. - Vgl. Zedler: Großes Universal-Lexikon. Bd. 7 (1734) Sp. 61. - Bleek: Einleitung. S. 170. - Diestel: A.a.O., S. 472. 524. - Westphal: A.a.O., S. 97. - Holzinger: A.a.O., S. 36. -
Werk: *'De origine et progressu idolatriae.`* Amsterdam 1696. - Vgl. Westphal: Ebd.: *"Van Dale attribue le Pentateuque, non plus au prêtre de Béthel, mais, comme Spinoza, à Esdras."*

22 Zum Problem der Abhängigkeit Eichhorns von Astruc: Eichhorn [Rez.]: De consilio Mosis in transcribendo documento eo, quod Genes. II et III. ante oculos habuisse videtur. Commentatio exegetica - auct. D. Dav. Jul. Pott. Helmstedt 1789. In: ABBL 2.4 (1790) S. (708-714) 711: E. schreibt hier, er habe die Abhandlung *'Urgeschichte. Ein Versuch`* (in: RBML 4) schon im Alter von 23 Jahren, also 1775 geschrieben. - In der 'Einleitung` (3. Bd., 4. Ausgabe. 1823. S. 23) heißt es: *"Auch ich habe dieselbe Untersuchung angestellt; aber, um meine Gesichtspunkte durch nichts verrücken zu lassen, ohne Asträk zu meinem Führer oder Geleitsmann zu wählen."* - Es bleibt *hier* offen, was eigentlich gemeint ist: Ob E. nur den exegetischen Vollzug der Quellenscheidung in Unabhängigkeit von Astruc geleistet hat, also die literarkritischen Maße neu angelegt oder grundsätzlich ohne Kenntnis des Werkes 'Conjectures` gearbeitet hat. Nach dem oben zitierten Bekenntnis geurteilt, wird man vermuten dürfen, daß E. erklärt, nur den *Begründungszusammenhang* neu und unabhängig entworfen zu haben. Von einer definitiven Leugnung, die *Entdeckung* Astrucs als solche gekannt zu haben, ist *hier* nichts zu lesen. - In der zweiten Gen-Arbeit (*'Noachitische Fluth`*, RBML 5, 1779 - siehe unten) aber leugnet Eichhorn deutlich jegliche Kenntnis vorlaufender Quellenscheidungsmodelle: *"Ich erinnere mich aus dem Gedächtnis an keinen Schrifftsteller der ältern und neuern Zeiten, welcher in Mose Erzählungen, aus zwei Urkunden zusammengesetzt, bemerkt hätte; und meine eingeschränkte Muße erlaubt kein langes Nachsuchen hierüber. Hätte auch iemand einen Gedanken davon gehabt: so blieb es doch nur ein bloser Einfall, und mit solchen Auktoritäten mag ich mich nicht verschanzen."* (A.a.O., S. 188.) Die Leugnung ist offensichtlich ungeschickt und gewaltsam; fraglich ist aber, ob es nur die Eitelkeit ist, die E. verführt, Astruc zu verschweigen - oder ob nicht doch eventuell eine andere Absicht dahinter verborgen ist: nämlich die Unabhänigkeit von vorlaufenden Modellen zu behaupten, um auf den *eigenen* Begründungszusammenhang zu verweisen. E. trennt jedenfalls anders als Astruc! Siehe unten. -
Vgl. auch Westphal: A.a.O., S. 118f. - Holzinger: a.a.O., S. 41f. - Anders: M. Siemens: Hat J.G. Eichhorn die Conjectures von J. Astruc gekannt, als er 1779 seine Abhandlung über "Mosis Nachrichten von der Noachitischen Flut" veröffentlichte? In: ZAW 28 (1908) S. 221-223. - Kaiser: Einleitung. S. 48.

23 Vgl. R. Smend: Wilhelm Martin Leberecht de Wettes Arbeit am Alten und am Neuen Testament. Basel 1958. S. 12ff.

CARPZOV[24], der die mosaische Verfasserschaft aufrecht erhalten wollte, hatte offenbar keine Chance. Und J.D. MICHAELIS[25], sonst eifriger Vorkämpfer für die historische Bibelauslegung und nicht wenig populär in seiner Zeit, kann sich mit der Ablehnung der ASTRUCschen Quellenscheidung nicht behaupten. (Hier ist daran zu erinnern, daß MICHAELIS in seiner 'Einleitung` von 1787 den Pentateuch unter einer weitgehenden Authentizität verhandelt.[26]) - Bezeichnend ist aber, daß die Ablehnung der Qellenscheidung und die Ablehnung der Urkundenhypothese nicht immer identisch sind. So argumentiert der berühmte Abt JERUSALEM gegen ASTRUC[27], indem er schreibt:

> *"Denn darinn besteht des Brüsselschen Verfassers Verbrechen nicht, daß er Mosi den Gebrauch fremder Urkunden in seiner Geschichte beymißt."* Sondern darin, daß er Mose *"ohne die geringste Wahl, in der Arabischen Wüste allerhand finstere namenlose Geschichte aufraffen, daß er Ihn diese auf die kindischste elendste Art zusammenflicken, ja daß er Ihn dieselben so gar mit den schändlichsten Gesinnungen des nichts würdigen Urhebers abschreiben läßt ..."*.[28] Kurz also: daß ASTRUC Mose die Kompilation von anonymen 'Erzählfäden` (ohne interpretierende Aufbesserung) zuspricht!

---

24 Carpzov. Geb. 1679. Gest. 1767. - Vgl. Diestel: A.a.O., S. 331. 352. - Holzinger: A.a.O., S. 40. - R. Smend: Spätorthodoxe Antikritik. Zum Werk des Joann Gottlob Carpzov. In: Historische Kritik und biblischer Kanon. S. (127-137) 132ff. Werke: *'Critica sacra Veteris Testamenti.`* 1728; *'Introductio ad libros canonicos bibliorum Veteris Testamenti.`* 3 Tle. 1714-1721. 1751. 1757.

25 Michaelis bespricht das Buch *'Conjectures sur les mémoires`* in den Göttingischen Anzeigen von gelehrten Sachen. 1754. 1. Bd. (12. September). S. 973-975. und Relationes de libris novis. Bd 11 (1754) S. 162-194. - und das vernichtend! - Vgl. Diestel: A.a.O., S. 609. - Westphal: A.a.O., S. 116. - Holzinger: A.a.O., S. 41. - A. Lods: Jean Astruc et la critique biblique. S. 71f. - Kraus: A.a.O., S. 97-103. - Zu Michaelis siehe Kap. 2 u. 4. - Vgl. auch R. Smend: Johann David Michaelis. 1717-1791. In: Ders.: Deutsche Alttestamentler. S. (13-24) 23.

26 Michaelis: *'Einleitung in die göttlichen Schriften des Alten Bundes.`* (1787) S. 221ff. 227ff. 229ff. - Vgl. Eichhorn [Rez.]: Johann David Michaelis Einleitung in die göttlichen Schriften des Alten Bundes. Des ersten Theils, welcher die Einleitung in die einzelnen Bücher enthält, erster Abschnitt. Hamburg 1787. In ABBL 1.3 (1787) S. 430-468. - E.F.K. Rosenmüller: Handbuch. Bd. 1. (1797) S. 146-148.
Auch Ders.: *'Mosaisches Recht.`* (6 Thle. 1770-1775). Hier (1. Thl., 3. Aufl., S. 57): *"Die Historie seiner Zeit, die Moses in den vier letzten Büchern schreibt, ist gleichsam die Bibliothek oder das Archiv seiner Gesetze: aber auch die ältere, im ersten Buch Mose enthaltene Geschichte stehet bisweilen mit den Gesetzen in einer Verbindung."* - Vgl. Smend: A.a.O., S. 23.

27 Gegen Astrucs 'Conjectures` von 1753, die bekanntlich in Brüssel erschienen. Daher der *'Brüsselsche Verfasser`*.

28 J.Fr.W. Jerusalem: Briefe über die Mosaischen Schriften und Philosophie. Erste Sammlung. Zweyte Aufl. Braunschweig 1772. S. 108. - Vgl. zu Jerusalem Kap. 2. - W.E. Müller: Legitimation historischer Kritik bei J.F.W. Jerusalem. In: Historische Kritik und biblischer Kanon. S. (205-218) 209f.

Aber die Zeit der Urkundenhypothese war da. Auch HERDER selbst stand der von EICHHORN betriebenen Quellenscheidung zwar skeptisch gegenüber, verfolgt sie aber dennoch mit großem Interesse.[29]

In der Auseinandersetzung um die historische Genese der Quellenscheidung treten Namen in den Vordergrund, die mit der Enstehung der Theorie in Verbindung gebracht wurden, letzlich aber doch weniger damit zu tun hatten, als in den einschlägigen Literaturwerken vorgestellt. Das gilt für C. VITRINGA[30] und in unterschiedlicher Art ebenso auch für H. VON DER HAARDT und H.B. WITTER. VITRINGA knüpfte allerdings an die Beobachtung der 'Parallelität` von Gen 1 und Gen 2-3 keine weiteren Überlegungen: "*Postquam Genesios Cap. I. usque ad vs. 4. Cap. II. exposita esset ordine universae creationis series, manifestum fit attendendi Lectori ...*"[31]. Daß aber Mose die Gen aus älteren Urkunden schöpfte, läßt sich auch hier lesen. Nach R. SIMON allerdings! - "*... quod liber hic a Mose sit compositus ex variis fragmentis & monumentis Patriarcharum*"[32]. - "*Moses, quando Librum suum primum ex schedis & monumentis Patrum secundum hypothesin nostram collegit, non tantum ea verbo tenus descripsit, quae in illis schedis memorialibus reperiebantur, sed & illa subinde interposuit, quae omnio ad eorum intellectum necessaria arbitrabatur.*"[33] - Es ist aber nicht zu verkennen, daß nach R. SIMON diese Thesen nicht mehr neu, sondern schon 'opportun` waren. Dazu waren SIMONS und SPINOZAS Ansichten wohl schon zu sehr verbreitet.

Hier ist deutlich, daß sich bestimmte Namen zu theologiegeschichtlichen

---

29 Vgl. J.G. Herder: Vom Geist der Ebräischen Poesie. Eine Anleitung für die Liebhaber derselben und der ältesten Geschichte des menschlichen Geistes (2. Aufl. 1787). In: Herders Sämmtliche Werke. Hrsg. v. B. Suphan. Bd. 11. (1879) S. 213-475 u. Bd. 12 (1880) S. 1-308. - Hier nimmt H. etwas distanziert Bezug auf Eichhorns Theorien: "*A. Sie müßen mir noch eine Frage erlauben. Sind Sie mit der Hypothese vom Unterschiede dieser Sagen, die theils Jehovah, theils Elohim haben, auf etwas Gewißes gekommen? E. Der Unterschied insonderheit in den ältesten Stücken fällt in die Augen und er ist von einem neuern Schriftsteller mit einer Genauigkeit durchgeführt worden, die kaum etwas übrig läßt; wenn nicht allenfalls die zu große Genauigkeit der Hypothese selbst schadet. Es werden durch sie Stücke zerrißen, die offenbar zusammen gehören, auch wahrscheinlich aus einer Zeit und vielleicht von einer Hand sind.*" (Bd. 11, S. 448 = Dass., 2. Theil, 2. Aufl., Leipzig 1787. Hier, S. 345f., beruft sich Herder in einer Anmerkung auf Eichhorn: Einleitung, 2. Bd. [2. Aufl.?] S. 301. 381). - Vgl. Th. Willi: Herders Beitrag zum Verstehen des Alten Testaments. Tübingen 1971 (Beitr. z. Gesch. d. bibl. Herm. 8). S. 98.

30 Campegius Vitringa (ref., steht in der Nachfolge H. Grotius'). Geb. 16.5. 1659 in Leeuwarden. Gest. 31.3. 1722 in Franecker. - Vgl. Zedler: Großes Universal-Lexikon. Bd. 49 (1746) Sp. 116-120. - RE (3. Aufl.) Bd. 20 (1908) S. 705-708 [Art.: C.V., biogr.]; Bd. 15 (1904) S. 116 [Art.: Pentateuch]. - Diestel: A.a.O., S. 375. 436ff. 510. - Westphal: A.a.O., S. 92. - Kraus: A.a.O., S. 91f. - Eißfeldt: Einleitung. S. 212. -
Werke: *'Observationes sacrae.`* 2 Bde. 1683. 1712. 1723 u.ö. - *'De synygoga vetere libri tres.`* 1694. 1726. - *'Hypothesis historiae et chronologiae sacrae.`* 1698. 1708.

31 Vitringa: Observationum sacrum. Bd. 1. 4. Aufl. Franeker 1712. S. 42.

32 Ebd.

33 A.a.O., S. 48.

Ordnungsgrößen entwickelt haben, weil sie in fixen Pattern forschungsgeschichtlicher Darstellungen weitergegeben wurden. So taucht der Name VITRINGA auf in BAUERS 'Einleitung`, die ILGEN für die Vorlesung über die Einleitung in Jena verwendete.[34] Offensichtlich aber, weil er die Reihung der aufgezählten Forscher weitgehend von EICHHORN übernahm.[35]

Aber wichtig zu erinnern ist, daß sich die Zeit seit SIMON verändert hatte. In der Theologie hatte dafür vor allem JOHANN GOTTFRIED SEMLER[36] gewirkt. HORNIG schreibt: *"Auffassungen, welche zur Zeit der Hochorthodoxie offiziell noch völlig inakzeptabel waren, galten zu Semlers Zeit vielerorts bereits als bereits gesichertes wissenschaftliches Wissen."*[37] - Während auch grundsätzlich z.B. der skeptische Einwurf HERDERS gegen die Quellenscheidung lediglich auf ein Unbehagen im Hinblick auf die Teilung von Texten (, die er lieber zusammen hätte als getrennt,) zurückgeht, kann man doch von einer allgemeinen Durchsetzung der Urkundenhypothese reden. Jedoch wäre diese Aussage unscharf und sogar falsch, würde man nicht an dieser Stelle zu einer Differenzierung gelangen.

Man muß hier den Begriff der Urkundenhypothese im Sinne der relativ späten *quellenscheidenden* Urkundenhypothese von der *allgemeinen* Urkundenhypothese trennen, die sich im Denkhorizont der neuzeitlichen Aufklärung bzw. im weiten Rahmen neuzeitlicher protestantischer Theologie den sensus literalis vor dem Untergang rettete, weil sie - wie in Kap. 2 dargelegt - das Alte Testament als *'alte Urkunde`* verstehen lehrte und damit in all seiner Fremdheit und Widersprüchlichkeit zum modernen Weltbild akzeptabel machte. Deshalb ist von einer Urkundenhypothese auch *vor* ASTRUC[38] zu reden gerechtfertigt, und die

---

34 A.a.O., S. 274: *"Schon einige ältere Gelehrte, als wie Clericus, Vitringa, Richard Simon, glaubten, daß Moses als ältern Urkunden geschöpft habe."* - Vgl. Kap. 4.

35 Bauer zur Entwicklung der Quellenscheidung: Nach den soeben zitierten Personen folgen: (A.a.O., S. 274) ASTRUC, (Abt) JERUSALEM, J.J. SCHULTENS, MICHAELIS, EICHHORN, MÖLLER. - Bei Eichhorn in der 'Einleitung` (Bd. 3, 4. Aufl. [1823]. S. 22 Anm. k u. l): VITRINGA, CLERICUS, R. SIMON, FLEURY, J.A. SIXT, ASTRUC, JERUSALEM, SCHULTENS, J. OELRICH, ILGEN. - Die Ähnlichkeit der Reihungen ist unverkennbar. - Auch L. Bertholdt: Historischkritische Einleitung in sämmtliche kanonische und apokryphische Schriften des alten und neuen Testaments. Erlangen 1813. S. 833: *"Vor ihm* [Astruc, B.S.] *hatten schon Du Pin, Le Francois, Fleury, Calmet, Bossuet, Chph. Eckmann u. Chr. Stephani die Frage aufgeworfen, ob Moseh bei der Verfertigung seines ersten Buchs ältere schriftliche Quellen gebraucht habe? Auch wurde diese Frage von Clericus, Virtinga, Richard Simon und J.J. Schultens (Disq. unde Moses res in libro Geneseos descriptas didicerit? Lugd. Bat 1753.4.) schon bejahet; aber Astruc war der erste ..."*. - Ähnliche Aufzählung auch Ilgen: Ms Einleitung in das A. T. S. 6. und Ms Vorlesungen über die Genesis. S. II.25. u. 27.

36 Zu Semler siehe Kap. 4.

37 G. Hornig: Hermeneutik und Bibelkritik bei Johann Salomo Semler. In: Historische Kritik und biblischer Kanon. A.a.O., S. (219-236) 222.

38 Mit Astruc setzte man den Begriff 'Ältere Urkundenhypothese` an: C. Steuernagel: Lehrbuch der Einleitung in das Alte Testament. Tübingen 1912. S. 128: *"Man nennt die von Astruc, Eichhorn und Ilgen vertretene Hypothese die ältere*

forschungsgeschichtliche Ortsbeschreibung, von J.-R. ARMOGATHE widergegeben (*"Astruc est tenu pour* [...] *l'initiateur de la critique moderne du Pentateuque"*[39]), ist nur für die übliche Einordnungspraxis sachlich zutreffend, aber sonst nicht. - Letzlich war schon bei LA PEYRERE die Idee der vormosaischen Schriftüberlieferung im Satz *'scripserunt Hebraei ante Mosem`* vorhanden. Diese, also die allgemeine Urkundenhypothse, die von einer Textentflechtung Jahvist-Elohist nocht nicht wußte und wissen konnte, differenziert im allgemeinen zwischen drei Urkundenblöcken: [1.] dem Material, das vor Mose dagewesen sein muß - [2.] dem, das Mose selbst aufgezeichnet hat - [3.] dem, was nach Mose geschrieben wurde. - So, in dieser Differenzierung, findet sich eine Beschreibung der Sachlage in der Pentateuchforschung noch in einer Einleitung *aus dem* Anfang des 19. Jahrhunderts, also *nach* Aufstellung der Hypothesen von ASTRUC-EICHHORN-ILGEN. L. BERTHOLDT schreibt hier in seiner 'Historischkritische(n) Einleitung in sämmtliche kanonische und apokryphische Schriften des alten und neuen Testaments` von 1813 über 'auszumitttelnde` Texte *"vormosaischer, mosaischer und nachmosaischer"* Stücke.[40] EICHHORNS Arbeit ist in seiner Frühphase *dieser* Art der Quellenscheidung noch verpflichtet. -

Die eben genannte Quellenscheidung nach dem Kriterium des Gottesnamens ist für die sogenannte 'Urkundenhypothese` seit je her das *entscheidende* Kriterium gewesen, mit dem sich die Definition der Hypothese verbindet. Daß dabei aber dieses Kriterium auch - wenn auch unterschiedlich - der sogenannten *Fragmenten-*[41] und *Ergänzungshypothese*[42] galt, war bisher einerseits nicht unbekannt,

---

Urkundenhypothese." - Vgl. Eißfeldt: Einleitung. S. 213f. - So ähnlich schon J.S. Vater: Commentar über den Pentateuch. 3. Theil. Halle 1805. S. 697.

39 Armogathe: Sens littéral et orthodoxie. A.a.O., S. 437

40 A.a.O., S. 784.

41 (I.) Fragmentenhypothese: Vorläufer F.K. FULDA (*'Das Alter der heiligen Schriftbücher des alten Testaments.`* 1791), OTMAR/JOHANN CHRISTOPH NACHTIGAL (*'Fragmente über die allmälige Bildung der den Israeliten heiligen Schriften.`* 1794.1795), sonst ALEXANDER GEDDES (*'The holy Bible or the Books accounted Sacred by Jews and Christians.`* I. 1792 [Eichhorn: Rez. in ABBL 5.3, 1794, S. 444-456]), JOHANN SEVERIN VATER (*'Commentar über den Pentateuch.`* 3 Bde. 1803-05), WILHELM MARTIN LEBERECHT DE WETTE (*'Beiträge zur Einleitung in das Alte Testament.`* II. 1807). - Für Vater gilt das Kriterium der Gottesnamen nicht mehr (A.a.O., 3. Bd., S. 717ff.), für de Wette schon, aber anders! (A.a.O., S. 29f.)
Vgl. Diestel: A.a.O., S. 610f. - Westphal: A.a.O., S. 142ff. - Holzinger: A.a.O., S. 43-54. - Kraus: A.a.O., S. 174-189. - Einleitungen: Bleek, S.171ff., Eißfeldt, S. 214ff., Kaiser, S. 48f. u.a. - R. Smend: W.M.L. de Wettes Arbeit am Alten und Neuen Testament. Basel 1958. S. 49-58.

42 (II.) Ergänzungshypothese: HEINRICH EWALD (*'Die Komposition der Genesis, kritisch untersucht.`* 1823, *'Geschichte des Volkes Israel bis Christus.`* I. 1843. II. 1845), JOHANN JACOB STÄHELIN (*'Kritische Untersuchungen über die Genesis.`* 1830), FRIEDRICH BLEEK (*'Einige aphoristische Beiträge zu den Untersuchungen über den Pentateuch`*. 1822, *'Beiträge zu den Forschungen über den Pentateuch.`* 1831, *'De libri Geneseos origine atque indole historica observationes.`* 1836), FRIEDRICH TUCH (*'Commentar über die Genesis.`* 1838), der späte DE WETTE (*'Einleitung.`* 1829. 1840).

hat aber andererseits kaum Interesse gefunden und damit zu einer oft unzulässigen Differenzierung zwischen den exegetischen Schulen geführt. Diese Differenzierung ist gerechtfertigt - aber nur in Hinblick auf die (relativ grobe) forschungsgeschichtliche Überblicksorientierung. In Hinsicht auf die historische Genese der Literarkritik ist diese Unterscheidung nicht immer angemessen. Auch schon A. MERX[43] machte auf den fließenden Übergang zwischen den einzelnen Hypothesen aufmerksam und auf das friedliche Nebeneinander der verschiedenen Optionen in den frühen Arbeiten von DE WETTE.[44] - Die '*Urkundenhypothese*' scheidet eben - ganz wie die anderen auch - anfänglich nicht nur nach dem Kriterium des Gottesnamens und teilt den Text des Pentateuchs nicht nur einfach in die bekannten Längsschnitte auf, sondern eigentlich ganz ähnlich wie die Fragmentenhypothese in Texteinheiten, in sogenannte '*Urkunden*', '*Denkmahle*' oder '*Dokumente*', die nach einem (oder nach *dem*) Grundraster historischer Ordnungsmöglichkeiten bezeichneten werden - eben nach der Möglichkeit, den Text als *vormosaisch*, *mosaisch* oder *nachmosaisch* anzusehen. *Dieses* Kriterium ist älter als alle anderen. Es ist fester und konsistenter als die Längsschnitt-Texttrennung - und es ist enger mit der spezifischen Genese der Literarkritik verbunden. Auch ILGEN ist an dieses Kriterium gebunden. - Siehe oben: Es muß doch - so nach LA PEYRERE, SPINOZA, RICHARD SIMON - bei allen diffizilen literarkritischen dh. historisch-exegetischen Ordnungspflichten eine Beantwortung der Grundfrage möglich sein: Wenn es denn klar ist, daß die Frage nach dem Pentateuch die entscheidende ist[45], und wenn klar ist, daß Mose zumindest nicht den ganzen Pentateuch geschrieben haben kann - dann muß ergründet werden, was *Mose selbst*, was *vor ihm*, was *nach ihm* geschrieben worden sei. - Daß EICHHORN selbst eben dieser historisch-exegetischen Ordnungspflicht anfänglich und auch nach der Veröffentlichung der ersten 'Urgeschichte' noch verbunden ist, kommt in einer deutlichen Formulierung noch in der zweiten Auflage der Einleitung zum Ausdruck. Dieser Satz, daß alle Quellenscheidung von Ex 3 an überflüssig werde, weil Mose von da ab selbst geschrieben habe, ist ein prägnanter Hinweis darauf, daß einerseits Urkundenhypothese selbst (noch) weitgehend den literarkritischen Operationen der Fragmentenanalyse verbunden ist und andererseits auch ein Hinweis darauf, warum denn die Urkundenhypothese an der Erarbeitung einer Analyse der

---

Vgl. Diestel: A.a.O., S. 613. - Westphal: A.a.O., S. 179ff. - Holzinger: A.a.O., S. 43-54. - Kraus: A.a.O., S. 174-189. 199-205. - Einleitungen: Bleek, S. 175ff., Eißfeldt, S. 215ff., Kaiser, S. 49f. u.a. - Smend: R. Smend: W.M.L. de Wettes Arbeit. S. 112-116. - Ders.: Friedrich Bleek. 1793 - 1859. In Ders.: Deutsche Alttestamentler. S. 71-84.

43 In dem Nachwort zu F. Tuch: Commentar über die Genesis. 2. Aufl. Halle 1871. S. LXXXIIf.

44 Vgl. W.M.L. de Wette: Beiträge zur Einleitung in das Alte Testament. Bd. 2. Halle 1807. - Vgl. R. Smend: Wilhelm Martin Leberecht de Wettes Arbeit am Alten und am Neuen Testament. S. 50.

45 Zwischen Louis Ellies Du Pin und K.H. Graf stand das unhinterfragbar fest! Siehe Kap. 1. - Vgl. R.H. Popkin: Isaak la Peyrère (1596-1676). Leiden 1987 (Stud. in intell. hist. 1). S. 72. - K.H. Graf: Richard Simon. In: Beitr. z.d. theol. Wissensch. Bd. 1. Straßburg 1847. S. 174.

Pentateuchbücher Ex bis Num bzw. Dtn scheitern mußte: Diese Prämisse EICHHORNS machte die Weiterarbeit anfänglich überflüssig und verbot sie damit auch zugleich. Denn niemand suche Quellen, wo keine sein können.[46]

6.1.2. Eichhorn

6.1.2.1. Die Anfänge. Die Urgeschichte

Die früheste Pentateucharbeit EICHHORNS, die 'Urgeschichte`, ist 1779 im von ihm selbst, EICHHORN, herausgegeben 'Repertorium für biblische und morgenländische Literatur` zu finden.[47] Die Quellenscheidung, die EICHHORN hier vornimmt, ist eben im strengen Sinne noch nicht zur einer philologischen Urkundentrennungsarbeit angehalten. Grundsätzlich fällt bei ihm *nicht* alles Gen-Textmaterial unter die Kategorie 'vormosaische Urkunde`: Es gebe also auch in der Genesis *mosaische* Urkunden. So sei Gen 1 z.B. eine solche mosaische Urkunde. Aber Gen 1 ist eben leicht von der nächsten, der 'vor-mosaischen Urkunde` Gen 2-3, zu trennen. Beide Urkunden stehen unverflochten, also in Blockformation hintereinander. Dieser Sachverhalt, die einfache Separierung zweier Urkundenblöcke, entspricht eben ganz und gar der Analyse eines Textes, der in seiner Struktur die Verschmelzung zweier, der mosaischen und der vormosaischen, anachronen Urkunden aufweist.

> EICHHORN setzt voraus:
> *"Der Verfasser des ersten Kapitels kan also nicht wohl mit dem Urheber des 2ten und 3ten Eine Person seyn."*[48] Denn *"Allein in Gebrauch der Namen Gottes ist der Unterschied beyder Urkunden handgreiflich. Im ersten Kapitel, bis zum 4ten Vers des 2ten wird von Gott ohne Ausnahme das Wort, Elohim, gebraucht; hingegen vom Ende des 3ten wird Gott ohne Ausnahme Jehova*

---

46 Vgl. Kap. 5, Anm. 25. - Eichhorn: Einleitung ins Alte Testament. Zweyter Theil. Zweyte verbesserte und vermehrte Ausgabe. Leipzig 1787. S. 348. - Vgl. a.a.O., S. 363ff. und 385f. - Ähnlich Bauer: Entwurf einer Einleitung. S. 275f.

47 [Anonym:] Urgeschichte. Ein Versuch. In: RBML 4 (1779) S. 129-256. - In: ABBL 2.4 (1790) S. 711 schreibt Eichhorn, daß er diesen Versuch schon im Alter von 23 Jahren, also 1775 geschrieben habe.

48 Urgeschichte, RBML 4 (1779) S. 176. - Für das folgende vgl. B. Seidel: Johann Gottfried Eichhorn. Konstruktionsmechanismen ... - Die Entwicklungsgeschichte der Quellenscheidung bei E. habe ich hier detailliert beschrieben, daher ist es m.E. angebracht, im folgenden nur die für die forschungsgeschichtliche Entwicklung besonders prägnanten 'Gelenkteile` der historisch-kritischen Theoriebildung zu beschreiben.

> *Elohim genannt. Sollte wohl dieser Unterschied das Werk einen blosen Zufalls seyn? und sollte nicht vielmehr diese Verschiedenheit von der Verschiedenheit der Verfasser herrühren?"*[49]
> Das zweite Kapitel der Gen sei viel älter; die Sprache des 'Jehovisten` komme *"aus dem grausten Alterthum"*[50], die formale Schlichtheit zeige, daß die Urkunde aus dem Zeitalter der *"Jugend der Welt"*[51] stamme, denn es herrschten in ihr *"noch sehr unvollkommne, rohe Begriffe von Gott"*[52] vor. Zudem stelle der Dichter noch alles stilistisch ungeschickt dar, der Text mute daher wie ein Lückentext an; die Darstellung sei lückenhaft, planlos, kurz und: *"Theilweis"*[53]. - Also: *"Es muß zu einer Zeit verfaßt seyn, wo es noch der Sprache des Urhebers an allumfassenden Ausdrücken mangelte, wo man also Theile nennen mußte, um Begriffe vom Ganzen zu geben; mit einem Wort, in der Kindheit der Welt, wo dem Menschen noch der umfassende Blick mangelte. Zu der Zeit gleicht die Sprache einer Malerey, die auch alles einzeln in Theilen vorlegt. "*[54]
> Also ist eben das zweite und dritte Kapitel der Gen ein *'Denkmahl`* das *"schon lange vor Mose vorhanden war. "*[55] Von der ersten Theorie, die EICHHORN von dieser Erkenntnis ableitet, trennt er sich dann später wieder. 1779 behauptet er, Gen 1, also das jüngere, mosaische Dokument, sei von Gen 2-3 abhängig; der Verfasser des ersten Kapitels, also Mose, hätte die *"ausgeführte Haupt-Idee aus dem 2ten genommen"*[56].

Das ist also Quellenscheidung im Minimalaufwand und entspricht dem exegetischen Stand der Zeit von (etwa) 1780. Dabei bleibt es nicht. In den späteren Darlegungen kommt EICHHORN zu einer anderen Entscheidung. In den späteren Auflagen der Einleitung stellt er die Sachlage anders dar. Zu der Änderung seiner Meinung kommt er wahrscheinlich durch die reiche Rezensionstätigkeit in der *'Allgemeinen Bibliothek biblischer Literatur`*, in der er die Werke der (letztlich) von ihm bzw. von seiner 'Einleitung` herkommenden Pentateuchforscher[57] bespricht. Daß diese, wie z.B. D.J. POTT, J.H. HEINRICHS und J.FR.W. MÖLLER, über seine Hypothese hinausgehen, entspricht der Natur der Sache. EICHHORN nimmt das auf.

1790 beschreibt EICHHORN die Arbeit von POTT zu Gen 2-3 kritisch. POTT ordnet den Text der Verfasserschaft des Mose zu. Es sei kein vor-mosaisches Dokument, sondern ein von Mose selbst angefertigter Auszug aus einer alten Urkunde:

---

49 A.a.O., S. 174f. - Hier fast textgleich mit der entsprechenden Formulierung in der Einleitung (3. Bd., 4. Aufl. 1823. S. 40).

50 A.a.O., S. 177.

51 A.a.O., S. 186.

52 Ebd.

53 A.a.O., S. 178. 181. 191.

54 A.a.O., S. 177. - Vgl. 180. 193.

55 A.a.O., S. 177.

56 Ebd.

57 Siehe Kap. 4.

> EICHHORN referiert: *"Mose habe nicht alles, was er in der benutzten Denkschrift* [die Gen 2 zugrunde liegt, aber heute verloren ist] *gefunden, wörtlich mitgetheilt, sondern hinter dem Titel desselben* [dh. hinter Gen 2,4a], *den er wörtlich abgeschrieben, einen Auszug von dem gemacht, was die Schöpfung des Menschen betraf, wobey er die Schöpfung des Himmels ganz übergangen ...".*[58]

EICHHORN lehnt POTTS Ansicht hier zwar ab, aber in den späteren Auflagen der 'Einleitung` konzediert er: *"Uebrigens ist es unmöglich jetzt, nachdem wir beyde Urkunden nur Stückweis, und keine mehr vollständig in ihrer ursprünglichen Anordnung, von Anfang bis zu Ende vor uns liegen haben, die Absicht im Ganzen zu bestimmen."*[59] Hier ist also Bestandteil seiner Theorie geworden, daß die Urkunden fragmentarisch überliefert in das Bündel des Alten Testaments eingegangen sind. Die Hypothese wird diffiziler: Während die Urkunde als solche ursprünglich vorgestellt wird als Schriftwerk, das in seiner Erstgestalt (etwa) in die vorliegende Sammlung übernommen wurde, schärft sich später der Blick für die Möglichkeit einer Texttradition, die die Urform *verändert* weitergibt. Sie hebt sie aus nach ihren wesentlichsten Inhalten, und wir haben von den Urkunden *"keine mehr vollständig"* vor uns. Das aber ist und bleibt bei EICHHORN vage und wird nicht zur Theorie erhoben, denn die historische Imagination, also die Vorstellung von textüberliefernden Vorgängen in der Geschichte, die wesentlich zur Gestaltung der Hypothese beiträgt, widerspricht dem. Wir haben - so EICHHORN - eben im Alten Testament eine Sammlung von Urkunden, weil die Alten nicht fähig gewesen seien, ihre alten Urkunden *"bloß dem Inhalte nach auszuheben"* und eine geschlossene Geschichtsdarstellung (nach Vergleich der Quellen) zu geben. In der 'Einleitung` schreibt EICHHORN:

> *"Es gehört Uebung von Jahrhunderten dazu, bis man lernte, seine Quellen bloß dem Inhalte nach auszuheben, ihre Angaben auf eine künstliche Weise zu stellen, und sie mit eigenen Worten und nach der Vorstellungsart seines Zeitalters auszudrücken; oder bis man daran dachte, verschiedene Quellen mit einander zu vergleichen, ihre Verscheidenheiten kritisch zu wägen, und über ihren Inhalt zu urtheilen. Man gab lieber die Quellen, die man vorfand, selbst, stellt ihre Erzählungen, wo sie von einander abwichen, neben einander, und griff dem Leser durch Wahl und Urtheil nicht vor".*[60]

Die Zusammenstellung der Quellen sei die Arbeit des Sammlers - so lautet das spätere Urteil über die Verfasserfrage. Die mosaische Verfasserschaft von Gen 1 hatte EICHHORN am Anfang der 90er jahre längst aufgegeben. Überhaupt ist später bei EICHHORN nicht mehr als vom Verfasser, sondern mehr vom *Sammler* bzw. vom *Zusammenordner* der Urkunden die Rede. Und wie der heiße, mag

---

58 ABBL 2.4 (1790) S. 708f.

59 Eichhorn: Einleitung. 3. Bd., 4. Aufl. 1823. S. 62.

60 A.a.O., S. 38. - Vgl. A.a.O., S. 144.

nicht interessieren.[61] - Daß aber die Geschichte von Schöpfung und Fall nicht eigentlich zum originären Bestand der jahvistischen Quelle gehöre, sondern der 'Urkunde vorangesetzt` sei, ist und bleibt Bestandteil der Urkundentheorie EICHHORNS. J habe dieses alte Dokument übernommen. Das ist also in der späten Auflage der 'Einleitung` der Restbestand der ursprünglichen Ansicht vom besonders hohen Alter von Gen 2f.:

> *"I B. Mose 4,1 fängt eigentlich der Verfasser dieser Urkunde zu erzählen an: aber er setzt seiner Arbeit ein Document vom ursprung der Erde und der Menschen, und von der ersten Geschichte derselben voran, das er schon vorfand, Kap. 2,4 - 3.,24. Aus seiner Hand sind beyde nicht: denn er würde von Gott nicht Jehova Elohim, sondern Jehova allein gebraucht haben. Aber seine Einkleidungen und Vorstellungen treffen doch mit den in diesem Document gebrauchten zusammen".*[62]

6.1.2.2. Die Entwicklung der Theorie Eichhorns. Die Noachitische Fluth

Der Arbeit über die Urgeschichte läßt EICHHORN bald eine zweite Arbeit folgen. Sie wird ebenfalls in RBML veröffentlicht: *'Über Mosis Nachrichten von der Noachitischen Fluth. 1 B. Mose VI. VII. VIII. IX.*`[63] - der Titel verrät, daß EICHHORN hier von der mosaischen Verfasserschaft noch nicht Abstand genommen hat.[64] Aber das ist nicht das Thema der Arbeit. Hier wird vielmehr die Grundlage gelegt für die quellenscheidende und *textentflechtende* Exegese. Während in den ersten Gen-Kapiteln aufgrund der o.g. Blockformation der Urkunden die Textordnung in ihre zwei natürlichen Texteinheiten, also Blöcke, zerfällt, muß hier quasi der Zopf entflochten werden - denn es sind *"verschiedene Denkmähler von Einer Begebenheit in Extenso* IN EINANDER *verwebt"*[65]. Erst hier ist es - um mit den Worten der späteren Urkundenhypothese zu reden - der Fall, daß die Textanalyse Längsschnitte vornimmt und die *'Erzählungsfäden`*[66] definiert. EICHHORN:

---

61 A.a.O., S. 94: *"Ueberhaupt aber kann uns der Name des Zusammenordners gleichgültig seyn. Nicht auf seinen Namen, sondern auf seiner Treue und Gewissenhaftigkeit im Zusammenordnen beruht die Glaubwürdigkeit und Brauchbarkeit unsrer Genesis."*

62 Einleitung. 3. Bd., 4. Aufl. 1823. S. 124.

63 In: RBML 5 (1779) S. 185-216.

64 Vgl. A.a.O., S. 185f.: *"Moses hat einen großen Theil seines ersten Buchs aus uralten Denkmählern verfaßt, die er, so wie er sie bei seiner Nation vorfand, ohne alle Veränderung Wort für Wort zusammenstellte."*

65 A.a.O., S. 186 (Hervorhebung bei Eichhorn!).

66 J. Wellhausen. Die Composition des Hexateuch. 4. Aufl. Berlin 1963. S. 2 u.ö. - Vgl. Steuernagel: Einleitung, passim. - Eißfeldt: Einleitung S. 213.

> *"Ich darf wohl voraussetzen, daß der Verfasser der Urgeschichte an einigen Kapiteln der Genesis erwiesen hat, daß Mose dergleichen uralte Denkmähler in sein erstes Buch, so wie er sie vorfand, eingerückt habe. Nur gehen meine Beobachtungen noch weiter. In einigen Abschnitten des ersten Buches Mosis glaube ich die deutlichsten Spuren von mehr als Einer Quelle bemerkt zu haben, die bald in einander, bald neben einander fließen. In diesem Falle muß sie Mose entweder selbst hier vereinigt und dort neben einander hingeleitet haben, oder ein andrer vor ihm hatte diese Arbeit schon gethan, und er benutzte sie nur nach seiner Gewohnheit ohne alle Abänderung."*[67]

Diese Eigentümlichkeit des Texte läßt sich nach EICHHORN nur mit der eben oben beschriebenen Verschmelzung zweier Urkunden erklären. Alle anderen Erklärungsmöglichkeiten scheiden aus. - *"Zwar läßt sich der Fall denken, daß ein Schriftsteller zweimal nach verschiedenen Veranlassungen und zu zwei verschiedenen Zeiten eben dieselbe Begebenheit aufzeichne. Aber ists auch nur zu vermuthen, daß er* [...] *niemals beim zweiten Aufzeichnen derselben Begebenheit zu seinen vorigen Ausdrücken zurückkommen werde?"*[68] Auch die Möglichkeit der Ungeschicklichkeit in der Darstellung schließt EICHHORN aus, dazu seien die Unterschiede im Text viel zu *'methodisch`*.[69] Die Lösung:

> *"Dies scheint zwei Verfasser von verschiedenem Genie, und von verschiedenem persönlichen Charakter zu verrathen."*[70]

Die Scheidungskriterien sind bekannt: Gottesnamen[71], Wiederholungen[72], Stil und Phraseologie[73]. - Aber auch der historische Hintergrund, aus dem die Intentionen der literarischen Produktivität herausgewachsen sind, ist von Belang. Und hier sind die Theorien, die EICHHORN vorstellt, recht modern:

> *"Die Urkunde mit Elohim geht auf Vollständigkeit aus, und beschreibt daher alles möglichst ausführlich, wie der thun wird, dessen Herz von der Größe und Wichtigkeit einer Sache ganz voll ist. Daher ihre Nachricht vom Schiffsbau, vom Steigen, der Höhe und dem Fallen der Fluth u.s.w. Der Verfasser der andern Nachricht bleibt blos bei den HauptUmständen stehen; diesem ists blos um die Erhaltung der mit Noah zu Schiff gegangenen Menschen und Thiere, so wie ienem um eine Nachricht von der ganzen Fluth, nach allen Umständen zu thun."*[74]

---

67 A.a.O., S. 186. - Vgl. Einleitung. 3. Bd., 4. Aufl. 1823. S. 43.

68 RBML 5 (1779) S. 205.

69 A.a.O., S. 193. - Vgl. Einleitung: A.a.O., S. 48.

70 A.a.O., S. 203.

71 A.a.O., S. 196f. - Vgl. Einleitung: A.a.O., S. 51ff.

72 A.a.O., S. 189. 193. - Vgl. Einleitung: A.a.O., S. 44ff.

73 A.a.O., S. 196ff. - Vgl. Einleitung: A.a.O., S. 52f. 57ff.

74 A.a.O., S. 204. - Vgl. Einleitung: A.a.O., S. 57-62 (Hier noch deutlicher!)

Ebenso sind theologische Implikationen der verschiedenen Quellen erkennbar:

> *"In der Urkunde mit Jehova werden die Entschließungen Gottes als blose Gedanken oder Unterredungen Gottes mit sich selbst vorgetragen; hingegen in der Urkunde mit Elohim immer als Unterredungen Gottes mit Noah."*[75]

Die Vorstellungen von einer Entlohnung für diese Quellenscheidungsarbeit erinnert in der Beschreibung EICHHORNS durchaus an die frühhistoristischen Interessen der Späten Aufklärung, wie sie bei HERDER und MICHAELIS anzutreffen sind. Sind die Quellen der Geschichtskenntnis philologisch eruiert, dann ist der Gewinn der Arbeit eine Wissenszuwachs des historisch arbeitenden '*Geschichtforschers*`. Er findet im Text nicht mehr eben nur eine Stimme eines Geschichtszeugen, sondern verschiedene und voneinander unabhängige Zeugnisse. In bezug auf die Wahrhaftigkeit und Wissenschaftlichkeit der historischen Arbeit ist das für EICHHORN - und für ILGEN - von entscheidender Wichtigkeit.

> *"Der Geschichtforscher darf nun nicht mehr Einem Zeugen glauben, sondern kan zwei von einander verschiedene hören* [...]|
> *Sind nun von Einer Begebenheit mehrere Urkunden im Original, aber in einander geschoben, im ersten Buch Mose befindlich: so hat man, wenn sie nur gehörig von einander getrennt werden, für die Wahrheit und Zuverläßigkeit unsrer Nachrichten aus der Urwelt einen Beweis mehr, als bisher. Mehrere und von einander unabhängige Referenten stimmen in der ältesten Weltgeschichte überein."*[76]

Bei ILGEN war die Kenntnis der Geschichte und ihrer Zeugnisse ganz ähnlich ursächlich mit der Überprüfung der Quellen verbunden, dh. natürlich mit den notwendigen philologischen Korrekturmaßnahmen - Denn: *"Nur dann erst, wenn alles dieses erfüllt ist, ist es möglich sie als das, was sie seyn sollen, das heißt, als Quellen zu benutzen, und fruchtbare Materialien daraus zu schöpfen ..."*.[77]

(Wichtig ist, daß EICHHORN selbst eine Quellenscheidung in extenso *nur für die Urgeschichte* vorlegt. Die 'Einleitung`, die 1780 erstmalig erschien, übernimmt

---

75 A.a.O., S. 201. - Vgl. Einleitung: A.a.O., S. 58. -
Grundsätzlich kann hier nicht verschwiegen werden, daß Eichhorn mit dem 'Reinheitsgebot` der Quellenschiedung nach den Gottesnamen kollidiert. Er ändert daher die Gottesnamen (A.a.O., S. 215.). Ein überaus bekanntes Problem!

76 A.a.O., S. 187. 188. - Vgl. Eichhorn [Rez.]: Johann David Michaelis Einleitung in die göttlichen Schriften des Alten Bundes. Des ersten Theils, welcher die Einleitung in die einzelnen Bücher enthält, erster Abschnitt. Hamburg 1787. In: ABBL 1.3 (1787) S. 430-468.

77 Ilgen: Die Urkunden des Jerusalemischen Tempelarchivs. S. VI. - Vgl. Kap. 4, Anm. 61.

nur die Exegesen von Schöpfung und Flut aus dem RBML von 1779 und spart die restliche Gen aus. Die gesamte Überschau über die Gen-Urkunden erscheint in der 'Einleitung` nur tabellarisch. Auch die letzte Auflage von 1823/24 trägt bekanntlich nur Anmerkungen nach.

Tabelle 1. EICHHORNS und ASTRUCS Analyse der Flutgeschichte

Das ist die Scheidung nach EICHHORN und ASTRUC in der Flut-Geschichte:[78]

EICHHORN		ASTRUC	
Jahvist	*Elohist*	*Jahvist*	*Elohist*
Kap. IV			
1-26		1-26	
Kap. V			
	1-28		1-28
29			29
	30-32		30-32
Kap. VI			
	1.2	1	
3		|	
	4	4	
['Fluth`]............			
Kap. VI			
5		5	
6		6	
7		7	
8a		8	
	9		9
	|		|
	22		22
Kap. VII			
1		1	
|		|	
5		5	
6			6
|			|

78 EICHHORN: A.a.O., S. 206-214. (Vgl. dazu Einleitung. 3. Bd., 4. Aufl. 1823. S. 107 ebenso.) - Es handelt sich hier um gerundete Angaben; die Feinheiten sind um der Übersichtlichkeit willen weggelassen. Kapitelangaben um der Kenntlichkeit willen als römische Ziffern. * = andere Zuordnung. -
ASTRUC: Conjectures. S. 46-59. - Auflistung bei Westphal: A.a.O., S. 114 und bei Vater: A.a.O., S. 700-703. - Auch bei Michaelis: Einleitung. S. 296-298.
Man vergleiche Eichhorns Konzeption mit Eißfeldts Hexateuch-Synopse (Darmstadt 1962. S. 9-14)! Die Ähnlichkeit der Quellenscheidung ist auffallend. Und das vor allem angesichts der Tatsache, daß es sehr große Unterschiede gibt zwischen Eißfeldt und den anderen Exegeten, die bei Holzinger (A.a.O., Tabellenanhang, Bl. 1) zusammengestellt werden.

EICHHORN		ASTRUC		
Jahvist	*Elohist*	*Jahvist*		*Elohist*
10				10
	11	11		
	12	12		
	|	|		
	16	16		
17		17		
	18	18		
19?	19?	19		
	20		20*	
	21	21		
	22			22
23			23*	
	24	24?	24*	24?
Kap. VIII				
	1			1
	2			2
	|			|
	19			19
20		20		
|		|		
22		22		
Kap. IX.				
	1			1
	|			|
	10			10
	11	11		
	|			12
	|	13		
	|	|		
	|	15		
	|			16
	17			17
....	....	....	....	....
18		18		
|		|		
27		27[79]		

---

79 Die anderen Texte der Gen siehe unter Tabelle 2.

6.1.3. Die Akoluthen Eichhorns

6.1.3.1. Möller. Die ganze Gen bitte! (Urkunden - oder Fragmente derselben?)

Die Arbeit EICHHORNS setzt sich in der Arbeit seiner Nachfolger weiter durch. Man muß hierbei unterscheiden zwischen den Werken derjenigen, die über die Arbeit EICHHORNS hinaus kaum Eigenständiges geleistet haben[80] bzw. der Bibelwissenschaftler, die von ihm nur das Konzept übernommen haben (G.L. BAUER[81], GABLER[82]) und nicht an der weiteren Entwicklung der Literarkritik beteiligt waren - und denjenigen, die eine echte Aufweitung der EICHHORNschen Prämissen erarbeiteten.

JOHANN FRIEDRICH WILHELM MÖLLER[83] veröffentlicht 1792 eine kurze Abhandlung unter dem Titel *'Ueber die Verschiedenheit des Styls der beyden Haupt-Urkunden der Genesis in gewissen Stellen*`[84]. MÖLLER holt nach, was EICHHORN nicht schaffte. Er dehnt die Analyse auf die ganze Gen aus.

Zunächst pflichtet MÖLLER EICHHORN prinzipiell bei. *"Ich bin zwar von der Richtigkeit desselben* [des Resultats E.'s, B.S.] *für mich selbst aufs vollkommenste überzeugt, deswegen halte ich's aber gar nicht schon von allen Seiten in dem Grade fest begründet, daß alle weitere Bemühung, es noch fester zu begründen, unnütz oder überflüssig scheinen dürfte: noch weniger kann ich glauben, daß die ganze Untersuchung über die Entstehungsart der Genesis und ihre innre Beschaffenheit schon jetzt für völlig und auf immer geschlossen anzusehen sey."*[85] - Die festere und bessere Begründung, um die es Möller geht, ist die Sammlung von Beispielen der Stileigenheiten im Text, die zweifelsfrei die Verschiedenheit der

---

80 Die Einleitungen von H.E. Güte (1787) und J. Babor (1794, kath.!) sind hier zu übergehen, da sie kaum Eigenes geleistet haben.

81 Bauer: Entwurf einer Einleitung. - Eichhorn [Rez.]: In: ABBL 6.1 (1794) S. 68-78. - B. hatte andere Ambitionen, er liefert nur knapp den sachlichen Inhalt der Eichhornschen Quellenschriften (B.: A.a.O., S. 274f). Nach B. ist Mose der Kompilator der Gen. Mose soll auch Ex bis Dtn verfaßt haben (B.: A.a.O., S. 275f.).

82 Auch Gabler war an der speziellen Literarkritik des AT nicht interessiert (vgl. Kap. 4).

83 Möller. Geb. ? Gest. ? - Vgl. ADB und Deutsches Biographisches Archiv (DBA). Tafel 851, Nr. 121-123 keine weiteren Auskünfte. (Möller war erst Repetent in Göttingen, dann Buchhändler in Hamburg, dann Lehrer, dann verscholl er).

84 Erschienen in Göttingen 1792. - Vgl. Eichhorn [Rez.]: Ueber die Verschiedenheit des Styls in den beyden Haupt-Urkunden der Genesis in gewissen Stellen. Von Johann Friedr. Wilh. Möller. Göttingen 1792. In: ABBL 4.3 (1792) S. 473-482.

85 Möller: A.a.O., S. 3f.

Quellenschriften in der Gen belegen. Vor allem aber gelte es *außerhalb* der Urgeschichte zu arbeiten.[86] *"Allein selbst die wenigen Stellen, die sich außer der Geschichte der Flut noch von dieser Art finden, sind entweder gar nicht von dem Umfang, oder doch nicht von der Beschaffenheit, daß sich der Unterschied hier recht fühlbar machen ließe."*[87] Das bezieht sich auf die restlichen Texte der Urgeschichte. Aber über die Urgeschichte sollte es ja hinausgehen. - MÖLLER wählt daher Stellen, die *"unendlich oft in einem jeden der beyden Denkmäler vorkommen, und die also ... noch besser, als selbst jene, zu unserm Zweck passen müssen"*[88]. Diese Stellen sind jene 'Orakelsprüche`, die Verheißungen der Nachkommenschaft und Landbesitzes an die Väter. Die Scheidung nach dem Gottesnamen fällt hier naturgemäß leicht, *"steht hier natürlich bey allen der Name Gottes voran."*[89] Der Gefahr, einem Zirkelschluß zu erliegen, kann MÖLLER nach seiner Ansicht entgehen, da die Beschreibung des Stils der verschiedenen Urkunden erst erfolgt, *nachdem* das Textmaterial nach dem Kriterium des Gottesnamens eindeutig sortiert ist.[90] (Allerdings beweist er die Unterschiedlichkeit des Materials, das in seiner Unterschiedlichkeit schon erkannt und gesondert ist!)

Die Tabelle der Texte, die MÖLLER vorstellt, ist diese; zum Vergleich daneben EICHHORN (nach der späteren Ausgabe der 'Einleitung`):[91]

---

86 Vgl. a.a.O., S. 7: *"Es fällt in die Augen, daß - den aus den wechselnden Namen Gottes ausgenommen - alle übrigen Beweise, so weit sie bis jetzt ausgeführt sind, nicht nur hauptsächlich, sondern fast allein sich um die ersten elf Kapitel drehen. Und darin liegt wohl vorzüglich der Grund, warum so viele, die hier eine Zusammenstellung einzelner Fragmente anzunehmen sich gezwungen sehn, diese Zusammenstellung dennoch nicht auf die ganze Genesis ausgedehnt wissen wollen. Indessen ist es durchaus möglich, die Beweise dafür im übrigen Theile durchgehends mit so vielen Beyspielen zu belegen, als in jenen ersten Kapiteln."*

87 A.a.O., S. 6.

88 Ebd.

89 A.a.O., S. 8.

90 Vgl. A.a.O., S. 9.

91 A.a.O., S. 10. - Vgl. Eichhorn [Rez.]: ABBL 4.3 (1792) S. 475f. - Zum Vergleich Eichhorn: Einleitung. 3. Bd. 4. Aufl. 1823. S. 108-110. Hier liefert Eichhorn eine annähernd vollständige Reihung der analysierten Texte zu eben jenen Erzählfäden. N.B. Bei Eichhorn sind Kap. 14; 33,18 - 34,31; 36,1-43, 49,1-27 vielleicht *"Einschaltungen"*. (Zur Gegenüberstellung mit Astruc vgl. auch Vater: A.a.O., S. 700-703.

Tabelle 2. Die Analyse der Gen nach Möller und Eichhorn

Möller		Eichhorn	
Elohist	*Jahvist*	*Elohist*	*Jahvist*
	12, 1-4.7		12
	13,14-18		13,1-18
	15, 4-9		15
	18-21		
	16,10-13		16
17, 1-11		17, 1-27	
15-23			
	18,18-19		18
			19, 1-28
		19,29-38	
		20, 1-17	
			20,18
			21, 1
21,12-14		21, 2-32	
17-19			
			21,33.34
		22, 1-10	
	22,15-19		22,11-19
		20-24	
		23, 1-20	
	24, 7		24, 1-67
			25, 1-7
		25, 7-11	
			12-18
		19.20	
			21-34
	26, 2-6.24		26, 1-33
		26,34.35	
			27, 1-46
28, 3.4.		28, 1-9	
	28,13-16	[12.17.	28,10-22
		18-22 z.T.]	
			29, 1-35
		30, 1-13	
			30,14-16
		17-19 [Rest	
		fragmentarisch]	

MÖLLER		EICHHORN	
Elohist	*Jahvist*	*Elohist*	*Jahvist*
			31, 1
		31, 2	
			3
		4-48	
			49
		50-54	
	32,10.13	32, 1-33	
		33, 1-17	
		18-34.31?	
35, 9-14		35, 1-29	
		36, 1-36	
			38, 1-30
			39, 1-23
		40	
		│	
46, 2.3*		│	
		47,27	
			47,28-31
48, 3.4		48,1-22	
			49, 1-28
		49,29-33	
			50, 1-12
		50,12.13	
			14
50, 24		15-26	

Damit ist Möller der erste Bibelwissenschaftler nach ASTRUC und EICHHORN, der die Texttrennung außerhalb der Urgeschichte demonstriert.

EICHHORN lobt in seiner Rezension, daß MÖLLER die Texte nach einem inhaltlichen Gesichtspunkt ausgewählt hatte und hebt hervor, daß die dringend anliegende Arbeit, die Richtigkeit der Scheidung nach Gen 11 zu erweisen, damit in Angriff genommen wurde.[92] - Grundsätzlich aber kann die Bezeichnung 'Urkunden` nicht darüber hinwegtäuschen, daß diese oben aufgelistete Sammlung

---

92 Eichhorn: A.a.O., S. 475: ... daß sich *"diese Ideen gerade von Genes. XII. an durch den größten Theil des Buchs fortschlingen, sich überall dabei der Name Gottes (Jehovas und Elohims) findet, der jeden Abschnitt auf entscheidendste der einen oder anderen Denkschrift zuspricht..."*.

von Texten keine echte Urkundenreihung sein kann. - EICHHORN hatte - wie auch ASTRUC vor ihm - innerhalb der 'Fluth'-Erzählung zwei annähernd geschlossene Erzählfäden durch Ananalyse des Textes vorgestellt. Der Anspruch der Urkundenhypothese stand somit fest. MÖLLER selbst widmet sich zwar der anstehenden Aufgabe, die Trennung der Quellen auf die übrige Gen auszudehnen, kann aber aufgrund seiner Selbstbeschränkung auf die Textauswahl nach einem inhaltlichen Kriterium nur eine *Lückenreihe* vorlegen. Daß dabei natürlich die Vermutung nahe liegt, daß die Auflistung einer *geschlossenen Erzählreihe* schwerfällt bzw. in allen Bereichen der Gen bzw des Pentateuchs gar nicht leistbar ist, ist offensichtlich. Daher gebraucht MÖLLER selbst für die 'Urkunden' nicht selten den Begriff 'Fragmente'. Das ist naheliegend. Auch die Beschreibung von gemeinsamen Eigenheiten stilistischer Art kann die 'Fragmenten'-Reihe, die unter einem Verfasser (Jahvist oder Elohist) steht, nicht zu einer echten Urkundenreihe zusammenschweißen. Sofern also von vornherein die Reihung als fragmentarisch begriffen werden muß, weil die Analyse keine geschlossenen Erzählfäden vorzulegen vermag bzw. der Exeget sich auf eine 'Auswahl' begrenzt, bleibt diese Quellenscheidung hinter dem selbstgesetzten Anspruch der strengen Urkundenhypothese zurück und verliert sich in eine Neuorientierung, die per se zur Fragmentenhypothese tendiert. So hat denn die eigentlich und anfänglich skeptische Beobachtung der Urkunden durch EICHHORN in den frühen Schriften zur Quellenscheidung, die sich dann auch in der Einleitung[93] niederschlägt, nämlich daß die Urkunden eventuell fragmentarisch überliefert vorliegen, auch hier ihre indirekte Bestätigung gefunden. - MÖLLER selbst verwendet - sicher unreflektiert - in *einem* gedanklichen Zusammenhang den Begriff 'Urkunden' und den Begriff 'Fragmente'.

D.J. POTT[94] und J.H. HEINRICHS[95] hatten diesem Veständnis schon vorgebaut. In seiner Veröffentlichung *'De consilio Mosis in transcribendo documento eo'*[96] erwägt POTT, daß Mose offenbar nicht alles, was er in der alten Vorlage der zweiten Schöpfungsurkunde (*'documentum'*) gefunden habe, überliefern wollte, und er habe damit ein Fragment hinterlassen. - HEINRICHS kommt zu einer ähnlichen Auffassung in der Schrift *'De antiquo illo documento, quod secundo Geneseos capite exstat'*[97]. METZGER referiert: *"Aus der Diskrepanz zwischen Überschrift* [Gen 2.4a, B.S.] *und Inhalt* [des Kapitels, B.S.] *und aus der Lückenhaftigkeit der Erzählung schließt Heinrichs, daß entweder vor der Aufnahme dieser Erzählung in die Genesis etwas verlo-*

---

93 Einleitung. 3. Bd., 4. Aufl. 1823. S. 62.

94 Heinrich Julius P. Geb. 10.10. 1760. Gest. 18.10. 1738. - Vgl. ADB (C. Siegfried): Bd. 26 (1888) S. 485-486.

95 Johann Heinrich Heinrichs. Geb. 14.10. 1765 in Hannover. Gest. 17.3. 1850 in Burgdorf. - Vgl. Neuer Nekrolog der Deutschen. Bd. 28 (1850) Weimar 1852. Nr. 48. S. 176-184.

96 Vollständiger Titel: *'De consilio Mosis in transcribendo documento eo, quod Genes. II et II. ante oculos habuisse videtur. Commentatio exegetica.'* Helmstedt 1789. - Vgl. Eichhorn [Rez.]: In: ABBL 2.4 (1790) S. 708-714. - M. Metzger: A.a.O., S. 17.

97 Göttingen 1790. - Vgl. Eichhorn [Rez.]: In: ABBL 2.5 (1790) S. 939-943.

> *ren gegangen sei, oder daß Moses selbst sie nicht vollständig überlieferte, oder daß später Stücke daraus ausgefallen seien."*[98] - Beide, POTT und HEINRICHS, setzen die Texttrennung nach Gottesnamen voraus. Sie dehnen aber ihre Untersuchungen nicht über die ersten drei Kapitel der Genesis aus.

Der Begriff 'Urkunde` dominiert noch jegliches Verständnis alter Überlieferungstexte; die Urkundenhypothese aber ist damit nicht weiter fundamentiert. Der Begriff reicht weiter als seine Kraft zur strengen exegetischen Differenzierung.

6.1.3.2. Bruns und Paulus: Von den alten Fragmenten

In zwei im von PAULUS herausgegebenen *'Neuen Repertorium für biblische und morgenländische Literatur`* erschienenen Aufsätzen schalten sich der relativ wenig bekannte P.J. BRUNS[99] mit dem Titel *'Untersuchung der ältesten Sagen von der Entstehung ds Menschengeschlechts`*[100] und der sehr bekannte H.E.G. PAULUS[101] mit dem Titel *'Ueber die Anlage und den Zweck des ersten und zweyten Fragments der ältesten Mosaischen Menschengeschichte`*[102] in die Diskussion um die Interpretation der Genesis ein. Genauer: um die ersten drei Kapitel der Genesis. Die Zahl der um die von EICHHORN inaugurierten Quellenscheidung bemühten Exegeten, die auf exegetischem Gebiet Substantielles erarbeiten, ist wohl gering, die Zahl der in die Problematik eingreifenden Wissenschaftler allerdings relativ groß. Auch ein Beispiel für die allgemeine Interessenlage. Die 'Interessenten` jedoch kümmern sich - wie schon bei POTT und HEINRICHS bemerkt - mit besonderer Vorliebe um die weitere Erörterung der drei ersten Kapitel der Genesis. Das aber steht hier letztlich doch auch in noch ganz anderen Kontexten als dem hier zu erörternden. -

Wichtig aber ist, daß sich bei aller offenen und proklamierten Anerkennung der Quellenscheidung nach den Gottesnamen die Verfasser verstärkt auf den Begriff 'Fragment` zurückziehen. Im Hintergrund aller dafür direkt oder indirekt verwendeten Argumente steht die bei EICHHORN noch behutsam angestellte Überlegung über den möglicherweise fragmentarischen Charakter der Urkunden. Es

---

98 M. Metzger: A.a.O., S. 17f.

99 Paul Jakob Bruns. Geb. 18.7. 1743. Gest. 17.9. 1814. Mitarbeiter Kennikotts.- Vgl. Bauer: Entwurf einer Einleitung. S. 231. - ADB (C. Siegfried): Bd. 3 (1876) S. 450-452.

100 In: NRBML 2.4 (1790) S. 197-209.

101 Zur Biographie des P. (1761-1851), des 'Gotteswürdig-Denkgläubigen`, siehe Kap. 3.

102 In: NRBML 2.4 (1790) S. 209-225.

nimmt nicht wunder, daß daher zu Beginn der 90er Jahre beide Begriffe annähernd austauschbar werden.

Der Aufspaltung der Urgeschichte in *zwei* parallele Erzählfäden war bislang gut vorgearbeitet, aber bei der Zweiheit der Quellen konnte es nicht ausschließlich bleiben. Daß gut vorgearbeitet war, ist denn vielleicht auch der Grund dafür, daß die exegetischen Überlegungen jetzt z.T. über den ursprünglich gesteckten Rahmen der Arbeit hinausgehen. BRUNS entdeckt denn auch die Dreiheit der Schöpfungsberichte:

> *"Ich darf als allgemein angenommen und völlig bewiesen voraussetzen, daß in den ersten Kapiteln des sogenannten ersten Buches Mose alte Sagen von ganz verschiedenen Verfassern und aus sehr verschiedenen Zeiträumen gesammlet, und aufbewahrt sind. In diesen Kapiteln wird der Ursprung der Menschen dreymal beschrieben 1) I.26.27.28. 2) II.7.18 - Ende 3) V.1-3. Diese drey Documente müssen, weil sie zusammen kein Ganzes ausmachen sorgfältig unterschieden werden. Ein jedes ist als eine besondere Sage anzusehen."*[103]

Mose sei der 'Sammler` dieser Sagen[104], er habe *"dem Leser die Freiheit gelassen, die älteste Menschengeschichte nach Belieben aus dem einen oder dem andern Dokument zu schöpfen."*[105] - BRUNS beginnt seine Untersuchung mit dem ersten der drei 'Fragmente`. Gen 1, 26ff. habe Gott nur 'Menschen` geschaffen; *"Nichts davon, daß Ein Menschenpaar gewesen ist"*.[106] Dieses erste Fragment sei viel älter als das folgende im zweiten Kapitel.[107] - *"Auf das erste Fragment lasse ich das dritte folgen, V,1. u.f. weil dasselbe jenem in Ansehung der Kürze und andrer Umstände am ähnlichsten ist."*[108] Ach hier sei nichts von Adam zu lesen, sondern nur von 'Menschen` - 'adam` heiße ja bekanntlich 'Mensch`. Ganz anders im zweiten Kapitel, hier ginge es doch um Individuen:

> BRUNS:
> *"Da mir die Wahrheit lieber ist, als das Glück, was eine neue Erklärung machen mag, so will ich gerne bekennen, daß man diesen Kapiteln Gewalt anthun muß, wenn man nicht den hier gedachten Menschen und dessen Frau für zwey Individua hält."*[109]

---

103 Bruns: A.a.O., S. 198.
104 A.a.O., S. 199.
105 Ebd.
106 A.a.O., S. 200.
107 Gegen Eichhorn! Siehe oben.
108 A.a.O., S. 203
109 A.a.O., S. 207.

Der Artikel vor 'adam` sei hier ein Indiz dafür, daß es sich um *den* Adam handle. *"Wenn der Auctor des Fragments von Menschen überhaupt spricht, so läßt er das He weg"*[110].
Die exegetische Differenzierung zwischen drei Schöpfungsfragmenten macht bei BRUNS deutlich, daß es einen sehr maßgeblichen Unterschied zwischen dem ersten und dem zweiten Kapitel der Gen gebe. Die Auffindung der Ähnlichkeit des fünften mit dem ersten unterstützt dies. - Die Eichhornsche Quellenscheidung, die bei BRUNS seltsamerweise nicht erwähnt ist[111], erscheint also hier als Ausgangs-, aber auch *Angriffs*punkt - denn offensichtlich ist die Erklärung des höheren Alters der Gen-Stücke, die von der Schöpfung des 'Menschen an sich` redeten, eine Art Opposition gegen EICHHORN. - Allerdings ist diese weitere Differenzierung noch nicht produktiv, sie wird es erst bei ILGEN.

PAULUS ist in seiner Abhandlung weniger an der literarkritischen Bestimmung des Textes der Urgeschichte interessiert. Seine Sache ist die Interpretation. - Dem geht allerdings die Vorarbeit von GABLER voraus.[112] In der oben schon erwähnten Neuausgabe der Eichhornschen Urgeschichte sucht GABLER nach theologischer Aufhellung dessen, was EICHHORN historisch-literarkritisch mit Hilfe der Urkundenhypothese erörterte. Für GABLER ist der Text ein philosophischer Mythos.

PAULUS unterstützt diese Ansicht.[113] Aber das ist hier weniger von Belang. Wichtig ist, daß er eben die einschlägige literarkritische Entscheidung dabei voraussetzt.[114] Auch auf die Vorarbeiten von BRUNS stützt er sich offenbar.[115] Aber er treibt sie weiter: Gen 1,1 - 2,3 sei ein *'alter Sabbathsgesang`*, Gen 2,4 - 3,24 sei alles andere als liedartig, sondern ein *'Traditionalstück`*[116], es bestehe aus drei Mythen, *'Erster Mythos v. 5-7`*[117], *'Zweyter Mythos v. 8-17`*[118], *'Dritter Mythos v. 18-24`*[119]. Diese Erklärung hat bei PAULUS zur Folge, daß er ganz

---

110 Ebd.

111 Bruns erwähnt Michaelis und kämpft gegen ihn, und ebenfalls J.H. Heinrichs, Commentatio de antiquo documento, siehe oben.

112 Vgl. J.Ph. Gabler: Johann Gottfried Eichhorns Urgeschichte. Herausgegeben mit Einleitung und Anmerkungen von J.Ph. Gabler. 3 Theile. Altdorf u. Nürnberg 1790-1792. - Vgl. dazu Eichhorn [Rez.]: In: ABBL 3.1 (1790) S. 72-76, ABBL 4.3 (1792) S. 482-503, ABBL 5.4 (1794) S. 685-689.

113 Gabler: Urgeschichte. Zweyten Theiles erster Band. Altdorf u. Nürnberg 1792. S. 560-568. - Diestel: A.a.O., S. 730.

114 Ebenso wie Bruns schließt sich Paulus *nicht* Eichhorn an: *"Mose eröfnete seine Fragmente der ältesten Menschengeschichte mit einem Lied, welches nach seiner ersten Bestimmung ein alter Sabbatsgesang (II,2.3.) gewesen zu seyn scheint."* (Paulus, a.a.O., S. 209).

115 Paulus: A.a.O., S. 212.

116 A.a.O., S. 213.

117 A.a.O., S. 215f.

118 A.a.O., S. 216ff.

119 A.a.O., S. 218f.

anders als HERDER Gen 2f eben nicht als Prosa versteht, sondern als Poesie; das sei eben '*Mythos*`, der sich von Geschichte, Sage, dadurch unterscheide, daß *"er seine Entstehung der Spekulation verdankt und daß sein Stoff erfunden ist."*[120] Die Einheit von Gen 2-3 reißt damit auf!

Diese Arbeit H.E.G. PAULUS' hat keine literarkritische Innovationskraft und ist für die theologisch-hermeneutische Interpretationsgeschichte des Alten Testaments, speziell für das Mythosproblem, wesentlich bedeutungsvoller als für die Geschichte der literarkritischen Exegese. Deutlich aber ist, [1.] daß die Basis, die einmal geschaffen ist, zur Differenzierung der bibelwissenschaftlichen Erkenntnisse drängt, sei es auf literarkritischer Ebene oder auf der interpretativen. - [2.] Die Urkunden ASTRUCS und EICHHORNS hatten immer schon gewisse Ambitionen zum Fragmentarischen. Unter dem strikten Interpretationswillen von PAULUS werden sie (und müssen sie werden) zu Fragmenten.[121]

6.1.4. Der fragmentistische Außenseiter. Otmar/Nachtigal Oder: Prophetenschulen und Sängerwettstreit

6.1.4.1. Die historische Grundprämisse

MÖLLER redete von 'Fragmenten`, wo die forschungsgeschichtliche Tradition eigentlich 'Urkunden` setzen würde, denn was MÖLLER nach Fragmenten analysiert, ist - so jedenfalls in der Nachfolge EICHHORNS - tatsächlich der erweiterte Versuch einer Urkundenhypothese: Längsschnittrennung bzw. Separierung von Längsschnittexten - aber unter Verzicht auf den der Urkundenhypothese eigentlich inhärenten Vollständigkeitsanspruch. Diesem Anspruch wird dann wenige Jahre nach der Arbeit MÖLLERS allein ILGEN gerecht werden. -

OTMAR/NACHTIGAL dagegen schreibt von Liedern, die jene forschungsgeschichtliche Tradition eben nicht als Urkunden, sondern im Sinne der Fragmentenhypothese tatsächlich als '*Fragmente*` beschreiben würde. Nur ist der

---

120 Metzger: A.a.O., S. 59.

121 Als einen Schüler weniger von Eichhorn als vielmehr von Bruns und Paulus kann man WERNER CARL LUDWIG ZIEGLER (Rostock) bezeichnen. In einem Aufsatz der unter dem Titel 'Kritik über den Artikel von der Schöpfung nach unserer gewöhnlichen Dogmatik.` (In: *'Magazin für Religionsphilosophie, Exegese und Kirchengeschichte. Hrsg. von H.Ph.C. Henke*`. Bd. 2. Helmstädt 1794. S. [1-113] 62. 77.) finden sich deutliche Anklänge an die Arbeit der Letztgenannten. Eichhorn aber steht unverrückbar im ferneren Hintergrund.

früheste 'Fragmentist` nach K.F. FULDA kaum in forschungsgeschichtlichen Darstellungen vorhanden. Es ist der aber in Geschichte der alttestamentlichen Wissenschaft selten gewürdigte JOHANN KONRAD CHRISTOPH NACHTIGAL, der sich auch OTMAR nennt.[122] - Aber hier, in der Verhandlung der Älteren Urkundenhypothese muß das Werk OTMAR/NACHTIGALS betrachtet werden. Denn die Spezifizierung der Pentateuchanalyse in Urkunden- und Fragmentenhypothese wäre an diesem Punkt der Forschungsgeschichte - vor VATER! - falsch. ILGEN sieht ihn in der Reihe derer stehen, die der Entwicklung der Pentateuchtheorie entscheidend zugearbeitet haben.[123]

In einer Reihe von kürzeren Veröffentlichungen folgt OTMAR/NACHTIGAL seiner *"Lieblings-Idee"* und versucht, *"aus Sängerversammlungen alles herzuleiten"*[124]. Dabei entspricht es der Sache selbst, wenn OTMAR selbst die Eichhorn-

---

122 Geb. 1753. Gest. 1819. (Siehe auch Kap. 5.) - Vgl. Bleek: A.a.O., S. 171. - Diestel: A.a.O., S. 610. - Westphal: A.a.O., S. 124f. - Holzinger: A.a.O., S. 42. - Smend: Wilhelm Martin Leberecht de Wettes Arbeit am Alten und am Neuen Testament. S. 38f.Anm. - J.M. Vincent: Leben und Werk des frühen Eduard Reuss. München 1990 (BevTh. 106) S. 217. 219.
Werke: OTMAR: *'Fragmente über die allmählige Bildung der den Israeliten heiligen Schriften, besonders der sogenannten historischen. Beyträge zu einer künftigen Einleitung in das A.T.`*. In: *'Magazin für Religionsphilosophie, Exegese und Kirchengeschichte. Hrsg. von H.Ph.C. Henke`*. Bd. 2. Helmstädt 1794. S. 434-523. (Siehe dazu auch schon in Kap. 5 unter Exkurs 6).
Ders.: *'Fragmente über die allmählige Bildung der den Israeliten heiligen Schrifte. 8. Fragment.`* In: A.a.O., Bd. 4. (1795) S. 1-36.
Ders.: *'Fragmente über die allmählige Bildung der den Israeliten heiligen Schriften. Neuntes Fragment.`* In: A.a.O., Bd 4 (1795) S. 329-370.
Ders.: *'Bruchstücke über die historische Poesie des Alten Testaments. Erstes Bruchstück.`* In: A.a.O., Bd. 4 (1795) S. 595-640.
Ders.: *'Neue Versuche über die ersten elf Abschnitte der Genesis, und über die ältern Bücher, aus denen sie zusammengesetzt sind.`* In: A.a.O., Bd. 5 (1776) S. 291-336.
J.C. NACHTIGAL: *'Über Samuels Sängerversammlung oder Prophetenschule.`* In: A.a.O., Bd. 6 (1796) S. 38-88.
N. [Nachtigal]: *'Etwas über die Fragmente, aus denen die Genesis zusammengesetzt ist.`* In: A.a.O., Bd. 6 (1796) S. 221-229.
Otmar: *'Nachtrag zu den Fragmenten: Über die allmählige Bildung der alttestamentlichen Bücher.`* In: *'Neues Magazin für Religionsphilosophie, Exegese und Kirchengeschichte. Hrsg. von H.Ph.C. Henke`*. Bd. 1 (1798) S. 306-336.
J.C.C. Nachtigal: *'Ueber die Weisen-Versammlungen der Israeliten.`* In: ABBL 9.3 (1799) S. 379-451.

123 Ilgen: Die Urkunden. S. XI (Vorwort).

124 Eichhorn [Rez.]: Neues Magazin für Religionsphilosophie, Exegese und Kirchengeschichte. Herausgegeben von D. H.Ph.C. Henke. Zweyter Band. Helmstädt 1798. In: ABBL 9.2 (1799) S. (291-315) 295.

sche Quellenscheidung nahezu ablehnt.[125] Auch kann er die historische Genese des Pentateuch grundsätzlich kaum von der der anderen historischen Bücher unterscheiden.[126]

Der zentrale Satz, der OTMARS Konzeption erklärt, ist:

> *"Es gründet sich alles auf den Satz: 'daß die Grundlage nicht allein der poetischen, sondern auch der sogenannten historischen Bücher des A. T.` (außer den Namensverzeichnissen) 'einzelne abgerissene Gesänge waren, und daß die eigentliche Prosa größtentheils nur spätere Ausfüllung der Lücken war.'"*[127]

Die Konzeption OTMARS ist eine der FULDAS in gewisser Hinsicht etwa ähnliche. Er erweist sich denn also als konsequenter Spätdatierer, der (ähnlich FULDA) die Entstehungsgeschichte des Alten Testaments über die ganze in Frage kommende Zeit verteilt. Das ist selten (nun aber in der Arbeit von J.M. VINCENT!) herausgestellt worden, daß er ambitioniert war, eine *"Gesamtgeschichte der alttestamentlichen Schriften zu schreiben"*[128], also eine über den Pentateuch hinausgreifende Konzeption hatte. - Hier soll uns vordringlich die Pentateuchtheorie OTMARS interessieren, denn sie ist es, die ILGEN in dem Vorwort seines Buches 'Die Urkunden` meint, wenngleich nicht zuletzt die 'Gesamtgechichte` für ILGEN nicht bedeutungslos sein konnte.

Die 'mosaischen` Zeugnisse des Pentateuchs sind spät, dh., sie sind nicht von Mose und können es nicht sein, denn *"In dem mosaischen Zeitraum finden wir keine andre Art seine Gedanken aufzuschreiben, als die, sie in Steine einzugraben."*[129] Er fügt dem die Frage hinzu: *"Nun aber, wie läßt es sich denken, daß Alles das, was wir jetzt mosaische Schriften nennen, in Steine eingegraben*

---

125 Die Differenzen in den ersten Kapiteln, die nach O./N. mit den Beobachtungen Jerusalems erstmalig beschrieben worden seien (auf Eichhorn geht er nicht ein !?), will er ganz anders deuten. Vgl. Ders.: Bruchstücke. In: A.a.O., Bd. 4. (1795) S. 602: *"Bey der größten Achtung für den wahrhaft edlen Mann, der dies schrieb, muß ich doch gestehen, daß ich mich von dem Unterschiede, der in Absicht des poetischen Styls, in dem größten Theil der 11 ersten Kapitel Mosis und des prosaischen Styls der folgenden Abschnitte, so bemerklich seyn soll, nicht überzeugen kann."*.

126 *'Sängerversammlungen`* oder später *'Weisenversammlungen`*, auch *'Prophetenschulen`*, waren nach Otmar Bildungsanstalten, die eng mit der in nachexilischer Zeit auftretenden Institution der 'Großen Synagoge` - das ist das Pattern, das O. historisch variabel verschiebt - verbunden war. - *"Für die spätere Kultur-Periode des alten jüdischen Volks, welche die Jahrhunderte nach dem Exil bis auf Jerusalems Zerstörung durch Titus, und bis auf die Sammlung des Talmuds umfaßt, bieten sich für die Darstellung der Versammlung der Weisen unter den Israeliten als Quellen besonders dar: die Sammlungen, welche die großen jüdischen Lehrer Rabbi Jehuda Hakadosch, Rabh Samuel u.s.w. veranstalteten, woraus der hierosolymitanische und babylonische Talmud erwuchs ..."*. (Ders.: ABBL 9.3, 1799, S. 383).

127 Otmar: Fragmente. In: Magazin. Bd. 4 (1795) S. 6.

128 Vincent: A.a.O., S. 219.

129 Otmar: Fragmente. In: Magazin. Bd. 2 (1794) S. 444.

werden konnte?"[130] - In einem sehr langen Zeitraum nach Mose sei das, was wir 'mosaisch` nennen, nicht bekannt gewesen, z.B. sei nach Jos 5, 2-7 die *"Beschneidung, in vierzig Jahren, auf dem ganzen Zuge durch Arabien, also sogar während des Lebens Moses selbst, nicht ausgeübt."*[131] Erst die Auffindung des Buches unter Josia ist das Auftreten des Gesetzes. *"Wahrscheinlich aber ist auch hier nur von den Hauptgeboten der Israeliten, nicht von dem ganzen Pentateuchus, die Rede."*[132]

Dem entspricht nun, daß die *"Nationalgesänge roher Völker"*[133] ursprünglich kurz seien. Also *poetisch* seien die Anfänge gewesen, und die Ausgestaltung zu längeren Texten, zu *Prosa*, sei spät.[134] Diese Nationalgesänge, das also Alte im Alten Testament, findet man nach OTMAR eben auch in den Geschichtswerken außerhalb des Pentateuchs. So verweist OTMAR beispielsweise auf 1 Kön 13, 31, Ri 7, 18.20, Ri 15,16 etc. Ein *"ächt mosaischer"* Nationalgesang sei in Ex 15 - aber nur die Verse 1 und 21! - erhalten.[135] (Das schwächt er aber in der späteren Veröffentlichung wieder ab!) - *"Bileams Gesänge"* (Num 24,7.17f) sei dagegen nicht mosaisch, sondern eindeutig später: mindestens samuelisch.[136] Ähnlich auch das Königsgesetz in Dtn 17. Es rede von Salomo.[137]

Die Schriften des Alten Testaments seien - so OTMAR - später als die Geschehnisse, die sie beschreiben. Das gilt in verschiedenen Stufungen, aber vor Samuel sei nicht viel zu datieren! Vorher hätte es kaum Schriftsteller gegeben.

> OTMAR:
> *"Vielmehr ist das Gegentheil sehr wahrscheinlich: daß nämlich vor Samuels Zeiten, außer den Geschlechtsregistern und Stammrollen wenig aufgeschrieben wurde; und daß die Deutung mancher Denkmahle, aufgerichteter Steine, so wie auch einzelne Nationallieder, nur durch mündliche Ueberlieferung erhalten wurden.*
> *Die Zeiten waren zu unruhig, die jüdische Nation noch zu unstätt und unge-*

---

130 Ebd. - Nicht uninteressant die Begründung a.a.O., S. 445: *"Manche behaupten das Vorhandenseyn eines portatilen Schreibmaterials zu Moses Zeiten, aus dem Grunde, weil Aegypten das Vaterland des Papiers war. - Aber, mußte man denn nicht zuerst beweisen, daß man in Aegypten schon damals das Papier als Schreibmaterial kannte? Aus dem frühen Vorhandenseyn der nachmals sogenannten Papierstaude* [...] *folgt es wahrlich nicht; eben so wenig, als man die Leichtigkeit, zu Carls des Großen Zeit, in Deutschland schriftliche Denkmahle zu verbreiten, daraus beweisen kann, daß Deutschland das Vaterland der Buchdruckerkunst ist, und daß im achten Jahrhundert schon alle die Stoffe vorhanden waren, die Faust und Guttenberg zu beweglichen Lettern anwandten ..."*.

131 A.a.O., S. 447.

132 Ebd.

133 A.a.O., S. 451.

134 Dieses Argument kehrt später in etwas abgewandelter Gestalt bei Ilgen wieder. - Vgl. Ders.: Ms Einleitung in das A.T. Zusätze. S. 65-67.

135 Otmar: A.a.O., S. 453ff.

136 A.a.O., S. 455f.

137 A.a.O., S. 456f. - Vgl. Ilgen: Ms Einleitung in das AT. S. 420-422 (Ilgen: *"Stücke aus den Zeiten der Könige. Dahin gehört das Königsgesetz Deut. 17,14.ff. welches vor Salomo nicht konnte abgefaßt seyn."*)

> *bildet, zu sehr mit der Vertheidigung ihres Lebens und dem Erwerb der dringendsten Bedürfnisse beschäftigt, als daß man eigentliche Schriftstellerey so früh unter ihnen erwarten konnte.* "[138]

Ganz nach der späteren Art VATERS[139] lehnt OTMAR eine Frühverschriftung ab. Nicht umsonst beruft sich VATER - wenngleich dann in der Theorie modifizierend - auf ihn.[140]

Der 'Sitz im Leben` der früheren Verschriftung - das sind die *Prophetenschulen*[141] - findet sich nach OTMAR etwa unter Samuel. Diese historische Imagination verrät wesentliche Ideen des aufklärerischen Unterbaus seiner Literarkritik:

> "*Unter Samuel finden wir zuerst der sogenannten Prophetenschulen gedacht, einer Anstalt, in welcher wahrscheinlich alle Männer gebildet wurden, welche sich mit einem Mal, unter den Israeliten, nach so vielen Jahrhunderten der Verwilderung und Rohheit, so unerwartet durch höhere Cultur auszeichneten, und so mächtiger auf die Bildung ihres Volks wirkten.* "[142]

Nur sei bedauerlich, daß uns für diese Prophetenschulen die *"Gewißheit und Umständlichkeit"* fehle.[143] - Aber auch in diesem Zeitalter sei die schriftstellerische Tätigkeit noch relativ gering gewesen.[144] Und die jetzt vorhandenen Texte seien auch nicht original. Fest steht, *"Daß in den Schriften der Israeliten, so wie wir sie jetzt haben, schwerlich ein einziges ganz originelles, d.h. nicht überarbeitetes, Fragment seyn möchte, das über Samuels Zeiten hinausgeht"*[145]. - Wenn es denn wirklich sein sollte, daß einige der vorliegenden Schriften in ältere Zeiten zurückgingen, so müßten zwischen jüngeren und älteren Schriften sprachliche Differenzen auftreten. Diese seien aber nicht auffindbar; ein Argument, das auch bei ILGEN auftaucht.[146]

---

138 A.a.O., S. 460. - Man beachte den feinen Schlag gegen die Vorstellung Eichhorns und anderer über die Frühverschriftung.

139 Vater: A.a.O., S. 536: *"Daß Gesänge das sind, was dem Gedächtniß der Nation sich am leichtesten einprägt, und am frühesten fortgeplanzt werden kann, ist das Wahre in der Allgemeinheit der Behauptung."* - *"Wenn man bey der Hebräischen Nation den poetischen Stücken ihrer ältesten Bücher das früheste, den prosaischen ein späteres Daseyn zuschreiben wollte: so würde es dadurch gerade bey den Büchern des Pentateuchs unwahrscheinlich werden, daß sie früh niedergeschrieben seyen."*

140 A.a.O., S. 695.

141 Interessant Otmar dazu (A.a.O., S. 466.Anm.): *"Ohnstreitig bezeichnet das so verschieden gedeutete Wort: 'Kohelet` eben das, was sonst durch Prophetenschule ausgedrückt wird..."*.

142 Otmar: A.a.O., S. 466f.

143 A.a.O., S. 467.

144 A.a.O., S. 471.

145 Ebd.

146 A.a.O., S. 472ff. - Vgl. Ilgen: Ms Vorlesungen über die Genesis. S. II.27. - Vgl. Kap. 5, Anm. 112.

> *"Zwischen der Sprache ächtdavidischer Lieder und der der ältesten Bruchstücke in den sogenannten Büchern Moses bemerkt der Forscher gar keinen Unterschied."*[147]

6.1.4.2. Die Literar-Ordnung bei Otmar

Ähnlich FULDA muß OTMAR jetzt aufzeigen, in welcher Stufenordnung die schriftlichen Textüberlieferungen entstanden sind. Es handelt sich aber nicht um ein relativ strenges Modell, wie von FULDA und ILGEN vorgelegt, sondern vielmehr um die Reihung von verschiedenen Sammlungen. - Die aber gleichwohl, gemäß den Ansprüchen der Fragmentenhypothese, eine Art Literarordnung aufstellt, die einer 'Gesamtgeschichte`[148] der alttestamentlichen Literatur ausmacht. Den Ursprung der alttestamentlichen Schriften könne man nach OTMAR in *'Sagen`* und *'mündlichen Überlieferungen`* finden oder in *'Schriftliche(n) Denkmähler(n)* [...] *in Hieroglyphischer Schrift verfaßt"*.[149]

Aber die eigentliche 'Sammlung` des Alten Testaments beginnt mit den ältesten (Teil-)Sammlungen; diese sind:

> *"1) Sepher Toledot Haarez (I B. Mos. 2,4.) 'Ursprungs-Geschichte der Erde.`*
> *2) Sepher Toledot Haadam (I B. Mos. 5,1) 'Ursprungs- oder älteste Geschichte der Menschen.'"*[150]

Die zwei ältesten Sammlungen, *'Sepher Toledot Haarez`* und *'Sepher Toledot Haadam`* haben ihr Besonderes. Hierin, so meint OTMAR, könne man Quellenkritik nach der Art EICHHORNS betreiben. Denn: *"Es ist merkwürdig, daß mehrere dieser frühern Sammlungen aus zwey noch ältern Sammlungen zusammengesetzt sind, die wir noch jetzt durch den Gebrauch der Namen Jehova und Elohim unterscheiden können; wie man im 2. Theil der Eichhornschen Einleitung in das A.T. treflich aus einander gesetzt findet."*[151] - Also ist es nicht

---

147 Otmar: A.a.O., S. 485.

148 Siehe oben bei J.M. Vincent.

149 Otmar: A.a.O., S. 508. - *"malende Vorstellungen"* in Hieroglyphen sind nach Otmar vielleicht in Gen 2, 8-15; 2, 19.20; 2, 21-24; 3, 1-19.21; 3, 15-18.22-24; 4, 3ff.; in Kap. 6.7.8 und 9 usw. vorhanden gewesen (A.a.O., S. 516f.).

150 A.a.O., S. 501f. - Vgl. auch Ders.: Neue Versuche über die ersten eilf Abschnitte. In: Magazin. Bd. 5 (1796) S. (291-336) 294-303 (*Sepher Toledot Haarez*), S. 303-321 *(Sepher Toledot Haadam)*.

151 A.a.O., S. 502. - Seltsam ist, daß Otmar dies nur auf die ersten zwei Sammlungen hin bezogen meint und die Noahgeschichte ausläßt. Eventuell aber ist seine Dar-

allein ILGENS Idee, die Urkundenhypothese mit einer Fragmentenhypothese zu verbinden. Nur scheint dies bei OTMAR eben nicht jene Bedeutung zu haben wie bei ILGEN. Grundsätzlich ist die Möglichkeit zur Quellenkritik im Sinne der Älteren Urkundenhypothese offenbar für OTMAR begrenzt: In einer späteren Veröffentlichung scheidet er eben *nicht* Quellen bzw. Urkunden, sondern *poetische von prosaischen Fragmenten*![152]
Die nächstfolgenden Sammlungen bzw. 'Bücher` sind.

> *"3) (Sepher) Toledot Noah. s. I B. Mos. 6,9.*[153]
> *4) Toledot Benn Noah. s. I B. Mos. 10,1.*[154]
> *5) Toledot Jaakob. s. I B. Mos. 37,2.*
> *6) Das erste Gesetzbuch Moses (s. 2 B. Mos. 24,4.7.).* "[155]
> *"7) Moschelim s. 4 B. Mos. 21,27.30.* "[156]
> *"8) Sepher Milchamot Jehova, das Buch von den Kriegen Jehova's* [Num 21]. "[157]
> *"9) Sepher Hajaschar, das Heldenbuch* [darin z.B. Jos 10, 13f; 2 Sam 1 {Lied Davids} u.a.]. "[158]
> *"10) Ein Buch von Samuel, das die Rechte der Könige* [...] *enthielt. 10,25.*
> *11) Verschiedene Sammlungen Davidischer Lieder, und die seiner berühmten Zeitgenossen, z.B. Assaph, Jeduthun, Nathan, Gad usw.*
> *12) Viele Sammlungen Salomonischer Sprüche, wovon sich nur weniges erhalten zu haben scheint. s. I B. der Könige 4,32.33.*
> *13) Geschichte Davids von Samuel.*
> *14) Geschichte Davids von Nathan.*
> *15) Geschichte David von Gad* [...]
> *16) Chronika von Salomo. I B. der Könige 11,41.*
> *17) Geschichte Salomo von Nathan*
> *18) Geschichte Salomo von Ahio aus Silo*
> *19) Geschichte Jerobeams des Sohns Bebat, von dem Propheten Jeddi. - Diese drey Werke werden citirt 2 Chron. 9,29.*
> *20) Geschichte Rehabeams, geschrieben von Semaja und Iddo, 2 Chron. 12,15*
> *21) Geschichte Josaphats, verfertigt von Jehu dem Sohn Hanani, 2 Chr. 20,34.* [...]
> *22) Die Geschichte der Könige von Juda und*
> *23) Die Geschichte der Könige von Israel, zusamengesetzt, die so oft ange-*

---

stellung hier nur unklar und irreführend. - In 'Neue Versuche` (siehe oben), wo er die Fragmente nachzeichnet, findet er sich zur Quellenscheidung nicht bereit.

152 Vgl. Otmar: Bruchstücke. In: Magazin. Bd. 4 (1795) S. 595-640, vor allem S. 604ff.

153 Otmar: Neue Versuche. S. 321-333.

154 A.a.O., S. 333-336.

155 Otmar: Fragmente. In: A.a.O., S. 502. - Hierin, im ersten Gesetzbuch, befinde sich das älteste Schriftliche, *"welches, wenn es auch aus wenigen Zeilen* [...] *bestand, doch ebenfalls durch den Namen 'Sepher` ausgezeichnet wird."* (A.a.O., S. 502f.).

156 A.a.O., S. 503.

157 Ebd. - Sic! - Eventuell *"Lieder fremder Völker"*, ins Hebräische übersetzt.

158 A.a.O., S. 503.

> *führt werde, und woraus wir jetzt, in den sogenannten Büchern Samuels, der Könige und der Chronika, Auszüge finden.* [...]
> *24) Die Geschichte der Schauer oder Propheten, 2 Chron. 33,18.19.*"[159]

Diese bisher aufgeführten Sammlungen waren eine Art Kollektivsammlung. Jetzt folgen die *"noch viele Sammlungen von Gedichten einzelner Sänger, z.B. Jesajas, Jeremias, des Verfassers des Hiob u.s.w."*[160], dh. Werke oft *benennbarer* Autoren, wie eben der großen Propheten. Dann aber sind als letzte Sammlungen zu nennen *"in Absicht der Zusammensetzung der sogenannten historischen Bücher"*[161] entstanden:

> *"25) Geschlechtsregister,*
> *26) Musterrollen,*
> *27) Namenslisten der eroberten Städte und Länder* [...].
> *28) Mehrere Sammlungen von Gesetzen und gottesdienstlichen Anordnungen, welche zum Theil in der Davidischen Periode, zum Theil wohl erst während der babylonischen Gefangenschaft oder kurz vorher aufgeschrieben wurden.*"[162]

Die Spätdatierung des Gesetzes, die ILGEN veranschlagt, ist hier so deutlich nicht vorhanden. Aber eben nur so deutlich nicht, denn eine spürbare Tendenz dazu ist freilich durchaus zu beobachten: OTMAR: *"Aber* [...] *dieser Grund, daß die mosaischen Schriften in ihrem jetzigen Umfange Regulativ für alle andere israelitische Schriftsteller gewesen wären, fällt* [...] *weg.*"[163] -

Die OTMARSCHE Konzeption, die dieser hier im zweiten Teil des Henkeschen Magazins vorstellt, hat eine andere Gestalt als die von FULDAS Entwurf herkommende Konzeption ILGENS. Aber in der Art ist dennoch eine auffallende Ähnlichkeit vorhanden. Das dürfte ILGEN in seiner Arbeit gegebenenfalls bestärkt haben.

Über die Auflistung der 'Sammlungen` und 'Bücher` hinaus aber versucht OTMAR zu einer Datierungsordnung zu gelangen, die der der FULDA-/ILGENschen schon etwas näher kommt. Zuvor aber widerspricht er der Hypothese von einem *"gleich nach Moses Tode angelegten, und von der Zeit an beständig vergrößerten Tempelarchiv"* und *"der Hypothese von dem gleich nach der babylonischen Gefangenschaft abgeschlosnen Kanon der heiligen Schriften, wodurch alle sogenanne* [sic!] *kanonischen Bücher des A.T. gerade so bestimmt seyn sollen, der Zahl und der Form nach, wie wir sie jetzt haben.*"[164]

Theorien über den Prozeß der Kanonisierung aufzustellen sei sehr schwierig, aber dennoch: *"Nur schüchtern, bey der großen Möglichkeit zu irren, wage ich es,*

---

159 A.a.O., S. 505-507.
160 A.a.O., S. 507.
161 Ebd.
162 A.a.O., S. 507f.
163 Otmar: Fragmente. In: Magazin. Bd. 4. (1795) S. 23.
164 A.a.O., S. 1f.

einige 'einzelne Stücke der alten Denkmahle, die nachmals gleichsam den Fond zu den jetzt vorhandenen Büchern des A.T. abgaben, chronologisch zu ordnen, und das muthmaßliche Alter einiger dieser Bücher selbst zu bestimmen. `"[165]

Hier legt er sich - in aller oben beschworenen Vorsicht - auf folgende Reihe fest. Was aber der eigentliche Unterschied sei zwischen der Auflistung von 'Sammlungen` und 'Büchern` einerseits und der nun folgenden Datierungsordung, erklärt OTMAR nicht ausreichend; er *"bleibt sich im Laufe dieser Untersuchung selbst nicht ganz gleich."*[166] Der eigentliche theoretische Fortschritt ist die Bezeichnung weitgehend begrenzter Texteinheiten und deren 'Überlieferungsart` (!) - das Spezifikum der Arbeit OTMARS. -

Zunächst später aufgezeichnete und wahrscheinlich *umgearbeitete* Lieder, mündliche Überlieferung also:

- *"Gesang Moses bey der Ausführung aus Aegypten (2 B. Moses 15.)"*,[167]
- *"das sogenannte Lied der Hannah (I Sam. 2.), welches in Davids Periode gehört"*[168],
- *"manche Lieder in den Psalmen und den Propheten, z.B. die letzten Abschnitte des Jesajas, vom 40sten an"*[169]

Bemerkenswert dabei ist die Theorie, daß es eben nach OTMAR den Spuren der Umarbeitung entspreche, wenn gewisse Relikte des alten noch erkennbar seien. So sei eben 'Elohim`, *"welches sich aus der Periode des Polytheismus herschreibt"*[170], ein Kennzeichen für das Alter,[171] wenngleich nicht alle Stellen, an denen es vorkommt, auch wirklich alt sein müssen. Der Gottesname als literarkritisches Kriterium wird demnach, wenn auch nicht in der bekannten philologischen Strenge, auch von OTMAR beachtet. -

Weniger kühn als ILGEN und FULDA ordnet er das 'Mosaische` nur in den *"Mosaischen Zeitraum"*[172], aber nicht unbedingt direkt der Person des Mose zu: Sicher gehört in diese Zeit an *schriftlichen 'Aufsätzen`*

---

165 A.a.O., S. 5.

166 Bleek: Einleitung. S. 171. - Es ist nicht uninteressant, daß ähnliche Inkonsistenzen hier bei Otmar/Nachtigal vorliegen wie bei Ilgen. Vermutlich ist der zweite Ansatz Otmars eben nicht nur als Systematisierung des ersten, der 'Sammlung`, zu verstehen, sondern quasi als *verbesserter Anlauf.*

167 Otmar: A.a.O., S. 7.

168 Ebd.

169 Ebd.

170 A.a.O., S. 7f.

171 Das kehrt dann bei de Wette wieder! - Vgl. de Wette: Beiträge zur Einleitung in das Alte Testament. 2. Bd. Halle 1807. S. 29f.: *"Die Namen Elohim und Jehovah sind nicht das unterscheidende Eigenthum zweier verschiedener Schriftsteller, sondern wahrscheinlich verschiedener Zeitalter oder religiöser Schulen."*

172 Otmar: A.a.O., S. 10.

> - der *Dekalog*[173],
> - *"die Namenslisten der Orte, welche die Israeliten auf ihren Zügen berührten [...] und manche Stammlisten."*[174]

An nicht-schriftlichen Aufzeichnungen sind es *bildliche Darstellung* (!) wie der *"Donnerwagen (Cherubim)"*[175], mündliche Traditionen wie

> - 'gottesdienstliche Anordnungen`[176],
> - *"kürzere Lieder, doch in älterer Sprache, z.B. der Siegesgesang Moses nach der Aegypter Niederlage"*[177]
> - *"die Segensformel, (4 B. Mos. 6,24-26)*
> - *das Lied bey den Märschen der Israeliten (4 Mos. 10, 35.36.)."*[178]
> - *"manche Wortforschungen."*[179]

Der folgenden Periode, dem *"langen Zeitraum von Josua bis Samuel"*[180], schreibt er folgende Texte zu. Wieder unterscheidet er nach den Überlieferungsarten. 'Schriftliche Aufsätze`:

> *"Einige Geschlechtsregister, Musterrollen, Verzeichnisse der Züge und Kriege der Israeliten, wahrscheinlich in Stein gehauen; auch eine Abschrift des ältesten Gesetzbuchs."*[181]

'Bildliche Denkmahle`:

> *"Einige bildliche Denkmahle, sey es des Bildhauers oder des Stickers; wohin man auch die, wahrscheinlich in groben Umrissen gezeichnete, Karte von Palästina rechnen könnte, welche Josua 18, 4.8.9. vorkommt."*[182]

An 'mündlichen Überlieferungen` datiert er in diese Periode:

> *"Manche durch mündliche Überlieferungen erhaltene Lieder, in älterer Sprache, z.B. die Fragmente alter Lieder, welche 4 B. Mose 21, 13.17.27. vor-*

---

173 A.a.O., S. 10f.

174 A.a.O., S. 11.

175 A.a.O., S. 12.

176 Ebd.

177 Ebd.

178 Ebd.

179 A.a.O., S. 13. - Offenbar die Ätiologien! - In den Nachträgen zu den Fragmenten (In: Magazin. Bd. 4, 1795, S. [329-370] 329-332), 'Wortforschungen` zu 'Bethel` etc.

180 Ebd.

181 Ebd.

182 Ebd.

> *kommen, der Triumpfgesang der Philister, (B. der Richter 16, 23.24.) viele Sagen aus Josua's, Gibeons, Baraks, Simsons u.s.w. Zeiten.* "[183]

Die Periode der *"eigentlichen Schriftstellerey"*[184] folgt nun erst. Erst in der davidischen Zeit tritt das Phänomen auf, das in der Konzeption OTMARS überragende Bedeutung hat: die *Prophetenschulen*, jenes Bildungsinstitut, das, auch 'Sängerversammlung` genannt, Literatur der Volksbelehrung schafft.[185] Samuel sei der erste *"Stifter und Vorsteher"* dieses Instituts gewesen[186], nach ihm waren es Nathan und Gad, Elia und Elisa, schließlich Jeremia.[187] Die *"hoffnungsvollsten Köpfe der Nation"* konnte dieses Institut vereinen, so OTMAR. -

Mit dieser Feststellung aber ist der Ansatz zu der oben dargestellten Datierungsordnung schon an sein Ende gekommen. OTMAR stellt noch fest, daß in der Davidischen Epoche von dieser Schule rezeptiv 'alte religiöse Lieder` abgesungen wurden, der Vollzug des Gottesdienstes begleitet wurde und daß die *"Ueberarbeitung und Umarbeitung alter Gesänge in die neuere Volkssprache"*[188] geschah. Auch die *"Verfertigung neuer, besonders historischer Lieder"*[189]; und der 'geweckte Dichtergeist` schuf z.b. 1 Sam 10, 5.6.10.11.; 1 Sam 19, 19-24.[190] - Aber die definierbare Datierungsordnung wird so, wie sie begonnen wurde, nicht weiter fortgesetzt; sie kann es nicht, denn die Überarbeitungstätigkeit und die Neuschöpfungen überschneiden sich nun. So redet OTMAR denn weiter wieder von 'Sammlungen` z.B. 'davischer Gesänge`.[191] Das Buch Hiob sei am Ende dieser Epoche entstanden. -

Die Schriften, deren Entstehung OTMAR in die Zeit zwischen Rehabeam und Exil datiert, sind wiederum 'Sammlungen` und zwar im wesentlichen die oben schon aufgeführten unter 4) bis 9)[192]. - Die Zeit der Sammlung, der 'Zusammensetzung` des Pentateuchs sei die Epoche der babylonischen Gefangenschaft,[193] ohne daß jedoch damit schon letzte Hand an den Pentateuch gelegt wäre. -

> OTMAR: *"Und der letzte Sammler und Ordner dieser merkwürdigen Bücher, die man nachmals in ihrem ganzen jetzigen Umfang, Moses, als Verfasser, aus Mißdeutung, zuschrieb, war?*
> *Ich rathe auf Jeremias, in seinen spätern Jahren, zumal wenn auch er Vor-*

183 Ebd.

184 A.a.O., S. 14.

185 Vgl. A.a.O., S. 14.

186 Ebd.

187 Ebd.

188 A.a.O., S. 15f.

189 A.a.O., S. 16.

190 Ebd.

191 A.a.O., S. 18-21.

192 A.a.O., S. 26.

193 A.a.O., S. 29.

> *steher einer Gesellschaft von Weisen und Gelehrten war, welche die Ueberreste der Vorwelt prüften, sonderten und ordneten."*[194]

Die *"letzten Ordner dieser Hauptsammlung"* seien Esra und Nehemia gewesen.[195]

Deutlich wird hier, daß die Fragmentenordnung OTMARS, die zunächst für wenige - aber eben nur für wenige! - Texte auch die Quellenscheidung EICHHORNS zu integrieren vermag, eine Reihung von Texten benennbarer Texte und vor allem auch oft benennbarer Überlieferungsart darstellt. Die Fragmentenkonzeption bringt eben mit sich, daß bildliche und mündliche Tradierung gleichermaßen zur Reihe und Ordnung gehören wie schriftliche Aufsätze. Das ist das Bemerkenswerte. Von der Möglichkeit einer Quellenscheidung im Sinne der Urkundenhypothese trennt sich OTMAR offenbar wieder. -

Dagegen ist die strengere Literarordung ILGENS von vornherein auf das Phänomen der Frühverschriftung und auf die an sich exklusive *Schrift*tradierung abgestellt.[196] Der Vergleich mit der Hypothese OTMARS macht das sichtbar. Die Kombination von Fragmenten- und Urkundenhypothese (, die freilich ihre innere Spannung aushalten soll,) verträgt sich *nicht* mit der 'Verteilungskonzeption` OTMARS und dessen Theorie von einer Überlieferungsvielfalt, einer 'Verteilungskonzeption`, nicht mit der Integration einer Urkundentheorie. - Die Vorarbeit und Vorstellung OTMARS läuft in die Richtung VATERS; ILGENS dagegen in die Richtung de WETTES und WELLHAUSENS. Bleibende Überschneidungen allerdings sind nicht ausgeschlossen. Nur scheint man an den Differenzen der Werke im Umkreis der sogenannten Älteren Urkundenhypothese durchaus schon die Grundprämissen, Impulse und Präferenzen späterer Theoriegebäude erkennen zu können.

Das Argument von Sprache und Stil, vor allem, daß die Sprache der Prosatexte des Alten Testaments etwa gleichbleibend ist und somit Mose eine 'feine` Prosasprache zugeschrieben werden müßte, wollte man die mosaische Verfasserschaft des Pentateuchs postulieren - dieses Argument gewinnt eine immer größere Rolle. OTMAR meint, *"daß die eigentliche Prosa größtentheils nur spätere Ausfüllung der Lücken war"*[197], daß die relativ große sprachliche Ebenheit des Alten Testaments eine chronologische Differenz zwischen 'frühem Pentateuch` und späteren Schriften nicht erkennen lasse.[198] - ILGEN vertritt, daß die Sprache Moses noch immer die Sprache Esras sei[199], daß (umgekehrt) man Mose die 'gute

---

194 A.a.O., S. 30.

195 A.a.O., S. 44.

196 Wenn auch - wie in Kap. 4 dargestellt - von Ilgen das Problem der mündlichen Tradition -'pflichtgemäß` verhandelt wird: Vgl. Ilgen: Ms Einleitung in das A.T. S. 309-312.

197 Otmar: Fragmente. In: Magazin. Bd. 4. (1795) S. 6.

198 Ders.: Fragmente. In: Magazin. Bd. 2. (1794) S. 471.

199 Ilgen: Ms Vorlesungen über die Genesis. S. II.27.

Schreibart` des Pentateuch erst nachweisen müsse, sollte dieser von ihm sein[200]. Und VATER behauptet schließlich, die sprachliche Gleichförmigkeit des Alten Testaments beweise kaum die Abhängigkeit anderer Schriften vom Pentateuch, sondern dessen Spätheit.[201] Auch das Verweisen auf die sogenannten Archaismen im Pentateuch bedeute nicht viel, denn: *"Wir haben keine historischen Data der Veränderungen der Hebr. Sprachformen."*[202]

Für die nun folgend darzustellende Arbeit ILGENS jedenfalls zeigt dies: Abhängigkeiten und Provenienzen von Ideen, die Stützung von Konzepten und Theorien kann durchaus unterschiedliche exegetische Strategien zusammenführen. Aber nicht vereinigen! FULDA und OTMAR waren bemüht, eine *"Gesamtgeschichte der alttestamentlichen Schriften zu schreiben"*[203]. ILGEN auch.

200 Ders.: Ms Einleitung in das A.T. Zusätze. S. 65ff.

201 Vater: A.a.O., S. 612ff.

202 A.a.O., S. 617.

203 Vincent: A.a.O., S. 219.

6.2. Die Quellenscheidung bei Ilgen

> Man kann das ganze Geschäft für ein beyfallswürdiges Kunststück halten, und immer in dem Wahne bleiben, daß es entbehrlich und keineswegs nothwendig sey. Ich werde daher noch zu zeigen haben, daß man ohne diese Trennung unmöglich sagen kann, daß man die Genesis verstehe, und daß sie einzig und allein durch die Trennung wirklich verständlich wird.
>
> Ilgen

> Eine Zeit trägt die Schuld der andern, weiß sie aber selten anders zu lösen als durch neue Schuld.
>
> Schleiermacher

Von SIMON, CLERICUS und anderen her war Urkundenhypothese die vermutende Unterscheidung von 'anciens mémoires` vormosaischen, mosaischen und nachmosaischen Ursprungs. Von ASTRUC her aber die Aufgliederung des vorfindlichen Textes nach Längsschnittfäden. - ASTRUC: *"Dans le texte Hebreu de la Genese, Dieu est principalement désigné par deux noms differents."*[204] Die Auffindung der unterschiedlichen Gottesnamen wird das erste Kriterium - nicht nur in der biblischen Exegese, sondern in der Philologie schlechthin -, das eine relativ saubere literarkritische Trennung von einem geschlossen überlieferten Text in zwei historisch-diachrone Ebenen leisten kann. Die früheren Kriterien der höheren Kritik waren anderer Art. Man urteilte nach sachlichen Gesichtspunkten: So in der früheren Homerexegese.[205] - ASTRUC ist nun der Anfang der Philologie mit dem literarkritischen Anspruch, wie wir ihn stellen. ILGEN - der Erbe und der akribische Konzipient der *Urkundenhypothese* seiner Zeit. Die anderen, VATER und DE WETTE, fuhren in anderen Gleisen.

---

204 Astruc: Conjectures. S. 10f.

205 Das diachron-kulturale Empfinden als Urgrund der historisch-kritischen Exegese. Dazu Kap. 2. - Vgl. die berühmte Rezension CHR.G. HEYNES zu *R. Wood: Essays on the Original Genius of Homer. London 1769.* In: Göttingische Anzeigen von Gelehrten Sachen. Bd. 1. Göttingen 1770. S. (257-270) 258: *"Es ist oft gesagt worden, aber wenig noch befolget, man müsse den Homer als einen Dichter aus einem ganz andern Weltalter, als das unsrige, ist, lesen [...] daß Homer ein Dichter aus einem ganz andern Welttheil, andern Clima, ist, der eine ganz andere Natur vor sich hatte, und sie folglich auch anders schildern, anders empfinden mußte."*

Zur Erinnerung an die Arbeit Ilgens *vor* den 'Urkunden des Jerusalemischen Tempelarchivs`

Die Gen-Vorlesung[206] ILGENS hat einen anderen Charakter als die veröffentlichte Schrift 'Die Urkunden`. Das mag in dem prinzipiellen Unterschied zwischen Buch und Vorlesung begründet sein. Die literarkritischen Erörterungen sind hier zurückhaltend, es überwiegen die Erklärung von Realien, Sprachvergleiche, Etymologien und theologische Erörterungen. Im Bereich der Literarkritik finden sich vor allem Behauptungen, wenig Herleitungen und Beweise. Offenbar war die Vorlesung nicht der Ort, das zu demonstrieren, was das Buch 'Die Urkunden` demonstrieren sollte.
In der frühen Aufzeichnung der Genesisexegese (, die in ihrer Grundsubstanz nicht geändert wird!), deutet ILGEN schon die Notwendigkeit literarkritischer Operationen an, verzichtet aber (noch) auf deren Ausführung. Er nimmt die Textanalyse, wie sie in den 'Urkunden` geschieht, hier nicht vorweg. ILGEN schreibt nach den Prolegomena im Prälektionar:
"Cap. I.II, 1-3. - Gehört dem Elohisten. Das ganze Stück ist aber aus zwey Urkunden zusammengesetzt."[207] - Als er dann aber die Verse bespricht, die er in den 'Urkunden` E' und E'' zuordnet, verliert er keine Zeile für diese Zuordnung zu den verschiedenen Urkunden.[208] Das entspricht aber durchaus den in Kap. 5 dieser Abhandlung dargestellten älteren (ursprünglichen) Prolegomena ILGENS zur Gen-Vorlesung, die er später durch neue Prolegomena ('*Beylage*`) ersetzte. Daß die Vorlesung sonst bis auf kleinere Überarbeitungen gleich geblieben ist, wiewohl ILGEN auch seine Literarkritik weiterentwickelt hatte, verwundert nicht, da sie - wie eben erwähnt - nicht vordringlich der Literarkritik diente, sondern umfassenderen Erörterungen.[209]
Mit dem Prälektionar zur Einleitung in das Alte Testament verhält es sich ganz ähnlich. In der ersten Fassung der Vorlesung schreibt er:
"§. CCV.
Bestimmung der gebrauchten Urkunden.
Ich theile die Urkunden in zwey Haupt-Classen, in die mit dem Namen Elohim, und mit dem Namen Jehovah. Jenen nenne ich Elohisten, diesen Jehoviste.
Elohisten unterscheide ich von ohngefähr 7. und Jehovisten 3."[210]
Dieser Abschnitt ist gänzlich gestrichen und in den 'Zusätzen` zum Einleitungsprälektionar ersetzt durch:

---

206 Ilgen: Ms Vorlesungen über die Genesis. Port 150.5. - Gemeint ist hier der exegetische Teil der Gen-Vorlesung. Über die Prolegomena der Vorlesung wurde oben, Kap. 5, verhandelt.

207 Vorlesungen über die Genesis. A.a.O., S. 33.

208 In den ursprünglichen Prolegomena der Genesisvorlesung (A.a.O., S. II.30f.) schrieb er auf Eichhorns Werk Bezug nehmend, wie in Kap. 3 dargestellt: *"Auch ich folge dieser Spur, nur mit dem Unterschiede, daß ich nicht zwey Urkunden, sondern mehrere annehme, wie zu seiner Zeit wird gezeigt werden"*. - Dieser Abschnitt wurde später ersetzt durch: *"Nach diesen Untersuchungen, die ich angestellt habe, besteht die Genesis aus 17 für sich bestehenden Urkunden, die drey verschiedenen Verfassern angehören ..."*. (A.a.O., S. I.14ff.).

209 Damit wissen wir, daß die Dozenten der Späten Aufklärung nicht in jedem Fall der Untugend huldigten, die Literarkritik erschöpfend zu behandeln, zur theologischen Interpretation aber nicht mehr zu kommen.

210 Ilgen: Ms Einleitung in das A.T. Port 150.4. S. 320.

"§. CCV.
Nach meiner Untersuchung gehören die Urkunden, die der Sammler vor sich hatte, drey Verfassern an, davon zwey den Nahmen Elohim von Gott, und einer den Nahmen Jehovah gebraucht."[211]
Dann folgt ILGEN den Bestimmungen des Buches 'Die Urkunden`, das der Aufzeichnung zumindest dieses Teils der Zusätze vorausging.
Die Identifizierung von sieben Elohisten und drei Jahvisten ist nirgends im Werk ILGENS tatsächlich durchgeführt; ohnehin schreibt er *"von ohngefähr"* und zählt dann später in der frühen Fassung der Einleitung die Urkunden nach den Kapiteln der Genesis. Gen 4 ist denn also nach *"II. Urkunde. Cap. II, 4 - III, 24."*[212] die 'nächste`, die *"III. Urkunde. Cap. IV."*[213], die ebenfalls einen '*Jehovisten*` zum Verfasser hat. - Das Konzept also, das später *drei Urkundenstränge*, *drei Verfasser* und *siebzehn Urkunden* aufweist, war weder in der frühen Genesisvorlesung, noch in der frühen Einleitungsvorlesung vorhanden.
Ähnlich verhält es sich mit der Exodus-Analyse. Sie war für die Lehre in Jena (noch) nicht präpariert. Ilgen bietet in der Einleitung, auch in den 'Zusätzen` zur Einleitung, nur ein allgemeines Bekenntnis zur Quellenscheidung.[214]

6.2.1. In der Veröffentlichung von 1798 'Die Urkunden ... '

Die Reaktionen auf ILGENS Buch 'Die Urkunden des Jerusalemischen Tempelarchivs` ließen nicht auf sich warten. Der Anonymus in der Jenaischen Allgemeinen Literaturzeitung[215] bespricht als erster (und recht ausführlich) die Veröffentlichung.
Er kritisiert, daß die sogenannte 'höhere Kritik` zu weitgehend sei:

> *"Es ist deswegen wohl das sicherste, dem Gefühl bey solchen Forschungen ein gewisses Ziel zu setzen, und bey einem Buche, das unläugbare Zeugnisse und Spuren des hohen Alterthums für sich hat, lieber offenherzig zu gestehen, daß sich nicht alle Umstände bey seiner ursprünglichen Entstehung ergründen und herausbringen lassen, als sich einem gewissen unbestimmten Gefühl und der Willkür der Hypothesen zu überlassen, und die Entstehung jeder einzelnen Urkunde und die Art der Zusammenstellung derselben bis auf einzelne Worte und nach allen Umständen erklären und bestimmen zu wollen."*[216]

---

211 Ms Einleitung. Zusätze. S. 76.
212 Ms Einleitung. S. 325.
213 A.a.O., S. 337.
214 Siehe unten.
215 [Anonym] JALZ 182 (1799) Sp. 625-631; 183 (1799) Sp. 633-637.
216 A.a.O., S. 626.

Die Kritik ist so weitgehend und prinzipiell, daß sie *das* kritisiert, was das eigentlich Originelle und Wertvolle an der Arbeit ILGENS ist: Die Auffindung von *zwei Elohisten* und *einem Jahvisten*[217] und die Aufteilung des Textmaterials auf eben diese drei Quellen - Aber sie, die Kritik, trifft sich doch weitgehend mit der EICHHORNS[218] und der BAUERS[219]. Während ASTRUC die oben dargestellte Aufgliederung (ganz nach der Art der späteren Hexateuchsynopse EIßFELDTS - aber nur der Art nach![220]), EICHHORN aber nur eine teilweis grobe und fragmentarische Trennung vorlegt, geht ILGEN weit über diese beiden Modelle hinaus. Seine Hauptkriterien - und die Grundnormen sind die EICHHORNS[221] - (Beweise der Richtigkeit der Trennung) sind:

1. *"Beweiß aus den am unrechten Orte stehenden Ueberschriften."*[222]
2. *"Beweiß aus den Wiederholungen."*[223]
3. *"Beweiß aus der Verschiedenheit des Stils."*[224]
4. *"Beweis aus der Verschiedenheit des Charakters."*[225]
5. Unter dem Kriterium der 'Widersprüchlichkeit` schreibt ILGEN abschließend *"Von der Nothwendigkeit der Trennung."*[226]

Die Anwendung dieser Kriterien ist die folgende.

---

217 Ilgen: Die Urkunden. S. 425. Hier schreibt Ilgen, daß er sich die Entdeckung eines zweiten Jahvisten erhofft, ihn bislang aber noch nicht gefunden habe, aber in Erwartung der Auffindung schon den jetzt entdeckten Jahvisten als den ersten bezeichnet. - Nur in dem Nachlaßband Port 150. 9, Heft 3-7 sieht Ilgen einen zweiten Jahvisten. Allerdings nur Versuche.

218 Eichhorn: Einleitung. 3. Bd. 4. Aufl. 1823. S. 43 Anm.t.: *"Die Erscheinungen in einzelnen Aufsätzen, die zur Annahme eines zweyten Elohisten führen sollen, erklären sich leichter wenn angenommen wird, eine der beyden Urkunden liege in demselben zum Grunde, sey aber mit der andern verglichen, und mit den abweichenden Ausdrücken oder Nachrichten der letzten bereichert worden ..."*. - Vgl. auch Eichhorn [Rez.]: ABBL 10.5 (1801) S. 939 (Eichhorn zeigt das Buch in der ABBL nur kurz auf einer Seite an, und offenbar wird dadurch deutlich, daß er die Ausführungen Eichhorns bis dato nur einfach zur Kenntnis genommen hat, ohne sich bisher eine Stellungnahme erarbeiten zu können.)

219 Bauer: Entwurf einer historisch-kritischen Einleitung in das alte Testament. *Dritte* (!) verb. Aufl. Nürnberg u. Altdorf 1806. S. (314-315) 314: *"Noch anders hat neuerdings Ilgen auf eine zwar sehr scharfsinnige, aber vielleicht zu weit getriebene Art die Urkunden der Genesis zu zerlegen gesucht."*

220 Nicht Astruc und Eichhorn befinden sich *weitgehend* in Übereinstimmung mit der sogen. Neueren Urkundenhypothese, sondern Ilgen, der ja mit seinem ersten Elohisten quasi schon fast die *Priesterschrift* entdeckte (siehe unten). - Die leichtere und schematische Art Astrucs und Eichhorns ist es, die gelobt, die komplizierte und 'künstliche` Ilgens ist es, die noch von Bleek (Einleitung, 1860, S. 229. 233f.) abgelehnt wird.

221 Siehe oben unter 6.1.2.2. - Eichhorn: In: RBML 5 (1779) S. 189-200.

222 Ilgen: Die Urkunden. S. 351-362.

223 A.a.O., S. 362-376.

224 A.a.O., S. 376-400.

225 A.a.O., S. 400-409.

226 A.a.O., S. 409-424.

6.2.1.1. Die 'Ueberschriften` - Oder: Das Ungeschick des Sammlers

"Es ist schon auffallend, daß gleich nach dem ersten Schöpfungsgemählde, Gen. II, 4. eine Ueberschrift folgt, die ihres Inhalts wegen gar nicht auf das, was wir darauf erzählt lesen, sondern auf das, was vorhergegangen ist, bezogen werden muß."[227] - Diese Überschrift stehe hier falsch, sie gehöre vor Gen 1,1![228] *"Woher kommt es aber, daß diese Ueberschrift nachgesetzt ist?"*[229] Die Erklärung, die hier paradigmatisch für die Argumentation ILGENS steht, ist diese: Der Schreiber[230] habe das vorliegende Buch nicht eigentlich verfaßt, so daß er es nach Inhalt und Form geschrieben hätte, sei es durch freie Niederschrift oder durch Exzerpierung. Er wäre mit den Überschriften ganz anders verfahren. - Er habe das Buch vielmehr *konstruiert*. -

> *"Aber er hatte sich den eigenen Plan gemacht, alles, was er vorfand, in ein Ganzes zu vereinigen, und kein Wort davon, so weit es ihm möglich war, auf die Erde fallen zu lassen; da nun dieses sich auch auf die Ueberschriften, die manche vorgefundenen Stücke hatten, erstreckte, so war es natürlich, daß er bisweilen in Verlegenheit kam, wie er sie anbringen sollte."*[231]

Der '*Formgeber*` - daß es der '*Sammler*` war, und daß dieser eben so genannt werden *muß*, wird hier mehr als deutlich - arbeitete mit Versatzstücken, aus denen er erst die Fäden machte, die in der Genesis vom Literarkritiker angetroffen werden. Und er wollte nicht dulden, daß etwas verlorengehe. (Das ist später einer der Hauptkritikpunkte DE WETTES an ILGEN; denn er, DE WETTE, überlegt doch, *"ob nicht der Sammler Manches hat fallen lassen* [...] *da bei einer solchen Arbeit der Willkühr zu viel anheim fällt."*[232])

Da er, der Sammler, nun drei Schöpfungstraditionen[233] vor sich hatte, zwei Urkunden in Kap. 1 und Kap. 2, 5-25 als dritte, konnte er wohl die ersten beiden

---

227 A.a.O., S. 351.

228 A.a.O., S. 354.

229 Ebd.

230 Ebd.: *"...der dem ganzen Buche seine gegenwärtige Form gab"*.

231 Ebd.

232 De Wette: Beiträge zur Einleitung. 2. Bd. Halle 1807. S. 29.

233

E'	E''	J
I.1-5*	5*	---
6-8*	8*	
9-12	13	

miteinander problemlos veschmelzen. Die dritte, die von der Schöpfung des Menschen und dem *"ersten Zustand des Menschengeschlechts"*[234] handelt, setzt sich davon ab; vor diese schob der Sammler die Überschrift: als Zäsur.

Ähnlich verhält es sich mit der Überschrift Gen 6,9. Sie gehöre eigentlich an den Anfang des Kapitels. Die Zusammenstellung der Urkunden aber rückte den Vers 9 in den Lauf der Geschichte des Noah hinein: *"Da er nun in einem besondern Stück, das seine eigene Ueberschrift hatte, Nachrichten von Noah fand, und in einem andern Stück, das weit mehr in sich faßte, etwas von ihm mit eingewebt, so glaubte er die Ueberschrift des ersten, als des wichtigsten, in ihrer ursprünglichen Verbindung lassen zu müssen, und schickte lieber einen Theil der andern Urkunde, als Vorbereitung und Uebergang voraus."*[235]

Weitere Überschriften sind nach ILGEN Teilverse in Gen 5, 1; 10, 1; 11, 10; 11, 27; 25, 17; 36, 1; 37, 2.[236] Es könne nicht sein, daß die Überschriften einfach nur durch Abschreiber irrtümlich vesetzt seien. Das sei aus der Art des Verhältnisses von Text und Einbettung zu ersehen: Es *muß* etwas an Text ausgefallen bzw. etwas absichtlich umgestellt worden sein, und die Einbettung der Überschriftszeile gerade in Gen 37, 2 (ILGEN: *'Dies sind die Familiennachrichten von*

14-18	19
20-22	23
24-31*	31*
II.1	2-3
4*	4*
	....
	5-25

A.a. O., S. 355. - Text der Urkunden a.a.O., S. 4-19. - Tabelle a.a.O., S. 426. - E'' besteht nur aus den Sätzen *'Und es wurde Abend und es wurde Morgen.`* (* = Teilverse.)

234 A.a.O., S. 355.

235 A.a.O., S. 358f. - Text der Urkunden a.a.O., S. 30-54. - Tabelle a.a.O. , S. 427. Ilgen folgt hier weder Eichhorn noch Astruc.

E'	E''	J
	VI.1-8	---
9-22	VII.1-5	
6.7	8-10*	
10*		
11*	11*12	
13-17	18	
19	20	
21.22	23	
24		
VIII.1	2	
3-5	6-12	
13*	13*	
14-20*	20*-22	
IX.1-17		

236 Weitere Reihung von Überschriften: A.a.O., S. 495 (E' habe vor allem die Überschriften bewahrt! Siehe unten.)

Jakob.`) zeigt, wie in fast allen Überschriften, daß Familienberichte als Überschriften vor die Erzählungsvorgänge geschaltet sind.[237]

> ILGEN:
> *"Aus dem allen also ergiebt sich so viel, daß der, dem das Werk seine gegenwärtige Gestalt verdankt, nicht selbst, und unabhängig geschrieben, auch nicht ältere Dokument exzerpirt haben kann, in welchem letzten Falle er doch einiges von sich hätte dazu thun müssen, sondern, daß er mehrere ältere Stücke zerrissen und neben einander gestellt, und mit Beybehaltung ihrer eigenen Worte in Eins vereiniget hat, wobey er wegen des ungleichen Umfangs der einzelnen Stücke mit den Titeln nothwendig ins Gedränge kam."*[238]

Die '*Ueberschriften*` haben in der Argumentation ILGENS aber noch eine besondere Relevanz. Er kann zeigen, daß Eliel Harischon, dem besonders viele Überschriften zu eigen sind, für die Sammlung des Pentateuchs zur 'Grundschrift` geworden ist.

6.2.1.2. Die 'Wiederholungen` - Oder: Zweimal schreibt nicht Einer

Es gebe Wiederholungen *"in der Einkleidung"* und Wiederholungen *"in der Materie"*.[239] Die 'der Einkleidung` *"charakterisiren die Erzählungsart der alten Welt, und sind nicht blos eine Eigenart der Genesis"*, auch bei Homer finde man sie.[240] - Die Wiederholungen 'in der Materie` jedoch charakterisieren nicht ein bloßes Stilmittel, sondern den Umstand, daß die Gen mehrere Verfasser habe. Die Erschaffung von Tieren und Menschen in Gen 1 und 2, Noahs Rechtschaffenheit (Gen 6, 9 und 7, 1), die 'Fluth` im sechshundertsten Lebensjahr des Noah (Gen 7, 6 und 11), die Verheißung an Abraham in Gen 15, 4 und 16, 16, Josephs Verkauf nach Ägypten in Gen 37, 28 und 39, 1 usw. - *"Diese und ähnliche Wiederholungen sind Wiederholungen der Materie, und können nicht für etwas, was der Erzählungsart der alten Welt eingenthümlich wäre, angesehen werden."*[241] - Wer behaupten will, daß *ein* Erzähler *zweimal* berichte, was - so ILGEN - grundsätzlich möglich wäre, ist in der Beweispflicht zu erklären, warum denn ein Erzähler sich wiederhole. - *"Wer da mit Archaismen, mit Sprache der alten Welt, mit Simplizi-*

---

237 Vgl. A.a.O., S. 360f.
238 A.a.O., S. 361.
239 A.a.O., S. 362.
240 A.a.O., S. 365.
241 A.a.O., S. 368.

tät, Ungeübtheit, und dergleichen Hülfsmitteln durchkommen zu können glaubt, dem wünsche ich Glück dazu; um sein Gefühl beneide ich ihn nicht."[242]

Jedoch müsse der Exeget sich vorsehen, daß er nicht die Wiederholung *der Einkleidung* und Wiederholungen *der Materie* miteinander verwechsele. Hier könne man in die Irre geführt werden. - *"Es gehört zu der Materie des Erzählers, daß er bey gewissen Dingen, welche Aufmerksamkeit erregen sollen, und deswegen mit einigem Nachdruck gesagt werden müssen, den Satz mit einer kleinen Abänderung wiederholt, wie z.E. Gott schuf den Menschen nach seinem Bilde, nach Gottes Bilde schuf er ihn, er schuf ihn, Mann und Weib."*[243] ILGEN entscheidet denn auch an einer Stelle aus diesem Grunde anders als EICHHORN und ASTRUC, welche beide die - nach ILGEN - *"doppelte Genealogie Gen. X, 22 bis 25. coll XI, 10 - 19."* zwei Verfassern zuordnen.[244] Das gilt ebenso für Gen 21, 48 -53: *"Astruc hebt V. 48. 49. 50 heraus; Eichhorn blos den 49. Vers. Ich finde gar nicht zwey Urkunden, sondern blos ein in den Text aufgenommenes Glossem."*[245]

Die Auffindung von Wiederholungen (samt den damit verbundenen notwendigen Textumstellungen) ist für ILGEN das eigentliche und sachliche Hauptkriterium der von ihm vollzogenen Quellenscheidung. Sie ist im Grunde genommen wichtiger als die Trennung nach den Gottesnamen, auch wenn die Darstellung eben *dieses* Kriteriums ausführlicher ist.[246] Keinesfalls scheut er sich, gegen EICHHORN und ASTRUC zu urteilen. Ohnehin sieht sein Modell gänzlich anders aus.

6.2.1.3. Der 'Stil' - Oder: Subtiler als Astruc und Eichhorn

Die Trennung nach den Gottesnamen verbirgt sich dahinter. - Wenn auch alle bisherigen Argumente noch immer nicht ausreichen mögen und wenn man für die be-

---

242 A.a.O., S. 370.

243 A.a.O., S. 374.

244 Vgl. Eichhorn: Einleitung. 3. Bd. 4. Aufl. 1823. S. 107f. (Tabelle. Ich vergleiche hier nach der letzten Aufl.; Ilgen benutzte die zweite. Vgl. Kap. 5, Anm. 51). - Astruc: Conjectures. S. 363 (Vater: A.a.O., S. 702 [Tabelle]. - Westphal: A.a.O., S. 110).

245 Ilgen: Die Urkunden. S. 376. - Eichhorn: A.a.O., S. 109. - Astruc: A.a.O., S. 162ff. (Vater: A.a.O., S. 706 [Tabellle]. - Westphal: A.a.O., S. 110).
Für Ilgen sind die Verse 48.49 ein '*Glossem*', das ursprünglich am Rande des Codex' stand. Er ordnet sie nach V. 54 ein. Vgl. A.a.O., S. 190. 192.

246 Das hat zudem seinen *besonderen* Grund darin, daß Ilgen mit Hilfe einer sich zum Gottesnamen-Kriterium adäquat verhaltenden Trennungsprämisse E' und E'' auseinander halten kann: Jakob/Israel.

sondere Eigenart der Gen bisher noch immer das Ungeschick des Autors und dergleichen verantwortlich machen möchte - hier kommt nun nach ILGEN der Kritiker nicht an der einen Grundprämisse vorbei: *"Es wird da ganz unmöglich, einen einzigen Erzähler anzunehmen."*[247] - Es ist das klassische Urteil seit ASTRUC (und viellicht noch früher), daß die Grundverschiedenheit der Gottesnamen, *Jahve und Elohim*, nur aus der Annahme zweier, unabhängiger und verschiedener Verfasser geklärt werden kann. Welche einzelnen Argumente, spezielle Erweistexte ILGEN hier aufführt, vor allem mit welchem Text Ilgen beginnt, ist schnell zu vermuten.

> *"In der Schöpfungsgeschichte Kap. I. II., 1 - 4. steht* אלהים*; in der Erzählung von dem Zustande des ersten Menschen, Kap. II, 4 - E. III.* יהוה *Elohim; in den Nachrichten von Kain, und seinen Nachkommen Kap. IV. wird* יהוה *blos gesetzt."*[248]

In den *"Nachrichten von Abraham"* sind es die folgenden Abschnitte, die dem Jahvisten resp. dem 'Jehovisten` und bzw. der 'anderen Erzählung`, also dem ersten Elohisten zugerechnet werden müssen. Der Jehovist (*Sopher Elijah Harischon*) schrieb die Texte, die ILGEN zur Textkombination *'Urkunde Nr. 10`*[249] rekonstruiert, der erste Elohist (*Sopher Eliel Harischon*) schrieb die *'Urkunde Nr. 8`*[250], der zweite Elohist (*Sopher Eliel Haschscheni*) die *'Urkunde Nr. 9`*[251].

247 A.a.O., S. 376.

248 A.a.O., S. 377.

249 A.a.O., S. 125-155. - In der folgenden Tabelle können nicht alle Feinheiten der Texttrennung wiedergegeben werden. - Die Aufstellung erfolgt hier, um Trennung und Rekonstruktion der Urkunden Ilgens in ihren Grundprinzipien aufzuzeigen. (* kennzeichnet Teilverse)

250 A.a.O., S. 87-105: *"Nachrichten von der Familie Therachs"*.

251 A.a.O., S. 107-122: ebenfalls *"Nachrichten von Abraham"*.

	Nr. 10	*Nr. 8*
	J	*E'*
		11, 28-32
- die Auswanderung	12, 1-4*	5*.4*
- Ägypten	5*-20	
- Trennung von Lot	13, 1-5	6
	7-11*	11*12*
- Sara im Harem		20, 1-18
		21, 34
- Erbeverheißung	12*-18	
- Hagar	16, 2.4-14	16, 1.3[252]
		15.16
- Könige des Morgenlandes		14, 1-24
- Vertrag u. Namensänderung		17, 1-27
- Isaaksverheißung	18, 1-15	
- Sodom	18, 16-33	
- Rettung Lots	19, 1-28	19, 29*
- Isaaks Geburt	21, 1*6*7*[253]	21, 2-5
- Isaaks Opferung	22, 2*3*-5	
	22, 9.10*.15.12*	
	16-19*	22, 20-24[254]
- Saras Tod etc.		23, 1-20
- Heirat Isaaks	24, 1-67	
- Kethura etc.		25, 1-10

"*Die erste* (jahvistische!) *Urkunde Nr. 10. hebt mit Kap. XII, 1. an: Und Jehovah sprach zu Abraham: Gehe aus deinem Lande etc. Diese könnte immer für einen Anfang gelten.*"[255] - Die darauffolgende Urkunde (Nr. 11) ist dagegen sehr kurz

252 A.a.O., S. 94 Fehler; Ilgens schreibt V.2.

253 Hier kommt Ilgen mit seinen Trennungsprämissen in die Enge: Diese Verse gehören hier nicht her, müssen aber - um der Vollständigkeit willen - auch in dieser Urkunde gestanden haben. In allen drei Urkunden, dh. Nr. 8. 9 und 10 sollen sie gestanden haben. Nur in Nr. 9 sei in V. 6 der Name Sara weggelassen. Der Gottesname Jehova sei mit Elohim im Hebräischen vertauscht; der Alexandriner biete den richtigen Text. - Vgl. Ilgen: A.a.O. S. 140f. (Druckfehler S. 140: Irrtümlich steht V. 2.3.4 in der Textdarbietung, in der Tabelle, S. 428 richtig). - Ähnlich unübersichtliches Dopplungsphänomen auch am Anfang von Kap. 22.

254 A.a.O., S. 102 Fehler: Hier V. 22-26, richtig Tabelle S. 428 (V. 20-24).

255 A.a.O., S. 504.

und umfaßt nur die *"Nachrichten von Ismael"*[256]. Sie stamme von Sopher Eliel Harischon. - Was an *'Nachrichten von Abraham`* in den beiden oben aufgestellten Kolumnenreihen noch fehlt, ist in *'Urkunde Nr. 9`* zu finden (E''): Gen 15, 1-21; 19, 29*.30-38; 21, 1*6*7*8-33; 22, 1.2*3*6-9.10*-12*.17*.13-14.19*. -

Was in der Forschungsgeschichte und in der Forschungsgeschichtsschreibung hier und da verstreut zu erfahren ist, daß ILGEN nämlich mit der analytischen Eingrenzung der dritten Quelle, des Urkundenstranges von Eliel Harischon, eigentlich Texte beschreibt, die (später) die sogenannte *Priesterschrift*[257] ausmachen, bewahrheitet sich schnell durch einen entsprechenden Vergleich.

> ILGEN trennt hier, in den oben angeführten Urkunden Nr. 8 - 10, wiederum völlig anders als ASTRUC und EICHHORN.[258] Diese legten eine Analyse vor,

---

256 A.a.O., S. 156-157: Gen 25, 12-17 mit Textumstellungen.

257 Vgl. Wellhausen: Composition. S. 184f. (Diese Erkenntnis ist hier für Wellhausen vorauszusetzen, sonst wäre m.E. die betreffende Berufung W.s auf I. nicht zu verstehen.) - E. Hirsch: Geschichte der neuern evanglischen Theologie. Bd. 5 (1954). S. 46.

258 Vergleich von Ilgens Texttrennung und -kombination mit den Entscheidungen von Astruc und Eichhorn:
Eichhorn: Einleitung. 3. Bd. 4. Aufl. 1823. S. 108. - Astruc: Conjectures. S. 67-128 (Vater: A.a.O., S. 702-704 [Tabelle]. - Westphal: A.a.O., S. 110). (# = andere Urkunde bzw. Einschaltung).

ASTRUC		EICHHORN	
J	E	J	E
11,27			11,1
|			|
32			32
12, 1		12, 1	
|		|	
13,18		13,18	
	Kap. 14 A. u. E. #		
15, 1		15	
|		16	
17, 2			17, 1
	17, 3		|
	|		|
	27		27
18, 1		18, 1	
|		|	
19,28		19,28	
	19,29-38#		19,29
			|
			38
	20, 1		20, 1
	|		|
	17		17
20,18		20,18	
21, 1		21, 1	
	21, 2		21, 2
	|		|

von der die spätere WELLHAUSEN-EIßFELDTS relativ stark abweicht. Aber eben nicht nur, weil ASTRUC und EICHHORN die Vorstellung von nur zwei Parallelfäden im Blick hatten! - ASTRUC und EICHHORN also sind hier relativ weit von der Scheidung der sogenannten 'Neueren Urkundenhypothese`[259] entfernt. Das gilt in gewisser Weise für ILGENS Arbeit nicht! Denn die Textabgrenzungen sind durchaus ähnlich. Was 'traditionell` jahvistisch ist, ist meist bei ILGEN auch J. Was traditionell priesterschriftlich ist, ist bei ILGEN oft E'. Was elohistisch, das ist bei ILGEN E''[260]. Daß ILGEN tatsächlich die Priesterschrift entdeckte, soll so kühn nicht behauptet werden. Es wäre denn auch falsch. Daß er aber mit seiner Texteingrenzung nicht selten eine Urkunde beschreibt, die mit der später P genannten Quelle nahezu deckungsgleich ist, kann und muß gesagt werden. Jedenfalls sind auch nach ILGEN die für die priesterschriftliche Konzeption wichtigen Texte Gen 17, Ex 6, Ex 29[261] zur Urkunde des Verfassers Eliel Harischon (E' = P) gehörend.

Nicht nur die Dreiheit der Urkunden ist es, die ILGEN in die Nähe zu WELLHAUSEN und dessen Erben stellt, sondern auch die exegetische Entscheidung bei der Textzuordnung![262]

<table>
<tr><td></td><td></td><td>32</td><td></td><td>32</td></tr>
<tr><td>33.34</td><td></td><td></td><td>33.34</td><td></td></tr>
<tr><td></td><td></td><td>22, 1</td><td></td><td>22, 1</td></tr>
<tr><td></td><td></td><td>|</td><td></td><td>|</td></tr>
<tr><td></td><td></td><td>10</td><td></td><td>10</td></tr>
<tr><td>22,11</td><td></td><td></td><td>22,11</td><td></td></tr>
<tr><td>|</td><td></td><td></td><td>|</td><td></td></tr>
<tr><td>19</td><td></td><td></td><td>19</td><td></td></tr>
<tr><td></td><td>22,20-24#</td><td></td><td></td><td>22,20</td></tr>
<tr><td></td><td></td><td></td><td></td><td>|</td></tr>
<tr><td></td><td></td><td></td><td></td><td>24</td></tr>
<tr><td></td><td></td><td>23</td><td></td><td>23</td></tr>
<tr><td>24</td><td></td><td></td><td>24</td><td></td></tr>
<tr><td></td><td></td><td>25, 1</td><td>25, 1</td><td></td></tr>
<tr><td></td><td></td><td>|</td><td>|</td><td></td></tr>
<tr><td></td><td></td><td>|</td><td>7</td><td>25, 7</td></tr>
<tr><td></td><td></td><td>|</td><td></td><td>|</td></tr>
<tr><td></td><td></td><td>11</td><td></td><td>11</td></tr>
</table>

259 Wir unterscheiden hier *nicht* zwischen der *'Neueren`* und der *'Neuesten`* Urkundenhypothese!! - Daß dies an sich problematisch ist, soll hier nicht beirren. Wichtig ist in diesem Zusammenhang lediglich, darauf zu verweisen, daß Ilgens Werk auffallend und in eigentümlicher Weise der späteren Pentateuchforschung, dem genialen und vorläufigen Abschluß und Fundament der Forschung im Werk Wellhausens, korrespondiert. (Dabei bleibt hier die Frage nach dem jahvistischen Werk außer acht; die J-Problematik wird hier in die 'Einheit J` verschlichtet.) - Vgl. Einleitungen: Eißfeldt, S. 212-225; Kaiser, S. 47-52.

260 Vgl. hierzu: J. Wellhausen: Composition. - H. Holzinger: Einleitung in den Hexateuch. - H. Holzinger in: Die Heilige Schrift des Alten Testaments (E. Kautzsch). - O. Eißfeldt: Hexateuch-Synopse.

261 Siehe Edition und dort die Überblickstabelle.

262 Vgl. hierzu weiter Westphal: A.a.O., S. 125-141.

Also: 12, 4*.5 priesterschriftlich, bei ILGEN E'. - 12, 6-20 traditionell jahvistisch[263], ILGEN auch J. - 13, 1-5 meist J, ILGEN auch. - V. 6 P, ILGEN E'. - 13, 11*.12 P, ILGEN E'. - 13, 12*.13-18 meist J[264], ILGEN auch J. - Kap. 14 bei ILGEN E', sonst P, wenn nicht 'außer Konkurrenz`. - Kap. 15 ist bei ILGEN E'' (Urkunde Nr.9).[265] - 16, 1* traditionell P, ILGEN E'. - 16, 3 ebenfalls P, ILGEN E'. - 16, 2.4-14 J[266], ILGEN auch J. - 16, 15.16 traditionell P, bei ILGEN E '. - Kap. 17 traditionell ganz P, bei ILGEN E'. - Kap. 18 - 19, 28 traditionell J[267], ILGEN ebenfalls J. - 19, 29 P, bei ILGEN V. 29* E' und 29* E''. - Dann folgt ein Unterschied: 19, 30-38 sonst J, bei ILGEN E''. - Dann auch nicht im Gleichklang: 20, 1-18 E, bei ILGEN E'. - 21,1 J/E, P oder J/P (also unsicher!), ILGEN E''/J. - Aber 21, 2-5 P, ILGEN E'. - 21, 6 E oder E/J, bei ILGEN J/E''. - 21,7 J bzw. E/J, ILGEN J/E''. - 21, 8-33 E, bei ILGEN E''. V. 34 ist bei ILGEN E', und das leuchtet nach seiner Konzeption auch ein. WELLHAUSEN (V. 32b-34) auch P!. - Kap. 22 entscheidet sich ILGEN gänzlich anders als die Vertreter der neueren UH. - 22, 1-14.19 war E (V. 15-18 meist redaktionell), 22, 20-24 R/J[268]. ILGEN teilt V. 1-19 zwischen J und E'' auf, V. 20-24 ist bei ihm E'. - Aber Kap. 23 ist traditionell P, und bei ILGEN E'. - Kap. 24: EIßFELDT J/E[269], WELLHAUSEN alles J, bei ILGEN einheitlich J. - 25, 1-6 J, bei ILGEN V. 1-10 E'. - 25, 7-10 P[270], bei ILGEN E'. - Und: 25, 11 E, ILGEN E''.

Auswahl aus den spezifischen Eigentümlichkeiten bei ILGEN: (Schöpfung und Fall) Gen 1, 1-5* E'/ 5* E''/ 6-8* E'/ 8* E''/ 9-12 E'/ 13 E''/ 14-18 E'/ 19 E''/ 20-22 E'/ 23 E''/ 24-31* E'/ 31* E''. - Gen 2, 1 E'/ 2-4* E''/ 4* E'/ 5-25 E''. - Gen 3, 1-24 E''. - Gen 4, 1-26 E''[271]. - Der Anfang ist fast ausschließlich E' (= P), lediglich einige Reste von E'' sind eingeschaltet.

---

263 Dabei aber V. 9 meist vom Redaktor! - Interessant ist, daß sich Wellhausen, Composition, S. 23, an der Wanderbewegung Richtung Ägypten im Zusammenhang mit der Begleitung Lots stört (Gen 12, 8 - 13, 4). Er nimmt daher an, daß 12, 10-20 ursprünglich nicht an dieser Stelle gestanden hätte: "*Hätte 12, 10-20 ursprünglich hier gestanden, so wäre gar kein Grund gewesen, den Abraham statt nach seinem dauernden Aufenthaltsorte in Hebron wieder nach Bethel zurückwandern zu lassen; die Trennung von Lot konnte eben so gut hier wie dort vor sich gehn. Bloss um Anschluss an die Erzählung des Jahvisten zu erreichen, der zwischen 12, 8 und 13, 4 den Schauplatz nicht verändert, muss Abraham wieder zurück nach Bethel und sich dort von seinem Bruder scheiden.*" Daher sei also 12, 10-20 an dieser Stelle sekundär eingetragen. - Ilgen stößt auf diese Schwierigkeit nicht, denn die Segmentierung der Quellenstränge in einzelne Urkunden (hier Nr. 8., Nr. 9 u. Nr. 10) separiert die Erzählung fragmentenähnlich auf. Oben ist teilweise dargestellt, welche Texte zu diesem Bereich gehören. Nr. 8 (*'Nachrichten von der Familie Therachs`*, E'): 11, 27-32. 12, 5.4. 13, 6.11.12 etc./ Nr. 10 (*'Nachrichten von Abraham`*, J): 12, 1-4.5.6-13.14-20. 13, 1-5.7 etc. Durch die erneute Zusammenfügung von Teilen der Erzählstränge zu 'Urkunden` = Sachkomplexen geht die Sensibilität für den Gesamtduktus des Erzählfadens verloren; 12, 10ff. paßt denn halt zur Teilstory *'Nachrichten von Abraham`*.

264 Wellhausen: V. 14-17 sekundär.

265 Sonst V. 1-6 E, 7/8-12 J, Rest oft unsicher.

266 Wellhausen: V. 8-10 sekundär.

267 Wellhausen: 18, 17-19 redaktionell, V. 22b-33a J/E.

268 Wellhausen unsicher.

269 Holzinger in Kautzschs AT auch.

270 Wellhausen: V. 7-11a P.

271 Vgl. oben die Dreiheit der Schöpfungsgeschichten bzw. -sagen bei P.J. Bruns.

> Nur - auch Gen 2f. ist elohistisch![272] - In der Josephsgeschichte allerdings ist nach ILGEN E' reichlich vertreten. Bekanntlich schweigt aber nach der Lehre der späteren Urkundenhypothese P über weite Strecken der Josephsgeschichte. Aber Kap. 46, 8-27 ILGEN E', bei WELLHAUSEN sekundär, bei EIßFELDT P! - Kap. 47, 6*-11 ILGEN E', WELLHAUSEN P, EIßFELDT P. - Kap. 47, 28 ILGEN E', WELLHAUSEN und EIßFELDT V. 27*28 P. - Kap. 48, 3-7 ILGEN E', WELLHAUSEN und EIßFELDT P. - Kap. 49, 29-33 ILGEN E', WELLHAUSEN und EIßFELDT P.
> Gen 49, 2-28 ist E''!![273]

So der Vergleich mit dem exegetischen Trennungsvollzug der 'Späteren` Urkundenhypothese. - Darin erschöpft sich aber die Ähnlichkeit mit dem Wellhausenschen Erbe nicht.

E', das ist Eliel Harischon, ist bei ILGEN die *Basis* der Sammlung. Also entsprechend der 'Grundschrift` des Pentateuchs, die WELLHAUSEN dann später *Q*, *'liber quatuor foederum`* nannte.[274]

Der Sammler wählte E' zur Grundlage der Sammlung: *"Daß aber seine Wahl für die des Eliel Harischon entschied, davon ist die Ursache leicht aufzufinden. Die Urkunden dieses Verfassers waren, wie sie es verdienten, die Grundlage seiner Sammlung, wovon wir an einem andern Orte reden werden; er hat sie daher auch unter allen an* [sic!] *vollständigsten geliefert."*[275] Die Begründung knüpft ILGEN an das Phänomen der Überschriften. Denn:

> *"Alle Urkunden nehmlich, die von Eliel Harischon aufgenommen worden, haben noch ihre Ueberschriften; also No. I (K. II.4.); IV. (K. V.1.); V. (K. VI.9.); VI. (K. XI.10.); VII. (K. X,1.); VIII. (K. XI, 27.); XI. (K. XXV, 12.); XII. (K. XXV.19.); XV. (K. XXXVII,2.); XVII. (K. XXXVI,1.). Diese Ueberschriften können nicht von dem Sammler seyn, daß sie für Rubriken der verschiedenen Materien anzusehen wären: denn da würden manche von ihnen an einem sehr unschicklichen Orte stehn* [...]*; sondern sie müssen, wo nicht von dem Verfasser selbst, doch gewiß von einer weit frühern Hand herrühren. Daß sie aber von dem Verfasser selbst herrühren, dieses, dünkt mich, beweist die innere Beschaffenheit der Urkunden. Ein jedes Stück, das mit einer solchen Ueberschrift versehen ist, orientiert sich durch eine voraus geschickte Einleitung, und macht sich unabhängig von etwas vorhergehenden; es bringt allezeit so viel bey, als man braucht, um einen vollständigen Ueberblick der*

---

272 Ilgen: Die Urkunden. S. 433ff. (E') und S. 461ff. (E'').

273 A.a.O., S. 483: *"Der ganze Segen des sterbenden Jakobs ist von Eliel Haschscheni. Erstlich kommt der Nahme Israel vor V. 2.7.16. Hernach kommen Anspielungen auf Begebenheiten, und Handlungen darin vor, von denen Eliel Harischon gar nichts weiß; die aber Eliel Haschscheni erzählt. Ruben verliert den Rang des Erstgebohrenen, weil er das Bett seines Vaters besteigt, V. 3,4. ...".* Die Absonderlichkeiten in Gen 1-4 und Gen 49 machte ihm, Ilgen, m.E. bisher keiner nach!

274 Vgl. Wellhausen: Composition. S. 2f. - Der Begriff 'Grundschrift` kommt von Th. Nöldeke: Untersuchungen zur Kritik des ATs. (Die sogenannte Grundschrift des Pentateuchs. S. 1-144). Kiel 1869 her. - In der Abrahamgeschichte ist nach Wellhausen allerdings J zugrunde gelegt. Dem Urteil schließt sich später M. Noth an. Vgl. Smend: Einleitung. S. 82.

275 Ilgen: Die Urkunden. S. 498f.

> *vorgetragenen Materie zu haben, daß es nicht nöthig ist, weiter zurück zu gehen."*[276]

Die besondere Konsistenz und Vollständigkeit der Urkunden von E' durch die Existenz der Überschriften veranlaßte den Sammler also diesen Strang zur Basis der Sammlung zu machen. Allerding meint ILGEN, daß der Urkundentxt von E'' materialiter ehedem die gleiche Vollständigkeit aufgewiesen haben müsse wie der Text von E'[277]. Nur habe sich der Sammler einmal für die Bevorzugung von E' entschieden: *"Der Sammler hatte, wie schon erwähnt worden, einmahl den Eliel Harischon zur Basis gemacht; er mußte nun natürlich von andern Urkunden alles das, was bis auf den Buchstaben mit diesem übereinstimmte, weglassen."*[278] - Die *wichtigere* Urkunde dominiere. ILGEN:

> *"Es ist nun wohl natürlich, daß er* [der Sammler, B.S.] *bey der Wahl zwischen zwey Ueberschriften sich für die diejenige bestimmte, die der wichtigern Urkunde, die er zur Grundlage zu machen gedachte, angehörte, und die von andern Urkunden, womit er nur supplirte und ausfüllte, ausschloß."*[279] -

ILGEN will aber noch etwas anderes: Er geht über die bloße Scheidung der Texte hinaus. Die Trennung, in der ja auch nicht nur die schlichte Voraussetzung einer Neukomposition vorhanden ist, sondern auch die exegetisch-methodische Option der nachfolgenden Vereinbarkeit der geschiedenen Texte, stellt deutlich die Textgruppen einzelner Sachkomplexe zusammen. Darin liegt vermutlich ein wesentliches Element der Strategie ILGENS. Daher auch die Umstellung:

Er stellt fest, daß in den verschiedenen Urkunden neben der Verschiedenheit des Gottesnamens *"auch eine ganz verschiedene Sprache herrscht"*.[280] So werde z.B. für die Schöpfung des Menschen in Gen 1, 26 (E') עשׂה und in Gen 2, 7 (E'') יצר gebraucht[281], in Gen 17, 3.17 (E') נפל על פניו und Gen 24, 26.48 (J) נקד והשתחוה[282]. Das aber läßt sich nirgends so deutlich zeigen wie in den Flut-Texten, weil hier 'eine Gleichheit der Sachen` vorhanden ist. *"In den andern Stücken, wo ganz verschiedene Sachen erzählt werden, ist ein solcher Kontrast der einzelnen Ausdrücke unmöglich; es kann da nur wenige Fälle geben, wo man mit völliger Gewißheit über Einerleyheit der Sache, und über Verschiedenheit der*

---

276 A.a.O., S. 495.

277 A.a.O., S. 499: *"Also die jetzige Abwesenheit* [von Ueberschriften, B.S.] *beweist nicht, daß sie nicht irgend jemahls vorhanden gewesen."*

278 A.a.O., S. 505.

279 A.a.O., s. 499.

280 A.a.O., S. 385.

281 A.a.O., S. 381.

282 A.a.O., S. 385.

Worte zu entscheiden im Stande ist."[283] - Damit aber greift ILGEN direkt auf die Problemlage der Gegenwart voraus. Es ist denn schließlich und tatsächlich schwer, Urkunden in Parallelfäden zu trennen, wo die Verschiedenheit des Stoffes letztlich nur das eine Kriterium zuläßt: Die schon erkannten Stileigentümlichkeiten müssen in den Texten unterschiedlicher Materie deutlich wiedererkannt werden.[284]

Grundsätzlich ist zunächst (bei EICHHORN) - und das ja nicht zufällig - die Schöpfungsgeschichte zum Gegenstand der Quellenscheidung gemacht worden. Erst darauf folgte (ebenfalls bei EICHHORN) die Trennung der Flut-Texte. An diesen Flut-Texten nun lobt ILGEN die besondere Vollzugsmöglichkeit der Trennung. Bei den anderen Texten mangele es an Gewißheit, da die *'Einerleyheit der Sache`* fehle. Dazu paßt freilich, daß ILGEN in der Neukomposition eben jene 'Urkunden` schafft, die in ihrer Zusammensetzung nach 'Nachrichten von Abraham` etc. mehr 'Überlieferungsatolle` darstellen als denn 'Überlieferungskordilleren`. Oder sollte man sie *'Großfragmente`* nennen? - Die zu ILGENS Zeit und Arbeit noch kaum vorhandene Differenzierung zwischen Urkunden und Fragmenten ermöglicht dies. Aber dessen ungeachtet macht hier in sehr glaubwürdiger Weise eben der verschiedene Stil in den Teilen des Pentateuchs die Verschiedenheit der Texte aus:

> *"So muß man in den verschiedenen Theilen der Genesis nicht allein auf den Gebrauch der einzeln* [sic!] *Wörter und Redensarten sehen, sondern vorzüglich auf die Verbindung der Gedanken, auf das Verhältniß der Redeglieder, auf den Geist, der in ihnen lebt, und sich durch ihre feinsten Theilchen ergießt, und sie zu einem bestimmten Ganzen eignet. Dieses kann zwar nicht alles so genau durch Worte dargestellt werden, wenigstens gehört ein größerer Aufwand derselben dazu, als ich jetzt zu machen im Stande bin, sondern es muß größtentheils dem Gefühl des sprachkundigen Lesers überlassen bleiben ... ".*[285]

Die erkannten Stileigentümlichkeiten der getrennten Texte sind diese:
ILGEN:

> *"Der Elohist liebt die Wiederholung des Hauptnennworts, es sey ein eigentümliches, oder ein allgemeines, und vermeidet, so viel möglich, die Fürwörter. Gen. II, 3-5. Und Gott sprach, es werde Licht! Und es ward Licht. Und Gott sahe, daß das Licht gut war ... ".*[286] - Und der üblichen Charakterisierung der Priesterschrift (= E') entsprechend: *"Dem Elohisten ist eigen alles mit einer großen Genauigkeit zu wiederholen, was befohlen, beschlossen,*

---

283 A.a.O., S. 386.

284 Diese Problematik sieht O. Eißfeldt im forschungsgeschichtlichen Überblick seiner Einleitung vor allem für den gesetzlichen Stoff außerhalb des Pentateuchs (A.a.O., S. 213. - Vgl. Kap. 4, Anm. 11). - Diese Probleme stellen sich schon in der Genesis, wo eben Texte - wie Ilgen erkannte - nicht einfach als Paralleltexte ausgewiesen werden können, die doch mehr Sachverschiedenes beinhalten als Paralleles.

285 A.a.O., S. 386f.

286 A.a.O., S. 387.

> *und verhandelt worden. In der Schöpfungsgeschichte Kap. I, wird alles pünktlich mit eben denselben Worten als Erfolg wiederholt, mit denen es Gott beschlossen hat."*[287]

Ganz anders der Jahvist, und es zeigt sich, daß ILGEN eine Charakterisierung der Quellenschriften an den Tag legt, die durchaus schon manchen späteren Beschreibungen auf diesem Gebiet entspricht[288]:

"Der Jehovist hingegen liebt die Präcision; seine Sätze haben Rundung, schließen sich enger an einander, und fließen mit einer gewissen Leichtigkeit hin. Man lese z.B. Kap. XVIII, 1.ff. XXVII, 1.ff."[289] -

Dagegen:

> *"Der Elohist vermehrt das Schleppende und unbehülfliche seines Stils durch die ängstlichen Bestimmungen und Distinktionen der Personen z.E. Kap. XI, 29. Der Nahme der Frau des Nachor war Milkah, eine Tochter Harans des Vaters der Milkah, und des Vaters der Jiskah."*[290]

Dagegen:

---

287 A.a.O., S. 388. - Vgl. zur klassischen Charakterisierung der Priesterschrift Wellhausens: Prolegomena. S. 348: *"Nah verwandt mit dieser Vorliebe* [für *'die künstliche Wiederbelebung der alten Tradition`*] *ist eine unbeschreibliche Pedanterie, die das innerste Wesen des Verfassers des Priesterkodex bildet. Für das Klassificiren und Schematisiren hat er eine wahre Leidenschaft; wenn er einmal ein Genus in verschiedene Species zerlegt hat, so müssen wir uns jedesmal alle Species einzeln wieder vorführen lassen* [...]. *Wo er kann, bevorzugt er den weitläufigen Ausdruck, das Selbstverständliche zum hundertsten male ausführlich zu wiederholen wird er nicht müde (Num. 8), er haßt die Pronomina und alle abkürzenden Substitute."*

288 Holzinger, Einleitung in den Hexateuch, S. 93ff. wagt eine Charakterisierung. - *"Aufs deutlichste hebt sich die Quelle J ab durch ihren Stil. Alle Kritiker sind darüber einig, dass J nicht bloss der beste Erzähler im Hexateuch, sondern einer der besten Erzähler im ganzen AT ist"*. (A.a.O., S. 108). -
Problematisch ist diese eine Einheitlichkeit des Jahvisten voraussetzende Beschreibung, da J, kaum daß Wellhausen sich durchgesetzt hatte, schon nicht mehr J blieb, sondern zu J', J'' (Smend sen. u.a.) etc., zu L + J (Eißfeldt), N + J (Fohrer) wurde. Aber auch schon Wellhausen (Composition, S. 207!) rechnet mit *"vermehrte*(n) *Ausgaben"* von J und E. - Damit ist dann später, nach der Wende zum 20. Jahrhundert, davor gewarnt worden, eine stilistische Beschreibung von J abzugeben. - Vgl. R. Smend sen.: Die Erzählung des Hexateuch auf ihre Quellen untersucht. Berlin 1912. S. 3ff. - Eißfeldt: Hexateuchsynopse. S. 5 (*"Auch bei J und E sind eine ganze Reihe bleibender Feststellungen* [stilistischer Eigenarten, B.S.] *gemacht worden. Aber sobald man hier auf Feinheiten kommt, beginnt die Verwirrung."*).

289 A.a.O., S. 391.

290 Ebd. - Gen 11, 29 ist bei Ilgen E' (= P). - Hier entscheidet sich Ilgen anders als die Neuere Urkundenhypothese: Gen 11, 29 ist J (Wellhausen, Composition, S. 7. Anm. 1). So auch Holzinger, Eißfeldt.

"Der Jehovist ist hierin kurz. Sarah sagt bey ihm Kap. XVI, 2. zum Abraham: Schlaf bey meiner Magd, statt daß bey dem

> *Elohisten*
> *V. 3. die Sarai, die Frau des Abram, die Hagar, die Egyptierin ihre Sklavin nimmt, und sie dem Abram ihrem Manne zur Frau giebt."*[291]

Es findet sich nach ILGENS Meinung ein ähnliches Trennungskriterium auch in den Namen '*Jakob*` und '*Israel*` - vor allem in der Josephsgeschichte.[292] Dieses neue, ganz neue Kriterium, ermögliche es, die beiden Elohisten auseinanderzuhalten: Der 'Jakobist` weise eine deutliche Nähe zu E' auf, der 'Israelist` eine deutliche Nähe zu E''.

Bemerkenswert ist, daß der Jahvist und der zweite Elohist (also nach 'moderner` Diktion J und E) eine gewisse Ähnlichkeit aufweisen, allerdings mehr inhaltlich als stilistisch.

> ILGEN:
> *"Der Jehovist läßt schwören mit der Hand unter die Hüfte gelegt, Kap. XXIV, 2; der zweyte Elohist auch, Kap. XLVII, 29*[293]*. Die Wendung bey dem Segen, daß alle Völker sich das Glück dessen wünschen sollen, der gesegnet wird, liebt der Jehovist, Kap. XII, 3. u.a.a.O.m; der zweyte Elohist hat sie auch, nur mit einer kleinen Abänderung, Kap. XLVIII, 20."*[294]

Die Entdeckung zweier Elohisten scheint ILGEN sicher, nur vergewissert er sich des Entdeckungsweges. - Möglich ist, da J und E'' einander vielfach ähneln, daß bei der Aufzeichnung nur die Gottesnamen JHWH und Elohim vertauscht wurden, aus Irrtum *"oder durch eine Grille des Sammlers"*.[295] Man müsse hier '*Sprachgründe*` gegen '*Sachgründe*` abwägen. Aber man könne ein nicht unwichtiges Kriterium zu Hilfe nehmen: Der Name '*Israel*` führe wieder auf die Spur.[296] - Das neue Kriterium, das hier als so ehern angeführt wird, wird ILGEN dann in der Arbeit am Ex sogleich elegant zerbrechen.

---

291 A.a.O., S. 391f. - Ilgen wieder wie die Neuere Urkundenhypothese.

292 Vgl. A.a.O., S. 393: *"Ich würde nun gleich weiter gehen können, wenn sich nicht in den Stücken des Elohisten ein Umstand gefunden hätte, der noch einige Untersuchung verdient. Es ist der abwechselnde Gebrauch des Nahmens Jakob, und Israel in der Geschichte Josephs. Wenn man die Stücke, die sich durch den Nahmen Israel auszeichnen, mit denen, die den Nahmen Jakob haben, vergleicht, so zeigt sich in der Schreibart ein eben so auffallender Unterschied, als zwischen den Elohisten und Jehovisten in der Geschichte des Noah, des Abraham, Isaak und Jakob."*

293 Gen 47, 29 ist später aber J.

294 A.a.O., S. 397. - Gen 48, 20 Wellhausen E; Holzinger und Eißfeldt J.

295 A.a.O., S. 398.

296 Vgl. A.a.O., S. 399.

6.2.1.4. Charakter. Zum Inhalte läßt sich Manches sagen

Die Beschreibung der Inhalte, also der Theologie, die in den Pentateuch- bzw. Genesistexten aufgrund der spezifischen Darstellungsart zum Ausdruck kommt, erinnert nicht selten an die Charakterisierung der Quellenschriften späterer Zeit. Freilich kann hierin keine gänzliche Übereinstimmung zu erwarten sein, da ILGEN sich nicht in totalem Einklang mit den Entscheidungen der jüngeren Neueren oder Neuesten Urkundenhypothese befindet; selbst diese ist auch nicht konsistent. Aber die von der Texttrennung herrührende Beschreibung der Urkunden weist doch deutlich die zu erwartenden Ähnlichkeiten zu späteren exegetischen Ergebnissen auf:

> ILGEN:
> *"Wenn man diejenigen Stücke, die einerley Schreibart haben, zusammenstellt, und untereinander vergleicht, so lassen sich in ihnen ganz eigene charakteristische Züge entdecken, wodurch sie mit den andern verglichen eben so einen Kontrast geben, als sie durch die Schreibart kontrastiren; so wie der zweyte Elohist sich in der Schreibart zu dem Jehovisten hinneigt, eben so entfernt er sich wenig von ihm in Ansehung seines Charakters; und wie die Sprache des ersten Elohisten von der des zweyten, und des Jehovisten abgeht, so zeigt sich bey ihm auch ein ganz abweichender Charakter."*[297]

Entsprechend der stilistischen Eigenart von E' kann die sachlich-inhaltliche Ausdrucksweise dieser Quellenschrift beschrieben werden:

> *"Der erste Elohist verfolgt nur einige Hauptbegebenheiten, die er mit den simpelsten Worten ohne Schmuck, ganz im Tone der alten Welt aufstellt. Seine Hauptsorge ist, getreue historische Nachrichten von den Stammvätern des Israelitischen Volks zu liefern. Er hält daher streng auf Chronologie. Er liefert eine chronologische Genealogie von Adam bis auf Sem; Kap. IV. Eine ähnliche Genealogie vom Sem bis auf Noah*[298]*; Kap. XI, 10-26."*[299]

Es seien gerade die Genealogien in der Genesis, die auf den ersten Elohisten zurückzuführen sind. Das entspricht grundsätzlich der klassischen Ansicht, nach der

---

297 A.a.O., S. 400.

298 In meinem Handexemplar [Halle Bibliothek der DMG Sign. Id 550] ist 'Noah` in handschriftlicher Korrektur durch 'Abraham` ausgetauscht, was ja bei Ilgen abgedeckt ist. Die hs-Korrektur vollzog ein Gildemeister aus Bonn im Jahre seines Erwerbs 1845. Er hatte das Buch aus der Bibliothek C.FR. ILLGENS [Theologieprofessor in Leipzig, gest. 1844].

299 A.a.O., S. 400.

die Priesterschrift, oft eine systematisierende Historie bietend[300], die *"geschichtliche Darstellung aber vielfach auf die Genealogie reduciert"*[301]. - Der erste *Elohist*, so ILGEN, (also die später weitgehend als *Priesterschrift* bezeichneten Textbereiche) ...

> *"... spricht alsdenn wenig, aber mit Kraft und mit Würde; selten läßt er sich auf längere Reden ein, keine Betheurung, kein Schwur entgehet seinem Munde; das bloße Wort verbindet ihn, und flößt denen, die es hören, Glauben und Ueberzeugung ein."*[302]

Ganz anders dagegen der Jehovist, der oben schon von ILGEN als guter Erzähler bezeichnet wurde: *"Der Jehovist hat vieles mit dem zweyten Elohisten gemein. Er liebt Etymologien, z.B. bey den Nahmen der Kinder Jakobs, Kap. XXIX, 31-35."*[303]
Die klassische Beschreibung jahvistischer Theologie findet sich bei ILGEN:

> *"Die Gottheit wandert sogar in Menschengestalt unter den Sterblichen herum, läßt sich von ihnen bewirten, macht sie zu ihren Vertrauten, und entdeckt ihnen ihre Geheimnisse; nimmt bey gewissen Entschlüssen auch Gegenvorstellungen an, Kap. XIX."*[304]
> Und:
> *"Seine Hauptabsicht ist, die Besitznehmung des Landes Kanaan durch die Israeliter, die theokratische Staatsverfassung, das levitische Priesterthum, als einen sehr frühzeitig entworfenen Plan der Gottheit darzustellen, wodurch alles ein ehrwürdiges und heiliges Ansehen gewinnt. Abraham als Stammvater des Israelitischen Volkes, und als Repräsentant desselben, erhält zu wiederholten Mahlen die Versicherung, daß seine Nachkommen das Land besitzen sollen, Kap. XII, 1.7. XIII, 14. XXII, 15"*[305]

---

300 Holzinger: A.a.O., S. 358ff.

301 A.a.O., S. 367.

302 Ilgen: Die Urkunden. S. 402.

303 A.a.O., S. 406.

304 Ilgen: Die Urkunden. S. 406f. - Vgl. a.a.O., S. 408: *"Merkwürdig ist aber bey diesem Verfasser, daß er in die Charaktere unedle Züge einmischt. Abraham setzt die Ehre seiner Frau aufs Spiel ...".* -
Vgl. Wellhausen, mehr die theologischen 'Spannungen` aufnehmend, Prolegomena, S. 314f.: *"Es herrscht eine scheue heidnische Stimmung; das gelegentliche Rasseln an den Ketten verschlimmert nur die Gebundenheit der menschlichen Natur, die entfremdende Kluft zwischen Mensch und Gottheit läßt sich nicht ausfüllen. Jahve steht nicht hoch genug, fühlt sich nicht sicher genug, um den Erdbewohnern eine allzu große Annäherung zu verstatten; der Gedanke vom Neide der Gottheit wird gestreift."*

305 Ilgen: Die Urkunden. S. 407. - Mit der Option auf *'Väter-Volk-Land`* ist Ilgen kühn zu einem Kern der gegenwärtigen Diskussionslage vorgestoßen. (vgl. Smend, Einleitung, S. 90.) Er trifft sich m.E. recht deutlich mit H.W. Wolff: Das Kerygma des Jahwisten (1964). In: Ders.: Ges. Stud. zum Alten Testament. 2. Aufl. München 1973 (ThB 22). S. (345-373) 351ff. -
Jedoch: Die Einheitlichkeit von J ist problematisch. Damit ist aber fraglich, *was J*

Dieser besondere theologische Charakter des Jahvisten ist es, der die literarkritische Grundorientierung leicht mache; man könne durchaus wissen, wo dieser Urkundenstrang anfange: J sei quasi eine Sammlung von 'Vorspielen` zu dem, was Gott in der Heilsgeschichte noch alles mit seinem Volk vorhabe.

> ILGEN:
> *"Wo Abraham hinkommt, und seine Zelte aufschlägt, errichtet er einen Altar, und verehrt Gott, als ob er Oberpriester zu Jerusalem wäre; auch nennt er ihn schon mit dem Levitischen Nahmen Jehovah.* [...]
> *Sind das nicht lauter Vorspiele, wie Gott sich einst gegen die Nachkommenschaft dieses außerordentlichen Mannes beweisen will? Dies soll ein Muster der Glückseligkeit und des Genusses werden; mit ihrem Glück sollen andere Völker sich segnen; zeigt sich dieses Glück nicht schon an dem Stammvater?"*[306]

Der Jahvist brauche keine Urgeschichte, da es ihm offenbar generell um die Geschichte des Heils gehe, um die Wirkungsgeschichte des Segens, den Abraham, der Stammvater, erhielt. Das spezielle theologische Interesse also sei der Grund für die Vordergrenze von J; daher könne der Jahvist mit Gen 12 einsetzen[307]:

> *"Dieses ist auch die Ursache, daß er gar nicht über den Stammvater der Israelitischen Nation hinausgeht, sondern gleich mit Abraham, und seiner Berufung anhebt: denn ich gleube nicht, daß etwas in den vorhergehenden Zeitraum gehöriges von ihm vorhanden ist; wenigstens sind keine sichern Spuren davon zu finden."*[308]

Die Beschreibung des Jahvisten durch ILGEN stützt sich kaum auf Vorarbeiten von EICHHORN. Dieser hatte zwar auch eine Art Charakterisierung der Urkunden abgegeben, aber da die exegetischen Entscheidungen bei EICHHORN anders und vor allem wesentlich weniger differenzierend ausfielen, kam dieser zu allgemeineren Aussagen.[309] ILGEN *mußte* zu einer anderen Beschreibung gelangen, da die von

---

überhaupt ist, denn es kann kaum beschrieben werden, was nicht in seiner Substanz als abgegrenzt gelten kann!! - Oder das, was als mögliche Bündelung unter J geschoben werden kann? (Vgl. H.H. Schmid: Der sogenannte Jahwist. S. 167.)

306 Ilgen: Die Urkunden. S. 407f.

307 An Gen 12, 1-3 hat auch aus o.g. Gründen H.W. Wolff (A.a.O., S. 351) Interesse.

308 A.a.O., S. 408.

309 Vgl. Eichhorn: Einleitung. 3. Bd., 4. Aufl. 1823. S. 60: *"Die Urkunde mit dem Namen Jehova faßt ihre Genealogien nach kosmographischen Gesichtspunkten ab, und die mit Elohim nach chronologischen. Daher ist in jener 1 B. Mose 10 die Nachkommenschaft Noah's nah den Ländern ihrer Ausbreitung, soweit sie damals bekannt waren, verzeichnet; hingegen in dieser nach Generationen 1 B. Mose 11, 10-26; jene liefert Geographie der Welt nach der Fluth, und diese Genealogie Sem's, mit Chronologie verbunden."* - A.a.O., S. 61: *"Der Urkunde mit Elohim ist es blos um die Familiengeschichte der Israeliten zu thun.* [...] *Die Urkunde mit dem Namen Jehova belegt ihre Erzählungen, so oft es möglich ist, mit Liedern, den ältesten historischen Denkmälern aller Nationen."* - A.a.O., S. 62: *"Dem*

ihm entdeckte Dreiheit der Quellen in der Genesis ganz andere Textabgrenzungen befielt. Der Rückhalt, den ILGEN also hierin in der Arbeit EICHHORNS finden konnte, war also sehr begrenzt.[310]

Die Genesis - so schreibt ILGEN - werde erst ein lesbares Buch, wenn man die Dopplungen und widersprüchlichen Aussagen, die in ihr aufzufinden sind, ausmerze. Das könne nur geschehen, wenn man die Texte in der entsprechenden Urkundenzuteilung trenne.[311] - Mit Hilfe dieser, der oben aufgeführten Kriterien trennt er die Texte nach Erzählsträngen dreier Verfasser. Dieser Reihung gehörten ursprünglich *siebzehn Urkunden* an. Sie zu rekonstruieren sieht ILGEN als seine Aufgabe an. Das ist das Besondere: Der eigentümliche Unterschied zu bisherigen literarkritischen Lösungsversuchen und das Originelle seiner Arbeit ist, daß er die in Längsschnittfäden aufgeteilten Texte der Genesis nun nach einer - seiner - neuen Ordnung wieder *zusammenfügt*. Daher die siebzehn Urkunden! - *"Ich habe die sämmtlichen zerlegten Theile zu siebzehn für sich bestehenden Urkunden verbunden, davon zehn Harischon, fünf Eliel Haschscheni, und zwey Elijah Harischon gehören."*[312] - Bekanntlich war nach ILGENS Meinung das Tempelarchiv in Unordnung geraten mit der Folge, daß die Urkunden *"zerrissen, zerstückelt, in einander geflossen"*[313] sind. Die Neuordnung, die ILGEN anstrebt, ist damit weiter nichts anderes als die 'Berichtigung`, von der schon im vollständigen Titel des Buches die Rede ist.[314]

Allerdings, und das sollte deutlich geworden sein, zeigt die Neuordnung der siebzehn Urkunden, daß es nicht unangemessen ist, eben jenen Unterschied zur Theorie der späteren Urkundenhypothese herauszustellen, der das Verständnis von 'Urkunde` zur Zeit Ilgens aufzeigt: *Großfragmente* sind letztlich die siebzehn Urkunden, die Sacheinheiten, die in einer sehr losen Verbindung miteinander stehen. Sie machen *nicht* die *Erzählungsfäden* von WELLHAUSEN und EIßFELDT aus.

Aber auch ein Unterschied zur Theorie EICHHORNS, zu dem also, was als Ältere Urkundenhypothese bezeichnet wird, fällt auf: ILGEN hat neben die *Zweiquellentheorie* eine echte *Dreiquellentheorie* gestellt. Wenn die weitere Durchfüh-

---

Verfasser derselben hing auch die Lieblingsneigung der alten Welt beym Studium der ältesten Geschichte an, nomina propria ethymologisch zu erklären. Von ihm ist die Erklärung des Namens Kain (Kap. 4.1), von Babel (Kap. 11,9) [...] *u.s.w. Und wahrscheinlich hat er auch dieser Neigung zu Folge mancher Erzählung ein etymologisches Gewand angezogen, das nun für uns, bey so veränderter Vorstellungsart, große Dunkelheiten haben muß. S. 1 B. Mose 4,26 vergl. 6,1.2. - Inzwischen ist auch der Verfasser der zweyten Urkunde von diesem Hange nicht ganz frey, wie aus seinen Nachrichten von den Geburten im Hause Jacob's (Kap. 30) erhellet: nur wagt er sich mit seinen etymologischen Künsten nicht über die Noachitische Fluth, ja nicht einmal über Abraham hinaus."*

310 Das gilt noch mehr für die Arbeit G.L. Bauers, die in dieser Hinsicht in der 'Einleitung` (1. Aufl. 1794, 2. Aufl. 1806) sehr knapp ausfällt.

311 Ilgen: Die Urkunden. S. 424.

312 A.a.O., S. 494.

313 A.a.O., S. VIII. - Vgl. [Anonym:] JALZ 182 (1799) Sp. 627.

314 Vgl. A.a.O., S. VI.

rung, wie noch zu zeigen sein wird, auch versandete, so ist dieses neue Konzept doch überzeugend gelungen. Ex 6-7 sind von ILGEN konsequent als E' (= P) verstanden. - Seine Zeitgenossen haben dies nur nicht gesehen.[315]

6.2.2. In den nachgelassenen Manuskripten

Exodus. Oder: Die Israeliten unter Diktatoren - ohne Ende

> Zu solchen in unsern Zeiten bey weiten nicht genug erwogenen Gegenständen gehören insbesondere Untersuchungen der höhern Kritik bey denen man schon ansich, in dem Wahne, als als beruhe hier alles bloß auf einem dunkeln Gefühle, den seltenen Aufwand von genauerem Fleiße, eindringendem Scharfsinne, und umfassenderem Forschungsgeiste, nur wenig ermißt; indeß man die wesentlichen Dienste, welche sie den heiligen Büchern leisten kann, sich kaum zu gestehen wagt.
>
> Hdl.

Im Einleitungsprälektionar schrieb ILGEN über das Buch Exodus:

> *"Die ersten zwey Capitel sind von dem jüngern Elohisten, und sonst kommen noch einige Bruchstücke von ihm vor, die aber in den Begebenheiten keinen wirklichen Unterschied machen, weil sie zu kurz sind. Das übrige ganze zweyte Buch ist aus Jehowisten zusammengesetzt. Es ist mehr als einer; wenigstens sind ihrer zwey, wo nicht mehrere. Sie sind aber so in einander geflochten, daß es schwer ist sie wieder abzusondern; da besonders der Inhalt der Sache nach übereinstimmend ist. Für die historische Critik ist der Gewinn von einer Zuordnung lang nicht so groß und auffallend, als in dem ersten Buche. Ich werde mich also itzt, da ich so nichts vollkommenes leisten könnte auch gar nicht darauf einlassen."*[316]

Daraufhin gibt denn ILGEN in der frühen Fassung der Einleitung nicht viel mehr als nur Inhaltsangaben der Kapitel für das Buch Ex.[317] - Allerdings ist der oben

---

315 Gegen Smend: Wilhelm Martin Leberecht de Wettes Arbeit am Alten und Neuen Testament. S. 33 Anm. 140. - S. schreibt, es sei Ilgen nicht gelungen, die Zweiquellentheorie zu 'erschüttern`. 'Erschüttern` wäre denn auch falsch. Es ist das weiterführende Konzept!

316 Ilgen: Ms Einleitung in das A.T. S. 367. - Über die Schwierigkeiten der Quellenscheidung in Ex 1ff. siehe auch Eißfeldt: Hexateuchsynopse. S. 30ff.

317 Ähnlich verfuhr er auch in der Einleitung zur Gen.

angeführte Text *gestrichen*, und in einer Randbemerkung ist auf die 'Zusätze` zur Einleitung verwiesen. Dort ist eine Neuformulierung der Passage zu lesen:

> "*Es* [das Buch, B.S.] *ist ebenfalls aus unsern Urkunden zusammengesetzt, die aber durch ihren Inhalt nicht so deutlich charakterisiren als die in dem I. B. Moses, weswegen auch ihre Absonderung weit schwieriger ist, als im 1. Buch. Es kommt noch dazu, daß der Eliel Harischon, dem wir in dem ersten Buche das meiste historische Licht verdanken, hier sehr sparsam auftritt, weil der Sammler es für nützlicher hielt die mythischen Urkunden, die die für jeden Israeliten so wichtigen Begebenheiten in einer Reihe von Urkunden eingehüllt hatten, aufzunehmen, und in ein Ganzes zu vereinigen. Nur in dieser Vorlesung kann ich mich nicht darauf einlassen in das Detail zu gehen. Ich werde daher die aufgezeichneten Begebenheiten nur im allgemeinen kritisiren, um über den Werth und die Begebenheiten der Urkunden, welche sie leisten, ein Urteil fällen zu können.*"[318]

Auch hier getraut sich ILGEN also nicht, der differenzierenden exegetischen Arbeit vorzugreifen. Was er gleich nach dem Erscheinen des Buches im Sommersemester 1798 seinen Hörern über die Genesis vorgetragen hatte, enthält er ihnen notwendigerweise hinsichtlich des Buches Ex vor. Für die Arbeit am Ex behielt aber die frühe Erkenntnis, daß in den Urkunden der *'Inhalt der Sache nach übereinstimmend ist`*, Judiz. Hier folgt eine Auswahl der wegweisenden Kriterien für die Trennungsarbeit im Ex. Deutlich wird gerade in den letzten Teilen des edierten Nachlaßbandes, daß es '*Versuche*` sind, was ILGEN hinterließ. Beachtlich sind sie dennoch.

Eins ist allerdings noch der Erwägung wert. Schon in der Genesis-Analyse versuchte ILGEN, die vorliegenden Strukturen des letztgestaltigen Textes aufzulösen und in den neuen/alten siebzehn Urkunden die ursprünglichen Textkomplexe zu sehen. 'Großfragmente` nannten wir sie. - Nun finden sich im Nachlaßband 28 des Archivs die Anfänge für einen zweiten Pentateuchband. Hier allerdings sind auch Analysen bzw. versuchte Analysen, die sich um die Texte und Stoffe Lev bis Dtn bemühen.[319] ILGEN geht in seinen Notizen

---

318 A.a.O., Zusätze, S. 257f.

319 In Bd. 9 sind Analysen zu Jos und Ri vorhanden. Die wollen wir hier außer Acht lassen, denn vermutlich ist hier noch einmal ein Neuansatz in der Arbeit geschehen. Ilgen beabsichtigte ursprünglich, die 'Urkunden des Jerusalemischen Tempelarchivs` zu bearbeiten. Das impliziert, daß der Pentateuch gemeint ist. So auch 'Tempelarchiv` S. IX [Vorwort]. - Daß aber diese Arbeit sich unbedingt auf den Pentateuch beschränken müsse, ist damit nicht [!] gesagt. Es wird vordringlich der Pentateuch gemeint sein, weil ja die Arbeit an Urkunden überhaupt von der kritischen Arbeit am Pentateuch herkommt bzw. die kritische Arbeit am Pentateuch schon sehr früh mit dem hermeneutischen Begriff 'Urkunden` zusammenhängt. Es geht vordringlich um Mose, sein Werk, um die Frage, was vor-, nach- oder mosaisch sein könne. - Aber *nicht unbedingt* müssen sich 'Urkunden` auf den Pentateuch beschränken. Wollte man dies postulieren, würde man der hermeneutischen Konzeption Ilgens widersprechen. Der Eichhorns weniger, aber der Otmars sehr ... - Es entspricht der Sache selbst, wenn die Arbeit an den 'Urkunden` über den Pentateuch hinausläuft. Denn wenn es um das Archiv im Jerusalem Tempel geht, geht es schlicht auch um die Frage, ob denn nicht das Gesamtbündel der 'heiligen Bibliothek der alten und frommen Hebräer und Jisraeliten` dort gelegen habe, ob

auch über Ex hinaus. - Verbirgt sich dahinter nur der schlichte Sachverhalt, daß die letzten Einzelzettel zum Pentateuch zum Vollständigeren, d.i. der Ex-Entwurf, hinzugelegt wurden, weil sich eine separate Einbindung nicht lohnte - oder ist damit signalisiert, daß zusammengestellt ist, was zusammengehören soll? Ist damit angedeutet, daß sich die Überschrift *'Zur Geschichte der Israeliten unter Diktatoren`* auf den Rest des Pentateuchs bezieht? - Offenkundig ist 'unter Diktatoren` nicht nur auf den Pharao bezogen, sondern auch auf die Person des Führers Mose. Die Art und Gestalt der Einzelfragmente weist jedenfalls darauf hin, daß ILGEN für die Bereiche zwischen Gen (Ägypten) und Landnahme (Ri) einzelne Großkomplexe nach der Art der Gen-Komplexe konzipieren wollte:
Wüstenwanderung = Diktatur (Wanderzeit, teilweise: Ex, Lev, Num, Dtn),
Gesetze = Komplexe aus Ex, Lev, Num,
'mosaische Constitution` = Gesetze/Verfassung aus Dtn.
So jedenfalls mag man sich die weitere Arbeitsrichtung ILGENS vorstellen. Dabei, wenn das zutreffend ist, wäre es nur richtig, die Überschrift *'Israeliten unter Diktatoren`* nicht nur auf die Ex-Versuche zu beziehen.

6.2.2.1. Die Identität der Urkunden und die Manier der Verfasser

Was für die Gen-Arbeit ILGENs bezeichnend war, daß nämlich die Textzuweisung an den Jahvisten relativ gering war, während die Masse des Gen-Textes an E' und E'' ging - das ist nun hier in der Ex-Arbeit gänzlich verschwunden. Was die *Fertigstellung* der Urkunden anbelangte, kam ILGEN ja nicht über die dritte der neuen, über Urkunde Nr. 20, hinaus. Aber diese ersten drei Urkunden werden von ihm *allen* der möglichen Verfasser, also E', E'' und J, zugewiesen. Einen zweiten 'Jehowisten` entdeckt ILGEN allerdings in diesen Texten des Pentateuch auch nicht! - Die Textverteilung ist also nun anders als früher. ILGEN beklagt dies freilich, weil damit ein Orientierungskriterium brüchig werde. E', bislang 'Grundschrift` für die Urkundenkomposition, kommt kurz weg und das erschwere die Trennung - da *"... der Eliel Harischon, dem wir in dem ersten Buche das meiste historische Licht verdanken, hier sehr sparsam auftritt"*.[320]

Die Trennungsarbeit erfolgt in Ex grundsätzlich nach der zu vermutenden Methode: Die an der Gen-Arbeit gewonnenen Kriterien werden auf die Ex-Texte angewandt. Auffallend, aber deshalb doch nicht verwunderlich, ist, daß er in den Erklärungen zu den 'Urkunden Nr. 18-20` immer wieder auf das Buch 'Die Ur-

---

denn nicht Esra - oder wer es sonst gewesen sein mag - nach dem 'Exilium` das Buch der Richter das Buch Rut usw., also auch andere Urkunden oder Sammlungen dort, im Tempel, niederlegte ...

320 Siehe oben.

kunden` verweist.[321] - Für die Identitätsgewinnung der Texte stehen ILGEN vor allem terminologische Querverbindungen zu Verfügung, die, wenn man ihre Auflistungen verfolgt, zeigen, daß ILGENS Arbeit tatsächlich über die methodisch und inhaltliche Arbeit EICHHORNS weit hinausgeht. Dergleichen hatte EICHHORN kaum geleistet.[322] - Für die Quellenscheidung im Buch Ex entdeckt ILGEN leicht die Unterschiedlichkeit der Namen Reguel/Jethro und die unterschiedliche Bezeichnung des heiligen Berges. (Die Kriterienlehre in den 'Urkunden` legte 'Wiederholungen`, dergleichen 'Widersprüche` etc. als Maß für die Verschiedenheit der Urkunden fest.) - Für eine vollständige Trennung reicht das allerdings nicht aus. So ist denn die exegetische Strategie ILGENS auch weiter. Es muß noch andere Identitätsmerkmale geben.

Jedoch ist die Identifizierung der Quellenzugehörigkeit eines eingegrenzten Textes methodisch nicht identisch mit der Eingrenzung des Textes selbst. Diese nahm er wahrscheinlich meist vor, *nachdem* die verschiedenen Anhaltspunkte der Identität des Textes erkannt worden waren und die Quellenzugehörigkeit des betreffenden Textes verraten hatten und diese - zumindest vorläufig - feststand. Die am Ende der Edition dargebotenen kleineren Hefte aus dem Nachlaßband Nr. 28 zur Ex-Arbeit, z.T. wohl aus Notizzetteln bestehend, zeigen eben solche Auflistungen von Anhaltspunkten und Identitätskriterien.[323]

Relativ leicht wird ILGEN die Erkennung der E'- Texte gefallen sein. (Vor allem aber auch in den Textbereichen, in denen die spätere Urkundenhypothese auch P erkennt.[324]) Das verrät jedenfalls einer dieser letzten Zettel im Bd. 28. Es geht hier um E' in Ex 7:

> V. 1 sei durch "*Genes. XX, 7.*" zu identifizieren, V. 6 durch "*Genes. XLII, 20.*", und zu V. 7 ist nach ILGEN zu sagen: "*Dieser Vers ist gewiß von Eliel Harischon, weil das Alter Mosis angegeben wird.*"[325]

---

321 Vgl. Edition. S. 325ff.: In 'Die Urkunden` (S. 105, Gen 25, 1) hatte er sich der Ansicht verschrieben, daß die Midianiter nach E' "*Abkömmlinge von Abraham sind*". - Dieses Kriterium wird hier aufgegriffen.

322 Vgl. aber Eichhorn: Einleitung. 3. Bd. 4. Aufl. 1823. S. 110ff. - Hier mehr nur Charakteristika der Urkunden, nicht aber die relativ großflächige konkordante Arbeit Ilgens.

323 Edition. S. 345ff.

324 Das im folgenden vorgestellte Kap. Ex 7, 1ff: Wellhausen: V. 1-13 P; Holzinger: V. 1-13 P; Eißfeldt: V. 1-13 P. - Aber F. KOHATA (Jahwist und Priesterschrift in Exodus 3 - 14. Berlin 1986, BZAW 166. S. 126. 372 [Übersichten]): V. 1-3a.4-7; 8-13 P und [!] E. BLUM (Studien zur Komposition des Pentateuch. Berlin 1990, BZAW 189. S. 233): "*Und nicht zuletzt fungieren die Beauftragungen Moses (und Aarons) in 6,2ff. als gewichtige Einleitung der folgenden Plagengeschichte; dieser Zusammenhang ist in der priesterlichen Komposition selbst mit 7, 1-13 schlüssig ausgestaltet.*" - Da sind alle beisammen!
Aber Ilgen auch E' (= P): Ex 8, 1-2; 8, 12-15; 9, 8-12; 11, 9 - 12, 20; 12, 43-51; Ex 25 - 31 etc.

325 Edition. S. 353.

Jedoch bezieht sich diese exegetische Strategie, also die primäre Identifikation der Texte nach dem Kriterium terminologischer und auch sachlicher Verklammerung mit anderen (Gen)Texten, nicht auf alle Bereiche des Exodus-Buches. Es dient nur, soweit es dienen kann. Es versagt allerdings bzw. ist unzweckmäßig anzuwenden da, wo durch die Texte zunächst ein Pfad der Grundorientierung gefunden werden muß und dieser sich nur nach der vermuteten '*Manier*` der Urkunden richten kann: Also gefunden werden muß, was der Erzählstrecke des Verfassers wohl entsprechen könne. Das ist die '*Manier*`:

> *"Die 10. Plagen werden von 3. Urkunden erzählt, davon jede ihre eigene Manier hat. Diese Manier muß abstrahirt werden aus Stellen, wo eine Urkunde allein erzählt, und sie nicht mit einer anderen vermischt ist. Solche Stellen sind zum Glück einige vorhanden. Ist die Manier abstrahirt, so muß sie zur Regel bey der Trennung der vermischten Nachrichten dienen. Und zuletzt müssen sich Merkmahle auffinden lassen, wodurch der Verfasser gewiß wird. Ich suche zuerst mich der eigenthümlichen Manier zu versichern."*[326]

Hier erfolgt also erst sachlich-inhaltliche Ausrichtung des Textbereiches, nämlich die Abstrahierung der entsprechenden 'Teilstory` oder des Erzählfadens - dann erst die Auffindung der '*Merkmahle*`.

Das methodische Ideal, daß ILGEN hier wohl vorschwebt, - so dürfte wohl vermutet werden - ist der permanente Wechsel der Erkennungsmethode bei der Trennung der Texte: das dialektische Hin und Her zwischen Erkenntnis von 'Identität` und 'Manier`. Nur erlauben das die Texte eben nicht. - Für die Erarbeitung der ersten beiden Kapitel, hat deutlich die Erkenntnis und Abstrahierung von Teilstorys Präjudiz. Nur beschreibt ILGEN seine Urkundensuche dabei nicht so deutlich wie in Hinblick auf die 'Plagen`. Dort verrät er:

> *"So viel ist gewiß, daß mehr als eine Urkunde die Plagen beschreibt; aber es ist schwer zu bestimmen, ob zwey oder drey. - Auch ist es schwer jedes Verfassers Manier zu entdecken; und wenn man sie entdeckt hat, welcher Verfasser es ist, der da redet. - Was daher hier folgt, ist blos Versuch."*[327]

Die Unausgewogenheiten und Inkonsistenzen, die auch dazu führen, daß er in seinen Erörterungen andere Quellenzuweisungen vornimmt, als in der Tabelle verzeichnet ist - sind deutlich. Aber ILGEN sagt hier, es '*ist blos Versuch*`. An anderer Stelle - und das nicht nur einmal - sagt er, er trenne '*vor der Hand*`[328], er '*vertheile eventualiter*`[329]. Kein Abschluß der Arbeit, aber Konzept!

Weiter soll nun dargestellt werden, was bei ILGEN mit Kriterien geschieht, die unbrauchbar scheinen.

---

326 Edition. S. 354.

327 Edition. S. 353.

328 A.a.O., S. 346 u.ö.

329 A.a.O., S. 348.

6.2.2.2. Jakob und Israel - Der Zerbruch eines Kriteriums

Kurios ist aber vielleicht, daß ILGEN gleich in der ersten erklärenden Anmerkung zur Urkunde Nr. 18. seine exegetische Strategie ändern muß, um ein akzeptables Ergebnis zu erhalten. Die Loslösung von einem Kriterium aus der Gen-Arbeit erscheint für ihn hier als notwendig - uns aber als problematisch.

In dem veröffentlichten Buch 'Die Urkunden` waren die Namen '*Israel*` und '*Jakob*`[330] ausdrücklich als Trennungskriterium aufgeführt worden - das sogar wieder auf den rechten Weg führe, wenn der Literarkritiker sich in der Zuweisung des Textmaterials verirrt habe.[331] Aber hier, in der unveröffentlichten Untersuchung zu Ex, wird dieses Kriterium in umständlicher Art und Weise zerbrochen. Zu Ex 1, 1 (Urkunde Nr. 18 = E') schreibt ILGEN:

> *"Allein es ist hier das* בני ישראל *schon als gentilitium anzusehen, daß der Begriff der Nachkommen Israels mit dem der leiblichen Söhne Israels zusammenfließt. Solange Jakob noch lebt, und noch gleichsam actu Vater ist, so lange sind auch seine Söhne actu Söhne und stehen noch mit dem Vater in kindlichem Verhältnisse; daher sie auch bey dem Verfasser dieser Urkunde Söhne Jakobs heißen.*
> *Nach dem Tode des Vaters aber hört das kindliche Verhältnis bey den Söhnen auf, und sie sind bloß Descendenten. Ob es nun die nächsten Descendenten sind oder entferntere, das macht keinen wesentlichen Unterschied; sie heißen alle Mahl bey unserem Verfasser Söhne Jisraels. Da er nun hier einen Zeitpunkt aufstellt, wo Jakob nicht mehr lebt, und folglich seine Söhne nicht mehr Kinder sind (s. V. 6): so braucht er auch bey der einzelnen Handlung, die er aus den Lebzeiten des Vaters beybringt den Nahmen Söhne Jisraels, und er sieht von dem damahligen Verhältnisse hinweg und nimmt mehr auf das gegenwärtige Rücksicht, wo die zwölf Söhne Stammväter von zwölf Stämmen sind, die zusammen Söhne Jisraels heißen. Sie haben zwar diese Handlung noch als wirkliche Söhne begangen, aber itzt, da sie erwähnt wird, sind sie es nicht mehr, weil der Vater todt ist, sondern Descendenten von Jakob oder Jisraeliten. Daß der Nahme Jisrael bey Eliel Harischon nur von dem Stamme und nicht von dem Individuo des Stammvaters gebraucht wird, sondern nur in diesem begründet ist, davon s. Tempelarchiv I. Th. S. 194. N. uu."*[332]

---

330 Israel E'' - Jakob E' (P) - Vgl. Die Urkunden. S. 393f. - Das entspricht mindestens insoweit der neueren Pentateuchforschung, als nach dieser Jakob in P eine besondere Bedeutung zukomme.

331 Gen 32, 24-33 ist bei Ilgen E''! - Vgl. Die Urkunden. S. 193. 430 (Urkunde Nr. 13, Eliel Haschscheni).

332 Edition. S. 309.

Dieses Argument verwendet ILGEN, anders als durch den Verweis deutlich werden soll, in den 'Urkunden` in anderem Sinne. Er unterscheidet dort bei der Verwendung der Namen zwar zwischen der Benennung des Individuum und der Bezeichnung des Gentiliziums, bezogen auf Gen 34, 1 aber argumentiert er in den 'Urkunden`:

> *"Ich habe ohne Autorität der Codicum und der alten Versionen den Nahmen Jisrael dafür* [für Jakob, B.S.] *gesetzt, weil ich überzeugt bin, daß er in dieser Urkunde, ehe sie dem Sammler in die Hände fiel, wirklich gestanden hat. Meine Gründe sind 1) der continuirliche Gebrauch des Nahmens Jisrael in einer andern Urkunde eben dieses Verfassers No. 16* [...]*; 2) der Gebrauch dieses Nahmens am Ende dieser Urkunde (Kap. XXXV,21.22.); 3) die Errichtung des Altars unter dem Nahmen El Elohe Jisrael (Kap. XXXIII,20.)".*[333]

Dann aber fährt er fort:

> *"4) die Analogie in dem Leben des Abraham, wo gleich nach der Veränderung des Nahmens Abram in Abraham, allezeit Abraham geschrieben wird. In Ansehung des letzten Grundes sehe ich zwar, daß mir kann eingewendet werden, daß die ganze Urkunde No. 15. dawider streite, weil diese den Nahmen Jakob beybehält, da doch ihr Verfasser in No. 12. die Veränderung des Nahmens erwähnt, Kap. XXXV,10. Es ist wahr, diese Erscheinung ist auffallend, und wird noch auffallender, wenn man sich erinnert, daß eben derselbe Verfasser es ist, der bey Abraham die Veränderung des Nahmens Abram in Abraham erzählt, und gleich darauf auch Abraham, nicht Abram; Sarah, nicht Sarai, schreibt; daß er sich so selbst nicht gleich bleibt. Die Ursache dieser Ungleichheit ist keine andere, als die Bedeutung des Nahmens Abraham (Vater der Menge), die nur auf ein Individuum, welches Stammvater ist, paßt, nicht aber auf den Stamm, als die Menge, die von einem Individuum herrührt. Der Nahme Jisrael hingegen (Kämpfer Gottes) ist für ein Individuum, und für ein ganzes Volk gleich geschickt; es muß ihn nicht nothwendig ein Individuum haben."*[334]

Mit dieser Operation gesteht ILGEN ein, daß das Quellenscheidungsunternehmen schon innerhalb der Genesis nicht wenig und außerhalb der Genesis wohl noch mehr problematisch ist. Auch wenn er meint, daß der Verfasser der betreffenden Urkunde *"sich also selbst nicht gleich bleibt"*[335] - wenn auch aus erklärbaren Gründen - und wenn auch die Argumentation mit dem Begriff des Gentilitiums nicht ungeschickt wirkt - kann man deutlich die Gewalt erkennen, die dem Kriterium in dieser Hinsicht angetan wird. Er greift auf eine Textstelle zurück, an der er das Charakteristikum des Textes erst durch Konjektur hergestellt hatte. Daß der Verfasser sich nicht gleich bleibt, trifft hier weniger zu als die Tatsache, daß ILGEN mit seinem Kriterium in Kollision gerät. - In der Genesisanalyse jedenfalls

---

333 Ilgen: Urkunden. S. 194. - Die weitergeführte Argumentation erweist sich aber als problematisch.

334 A.a.O., S. 194f.

335 A.a.O., S. 195.

behauptete er, daß gerade die Zweiheit der Namen Jakob/Israel ein Trennungskriterium wäre, das in *vergleichbarer Härte* bei der Urkundendefinierung zu verwenden sei wie der wechselnde Gottesname:

> ILGEN in den 'Urkunden`
> *"Es ist der abwechselnde Gebrauch des Nahmens Jakob, und Israel in der Geschichte Josephs. Wenn man die Stücke, die sich durch den Nahmen Israel auszeichnen, mit denen, die den Nahmen Jakob haben, vergleicht, so zeigt sich in der Schreibart ein eben so auffallender Unterschied, als zwischen den Elohisten und Jehovisten in der Geschichte des Noah, des Abraham, Isaak und Jakob. Merkwürdig aber ist, daß die Stücke mit dem Nahmen Israel, in dem Grade, in welchem sie sich von denen mit dem Nahmen Jakob entfernen, sich wieder den vorhergehenden mit Jehovah nähern. Sollte dieses wohl ein bloßer Zufall seyn? In der Voraussetzung also, daß es zwey Verfasser sind, die den Nahmen Elohim gebrauchen, so will ich den mit dem Nahmen Jakob, den ersten Elohist und den mit dem Nahmen Israel den zweyten Elohist nennen."*[336]

Wenn denn also 'Israel`, wie ILGEN in den 'Urkunden` erklärte, *'für ein Individuum, und für ein ganzes Volk gleich geschickt`* ist, stellt sich nach der obigen Argumentation die Frage, warum es überhaupt die Funktion des Kriteriums haben kann.

Jedoch erweist sich die Strategie ILGENS an anderen Stellen durchaus als konsistenter.

6.2.2.3. Eliel Haschscheni: Mose - kein adoptierter Prinz

Die drei von ILGEN nachgezeichneten Urkunden Nr. 18-20 sind Urkunden *aller drei* Verfasser E', E'', J. Die Trennung dieser Urkunden erfolgt grundsätzlich ähnlich wie in der späteren Urkundenhypothese. Methodisch geht ILGEN hier - wohl ähnlich wie in den 'Plagen` - nach der *'Manier`* der Erzählung vor.

Offenbar ist nach Nr. 19 (E'') Mose *kein* adoptierter und am Hofe erzogener Prinz. In der Erklärung zu Nr. 19 schreibt ILGEN:

> *"Da diese Urkunde von der Ersäufung der Knaben nichts weiß, so ist nach ihr auch Moses nicht ausgesetzt worden, nicht an des Pharao Hof gekommen, und nicht vornehm erzogen worden; welches auch aus den vielen Einwendungen erhellt, da er im Nahmen Jehovahs zum König gehen soll; sondern er war ein Israelit, wie andere, und musste auch Sklavendienste verrichten, wie andere. Vermuthlich behandelte ihn ein Mahl ein Frohnvoigt hart, und er,*

336 A.a.O., S. 393f.

der nicht zum Sklaven geboren war, fühlte sich, und schlug den Frohnvoigt todt; und dieses war die Ursache der Flucht nach Midian. "[337]

Die Urkunde Nr. 19 beginnt mit Kap. 1, 15-21 ('Tötungsbefehl` und 'fromme Hebammen`[338]). Sie setzt wieder ein mit Kap. 2, 15ff.[339]: Mose ist in Midian und begegnet seinem zukünftigen Weibe, was allerdings nach m)[340] der Erklärungen ausgelassen ist - und befindet sich dann in Kap. 3, 1 am brennenden Dornbusch.[341] - Diese Urkunde weiß nach ILGEN nichts von besonderen Umständen um die Person des Mose. Daß sie aber auch nichts von dem Befehl, die hebräischen Knaben zu ertränken, wissen könne, oder besser gesagt: ursprünglich nichts gewußt habe - kann, so ILGEN, *nicht* behauptet werden, denn es sei hier vom Sammler nur ausgelassen, was in der anderen Urkunde zu lesen sei.[342] Nur die Letztgestalt dieser Urkunde habe nichts von der 'Ersäufung`. Der Auswahl und Komposition des Sammlers entspricht also folgendes: Mose sei ein Mann mit schlichter Biographie; er ist kein Prinz, sondern ein sich empörender Israelit, der vor dem Zorn des Pharao nach Ägypten fliehen muß. So nach der Erklärung von c) und d)[343].

Die sonderbare Geschichte um Mose ist denn auch in der Urkunde Nr. 20. (J) aufgezeichnet. Hier sind die erzählende Passage von dem Ertränkungsbefehl (Kap. 1, 20ff.[344]) und die Erzählung von Moses sonderbarem Überleben in dem '*Schifchen*` auf dem Nilwasser[345], seine Adoption und die Geschichte von der Tötung des ägyptischen Aufsehers enthalten (2, 1-15[346]). Das sei *jahvistisch.*

Bedrückung der Israeliten in Ägypten, Herkunft des Mose, sein Schicksal und seine Fluchtmotivation sind auf die Quellen E'' und J und auf die Urkunden Nr. 19 und 20 verteilt. Dabei sind zur Gewinnung der Urkunden die narrativen Elemente der Letztgestalt des Textes (ILGEN: der Textgestaltung des Sammlers!) in zwei mögliche Paralleläufe aufzuspalten. - Die Urkunden Nr. 18 (E'), mit der der Nachlaßband beginnt, enthält nicht viel zu diesem Thema: Kap. 1, 1-7 (Genealogisches, 'Vermehrung`[347]), 12-14 (Fron[348]), Einschaltung aus 2, 24

---

337 Edition. S. 316 unter c).

338 A.a.O., S. 310.

339 A.a.O., S. 310f.

340 A.a.O., S. 317.

341 A.a.O., S. 310f.

342 Vgl. A.a.O., S. 316 unter c): *"Ich glaube ganz gewiß, daß wenn es etwas von Sklavendienst und Ersäufung der Knaben, welches Letztere nach No. 20 die zweyte Maßregel ist, verschiedenes gewesen wäre, er es nicht ganz vernachlässigt haben würde. Und eben dieser Sklavendienst, und die Strenge und Grausamkeit der Frohnvoigte, scheint auch die Veranlassung zu Moses Flucht gewesen zu seyn. "*

343 A.a.O., S. 316.

344 A.a.O., S. 319.

345 Ebd. (I. schreibt hier 'Schiffchen` einmal mit 'f` und einmal mit 'ff`.)

346 A.a.O., S. 319f.

347 A.a.O., S. 306.

(Anrufung Gottes[349]), dann folgt Kap. 6, 2-12 ('Offenbarung`[350]), dann 7, 1ff. (Konfrontation mit dem Pharao[351]).

> ILGEN verhält sich in diese so dargestellten Quellenzuteilung etwa ähnlich wie die spätere Urkundenhypothese. WELLHAUSEN: P ist Ex 1, 1-5.7*.13.14*; Kap. 2, 23*-25; 6, 2-30. - J ist Ex 1, 6.7*8-10. 20*-22. - E ist Ex 1, 11.12.14*15-21. - Kap. 2, 1-23 (Moses Schicksal) ist bei WELLHAUSEN J/E.
> EIßFELDT: P ist Ex 1, 1-5.7*13.14*; Kap. 2, 23*-25; 6, 1ff etc. - J ist Ex 1, 6.7*8-12*. 15-22. Kap. 2, 1-3*. etc. - E ist Ex 1, 12*14*20*. Kap. 2, 3*4-5*6*7-10*.[352]

Die Zuweisung von 1, 15-21 wegen des '*Elohim*` in 1, 17.21 zu E'' ist offensichtlich.[353] Dieses Indiz setzt die Identität. - Die Quellenverteilung ILGENS ist also folgendermaßen zu verstehen. Er ist prädisponiert durch die erste Erkenntnis, die in der Einleitung skizziert war: "*Sie* [die Urkunden, B.S.] *sind aber so in einander geflochten, daß es schwer ist sie wieder abzusondern; da besonders der Inhalt der Sache nach übereinstimmend ist.*"[354] - Die Quellen sind der Sache nach übereinstimmend. Oder jedenfalls *etwa* übereinstimmend. Der vorliegende Text spricht von einer mehrfachen Diskriminierung: 'Tötungsbefehl`, Fron, 'Ertränkungsbefehl`. Der ist der Ausgangsgedanke für die Doppelheit der Quellen. 'Fron` und 'Ertränkungsbefehl` hatten beide Urkunden (E'', J) 'der Sache nach`, aber nur in ihrer ursprünglichen Form. Die Aufspaltung der vorliegenden Texte also muß sein:

Israel in Ägypten

Diskriminierung

E'' J

Tötungsbefehl Fron

---

348 Ebd.

349 Ebd. - Nota bene: In der 'Urkunde` (Edition auf S. 306) schreibt Ilgen fälschlicherweise '2,4`. In der Tabelle, Edition, S. 341 steht richtig '2,24`.

350 A.a.O., S. 306f.

351 A.a.O., S. 307f.

352 Man vergleiche auch R. Smend (sen.): Die Erzählung des Hexateuch. S. 112-144. - Er hat als Erzähler des Hexateuch in ILGEN einen würdigen Vorgänger gefunden.

353 Vgl. dazu Wellhausen: Composition. S. 69: "*Man wird diese letzteren beiden Verse* [d.s. V. 11f., B.S.] *wol zu E rechnen müssen, ebenso auch v. 15 - 21, wegen* אלהים *und weil die Namen der Hebammen genannt werden.*"

354 Ms Einleitung in das A.T. S. 367. - Vgl. oben.

(Fron) (Ertränkungsbefehl)	Ertränkungsbefehl
Mose - Auflehnung	Mose - 'Schifchen`
	Rettung - Prinz
Flucht	Mord am Ägypter
	Flucht
Midian	Midian

So folgt dann ILGEN der weiteren Darstellung und sucht nach einer sinnvollen Trennungsmöglichkeit. In den letzten Fragmenten der Ex-Untersuchung, die ILGEN hinterlassen hat zeigt sich dies besonders deutlich. - *'Ich trenne vor der Hand* ... ` schreibt er, und er scheidet gemäß der von ihm vermuteten Parallelläufe der Erzählstränge. Jedoch kommt er über dergleichen notizähnliche und prognostische Erkundungen nicht hinaus. Wichtiger, als dies zu bemängeln, sei uns die Erkenntnis, daß das Vorgehen ILGENS - wenn auch hypthetisch - auf jeden Fall exegetisch sinnvoll ist.

Aber in Ex 3, 1ff. nähert er sich einer Problemstelle. Es war die Stärke der klassischen Urkundenhypothese von WELLHAUSEN her, daß sie Ex 3, 14ff. als Ende *einer* spezifischen Eigenart, der wichtigsten aber, des Elohisten verstand: ILGEN schenkt *diesem* Sachverhalt keine weitere Beachtung. Und doch trennt er nach dieser Etappe anders.

6.2.2.4. Ex 3, 14 - Eliel Haschscheni und der Gottesname nach der Offenbarung - Was Ilgen hat wissen können, wozu er aber sich nicht bekannte

Wenn auch die von ILGEN als E' identifizierten Textbereiche weiterhin zeigen, daß sie eine starke Affinität zur Priesterschrift haben[355], so hören die Gemeinsamkeiten ILGENS mit der späteren Urkundenhypothese mit Ex 3 weitgehend auf oder gehen doch zumindest zurück. Jedoch nicht aus dem Grund einer Mißachtung der exegetischen 'Wasserscheide` von Ex 3.

Es ist ein durchaus bemerkenswerter Umstand für die Pentateuchexegese, daß ILGEN *das* tut, was durch die Geschichte der späteren Urkundenhypothese bekannt ist, aber nicht auch schon unbedingt von ILGEN erwartet werden müßte. Die

---

355 Ex 6 u. 7. - Vgl. Edition, S. 352f.

später in der Pentateuchexegese auftretende Prämisse, daß der Elohist in Gen den Gottesnamen JHWH nicht verwende, weil er nicht offenbart sei und sich erst erlaube, diesen nach dessen offizieller 'Einführung` in Ex 3 zu nennen, daß demzufolge ab Ex 3 der Gottesname kein Kriterium für die Quellenscheidung mehr sein könne - diese Hypothese sucht man bei ILGEN vergebens erklärt. Aber er richtet sich dennoch mit Eifer danach: Gleich die ganze erste Hälfte des Kap. 4, in der die Hälfte aller Verse den Gottesnamen JHWH aufweist[356], ordnet er dem Verfasser Eliel Haschscheni (E'') zu.[357]

> WELLHAUSEN schrieb in der 'Composition`: *"In Kap. 3 passt der mit Q 6, 2ss. parallele Passus, worin Gott seinen Namen Jahve offenbart, nämlich v. 10-15, ohne Zweifel nicht für J, sondern nur für E. Wirklich erscheint hier überall im Munde des Erzählers* אלהים *v. 11. 12. 13. 14. 15, während von nun ab dieses Kriterium für längere Zeit aufhört, freilich wol mehr durch die Schuld des Bearbeiters, als nach der Absicht des Elohisten selber, der nach wie vor für gewöhnlich den allgemeinen Namen gebraucht zu haben scheint."*[358]
> HOLZINGER: *"E läßt den Namen* יהוה *erst durch Moses geoffenbart werden. Diese Anschauung und demgemäss die Vermeidung von* יהוה *in den vorhergehenden Erzählungen teilt diese Quelle mit P ... ".*[359]
> EIßFELDT: *"Freilich läßt sich mit der Verschiedenheit der Gottesnamen nur bei der Analyse der Genesis und des Anfangs von Exodus operieren. Denn die beiden von uns jetzt E und P genannten Quellen, die zunächst den Namen Jahwe vermeiden, verwenden ihn von dem Augenblick an, wo Gott dem Mose diesen seinen Namen kundgibt ... ".*[360]
> Interessant die Erklärung von F. KOHATA: *"Die elohistische Erzählung die in v. 13f. den Gottesnamen näher erklärt, zeigt folgende Züge: a) Der Jahwename selbst ist im vorliegenden elohistischen Text ausdrücklich nicht erwähnt, sondern das an das Tetragramm anspielende Verb* אהיה *(v. 14). Bei E handelt es sich daher eher um die Deutung des Namens, die den neuen Namen Jahwe voraussetzt."*[361]

Dadurch, daß ILGEN dieses von den Späteren fast immer angeführte und expressis verbis zum Ausdruck gebrachte Argument für seine quellenkritischen Zuweisungen offenbar beachtete, ohne es anzurufen, verteilt er späterhin ebenfalls nicht mehr nach dem Verteilungsschema des Gottesnamens. Grundsätzlich aber war ihm das argumentum laudatum bekannt oder es hätte ihm bekannt sein können (- aber nicht müssen!). Da ILGEN bekanntlich am Verfolg der Literatur nicht uninteressiert gewesen sein muß, kann ihm wohl die Äußerung des in seiner Zeit bekannten GABLER aus Altdorf nicht entgangen sein. Sie steht in der Kommentierung zu EICHHORNS Urgeschichte:

---

356 Ex 4, 1.2.4.5.6.10.11.14.19.21.22 etc.

357 A.a.O., S. 311f. 350f. - Bei Ilgen IV. 1-19 E''. Vgl. Tabelle in der Edition, S. 341. - Die Späteren waren hier oft unentschieden. Wellhausen J/E, Eißfeldt L etc.

358 Composition. S. 70.

359 Einleitung. S. 181.

360 Einleitung. S. 242.

361 F. Kohata: A.a.O., S. 65.

> *"Ferner sey der Name Jehovah, der so oft in dieser Urkunde vorkomme, erst dem Moses geoffenbart worden, 2 B. Mos. 3, 13-15."*[362]

Die *vermutlich* (!) erste literarkritische Orientierung ist die in Bd. 28 enthaltene Tabelle:
Ex 3 ist bei ILGEN zunächst auch ein Geflecht aus elohistischen und javistischen Texten. Hierin geht er den späteren Theorien geradewegs voraus. In der Tabelle[363] ordnet er V. 14 dem Elohisten (E'') zu:

E'	E''	J
Kap.	Kap.	Kap.
" 6,1-9.	" 2,23.fin.	" *3,2.pr.3.4.pr.5.*
" 6,10-12.	" 2,25.	" *3,9.*
" 6,29-30.	" *3,1.2.fin.*	" 4,19.20.pr.21-26.
" 7,1-5.	" *3,4.fin.*	" 5,1-2.5.
" 6,13.	" *3,6-8.*	" 7,26.27.29.
" 7,6-7.	" *3,10-22.*	" 8,2. post.

In den letzten Heften des Nachlaßbandes sieht allerdings die Zuordnung etwas anders aus. Ex 3, 14 soll nun einer anderen Vermutung ILGENS nach eventuell zu J gehören: *"V.14. Dieser Vers scheint nicht zu Eliel Haschscheni zu gehören. Wahrscheinlich gehört er zum Jehovisten."*[364] Welche der beiden Zuordnungen aber früher und welche später ist, läßt sich nicht entscheiden, nur vermuten: Möglicherweise ist die Erkenntnis, die sich in der Notiz '*Wahrscheinlich gehört er zum Jehovisten*` verbirgt, später als die elohistische Einordnung. Nur die Zuordnung von Ex 4, 1-18/19 bleibt auf jeden Fall auch nach der veränderten Sicht elohistisch.[365]

---

362 J.Ph. Gabler: Johann Gottfried Eichhorns Urgeschichte. Zweyten Theiles erster Band. Altdorf u. Nürnberg 1792. S. 314.

363 Edition. S. 341.

364 Edition. S. 350. - Vgl.: Wellhausen: V. 14 E; Smend (sen.): V. 14 E; Holzinger: V. 14 E; Eißfeldt: V. 14 E; Fohrer (BZAW 91): V. 14 E; Kohata: V. 14 E.

365 A.a.O., S. 350.

6.2.2.5. Das Deuteronomium - Die Mosaische Constitution und die Urkunden

In der 'Einleitung`, dh. in dessen *primären Fassung*, ist das Dtn für ILGEN eine Zusammenfassung des mosaischen Gesetzes. *'Handbuch der Mosaischen Constitution`* ist der Begriff, den er hierfür verwendet. Die Erklärung für das oben aufgeworfene Problem - warum wohl das Buch Lev nach seiner Meinung spät sein muß, das Dtn aber nicht - ist hier indirekt, aber nicht undeutlich, gegeben.

> "*Das 5te B. Mosis ist nur eine Wiederholung und genauere Zusammenstellung alles dessen, was in den 2ten 3ten 4ten Buche zerstreuet da gewesen ist, ein Handbuch der ganzen Mosaischen Constitution; nur ist das übergangen, was eigentlich für die Priester gehört.*[366] *Es besteht aus einigen langen Reden, die Moses dem Volk vorgelesen hat, als es im Begriff war, über den Jordan zu gehen, und Moses im Begriff war zu sterben. Hernach aus einigen Gesetzen, und Liedern.*
> *I.) Die Reden.*
> *a.) Cap. I bis IV, Vs 41.*
> *b.) Cap. IV, 44 bis 49. geht fast bis Cap. XXVI, 19.*
> *c.) Cap. XXVII, 9.10. Cap. XXVIII, 1-69.*
> *d.) Cap. XXVII, 1-8.11-26.*
> *e.) Cap. XXX. 1-fin. XXX. 1-fin.* |
> *II. Historische Stücke.*
> *a.) Cap. IV, 41-43.*
> *b.) Cap. XXXI.*
> *Moses übergiebt sein Deut dem Josua, und präpariert sich zu seinem Tod. Verfertigt aber eben noch das Gesetzlied.*
> *c.) Cap. XXXIV.*
> *Mosis Tod, und Begräbnis, Elogium.*
> [...] |
> *III. Poetische Stücke.*
> *a.) Das Gesetzlied von Moses Cap. XXXII.*
> *b.) Moses letzter Seegen Cap. XXXIII.*
>
> *Nota.*
> *Es sind in diesem Buch Stücke, die vor dem babylonischen Exil nicht wohl konnten niedergeschrieben werden. S. Cap. 28, 22-68. Cap. 4, 26-31.* "[367]

Es fehlt also das, was die Priester speziell angeht. Daher ist es alt, daher eine '*Constitution*`. Es war doch schon vorhanden, als Esra das Volk auf wohl *dieses* Gesetzt verpflichtete.

Jene Erklärung des Deuteronomiums wird in den 'Zusätzen` zur Einleitung nicht prinzipiell geändert, nicht erneuert, sondern erneut verwendet.[368] - Offenbar

---

366 Hier Einfügung am Rand des Manuskripts, die aber für den Inhalt des Textes keine maßgebliche Rolle spielt: "*Bey den Hebräern wird es* [das Buch Dtn, B.S.] *nach den Anfangsworten genannt ...* ".

367 Ilgen: Ms Einleitung in das A.T. S. 407-409.

368 Ms Einleitung in das A.T., Zusätze, S. 331-335.

wußte ILGEN am Ende seiner Jenenser Lehrzeit nicht mehr zu sagen, als hier im frühen Manuskript aufgezeichnet war. - Da also das Buch etwa wie eine 'Verfassung` zu sein scheint und all das ausspart, was die Priester in besonderer Weise angeht, besteht somit für ILGEN kein Anlaß, es spät zu datieren. - Das *'Handbuch der Mosaischen Constitution`* kann also offenbar als doch älter gelten. Freilich ist damit nur das Gesetz innerhalb des Dtn beschrieben!

Diese Übersicht über das Dtn aus der Einleitungsvorlesung ist die Grundlage für die spätere Quellenscheidung am Dtn in den in Bd. 28 aufgezeichneten Versuchen.[369] Dort stellte er eine Kladde auf, hier bezeichnet er die schon dort (in der Einleitung) abgegrenzten Verse, Dtn 27, 11-26[370], als "*Einschiebsel*" des Elohisten E'', ebenso Kap. 31, 14-23[371] (in der Einleitung nicht eingegrenzt!) als E''. Kap. 31, 30 erweist sich aber nach späterer Ansicht doch nicht als E'', denn das "*Eliel II.*" streicht ILGEN wieder aus dem Manuskript. Aber das Lied, Dtn 32, 1-43[372], ist, wie 31, 14-23, elohistisch (E''). Dagegen gehört die Ankündigung des Todes Moses in Kap. 32, 48-52[373] zu E'! ILGEN entscheidet hier wie WELLHAUSEN. - Jahvistisch ist der Segen in Kap. 33, 1-29[374]. - Jahvistisch und elohistisch verflochten ist nach dieser, sehr vorläufigen Analyse von ILGEN, Dtn 34, 1-12[375].

Es ist deutlich, daß ILGEN hier in Bd. 28 den Urkunden *nicht nur* zuordnet, was er früher in der 'Einleitung` unter die '*Historischen Stücke*` gerechnet hatte, sondern auch Elemente aus den '*Reden*` und den '*poetischen Stücken*`. Das Gegenteil wäre eventuell zuerwarten gewesen. - Daß ILGEN hier - wie die spätere Urkundenhypthese - den Gegenstand einer möglichen Quellenscheidung aber vordringlich in den Kapiteln 27-34 des Dtn sieht, zeigt wiederum, daß seine Ambitionen zur Literarkritik mit einer prinzipiell ähnlichen Grundanschauung verbunden sind. Es geht nach den *'Rechten und Satzungen`* um den Anschluß an die Erzählfäden und um den Abschluß der Mosegeschichte.[376]

---

369 Edition. S. 338. (Da sich die Dtn-Übersicht hier über *eine* Seite der Edition erstreckt, erfolgen keine weiteren Verweise auf diese Ausgabe.)

370 Dtn 27, 11-26: Wellhausen: V. 20ff. sekundär, sonst D. - Holzinger: V. 11-13 E, 14-26 R.

371 Dtn 31, 14-23: Wellhausen: V. 14-22 J - Holzinger: V. 1-13 D, 14-15 E, 16-22 D, 22-23 E, 24-30 D. - Eißfeldt: V. 1-13 E; 14-23 E (kleine J-Einschübe); 24-30 E.

372 Dtn 32, 1-43: Wellhausen das ganze Lied J/E - Holzinger: das Lied ist spät [?] - Eißfeldt: das Lied gehört zu keiner 'Urkunde`.

373 Dtn 32, 48-52: Wellhausen: V. 44-47 R, 48-52 P - Holzinger: V. 44-47 D, 48-52 P - Eißfeldt: V. 44-52 E.

374 Dtn 33, 1-29: Wellhausen: keine Quellenzugehörigkeit - Holzinger: V. 1-5 D, 6-25 E, 26-29 D - Eißfeldt: V. 1-29 E.

375 Dtn 34, 1-12: Wellhausen: V. 1.7*8.9 P, 2-7*10-12 J/E - Holzinger: V. 1-12 J/E/P/D - Eißfeldt: V. 1*-6 J, 1* E, 1* P, 7-12 P.

376 Vgl. Wellhausen: Composition. S. 193ff.

Dtn 32 und 33 waren nach ILGENS ursprünglicher Meinung mosaisch. So in der ersten Fassung der Prolegomena zur Genesisvorlesung.[377] Hier aber sind beide Kapitel auf die Quellen verteilt. Wie oben erwähnt: Die Ausarbeitung oder zumindest der Versuch der Ausarbeitung der Quellenscheidung höhlt den Fragmentenrahmen aus. Daß er ihn nicht aufgibt, wie oben gezeigt, beweist nur, daß es ihm ernst war mit (einerseits) der historischen Imagination, (andererseits) mit dem Bemühen um eine Gesamtkonzeption der historischen Genese des Alten Testaments.

Und: Es muß doch wohl sicher und richtig sein, den Textbereich des 'ersten Elohisten`, also P, zu separieren, denn ILGEN geht so tapfer und zielsicher darauf zu, trifft sich denn auch hierin mit späteren exegetischen Entscheidungen. -

So also ILGEN.

---

377 Siehe Ms Vorlesung über die Genesis. S. II.30 (nachträglich gestrichen) - Vgl. Kap. 5, Tabelle S. 170.

7. Philologische Sensibilität und historische Anschauung. Zusammenfassung und abschließender Beitrag zu den Observationen und Vorstellungen heutiger Exegese

Die Frage, was der Verfasser will, läßt sich beendigen; die, was das Werk sey, nicht.

Friedrich Schlegel

Wir haben gesehen, daß die Entdeckung der Urkunden im Alten Testament, vordringlich im Pentateuch, *primär* keine exegetisch-philologische Leistung war, sondern aus dem Ringen um eine biblische Geschichtsbetrachtung hervortrat, die dem neuzeitlich-rationalen Bewußtsein zu erklären vermochte, wie denn die alten Texte entstanden und *heute* verstehbar seien. Der Text der Bibel / des Alten Testaments war am Beginn neuzeitlich-rationalistischer Geisteshaltung fremd geworden, weil er in zunehmendem Maße zu dem neuen, nun sehr aufgeweiteten Weltwissen in Widerspruch stand. Die neuzeitliche Exegese trug immer da, wo sie innovativ wurde, diesem Problem Rechnung. Als vorläufig bewältigt konnte es gelten, als am Ende des 18. Jahrhunderts die Bemühung um die historisch-kritische Exegese des Alten Testaments in der sogenannten Älteren Urkundenhypothese einen vorläufigen und relativ befriedigenden Abschluß gefunden hatte.[1] - Hier war '*Urkundenhypothese*` zum *methodischen* Instrument geworden. Vorher war sie ein hermeneutisches!

Geschichtsphilosophische Hermeneutik stand am Anfang der Exegese. Erst: die Urkunden des 'grauen Alterthums` aus der 'Kindheit der Menschheitsgeschichte` - dann: die exegetisch-philologische Eruierung der als 'Urkunden` zu bezeichnenden Textstrecken. Erst: der hermeneutische Geminatsbegriff *'Archive und Urkunden`* in kenntnisreicher Anlehnung an altes Wissen. Dann: philologische Arbeit an den 'Urkunden des Tempelarchivs`. Freilich sollte hier nicht verschwiegen werden, daß den verborgenen hermeneutischen Prämissen wiederum auch Philologisches vorausgeht: Die Sammlungs- und Vergleichsarbeiten, Editions- und Textuntersuchungsarbeiten, Kommentierungs-, Konkordanz- Lexikologie-Arbeiten, vom mittelalterlichen Judentum an über MASIUS, BONFRERE, die

1 Vgl. Kap. 2 und Kap. 4, vor allem Eichhorns biographisch-theologiegeschichtliche Überblicke (Michaelis und Semler) in ABBL 3,4 (1791) S. 827-906 und 5,1 (1793) S. 1-202. - Es war das Bewußtsein in Eichhorn und Ilgens Zeit, daß *'wir` 'jetzt`* in *'unserm so aufgeklärten Zeitalter`* das Entscheidende in der Bibelwissenschaft geschafft hätten.

BUXTORFS, GROTIUS bis hin zu KENNICOTT und DE ROSSI, die allesamt zur philologischen Sensibilität und damit zum Problembewußtsein der Fremdheit und der 'kulturalen Diachronie` des Alten Testaments beitrugen. Daß der alttestamentliche Text, wie er uns vorliegt, alt ist und innere Spannungen und Widersprüche enthält, mußte wiederum erst entdeckt werden, um das entsprechende Entdeckungs- und Erkenntnisinteresse für den Text zu aktivieren. -

ILGENS Arbeit ist so, in dieser oben beschriebenen Weise, in die neuzeitliche Forschungsgeschichte eingebunden. Sie steht in mitten dieser Geschichte. Sie steht hinter dem Werk EICHHORNS und ist von dessen Werk und vor allem von dessen Wirkung nicht wenig abhängig - wie wohl alle zeitgenössischen Werke, die forschungsgeschichtlich ernstzunehmen sind. Sie, ILGENS Arbeit, steht am Ende der Späten Aufklärung und am Ende des Findungsprozesses innerhalb von Theologie und Bibelwissenschaft, die sich zu umfassenden Entwürfen literarkritischer Art, zur vollständigeren Einleitung bereitfinden will. Und ILGENS Arbeit steht auch am Anfang der Periode, in der diese Arbeit, das Konzipieren eines Gesamtrahmens von Literarkritik des Altes Testaments, tatsächlich geleistet wird. -

ILGEN tut mehr als seine Zeitgenossen. Er beschränkt seine Arbeit nicht nur auf Analyse der Genesis, er weitet sie über die nachfolgenden Texte aus, ohne jedoch zu einem Abschluß zu gelangen. Er entdeckt, jedenfalls weitgehend, die *Priesterschrift*. Er grenzt von der gesamtelohistischen Masse einen zweiten Elohisten aus, dessen Texte sich materialiter weitgehend mit denen der später der Priesterschrift zugesprochenen Textmasse decken. - Die Textzuweisungen jedenfalls sind im Bereich der Genesis durchaus von großer exegetischer Konsistenz gekennzeichnet. Das trifft für die weiteren Untersuchung so nicht zu; ILGENS Arbeiten sind denn auch nicht zum Abschluß gekommen. Einen zweiten Jahvisten deutet er in den hinterlassenen Vorarbeiten nur an.[2] -

Bedeutsam ist, daß ILGEN aber anstrebt, seine literarkritischen Entwürfe (Urkundenhypothese) in ein literarkritisches Gesamtentstehungskonzept des Alten Testaments bzw. des Pentateuchs einzubetten. Für die weitere historisch überschauende Geschichte des Pentateuchs gilt eine Art Fragmentenhypothese, die bei vormosaischen und mosaischen Stücken im Pentateuch ansetzt und späteste Stücke des Pentateuchs in die Zeit unmittelbar vor der Übersetzung der Septuaginta datiert. Fragmenten- und Urkundentheorie verhalten sich zueinander offenbar ergänzend, aber auch, ohne volle und erklärte Harmonisierung, widersprüchlich und spannungsreich. - Offensichtlich ging es ILGEN nicht nur um die restfreie und glatte Durchführung des Urkundenmodells, sondern um die möglichst umfassende Erklärung der historischen Genese des Alten Testaments. Unverkennbar ist aber, daß 'Fragmentenhypothese` bei ihm ab- und die 'Urkundenhypothese` zunimmt. -

Die Urkundenhypothese hat von ILGEN eine Bereicherung, vor allem eine Differenzierung, erfahren. Die forschungsgeschichtliche Betrachtung seines Werkes erkennt, daß die subtile Urkundenhypothese, wie sie dann von der Mitte des 19. Jahrhunderts an betrieben worden ist, z.T. schon seine Sache war. Man schloß

2 In dem Nachlaß-Band 9, Heft 4. Siehe oben.

sich seinen Erkenntnissen, der Entdeckung einer weiteren Pentateuchquelle, nicht an. VATER nicht, DE WETTE nicht, andere auch nicht. Der Grund dafür: Der *'Zweyte Elohiste`* hatte nicht das Zeug zur historischen Imagination, die zwei bis drei Generationen später die Priesterschrift tatsächlich hatte. *'P`*, bei WELLHAUSEN noch *'Q`*, dann als 'Priestercodex` bezeichnet, erklärte etwas: nämlich die Spätheit des Gesetzes. Das konnte ILGENS Arbeit nicht leisten. Daher setzte sie sich nicht durch, und das Urteil der Rezensenten war: zu subtil.

Aber dennoch ist auf dem Weg der Erkenntnisse bei ILGEN auch eine deutliche Spätorientierung vorhanden. Das Gesetz - aber nicht das Buch Dtn, sondern das Buch Lev - ist spät! - Am Anfang seiner Arbeit schon richtet sich sein Interesse auf das Buch Lev. Das beweist, daß das literargeschichtliche Gesamtkonzept ILGENS vor der speziellen exegetischen Betrachtung der Texte vorhanden war; quasi aus einer Überschau entworfen und dann verifiziert. (WELLHAUSEN arbeitete dann wohl ähnlich!)

Grundsätzlich verlangt die Erfahrung der Forschungsgeschichte die Beachtung maßgeblicher Fragen, die aus der Geschichte als Kritik an exegetischer Praxis hervortreten:

Wenn das *erste*, nämlich die *philologische Sensibilität*, aufgrund von gymnasialer Bildung von Generationen ausgeformt und ihnen wiederum anerzogen wurde, so ist das *noch nicht* der Schritt hin zum *zweiten*, nämlich zu einer *historischen Hermeneutik*, die mit der Geschichte *historisch* umzugehen vermag. Die Basis für die Philologie ist seit Anbruch des philologischen Zeitalters immer - wenn es denn um eine respektable Grundlage gehen soll - eine Idee von den Gründen und eine Anschauung der Alten Dinge. Das ist die Lehre der Forschungsgeschichte. Man darf das Verhältnis von Voraussetzung und Theorie nicht umkehren, wenn man nicht Gefahr laufen will, die 'Bodennähe` der eigenen Theoriebildung preiszugeben. - Nur der historische Imaginationshorizont zeigt letztlich, was eine philologische Operationsthese wert ist. Das ist nicht immer beachtet worden in der alttestamentlichen Wissenschaft der letzten Generationen.

> Doch einer war, der's wußte: OTTO EISSFELDT. - In einer wissenschaftsgeschichtlichen Abhandlung schreibt E. über eigenes Erleben:
> In einem Gespräch mit H. GUNKEL, das er als Student im dritten Semester führte, legt er seinen Eindruck über WELLHAUSENS Arbeit dar und vermutete: *"Als ich dabei in jugendlicher Naivität äußerte, Wellhausen sei zu seinem Aufriß der israelitisch-jüdischen Geschichte, insbesondere soweit Religion und Kultus dabei in Betracht kämen, weniger durch Untersuchung einzelner Phänomene als vielmehr durch intuitive Schau des Ganzen gekommen, indem er ein besonderes Sensorium für naturhaftes unreflektiertes Leben einerseits und für rational geartete Institutionen andererseits besäße, lachte Gunkel laut auf und erwiderte: 'Sie haben ganz recht. Überall in der Wissenschaft kommt es auf intuitive Schau an. Aber zugeben darf man das nicht.*

Vielmehr muß man immer so tun, als ob die wissenschaftlichen Ergebnisse auf minutiöser Untersuchung von Einzelheiten beruhten. `"[3]

Letzlich muß es wohl das sein, was E. TROELTSCH[4] uns lehrt, daß historische Arbeit nur - und wirklich *nur* - angeht, wenn man über Analogie und Korelation sein Verständnisvermögen für das, *was war*, aktivieren kann. Für das, was war - als eines Vorganges 'unserer` geschichtlichen Welt, mit der wir historisch-genetisch verbunden sind und bleiben, die nicht vollgültig (im kulturalen Sinne) unsere Welt ist, aber als Herkunftsort dennoch unsere Zeit und Zeitlichkeit; für das was war, weil wir es verstehen *können* (wenn auch nur im Stückwerk-Sinne) - aufgrund der Tatsache, daß es von unserer Welt, von dieser Welt ist. - Was die Väter sagten, was 'wir` früher dachten, ist keine Insel, von der man ablegen kann; die gesamte Sinnhaftigkeit der Geschichte selbst ist denn mit dem Verstehen der Geschichte als einer Einheit verbunden. - Es ist absurd, was in der Exegese derzeit an Emanzipations- und Loslösungsversuchen von der Geschichte vorgeht. -

Das heißt aber nun für die historische Wissenschaft, daß sie nicht mehr allein mit dem Abstraktum, also nicht mehr vorzüglich mit der philologischen Prämissenlehre historisch rekonstruiert, sondern daß sie historisch *sieht*, was vorgegangen ist. Denn wie Geschichte Leben ist, muß denn eben auch die historische Rekonstruktion aufzeigen, welche Sichtweise der Alten Dinge vernünftig ist bzw. sein kann. Die Theorie will wirklich Anschauung und nicht Prinzip. Wie denn Wissenschaft eben *nicht* einfach, im vordergründigen Sinne, *Gegenstandserkenntnis* ist; Sinnhaftigkeit und Raumhaftigkeit sind zwei Worte für die eine Wahrheit: Es ist die *Intimität*, wie K. GRÜNDER sagt, die in den geschichtlichen Wissenschaften Genauigkeit und *'Objektivität`* erklärt.[5] - Und wir schauen aus dem Leben nicht in das historische Rekonstrukt als in eine tote Lehre, sondern ins Leben der Geschichte.

So kann man denn wohl sagen, daß die Theorien von A. ALT, M. NOTH (, um hier zwei 'Historiker` zu nennen[6],) tatsächlich Sichtweisen sind, die verraten, was sie sagen sollen und zeigen, was sichtbar sein kann. Diese Theorien sind geradezu exemplarisch für exegetische Arbeit am Alten Testament unter Einschluß der Historie. Wenn sie historisch-philologisch falsifiziert werden *müssen*, dann ist das keine Katastrophe, sondern die notwendige Korrekturarbeit innerhalb der historischen Disziplin; nicht aber können oder sollten sie als respektable Arbeitsmuster oder Vorarbeiten verworfen werden! Nur allein die Destruktion kann auf die

---

3 O. Eißfeldt: Sechs Jahrzehnte alttestamentlicher Wissenschaft. In: Volume du Congrès Genève 1965. Leiden 1966 (VTS Bd. 15). S. (1-13) 3f.

4 Vgl. E. Troeltsch: Über historische und dogmatische Methode in der Theologie. In: Ders.: Ges. Schr. Bd. 2. Tübingen 1913. S. 729-753.

5 Vgl. Kap. 1. - K. Gründer: Wissenschaftstheorie und Hermeneutik. S. 83.

6 Vgl. R. Smend: Albrecht Alt. 1883 - 1956. In: Ders.: Deutsche Alttestamentler in drei Jahrhunderten. Göttingen 1989. S. (182-207) 206. - Ders.: Martin Noth. 1902 - 1968. In: A.a.O., S. (255-275) 272ff.

Dauer die Theorie, d.h. die 'Sichtweise` nicht ersetzen.[7] Ebenso war die Idee der 'alten Urkunden` und der archivalischen Lagerung der produktive Ideenkern einer Theorie, die wissenschaftlich produktiv philologische Hypothesenwerke ganzer Generationen nach sich gezogen hat. Und sie war anschaulich genug, um die Theologie zu befähigen, die Heilige Schrift im Vormarsch des neuen Wirklichkeitsverständnisses aufgrund des erweiterten Weltwissens zu behaupten. Die historisierte Weltsicht, die mit dieser Theorie einhergeht, gelangte zu einem sensibleren Weltbild, das grobe Deismen überwand.

Die sogenannte 'Spätdatierung` ist heute weitgehend ein Steckenpferd der alttestamentlichen Wissenschaft geworden. Die exegetischen Gründe dafür und das litararkritische Rahmenkonzept, das damit in Verbindung steht[8], sind nicht zu mißachten. Aber es ist m.E. heute gleichermaßen an der Zeit zu fragen, ob man so ungeschützt das Exil als Quellort *für* und Katalysator *von* Texten macht,
 - *während man doch kaum wissen kann, was Exil eigentlich gewesen ist, wie und ob überhaupt in einer Situation offensichtlicher Depression große Texte geschichtlicher Überschau 'gemacht` werden.* -
Hat der Exeget, der dies will, denn selbst eine Erfahrung von 'Exil`, daß er im Sinne historischer Analogie und im Begriff diachron-kulturaler Einheit der Geschichte mit den Exulanten in eben jener historischen Intimität steht, von der GRÜNDER als dem Kriterium des Historisch-wissenschaftlichen spricht? - Ohne jedenfalls eine offengelegte Vorstellung von historischer Imagination, was denn das Exil war, kann und darf man hier solches nicht tun! - D.h. also: Was das für ein Buch sei, wie es entstanden sei, was der Verfasser will - kann man mit einer geschlossenen philologisch-historischen-literarkritischen Prämissenlehre tatsächlich definieren. Was das Buch aber tatsächlich *sei*, kann man nur *erklären* und *verstehen*.

Die philologische Wende von der '*Urkunde*` zur '*Überlieferung*`, die vor allem in neueren Arbeiten von R. RENDTORFF und E. BLUM zu Tage tritt, die derzeit m.E. auch die bedeutsamste Konzeption historisch-literarkritischer Orientierung ist, wird sich eben daran messen lassen, ob sie zeigt, was wir sehen wollen. Aber auch die alte 'Urkunde` selbst wird noch zu überprüfen sein, ob sie denn auch das hält, was sie verspricht. WELLHAUSEN ist deshalb noch nicht abgetan. Schon deshalb nicht, weil viel, vielleicht alles von dem, was wir heute im Alten Testament machen, von WELLHAUSEN (noch) herkommt; aber er ist auch deshalb noch nicht abgetan, weil wir ihn noch fragen müssen, was er denn zur *Anschauung* in der Grundlegung seiner 'Urkunde` geliefert hat. Er hat aber einiges geliefert. Das muß aufgezählt werden.

---

7 Die Arbeit von M. Köckert (Vätergott und Väterverheißungen. Eine Auseinandersetzung mit Albrecht Alt und seinen Erben. Göttingen 1988, FRLANT 142) kann das nicht leisten.

8 Vgl. O. Kaiser: Art. Literaturgeschichte, Biblische. I. Altes Testament. In: TRE 21 (1991) S. (306-337) 313.

Aber es ist eben im Zusammenhang dieser Betrachtung die Problematik des Exils, der unser Interesse gelten sollte: Was dieses sei, und was Menschen in einem Exil machen, wie das Exil Israels zu verstehen sei. - Also Kurz: Ob es denn nicht überzeugend wäre, wesentliche Elemente der alttestamentlichen Literaturentstehung schon für die Zeit *vor* dem Exil, für die Zeit *vor* der Depression [?] zu veranschlagen und den Hintergrund für so manche [!] Schriften, vor allem aber für die einsetzende 'Schriftlichkeit` in der Erfahrung von schwindender Autonomie des Königtums und erlebter Großmachtpolitik, von aufbrechendem Nationalpartikularismus (*Henotheismus*) und Begreifen von Weite und Verflochtenheit, Universalismus (*Monotheismus*), der Ablösung von endloser Zeitlichkeit durch 'Schöpfung`, Anfang, Ende, Gericht - und *Geschichte* zu vermuten!

Ist es denn nicht vielleicht so, daß die Erfahrung der Größe Gottes innerhalb der Krise der Wirklichkeit und die Erfahrung der Unzulänglichkeit allen menschlichen Wortes, auch des prophetischen, die *Erfahrung der Endlichkeit allen Glaubens* zur literarischen Produktivität führt? Die Krisen von 722 und 701, das Erfahren von abnehmender Assyrergewalt und neuaufkommendem Großmachtstreben Babels und Ägyptens in der Josiazeit, die Erlebnisse von letztem Glanz (Reform) und neuer Bedrohung - einer Bedrohung, die nicht nur das Wohlbefinden Judas zur Disposition stellt, sondern *nach der Reihung der Katastrophen* auch die Existenz Judas! - also die Infragestellung der alten und guten Verheißungen JHWHs durch menschliche Schuld, *das* ist die geschichtliche Entwicklung in den zwei bis drei letzten Generationen vor dem Exil. -

Ist denn dies alles nicht ein Erfahrungs- und Glaubensphänomen, das *Buchreligion* verlangt, weil die Menschen eine Ende machen, aber der Glaube sieht, daß JHWH weiterführt?[9] - *Der dies alles bewältigende Glaube*, vor allem der Glaube an die Schnelligkeit und Uneinholbarkeit JHWHs in der Geschichte - verlangt doch die *Beurkundung* des Glaubens, weil der Glaube aufgeschrieben werden muß, da Gott auch über ihn hinausgeht?? Jes 55, 8-11.

9 Was ist zu tun? - 2 Kön 22f. - Jer 36 - Ez 2, 8 - welcher Zusammenhang??

Literaturverzeichnis

1. Archivalien

1.1. Teilverzeichnis des Ilgen-Archivs Schulpforte. Port 150

(Aufgeführt wird hier nicht das ganze Ilgen-Archiv von Schulpforte, sondern es werden nur die Bände des Nachlasses angezeigt, die die exegetisch-theologischen Arbeiten Ilgens beinhalten. Das ganze Archiv umfaßt 54 Bände. Die ersten Bände beinhalten philologische [griechische und lateinische] Prälektionarien. Die letzten sind kaum gefüllt. So finden sich in einigen der letzten Bänden nur wenige Seiten umfassende Versuche zur aramäischen und äthiopischen Grammatik etc. - Die Hefte, für die hier keine Seitenzahl angegeben wird, enthalten keine Paginierungen.)

Band 4:
Einleitung in das A.T. 779 Seiten.
Nachträge und Zusätze zu der Einleitung in die Bücher des ATs. 379 Seiten.
Elias und Elisa.
Inhalt des Buches Esther.

Band 5:
Beilagen zur Vorlesung über die Genesis [Neuformulierung der Prolegomena]. [I.] 23 Seiten.
Vorerinnerung.[Prolegomena]. [II.] 31 Seiten.
Vorlesung Gen. S. 33-223.
Übersetzung des 1. Buches von Moses [Kap. 1-49]. 192 Seiten.
Annotationes in loca selecta Exodi. 49 Seiten.
Übersetzung von Ex 3-14.
Bemerkungen über Abraham. 60 Seiten.
Bemerkungen über Isaak 85 Seiten.
In Canticum Mosis Exod XV. 37 Seiten.
Numer. Cap. XXII - XXIV [Übersetzung].
Über Bileam.

Band 6:
Vorlesungen übder den Leviticus. 108 Seiten.
Uebersetzung des dritten Buches Mosis [K. 1-10]. 39 Seiten.
Vorlesungen über die Psalmen. 515 Seiten.
Uebersetzung der Psalmen [Ps. 1-83]. 103 Seiten.
Inhalts-Anzeigen der Psalmen [Ps. 1-78.119]. 80 Seiten.

Band 7:
Jesaias. 461 Seiten.
Beilagen zu Jesajas Kap. XXXVI - XXXIX. 6 Seiten.
Beilage zu Cap. 53 des Jesaias.
Uebersetzung des Jesaias. 260 Seiten.

Erstes Orakel des Jesaias K. 1 [und] Uebersicht der Orakel Cap. VII und VIII, IX, 9. 9 Seiten.

Band 8:
Einleitung in die Apokrypha des A. Test. 903 Seiten.
Das Buch Tobias. 53 Seiten.
Das Buch Judith 29 Seiten.
Das 1. B. der Makkabäer. 43 Seiten.

Band 9:
[1:] Verschiedenheit der 3 Urkunden, Eliel I, Eliel II und Elijah I in Exod. Levit. Num. Deut. in Hinsicht der Sprache und des Ausdrucks. 16 Seiten.
[2:] Verschiedenheit [...] in Hinsicht der Form der Rede und der Darstellung. 16 Seiten.
[3:] Eliel I, Eliel II, Elijah I, Elijah II in Exod. Levit. Num. et Deuteronomium. Reihenfolge der einzelnen Theile. 131 Seiten.
[4:] Anmerkungen zu der Reihenfolge des Eliel I in Exod. Lev. Num. Deuter. 64 Seiten.
[5:] Josua 3-4.
[6:] Josua 2.
[7:] Liber Judicum [Kap. 1-9]. Judicum Cap. XX. 28 Seiten.
[8:] Ueber den ersten Brief Petri. 64 Seiten.
[9:] Ueber die Briefe Johannis. 34 Seiten.

Band 28:
V. Zur Geschichte der Israeliten unter Diktatoren.
[Zahlreiche Einzelhefte, die hier nicht aufgeführt werden. Daneben auch noch andere Notizen.]

1.2. Weitere Archivalien. [Jena]

1.2.1. UB

UB Jena (Handschriftenabteilung). Nachlaß Eichstädt. 20; 109. Brief von Ilgen an Eichstädt, Jena den 3.Oktober 1798.

1.2.2. Universitätsarchiv Jena

Repertorium über das Haupt-Archiv (Altes Archiv) der Universität Jena. Verfertigt durch den Archiv-Professor Fr. Schnaubert und den Scribent J.Chr. Kittel. Jena 1834.

Vorlesungsverzeichnis. Jena H. I. VI, f. 29. Catalogus praelectionum in Academia IENENSI.

1.2.2.1. Bestand A (Rektorakten)

Universitätsarchiv Jena [UAJ]. Bestand A. [Rektorsakten]. Acta academica 19. Nr. 464 Loc. I. Fach 49 (Das Gesuch des Herrn Professoris Philosphiae ordinarii Carl David Ilgen um Ertheilung einer Professionis Theologiae ordinariae honorariae. Jena 1799. Inhalt: Blatt 2-4.7.13-20 Bestätigungsurkunden der Erhalterfürsten - Blatt 5f. Kopie des Gesuchs von I. vom 19.10. 1799.

UAJ. Bestand A. Acta 17. Nr. 614. Loc. II. Fach 57. Die Widerbesetzung der durch weitere Fortwendung des Herrn Professor Paulus erledigten Professur der morgenländischen Sprachen. ingleichen die Anstellung des Herren M. Fichte zu Zürich, als Professor Philos. ord. supernum, und des Herrn Woltmann, Privat Dozent in Göttingen, als Professor Philos. Extraordinar. Inhalt: Magnifice academiae Pro-Rector ... (Blatt 3-6 Schreiben des Dekans, des Seniors und der übrigen Professoren der philosophischen Fakultät an den Prorektor vom 20.1. 1794). - Blatt 8. 16-32 Bestätigungsurkunden der Erhalterfürsten - (Bl. 18: Carl August [Weimar] an Prorektor vom 4.3. 1794).

1.2.2.2. Bestand J (Theologische Fakultät)

UAJ. Bestand J. Nr. 42. Decanats Acten vom 6 Aug. 1799 bis 8 März 1800 geführt von D. Joh. Got. Griesbach. Inhalt: Bl. 1-2 Magnifice Academiae Prorector ... (Begutachtung und Stützung Ilgens Gesuch um die Profession Theologiae durch Griesbach vom 12. 9. 1799).

UAJ. Bestand J. Nr. 43. Decanatsakten vom 9. März bis 10. August. 1800. geführt von D. Carl Christian Erhard Schmid. Inhalt: Blatt 21 Vorlesungsankündigung von C.D. Ilgen für das SS 1800.

UAJ. Bestand J. Nr. 47. Decanatsacten von 6. Febr. 1802 - 6. August 1802. geführt von C.C.E. Schmid, D. continuit vom 7. August 1802 bis zum 6. Febr. von demselben. Inhalt: Promotion Ilgens (Bl. 2 Promotionsgebühren; Bl. 8 lateinisches Ersuchen auf Ehrenpromotion vom 12. April 1802 von C.D. Ilgen; Bl. 9 Verpflichtung auf Bibel und Bekenntnis vom 12. Mai 1802 von C.D. Ilgen; Bl. 10 Unbedenklichkeitserklärung Griesbachs; Bl. 11 Brief aus Weimar von Voigt an Dekan C.C.E. Schmid vom 12. April 1802; Bl. 12 Brief zur Unterstützung aus Gotha von Ziegesar[?] an Dekan C.C.E. Schmid; Bl. 13 Promotionsurkunde vom 13. Mai 1802; Bl. 14 Griesbach an Dekan: Formales zur Urkundenverleihung).

1.2.2.3. Bestand M (Philosophische Fakultät)

UAJ. Bestand M. Nr. 200. Acta Decanatus geführet von Seiner Wohlgebohrnen dem Herrn Hofrath Heinrich von 6tn Februarii 1794 bis den 9tn August. a.c. Inhalt: Spectabilis Domine Decane ... (Bl. 8. Brief des Prorektors an Dekan H. und Fakultät wegen der Berufung Ilgens vom 13.2. 1794) - Philosophorum Ordinis Venerande et Illustris Senior assessores illustres ... durch Efr. Gottl. Heinrich [Dekan] (Bl. 9-10 Gutachten der Professorenschaft vom 15. 2. '94) - Blatt 133 Lektionszettel Ilgens für das Sommersemester 1794.

UAJ. Bestand M. Nr. 201. Acta Decanatus Jo. Aug. Henr. Ulrich ab Aug. 1794 - Febr. 1795. - Blatt 145 Lektionszettel Ilgens für Wintersemester 1794/95.

UAJ. Bestand M. Nr. 202. Acta Fakultatis Philosophicae sub Decanatu Conr. Joannis Danielis Succowii a die VI Febr. MDCCLXXXXV usque ad diem VI Augusti ej. anni.- Blatt 69 Lektionszettel für Sommersemester 1795.

UAJ. Bestand M. Nr. 203. Dekanats Akten von August 1795 bis 6 Februar 1796 geführt von Justus Christian Hennings. - Blatt 119 Lektionszettel für Wintersemester 1795/96.

UAJ. Bestand M. Nr. 204. Acta Fakultatis Philosophicae sub Decanatu Jo. Henr. Voigt. a.d. VI Febr. usque ad diem VI Augusti MDCCLXXXXVI. - Blatt 111 Lektionszettel für Sommersemester 1796.

UAJ. Bestand M. Nr. 206. Acta Decanatus geführet von Sr Wohlgebohren dem Herrn Hofrath Heinrich vom 6tn Febr. 1797 bis zum 6 August 1797 - Blatt 38 Lektionszettel für Sommersemester 1797.

UAJ. Bestand M. Nr. 207. Acta Decanatus quinti Jo. Aug. Henr. Ulrich ... inde a 5. August MDCCLXXXXVII usque ad X. Febr. MDCCLXXXXVIII. - Blatt 119. Lektionszettel für Wintersemester 1797/98.

UAJ. Bestand M. Nr. 208. Acta Decanatus tertii Jo. Henr. Voigt ... inde a X Febr. usque ad VI Aug. MDCCLXXXXVIII. - Blatt 54 Lektionszettel für Sommersemester 1798.

UAJ. Bestand M. Nr. 209. Acta Decanatus primi Caroli Davidi Ilgen ... inde a 4. Augusti MDCCXCVIII. usque ad 9. Febr. MDCCIC. - Blatt 95 Lektionszettel für Wintersemester 1798/99.

UAJ. Bestand M. Nr. 210. Acta Decanatus XIVte Conr. Joannis Dan. Succowii ... inde a X Febr. usque ad 5. Aug. MDCCLXXXIX. - Blatt 77 Lektionszettel für Sommersemester 1799.

UAJ. Bestand M. Nr. 216. DecanatsAkten des Herrn Professor Ilgen. und des Pro-Decani Hennings vom 8 Februar 1802 bis 7 August ej. anni. Inhalt: Bl. 47-48 Meine hochgeschätzten Herrn Collegen (Begründungsschreiben Ilgens für den Wechsel nach Pforte.).

1.2.3. Vorlesungen Ilgens

Sommersemester '94

linguae hebraicae praecepta, Schroederum secutus, tradet - Psalmos interpretabitur - linguam Arabicam Paulo duce docebit, adhibita eiusdem et [...] Michaelis chrestomathia - scribendi ac disputandi scholas [...] aperiet.

Wintersemester '94/95

Jesaiae vaticinia interpretabor - Iliadem Homeri enarrabo [...] opiniones religiosas illustrem [...] in Mosaicis monumentis occurrunt, comparem - scribendi ac disputandi scholas moderari pergam - periculum interpretationis in Veterum Scriptorum tum Graecorum et sacrorum et profanorum tum Latinorum, monumentis facere voluerint - linguae Arabicea elementa [...] docebo ...

Sommersemester '95

hymnos, qui Homeri vulgo dicuntur, explicabit - Genesin cum particulis difficilioribus reliquorum librorum Mosaicorum interpretabitur - Taciti annalibus partem historiae Rom. enarrabit - praecepta linguae Hebraicae sec. Schroederum tradet [...] - linguam Arabicam et Syriacam [...] docebit.

Wintersemester '95/96

mores atque indolem hominum, quorum vitas Scriptura S. exponit depingam - Introductionem in Vet. Test. duce G.L. Bauero, in libro: Entwurf einer Einleitung in die Schriften des A.T.(Nürnb. 1794. 8.) praeibo - Psalmos exegetice illustrabo - Odysseam Homeri interpretabor - linguam Arabicam et Syriacam [...] docebo, [...] in Graeca aut Romana philologia, nec duce, ulterius progredi cupient...

Sommersemester '96

Jesaiae oracula interpretabor - Homeri Odysseam cursoria lectione explicabo [...] - Philosophiae tradam historiam, Gurlitium ducem secutus [...] - grammaticae Hebraicae praecepta exponam - Arabicam et Syriacam linguam [...] docebo, disputatoria etiam exercitia continuabo.

Wintersemester '96/97

Genesin et loca difficiliora reliquorum librorum Mosaicorum explicabit - Historiam philosophiae Gurlitium secutus narrabit - in Ciceronis libros de Natura Deorum commentabitur - linguam Arabicam [...] docebit - Disputatoria etiam et philologica exercitia instituet

Sommersemester '97

Leviticum explanabo, ita [...] leges Mosaicas, quae continentur, illustrem - psalmos interpretabor - introductionem in libros V.T. Apocryphos, quos vocant, praeibo addita simul locorum classicorum explicatione - Grammaticae Hebraicae praecepta [...] proponam [...] - Linguam arabicam [...] docebo.

Wintersemester '97/98

Jesaiae, et quae eius nomine feruntur, oracula interpretabor - Homeri Iliada cursoria lectione explicabo [...] - Exegetico-practicum in Novi Foederis libros instituam, h.e. Vestra ipsorum interpretandi pericula mihi tradi iubebo [...] - Linguam arabicam ex Pauli praeceptis Grammaticis [...] docebo - Scribendi et disputandi de rebus philosophicis exercitia habebo.

Sommersemester '98

Linguam arabicam [...] praeceptis grammaticis docebo, adiuncta explicatione Fabularum locmani [...] - Genesin cum exquisitis reliquorum quatuor de Mose librorum particulis interpretabor, ad quod collegium non inutile erit, librum a me editum et mox prelum relicturum sibi comparasse, qui inscriptus est: Die Urkunden des Jerusalemischen Tempelarchivs in ihrer Urgestalt. Vol I. - historiam philosophiae, Gurlitium secutus enarrabo - Libros Ciceronis de Nat. Deorum exponam

Wintersemester '98/99

Psalmos interpretabor - Introductionem in Vet. Testamamentum ex Baueri libro: Entwurf einer Einleitung in die Schriften des AT/Nürnb. 1794 praeibo - Iliadem Homeri cursoria lectione explicabo - linguam Arabicam et Syriacam docebo ...

Sommersemester '99

Jesaiae oracula interpretabor - introductionem in libros Veteris Testamenti Apocryphos praeibo adiungam, ostendamque quomodo dogmata in
Novo Testamento conspicua [...] - historiam Philosophiae, Gurlittium secutus, narrabo - Linguam Arabicam et Syriacam docebo ...

Wintersemester '99/1800

Genesin cum exquisitis reliquorum quatuor de Mose librorum particulis interpretabitur - librorum apocryphorum partem moralem explicabit - libros Ciceronis de Natura deorum exponit - linguam Arabicam et Syriacam docebit ....

Sommersemester 1800

[Theologische Fakultät:]

Dogmaticam biblicam ita tradam, ut critice singula decreta examinem - Declamatorium homileticum moderabor - Psalmos interpretabor - Linguae hebraicae praecepta ex Vateri libro exponam - linguam Arabicam et Syriacam docebo ...

[Philosophische Fakultät:]

Psalmos interpretabitur - linguae Hebraicae praecepta ex Vateri libro tradet - linguam Arabicam et Syriacam docebit

Wintersemester 1800/01

Dogmata religionis Christianae tradet - Declamatorium homileticum moderabitur

Jesajae oracula interpretabitur - Introductionem in libros Apocryphos praeibit [...] - linguarum Hebraicae, Syriacae, Arabicae fundamenta [...] tradi

Sommersemester '01

Scripta Iohannea interpretabitur - Declamatorium homileticum moderari perget

Genesin cum selectis reliquorum librorum Mosaicorum particulis interpretabitur - Linguam Hebraicam ex Vateri libro docebit [...] - Arabicam et Syriacam linguam discere ...

Wintersemester '01/02

Dogmata religionis Christianae tradet - Declamatorium homileticum moderabitur

Psalmos interpretabitur - linguam Arabicam vel Syriacam discere aut disputando et scribendo latine exerceri voluerint

2. Literatur der Späten Aufklärung und des Umfeldes der sogenannten Älteren Urkundenhypothese in der Theologie der Neuzeit

2.1. Veröffentlichungen Ilgens

- Poeseos Leontini Tarentini Specimen. Leipzig 1785.

- De choro Graecorum tragico. Leipzig 1788.

- De Jobi antiquissimi carminis hebraici natura et virtutibus. Leipzig 1789.

- De notione tituli filii Dei Messiae hoc est uncto Jovae in libris sacris tributi. In: Memorabilien 7.8 (1795) S. 119-198.

- Hymni homerici. Halle 1796.

- Opuscula varia philologica. Erfurt 1797.

- Σχολια Graecorum. Jena 1798.

- Die Urkunden des Jerusalemischen Tempelarchivs. I. Halle 1798.

- Die Geschichte Tobi's nach drei verschiedenen Originalen und mit Anmerkungen, auch einer Einleitung versehen. Jena 1800.

2.2. Literatur über K.D. Ilgen

KRAFT, J.C.: Vita Ilgenii. Altenburg 1837.

KIRCHNER, C.: Die Landesschule Pforta in ihrer geschichtlichen Entwickelung seit dem Anfange des 19. Jahrunderts. Naumburg 1843.

[ANONYM:] Zur Charakteristik des Rector zu Pforte, Consistorialrath Dr.Ilgen. Aus den Jahrbüchern für wissenschaftliche Kritik. Juli 1838. In: H.E. Schmieder: Erinnerungs-Blätter. Zur dritten Jubelfeier der Königlich-Preußischen Landes-Schule Pforte. Leipzig 1843.

W.N.[?]: Ilgeniana. Erinnerungen an D. Karl David Ilgen, Rector der Schule zu Pforte, insbesondere an dessen Reden in Erholungsstunden. Leipzig 1853.

KAEMMEL, H.: Art. Ilgen, Karl David. In: ADB Bd. 14 (1881) S. 19-23.

H. [HERRMANN, GOTTFRIED ?]: Art. Ilgen, Karl David. Ersch u. Gruber: Encyclopädie. Bd. II,16 (1838) S. 158-162.

HEYER, F.: Wilhelm v. Humboldt und Rektor Ilgen von Schulpforte. In: Gymnasium 61 (1954) S. 442-448.

BERTHOLET, A.: Art. Ilgen, Karl David. In: RGG 2. Aufl. Bd. 3 (1929) Sp. 181.

KUTSCH, E.: Art. Ilgen, Karl David. In: RGG. 3. Aufl. Bd. 3 (1959) Sp. 676-677.

2.3. Rezensionen seines Werkes

Die Urkunden des Jerusalemischen Tempelarchivs. 1798.

- Rez.: Anonym in: Jenaische Allgemeine Literatur Zeitung (JALZ). Bd. 182 (1799) Sp. 625-631; Bd. 183 (1799) Sp. 633-637.

- Rez.: Hdl. [?] in: Neuestes theologisches Journal. Hrsg. v. J.Ph. Gabler. Bd. V. (1800) S. 469-499 (angeschlossen Nachtrag vom Herausgeber J.Ph. Gabler S. 499-501).

De Jobi antiquissimi carminis hebraici natura et virtutibus. 1789.

- EICHHORN [Rez.]: ABBL 2.1 (1789) S. 67-81.

Tobit

De notione tituli filii Dei Messiae hoc est uncto Jovae in libris sacris tributi. 1795.

- EICHHORN [Rez.:] In: ABBL 7.1 (1795) S. 120.

2.4. Sekundärliteratur

(Aufgelistet sind hier nicht die Literaturtitel, die um der Nachzeichnung der Theologiegeschichte willen nur im Text der Abhandlung aufgeführt werden, für die Darstellung der Sachprobleme aber nicht näher konsultiert wurden.)

ASTRUC, J.: Conjectures sur les Mémoires Originaux dont il paroit que Moyse s'est servi pour composer le Livre de la Genese. Brüssel 1753.

BABOR, J.: Allgemeine Einleitung in die Schriften des Alten Testaments, zu Vorlesungen entworfen. Wien 1794.

BAUER, G.L.: Entwurf einer Einleitung in die Schriften des Alten Testaments, zum Gebrauch seiner Vorlesungen. Nürnberg u. Altdorf 1794.

--- Entwurf einer historisch-kritischen Einleitung in die Schriften des alten Testaments zu Vorlesungen. Dritte verb. Aufl. Nürnberg u. Altdorf 1806.

[BAUER, G.L.:] Theologie des alten Testaments oder Abriß der religiösen Begriffe der alten Hebräer. Von den ältesten Zeiten bis auf den Anfang der christlichen Epoche. Zum Gebrauch akademischer Vorlesungen. Leipzig 1796.

BAUMGARTEN, S.J.: Übersetzung der Algemeinen Welthistorie, die in England durch eine Geselschaft von Gelehrten ausgefertigt worden. Genau durchgesehen und mit häufigen Anmerkungen vermehret. Bd. 1. Halle 1744.

BERTHOLDT, L.: Historischkritische Einleitung in sämmtliche kanonische und apokryphische Schriften des alten und neuen Testaments. Erlangen 1813.

BEUTLER, J.H.CHR. u. J.CHR. FR. GUTS-MUTHS: Allgemeines Sachregister über die wichtigsten deutschen Zeit- und Wochenschriften. 1. Bd. Leipzig 1790.

BOCHART, S.: Geographia Sacra. Revid. Aufl. Frankfurt a.M. 1681.

BRUNS, P.J.: Auszug aus Eusebii Chronik aus dem Syrischen übersetzt. In: RBML 11.8 (1782) S. 271-282.

--- Untersuchung der ältesten Sagen von der Entstehung des Menschengeschlechts. In: NRBML 2.4 (1790) S. 197-209.

BUXTORFF, J.: Tiberias sive commentarius Masoreticus. Basel 1620.

CARPZOV, J.G.: Critica sacra Veteris Testamenti. Leipzig 1748.

CLERICUS, J.: Sentimens de quelques Théologiens de Hollande sur l'histoire Critique du Vieux Testament, composée par le P. Richard Simon. Amsterdam 1685.

CORODI, H.: Briefe einiger holländischen Gottesgelehrten über P. R. Simon's kritische Geschichte des alten Testaments; herausgegeben von le Clerc; aus dem Französischen übersetzt und mit Anmerkungen und Zusätzen vermehrt. 2 Bde. Zürich 1779.

[COR(R)ODI, H.:] Kritische Geschichte des Chiliasmus. Erster Theil. 1. Bd. Frankfurt u. Leipzig 1781.

--- Versuch einer Beleuchtung der Geschichte des jüdischen und christlichen Bibelkanons. Erstes Bandchen, welche Beleuchtungen der Geschichte des jüdischen Kanons enthält. Halle 1792.

CHLADENIUS [CHLADNY], J.M.: Allgemeine Geschichtswissenschaft. Leipzig 1752 (Neudruck Wien 1985).

EICHHORN, J.G.: Allgemeine Bibliothek biblischer Litteratur. 10 Bde. Leipzig 1787-1801 (ABBL).

--- Einleitung ins Alte Testament. Zweyte vermehrte und verbesserte Ausgabe. 3 Bde. Reutlingen 1790.

--- Dass. 5 Bde. 4. Origin.-Ausgabe. Göttingen 1823 - 1824.

--- Einleitung in die apokryphischen Bücher des Alten Testaments. Leipzig 1795. S. 249.

--- Historische Untersuchungen über den Kanon des Alten Testaments. In: RBML 5.5 (1779) S. 217-282.

--- Repertorium für Biblische und Morgenländische Litteratur. 18 Bde. Leipzig 1777-1786 (RBML).

--- Über Mosis Nachrichten von der Noachitischen Fluth. 1 B. Mose VI.VII.VIII.IX. In: RBML 5.5 (1779) S. 185-216.

--- Urgeschichte. Ein Versuch. In: RBML 4.1 (1779) S. 129-256.

(Alle aufzuführenden ABBL-Beiträge Eichhorns folgen hier in der Reihenfolge ihres Erscheinens)

--- [Rez.]: Uebrige noch ungedruckte Werke des Wolfenbüttelschen Fragmentisten. Ein Nachlaß von Gotthold Ephraim Lessing. Herausgegeben von C.A.E. Schidt. 1787. In: ABBL 1.1 (1787) S. 3-90.

--- [Rez.]: Benedict von Spinoza: Über heilige Schrift, Judenthum, Recht der höchsten Gewalt in geistlichen Dingen und Freyheit zu philosophieren. Aus dem lateinischen. Gera 1787. In: ABBL 1.1 (1787) S. 149-151.

--- [Rez.]: Ueber das zweyte Buch der Maccabäer. In: ABBL 1.2 (1787) S. 233-241.

--- [Rez.]: Johann David Michaelis Einleitung in die göttlichen Schriften des Alten Bundes. Des ersten Theils, welcher die Einleitung in die einzelnen Bücher enthält, erster Abschnitt. Hamburg 1787. In ABBL 1.3 (1787) S. 430-468.

--- [Rez.]: Ideen zur Philosophie der Geschichte der Menschheit von Johann Gottfried Herder. Dritter Theil. Riga u. Leipzig 1787. In: ABBL 1.4 (1787) S. 539-540 (richtig: 539-550, Paginierung verdruckt.)

--- [Rez.]: Für Christenthum, Aufklärung und Menschen-Wohl. von D.Willh. Fried. Hufnagel. VII Heft. Erlangen 1787. In: ABBL 1.4 (1788) S. 608-617.

--- Robert Lowth. LordBischof von London geb. 1711. gest. 1787. In: ABBL 1.4 (1788) S. 707-724.

--- [Rez.]: Geschichte der Israeliten biş auf den Cyrus, zur Ehre und Vertheidigung der Bibel und zur Berichtigung des Wolfenbüttelschen Fragmentisten. Nebst einem Anhange von Theodor Jacob Ditmar. Berlin 1788. In: ABBL 1.6 (1788) S. 959-979.

--- [Rez.]: [Propst Johann Sigmund Rüdiger:] Die ältesten Urkunden der Hebräer im ersten Buch Mose, für freymüthige Alterthumsforscher, neu übersetzt und erläutert. Stendal [1788]. In: ABBL 1.6 (1788) S. 984-999.

--- [Rez.]: Versuch einer Prüfung der fortgesetzten Werke des Wolfenbüttelschen Fragmentisten besonders Abraham betreffend, von C.H. Griese. Jena 1788. In: ABBL 1.6 (1788) S. 1031-1033.

--- [Rez.]: H.E. Güte: Entwurf zur Einleitung ins Alte Testament zum Gebrauch akademischer Vorlesungen. Halle 1787. In: ABBL 1.6 (1788) S. 1033-1034.

--- [Rez.]: Jobi, antiquissimi carmini hebraici, natura atque virtus. Scripsit Carolus David Ilgen. Leipzig 1789. In: ABBL 2.1 (1789) S. 67-81.

--- [Rez.]: Nachrichten [Über Eichhorns Göttinger Antrittsrede]. In: ABBL 2.1 (1789) S. 174-181.

--- [Rez.]: De historica librorum sacrorum interpretatione ejusque necessitate commentatio - auct. Carol. Aug. Gottl. Keil. Leipzig 1788. In: ABBL 2.3 (1789) S. 463-465.

--- [Rez.]: De consilio Mosis in transcribendo documento eo, quod Genes. II et III. ante oculos habuisse videtur. Commentatio exegetica - auct. D. Vav. Jul. Pott. Helmstedt 1789. In: ABBL 2.4 (1790) S. 708-714.

--- [Rez.]: Commentatio de antiquo illo documento, quod secundo Geneseos capite exstat. Auct. Jo. Henr. Heinrichs. Göttingen 1790. In ABBL 2.5 (1790) S. 939-943.

--- [Rez.]: Für Christenthum, Aufklärung und Menschenwohl. Von D. Wilhelm Friedrich Hufnagel. Zweyter Band. III Heft. In: ABBL 2.6 (1790) S. 1055-1060.

--- [Rez.]: Joh. Gottfr. Eichhorn's Urgeschichte mit Einleitung und Anmerkungen von D. Johann Philipp Gabler. Erster Theil. Altdorf und Nürnberg. 1790. In: ABBL 3.1 (1790) S. 72-76.

--- [Rez.]: De auctore atque aetate Capitis Geneseos XLIX. Commentatio, conscripta a Jo. Henr. Heinrichs. Göttingen 1790. In: ABBL 3.1 (1790) S. 166-170.

--- [Rez.]: Neues Repertorium für biblische und morgenländische Litteratur. Herausgegeben von M. Heinr. Eberh. Gottlob Paulus. Erster Theil 302 S., Zweyter Theil 350 S. Jena 1790. In: ABBL 3.2 (1791) S. 310-346.

--- Johann David Michaelis. geb. am 27. Febr. 1717, gest. am 22. Aug. 1791. In: ABBL 3.4 (1791) S. 827-906.

--- [Rez.]: Bemerkungen über einige Stellen in den Psalmen und in der Genesis von C. G. Hensler. Hamburg u. Kiel 1791. In: ABBL 4.1 (1792) S. 80-121.

--- [Rez.]: [Cor(r)odi, H.:] Versuch einer Beleuchtung der Geschichte des jüdischen und christlichen Bibel-Kanons. Erstes Bändchen, welche Beleuchtung der Geschichte des jüdischen Knaons enthält. Halle 1792. In: ABBL 4.2 (1792) S. 252-276.

--- Vorschläge zur Hermeneutik. In: ABBL 4.2 (1792) S. 330-343.

--- [Rez.]: Ueber die Verschiedenheit des Styls in den beyden Haupt-Urkunden der Genesis in gewissen Stellen. Von Johann Friedr. Wilh. Möller. Göttingen 1792. In: ABBL 4.3 (1792) S. 473-482.

--- [Rez.]: Johann Gottfried Eichhorn's Urgeschichte. Herausgegeben mit Einleitung und Anmerkungen von D. Johann Philipp Gabler. Des zweyten Theiles erster Band. Einleitung zum zweyten Theil der Urgeschichte. Altdorf u. Nürnberg 1792. In: ABBL 4.3 (1792) S. 482-503.

--- [Rez.]: Neues Repertorium für biblische und morgenländische Litteratur, herausgegeben von M. H. E. G. Paulus. Dritter Theil. Jena 1791. In: ABBL 4.5 (1793) S. 919-936.

--- [Rez.]: Antiquissimi de prima malorum humanorum origine philosophematis Gen. III. explicandi tentamen criticum et philosophicum. Auctore Frid. Guil. Ioseph Schelling. Tübingen 1792. In: ABBL 4.5 (1793) S. 954-956.

--- [Rez.]: Ausführliche Untersuchung der Gründe für die Aechtheit und Glaubwürdigkeit der schriftlichen Urkunden des Christenthums. Erster Band. Von D. Joh. Fried. Kleuker. Leipzig 1793. In: ABBL 4.6 (1793) S. 957-992.

--- [Rez.]: Einleitung in die göttlichen Schriften des alten Bundes, von Johann Jahn. Wien 1793. In: ABBL 4.6 (1793) S. 1061.

--- Johann Salomo Semler. geb. am 18ten Dec. 1725. gest. am 14ten März 1791. In: ABBL 5.1 (1793) S. 1-202.

--- Briefe die biblische Exegese betreffend. In: ABBL 5.2 (1793) S. 203-281.

--- [Rez.]: The authenticity of the five books of Moses considered by Herbert Marsh. Cambridge 1792. In: ABBL 5.3 (1794) S. 459-462.

--- [Rez.]: J. G. Eichhorn's Urgeschichte - herausgegeben mit Einleitung und Anmerkungen von D. Joh. Phil. Gabler; des zweyten Theils zweyter Band. Altdorf u. Nürnberg 1793. In: ABBL 5.4 (1794) S. 685-689.

--- [Rez.]: [Prof. Gamborg, Kopenhagen:] Nysa, oder philosphisch-historische Abhandlung über Genes. II und III. Eleutheropolis 1790. In: ABBL 5.6 (1794) S. 996-997.

--- [Rez.]: Einige Bemerkungen das Studium der Theologie betreffend. Nebst einer Abhandlung über einige Aeußerungen des Herrn Prof. Kants, die Auslegung der Bibel betreffend. Von D. Johann Georg Rosenmüller. Erlangen 1794. In: ABBL 6.1 (1794) S. 52-67.

--- [Rez.]: Entwurf einer Einleitung in die Schriften des Alten Testaments, zum Gebrauch seiner Vorlesungen von Georg Lorenz Bauer. Nürnberg u. Altdorf 1794. In: ABBL 6.1 (1794) S. 68-78.

--- [Rez.]: [Anonym] Briefe über die Perfectibilität der geoffenbarten Religion. Jena u. Leipzig 1795. In: ABBL 6.3 (1795) S. 555-574.

--- [Rez.]: Beyträge zur Beförderung des vernünftigen Denkens in der Religion. Achtzehntes Heft. Winterthur 1794. In: ABBL 6.4 (1795) S. 747-752.

--- [Rez.]: [Nachtigall, J.C.C., Pseudonym Otmar:] Fragmente über die allmählige Bildung der den Israeliten heiligen Schriften, besonders der sogenannten historischen. In: Magazin für Religionsphilosophie, Exegese und Kirchengeschichte. Hrsg. v. D. Heinr. Phil. Conr. Henke. Bd. 2. Stück 3. S. 433-523. In: ABBL 6.4 (1795) S. 762-767.

--- [Rez.]: Geist der Philosphie und Sprache der alten Welt. Erster Theil, von Wilhelm Friedrich Hezel. Lübeck u. Leipzig 1794. In: ABBL 6.5 (1795) S. 858-867.

--- [Rez.]: Ern. Frid. Car Rosenmülleri Scholia in Vetus Testamentum. Pars prima, continens Genesin et Exodum. Editio secunda emendatior. Lipsiae 1795. In: ABBL 6.6 (1795) S. 1019-1025.

--- [Rez.]: Memorabilien. Hrsg. von H.E.G. Paulus. 7. Stück. Leipzig 1795. In: ABBL 7.1 (1795) S. 114-121. (S. 114: Stück I.: K. Fulda's Resultate freymüthiger Untersuchungen. Memorabilien. S. 1-29; S. 120: Stück VIII.: De notione tituli filii Dei, Messiae, h.e. uncto Jovae in libris sacris tributi vom Herrn Prof. Ilgen. Memorabilien. S. 119-198).

--- Anzeige seiner Einleitung in die apokryphischen Schriften des Alten Testaments. Leipzig 1795. In: ABBL 7.1 (1795) S. 181-188.

--- [Rez.]: D. Johann Philipp Gabler's neuer Versuch über die mosaische Schöpfungsgeschichte aus der höhern Kritik. Ein Nachtrag zu seiner Ausgabe der Eichhornschen Urgeschichte. Altdorf u. Nürnberg 1794. In: ABBL 7.2 (1796) S. 312-319.

--- [Rez.]: Ueber die Aehnlichkeit des innern Wortes einiger neuen Mystiker mit dem moralischen Wort der Kantischen Schriftauslegung. Von D. Christ. Friedr. Ammon. Göttingen 1796. In: ABBL 7.4 (1796) S. 713-716.

--- [Rez.]: Animadversiones in sensum librorum sacrorum moralem. Scripsit auctoritate Academiae Halensis Jo. Aug. Noesselt. Halle 1795. In: ABBL 7.6 (1797). S. 1077-1084.

--- [Rez.]: Commentatio de antiquo documento quod exstat Genes. II et III. Auct. David Jul. Pott. Helmstadii 1796. In: ABBL 8.2 (1797) S. 310-315.

[Drei Komlexe Sammelrezensionen:]

Uebersicht der biblischen und morgenländischen Litteratur von 1787-1797. In: ABBL 8.4 (1798) S. 641-760.

Fortsetzung der im vorigen Stück abgebrochenen Uebersicht der biblischen und morgenländischen Litteratur von 1787-1797. In: ABBL 8.5 (1799) S. 793-950.

Fortsetzung der im vorigen Stück abgebrochenen Uebersicht der biblischen und morgenländischen Litteratur von 1787-1797. In: ABBL 8.6 (1799) S. 951-1120.

--- [Rez.]: R: Kritischer Versuch über das II. Buch Samuelis. In: Memorabilien. Hrsg. H.E.G. Paulus. 8. Stück. 1797. S. 61-93. In: ABBL 8.5 (19799) S. 825-827.

--- [Rez.]: Johann August Nösselts Anweisung zur Kenntniß der besten allgemeinern Bücher in allen Theilen der Theologie. Dritte verb. u. sehr verm. Aufl. Leipzig 1790. In: ABBL 8.5 (1799) S. 872-873.

--- [Rez.]: Systematisches Verzeichniß derjenigen theologischen Schriften und Bücher, deren Kenntniß allgemein nöthig und nützlich ist, entworfen von Carl Aug. Gottlieb Keil. Zweyte verm. u. verb. Ausg. Stendal 1792. In: ABBL 8.5 (1799) 873-874.

--- [Rez.]: Einleitung in die Bücher der Heiligen Schrift nach Eichhorn und Michaelis, zum Handgebrauche herausgegeben von Joh. Chph. Anschütz. Dresden 1791. In: ABBL 8.6 (1799) S. 1014.

--- [Rez.]: Allgemeine Einleitung in die Schriften des Alten Testaments, zu Vorlesungen entworfen von Joh. Babor. Wien 1794. In: ABBL 8.6 (1799) S. 1015-1016.

--- [Rez.]: Kurze Einleitung in die sämmtlichen Bücher des alten und neuen Testaments. Zum Gebrauch für Bürger und Landschulen, von Fr.Christi. Zange. Eisenach 1795. In: ABBL 8.6 (1799) S. 1017-1018.

--- [Rez.]: Neues Magazin für Religionsphilosophie, Exegese und Kirchengeschichte. Zweyter Band. Helmstädt 1798. In: ABBL 9.2 (1799) S. 291-315.

--- [Rez.]: Moses und David keine Geologen. Ein Gegenstück zu Herrn Kirwan's Esq. geologischen Versuchen. von David Julius Pott. Berlin u. Stettin 1799. In: ABBL 10.1 (1800) S. 177-188.

--- [Rez.]: Die Urkunden des Jerusalemischen Tempelarchivs in ihrer Urgestalt [...] von D. Karl David Ilgen. Halle 1798. In: ABBL 10.5 (1801) S. 939.

Ende Eichhorn

Exegetisches Handbuch des Alten Testaments für Prediger, Schullehrer und gebildete Leser. Erstes Stück, enthaltend den Josua. Zweytes Stück, enthaltend das Buch der Richter. Leipzig 1797.

FABRICIUS, J.A.: Bibliotheca Graeca sive notitia scriptorum veterum Graecorum. Ed. quarta curante G.Chr. Harles. 1. Bd. Hamburg 1790.

FICHTE, J.G.: Briefe. Hrsg. v. M. Buhr. 2. erw. Aufl. Leipzig 1986 (RUB).

--- Über den Grund unseres Glaubens an eine göttliche Weltregierung. In: Philosophisches Journal einer Gesellschaft Teutscher Gelehrter. Hrsg. v. J. G. Fichte u. Fr.I. Niethammer. Bd. 8.1 Jena u. Leipzig 1798. S. 1-20. Neudruck in: Appelation an das Publikum ... Dokumente zum Atheismusstreit um Fichte, Forberg, Niethamer. Jena 1798/99. Hrsg. v. W. Röhr. Leipzig 1987 (RUB). S. 11-22.

FONTENELLE, B. LE B. DE: Philosophische Neuigkeiten für Leute von Welt und für Gelehrte. Ausgew. Schr. Leipzig 1989 (RUB). S. 228-242.

FORBERG, F.K.: Entwickelung des Begriffs der Religion. In: Philosophisches Journal einer Gesellschaft Teutscher Gelehrter. Bd. 8.1 (1798) S. 21-46. Neudruck in: Appelation an das Publikum. S. 23-38.

FULDA, F.K.: Das Alter der heiligen Schriftbücher des alten Testaments. In: NRBML 3 (1791) S. 180-256.

--- Über Cosmogonie, Androgonie und Menschengeschichte nach der Noachitischen Fluth. In: Memorabilien 2.4 (1792). S. 102-136.

GABLER, J.PH.: Johann Gottfried Eichhorns Urgeschichte. Herausgegeben mit Einleitung und Anmerkungen von J.Ph. Gabler. 3 Theile. Altdorf u. Nürnberg 1790-1792.

GOETHE, J.W.: West-Östlicher Divan. Gesamtausgabe. Leipzig 1953.

[GOETHE, J.W. U. FR. SCHILLER:] Briefwechsel zwischen Schiller und Goethe. Bd. 3. Hrsg. v. Ph. Stein. Leipzig 1944 (RUB 4154-4156).

GÜTE, H.E.: Entwurf zur Einleitung ins Alte Testament zum Gebrauch akademischer Vorlesungen. Halle 1787.

GROTIUS, H.: Annotationes ad Vetus Testamentum. Tomus I. Paris 1644.

GURLITT, J.G.: Abriß der Geschichte der Philosophie. Leipzig 1786.

HASSE, J.G.: Entdeckungen im Felde der ältesten Erd- und Menschengeschichte, aus Näherer Beleuchtung ihrer Quellen. Nebst Materialien zu einer neuen Erklärung des ersten Buches Mose. Halle u. Leipzig 1801.

HEINRICHS, J.H.: Commentatio de antiquo illo documento, quod secundo Geneseos capite exstat. Göttingen 1790.

HERDER, J.G.: Aelteste Urkunde des Menschengeschlechts [1774]. In: Herders sämmtliche Werke. Hrsg. v. B. Suphan. Bd. 6 (1883) S. 193-501 u. Bd. 7 (1884) S. 1-171.

--- Johann Gottfried Herder. Briefe. Gesamtausgabe 1763-1803. 5. Bd. Hrsg. von den Nation. Forschungs- u. Gedenkstätten der Klassischen dt. Lit. i. Weimar. Bearb. v. W. Dobbek u. G. Arnold. Weimar 1979.

--- Briefe, das Studium der Theologie betreffend. In: Herders sämmtliche Werke. Bd. 10 (1879).

--- Vom Geist der Ebräischen Poesie. eine Anleitung für die Liebhaber derselben, und der ältesten Geschichte des menschlichen Geistes. In: Herders sämmtliche Werke. Bd. 11. (1879).

HEYNE, CHR.G. [Rez.]: R. Wood: Essays on the Original Genius of Homer. London 1769. In: Göttingische Anzeigen von Gelehrten Sachen. Bd. 1. Göttingen 1770. S. 257-270.

HEZEL, W.F.: Die Bibel Alten und Neuen Testaments mit vollständig-erklärenden Anmerkungen. Erster Theil, welcher die fünf Bücher Mose enthält. Lemgo 1780.

--- Lehrbuch der Kritik des Alten Testaments. Leipzig 1773.

HOBBES, TH.: Leviathan, or The Matter, Form, and Pover of a commonwealth Ecclesiastical and civil. In: Ders.: The English Works. Now first collected and edided by Sir William Molesworth. Bd. 3. London MDCCCXXXIX [1839] (Neudr. Aalen 1966).

HUMBOLDT, W. V.: Wilhelm von Humboldt. Sein Leben und Wirken, dargestellt in Briefen, Tagebüchern und Dokumenten seiner Zeit. Hrsg. v. R. Freese. Berlin 1955.

HUG, J.L.: Die Erfindung der Buchstabenschrift, ihr Zustand und frühester Gebrauch im Alterthum. Ulm 1801.

--- Die mosaische Geschichte des Menschen, von seinem Ursprunge bis zum Entstehen der Völker. Frankfurt u. Leipzig 1793.

JABLONSKI, P.E.: Pantheon Aegyptiorum. 3 Bde. Frankfurt a.M. 1750-1752.

JAHN, J.: Einleitung in die göttlichen Schriften des alten Bundes. Wien 1793.

--- Einleitung in die Göttlichen Bücher des Alten Bundes. I. Theil. Zweyte ganz umgearb. Aufl. Wien 1802.

JERUSALEM, J.FR.W.: Betrachtungen über die vornehmsten Wahrheiten der Religion. Zweyten Theils zweyter Band. Braunschweig 1779.

[JERUSALEM, J.FR. W.:] Briefe über die Mosaischen Schriften und Philosophie. Erste Sammlung. Zweyte Aufl. Braunschweig 1772.

JUSTI, C.: Ueber die Orakel des Jesajas, die Wegführung der Juden ins babylonische Exil und ihre Rückkehr ins Vaterland betreffend. Ein Versuch der höhern Kritik. In: Memorabilien 4.7 (1793) S. 139-185.

KANT, I.: Kritik der reinen Vernnft. Leipzig 1979 (RUB).

--- Die Religion innerhalb der Grenzen der bloßen Vernunft [1793]. In: Ders.: Schriften zur Religion. Hrsg. v. M. Thom. Berlin 1981. S. 93-315.

KLEUKER, J.FR.: Ausführliche Untersuchung der Gründe für die Aechtheit und Glaubwürdigkeit der schriftlichen Urkunden des Christenthums. Erster Band. Leipzig 1793.

LA PEYRERE, I.: Systema Theologicum ex Praeadamitarum Hypothesi. o. Ort 1655.

LESSING, G.E.: Gegensätze des Herausgebers [zu den 'Fragmenten`]. In: Gotthold Ephraim Lessing. Gesammelte Werke. 7. Bd. Hrsg. v. P. Rilla. Berlin u. Weimar 1968. S. 812-853.

Magazin für Religionsphilosophie, Exegese und Kirchengeschichte. Hrsg. v. D. Heinr. Phil. Conr. Henke. 12 Bde. Helstädt [sic!] 1794-1802.

MEYER, G.W.: Apologie der geschichtlichen Auffassung der historischen Bücher des alten Testaments, besonders des Pentateuchs, im Gegensatz gegen die blos mythische Deutung des Letztern. Ein Beitrag zur Hermeneutik des Alten Testaments. Sulzbach 1811.

MICHAELIS, J.D. [Rez.]: J. Astruc: Conjectures ... In: Göttingische Anzeigen von gelehrten Sachen. 1. Bd. 1754 (12. September). S. 973-975.

--- [Rez.]: J. Astruc: Conjectures ... In: Relationes de libris novis. Bd 11 (1754) S. 162-194.

--- Einleitung in die göttlichen Schriften des Alten Bundes. Frankfurt a.M 1787

--- Fragen an eine Gesellschaft Gelehrter Männer, die auf Befahl Ihro Majestät des Königs von Dännemark nach Arabien reisen. Frankfurt a.M. 1762.

--- Mosaisches Recht. Erster Theil. Dritte vermehrte Ausgabe. Frankfurt a.M. 1793.

--- Vorrede zur arabischen Grammatik und Chrestomatie. 2. Aufl. Göttingen 1781.

MÖLLER, J.FR.W.: Ueber die Verschiedenheit des Styls bei den beyden Haupt-Urkunden der Genesis in gewissen Stellen. Göttingen 1792.

MORINUS, J.: Exercitationum biblicarum. 2. Bd. Paris 1669.

(In der chronologischen Reihenfolge des Erscheinens, anonom oder unter OTMAR bzw. J.C.C. NACHTIGALL oder N.:)

[NACHTIGAL, J.C.C. / OTMAR:] Fragmente über die allmählige Bildung der den Israeliten heiligen Schriften, besonders der sogenannten historischen. Beyträge zu einer künftigen Einleitung in das A.T. In: Magazin für Religionsphilosophie, Exegese und Kirchengeschichte. 2.2.16. Hrsg. v. H.Ph.C. Henke. Helmstädt 1794. S. 334-523.

--- Fragmente über die allmählige Bildung der den Israeliten heiligen Schrifte. 8. Fragment. In: A.a.O., Bd. 4. (1795) S. 1-36.

--- Fragmente über die allmählige Bildung der den Israeliten heiligen Schriften. Neuntes Fragment. In: A.a.O., Bd 4 (1795) S. 329-370.

--- Bruchstücke über die historische Poesie des Alten Testaments. Erstes Bruchstück. In: A.a.O., Bd. 4. (1795) S. 595-640.

--- Neue Versuche über die ersten elf Abschnitte der Genesis, und über die ältern Bücher, aus denen sie zusammengesetzt sind. In: A.a.O., Bd. 5. (1776) S. 291-336.

--- Über Samuels Sängerversammlung oder Prophetenschule. In: A.a.O., Bd. 6. (1796) S. 38-88.

--- Etwas über die Fragmente, aus denen die Genesis zusammengesetzt ist. In: A.a.O., Bd. 6 (1796) S. 221-229.

--- Nachtrag zu den Fragmenten: Über die allmählige Bildung der alttestamentlichen Bücher. In: Neues Magazin für Religionsphilosophie, Exegese und Kirchengeschichte. Hrsg. von H.Ph.C. Henke. Bd. 1 (1798) S. 306-336.

--- Ueber die Weisen-Versammlung der Israeliten. In: ABBL 9.3 (1799) S. 379-451.

NÖSSELT, J.A.: Anweisung zur Bildung angehender Theologen. 2. Bd., 2. verm. u. verb. Aufl. Halle 1791.

PAUL [FRIEDRICH RICHTER], J.: Flegeljahre. Eine Biographie. Berlin 1958.

PAULUS, H.E.G.: Compendium grammaticae arabicae ad indolem linguarum orientalium et ad usum rudimentorum conformatorum. Cum progymnasmatibus arabicae ex historia ortus et progressus literarum inter Arabes decerptis. Chrstomathiae arabicae a se editae jungendum elaboravit. Jena 1790.

--- [Hrsg.]: Memorabilien. Eine philosophisch-theologische Zeitschrift der Geschichte und Philosophie der Religionen, dem Bibelstudium und der morgenländischen Litteratur gewidmet. 2 Bde. Leipzig 1791-1796.

--- [Hrsg.]: Neues Repertorium für Biblische und Morgenländische Litteratur. 3 Bde. Jena 1790-1791 (NRBML).

--- [Hrsg.]: Sammlung der merkwürdigsten Reisen in den Orient. Jena 1792.

--- Über die Anlage und den Zweck des ersten und zweyten Fragments der ältesten Mosaischen Menschengeschichte. In: NRBML 2.5 (1790) S. 209-225.

PFANNKUCHE, F.H.: Ueber die palästinische Landessprache in dem Zeitalter Christi und der Apostel, ein Versuch zum Theil nach de Rossi entworfen. In: ABBL 8.3 (1798) S. 365-480.

POTT, D.J.: De antiquo documento quod exstat Gen. II et III. Helmstedt 1796.

--- De consilio Mosis in transscribendo documento eo, quod Genes. II. et III. ante oculos hauisse videtur. Helmstedt 1789.

[REIMARUS, H.S.:] Fragmente eines Ungenannten. In: Gotthold Ephraim Lessing. Gesammelte Werke. 7. Bd. Hrsg. v. P. Rilla. Berlin u. Weimar 1968. S. 751-812.

[RÜDIGER, S.]: Die ältesten Urkunden der Hebräer im ersten Buch Mose, für freymüthige Alterthumsforscher, neu übersetzt und erläutert. Stendal [1788].

ROSENMÜLLER, J.G.: Abhandlung über die älteste Geschichte der Erde, welche Moses im ersten Kapitel seines ersten Buches beschrieben. Nürnberg 1782.

--- Erklärung der Geschichte vom Sündenfall 1. B. M. 3. In: RBML 5.5 (1779) S. 158-185.

--- Historischer Beweis der Wahrheit der christlichen Religion. o.O. 1771.

SCHELLING, FR.W.J.: Antiquissimi de prima malorum humanorum origine philosophematis Genes. III. Tübigen 1792. In: Friedrich Wilhelm Joseph Schelling. Werke. Bd. 1. (Historisch-kritische Ausgabe. Reihe I. Werke) Stuttgart 1976. S. 59-100.

--- Ueber Mythen, historische Sagen und Philosopheme der ältesten Welt. In: Memorabilien 5 (1793) S. 1-68. (Abgedr. in: Ders.: Werke 1. A.a.O., S. 193-246).

SCHILLER, F.: Schillers Werke. Nationalausgabe Bd. 28. Briefwechsel, Schillers Briefe 1795-1796. Hrsg. v. N. Oellers. Weimar 1969.

--- Die Sendung Moses. In: A.a.O., Bd. 17. Historische Schriften. 1. Tl. Weimar 1970. S. 377-397.

--- Was heißt und zu welche Ende studiert man Universalgeschichte? Eine akademische Antrittsvorlesung. In: A.a.O., Bd. 17. Historische Schriften. 1. Tl. Weimar 1970. S. 359-376.

SCHLEIERMACHER, F.D.E.: Über die Religion. Reden an die Gebildeten unter ihren Verächtern. Leipzig o.J. (PhB 139b).

SCHRÖDER, N.W.: Institutiones ad fundamenta linguae hebraeae. In usum studiosae juventutis. Groningen 1766.

SEMLER, J.S.: Abhandlung von freier Untersuchung des Canon [4 Bde. 1771-1776]. Hrsg. v. H. Scheible. Gütersloh 1967 (Texte z. Kirchen- u. Theologiegesch. 5).

--- Beantwortung der Fragmente eines Ungenannten. Halle 1779.

--- Lebensbeschreibung von ihm selbst abgefaßt. Erster Theil. Halle 1781.

--- Versuch einer nähern Anleitung zu nützlichem Fleisse in der ganzen Gottesgelersamkeit für angehende Studiosos Theologiae. Halle 1757.

SIMON, R.: Histoire critique du Vieux Testament [Paris] 1678. Nachdruck: Rotterdam 1685 (= Nachdruck Frankfurt 1967).

--- Lettres choisies. Nouv. ed. Bd. 2 u. 3. Amsterdam 1730.

SPANNHEIM, E.: Lettre à un ami. Où l'on rend compte d'un Livre, qui a pour titre, Histoire Critique Du Vieux Testament. Paris 1678. Angebunden an Histoire critique [1685/1967].

SPINOZA, B.: Tractatus Theologico-Politicus. Darmstadt 1979 (Ders.: Opera 1. Hrsg. v. G.Gawlick u. F. Niewöhner).

STROTH, FR.A.: Parallelen zur Geschichte des Alten Test. aus griechischen Schriftstellern. Erstes Stück. In: RBML 16.2 (1785) S. 65-101.

VATER, J.S.: Commentar über den Pentateuch. Dritter Theil. Halle 1805.

--- Hebräische Sprachlehre. Nebst einer Kritik der Danzschen und Meinerschen Methode in der Vorrede. 2. Aufl. Leipzig 1814.

VITRINGA, C.: Observationum sacrum. Bd.1. 4. Aufl. Franeker 1712.

DE WETTE, W.M.L.: Beiträge zur Einleitung in das Alte Testament. Kritik der Israelitischen Geschichte. 2 Bde. Halle 1806-07.

WITTER, H.B.: Jura Israelitarum in Palaestinam terram Chananaeam comentatione in Genesis. Hildesheim [1711].

ZANGE, FR.CHR.: Kurze Einleitung in die sämmtlichen Bücher des alten und neuen Testaments. Zum Gebrauch für Bürger und Landschulen. Eisenach 1795.

ZIEGLER, W.C.L.: Kritik über den Artikel von der Schöpfung nach unserer gewöhnlichen Dogmatik. In: Magazin für Religionsphilosophie, Exegese und Kirchengeschichte. Hrsg. v. H.Ph.C. Henke. Zweyten Bandes erstes Stück. Helmstädt 1794. S. 1-113.

3. Neuere Literatur

3.1. Nachschlagewerke

Allgemeine Deutsche Biographie (ADB). 56 Bde. Leipzig 1875-1912 (Neudr.: Berlin 1967-1971).

BAUMGARTEN, S.J.: Nachrichten von einer hallischen Bibliothek [ab Bd. 7, 1755: Nachrichten von merkwürdigen Büchern]. 12 Bde. Halle 1748-1758.

Deutsches Biographisches Archiv. Eine Kumulation aus 254 der wichtigsten biographischen Nachschlagewerke für den deutschen Bereich bis zum Ausgang des neunzehnten Jahrhunderts. Hrsg. v. B. Fabian. Bearb. u. d. Leitung von W. Grozny. Microfiche-Ausgabe.

DOERING, H.: Die gelehrten Theologen Deutschlands im achtzehnten und neunzehnten Jahrhundert. Nach ihrem Leben und Wirken dargestellt. 4 Bde. Neustadt a. d. Orla 1831-35.

ERSCH, J.S.: Handbuch der deutschen Literatur seit der Mitte des 18. Jahrhunderts bis auf die neueste Zeit. Neue Ausg. Bd. 1.2 (Theologie) Leipzig 1922.

ERSCH, J.S. u. J.G. GRUBER: Allgemeine Encyclopädie der Wissenschaften und Künste in alphabetischer Folge von genannten Schriftstellern bearb. u. hrsg. von J.S. Ersch u. J.G. Gruber. Skt. I, Bd. 1 - 99 Leipzig 1818-1882; Skt. II, Bd. 1 - 43 Leipzig 1827-1888; Skt. III, Bd. 1 - 25 Leipzig 1830-1850.

FABRICIUS, J.A.: Bibliographia antiquaria sive introductio in notitiam scriptorum. Ed. tertia Hamburg 1760.

GASS, W.: Geschichte der Protestantischen Dogmatik in ihrem Zusammenhange mit der Theologie überhaupt. 4. Bd. Die Aufklärung und der Rationalismus. Die Dogmatik der philosophischen Schulen. Schleiermacher und seine Zeit. Berlin 1867.

GRIMM, J. u. W.: Deutsches Wörterbuch. 16 Bde. Leipzig 1854 - 1954.

HIRSCH, E.: Geschichte der neuern evangelischen Theologie im Zusammenhang mit den allgemeinen Bewegungen des europäischen Denkens. 5 Bde. Gütersloh 1949-1953.

JÖCHER, J.CHR.: Allgemeines Gelehrten-Lexicon, Darinne die Gelehrten aller Stände sowohl männ- als auch weiblichen Geschlechts, welche vom Anfange der Welt bis auf die ietzige Zeit gelebet, und sich der gelehrten Welt bekannt gemacht. 4 Bde. Leipzig 1750-1751 (Neudr.: Hildesheim - New York 1961).

Lexikon für Theologie und Kirche (LThK). 11 Bde. Freiburg i.Br. 1957-67.

MEUSEL, J.G.: Lexikon der vom Jahr 1750 bis 1800 verstorbenen teutschen Schriftsteller. 15. Bde. Leipzig 1802-1816.

MEYER, G.W.: Geschichte der Schrifterklärung seit der Wiederherstellung der Wissenschaften. 5 Bde. Göttingen 1802-1809.

Neue Deutsche Biographie (NDB). 15 Bde. Berlin 1953ff. (unabgeschlossen).

Nouvelle Biographie Générale (NBG) Bd. 42 (1866).

Neuer Nekrolog der Deutschen. Hrsg. v. F.A. Schmidt. Bd. 1 - 30. Weimar [später Ilmenau] 1823 - 1852.

NÖSSELT, J.A.: Anweisung zur Kenntniß der besten allgemeinen Bücher in allen Theilen der Theologie. Vierte verb. u. sehr verm. Aufl. Leipzig 1800.

PAULSEN, F.: Geschichte des gelehrten Unterrichts auf den deutschen Schulen und Universitäten vom Ausgang des Mittelalters bis zur Gegenwart. 2., umgearb. u. s. erw. Aufl. 2 Bde. Leipzig 1896-97.

Realencyklopädie für protestantische Theologie und Kirche. 3. Aufl. 22 Bde. Leipzig 1896-1909 (RE 3. Aufl.).

Religion in Geschicht und Gegenwart. 2. Aufl. 5 Bde. Tübingen 1927-1931 (RGG 2. Aufl.).

Religion in Geschicht und Gegenwart. 3. Aufl. 6 Bde. Tübingen 1959-1965 (RGG 3. Aufl.).

ROSENMÜLLER, E.F.K.: Handbuch für die Literatur der biblischen Kritik und Exegese. 4 Bde. Göttingen 1797-1800.

Theologische Realenzyklopädie. Hrsg. v. G. Krause u. G. Müller. Berlin - New York 1976ff. (TRE).

THIESS, J.O.: Handbuch der neuern, besonders deutschen und protestantischen Litteratur der Theologie. 2 Bde. Liegnitz und Leipzig 1795-97.

WINER, G.B.: Handbuch der theologischen Literatur. Erste Abtheilung (Bd. 1). Dritte sehr erw. Aufl. Leipzig 1837.

[ZEDLER:] Zedlers Grosses Universal-Lexicon über alle Wissenschaften und Künste, welche bishero durch menschlichen Verstand und Witz erfunden und verbessert wurden. 64 Bde. Halle u. Leipzig 1732-1754.

3.2. Sekundärliteratur

ALBERTZ, R.[Rez.]: Blum, E.: Die Komposition der Vätergeschichte. In: ThLZ 111 (1986) S. 180-183.

ALT, A.: Der Gott der Väter [1929]. In: Ders.: Kleine Schriften. Bd. 1. München 1959. S. 1-78.

ALTWICKER, N.: Benedictus de Spinoza. In: Die Aufklärung. Hrsg. v. M. Greschat. Stuttgart 1983 (Gestalten der Kirchengeschichte 8). S. 89-103.

ARMOGATHE, J.-R.: Sens littéral et orthodoxie. In: Le siècle des Lumières et la Bible. Hrsg. v. Y. Belaval u. D. Bourel. Paris 1986 (Bible de tous les temps 7). S. 431-439.

ANER, K.: Die Theologie der Lessingzeit. Halle 1929.

Appelation an das Publikum ... Dokumente zum Atheismusstreit um Fichte, Forberg, Niethamer. Jena 1798/99. Hrsg. v. W. Röhr. Leipzig 1987 (RUB).

AUGUSTIN: De Mirabilibus Sacrae. Libri tres. In: Sancti Aurelii Augustini: Opera Omnia. Bd. 8.2 [Appendix]. (J.P. Migne: Patrologia cursus completus. Series Latina Prior. [PL] Bd. 35. Paris 1861). Sp. 2149-2200.

AUVRAY, P.: Richard Simon. 1638-1712. Étude bio-bibliographique avec des textes inédits. Paris 1974 (Le mouvement des idées au XVIIe siècle. 8).

BARDTKE, H.: Henning Bernhand Witter. Zur 250 Wiederkehr seiner Promotion zum Philosophiae Doctor am 6. November 1704 zu Helmstedt. In: ZAW 66 (1954) S. 153-181.

BECKER, C.: Natürliche Erziehung - Erziehung zur Natur? Kontroverses um Rousseau. In: Idealismus und Aufklärung. Kontinuität und Kritik der Aufklärung in Philosophie und Poesie um 1800. Hrsg. v. Chr. Jamme u. G. Kurz. Stuttgart 1988 (Deutscher Idealismus 14). S. 137-152.

BERNHARDT, K.-H.: Die Umwelt des Alten Testaments. Bd. 1. Berlin 1967.

BEYER, W.: Der Atheismusstreit um Fichte. In: Debatten und Kontroversen. Literarische Auseinandersetzungen in Deutschland am Ende des 18. Jahrhunderts. Hrsg. v. H.-D. Dahnke und B. Leistner. 2. Bd. Berlin u. Weimar 1989. S. 154-245.

BLEEK, F.: Einleitung in das Alte Testament. Hrsg. v. J.Fr. Bleek u. A. Kamphausen. Berlin 1860.

BLUM, E.: Die Komposition der Vätergeschichte. Neukirchen-Vluyn 1984 (WMANT 57).

--- Studien zur Komposition des Pentateuch. Berlin 1990 (BZAW 189).

BÖDEKER, H.E.: Reisebeschreibungen im historischen Diskurs der Aufklärung. In: Aufklärung und Geschichte. Hrsg. v. H.E. Bödeker, G.G. Iggers, J.B. Knudsen u. P.H. Reill. Göttingen 1986 (Veröff. d. MPI 81). S. 276-298.

BÖDEKER, H.E., G.G. IGGERS, J.B. KNUDSEN, P.H. REILL: Einleitung zu: Aufklärung und Geschichtswissenschaft. In: Aufklärung und Geschichte. S. 9-22.

BOLLACHER, M.: Lessing: Vernunft und Geschichte. Tübingen 1978 (Stud. z. dt. Lit. 56).

BOST, H.: Isaac La Peyrère (1596-1676). A propos d'un livre récent. In: ETR 63 (1988) S. 435-440.

BOUREL, D.: Die deutsche Orientalistik im 18. Jahrhundert. Von der Mission zur Wissenschaft. In: Historische Kritik und biblischer Kanon in der deutschen Aufklärung. Hrsg. v. H. Graf Reventlow, W. Sparn u. J. Woodbridge. Wiesbaden 1988 (Wolfenbüttler Forschungen 41). S. 113-126.

BRECHT, M.: Johann Albrecht Bengel und der schwäbische Pietismus. In: Pietismus und Bibel. Hrsg. v. K. Aland. Witten 1970 (AGP 9). S. 193-218.

BUCHWALD, R.: Schiller. Leben und Werk. 4., neubearb. Ausg. Leipzig 1959.

BULTMANN, CHR.: Herder als Schüler des Philologen Michaelis. Zur Rigaer Erstfassung der "Archäologie". In: Bückeburger Gespräche über Johann Gottfried Herder 1988. Älteste Urkunde des Menschengeschlechts. Hrsg. v. B. Poschmann. Rinteln 1989 (Schaumburger Studien 49). S. 64-80.

CLEMENTS, R.E.: Pentateuchal Problems. In: Tradition and Interpretation. Hrsg. v. G. Anderson. Oxford 1979. S. 96-124.

--- [Rez.]: Rendtorff, R.: Das Überlieferungsgeschichtliche Problem ... In: JSOT 3 (1977) S. 46-56.

CRÜSEMANN, F.: Der Pentateuch als Tora. In: EvTh 49 (1989) S. 250-267.

DANN, O.: Das historische Interesse in der deutschen Gesellschaft des 18. Jahrhunderts. In: Historische Forschung im 18. Jahrhundert. Hrsg. v. K. Hammer u. J. Voss. Bonn 1976 (Pariser hist. Stud. 13). S. 386-415.

DANTO, A.C.: Analytische Philosophie der Geschichte. Frankfurt a. M. 1980.

DEISSMANN, A.: Johann Kepler und die Bibel. Ein Beitrag zur Geschichte der Schriftautorität. Marburg 1894.

DIEBNER, B.J.: Abschied von der "Überlieferungsgeschichte" ... In: DBAT 25 (1988) S. 5-13.

--- [Rez.]: Blum, E.: Studien zur Komposition des Pentateuch. Habil. Heidelberg 1987f. In: DBAT 25 (1988) S. 218.

--- Neue Ansätze in der Pentateuchforschung. In: DBAT 13 (1978) S. 2-13.

DIESTEL, L.: Geschichte des Alten Testaments in der christlichen Kirche. Jena 1869 (Nachdr. Leipzig 1981).

DILTHEY, D.: Das achtzehnte Jahrhundert und die geschichtliche Welt. In: Ders.: Ges. Schr. Bd. 3. Berlin 1925. S. 220-302.

--- Leben Schleiermachers. Bd 2.2. In: Ders.: Ges. Schr. Bd. 14.2. Berlin 1966.

DONNER, H.: Gesichtspunkte zur Auflösung des klassischen Kanonbegriffes bei Johann Salomo Semler. In: Fides et communicatio. FS M. Doerne. Göttingen 1970. S. 56-68.

--- Weltentstehung und Kulturentwicklung bei Philo von Byblos. Stuttgart 1979 (BWANT 108).

EBELING, G.: Die Bedeutung der historisch-kritischen Methode für die protestantische Theologie und Kirche. In: Ders.: Wort und Glaube. Bd. 1. Tübingen 1960. S. 1-49.

--- "sola scriptura" und das Problem der Tradition. In: Schrift und Tradition. Hrsg. v. K.E. Skydsgaard u. L. Vischer. Zürich 1963. S. 95-127.

EBERHARDT, H.: Johann Gottfried Herder in Weimar. In: Fundamente. Dreißig Beiträge zur thüringischen Kirchengeschichte. Berlin 1987 (Thüringer kirchliche Studien 5). S. 155-168.

ECO, U.: Das Foucaultsche Pendel. München 1989.

EISSFELDT, O.: Einleitung in das Alte Testament. 4. Aufl. 1976.

--- Hexateuch-Synopse. Darmstadt 1922 (Reprint: Darmstadt 1962).

--- Sechs Jahrzehnte alttestamentlicher Wissenschaft. In: Volume du Congrès Genève 1965. Leiden 1966 (VTS 15). S. 1-13.

--- Taautos und Sanchunjaton. Berlin 1952 (SAB. Kl. f. Spr., Lit. u. Kunst. 1952.1).

ENGNELL, I.: Methodological Aspects of Old Testament Study. In: VT 7 (1957) S. 13-30.

EULENBERG, F.: Die Frequenz der deutschen Universitäten bis zur Gegenwart. Leipzig 1904 (Abh. der phil.-hist. Kl. der sächs. Ges. der Wiss. 24).

EUSEBIUS: Die Praeparatio Evangelica. In: Eusebius. Werke. 8. Bd. Hrsg. v. K. Mras. 2 Bde. Berlin 1954-1956 (GCS 8,1.2).

Die evangelischen Schulordnungen des achtzehnten Jahrhunderts. Hrsg. v. R. Vormbaum. Gütersloh 1864 (Evangelische Schulordnungen. 3).

FABIAN, B.: Im Mittelpunkt der Bücherwelt. In: Wissenschaften im Zeitalter der Aufklärung. Hrsg. v. R. Vierhaus. Göttingen 1985. S. 249-274.

FAULENBACH, H.: Art. Coccejus, Johannes (1603-1659). In: TRE Bd. 8 (1981) S. 132-140.

FICHTE, J.H.: Johann Gottlieb Fichte's Leben und litterarischer Briefwechsel. Bd. 1. Sulzbach 1830.

FOHRER, G.: Einleitung in das Alte Testament. 12., überarb. Aufl. Heidelberg 1979.

--- Überlieferung und Geschichte des Exodus. Berlin 1964 (BZAW 91).

FRANK, G.: Geschichte der Protestantischen Theologie. Zweiter Theil. Leipzig 1865.

FREUDENTHAL, J.: Die Lebensgeschichte Spinozas in Quellenschriften, Urkunden und nichtamtlichen Nachrichten. Leipzig 1899.

FUETER, E.: Geschichte der neueren Historiographie. München u. Berlin 1911 (Handb. d. mittelalterl. u. neueren Gesch. 1).

GADAMER, H.-G.: Wahrheit und Methode. 4. Aufl. Tübingen 1975.

Geschichte der Universitätsbibliothek Jena. 149-1945. Weimar 1958 (Claves Jenenses 7).

GRABOIS, A.: L'exégèse rabbinique. In: Le Moyen Age et la Bible. Hrsg. v. P. Riché u. G. Lobrichon. Paris 1984 (Bible de tous les temps 4). S. 233-260.

GRAF, K.H.: Richard Simon. In: Beiträge zu den theol. Wissenschaften. Bd. 1. Straßburg 1847 (= 2. Aufl. Jena 1851). S. 158-242.

GRESCHAT, M.: Bibelkritik und und Politik. Anmerkungen zu Spinozas Theologisch-politischem Traktat. In: FS K. Aland: Text - Wort - Glaube. Berlin-New York 1980 (AzKG 50). S. 324-343.

GRESSMANN, H.: Die Aufgaben der alttestamentlichen Forschung. In: ZAW 42 [NF 1] (1924) S. 1-33.

GRÜNDER, K.: Figur und Geschichte. Johann Georg Hamanns "Biblische Betrachtungen" als Ansatz einer Geschichtsphilosophie. Freiburg u. München 1958. (Symposion 3).

--- Hermeneutik und Wissenschaftstheorie. In: Ders.: Reflexion der Kontinuitäten. Zum Geschichtsdenken der letzten Jahrzehnte. Göttingen 1982. S. 74-87.

GUGGISBERG, H.R.: Art. Grotius, Hugo (1583-1645). In: TRE Bd. 14 (1985) S. 277-280.

GUNNEWEG, A.H.J.: Anmerkungen und Anfragen zur neueren Pentateuchforschung (1). In: ThR 48 (1983) S. 227-253.

--- Dass. (2). In: ThR 50 (1985) S.107-131.

HADAS-LEBEL, M.: Le P. Houbigant et la critique textuelle. In: Le siècle des Lumières et la Bible. S. 103-112.

HAHN, K.-H.: Schiller als Historiker. In: Aufklärung und Geschichte. S. 388-415.

HAMMERSTEIN, N.: Der Anteil des 18. Jahrhunderts an der Ausbildung der historischen Schulen des 19. Jahrhunderts. In: Historische Forschung im 18. Jahrhundert. S. 432-450.

--- Reichs-Historie. In: Aufklärung und Geschichte. S. 82-104.

HARTLICH, CHR. u. W. SACHS: Der Ursprung des Mythosbegriffes in der modernen Bibelwissenschaft. Tübingen 1952 (Schriften d. Studiengemeinsch. d. Ev. Akademien).

HARTUNG, F.: Das Großherzogtum Sachsen unter der Regierung Carl Augusts. 1775-1828. Weimar 1923.

HAYM, R.: Herder. 1. Bd. Berlin 1954.

HAZARD, P.: Die Krise des europäischen Geistes. La Crise de la Conscience Européenne 1680 - 1715. Hamburg 1939.

--- Die Herrschaft der Vernunft. Das Europäische Denken im 18. Jahrhundert. La Pensée Européenne au XVIIIe siècle de Montesquieu á Lessing. Hamburg 1949.

HEISENBERG, W.: Das Naturbild der heutigen Physik. Hamburg 1955.

HERRMANN, S.[Rez.]: VanSeters, J.: In Search of History. Historiography in the Ancient World and the Origins of Biblical History. In: ThLZ 113 (1988) S. 177-180.

HEUSSI, K.: Geschichte der Theologischen Fakultät zu Jena. Weimar 1954.

HOFE, G. VOM: "Weitstrahlsinnige" Ur-kunde. Zur Eigenart und Begründung des Historismus beim jungen Herder. In: Johann Gottfried Herder. 1744 - 1803. Hrsg. v. G. Sauder. Hamburg 1987 (Studien z. 18. Jahrhundert). S. 364-382.

HOLZINGER, H.: Einleitung in den Hexateuch. Freiburg u. Leipzig 1893.

--- Bearbeitung des 1. bis 4. Buches Mosis in: Die Heilige Schrift des Alten Testaments. Übersetzt von E. Kautzsch. Vierte, umgearb. Aufl., hrsg. v. A. Bertholet. Bd. 1. Tübingen 1922.

HORKHEIMER, M. u. TH.W. ADORNO: Dialektik der Aufklärung. Frankfurt a. M. 1978.

HORNIG, G.: Art. Akkomodation. In: HWPh Bd. 1 (1971) Sp. 125-126

--- Die Anfänge der historisch-kritischen Theologie. Johann Salomo Semlers Schriftverständnis und seine Stellung zu Luther. Göttingen 1961 (FSThR 8).

--- Hermeneutik und Bibelkritik bei Johann Salomo Semler. In: Historische Kritik und biblischer Kanon in der deutschen Aufklärung. S. 219-236.

--- Lehre und Bekenntnis im Protestantismus. In: Handbuch der Dogmen- u. Theologiegeschichte. Bd. 3. Die Lehrentwicklung im Rahmen der Ökumenizität. Göttingen 1984. S. 71-146.

--- Orthodoxie und Textkritik. Die Kontroverse zwischen Johann Melchior Goetze und Johann Salomo Semler. In: Verspätete Orthodoxie. Über D. Johann Melchior Goetze (1717-1786). Hrsg. v. H. Reinitzer u. W. Sparn. Wiesbaden 1989 (Wolfenbüttler Forschungen 45). S. 159-177.

HORSTMANN, A.: Der Mythosbegriff vom frühen Christentum bis zur Gegenwart. In: Archiv für Begriffsgeschichte 23 (1979) S. 7-54.

--- Art. Mythos, Mythologie II-IV. In: HWPh Bd. 6 (1984) Sp. 283-295.

--- Mythologie und Altertumswissenschaft. Der Mythosbegriff bei Christian Gottlob Heyne. In: Archiv für Begriffsgeschichte 16 (1972) S. 60-85.

HÜBNER, J.: Die Theologie Johannes Keplers zwischen Orthodoxie und Naturwissenschaft. Tübingen 1975 (BhTh 50).

HUMBERT, P.: Die neuere Genesis-Forschung. In: ThR 6 (1934) S. 207-228.

IGGERS, G.G.: Deutsche Geschichtswissenschaft. Eine Kritik der raditionellen Geschichtsauffassungen von Herder bis zur Gegenwart. München 1971.

JAMME, CHR.: Aufklärung via Mythologie. In: Idealismus und Aufklärung. S. 35-58.

JANZER, G.: Goethe und die Bibel. Leipzig 1929.

JOSEPHUS: Flavii Iosephi opera. Recognovit Benedictus Niese. Vol. I. Antiquitatum Iudaicarum Libri I-V. Berlin 1888f.

--- Flavius Josephus: Jüdische Altertümer. Übersetzt und mit Einleitung und Anmerkungen versehen von H. Clementz. 1. Bd. (Buch I-X) Halle o.J.

--- Flavius Josephus. Kleinere Schriften (Selbstbiographie - Gegen Apion - Über die Makkabäer). Übersetzt und mit Anmerkungen versehen v. H. Clementz. Halle o.J.

KAISER, O.: Einleitung in das Alte Testament. 5., überarb. Aufl. Gütersloh 1984.

--- Johann Salomo Semler als Bahnbrecher der modernen Bibelwissenschaft. In: Ders.: Von der Gegenwartsbedeutung des Alten Testaments. Göttingen 1984. S. 79-94.

--- Kants Anweisung zur Auslegung der Bibel. In: Ders.: Von der Gegenwartsbedeutung des Alten Testaments. S. 47-60.

--- Art. Literaturgeschichte, Biblische. I. Altes Testament. In: TRE 21 (1991) S. 306-337.

KANTZENBACH, FR.W.: Idealistische Religionsphilosophie und Theologie der Aufklärung. In: Idealismus und Aufklärung. S. 97-149.

KARPP, H.: Der Beitrag Keplers und Galileis zum neuzeitlichen Schriftverständnis. In: ZThK 67 (1970) S. 40-55.

--- Zur Geschichte der Bibel in der Kirche des 16. und 17. Jahrhunderts. In: ThR 48 (1983) S. 129-155.

KEMPSKI, J. VON: Spinoza, Reimarus, Bruno Bauer - drei Paradigmen radikaler Bibelkritik. In: Hermann Samuel Reimarus. Vorträge. Göttingen 1973. S. 96-112.

KIRCHNER, J.: Die Zeitschriften des deutschen Sprachgebietes von den Anfängen bis 1830. Stuttgart 1969.

KITTEL, R.: Die Alttestamentliche Wissenschaft in ihren wichtigsten Ergebnissen. 5. Aufl. Leipzig 1929.

--- Geschichte des Volkes Israel. 1. u.2. Bd. 3., erw. Aufl. Gotha 1916-17 (Handbücher der Alten Geschichte. I.3.); 3. Bd. 1.u.2. Aufl. Stuttgart 1927-29.

KLEMPT, A.: Die Säkularisierung der universalhistorischen Auffassung. Zum Wandel des Geschichtsdenkens im 16. und 17. Jahrhundert. Göttingen 1960 (Gött. Baust. z. Geschichtswiss. 31).

KOHATA, F.: Jahwist und Priesterschrift in Exodus 3 - 14. Berlin 1986 (BZAW 166).

KONDYLIS, P.: Die Aufklärung im Rahmen des neuzeitlichen Rationalismus. Müchen 1986 (=Stuttgart 1981).

KÖCKERT, M.: Auf der Suche nach dem Jahwisten. Aporien in der Begründung einer Grundthese alttestamentlicher Exegese. In: Theologische Versuche. Bd. 14. Hrsg. v. J. Rogge u. G. Schille. Berlin 1985. S. 39-64.

--- Vätergott und Väterverheißungen. Eine Auseinandersetzung mit Albrecht Alt und seinen Erben. Göttingen 1988 (FRLANT 142).

KRAELING, E.G.: The Old Testament since the Reformation. London 1955.

KRAFFT, F.: Art. Kepler, Johannes (1571-1630). In: TRE Bd. 18 (1989) S. 97-109.

KRAUS, H.-J.: Geschichte der historisch-kritischen Erforschung des Alten Testaments. 3., erw. Aufl. Neukirchen-Vluyn 1982.

KRIEGER, L.: The Philosophical Bases of German Historicism. In: Aufklärung und Geschichte. S. 246-263.

KÜMMEL, W.G.: Das Neue Testament. Geschichte der Erforschung seiner Probleme. Freiburg u. München 1958.

KUPISCH, K.: Durch den Zaun der Geschichte. Berlin 1964.

--- Die Hieroglyphe Gottes. Große Historiker der bürgerlichen Epoche. München 1967.

LAPLANCHE, F.: La Bible chez les Réformés. In: Le Siècle des Lumières et la Bible. S. 459-480.

LEVIN, CHR. [Rez.]: F. Kohata: Jahwist und Priesterschrift in Exodus 3 - 14. In: ThLZ 113 (1988) S. 582-584.

LE BRUN, J.: Meaning and Scope of the Return to Origins in Richard Simon's Work. In: TrinJ 3 NS (1982) S. 57-70.

LODS, A.: Jean Astruc et la critique biblique au XVIIIe siècle. Strasbourg u. Paris 1924.

LÖWENBRÜCK, A.-R.: Johann David Michaelis' Verdienst um die philologisch-historische Bibelkritik. In: Historische Kritik und biblischer Kanon. S. 157-170.

LOHFINK, N.: Fortschritt oder Wachstumskrise? Zur Lage der alttestamentlichen Wissenschaft. In: Ev Komm 21 (1988) S. 638-641.

MALET, A.: Le Traité théologico-politique et la pensée biblique. Paris 1966 (Publ. de l'Université de Dijon 35).

MEINECKE, F.: Die Entstehung des Historismus. 2. Bd. Die deutsche Bewegung. München u. Berlin 1936.

MERK, O.: Biblische Theologie des Neuen Testaments in ihrer Anfangszeit. Ihre methodischen Probleme bei Johann Philipp Gabler und Georg Lorenz Bauer und deren Nachwirkungen. Marburg 1972 (MThSt 9).

--- Das Problem des Mythos zwischen Neologie und "religionsgeschichtlicher Schule" in der neutestamentlichen Wissenschaft. In: Mythos und Rationalität. Hrsg. v. H.H. Schmid. Gütersloh 1988. S. 172-194.

MERX, A.: Allgemeine Einleitung. In F. Tuch: Commentar über die Genesis. 2. Aufl. Halle 1871.

METZGER, M.: Die Paradieserzählung. Die Geschichte ihrer Auslegung von J.Clericus bis W.M.L. de Wette. Bonn 1959 (Abh. z. Phil., Psych. und Päd. 16).

MEYER, E.: Geschichte des Altertums. 2. Bd. 2. Abt., 3. Aufl. (hrsg. v. H.E. Stier) Darmstadt 1953.

MITTELSTRASS, J.: Neuzeit und Aufklärung. Studien zur Entstehung der neuzeitlichen Wissenschaft und Philosophie. Berlin 1970.

MÖLLER, H.: Vernunft und Kritik. Frankfurt a.M. 1986.

MÜLLER, GERALD: Johann Leonhard Hug (1765-1846). Seine Zeit, sein Leben und seine Bedeutung für die neutestamentliche Wissenschaft. Erlangen 1990 (Erlanger Studien 85).

MÜLLER, G.: Die theologischen Zeitschriften des 18. Jahrhunderts in Thüringen. Diss. theol. Jena 1964.

MÜLLER, H.: Johann Martin Chladenius (1710 - 1759). Ein Beitrag zur Geschichte der Geisteswissenschaft, besonders der historischen Methodik. Berlin 1917 (Hist. Stud. 134).

MÜLLER, W.E.: Johann Friedrich Wilhelm Jerusalem. Eine Untersuchung zur Theologie der "Betrachtungen über die vornehmsten Warheiten der Religion". Berlin 1984 (TBT 43).

--- Legitimation historischer Kritik bei J.F.W. Jerusalem. In: Historische Kritik und biblischer Kanon. S. 205-218.

MUHLACK, U.: Historie und Philologie. In: Aufklärung und Geschichte. S. 49-81.

--- Klassische Philologie zwischen Humanismus und Neuhumanismus. In: Wissenschaften im Zeitalter der Aufklärung. S. 93-119.

NÖLDEKE, TH.: Untersuchungen zur Kritik des ATs. (Die sogenannte Grundschrift des Pentateuchs. S. 1-144). Kiel 1869.

OTTO, E.: Stehen wir vor einem Umbruch in der Pentateuchkritik? In: VuF 22/1 (1977) S. 82-97.

PESCHKE, E.: August Hermann Francke und die Bibel. In: Pietismus und Bibel. S. 59-88.

PFLUG, G.: Die Entwicklung der historischen Methode im 18. Jahrhundert. In: DtVjs 28 (1954) S. 447-471.

POPKIN, R.H.: Isaak la Peyrére (1596-1676). His life, work and influence. Leiden 1987 (Studies in intellektuell history 1).

POSER, H.: Mythos und Vernunft. Zum Mythenverständnis der Aufklärung. In: Philosophie und Mythos. Ein Kolloquium. Hrsg. v. H. Poser. Berlin 1979. S. 130-153.

PUSCHMANN, J.: Alttestamentliche Auslegung und geschichtliches Denken bei Semler, Herder, Eichhorn, Schleiermacher unter besonderer Berücksichtigung De Wette's. Diss. theol. Hamburg 1959.

RADDAY, Y.T., H. SHORE, M.A. POLLATSCHEK u. D. WICKMANN: Genesis, Wellhausen and the Computer. In: ZAW 94 (1982) S. 467-481.

RATSCHOW, C.-H.: Lutherische Dogmatik zwischen Reformation und Aufklärung. Bd. 1. Gütersloh 1964.

REILL, P.H.: The German Englightenment and the Rise of Historicism. Berkeley and London 1975.

RENDTORFF, R.: Der Jahvist als Theologe? Zum Dilemma der Pentateuchkritik. In: VT. Suppl. 28 (1975) S. 158-166.

--- Das Überlieferungsgeschichtliche Problem des Pentateuch. Berlin 1977 (BZAW 147).

REVENTLOW, H. GRAF: Die Auffassung vom Alten Testament bei Herrmann Samuel Reimarus und Gotthold Ephraim Lessing. In: EvTh 25 (1965) S. 429-448.

--- Bibelautorität und Geist der Moderne. Göttingen 1980 (FKD 30).

--- Bibelexegese als Aufklärung. Die Bibel im Denken des Johannes Clericus (1657-1736). In: Historische Kritik und biblischer Kanon in der deutschen Aufklärung. S. 1-19.

--- L'exégèse humaniste de Hugo Grotius. In: Le Grand Siècle et la Bible. Hrsg. v. J.-R. Armogathe. Paris 1989 (Bible de tous les temps 6). S.141-154.

--- Richard Simon und seine Bedeutung für die kritische Erforschung der Bibel. In: Historische Kritik in der Theologie. Hrsg. v. G. Schwaiger. Göttingen 1980. S. 11-36.

--- Wurzeln der modernen Bibelkritik. In: Historische Kritik und Biblischer Kanon in der deutschen Aufklärung. S. 47-63.

ROSE, M.: Deuteronomist und Jahwist. Untersuchungen zu den Berührungspunkten beider Literaturwerke. Zürich 1981 (AThANT 67).

RUPPERT, L.: Die Aporie der gegenwärtigen Pentateuchdiskussion und die Josefserzählung der Genesis. In: BZ NF 29 (1985) S. 31-48.

RUPRECHT, E.: Die Frage nach den vorliterarischen Überlieferungen in der Genesisforschung des ausgehenden 18. Jh. In: ZAW 84 (1972) S. 293-314.

SAEBO, M.: Johann Philipp Gablers Bedeutung für die Biblische Theologie. In: ZAW 99 (1987) 1-16.

SALZBRUNN, J.: Studien zum historischen Zeitschriftenwesen von der Göttinger Aufklärung bis zur Herausgabe der HZ. Diss.phil. Münster 1968.

SANDYS-WUNSCH, J.: Spinoza - The first Biblical Theologian. In: ZAW 93 (1981) S. 327-341.

SCHILSON, A.: Geschichte im Horzont der Vorsehung. G.E. Lessings Beitrag zu einer Theologie der Geschichte. Mainz 1974 (TthSt 3).

SCHLOEMANN, M.: Siegmund Jacob Baumgarten. System und Geschichte in der Theologie des Übergangs zum Neuprotestantismus. Göttingen 1974 (FKDG 26).

--- Wegbereiter wider Willen. Sigmund Jacob Baumgarten und die historisch-kritische Bibelforschung. In: Historische Kritik und biblischer Kanon in der deutschen Aufklärung. S. 149-155.

SCHMID, H.H.: Auf der Suche nach neuen Perspektiven für die Pentateuchforschung. In: VT.Suppl. 32 (1981) S. 375-394.

--- Der sogenannte Jahwist. Beobachtungen und Fragen zur Pentateuchforschung. Zürich 1976.

SCHMIDT, J.M.: Die jüdische Apokalyptik. Die Geschichte ihrer Erforschung von den Anfängen bis zu den Textfunden von Qumran. Neukirchen-Vluyn 1969.

--- Karl Friedrich Stäudlin - ein Wegbereiter der formgeschichtlichen Erforschung des Alten Testaments. In: EvTh 27 (1967) S. 200-218.

SCHMIDT, W.H.: Exodus. 1. Teilbd. Exodus 1 - 6. Neukirchen-Vluyn 1988 (BK II.1).

--- Plädoyer für die Quellenscheidung. In: BZ 32 (1988) S. 1-14.

SCHMITT, H.-CHR.: Die Hintergründe der "neuesten Pentateuchkritik" und der literarische Befund der Josefsgeschichte. In: ZAW 97 (1985) S. 161-179.

--- Pentateuchdiskussion und Josephserzählung der Genesis. In: BZ NF (1985) S. 31-48.

SCHOLDER, K.: Herder und die Anfänge der historischen Thologie. In: EvTh 22 (1962) S. 425-440.

--- Ursprünge und Probeleme der Bibelkritik im 17.Jahrhundert. München 1966 (Forsch. z. Gesch. u. Lehre des Prot. 10.28).

SCHOTTROFF, W.: Goethe als Bibelwissenschaftler. In: EvTh 44 (1984) S. 463-485.

SCHÜRER, E.: Geschichte des jüdischen Volkes im Zeitalter Jesu Christi. 3. Bd. Leipzig 1909.

SCHÜTTE, H.-W.: Die Vorstellung von der Perfektibilität des Christentums im Denken der Aufklärung. In: FS W.Trillhaas: Beiträge zur Theorie des neuzeitlichen Christentms. Berlin 1968. S. 113-126.

SCHULTZE, H.: Orthodoxie und Selbstbehauptung. Zum theologiegeschichtlichen Ort eines spätorthodoxen Theologen. In: Verspätete Orthodoxie. S. 121-134.

SCHWARZBACH, B.E.: Les adversaires de la Bible. In: Le Siècle des Lumières et la Bible. S. 139-166.

SEHMSDORF, E.: Die Prophetenauslegung bei J.G. Eichhorn. Göttingen 1971.

SEEBASS, H.: Art. Jahwist. In: TRE Bd. 16 (1987) S. 441-451.

SEIDEL, B.: Bibelkritik in der Aufklärung. Stationen auf dem Wege zur Pentateuchquellenscheidung. In: WZ Halle (G-Reihe) 38 (1989) S. 81-90.

--- Johann Gottfried Eichhorn. Konstruktionsmechanismen in den Anfängen einer historisch-kritischen Theoriebildung. WZ Halle (G-Reihe) 39 (1990) S. 73-81.

--- Über die notwendige Ergänzung der historisch-kritischen Arbeit durch die forschungsgeschichtliche Überprüfung exegetischer Theoriebildung. In: FS G. Wallis: Überlieferung und Geschichte. Hrsg. v. H. Obst. Halle 1990 (Wissenschaftliche Beiträge der Martin-Luther-Universität Halle 38) S. 59-71.

--- Zum Problemkreis Theologie und Geschichtsphilosophie in der Auflärung. Ein Diskussionsbeitrag, die ältere biblische Exegese betreffend. In: Das achtzehnte Jahrhundert. Mitteilungen der Deutschen Gesellschaft für die Erforschung des achtzehnten Jahrhunderts. 14 (1990) S. 58-62.

SEINE, T.P.: Von der Kopernikanischen bis zur Französischen Revolution. Die Auseinandersetzung der deutschen Frühaufklärung mit der neuen Zeit. Berlin 1987.

SICK, H.: Melanchthon als Ausleger der Bibel. Tübingen 1959 (BGbH 2).

SIEMENS, M.: Hat J.G. Eichhorn die Conjectures von J. Astruc gekannt, als er 1779 seine Abhandlung über "Mosis Nachrichten von der Noachitischen Flut" veröffentlichte? In: ZAW 28 (1908) S. 221-223.

SMEND, R. sen.: Die Erzählung des Hexateuch auf ihre Quellen untersucht. Berlin 1912.

SMEND, R. jun.: Albrecht Alt. 1883 - 1956. In: Ders.: Deutsche Alttestamentler in drei Jahunderten. Göttingen 1989. S. 182-207.

--- Aufgeklärte Bemühungen um das Gesetz. Johann David Michaelis' "Mosaisches Recht". In: FS H.-J. Kraus: "Wenn nicht jetzt, wann dann?" Neukirchen-Vluyn 1983. S. 129-139.

--- Die Bundesformel. In: Die Mitte des Alten Testaments. Ges. Stud. Bd. 1. München (BevTh 99). S. 11-39.

--- Die Entstehung des Alten Testaments. 3. Aufl. 1984 (Theol. Wissensch. 1).

--- Friedrich Bleek. 1793 - 1859. In Ders.: Deutsche Alttestamentler in drei Jahrhunderten. S. 71-84.

--- Johann David Michaelis. 1717 - 1791. In: Ders.: Deutsche Alttestamentler in drei Jahrhunderten. S. 13-24.

--- Johann Gottfried Eichhorn. 1752 - 1827. In: Ders.: Deutsche Alttestamentler in drei Jahrhunderten. S. 25-37.

--- Julius Wellhausen. 1844-1918. In: Ders.: Deutsche Alttestamentler in drei Jahrhunderten. S. 99-113.

--- Lessing und die Bibelwissenschaft. In: VT.Suppl. 29 (1978) S. 298-319.

--- Martin Noth. 1902 - 1968. In: Ders.: Deutsche Alttestamentler in drei Jahrhunderten. S. 255-275.

--- Spätorthodoxe Antikritik. Zum Werk des Johann Gottlob Carpzov. In: Historische Kritik und biblischer Kanon in der deutschen Aufklärung. S. 127-137.

--- Wilhelm Martin Leberecht de Wette. 1780 - 1849. In: Ders.: Deutsche Alttestamentler in drei Jahrhunderten. S. 38-52.

--- Wilhelm Martin Leberecht de Wettes Arbeit am Alten und am Neuen Testament. Basel 1958.

SPARN, W.: Formalis Atheus? In: Spinoza in der Frühzeit seiner religiösen Wirkung. Hrsg. v. K. Gründer u. W.Schmidt-Biggemann. Heidelberg 1984 (Wolfenb. Stud. z. Aufkl. 12). S. 27-63.

--- Inquisition oder Prophetie. Über den Umgang mit Geschichte. In: EvTh 44 (1984) S. 440-463.

--- Vernünftiges Christentum. In: Wissenschaften im Zeitalter der Aufklärung. S. 18-57.

SPITZ, L.W.: Art. Humanismus/ Humanismusforschung. In: TRE Bd. 15 (1986) S. 639-661.

STAEHELIN, E.: Der Briefwechsel zwischen Johannes Buxtorf II. und Johannes Coccejus. In: ThZ 4 (1948) S. 372-391.

STEGMÜLLER, W.: Historisch-genetische Erklärungen. In: Seminar: Geschichte und Theorie. Umrisse einer Historik. Hrsg. v. H.M. Baumgarten u. J. Rüsen. Frankfurt a.M. 1976 (stw. 98). S. 165-172.

STEINMANN, J.: Richard Simon et les origines de l'exégèse biblique. Paris 1960.

STEUERNAGEL, C.: Lehrbuch der Einleitung in das Alte Testament. Tübingen 1912.

STRAUSS, L.: Die Religionskritik Spinozas als Grundlage seiner Bibelwissenschaft. 1930 (Veröffentl. d. Akad. f.d. Wissensch. d. Judentums. Phil. Skt. II = Neudr. Darmstadt 1981).

THIELICKE, H.: Glauben und Denken in der Neuzeit. 2. Aufl. Tübingen 1987.

TIGAY, J.H.: Die Evolution of the Pentateuchal Narratives in the Light of the Evolution of the Gilgamesh Epic. In: Ders. (Ed.): Empirical Models for Biblical Criticism. Philadelphia 1985. S. 21-52.

TRILLHAAS, W.: Vom geschichtlichen Denken in der Theologie. In: ThLZ 80 (1955) S. 513-522.

TROELTSCH, E.: Die moderne Welt. Leibniz und die Anfänge des Pietismus. In: Ders.: Ges. Schr. Bd. 4 (1925) S. 488-531.

--- Die moderne Welt. Der deutsche Idealismus. In: Ders.: Ges. Schr. Bd. 4 (1925) S. 532-587.

--- Die moderne Welt. Der Deismus. In: Ders.: Ges. Schr. Bd. 4 (1925) S. 429-487.

--- Der Historismus und seine Probleme. In: Ders.: Ges. Schr. Bd. 3 (1922).

--- Über historische und dogmatische Methode in der Theologie [Neudruck]. In: Theolgie als Wissenschaft. Hrsg. v. G. Sauter. München 1971 (ThB 43). S. 105-127.

VANSETERS, J.: Abraham in History and Tradition. New Haven u. London. 1975.

--- Der Jahwist als Historiker. Zürich 1987 (ThSt 134).

--- In Search of History. Historiography in the Ancient World and the Origins of Biblical History. New Haven u. London 1983.

--- The Yahwist as Theologian? A Response. In: ISOT 3 (1977) S. 15-20.

DE VAUX, R.: A propos du second centenaire d'Astruc. In: VT 1 (1953) S. 182-198.

VIERHAUS, R.: Deutschland im Zeitalter des Absolutismus (1648-1763). In: Deutsche Geschichte. Bd. 2. Frühe Neuzeit. Hrsg. v. B. Möller, M. Heckel, R. Vierhaus u. K.O. Freih. v. Aretin. Göttingen 1985. S. 357-512.

--- Geschichtsschreibung als Literatur im 18. Jahrhundert. In: Historische Forschung im 18. Jahrhundert. S. 416-431.

--- Historisches Interesse im 18. Jahrhundert. In: Aufklärung und Geschichte. S. 264-275.

VINCENT, J.M.: Leben und Werk des frühen Eduard Reuss. München 1990 (BevTh 106).

WAGNER, S.: Die Essener in der wissenschaftlichen Dikussion. Vom Ausgang des 18. bis zum Beginn des 20. Jahrhunderts. Berlin 1960 (BZAW 79).

WALLIS, G. [Rez.]: Schmid, H.H.: Der sogenannte Jahwist. In: ThLZ 106 (1981) S. 23-25.

WEBER, O.: Grundlagen der Dogmatik. Bd. 1. 3. Aufl. Neukirchen-Vluyn 1964.

WEDER, H.: Neutestamentliche Hermeneutik. Zürich 1986.

WEISS, U.: Das philosophische System von Thomas Hobbes. Stuttgart 1980.

WEIZSÄCKER, C.FR. VON: Gedanken eines Nichttheologen zur theologischen Entwicklung Dietrich Bonhoeffers. In: Ders.: Der Garten des Menschlichen. Beiträge zur geschichtlichen Anthropologie. München 1977. S. 335-355.

WELLHAUSEN, J.: Die Composition des Hexateuch und der historischen Bücher des Alten Testaments. 4. Aufl. Berlin 1963.

--- Geschichte Isaels. Bd. 1. Berlin 1878.

--- Israelitische und Jüdische Geschichte. 5. Aufl. Berlin 1904.

--- Prolegomena zur Geschichte Israels. 6. Aufl. Berlin 1927.

WESTPHAL, A.: Les Sources du Pentateuque. Étude du Critique et d'Histoire. Bd. 1. Le Problème Littéraire. Paris 1888.

WHYBRAY, R.N.: The Making of the Pentateuch. A. Methodological Study. Sheffield 1987 (JSOT.Suppl.Ser. 53).

WILLI, TH.: Herders Beitrag zum Verstehen des Alten Testaments. Tübingen 1971 (Beitr. z. Gesch. d. bibl. Herm. 8).

WILLMS, B.: Die Antwort des Leviathan. Thomas Hobbes' politische Theorie. Neuwied 1970.

WOLFF, H.W.: Das Kerygma des Jahwisten (1964). In: Ders.: Ges. Stud. zum Alten Testament. 2. Aufl. München 1973 (ThB 22). S. 345-373.

--- Zur Thematik der elohistischen Fragmente im Pentateuch (1969). In: Ders.: Ges. Stud. zum Alten Testament. S. 402-417.

WOODBRIDGE, J.D.: Richard Simon's Reaction to Spinaoza's "Tractatus Theologico-Politicus". In: Spinoza in der Frühzeit seiner religiösen Wirkung. S. 201-226.

WUNDT, M.: Die Philosophie an der Universität Jena. Jena 1932.

ZAC, S.: Spinoza et l'interprétation de l'écriture. Paris 1965 (B.P.C. Hist. d.l. philosophie et philos. générale).

ZENGER, E.: Wo steht die Pentateuchforschung heute? In: BZ NF 24 (1980) S. 101-116.

--- Auf der Suche nach einem Weg aus der Pentateuchkrise. In: ThRv 78 (1982) S. 353-362.

ZOBEL, H.-J.: Art. Eichorn, Johann Gottfried. In: TRE Bd. 9 (1982) S. 369-371.

--- Der frühe Jahweglaube. In: ZAW 101 (1989) S. 342-365.

--- [Rez.]: Tigay, J.H. (Ed.): Empirical Models for Biblical Criticism. In: ThLZ 114 (1989) Sp. 590-592.

ZÖCKLER, O.: Geschichte der Beziehungen zwischen Theologie und Naturwissenschaften. Bd. 1. Gütersloh 1877.

--- Peyrère's (gest. 1676) Präadamiten-Hypothese nach ihren Beziehungen zu den anthropologischen Fragen der Gegenwart. In: Zeitschrift für die gesamte Lutherische Theologie und Kirche 39 (1878) S. 28-48.

Edition des in Schulpforte

unter Port 150 im Band 28

archivierten Nachlaßmanuskripts

von Karl David Ilgen

Zum Editorischen. - *Ilgen: Zur Geschichte der Israeliten unter Diktatoren. V. Schulpforte. Port 150. Bd. 28.*

Wie oben schon erwähnt, gibt es kein nachgelassenes, druckfertiges Manuskript als Druckvorlage für das Buch 'Die Urkunden`. Offenbar ist es verlorengegangen. Oder der Drucker hat das Manuskript einbehalten.[1] Dieses, hier zu edierende Manuskript, ist nicht bis zur Druckreife gelangt.
Deutlich ist am edierten Text, daß dessen Anfänge sehr an die Form und Gestalt der in den 'Urkunden` veröffentlichten Genesis-Untersuchung erinnert. Der Anfang also war fast fertig. Aber nur der Anfang. Das Manuskript zerfasert sich nach den 'Urkunden` Nr.18-20. Deshalb werden nicht alle nachgelassenen und im Band 28 zusammengebundenen Teile des Manuskripts im Rahmen dieser Arbeit ediert. Sie haben - wie auf den letzten Seiten der hier vorgestellten Auswahl ersichtlich - oft den Charakter von Notizzetteln. Daher sind sie schwer einzuordnen und zu verstehen. Ähnliche Blätter finden sich auch in Port 150. Bd. 9. - In der Theoriebildung kommt man ohnehin nur mit den einigermaßen konsistenten und abgerundeten Texten aus. Und das sind die 'Urkunden` Nr. 18-20.
Die letzten der einzelnen Blätter in Port 150. Bd. 28 tragen Untersuchungen und Auflistungen zum Deuteronomium. ILGEN hatte ein besonderes Interesse, die Texte des Dtn in die Quellenscheidungsarbeit zu integrieren. Davon stand in der 'Einleitung` noch nichts. Daß man das Dtn in besonderer Weise als einen 'urkundenähnlichen` Sondertextbereich des Pentateuch bezeichnen müsse, was von LE CLERC, dann aber vor allem von DE WETTE (1805) an geschah, war ILGEN nicht aufgegangen.[2] Eher sah er das Buch Lev als ein solches Textpaket an. Die Einordnung des Lev unter die Spätlinge des Alten Testaments (siehe Übersicht in Kap. 3) kennzeichnet diese Sicht. Später aber versucht er, auch im Buch Leviticus die Urkunden zu entdecken. -
Die edierten Texte werden so, wie sie im Nachlaßband 28 auffindbar sind, wiedergegeben.
Die originäre Orthographie ILGENS wird beibehalten.[3]
Es wird versucht, die graphische Form des Manuskripts nachzugestalten, wo es notwendig erscheint und technisch möglich ist.
Die einzelnen Hefte sind *nicht durchpaginiert*, sondern separat paginiert. Das macht die Zitation des *Manuskriptes* unmöglich. Die Einzelpaginierung der Manuskripteinheiten wird angegeben.[4] Die Seitenwechsel sind durch ein | und durch eine Fußnote, die die entsprechende neue Seitenzahl angibt, gekennzeichnet.
Die formatierte Schriftgröße der Überschriften will sich etwa äquivalent zu der graphischen Gestalt der entsprechenden Manuskriptzeilen verhalten.
Die hochgestellten Anmerkungsbuchstaben (z.B. [a)]) finden sich im Manuskript in roter Farbe.
Die in den 'Urkunden Nr. 18-20` gekennzeichneten Leerräume in den Texten werden etwa äquivalent nachgestaltet (z.B. -------).
Ilgen hat im Manuskript *Unterstreichungen*. Diese Unterstreichungen im Manuskript finden sich *kursiv gesetzt* im edierten Text wieder. Sie entspre-

---

1 Ob *das* am Ende des 18. Jahrhunderts vielleicht üblich war oder welche Praxis in dieser Angelegenheit überhaupt üblich, entzieht sich meiner Kenntnis.

2 Allerdings hatte Ilgen eine deutliche Ahnung von der relativen Uneinheitlichkeit des Dtn!

3 Ilgen schreibt z.B. 'Nahme`, stud*iren*; es sind allerdings auch Inkonstistenzen vorhanden: Cönig - König, Pharoh - Pharo - Pharaoh, Jisraeliten - Israeliten, Aron - Aaron - Acharon etc.

4 Z.B. ist der Text der 'Urkunde` Nr. 18 mit S. 3-12 paginiert, der Text der 'Noten` zu Nr. 18. mit S. 1-2.

chen m.E. den leicht gesperrten Textpassagen im Buch 'Die Urkunden`, sind also z.T. nur einfache Hervorhebungen dessen, was ihm, ILGEN, wichtig erscheint, z.T. aber auch die Kennzeichnung von angesprochenen Texten, die nach üblichem Verfahren von ILGEN in Anführungszeichen hätten gesetzt werden müssen.[5]

5 Die Edition versucht eben auch genau das hervorzuheben, was Ilgen unterstrich. Aber: die leichte Hand ist im freien Unterstrich keinesfalls so präzise wie die, die mit Hilfe der Anlage eines Lineals Genauigkeit will.

V.

Zur Geschichte der Israeliten unter Diktatoren.

No. 18

Nachrichten von Moscheh von Sopher Eliel Harischon

I Inhalt

Exodus 1,1.

Die Israeliten[a)], die Jakob mit ihren Familien nach Egypten begleiteten, waren folgende mit Nahmen: 2. Ruben, Schimeon Levi, Judah, 3. Jissakar, Sebulon und 3. Benjamin, 4. Dan und Naphthali, Gad und Ascher; 5. die ganze Anzahl der Personen vom Geblüte Jakobs siebzig: denn Joseph war schon in Egypten. 6. Als hernach |[6] Joseph mit seinen Brüdern, und die ganze Zeitgenossenschaft verstorben war, 7. so wurden die Israeliten überaus fruchtbar, breiteten sich aus, und vermehrten sich so sehr, daß das ganze Land von ihnen angefüllt war[b)], 12. und daß den Egyptiern vor ihnen bange wurde. 13. Diese zwangen sie daher mit planmäßiger Härte zum Sklavendienst, 14. verbitterten ihnen mit schweren Arbeiten, mit Leimen, und Backsteinformen, und allen Arten von Arbeit auf dem Felde das Leben, und sannen nur darauf, jeden Dienst, den sie ihnen auferlegten, recht hart zu machen.

2.4 Endlich aber hörte Gott dieses ihr Angstgeschrey, und erinnerte sich an das Bündniß, welches er mit Abraham Jizchak und Jakob errichtet hatte.

6.2 Er sprach daher zu Moscheh: Ich bin Jehovah! 3. Dem Abraham, Jizchak und Jakob bin ich als El Schaddai (Gott der allesvermögende) erschienen, aber unter diesen mir eigenen Nahmen, Jehovah (der unveränderliche), bin ich ihnen nicht bekannt geworden. 4. Ich habe durch einen errichteten Vertrag mich verbindlich gemacht, ihnen das Land Kanaan, das Land ihrer Pilgerschaft, wo sie als Fremdlinge lebten, |[7] zum Eigenthum zu geben. 5. Jetzt habe ich das Angstgeschrey der Israeliten vernommen, welche die Egyptier zu Sklavendienst zwingen; dadurch werde ich an jenen Vertrag erinnert. 6. Sage also den Jisraeliten: "Ich hieße Jehovah, ich würde ihnen die Last der Egyptier abnehmen, und sie von ihrem Sklavendienst befreyen; mit ausgestrecktem Arm und großen Strafgerichten wollte ich sie mir zueignen, 7. sie zu meinem Volk annehmen und ihr Gott seyn". Sie sollen alsdann wissen, daß ich Jehovah, ihr Gott, es bin, der ihnen die Last Egyptens abnimmt, 8. und sie in das Land bringt, das ich mit aufgehobener Hand dem Abraham, Jizchak und Jakob als Eigentum zu geben versprochen habe. Ich bin Jehovah!

9. Moscheh trug dieses den Jisraeliten vor; aber aus Ungeduld und vor Härte des Dienstes hörten sie nicht auf ihn.| [Laß nur, sagten sie, wir wollen den Egyptiern dienen;

---

6 S. 4.

7 S. 5.

es ist besser wir sind Sklaven der Egyptier, als daß wir in der Wüste sterben.] |[8] 10.11. Darauf sagte Jehovah zu Moscheh: "Gehe zum Pharoh, dem König von Egypten, und sage ihm, daß er die Jisraeliten aus seinem Land entlasse. 12. Moscheh entgegnete Jehovah: Siehe! Die Jisraeliten haben nicht auf mich gehört; wie wird der Pharoh auf mich hören? Auch bin ich ein schlechter Redner. 29. Jehovah sprach: Ich bin Jehovah! sage dem Pharoh, dem König von Egypten, was Ich dir gesagt habe. 30. Moscheh erwiederte abermals: Ich bin ein schlechter Redner. Wie wird der Pharoh auf mich hören?

Ex. 7,1.

Darauf sagte Jehovah: Ich will dich für den Pharoh zu einem Gott machen und dein Bruder Aharon soll dein Nabi (Sprecher) seyn. 2. Du sollst reden, was ich dir befehle, und Aharon dein Bruder soll dem Pharoh vortragen, daß er die Jisraeliten aus seinem Lande entlasse. 3. Ich werde dabei das Herz des Pharoh verhärten, daß ich viel Zeichen und Wunder thun kann im Lande Egypten. 4. Hört er dann aber nicht auf euch, so strecke ich selbst meinen Arm über Egypten hin und führe meine Heere, mein Volk, die Jisraeliten |[9] mit großen Strafgerichten aus. 5. Da sollen die Egyptier wissen, daß ich Jehovah bin, wenn ich selbst meinen Arm über ihr Land ausstrecke und die Jisraeliten ausführe. 6. Moscheh und Aharon ließen sich willig finden, und versprachen dem Befehle Jehovas nachzukommen. 7. Moscheh war zu der Zeit, als sie mit dem Pharoh unter handelten 80 und Aharon 83 Jahr alt. 8. Es sprach danach Jehovah zu Moscheh und Aharon: 9. Wenn der Pharo sagen wird zu euch: "Beglaubiget euch durch ein Wunder!", so sprich du zu Aharon: "Nimm deinen Stab, und wirf ihn vor den Pharoh hin." Er soll zu einer Schlange werden. 10. Moscheh und Aharon kamen nun vor den Pharoh und thaten, was ihnen Jehovah befohlen hatte; Aharon warf vor den Pharo und seinen Hofleuten seinen Stab hin, und es wurde eine Schlange daraus. 11. Aber der Pharoh ließ die Geheim-Künstler Egyptens kommen, und diese thaten mit ihrer geheimen Wissenschaft dasselbe. 12. Ein jeder warf seinen Stab hin, und es wurden Schlangen daraus. Zwar ver |[10] schlang der Stab Aharons jener ihrer Stäbe; aber doch verhärtete sich das Herz des Pharoh, und hörte nicht auf sie, wie Jehovah vorausgesagt hatte.

Ex. 11,9

Jehova sagte hierauf zu Moscheh: Der Pharoh hört nur deswegen nicht auf euch, daß ich meine Wunder im Lande Egypten häufen soll.

Ex. 7,19

Sag also zu Aharon, fuhr er fort: "Nimm deinen Stab, und strecke deinen Arm aus über die Wasser Egyptens, über seine Flüsse und Kanäle über seine Seen und alle Wasserbehälter". Sie sollen Blut werden. Es soll Blut in ganz Aegypten seyn, in Holz und Stein. 20. Moscheh und Aharon thaten, was ihnen Jehova befohlen hatte; 21. und es wurde Blut im ganzen Lande Egypten. 22. Die Geheimkünstler thaten aber mit ihrer geheimen Wissenschaft dasselbe; daher verhärtete sich das Herz des Pharoh und hörte nicht auf sie, wie Jehovah vorausgesagt hatte.

Ex. 8,1

Hierauf sagte Jehovah zu Moscheh: Sprich zu Aharon: "Strecke deinen Arm aus mit deinem Stabe über die Flüsse, Kanäle, und Seen"; und laß Frösche aufsteigen über das Land Egypten. |[11]--------- 2. Aharon streckte seinen Arm aus über die Wasser Egyptens --------- 3. Die Geheimkünstler Egyptens thaten aber durch ihre geheime Wissenschaft dasselbe und ließen auch Frösche aufsteigen --------- und hörten nicht auf sie, wie Jehovah vorausgesagt hatte.

---

8 S. 6.

9 S. 7.

10 S. 8.

11 S. 9.

12. Darauf sagte Jehovah zu Moscheh: Sprich zu Aharon: "Strecke deinen Stab aus, und schlage den Staub der Erde". Er soll im ganzen Land Egypten zu Mücken werden. 13. Sie thaten also. Aharon streckte seinen Stab aus, und schlug den Staub der Erde; worauf Mückenschwärme Menschen und Vieh überfielen; aller Staub Egyptens, soweit sich das Land erstreckte, war zu Mücken geworden. 14. Die Geheim Künstler Egyptens versuchten durch ihre geheime Wissenschaft ebenfalls Mücken hervorzubringe; aber es gelang ihnen nicht. [Also wurden Menschen und Vieh von Mücken belästigt.] 15. Sie sagten daher zu dem Pharoh: Das ist der Finger Gottes. Dessen ungeachtet verhärtete sich das Herz des Pharoh und hörte nicht auf sie, wie Jehovah vorausgesagt hatte. |[12]

Ex. 9,8

Hierauf sagte Jehovah zu Moscheh und Aharon: Nehmt die Hände voll Ofenruß, und Moscheh werfe ihn vor den Augen des Pharoh in die Luft, 9. daß er wie Staub sich über ganz Egypten verbreite, und Geschwüre mit hervorschießenden Blattern an Menschen und Vieh im ganzen Lande Egypten hervor bringe. 10. --------- Sie nahmen Ofenruß traten vor den Pharoh, und Moscheh warf ihn in die Luft, worauf Geschwüre mit hervorschießenden Blattern an Menschen und Vieh entstanden. 11. Die Geheimkünstler konnten dieses Mahl nicht vor Moscheh erscheinen, weil sie, wie die übrigen Egyptier, von Geschwüren bedeckt waren. 35. Dessen ungeachtet verhärtete sich das Herz des Pharoh, und hörte nicht auf sie, wie Jehovah vorausgesagt hatte.

Ex. 11,10

Nachdem nun Moscheh und Aharon alle diese Wunder vor dem Pharoh verrichtet hatten, dieser aber durch Jehovahs Zulassung sein Herz verhärtete, daß er die Jisraeliten nicht aus seinem Lande entließ,

Ex. 12,1

so gab Jehovah Moscheh und Aharon folgenden Befehl: 2. dieser Monat soll der Anfang der Monate seyn; er soll der erste werden im Jahr. 3. Befehlet den |[13] sämtlichen Jisraeliten, daß sie den 10. dieses Monats Hauß für Hauß ein Lamm absondern; 4. Ist aber ein Hauß für ein Lamm zu klein, so kann es mit dem nächsten Nachbar zusammentreten, daß die Zahl der Personen herauskommt; die Zahl der Essenden muß zu dem Lamme verhältnismäßig seyn. 5. Das Lamm selbst muß ohne Fehler, männlichen Geschlechts, und ein Jahr alt seyn; es kann von Schafen oder Ziegen genommen werden. 6. Es wird bis auf den vierzehnten Tag des Monats aufbewahrt, wo es die sämtlichen Jisraeliten zwischen Untergang der Sonne und Einbruch der Nacht schlachten sollen. 7. Von dem Blute sollen sie etwas nehmen und die beyden Thürpfosten, und die Oberschwellen an den Häußern, worinnen es gegessen wird, bestreichen; 8. die Nacht aber sollen sie das Fleisch essen, und zwar sollen sie es essen am Feuer gebraten, mit ungesäuertem Brod, und bitteren Kräutern. 9. Halbroh oder im Wasser gekocht dürfen sie es nicht essen, sondern am Feuer mit Kopf, Füßen, und Eingeweiden gebraten. 10. Ihr dürft nichts davon auf den folgenden Tag übriglassen; bleibt ja etwas übrig, so müßt ihr es verbrennen. 11. Bey dem Essen habt ihr folgendes zu beobachten. |[14] Ihr müsset umgürtet seyn, Schuhe an den Füßen und Stäbe in den Händen haben, und mit Eile essen. |[15]

---

[12] S. 10.

[13] S. 11.

[14] S. 12.

[15] S. 1, neue Paginierung.

Noten zu Eliel Harischon

No. 18.

a) Man könnte glauben, daß die Worte בני ישראל von dem Sammler wären, wie Genes. XLVI. 8 (s. Tempelarchiv I. Th. S. 261.), weil Eliel Harischon בני יעקב zu sagen pflegt, und hier niemand den Nahmen vermissen würde. Allein es ist hier das בני ישראל schon als gentilitium anzusehen, daß der Begriff der *Nachkommen Israels* mit dem der leiblichen *Söhne Israels* zusammenfließt. Solange Jakob noch lebt, und noch gleichsam actu *Vater* ist, so lange sind auch seine Söhne actu *Söhne* und stehen noch mit dem Vater in kindlichem Verhältnisse; daher sie auch bey dem Verfasser dieser Urkunde *Söhne Jakobs* heißen.

Nach dem Tode des Vaters aber hört das kindliche Verhältnis bey den Söhnen auf, und sie sind bloß Descendenten. Ob es nun die nächsten *Descendenten* sind oder entferntere, das macht keinen wesentlichen Unterschied; sie heißen alle Mahl bey unserem Verfasser *Söhne Jisraels*. Da er nun hier einen Zeitpunkt aufstellt, wo Jakob nicht mehr lebt, und folglich seine Söhne nicht mehr Kinder sind (s. V. 6): so braucht er auch bey der einzelnen Handlung, |[16] die er aus den Lebzeiten des Vaters beybringt den Nahmen *Söhne Jisraels*, und er sieht von dem damahligen Verhältnisse hinweg und nimmt mehr auf das gegenwärtige Rücksicht, wo die zwölf Söhne Stammväter von zwölf Stämmen sind, die zusammen *Söhne Jisraels* heißen. Sie haben zwar diese Handlung noch als *wirkliche Söhne* begangen, aber itzt, da sie erwähnt wird, sind sie es nicht mehr, weil der Vater todt ist, sondern Descendenten von *Jakob* oder *Jisraeliten*. Daß der Nahme *Jisrael* bey Eliel Harischon nur von dem *Stamme* und nicht von dem *Individuo des Stammvaters* gebraucht wird, sondern nur in diesem begründet ist, davon s. Tempelarchiv I. Th. S. 194. N. uu.

b) Text des Sammlers: *Und die Söhne Jisraels waren fruchtbar und breiteten sich aus, und vermehrten sich, und wurden stark überaus sehr, und das Land wurde von ihnen voll.* Hier sind zwey Urkunden vereinigt. Das Wort ויעצמו gehört zu No. 20. |[17]

16 S. 2.

17 S. 1, neue Paginierung.

No. 19

von Moscheh, von Sopher Eliel Haschscheni.

Inhalt

--[a]

Ex. 1,15

Da sprach der Cönig von Egypten zu den hebräischen Wehemüttern, davon die eine Schiphrah, die andere Phuah hieß: 16. Wenn ihr den Hebräerinnen in der Geburt beysteht, so gebt Acht, gleich auf dem Lager der Gebährerin, ist es ein Sohn, so tödtet ihn; ist es eine Tochter, so laßt sie leben. 17. Aber die Wehemütter fÜrchteten Gott, und vollzogen den Befehl des Cönigs von Egypten nicht, sondern ließen die Knaben leben. 18. Da ließ der Cönig von Egypten die Wehemütter zu sich kommen und sagte ihnen: |[18] Warum thut ihr das, und lasset die Knaben leben. 19. Die Wehemütter sagten zu dem Pharoh: Die Hebräerinnen sind nicht wie die Egyptischen Frauen, sondern stärkerer Natur, ehe die Wehemütter kommen, haben sie geboren. 20. Gott ließ es dafür den Wehemüttern wohl gehen[b]. 21. Da nun die Wehemütter Gott fürchteten und so immer neue Familien entstanden. ---[c]

XXX

Ex. 2,15

[kam nach] Midian und setzte sich bey einem Brunnen[d]. 16. Nun hatte der Priester von Midian (mit Nahmen Jethro[e],) sieben Töchter (welche die Herde ihres Vaters weideten[f];) diese kamen, schöpften, und füllten die Tränkrinnen, um die Herden zu tränken. 17. Als die anderen Hirten kamen, so wollten sie sie vertreiben; Moscheh aber trat gleich auf, und vertheidigte sie[g]. |[19] --------------[h] 19. und sagten: Ein Mann aus Egypten hat uns gegen die Gewaltthätigkeiten der Hirten geschützt.[i] ------------------------[k]. 20. Warum habt ihr denn den Mann zurückgelassen[l]? -----------[m] 23. In dieser langen Zeit war der Cönig von Egypten gestorben. Die Jisraeliten aber seufzeten noch unter ihrem Druck und schrien laut, so daß ihr Geschrey endlich zu Gott aufstieg, und vor ihn kam. 25. Da sah Gott auf die Jisraeliten, und entschloß sich, ihrer sich anzunehmen.

Ex. 3,1

Moscheh war inzwischen Hirt bei seinem Schwiegervater Jethro in Midian. Einst hatte er seine Herde nach der Wüste hin geführt, und kam bis an den Berg Gottes Choreb. 2. Als es aufsah, erblickte er einen Dornstrauch, der brannte, sich aber nicht verzehrte[n]. 4. Da rufte ihn Gott aus dem Dornstrauche, und sagte: |[20] Moscheh, Moscheh. Dieser antwortete: Hier bin ich[o]. 6. Ich bin, fuhr er fort, der Gott deines Vaters, der Gott Abrahams, Jizchaks und Jakobs. Moscheh verhüllte sein Angesicht, weil er Gott zu schauen sich fürchtete; 7. Jener[b] aber redete also fort: Ich habe das Elend meines Volks in Egypten

---

18 S. 2.

19 S. 3.

20 S. 4.

gesehen und das Geschrey über die Grausamkeyt seiner Fronvoigte gehört, und bin entschlossen, mich seines Schmerzes anzunehmen. 8. Ich bin also herabgestiegen, um es von der Gewalt der Egyptier zu befreyen, und aus diesem Lande in ein Land zu bringen, das Milch und Honig strömt, in den Wohnsitz der Kanaaniter, Chittitier, Amoriten, Pherisiten, (Girgaschiten[q)]) Chivviten und Jebusiten. 10. So gehe nun als Abgeordneter von mir zu dem Pharoh, und führe mein Volk, die Jisraeliten aus Egypten heraus. 11. Moscheh antwortete: Wer bin ich, daß ich zu dem Pharoh gehe, und die Jisraeliten aus Egypten ausführen soll? 12. Ich will mit dir seyn, sagte Gott; und das Erinnerungszeichen, daß Ich dich gesendet habe, soll seyn, daß ihr, wenn du das Volk aus Egypten führst, ihr an diesem Berge Gott |[21] verehrt. 13. Moscheh: Wenn ich nun zu den Jisraeliten komme, und sage: "Der Gott eurer Väter sendet mich zu euch", und sie fragen: "Wie ist seyn Nahme"? Was soll ich zu ihnen sprechen? 14. Gott: Ich bin, was ich bin (hebr. ehjeh, ich bin): Du kannst also zu den Jisraeliten sagen: "Ehjeh (ich bin) sendet mich zu euch. 15. Oder sprich vielmehr, fuhr Gott fort, zu den Jisraeliten: "*Jehovah* (der ist), der Gott eurer Väter, der Gott Abrahams, der Gott Jizchaks und Jakobs schickt mich zu euch". Dieses ist mein Nahme für immer, dieses mein Titel von Geschlecht zu Geschlecht. 16. So gehe nun, und versammle die Ältesten der Jisraeliten, und sage ihnen: "Jehovah, der Gott eurer Väter, ist mir erschienen, der Gott Abrahams, Jizchaks und Jakobs, und hat mir gesagt: "Ich habe wahrgenommen, was euch in Egypten widerfährt, 17. und beschlossen, euch von dem Druck der Egyptier in das Land der Kanaaniten, Chittiten, Amoriten, Pherisiten (Girgaschiten[r)]) Chivviten und Jebusiten hinzuführen, in ein Land, das Milch und Honig strömt." 18. Wenn sie auf dich hören, so gehe mit ihnen zu dem Cönig von Egypten und sprecht zu ihm: "Jehovah, der Gott der Hebräer, ist uns erschienen. Erlaube uns, daß wir drei Tagereisen, in die Wüste gehen, und unserem Gott, Jehovah, ein Opfer bringen." 19. Ich weiß zwar, |[22] daß der Cönig von Egypten es nicht erlauben wird, wenn er nicht einen kraftvollen Arm fühlt; 20. aber ich werde meinen Arm ausstrecken und mit Wundern Egypten schlagen, die ich in seiner Mitte verrichte; dann wird er euch entlassen. 21. Euch aber werde ich die Gunst der Egyptier zu verschaffen wissen, daß ihr nicht leer auszieht. 22. Ein jedes Weib soll ihre Nachbarin oder Hausgenossin um goldene und silberne Gerätschafften und Kleidungsstücke bitten, die ihr eure Söhne und Töchter tragen lasset; so sollt ihr Egypten plündern.

Ex. 4,1

Moscheh entgegnete hierauf: Wie aber, wenn sie mir nicht glauben, und mir kein Gehör geben, sondern sagen: "Jehovah ist dir nicht erschienen"? 2. Da sagte Jehovah: Was hast du in der Hand? Moscheh: Einen Stab. 3. Jehovah: Wirf ihn zur Erde. Als er ihn hingeworfen, wars eine Schlange. Moscheh floh vor ihr. 4. Jehovah aber sprach: Fasse sie bey dem Schwanze. Moscheh fasste sie; da wars der Stab in seyner Hand. 5. So werden sie glauben, daß dir Jehovah erschienen ist, der Gott ihrer Väter, des Abraham, Jizchak, und Jakob. 6. Strecke deine Hand in den Busen, fuhr Jehovah fort. Er that es; und, als er sie hervorzog, war sie wie Schnee von Aussatz weiß. 7. Jehovah sagte: Stecke sie wieder in den Busen. Er that es; und, als er sie hervorzog, war sie |[23] wie seine gewöhnliche Haut. 8. Also, wenn sie dir nicht glauben, und auf das erste Zeichen Gehör geben, so werden sie auf das zweite Zeichen glauben. 9. Gesetzt aber, sie glaubten auf beide Zeichen nicht, und geben dir kein Gehör, so nimm Wasser aus dem Nil und giße es auf trockenem Lande aus; dieses aus dem Nil geschöpfte Wasser soll auf trockenem Lande Blut werden. 10. Moscheh antwortete: Erlaube, Herr, ich bin kein beredter Mann. Ich war es nicht vorher, und bin es nicht, seit dem du mit deinem Diener redest. Mund und Zunge sind mir schwer. 11. Jehovah: Wer gab den Mund den Menschen? Wer macht stumme, taube, sehende oder blinde? Bin ich, Jehovah, oder nicht? 12. So gehe denn; ich bin mit deinem Munde, und lehre dich das, was du reden sollst. Moscheh: Verzeihe, Herr; sende, wen du senden willst. 14. Jehovah wurde zornig, und sagte: Ist nicht Acharon, der Levite, dein Bruder? Ich weiß, er ist

---

21 S. 5.

22 S. 6.

23 S. 7.

beredt. Er wird dir entgegenkommen, und wird sich freuen, daß er dich wiedersieht. 15. Diesem sage es, und lege die Worte in seinen Mund. Ich werde mit seinem und deinem Munde seyn, und euch belehren, was ihr thun sollt. 16. Dieser soll sprechen für dich bey dem Volk; er soll dein Mund, und du sein Gott seyn. 17 Nur nimm diesen Stab mit dir, daß du damit die Zeichen thust. |[24]

18. Moscheh ging zu seinem Schwiegervater Jethro zurück, und sagt ihm: Ich wünsche zu meinen Brüdern, die ich in Egypten gelassen, zurück zu reisen, um zu sehen, ob sie noch lebten. Jethro sagte: Reise hin in Frieden. 20. Moscheh nahm den Stab Gottes in seine Hand.[s)] ------------------------------------[t)]

27. Inzwischen hatte Jehovah zu Acharon gesagt: Gehe Moscheh entgegen in die Wüste. Dieser ging. Am Gottesberge begegnete er ihm und empfing ihn mit einem Kuß. 28. Darauf erörterte Moscheh mit ihm alle Befehle Jehovas, weswegen er ihn sandte, und alle Wunder, welche er befohlen hatte. 29. Nach ihrer Ankunft versammelten sich die Ältesten der Jisraeliten, 30. und Acharon trug vor, was Jehovah Moscheh befohlen hatte, und dieser that die Wunder vor den Augen des Volks. 31. Das Volk aber glaubte ihnen, und, da es hörte, daß Jehovah sich der Jisraeliten angenommen, und ihr Elend bemerkt hätte, verbeugte er sich, und warf sich zur Erde nieder. |[25]
--[u)]

Ex. 5,3

und sagten: (Jehovah[x)]), der Gott der Ebräer, ist uns erschienen[y)]. Erlaube uns, daß wir drei Tagereisen in die Wüste gehen, und unsern Gott, Jehovah, ein Opfer bringen, damit er uns nicht mit Pest oder Schwerdt überfalle. 4. Der Cönig von Egypten antwortete: Warum wollt ihr, Moscheh und Aharon, das Volk von seiner Arbeit los machen? Gehet hin an euren Dienst. 6. Und denselben Tag noch gab der Pharoh den Fronvoigten, die über das Volk gesetzt waren, und seinen Stammschreibern folgenden Befehl: 7. Gebt dem Volke ins künftige kein Stroh mehr zum Backstein machen, wie bisher; sie mögen selbst gehen, und sich Stroh sammlen. 8. Aber die vorhin festgesetzte Zahl der Backsteine sollt ihr fort von ihnen fordern, und nichts nachlassen: denn sie sind müßig, und deswegen schreien sie: "Laß uns, daß wir unserm Gott ein Opfer bringen."

9. Die Arbeit muß ihnen schwer gemacht werden, daß sie hinlängliche Beschäftigung haben, und nicht auf Dinge denken, die nichts taugen. 10. Somit entfernten sich die Fronvoigte und die Stammschreiber und sagten diese dem Volk: So spricht der Pharoh: "Ich gebe euch kein Stroh mehr; 11. geht selbst, und nehmt wo ihr findet; nichts wird euch von eurem Satze |[26] nachgelassen." 12. Hiermit zerstreute sich das Volk im ganzen Lande Egypten, um Stoppeln zum Stroh zu sammeln; 13. die Frohnvoigte aber trieben, und sagten: Schafft euer Tagewerk, wie, da ihr noch Stroh bekamt. Die Stammschreiber, welche von den Fronvoigten zu Aufsehern gesetzt waren, wurden geschlagen. Warum, hieß es, liefert ihr nicht wie ehemals euern Satz. Diese gingen zu dem Pharoh und schrien: Warum handelst du so mit deinen Sklaven? 16. Stroh wird ihnen nicht mehr gereicht; und gleichwohl heißt es: "Schaff dir Backsteine". Wir, deine Sklaven, werden geschlagen, und dein Volk versündigt sich. 17. Er sagte: Ihr seyd müßig; müßig seyd ihr. Deswegen sagt ihr: "Erlaube uns, daß wir gehen und Jehovah opfern." 18. Geht, und arbeitet. Stroh wird euch nicht geliefert, ihr aber liefert eure Backsteine. 19. Die Stammschreiber sahen nun wohl, daß sie in der unglücklichsten Lage waren, weil man sagte: Laß nichts an den gesetzten Backsteinen nach. 20 Als sie daher bey dem Weggehen |[27] von dem Pharoh Moscheh und Aharon trafen, die auf sie warteten, 21. so sagten sie zu ihnen: Jehovah mag herabsehen und Richter über euch seyn, daß ihr uns bey dem Pharoh und seinen Dienern verhaßt gemacht habt, und ihm das Schwerdt in die Hände gegeben, uns zu erwürgen.

22. Moscheh wendete sich hierauf wieder zu Jehovah und sagte: Herr, warum machst du dieses Volk so unglücklich? Warum sandtest du mich? 23. Von der Zeit an, daß ich mit

---

24 S. 8.

25 S. 9.

26 S. 10.

27 S. 11.

dem Pharoh in deinem Nahmen geredet, hat er das Volk nur übler behandelt, und du hast es noch nicht gerettet. 24. Jehovah sprach zu Moscheh: Nun sollst du sehen, was ich dem Pharoh tue. Ein mächtiger Arm soll ihn zwingen, es zu entlassen, ein mächtiger Arm, es aus dem Lande zu treiben.

Ex. 7,15

Morgen frühe gehe zu ihm. Da er an das Wasser geht, so kannst du ihn am Nilufer erwarten. Der Stab, der sich in eine Schlange verwandelte, nimm mit dir. 16. Und sage ihm: "Jehovah, der Gott der Ebräer, schickt mich zu dir, und läßt dir sagen: [- Entlaß mein Volk, daß es mir diene in der Wüste.] Du hast es bis itzt noch nicht gehört. |[28] 17. So spricht Jehovah: Hieran sollst du erkennen, daß ich Jehovah bin. Siehe! ich schlage mit dem Stabe, den ich in der Hand habe, das Wasser im Nil, da wird es sich in Blut verwandeln. Die Fische, welche darinnen sind, werden sterben, der Nil selbst wird stinkend werden, und die Egyptier werden sich ekeln, Wasser daraus zu trinken. ----------------------
----

20. Sogleich erhub er seine Hand mit dem Stabe, und schlug das Nilwasser vor den Augen des Pharo und seiner Hofleute, worauf es sich in Blut verwandelte. 21. Die Fische, welche darinnen waren, starben, der Nil selbst wurde stinkend, und die Egyptier konnten das Wasser daraus nicht trinken. 23. Der Pharoh aber wandte sich um, und ging nach Hause, ohne auch darauf weiter zu achten; 24. Und die Egyptier mußten in der Nähe des Nils nach Wasser graben, weil sie das Nilwasser nicht trinken konnten.

25. Als sieben Tage verflossen waren, nachdem Jehovah den Nil geschlagen hatte, ---
-- |[29] ------

----

28. so soll der Nil vor Fröschen wimmeln. Von da sollen sie aufsteigen, und in dein Haus, in dein Schlafgemach, auf dein Lager, in die Wohnung deiner Hofleute, und deiner Unterthanen, in deine Öfen, und Backtröge kommen. --
----

Ex. 8,4

---------------------------------- daß sie Jehovah opfern. -------------------------------------
--------------------------------------- 5. daß er die Frösche von dir und aus deinen Wohnungen vertreibe und sie nur in dem Nil noch bleiben, --------------------------------7. und aus deinen |[30] Häusern ------------------------ und nur in dem Nil bleiben ----------------------------
--------- 8. und schrie zu Jehovah um der Frösche willen, womit er den Pharoh gestraft hatte. 9. Worauf sie in den Häusern, Gehöften, und den Feldern sturben. 10. Man sammelte ganze Haufen von ihnen, und das Land wurde verpestet. ----------------------------
--------------- 16. So sprach Jehovah zu Moscheh: Morgen in aller Frühe mache dich auf, und erwarte den Pharoh. Er geht an das Wasser. Sage ihm: ------------------------------------
----
---- 17. in deinem Hause ------------------------ und die Häuser Egyptens, so wie das ganze Land, wo sie wohnen, soll voll Fliegen sein. 18. Doch werde ich das Land Goschen, wo mein Volk lebt, zu verschonen wissen, daß keine Fliege dahinkommt, damit du weißt, daß ich, Jehovah, im Lande bin. |[31] ---
----
----

[28] S. 12.

[29] S. 13.

[30] S. 14.

[31] S. 15.

20. in das Haus des Pharoh, in die Häuser seiner Hofleute, und über ganz Egypten; das Land wurde ganz verderbt von den Fliegen. 21. Da ließ der Pharoh Moscheh und Aharon rufen, und sagte: Geht und opfert eurem Gott im Lande. 22. Moscheh aber entgegnete: Es ist unschicklich, dieses zu thun, weil wir Jehovah, unserm Gott, opfern, was die Egyptier verabscheuen. Würden wir wohl ein Opfer bringen können, was sie verabscheuen, ohne daß sie uns steinigten? 23. Drei Tagereisen in die Wüste müssen wir gehen, und daselbst unserm Gott, Jehovah, opfern, wie er uns befohlen hat. 24. Der Pharoh sagte: Ich will es euch erlauben, daß ihr Jehovah eurem Gott in der Wüste opfert. Nur weit dürft ihr nicht gehen.--- |[32] ----------------- 25. Jehovah zu opfern. ---

Ex. 9,13,

So sprach er (Jehovah) zu Moscheh: Morgen in aller Frühe mache dich auf und warte auf den Pharoh; ------------------ und sage zu ihm: --- der Gott der Ebräer --- 17. noch stellst du dich, wie ein Wall meinem Volk entgegen, und entläßt es nicht---

19. so schicke nun aus, und rette dein Vieh und alles, was du auf dem Felde hast. Alles, von Menschen und Vieh, was auf dem Felde ist, und ist nicht nach Hause gebracht worden, wird, wenn der Hagel trifft, sterben müssen. --

|[33] 20. Von seinen Hofleuten ließen die, welche sich vor den Drohungen Jehovahs fürchteten, ihre Sklaven und ihre Herden nach Hause kommen; 21. Die aber, welche nicht darauf achteten, ließen ihre Sklaven und Herden auf dem Felde.

22. Hierauf sagte Jehovah zu Moscheh: Strecke deine Hand aus nach dem Himmel, daß Hagel entstehe im ganzen Lande Egypten, über Menschen und Vieh und über alles Feldgewächs im ganzen Lande. 23. Sowie Moscheh seine Hand nach dem Himmel ausstreckte, ließ Jehovah seine Donner rollen, und warf Hagel hinab und Blitze fuhren auf die Erde. 24. So entstand Hagel mit zündendem Feuer vermischt.

25. Alles im ganzen Lande Egypten, was auf dem Felde war, traf der Hagel, Menschen und Vieh; alle Gewächse auf dem Felde wurden verhagelt, und alle Bäume zerknickt. 26. Nur im Lande Goschen, wo die Jisraeli |[34] ten waren, hagelte es nicht. 27. Da schickte der Pharoh, und ließ Moscheh und Aharon rufen und sagte zu ihnen: Ich habe mich dies Mahl versündigt. Jehovah ist der Gerechte. Ich und meine Unterthanen sind die Frevler. 28. ------------------- daß die Donner Gottes und der Hagel aufhören, so will ich euch entlassen, ihr sollt nicht länger aufgehalten werden. 29. Moscheh sprach: Sowie ich aus der Stadt hinausgehe, will ich meine Hände zu Jehovah ausbreiten; und gleich wird der Donner aufhören und der Hagel nicht mehr seyn, damit du wissest, daß Jehovah Herr des Landes ist. 33. Und somit verließ er die Stadt, und breitete seine Hände zu Jehovah aus, worauf der Donner und der Hagel aufhörte. 37. Als der Pharoh aber sah, daß der Donner und Hagel aufgehört hatten, so fuhr er fort zu sündigen. 35. Daß er die Jisraeliten nicht entließ, wie Jehovah Moscheh vorausgesagt hatte. |[35] ---

[32] S. 16.

[33] S. 17.

[34] S. 18.

[35] S. 19.

Ex. 10,3.

Der Gott der Ebräer ----------------------------------: Wie lange weigerst du dich, dich vor mir zu demütigen? ------------------------------------- 5. Sie werden aufzehren alles, was übrig ist ---------------------------------- 6. und deine Häuser, die Häuser aller deiner Hofleute und aller Egyptier erfüllen, so daß deine Vorfahren, und Urvorfahren, seitdem sie dieses Land bewohnt, nie etwas ähnliches gesehen haben. --- ------- er wendete sich aber um -- 12. da sprach Jehovah zu Moscheh: Strecke deinen Arm über das Land Egypten aus der Heuschrecken wegen, daß sie aufsteigen über das Land, und alles Kraut aufzehren, was nur der Hagel übrig gelassen hat. 13. Als Moscheh seinen Stab über das Land Egypten ausstreckte, 14. so stiegen die Heuschrecken auf über das ganze Land Egypten, 15. und fraßen alles Kraut und alle Baumfrüchte auf, die der Hagel übrig gelassen hatte -- |[36] ---------------------------------- --- ---------------------------------- 16. Da schickte der Pharoh eilig zu Moscheh und Aharon, und ließ sie rufen, und sagte zu ihnen: Ich habe mich an Jehovah eurem Gott, so wie an euch selbst versündigt. 17. Nimm nur noch dieses Mahl die Strafe von mir. ------------------------ --- --- -----------

20. Aber Jehovah ließ das Herz des Pharoh verhärtet, daß er die Jisraeliten nicht entließ. --- --- --

21. Da sprach Jehovah zu Moscheh: |[37] Strecke deine Hand aus nach dem Himmel, daß eine Finsternis werde, die man greifen kann. 22. Mosche streckte seine Hand aus nach dem Himmel; und es wurde im ganzen Lande Egypten drey Tage lang dichte Finsternis. 23. Niemand konnte in diesen drey Tagen den anderen erkennen, niemand sich von seinem Platze erheben; aber die Jisraeliten hatten Licht in ihren Wohnsitzen. ------------------------ --- -- 27. Aber Jehovah ließ das Herz des Pharoh verhärten, daß er sich nicht entschließen konnte, sie zu entlassen. --

Ex. XI, 1.

------- sprach Jehovah zu Moscheh: Noch Eine Plage will ich über den Pharoh und über Egypten kommen lassen; dann wird er euch von hier entlassen, als ob er die Pest entließe, treiben soll er euch von hier. 2. Befiehl nur dem Volke, daß jeder Mann von seinem Nachbar, und jede Frau von ihrer Nachbarin goldene und silberne |[38] Geräthschaft sich erbittet, --------------- |[39]

36 S. 20.

37 S. 21.

38 S. 22.

39 S. 1, neue Paginierung.

Noten zu Eliel Haschscheni

No. 19.

a) Es scheint nicht viel weggefallen zu seyn. Höchstwahrscheinlich ging nur eine kurze historische Einleitung voraus, daß sich nach Israels und Josephs Tode die Jisraeliten sehr vermehrt hätten, und daß sie durch ihre Vermehrung den Egyptiern furchtbar geworden wären. Nach Eliel Haschscheni ist nun der erste Versuch die Vermehrung zu verhindern nicht, wie bey Elijah Harischon, Sklavendienst und schwere Arbeit, sondern der Befehl des Pharao an die Wehemütter, daß sie jeden Knaben, so wie er vom Mutterleibe kommt, so bald es nur mit der Geburt so weit ist, daß man sehen kann, ob es ein Knabe, oder ein Mädchen ist, ganz unvermerkt erdrosseln, oder den Hirnschädel eindrücken sollen.

b) Text des Sammlers: "*Und Gott that den Wehemüttern Gutes*, und es vermehrte sich das Volk, und es wurde sehr stark." Die letzte Hälfte des V. gehört zu No. 20.

c) Hier fehlt ein beträchtliches Stück. Es ist die zweyte Maßregel erzählt gewesen, die der Pharao zur Verminderung der Volksmenge unter den Israeliten nimmt, und die Art und Weise, wie Moses nach Midian kommt. Der Verlust dieses Stücks ist sehr |[40] zu bedauern. Soll meine Vermuthung etwas gelten, so ist die zweyte Maßregel keine andere nach dieser Urkunde gewesen, als die nach No 20. Die erste ist, Sklavendienst, und schwere Arbeit. Darinnen liegt auch der Grund, daß der Sammler nichts davon aufgenommen hat; er hätte müssen sagen, was schon vor dem Befehle an die Wehemütter gesagt war. Ich glaube ganz gewiß, daß wenn es etwas von Sklavendienst und Ersäufung der Knaben, welches Letztere nach No. 20 die zweyte Maßregel ist, verschiedenes gewesen wäre, er es nicht ganz vernachlässigt haben würde. Und eben dieser Sklavendienst, und die Strenge und Grausamkeit der Frohnvoigte, scheint auch die Veranlassung zu Moses Flucht gewesen zu seyn. Da diese Urkunde von der Ersäufung der Knaben nichts weiß, so ist nach ihr auch Moses nicht ausgesetzt worden, nicht an des Pharao Hof gekommen, und nicht vornehm erzogen worden; welches auch aus den vielen Einwendungen erhellt, da er im Nahmen Jehovahs zum König gehen soll; sondern er war ein Israelit, wie andere, und musste auch Sklavendienste verrichten, wie andere. Vermuthlich behandelte ihn ein Mahl ein Frohnvoigt hart, und er, der nicht zum Sklaven geboren war, fühlte sich, und schlug den Frohnvoigt todt; und dieses war die Ursache der Flucht nach Midian. |[41]

d) Text des Sammlers: "Und Moscheh floh vor dem Angesicht des Pharoh und ließ sich nieder im Lande *Midian, und setzte sich nieder bey einem Brunnen.*" Die Worte *kam nach* haben unstreitig im Originale gestanden. Ich gründe meine Behauptung nicht darauf, daß sie bey den Alexandriern ausgedrückt sind ἐλθὼν δὲ εἰς γῆν Μαδιάμ (s. zu No. 20 not. d)); sondern darauf, daß וישב schwerlich zwey Mahl so hintereinander gestanden hat, wie es itzt im Texte des Sammlers, der zwey Urkunden zusammenzog, sich findet.

e) Dieser Nahme steht nicht im Hebräischen; es hat ihn aber der Alexandriner, wiewohl an einer unrechten Stelle: τῷ δε ιερεῖ Μαδιὰμ ἦσαν ἕπτα θυγάτερες ποιμαίνουσαι αι τα πρόβατα τοῦ πατρὸς αὐτῶν Ἰοθόρ. In dieser Verbindung kann der Nahme *Jethro* wohl nicht gestanden haben. Er muß gleich nach ולכהן מדין gekommen seyn. Wahrscheinlich ist er durch Correctionen von seiner Stelle verdrängt, und wieder an eine andere unrechte aufgenommen worden: denn in dem Cod. Alex. steht auch etwas anderes: Ἰοθόρ τοῦ πατρὸς αὐτῶν. Warum er im Hebräischen späterhin ganz ist weggelassen

40 S. 2.

41 S. 3.

worden, ist leicht einzusehen. Es folgt V. 18. der Nahme *Reuel*. Um diesen Widerspruch wenigstens auf dieser Stelle zu heben, ließ man den Nahmen יִתְרוֹ ganz weg. |[42]

f) Diese Worte habe ich aus den Alexandrinern aufgenommen. Sie sind wahrscheinlich bloß durch Versehen weggefallen. Der Zusammenhang und das Beyspiel Genes. XXIX,9. scheinen ihr ehemaliges Daseyn zu verbürgen.

g) Text des Sammlers: "*Und es kamen die Hirten, und wollten sie forttreiben. Da stand Moscheh auf und rettete sie*, und tränkte ihre Herde.

h) Die Worte dieser Urkunde, die durch No. 20. verdrängt worden sind, mögen so geheißen haben: *Sie kamen darauf zu ihrem Vater Jethro zurück*, und sagten ...

i) Text des Sammlers: "Und sie sagten: *Ein Egyptischer Mann hat uns errettet* von der Hand der Hirten und auch hat er uns geschöpft, und die Herde getränkt.

k) Fehlt: *"Und es sagte ihr Vater zu ihnen."* Weil der Sammler diese Worte aus der anderen Urkunde nahm, so blieben sie aus dieser weg.

l) Text des Sammlers: "Und wo ist er? *Warum habt ihr den Mann gelassen*? Ruft ihn, daß er Brod mit uns esse." |[43]

m) Es ist in dieser Lücke wohl nichts weiter erzählt worden, als daß Moses ist in das Haus des Priesters eingeladen worden, daß er bey ihm geblieben, und seine Tochter Zipporah zur Frau bekommen hat. Daß die Kinder Moses hier sollten erwähnt gewesen seyn, ist mir um deswillen nicht wahrscheinlich, weil sie unten K. XVIII,3.4. nach ihrem Nahmen, und den Ursachen derselben aufgeführt werden. Aus der Edit. Compl. und MS. Ox. wo nach V.22 im Text des Sammlers, noch der zweyte Sohn Eliesar mit der Ursache seines Nahmens erwähnt wird, kann weder für diese Urkunde bewiesen werden, daß die Söhne wären erwähnt gewesen noch für No.20. daß mehr als Ein Sohn, nehmlich *Gerschom*, in Midian gebohren sey, weil Randanmerkungen, aus K. XVIII,4 in den Text sind aufgenommen worden.

n) Text des Sammlers: "Und es erschien ihm der Bote Jehovahs in der Flamme des Feuers aus der Mitte eines Dornstrauchs, *und er sah, und siehe, ein Dornstrauch brannte von Feuer, und der Dornstrauch wurde nicht aufgezehrt.*" S. No.20.

o) Text des Sammlers: "Und es sah Jehovah, daß er abwich um zu sehen, *und es rief Gott ihm zu aus der Mitte des Dornstrauchs, und sagte Moscheh, Moscheh*" ... S. No. 20. |[44]

p) Der Text des Sammlers hat noch den Nahmen יהוה. Dieser gehörte aber zu No. 20. S. Anmerk. m. In dieser Urkunde hat kein Nahme Gottes gestanden.

q) Hat der Samaritanische Text, und der Alexandriner.

r) Hat der Sam. Text und der Alex. Die Girgaschiten werden auch mit erwähnt Genes. XV,21.

s) Text des Sammlers: "Und Moscheh nahm seine Frau und seinen Sohn, und ließ sie auf einem Esel reiten, und kehrte zurück in das Land Egypten. *Und es nahm Moscheh den Stab Gottes in seine Hand.*" S. No. 20.

---

42 S. 4.

43 S. 5.

44 S. 6.

t) Fehlt: "*Und kehrte zurück nach Egypten.*" Diese Worte mußte der Sammler weglassen, weil er sie aus No. 20. aufnahm.

u) Fehlt: "*Darauf gingen Moscheh und Aharon nebst den Ältesten der Israeliten zu dem Pharoh.*" Daß diese Worte hier gestanden haben, ergibt sich aus K. III,18.

x) Der Nahme יהוה fehlt im Hebräischen Texte. Es hat ihn aber der Syrer ausgedrückt. Da gestanden hat er gewiß, gesetzt auch, daß er von dem Sammler wäre übersehen worden, und daß der Syrer ihn suppliert hätte: denn er steht K. III,18, wo diese Worte diktiert werden. |[45]

y) Im Hebräischen steht נקרא , welches für eine Verwechselung von נקרה, wie K. III,18 steht, und hier auch einige Codices haben, angesehen werden kann. Ich weiß aber doch nicht, ob man dem Sinne des Sammlers gemäß interpretiert. Mir scheint er נקרא mit Fleiß gesetzt zu haben für נקרה, damit es eine Antwort wird auf das, was der Pharao fragt: *Wer ist Jehovah*? Die Antwort darauf ist: *Jehovah heißt bey uns der Gott der Ebräer.*

---

45 S. 7.

No. 20

Von Moscheh von Sopher Elijah Harischon

Inhalt

Ex. 1,7.

[Die Jisraeliten hatten sich vermehrt] und waren [sehr] zahlreich geworden[a]. 8. Als daher ein neuer König in Egypten zur Regierung kam, der von Joseph nicht wußte, 9. so sagte dieser zu seinen Unterthanen: *Ihr seht, daß das Volk der Jisraeliten stärker und zahlreicher ist, als wir. 10. Wir müssen etwas ausklügeln, daß sie sich nicht so sehr vermehren, und sich, wenn ein Krieg entsteht an unsere Gegener anschließen, die Waffen gegen uns führen und hernach aus dem Lande ziehen.* 11. Man setze daher Frohnaufseher über sie, um sie durch Arbeitslast nieder zu halten; |[46] sie mußten Magazinstädte für den Pharo bauen, Phitom, Raamses, [und On[b]]; 12. aber je mehr man sie niederdrückte, desto stärker vermehrten sie sich, und desto mehr kamen sie empor. 20. Da aber das Volk sich immer fort so außerordentlich vermehrte, und immer stärker wurde,[c] 22. so befahl endlich der Pharoh seinen sämtlichen Unterthanen, daß sie alle neu geborenen Söhne in den Nil werfen, und nur die Töchter leben lassen sollten.

Ex. 2,1.

Um diese Zeit herum hatte ein Mann von dem Geschlecht Levi eine Frau eben dieses Geschlechts geheurathet; 2. diese gebahr einen Sohn. Da es ein schön Kind war, so verbarg sie es drey Monate lang. 3. Als es ihr aber unmöglich wurde, es länger zu verbergen, so nahm sie ein Schifchen von Papierstaude verfertigt, verwehrte es mit Erdharz und Pech, legte ihr Kind hinein, und setzte es in den Sari am Ufer des Nils. 4. Die Schwester des Kindes mußte von ferne bleiben, und sehen, was ihm widerfahren würde. 5. Bald darauf kam die Tochter des Pharoh an den Nil, um sich zu baden, und ihre Jungfrauen gingen am Ufer des Stroms hin und her. Als sie das Schiffchen, in dem Sari gewahr wurde, so schickte sie eine ihrer Zofen hin, und ließ es holen, 6. öffnete es, |[47] und entdeckte einen weinenden Knaben darinnen. Gerührt darüber sagt sie: *Er ist von den Knaben der Ebräer.* 7. Da sagte die Schwester zu der Tochter des Pharoh: *Soll ich gehen, und eine der säugenden Ebräischen Frauen holen, daß sie dir den Knaben säuge?* 8. *Gehe*, sagte die Tochter der Pharoh. Das Mädchen ging also, und rufte die Mutter des Kindes. 9. Zu dieser sagte die Tochter des Pharoh: *Nimm hier diesen Knaben und säuge mir ihn; ich werde dich dafür zu belohnen wissen.* Die Frau nahm das Kind, säugte es, 10. und, als es etwas herangewachsen war, brachte sie es der Tochter des Pharoh wieder, die es als ihren Sohn annahm. Sie gab ihm den Nahmen *Moscheh* (Aus dem Wasser gezogen); indem sie sagte: *Ich habe ihn aus dem Wasser gezogen.*

11. Als nach der Zeit Moscheh völlig erwachsen war, und einmahl zu seinen Stammverwandten ging, sah er mit Herzeleid, wie sie gedrückt wurden. Unter anderm gewahrte er, daß ein Egyptier einen Ebräer, einen Stammverwandten, schlug. 12. Er sah sich allenthalben um; und als er niemand erblickte, erschlug er den Egyptier, und verscharrte ihn im Sande. |[48] 13. Den folgenden Tag ging er wieder aus, und sah, daß zwey Ebräer handge-

---

46 S. 2.

47 S. 3.

48 S. 4.

mein waren. Er sagte zu dem Urheber des Haders: *Was schlägst du deinen Kamerad? 14. Wer hat dich zum Aufseher und Richter über uns gesetzt? entgegnete dieser. Sagst du dieses um mich zu tödten, wie du den Egyptier getödtet hast*? Moscheh gerieth in Furcht, und sagte: *Also ist die Sache bekannt.* 15. Der Pharoh hatte auch wirklich Nachricht davon erhalten, und trachtete Moscheh nach dem Leben. Mosche aber ergriff die Flucht, und ließ sich nieder im Lande[d]. -- 17. und tränkte ihre Herde[e]. 18. Als sie zu Reuel, ihrem Vater kamen, so fragt dieser: Warum kommt ihr heute so zeitig? 19. ------------------------------ auch hat er uns geschöpft und die Herde getränkt[f]. 20. *Wo ist er?* sagte er zu seinen Töchtern. *Ruft ihn, daß er mit uns esse*[g]. ---------------------------[h] 21. Moscheh entschloß sich hierauf bey dem Manne zu bleiben, und erhielt von ihm seine Tochter Zipporah. 22. Da sie ihm einen Sohn gebahr, so |[49] gab er ihm den Nahmen *Gerschom* (Vertreibung; Gast daselbst): *denn*, sprach er, *ich bin Gast in einem fremden Lande.*

Ex. 3,2.

Einige Zeit nachher erschien ihm Jehovah in flammendem Feuer, mitten aus einem Dornstrauche[i]. 3. Moscheh sprach: *Ich muß hin, und die große Erscheinung sehen, warum der Dornstrauch selbst nicht brennt.* 4. Als Jehovah sah, daß er von der Straße abwich, um es näher zu sehn[k], 5. so sagte er: *Nahe dich nicht hierher. Ziehe die Schuhe von deinen Füßen: denn die Stätte, wo du stehst, ist heilig.* -----------[l]. 7. [Darauf sprach[m]] Jehovah: ---------------------[n] 9. *Nun ist das Geschrey der Jisraeliten zu mir gedrungen, und ich habe gesehen, wie sie von den Egyptiern gedrückt werden.* --[o]

XXX

--[p]

Ex. 4,19.

Da sprach Jehovah zu Moscheh in Midian: *Mache dich auf, und kehre zurück nach Egypten. Denn alle die dir nach dem* |[50] *Leben trachteten, sind tot.* 21. *Und wenn du gehst, fuhr Jehovah fort, und nach Egypten zurückkehrst, so denke darauf, daß du alle die Wunder, womit ich deinen Arm ausgerüstet habe, vor dem Pharoh verrichtest. Zwar werde ich ihm das Herz gefühllos machen, daß er das Volk nicht entläßt. 22. Dann aber sage zu dem Pharoh: "So spricht Jehovah: Jisrael ist mein erstgebohrener Sohn; 23. Ich gebiete dir: Laß meinen Sohn, daß er mir diene. Wirst du dich weigern, ihn zu entlassen, so tödte ich dir deinen erstgeborenen Sohn."* 20. Moscheh nahm seine Frau, und seinen Sohn, ließ sie sich auf einen Esel setzen, und trat seine Rückreise nach Egypten an[q]. 24. Als sie unterwegs wo übernachteten, überfiel ihn Jehovah, und wollte ihn umbringen.

25. Da ergriff Zipporah einen scharfen Stein, und nahm ihrem Sohne die Vorhaut weg, legte sie ihm (Jehovah) vor die Füße, und sagte: *Weil du um Blut bei mir wirbst.* 26. Und gleich ließ er ab von ihm [sie sagte damals: *du wirbst um Blut* in Rücksicht auf die Beschneidung[p].] |[51] --

Ex. 5,1.

----------[s] Alsdann gingen Moscheh und Aharon zu dem Pharoh, und sagten: *So spricht Jehovah, der Gott der Jisraeliten: Entlaß mein Volk, daß es mir ein Fest feyere in der Wüste. 2. Wer ist Jehovah*, antwortete der Pharoh, *dessen Stimme ich gehorchen soll? Ich kenne Jehovah nicht, und entlasse auch die Jisraeliten nicht. 5. Das Volk*, fuhr er fort,

---

49 S. 5.

50 S. 6.

51 S. 7.

ist ohnehin zu zahlreich im Lande; ihr wollt es auch noch seiner Last entledigen! ------------
-----------------------------------[t)]

Ex. 7. 14.

Hierauf sprach Jehovah zu Moscheh: *Das Herz des Pharoh ist gefühllos; er weigert sich das Volk zu entlassen. 26. Gehe also zu ihm, fuhr er fort, und sage ihm: So spricht Jehovah: Entlaß mein Volk, daß es mir diene. 27. Wenn du dich weigerst es zu entlassen, so strafe ich alle deine Gränzen mit Fröschen. 29. Auf dich, auf deine Diener* [*)], *und auf deine Unterthanen sollen sie kriechen.* --

Ex. 8,2.

--------------[u)] Und es stieg eine Menge Frösche auf, und bedeckte das Land Egypten[x)]. |[52] 4. Da ließ der Pharoh Mosche und Aharon rufen und sagte zu ihnen: *Betet zu Jehovah, daß er die Frösche von mir, [meinen Dienern*[y)]*,] und meinen Unterthanen entferne: ich will das Volk entlassen*[z)]. 5. Mosche sprach zu dem Pharoh: *Du hast nur zu gebieten, wenn ich für dich, deine Diener, und deine Unterthanen beten soll*[aa)]. 6. *Morgen*, sagte der Pharoh. Moscheh: *Wie du befiehlst, damit du weißt, daß nichts unserm Gott Jehovah gleicht. 7. Bald sollen die Frösche von dir, deinen Dienern und deinen Unterthanen weichen*[bb)]. 8. Hierauf entfernte sich Moscheh und Aharon von dem Pharoh[cc)], --------
-----------------[dd)] 9. Jehovah that auch, wie Moscheh gesagt hatte[ee)] --------------------------
---[ff)] 11. Als aber der Pharoh sah, daß er Luft bekommen hatte, so machte er sein Herz gefühllos[gg)], ------------------------[hh)] ---
------------------- 16. So spricht Jehovah: Entlaß mein Volk, daß es mir diene. 17. Entläßt du mein Volk nicht, so schicke ich Fliegen über dich, deine Hofleute, und deine Unterthanen. 19. Ich werde aber einen Unterschied zwischen meinem und deinem Volk machen. Morgen soll dieses Wunder erfolgen. --------------------------- |[53] ------------------------------
-- 20. Jehovah ließ es auch geschehen; und es kam auch eine große Menge Fliegen -------------------
-- 24. Betet für mich. 25. Mosche sagte: So bald ich mich von dir entfernt habe, so will ich zu Jehovah beten und Morgen wird er von dem Pharoh, seinen Hofleuten , und seinen Unterthanen die Fliegen entfernt haben. Nur darf der Pharoh seinen Scherz nicht ferner treiben, daß er das Volk nicht entläßt. 26. Und somit entfernte sich Moscheh von dem Pharoh, und betete zu Jehovah. 27. Jehovah that auch, wie Moscheh gesagt hatte, und entfernte die Fliegen von dem Pharoh, seinen Hofleuten, und seinen Unterthanen; keine einzige blieb zurück. 28. Aber der Pharoh machte auch dies Mahl sein Herz gefühllos, und entließ das Volk nicht.

Ex. 9, 1.

Darauf sprach Jehovah zu Moscheh: Gehe zu dem Pharoh, und sage zu ihm: So spricht Jehovah [der Gott der Ebräer]: Entlaß mein Volk, daß es mir diene. 2. Wo du dich weigerst es zu entlassen und es noch aufhältst, 3. so trifft die Hand Jehovas |[54] deine Herde, die du auf dem Felde hast, Pferde, Esel, Kamele, Rinder, und Schafe; eine sehr verderbliche Pest. 4. Jehovah wird aber einen Unterschied zwischen den Herden der Jisraeliten, und den Herden der Egyptier machen, daß nicht ein Stück von den Jisraeliten stirbt. 5. Jehovah hat auch die Zeit festgesetzt, wenn es geschehn soll; Morgen wird Jehovah dieses Zeichen thun. -- 6. Den Morgen darauf that auch Jehovah, was er hatte sagen lassen. Es sturben alle Herden der Egyptier, von den Herden der Egyptier

52 S. 8.

53 S. 9.

54 S. 10.

[lies: Jisraeliten] aber starb nicht ein Stück. 7. Als der Pharoh Kundschafter ausschickte, so war nicht Ein Stück von den Jisraeliten gestorben. Doch blieb das Herz des Pharoh gefühllos, und er entließ das Volk nicht. --- 13. So spricht Jehovah: Entlaß mein Volk, daß es mir diene. 14. Denn dieses Mahl schicke ich alle meine Plagen über dich, deine Hofleute, und deine Untertha |[55] nen, damit du wissest, daß nichts mir auf der ganzen Erde gleicht. 15. Ich würde schon mit Pest meine Hand gegen dich und dein Volk ausgestreckt haben, und du wärest von der Erde verschwunden; 16. aber um deswillen laß ich dich noch übrig bleiben, damit du meine Macht sähest, und daß mein Nahme auf der ganzen Erde bekannt werde. 18. Siehe Morgens laß ich einen schweren Hagel regnen, desgleichen nie in Egypten gewesen ist von seiner Entstehung an bis itzt. --- 23. Und ließ Hagel über Egypten regnen, 24. so heftig, daß, solange Egypten bevölkert gewesen, etwas ähnliches gesehen worden. 31. Flachs und Gerste wurden zerschlagen; denn die Gerste hatte Ähren und der Flachs Knospen. 32. Der Weizen aber, und Spelt blieb unbeschädiget, weil sie später kommen. --- 28. Betet zu Jehovah, -- 30. Ich weiß aber, daß du und deine |[56] Hofleute euch noch nicht vor Gott Jehovah fürchtet. ------------ 33. Von dem Pharoh, --------------------- worauf der Regen nicht mehr auf die Erde schlug. 34. So bald aber der Pharoh sahe, daß der Regen aufgehört hatte, so machte er, so wie seine Hofleute, sein Herz gefühllos --------------------------------.

Ex. 10, 1.

Darauf sprach Jehovah zu Moscheh: Gehe zu dem Pharoh. Denn ich lasse sein herz und das Herz seiner Hofleute gefühllos sein, damit ich meine Wunder unter ihnen verrichte, 2. du aber deinen Söhnen und Enkeln erzählest, was ich in Egypten gethan, und was für Wunder ich daselbst verrichtet habe, und daß ihr wisset, daß ich Jehovah bin. --- 3. Moscheh und Aharon gingen hin zu dem Pharoh und sagten zu ihm: So spricht Jehovah: Entlaß mein Volk, daß es mir diene. 4. Denn weigerst du dich mein Volk zu entlassen, so lasse ich Morgen Heuschrecken in |[57] deine Grenzen kommen. 5. Sie werden die ganze Oberfläche der Erde bedecken, daß man nichts davon sehen kann, und was übrig von dem Hagel ist, und alles grüne an den Bäumen auf dem Felde sollen sie auffressen. 6. Und somit entfernten sie sich von dem Pharoh. 7. Da sagten die Hofleute des Pharoh zu ihm: Wie lange soll dieser Mann für uns eine Schlinge seyn? Laß die Leute ziehen, daß sie Jehovah, ihrem Gott, dienen. Willst du erst sehen, daß Egypten untergeht? 8. Hierauf wurden Moscheh und Aharon zurückgerufen zu dem Pharoh, und er sagte zu ihnen: Geht, und dienet Jehovah, eurem Gott. Wer sind aber die, die gehen? Moscheh: Wir gehen mit Knaben und Greisen, mit Söhnen und Töchtern; mit unseren Schaf- und Rinderherden gehen wir, denn wir feyern ein Fest Jehovahs. 10. Der Pharoh: Jehovah müsse so mit euch seyn, wie ich euch entlasse mit euren Angehörigen! Seht ihr, daß ihr mit Bosheit umgeht. 11. Nein! Ihr Männer könnt gehen, und Jehovah dienen. Dieses war es, was ihr fordertet. Und so stieß er sie von sich fort. 13. Hierauf ließ Jehovah einen starken Ostwind über das Land kommen, der den ganzen Tag und die ganze Nacht wehte; dieser brachte des Morgens die Heuschrecken. 14. Sie ließen sich in allen Gränzen des Landes in solcher Menge nieder, daß weder zuvor noch danach etwas ähnliches ist gesehen worden. |[58] 15. Die Oberfläche des Landes wurde bedeckt, und das Land selbst verfinstert; nichts von Grün an Bäumen und Feldgewächsen durch ganz Egypten wurde gelassen. ----------------------------------- 17. Betet zu Jehovah, eurem Gott, daß er nur diese Pest von mir nehme. 18. Dieser

55 S. 11.

56 S. 12.

57 S. 13.

58 S. 14.

entfernte sich von dem Pharoh, und betete zu Jehovah. 19. Da ließ Jehovah einen entgegengesetzten Wind mit großer Stärke vom Meer her wehen. Dieser führte die Heuschrecken fort, und warf sie in das Sari-Meer (Arabischen Meerbusen), daß nicht eine einzige in den Gränzen Egyptens blieb. --

XXXX

---------------------- 24. Da ließ der Pharoh Moscheh rufen und sagte zu ihm: Geht, und dienet Jehovah. Nur eure Schaf- und Rinderherden müssen zurück bleiben. Eure Angehörigen können mit ziehen. 25. Moscheh erwiederte: Du wirst uns doch Opfer und Brandopfer lassen, die wir Jehovah, unserm Gott darbringen. 26. Auch unser Vieh muß mit uns gehen, und keine Klaue zurück bleiben. Denn von den Herden müssen wir ja nehmen, was zum Dienste Jehovahs unseres Gottes gehört. Wir wissen nicht eher, wie wir ihm dienen werden, bis wir an Ort Stelle sind. 28. Darauf sagte der Pharoh: Fort von mir; hüte dich, daß du mir nicht wieder vor die Augen kommst; |[59] So bald du mir noch ein Mahl vor die Augen kommst, mußt du sterben. 29. Moscheh sagte: Recht so! Ich komme nicht wieder vor deine Augen.

Ex.11, 4.

So spricht Jehovah, fuhr er fort: Um Mitternacht durchziehe ich das Land Egypten; 5. da soll alles erstgebohrne im ganzen Lande sterben, von dem Erstgebohrnen des Pharoh, dem Thronfolger, bis zum Erstgebohrnen der Sklavin, die hinter der Mühle sitzt, und alles erstgeborene vom Vieh. 6. Dann soll ein Geschrey durch das Land seyn, dergleichen zuvor nie gewesen ist, und auch danach nie seyn wird. 7. Von Seiten der Jisraeliten aber soll kein Hund seine Zunge weder auf einen Mann noch auf ein Thier spitzen, damit ihr sehet, daß Jehovah zwischen den Jisraeliten und den Egyptiern einen Unterschied zu machen weiß. 8. Hernach werden deine Hofleute zu mir kommen und bußfällig bitten und sagen: Ziehe aus, du und dein Volk, dessen Oberhaupt du bist. Dann will ich ausziehen. Und somit entfernte er sich im Zorn von dem Pharoh.

Ex. 12, 29.

Um Mitternacht tödtete Jehovah alles Erstgebohrne im Lande Egypten, von dem Erstgebohrnen des Pharoh, dem Thronerben, bis zu dem Erstgebohrnen der Sklavin im Arbeitshause, und alles erstgebohrne vom Vieh. 30. Da stand der Pharoh die Nacht auf, und alle seine Hofleute, und alle Egyptier und im ganzen Lande erhub sich ein groß Geschrey, |[60] weil kein Haus war, worin man nicht eine Leiche hatte. 31. Der Pharoh ließ Moscheh und Aharon kommen und sagte zu ihnen: Machet euch auf, und ziehet aus von meinem Volk, ihr und die Jisraeliten; geht und dienet Jehovah, wie ihr verlangt habt. 32. Auch eure Schafe und Rinder nehmet eurem Verlangen gemäß mit; geht nur, und erfleht auch mir etwas gutes. 33. Auf gleiche Weise trieben es auch die Egyptier, daß das Volk so schnell, als möglich entlassen würde: denn, sagten sie, wir alle sind des Todes.

---

59 S. 15.

60 S. 16.

Noten zu Elijah Harischon

No. 20.

a) Text des Sammlers: Und die Söhne Jisraels waren fruchtbar, und breiteten sich aus, und vermehrten sich, *und wurden stark* überaus sehr, und das Land wurde von ihnen voll. - Zu dieser Urkunde gehört nur: *und wurden stark.* Aber es hat noch darinnen gestanden, und zwar vorhergehend: וירבו בני ישראל, und מאד nach ויעצמו; nur konnten diese Worte vom Sammler nicht aufgenommen werden, weil er sie aus No.18 aufnahm. Ich habe daher keinen Anstand genommen, sie aus No. 18 herüber zu nehmen. Vergleiche V. 20 dieser Urkunde.

b) Den Nahmen On hat der Hebräische Text nicht; aber der Alexandriner: καὶ Ὦν, ἥ ἐστίν Ἡλιόπολις Merkwürdig ist, daß auch beyde Arabische Übersetzer die Stadt Heligopolis haben: עין שמש *Fons Solis*. Sie sind freylich zu jung, als daß man glauben könnte, sie hätten אין in ihrem Texte gelesen; sie übersetzen vielmehr רַעַמְסֵס mit עין שמש; wie es der in den Polyglotten auch Genes. XLVII, 11. und Exod. XII, 38. übersetzt, wo beyde Mahl der E[...|[61]...?]sche רַעַמְסֵס beybehält. Indessen müssen sie doch einen Grund dazu gehabt haben; und dieses kann wohl kein anderer gewesen seyn, als die Tradition, daß Heliopolis oder Ain Schäms eine Stadt der Pharaonen gewesen; s. Abulfeda descr. Aegypti p. 34 et Michaelis in not. p. 125 seqq. Weil nun *Raamses* nicht weiter bekannt war, so machten sie daraus das bekanntere *Ain Schäms*. Es ist zwar möglich, daß sie auch einen philologischen Grund gehabt haben, da das Wort רַעַמְסֵס nach Jablonski so viel ist, als ager solis (Ρη *Sol*, Μεσχσχη ager): Allein es bleibt doch nur Möglichkeit. Der Alexandriner übersetzt Genes. XLI, 45 und 50 אוֹן durch Ἡλιούπολις; und so auch Ezech. XXX, 17. Eben diese Stadt heißt Jerem. XLIII, 13 בית שֶׁמֶשׁ, wo der Alexandriner auch übersetzt Ἡλιούπολις, mit dem Beysatze τούς (στύλους) ἐν Ὤν, wo im Hebr. steht בארץ מצרים . Der Cod. Alex. hat zwar ἐν Ἐνών; und Ed. Ald. ἐν Ἐνώμ; aber es ist Schreibfehler. Die Präposition ΕΝ war mit dem Nahmen ΩΝ zusammengeschlossen; da nun noch eine Präposition fehlte, so setzten die folgenden Abschreiber noch eine dazu; und so wurde ἐν Ἐνών. Dieses ἐν Ὤν soll wahrscheinlich das ausdrücken, was im Hebr. בארץ מצרים; es soll das Beth Schemes in |[62] Egypten unterscheiden von dem Beth Schemes im Lande Kanaan, welches Jos. XV, 10 auch Ἡλιούπολις übersetzt wird. Daher ich auch nicht glaube, daß in der Ed. Compl. ἐν Αἰγύπτῳ (anstatt ἐν Ἐνών) für ächt kann gehalten werden. Es stimmen also die Alexandriner aus ganz verschiedenen Zeiten darinnen überein, daß *On* keine andere Stadt als *Heliopolis* ist; und daß Heliopolis auf Hebräisch *On* heißt. Der Arabische Übersetzer macht Jerem. XLIII, 13. aus Ἡλιούπολις עין שֶׁמֶשׁ mit dem Beysatze, wie er im Cod. Alex. ist *en Enon*; aber Ezech. XXX, 17. übersetzt er buchstäblich: מדינת אל שֶׁמֶשׁ. Das אין Genes. XLI, 45.50. behalten beyde Arabische Übersetzer bey. Ob nun gleich der Alexandriner dadurch, daß der Araber an dieser Stelle auch *Heliopolis* (On) hat, keinen eigentlichen Zeugen erhält, weil dieser sich nicht *On*, sondern *Raamses* dabey denkt; so ist doch die Tradition, welche ihn bestimmte das bekanntere Heliopolis aus dem unbekannteren Raamses zu machen, auch ein Zeuge, der nicht zu verwerfen ist; sie beweißt doch so viel, daß Heliopolis, mag es bey den Hebräern heißen wie es will, hierher paßt. Wenn nun der Alexandrine dieses Heliopolis ebenfalls bringt, aber nicht aus רַעַמְסֵס übersetzt, sondern aus אין; welches aus der Beybehaltung des Originalworts, mit der zugesetzten Erklärung, ἥ ἐστίν |[63] Ἡλιούπολις, und aus der besonderen vorausgehenden Uebertragung des Worts רעמסס

---

61 S. 2.

62 S. 3.

63 S. 4.

durch Ῥαμεσσῆ erhellet; so ist es wohl außer Zweifel, daß er im Originale noch wirklich אוֹן gelesen hat. Er ist auch vermöge seines höheren Alterthums ein weit gültigerer Zeuge, daß *Heliopolis*, oder *Ain Schäms* das Pharaonische *On*, als der spätere Araber, daß es das Pharaonische *Raamses* sey. Die Frage, wie des Hebr. אוֹן aus dem Texte heraus gefallen, läßt sich leicht beantworten. Man nahm das Wort בנה für *erbauen*, und da fand man natürlich einen Widerspruch mit Genes. XLI, 45. u. 50. wo *On* schon als eine berühmte Priesterstadt erwähnt wird. Man wußte freylich nicht, daß der, der Phithum, Raamses und On durch die Israeliten erbauen läßt, ein ganz anderer Schriftsteller ist, als der, der den Schwiegervater des Joseph (und wahrscheinlich auch Joseph selbst) nach On versetzt. Wenn man daher auch das בנה durch *erbauen* übersetzt, (wofür ich fest entscheiden möchte), so entsteht immer kein Widerspruch des Schriftstellers mit sich selbst, sondern ein Widerspruch in verschiedenen Traditionen, der durch andere Mittel, als durch Ausstreichen, gehoben werden muß. |[64]

c) Text des Sammlers: "Und Gott that den Wehemüttern gutes, *und es vermehrte sich das Volk, und wurde sehr stark.*" - Die erste Hälfte des V. gehört zu No. 19.

d) Es ist sehr zu beklagen, daß gerade bey den Nahmen des Landes diese Urkunde defekt wird. Dürfte man freylich dem Alexandriner trauen, so ließe sich der Nahme des Landes wieder herstellen. Er übersetzt: καὶ κατῴκησεν ἐν γῆ Μαδιάμ. ἐλθὼν δὲ εἰς γῆν Μαδιάμ, ἐκάθισεν ἐπι τοῦ φρέατος. Nach dieser Übersetzung muß er einen vollständigern Text vor sich gehabt haben, als der gegenwärtige Text des Sammlers ist, nehmlich es hat nach וישב בארץ מדין noch gestanden ויבו ארץ מדין, wo der letzte Satz zu No. 19. gehören würde, der erste zu dieser Urkunde, daß das Land, wo Moses hinflieht, *Midian* wäre, wie in No. 19. Es kann aber seyn, daß die Worte ἐλθὼν δὲ εἰς γῆν Μαδιάμ aus Symmachus eingeschoben sind, weil es etwas anstößig klingt, wenn man ließt: καὶ κατῴκησεν ἐν γῆ Μαδίαμ, καί ἐκάθισεν ἐπι τοῦ φρέατος indem die letzte Handlung passender bey einem frisch *ankommenden*, als schon an einem Orte *wohnenden* ist. Daher können wir über diesen Punkt nie zu einer völligen Gewißheit kommen. |[65]

Indessen glaube ich doch behaupten zu können, daß das Land *Midian* geheißen hat. Mein Grund ist, weil bald nachher Exod. IV, 19. Jehovah mit Moses im Lande Midian redet, und ihm befiehlt, nach Egypten zurück zu kehren. Es wäre zwar auch möglich, daß Moses in einem andern Land gelebt, und sich daselbst verheurathet hätte, und nur zufällig in Midian gewesen wäre, als ihn Jehovah an die Rückkehr erinnerte: denn die Urkunde ist hier viel zu defekt, als daß sich etwas gewissens daraus erweisen ließe; mich dünkt aber, daß der Sammler einen solchen Umstand noch mit würde beygebracht haben, wenn er einen bemerkt gefunden hätte.
[66] Einen zweyten Grund, der alle Zweifel hebt, habe ich Numer. X, 29. wo Reuel, der Schwiegervater Mosis ganz bestimmt המדיני, der Midianite heißt.
Fände sich in anderen Stellen gar nichts, so würde man vielleicht auf כוּשׁ rathen, weil die Frau Mosis Numer. XII, 1. eine Kuschitin heißt. Man würde aber falsch, wenigstens nur halb recht rathen. Man darf nicht vergessen, daß die *Midianiter* nach dieser Urkunde eine ganz andere Abkunft haben können, als die Midianiter nach Eliel Harischon, nach nach welchem sie Abkömmlinge von Abraham sind, Genes. XXV, 1. s. Tempelarchiv Th. I. S. 105. Elijah Harischon ist in seiner Ethnographie von Eliel Harischon ganz unabhängig. Nach ihm könnten wohl die Midianiten ein Zweig des Stamms Kusch seyn. Unter den Nachkommen des Kusch führt Eliel Harischon Genes. |[67] X, 7. (s. Tempelarch. Th. I. S. 78.) einen gewissen *Dedan* auf; wie bald war dieser in der Tradition mit *Medan*, oder *Midjan* verwechselt! Der Araber in den Polyglotten macht אל הנד, d.i. *die Indier* aus diesem *Dedan*; so auch 1. Chron. I, 9. Eben diese setzt der Syrer 2. Chron. XVI, 8.

---

64 S. 5.

65 S. 6.

66 Randbemerkung bis *

67 S. 7.

([illegible]) für כּוּשׁ, wo es unmöglich ist, an eigentliche Indier zu denken; wie es auch Jonathan macht Jes. XI, 11. Zeph. III, 10. Der Chaldäische Übersetzer des 1sten B. der Chronik K. I, 8.9. übersetzt כּוּשׁ durch ערב, die Araber; und so Pseudo-Jonathan Genes. X, 6. daß die Kuschiten aber Araber gewesen sind, ergiebt sich aus Habac. III, 7. wo *Kuschiten* und *Midianiten* verbunden werden; und 2. Chron. XXI, 16. wo *Araber* erwähnt werden an der Seite der Kuschiten.
[68] So wie Eliel Harischon Midianiten in der Nachbarschaft der Amoriter, und der Moabiter kennt (Num. XXV, 6-18.), die Moses hernach vertilgen muß (Num. XXXI, 1.ff.) Welche er gewiß nicht für Nachkommen Abrahams will gehalten haben, sondern eher für einen Kanaanitischen, folglich mit den Kuschiten verwandten (Genes. X, 6.) Stamm, eben so kann Elijah Harischon Midianiter kennen, welche Kuschiten sind, da besonders beyde Völker neben einander und unter einander wohnten.
Übrigens mögen die Umstände der ersten Bekanntschaft Mosis mit den Töchtern Reuels wohl ziemlich dieselben gewesen seyn, wie Eliel Haschscheni von Jakob und der Rahel erzählt Genes. XXIX, 8 - 10. Die Töchter Reuels hätten warten müssen, ehe sie ihre Herde hätten tränken können; aber Moses war so dienstfertig, und hob |[69] das Hinderniß (wälzte etwa den schweren Stein, der vor dem Brunnen lag, hinweg), daher kamen sie zeitlicher nach Hause als gewöhnlich.

e) Text des Sammlers: "Und es kamen die Hirten und wollten sie forttreiben. Das stand Moscheh auf, *und rettete sie, und tränkte ihre Herde.*" Die letzten Worte gehören blos hierher, weil nach No. 19. Moses nicht tränkt, sondern die Töchter Jethro's thun es selbst.

f) Text des Sammlers: "Und sie sagten: ein Egyptischer Mann hat uns errettet von der Hand der Hirten, *und auch hat er uns geschöpft, und die Herde getränkt.*" Die vorhergehende Lücke mag wohl so ausgefüllt gewesen seyn: Und sie sagten: *Ein Egyptischer Mann hat uns den Stein von dem Brunnen hinweg gewälzt*; auch hat er uns geschöpft etc.

g) Text des Sammlers: *"Und er sprach zu seinen Töchtern: und wo ist er?* Warum habt ihr den Mann gelassen? *Rufet ihn, daß er Brod mit uns esse.*

h) Hier hat höchstwahrscheinlich die Befolgung des väterlichen Befehls gestanden: *Und sie gingen und ruften Moscheh.* |[70]

i) Text des Sammlers: *"Und es erschien ihm der Bote Jehovahs in der Flamme des Feuers aus der Mitte eines Dornstrauchs*, und er sahe, und siehe, ein Dornstrauch brannte von Feuer, und der Dornstrauch wurde nicht aufgezehrt." S. No. 19.

k) Text des Sammlers: *"Und es sahe Jehovah, daß er abwich um zu sehen*, und es rief Gott ihm zu aus der Mitte des Dornstrauchs, und sagte: Moscheh, Moscheh! Und dieser sagte: Hier bin ich." S. No. 19.

l) Fehlt: Und er that also. S. Jos. V, 15.

m) Diese Worte sind aus No. 19. Sie haben hier aber ganz gewiß gestanden, wie der Nahme יהוה schon bezeugt.

n) Diese Lücke läßt sich leicht ausfüllen. Es hat dieselbe Ankündigung hier gestanden, wie in No. 19. *"Ich bin Jehovah, der Gott deines Vaters Abrahams, der Gott Jizchaks, und der Gott Jakobs."* Es hat sich diese Ankündigung von der in No. 19. durch nichts unterschieden, als durch den vorausgeschickten Nahmen *Jehovah*. Dies die Ursache, warum sie der

---

68 Randbemerkung bis *

69 S. 8.

70 S. 9.

Sammler weglassen mußte. So ähnlich kündigt sich nach Elijah Harischon Jehovah an, Genes. XXVIII, 13. S. Tempelarch. Th. I. S. 220.

o) Hier ist eine beträchtliche Lücke, die sich durch Rathen nicht ganz ausfüllen läßt. Im Ganzen kann wohl Elijah Harischon nicht viel neues erzählt haben, was nicht in No. 19. welche der Sammler vollständig aufgenommen hat, auch stünde; aber es muß doch anders modifizirt gewesen seyn. |[71] Ich vermuthe demnach so. Jehovah hat erst Mosi seinen Entschluß mitgetheilt die Israeliten zu befreyen. Alsdann hat er ihm aufgetragen, nach Egypten zu reisen, und dem Pharao in seinem Nahmen anzukündigen, daß er die Israeliten auf eine Zeitlang entlassen möchte, ihm ein Fest in der Wüste zu feyern. Daß dieser Prätext auch nach dieser Urkunde gebraucht ist, ergiebt sich aus der Folge; s. K. V, 1. VII, 26. VIII, 16 u.a.a.O.m. Moses hat diesen Auftrag von sich abgelehnt, und sich damit entschuldigt, daß er sich am Hofe des Pharao nicht dürfe sehen lassen, weil er einen Egyptier erschlagen hätte, und der Pharao ihn gleich würde umbringen lassen. Denn mit Mangel der Beredsamkeit kann er sich nicht entschuldigt haben, weil er am Hofe erzogen ist. Diese Entschuldigung nimmt Jehovah an, und sagt ihm, daß er warten sollte, bis der Pharao gestorben wäre. Dieses scheint mir aus K. IV, 19. hervorzugehen, wo Jehovah Mosi zuerst ankündigt, daß er nun reisen könnte, die Leute, die ihm nach dem Leben getrachtet hätten, wären gestorben. Es muß aber Moses noch allerhand Schwierigkeiten gemacht haben. Er wird gesagt haben, daß der Pharao ihm nicht glauben würde, daß ihn Jehovah sendete. Jehovah hat ihm alsdenn voraus gesagt, wie er ihn schon durch Wunder beglaubigen wollte, und mag sie auch wohl spezifizirt haben. Dieses scheint zu erhellen aus C. IV, 21. wo Jehovah Moses erinnert wird, die Wunder, die in seinen Arm gelegt sind, zu verrichten, aber auch voraussagt, daß der Pharao sich nicht daran kehren würde. Endlich hat sich Moses bereitwillig |[72] erklärt. Diese Unterhandlung kann nicht lange nach Mosis ankunft (sic! B.S.) in Midian vorgefallen seyn. Denn nach der zweyten Unterredung, wo der Pharao gestorben ist, und er wirklich abreißt, ist sein Sohn *Gerschom*, wie es scheint, noch ziemlich *klein*; und er hat auch nur den einzigen Sohn. An einen 40jährigen Aufenthalt in Midian wäre also wohl hier nicht zu gedenken.

p) Es fehlt: *Nach einiger Zeit starb der Pharo in Egypten.*

q) Text des Sammlers: "*Und Moscheh nahm seine Frau, und seinen Sohn, und ließ sie auf einem Esel reiten, und kehrte zurück in das Land Egypten.* Und es nahm Moscheh den Stab Gottes in seine Hand." S. No. 19. In dem Hebr. Originale steht anstatt בנו, wie man es erwarten sollte, man mag sich den Text des Sammlers oder des ersten Verfassers denken, בָּנָיו *seine Söhne.* Es darf aber dieses בניו nicht geändert werden; denn es findet sich an gar vielen Stellen, wo nicht mehr als Ein Sohn damit gemeint ist, z.B. Genes. XLVI, 23 XXXVI, 25. 1. Chron. I, 41. II, 7. s. Glass. Phil. Sacr. p. 1251. Dath. Indessen ist vielleicht diese Stelle Veranlassung zu den Interpolationen des Alexandriners, Cap. II, 22. gewesen. S. Not. m. zu No. 19. |[73]

r) Diese Worte sind auf jeden Fall ein Glossem entweder von dem Sammler, oder von einer anderen Hand. Schon das אז macht sie verdächtig. Warum soll *alsdenn* oder *damahls* (denn von dieser Bedeutung darf man nicht abgehen), da Jehovah von Moses gewichen, Zipporah diese Worte, die sie schon gesagt hatte, noch Ein Mahl wiederholt haben. Erträglicher wäre es, wie es auch einige Ausleger schon verstanden haben, daß es nur Erklärung des Schriftstellers wäre, die er um deswillen hinzufügte, weil die Worte der Zipporah so dunkel und zweydeutig sind. Dieses würde ich annehmen, wenn ich mich überzeugen könnte, daß wir die *wirkliche*, und nicht die *dargestellte* Zipporah hörten. Nach der Überzeugung aber, die ich habe, daß wir nur die *dargestellte* Zipporah reden hören, muß natürlich die Frage entstehen: Warum stellte denn der Verfasser seine Zipporah so dunkel

---

71 S. 10.

72 S. 11.

73 S. 12.

redend dar, daß er ihrer Rede noch einen Commentar beyfügen mußte?, konnte er sie nicht gleich so deutlich sprechen lassen, daß man ohne Commentar wüßte, was sie haben wollte? Es ist also dieses ein späterer Einschiebsel, der hinzu kam, als die Worte der Urkunde unverständlich geworden, wie sie es noch sind, aber gewiß nicht waren, da sie Elijah Harischon niederschrieb. Der Glossator bezog es auf die Be |[74] schneidung, wenn Zipporah sagt: *Du bist nur ein Blutbräutigam.* Ob er aber die Worte an Moses gerichtet nahm, oder an den eben beschnittenen Sohn, läßt sich aus seinen Worten nicht herausbringen; denn sie heißen buchstäblich: *Sie sagte damahls: "Bräutigam des Bluts" in Beziehung auf die Beschneidung.* Die spätern Juden haben das letztere angenommen, wie aus der Bemerkung des Aben Esra erhellet, der sagt, daß die Mütter die Knaben, wenn sie beschnitten worden wären, pflegten, חתן, *Bräutigam* zu nennen; welchem auch R. Levi, und Elias Levita beystimmen. Ich habe ihn die Worte, als an Moses gerichtet, deuten lassen, nicht so wohl aus Überzeugung, als vielmehr um einigen Zusammenhang für den Teutschen Leser zwischen meiner Übersetzung der Worte der Zipporah und der hinzugefügten Deutung zu gewinnen. Da aber meine Übersetzung vielleicht so dunkel ist, als das Hebr. Original selbst, so will ich sie mit ein paar Worten rechtfertigen; besonders, weil es scheinen könnte, als wäre ich von der Lesart des Hebr. Originals abgewichen. Nach der Analogie von איש דמים, עיר דמים, בית דמים vir sanguinolentus, urbs sanguinolenta, domus sanguinolenta, muß חתן דמים heißen sponsus sanguinolentus, *ein Blutgieriger oder mit Blutschuld belasteter Bräutigam.* Davon |[75] kann nicht abgegangen werden. Aber eben dadurch ist entledigt, ob die Worte auf den Sohn können bezogen werden. Dieser kann auf keinen Fall *ein blutgieriger oder mit Blutschuld belasteter Bräutigam* heißen. Nur Moses und Jehovah bleiben übrig. Soll Moses der *blutgierige* Bräutigam seyn, so müßte er es seyn, weil er zu der Beschneidung angetrieben hätte. Aber erstlich thut dieses Moses nicht, sondern Zipporah fällt von selbst darauf; und man muß dazu erst viel voraussetzen, was nicht erzählt wird; hernach sieht man nicht, warum ihn Zipporah blutgierigen *Bräutigam*, und nicht vielmehr blutgierigen Mann (איש דמים) nennt. Will man sagen: Weil ihr Moses von neuen gleichsam geschenkt wurde; so widerlegt dieses der Text, wo sie diese Worte sagt, ehe er ihr wieder geschenkt wurde, und sie also auf das Wiederschenken keine Rücksicht nehmen kann. Da nun dieses so viel Schwierigkeiten hat so könnte man an seinen Mord denken, den er in Egypten verübte. Dieser Mord war die Veranlassung, daß ihn Zipporah zum Mann bekam. Zipporah wußte es, und nennt ihn deswegen *einen mit Blutschuld belasteten Bräutigam*, in Bezug auf die Vergangenheit. Dagegen aber ist 1) die Art, wie sich Zipporah ausdrückt, die auf Gegenwart hindeutet: Denn wenn sie sagen wollte: "Du *wurdest* oder warst mein Bräutigam mit Blut |[76] schuld belastet", so würde sie הייח oder נהייח nicht weggelassen haben; so oft das *ist* ausgelassen wird, so selten wird das *war* ausgelassen. Hernach 2) ist der Zusammenhang zwischen der Handlung der Zipporah und jenem Umstande schwer zu finden. Jehovah will Moses tödten, d.h. er ist gefährlich krank. Zipporah schneidet die Vorhaut ihres Sohnes ab, und legt sie, oder wirft sie ihm vor die Füße, oder umfaßt seine Füße (je nachdem man והגע übersetzt), und sagt: *Du warst mir ein mit Blutschuld belasteter Bräutigam.* Man muß da annehmen, daß sie die Krankheit für eine Folge jenes Mordes (eine Strafe) ansieht; und daß sie die Vorhaut ihres Sohnes für ein Amulet hält. Weder zu dem einen noch zu dem andern giebt uns der Text einigen Grund. Läßt man die Zipporah Jehovah, der sich in Menschengestalt zeigt (wie Genes. XVIII.), anreden, so lassen sich mehrere Ursachen angeben, warum sie ihn חתן דמים nennt. Vielleicht war es Sitte, daß die, die eines vornehmen Mannes Eydam werden wollten, Feinde von ihm tödten mußten, und diese berechneten mit Vorhäuten; so wie David dem Saul hundert Vorhäute der Philister bringen mußte, 1. Sam. XVIII, 25-27. Vergl. 2. Sam. III, 14. Es hielte da Zipporah Jehovah für einen solchen *blutdürstigen Bräutigam*, der ausgegangen wäre, um Vorhäute zu erbeuten. Sie könnte ihn auch für das halten, was er ist, dächte sich aber seine Handlung, daß er ihren Mann umbringen will, in Verbindung mit dem in Egypten begangenen Morde, welches um so eher kann angenommen werden, da

---

74 S. 13.

75 S. 14.

76 S. 15.

sie sich Egyptens Gränzen nähern; sie sähe in Jehovah den *Bluträcher*. Der Bluträcher, der sonst |[77] גואל הדם heißt, kann auch heißen חתן דמים: Denn חתן kommt von, daß es einen *Verwandten*, einen *zu der Familie gehörenden*, bedeutet (s. 2. Reg. VIII, 27. vergl. V. 18. 26.); Da würde חתן דמים den *blutgierigen, blutdürstigen Verwandten* bezeichnen, der den Bluträcher machen mußte; s. Michaelis Mos. Recht Th. II. § 131.ff. Es gäbe im Hebräischen fast dieselbe Dilogie, die das Teutsche: BlutVerwandten, Blutfreund, giebt. Die ängstliche Zipporah brächte diesem *auf Blut ausgehenden Verwandten*, diesem Bluträcher, die blutige Vorhaut ihres Sohns zum Opfer; und dieser ließe sich dadurch versöhnen. Es läßt sich auch noch eine dritte Ansicht nehmen. Nach Genes. XVII, 11. (in Eliel Harischon) ist die Beschneidung *das Zeichen des Bündnisses* mit Gott. Die Verbindung zwischen Jehovah und dem Israelitischen Volke wird auch als eine Vermählung, und Verlobung gedacht; s. Hos. II, 21.22. In dieser Stelle wird ארש gebraucht von dem Bräutigam; eben dieses Wort braucht David 2. Sam. III, 14. אשר ארשתי לי במאה ערלות פלשתים, die (Michal) *ich mir mit hundert Vorhäuten der Philister vermählt habe*. Die Beschneidung wäre also der Aktus der Vermählung durch Vorhäute; Jehovah wäre der Bräutigam, das männliche Geschlecht der Israeliten die Braut. Die Mütter, deren Knaben beschnitten wurden, wodurch sie Jehovah die Braut zuführten, könnten ihn חתן, *Eydam* (welche Bedeutung das Wort mehrmals hat, z.B. 1. Sam, XVIII, 18.) nennen, und חתן דמים, *BlutEydam*, weil er sich nicht anders die Braut vermählte, als durch Blut. Dieses alles hier weiter zu untersuchen, er |[78] laubt der Platz dieser eigentlich bloß kritischen Anmerkung nicht. Ich erinnere nur noch, daß ich in der Übersetzung der Stelle das חתן so viel, wie möglich, auszudrücken bemüht gewesen bin. *Um Blut werben* erinnert an das *Werben um die Braut*.

s) Fehlt von ohngefähr folgendes: "Als die in Egypten angekommen waren, so ging Moscheh zu Aharon seinem Bruder, und erzählte ihm, was Jehovah zu ihm geredet hatte. Sie begaben sich darauf zu dem Volk, und sagten ihm, wie Moscheh war befohlen worden, daß Jehovah beschlossen habe, es von dem Druck der Egyptier zu befreyen. Das Volk aber glaubte den Worten Jehovahs und Moscheh seines Dieners."

t) Fehlt: "Und so entfernten sich Moscheh und Aharon von dem Pharoh." Dieses setzte Elijah Harischon sonst auch dazu; s. C. VIII, 8. 26. C. XI, 8.
*[79] Im Hebr. *auf dich, auf dein Volk, und auf alle deine Diener.* Aber ursprünglich haben die Diener eher gestanden als das Volk. S. Anmerk. y.*

u) Fehlt von ohngefähr folgendes: "Jehovah bestimmte auch die Zeit, und sagte: Morgen wird es Jehovah thun. Moscheh und Aharon gingen also hin zu dem Pharoh und sagten: *So spricht Jehovah:* |[80] *"Entlaß mein Volk, daß es mir diene. Wenn du dich weigerst es zu entlassen, so strafe ich alle deine Gränzen mit Fröschen. Auf dich, auf deine Diener, und auf deine Unterthanen sollen sie kriechen. Morgen wird es Jehovah thun."* "Und somit entfernte sich Moscheh von dem Pharoh. Jehovah ließ es auch den folgenden Tag geschehen." Die Gründe zu diesen Supplementen sind folgende. Die Zeitbestimmung des Wunders hat Elijah Harischon sonst auch, K. IX, 5. 18. VIII, 19. X, 4. XI, 5. Durch die Zeitbestimmung wird das wunderbare erhöht, oder das Wunder wird erst zum Wunder. Es ist also wohl kein Zweifel, daß auch bey den Fröschen die Zeit wird bestimmt gewesen seyn. Die Erfüllung des Befehls, und die wörtliche Wiederholung desselben findet sich noch K. X, 3 - 6. Es läßt sich also mit Gewißheit annehmen, daß sie bey allen Wundern ursprünglich gestanden hat, und daß nur die Vereinigung dreyer Urkunden den Sammler veranlaßte, sie wegzulassen. Der Zusatz, daß sich Moses entfernt habe, ist diesem Verfasser auch gewöhnlich, K. X, 6. XI, 8. Vergl. vorherg. Anmerk. t.

---

77 S. 16.

78 S. 17.

79 Randbemerkung bis *

80 S. 18.

x) Text des Sammlers: "Und es streckte Aharon seine Hand aus über die Wasser Egyptens, *und es stiegen Frösche auf, und bedeckten das Land Egypten.*" S. No. 18. |[81] Dieses fehlt in dem Text des Sammlers; ich glaube auch schwerlich, daß es je darinnen gestanden hat. Dessen ungeachtet hat es ursprünglich Elijah Harischon gehabt, Hebr. ומעברי, wie man aus V. 5. sieht. Es ist auch sonst Elijah eigen, diese Folge zu beobachten: *Pharoh*, *seine Knechte*, und *sein Volk*; s. K. VIII, 17.25.27. IX, 14.

z) Text des Sammlers: "*Und es ruft der Pharoh Moscheh und Aharon, und sagte: Betet für mich bey Jehovah daß er entferne von mir, (und von meinen Dienern,) und von meinem Volk die Frösche, so will ich das Volk entlassen*, daß es Jehovah opfere." S. No. 19

aa) Text des Sammlers: *Und es sprach Mosche zu dem Pharoh: Gebiete über mich, wenn ich für dich, und deine Diener, und dein Volk zu Jehovah beten soll*, daß er ausrotte die Frösche von dir und deinen Häusern, daß sie nur in in (sic! B.S.) dem Nil bleiben." S. No. 19.

bb) Text des Sammlers: "*Und es werden weichen die Frösche von dir*, und deinen Häusern, *und von deinen Dienern, und von deinem Volk*; nur in dem Nil werden sie bleiben." S. No. 19.

cc) Text des Sammlers: "*Und es ging Moscheh, und Aharon heraus von dem Pharoh*, und es schrie Moscheh zu Jehovah wegen der Frösche, die er dem Pharoh gemacht hatte." S. No. 19.

dd) Fehlt: "*Und Moscheh betete zu Jehovah.*" Hebr. ויעתר משה אל יהוה, s. vs. 26. K. X, 18. |[82]

ee) Text des Sammlers: "*Und es that Jehovah nach den Worten Moscheh*, und es sturben die Frösche aus den Häusern, aus den Gehöften, und von den Feldern." S. No. 19.

ff) Fehlt: "*Und entfernte die Frösche von dem Pharoh, seinen Dienern, und seinen Unterthanen.*" Daß die Handlung Jehovahs selbst wörtlich wiederholt gewesen ist, ersieht man sehr deutlich aus V. 27.

gg) Text des Sammlers: "*Und es sahe der Pharoh, daß er Luft hatte, und machte sein Herz gefühlloß*, und hörte nicht auf sie, wie Jehovah geredet hatte." S. No. 18.

hh) Fehlt: "*Und entließ das Volk nicht*" dieses ist d. Formel unsers Verfassers K. VIII, 28. IX, 7.

---

81 S. 19.

82 S. 20.

Supplemente zu Elijah Harischon

2. Fliegen

Ante Cap. VIII, 16. Darauf sprach Jehovah zu Moscheh Gehe zu dem Pharoh, und sage zu ihm:

Post cf. 19. Moscheh und Aharon gingen hin zu dem Pharoh, und sagten zu ihm: So spricht Jehovah: entlaß mein Volk, daß es mir diene. Entläßt du es nicht, so schicke ich Fliegen über dich, deine Hofleute und deine Unterthanen. Doch will ich einen Unterschied zwischen meinem Volk und deinem Volk machen. Morgen soll dieses Wunder erfolgen. Und so mit entfernte sich Moscheh von dem Pharoh.

post cf. 20. über den Pharoh, seine Hofleute, und seine Unterthanen. Über die Jisraeliten aber kamen keine Fliegen. Da ließ der Pharoh Moscheh und Aharon kommen, und sagte zu ihnen:

2. Viehpest

Post cap. IX, 5. Moscheh und Aharon gingen hin zu dem Pharoh, und sagten zu ihm: So spricht Jehovah u.s.w. bis Ende vs. 5.-- Und somit entfernte sich Moscheh von dem Pharoh.

--------------------------- |[83]

Ante IX, 13. - Hier auf sprach Jehovah zu Moscheh: Gehe zu dem Pharoh und sage ihm:

post. vs. 18. Moscheh und Aharon gingen hin zu dem Pharoh, und sagten zu ihm: So spricht Jehovah. (V. 13-18) Und somit entfernte sich Moscheh von dem Pharoh. Jehovah aber that, wie er hatte sagen lassen.

post vs. 32. Da ließ der Pharoh Moscheh und Aharon rufen, und sagte zu ihnen:

post vs. 28. daß der Regen aufhöre. Moscheh sprach: Ich will zu Jehovah beten;

post 30. Und somit entfernte sich Moscheh [von dem Pharoh]

post vs. 33. und betete zu Jehovah

post vs. 34. und entließ das Volk nicht

Post Cap. X, 2. Sage zu dem Pharoh: So spricht Jehovah: Entlaß mein Volk, daß es mir diene. Denn weigerst du dich dein Volk zu entlassen, so lasse ich Morgen Heuschrecken in deine Gränzen kommen. Alles, was vom Hagel |[84] noch übrig gelassen ist, alle grünenden Bäume auf dem Felde, sollen sie auffressen.

post vs. 15. Da ließ der Pharoh Moscheh und sagte zu ihm: Ich will euch entlassen. Moses allein! s. Cap. 10, 14.

post vs. 19. Das Herz des Pharoh aber wurde gefühlloß, und entließ das Volk nicht.

---

83 S. 2.

84 S. 3.

Finsterniß.

Ante Cap. X, 24. Ich wage es nicht zu bestimmen, ob nach dieser Urkunde auch Finsterniß oder eine andere Landplage gewesen. Es könnte auch der Käfer gewesen seyn. s. Ps. CV. 34. wo von יֶלֶק geredet wird, der nach der Heuschrecke kommt. Joel 1, 4. Und Ps. 78, 46. ist es חָסִיל, der nach dem ילק kommt Joel I, 4. | [85]

Wiederholungen

Ex. 3, 9. Das Gott das Elend gesehen, ist schon vs. 7. hinlänglich versichert.

Ex. 4, 19. befiehlt Gott Moses zurück zu kehren, was schon vorher weitläufig ist verhandelt worden.

Ex. 4, 21. wird das wiederholt, was längst Cap. 3, 19. da gewesen ist.

Ex. 5, 3. wird nichts neues gesagt, was nicht schon vs. 2. gesagt wäre. Pharoh fragt: wer ist Jehovah? vs. 3. ist keine Antwort. | [86]

Widersprüche.

Exod. 2, 19. sagen die Töchter Reguels, daß der Egyptier ihnen auch geschöpft habe. Und nach vs. 16. schöpfen sie selbst. Hatte ihnen der Egyptier so gefallen, daß sie seine Verdienste erhöhen?

Exod. 3, 1. heißt der Schwiegervater Mosis Jethro; So auch Cap. 4, 18. u. Cap. II, 18. Reuel.

Exod. 3, 18. soll Moses und die Aeltesten zu Pharao gehen. Aber Cap. V, 1. geht nur Moses und Aharon.

---

85 S. 4.

86 Unpaginiert.

Supplemente zu Eliel Harischon in exodo.

Cap. 7, 11. fehlt: Und es rief Pharoh *die Geheimkünstler Egyptens* (לחרתמי מצרים und bald darauf muß es heißen im Texte, ויעשו כן חרתמי מצרים בלהטים).

Cap. 7, 19. fehlt: und strecke deine Hand aus *mit deinem Stabe* cf. Cap. 8, 1.

v. 20. fehlt: *und es streckte Aharon seine Hand aus mit seinem Stabe* (Vergl. Cap. 8, 2. wo fehlt: במטהו. u. Cap. 8, 13. wo es vollständig ist.) *über die Wasser Egyptens, über die Flüsse, Canäle, über die Teiche, u. über alle Wasserbehälter* und es war Blut in ganz Egypten *in Holz u. in Stein*; *und der Pharoh rief die Geheimkünstler Egyptens.*

Cap. 8, 1. Hier fehlt: *und es thaten Moses und Aharon, wie Jehovah geredet hatte* Vergl. Cap. 7, 20. coll. vs. 10. |[87]

Cap. 8, 2. fehlt: *mit seinem Stabe* (במטהו v. vs. 13.) *über die Wasser Egyptens.* vergl. Cap. 7, 19.

ibid. fehlt nach den *Wassern Egyptens: über die Flüsse, Canäle, Teiche, und brachte Frösche herauf über das Land Egypten.* Und es rief der Pharoh die Geheimkünstler Egyptens

Cap. 8, 11. fehlt: *und es verhärtete sich das Herz des Pharoh*

Cap. 8, 12. muß heißen: *deine Hand mit deinem Stabe.* Das folgende muß heißen nach den Worten: und schlage den Staub des Landes: *Und es wird aller Staub des Landes zu Mücken werden im ganzen Lande Egyptens, und es werden die Mücken seyn an Menschen und Vieh.*

Cap. 8, 13. fehlt nach und es thaten: *Moses u. Aharon, wie der Jehovah geboten hatte.* |[88]

Cap. 8, 13. Hier muß die Wortfolge seyn: *Und es wurde aller Staub der Erde Mücken im ganzen Lande Egyptens, und es waren die Mücken an Menschen u. an Vieh.* Dann fehlt: *Und der Pharoh rief die Geheimkünstler Egyptens.*

Cap. 9, 9. Nach dem Auftrage fehlt: *und es thaten Moses u. Aharon wie Jehovah geboten hatte.*

Cap. 9, 10. Nach *gen Himmel* fehlt: *vor den Augen des Pharoh, und er wurde zu* klarem Staube über das ganze Land Egypten. ------- *im ganzen Lande Egypten. Und der Pharoh rief die Geheimkünstler Egyptens.* |[89]

---

87 S. 2.

88 S. 3.

89 S. 4.

Cap. 11, 10. fehlt nach den Worten: und es verhärtete Jehovah das Herz des Pharoh: *und er hörte nicht* (ולא שמע אלהם) cf. cap. 9, 12. 8, 15. 8, 11. 7, 12. 7, 20. Übrigens kommt der 10te Vers vor dem 9ten. Es wird ausgesagt, daß *alle diese Zeichen* und Wunder fruchtlos gewesen wären. Daher kommt auch noch ein Zusatz, der bey den einzelnen Wundern nicht steht: *und er entließ die Israeliten nicht aus seinem Lande*.
Sonst ist dieser Zusatz Elijah I. eigen. ולא שלח את בני ישראל; z.B. Cap. 9, 35. oder ולא שלח את האם, Cap. 9, 7. Hier ist aber nicht dabey מֵאַרְצוֹ. Wenn steht: *und er entließ die Israeliten nicht* so ist es Eliel.II. und die volle Formel ist: *Er fuhr fort zu sündigen, und entließ die Israeliten nicht, wie Jehovah durch Mose geredet hatte*. Wenn steht: *Er entließ das Volk nicht* (העם) so ist es Elijah. Vergl. Cap. 4, 21. |[90]

Cap. 12, 20. auf diesen Vers muß der Vortrag an das Volk kommen: *Und es sprach Moscheh u. Aharon zu den Israeliten die Worte, die Jehovah befohlen hatte*. Vergl. Cap. 35, 1. coll. Cap. 6, 9.

Cap. 12, 49. Nach diesem Verse folgt wieder die Bekantmachung: *und es redeten Moscheh und Aharon zu den Israeliten alle diese Worte, die Jehovah ihnen befohlen hatte*.

Cap. 12, 50. Nach diesen Worten ist wieder eine Lücke; es fehlt der Erfolg: das Erwürgen der Erstgeburt. Dieses läßt sich aus Cap. 12, 12. suppliren: *Und es ging Jehovah* (ויעבר) *durch das Land Egypten in dieser Nacht, und* schlug (וְהִכָּה) *alles Erstgeborne im Lande Egypten, von Menschen bis zum Vieh, auch über den Göttern Egyptens hielt Jehovah Gerichte*: Und es war (והיה) *das* |[91] *Blut zum Zeichen an den Häusern, in welchen Israeliten waren* (ואשר שם בני ישראל) *und es geschahe, da er das Blut sahe,* (ויהי כי ראה הדם) *so ließ er dieselben frey* (ויפסח עליהם) *und es entstand bey* (ולא היה) *ihnen kein Schlag zum Vertilgen, in dem er schlug im Lande Egyptens*.

Cap. 12, 51. Von diesem Worte ist die Zeitbestimmung weggefallen folgender Maßen: *Und es geschahe am 15ten des Monats*, an eben demselben Tage führte Jehovah aus die Israeliten aus dem Lande Egyptens, und die Israeliten zogen aus mit aufgehobener Hand (Cap. 14, 8.) *vor den Augen der Egyptier* (Num. 33, 3.). *Und die Egyptier begruben die Erstgeborenen, die Jehovah unter ihnen geschlagen hatte*. (Num. 33, 34.)[92] |[93]

Cap 12, 40. Auf diesen Vers (Und es war die Zeit des Aufenthalts der Israeliten in Egypten 430. J.) und die Hälfte des folgenden (und nach Beendigung der 430. Jahre) fehlt die Zeitbestimmung: *Am 15ten Tage des ersten Monats am Tage nach dem Passah, zur Nachtzeit zogen die Heere Jehovahs aus Egypten*. (Cf. Num. 33, 3.) (Exod. 12, 18.) בחדש הראשון בחמשה אשר יום לחדש ממחרת הפסח בעצם היום בלילה
Zur *Nachtzeit* wegen vs. 42

---

90 S. 5.

91 S. 6.

92 Randbemerkung בְיַד רָמָה

93 S. 7.

Cap. VI, 14 - 27.

Cap. 6, 15. Nach vs. 15 folgt Genes. 46, 11.12.13.14.16.17.20.21.23.24. nach dem Tempelarchiv p. 262. |[94]

Cap. 12, 37. Hier fehlt nach der ersten Hälfte des Verses: *und sie lagerten in Sukkoth* (Cf. Num. 33, 5.)

Cap. 14, 2. לִפְנֵי פִּי הַחִירֹת, für לפני lege: על cf. vs. 9. 33, 7.

Cap. 14, 4. Hier fehlt die Specification, die Eliel I. eigen ist: und er wird sie verfolgen, *alle Rosse, Wagen des Pharoh, und Reiter, und seine ganze Macht*, und ich werde mich verherrlichen an dem Pharoh, *an allen seinen Rossen, seinen Wagen, und Reitern* und seiner ganzen Macht: Und die Egyptier werden erkennen, daß ich Jehovah bin, *indem ich mich verherrliche an dem Pharoh, an allen seinen Rossen, seinen Wagen und seinen Reitern, und seiner ganzen Macht*. Cf. vs. 18.

Cap. 14, 4. Vor den Worten: ויעשו כן fehlt die Bekanntmachung an das Volk: *Und Moscheh redete alle die Worte, die Jehovah ihm befohlen hatte, zu den Israeliten, und befahl ihnen, sie zu thun; und die Israeliter thaten alles, wie es Jehovah befohlen hatte, so thaten sie es*. Cf. Cap. 12, 50. |[95]

Cap. 14, 9. Die zu Eliel I. gehörigen Worte müssen so gelesen werden: כל סוס פרעה רכב ופרשין וכל חילו ובני ישראל חונים על פי החירות לפני בעל צפן

Cap. 14, 10. zu den Worten: *und der Pharoh neherte sich* fehlt: *Alle Rosse des Pharoh, Wagen und seine Reiter, und seine ganze Macht*.

Cap. 14, 17. Der Anfang des Verses hat bei Eliel geheißen: Ich verhärte das Herz *des Pharoh, des Königs* Egyptens, und es wird *der Pharo* (sic!) kommen hinter ihnen her, *alle seine Rosse seine Wagen u seine Reiter, u seine ganze Macht*. Vergl. vs. 23.
Hier müssen die Worte so gestellt werden: בפרעה בסוסו ברכבו בפרשין ובכל חילו

Cap. 14, 16. Die Worte müssen gelesen werden:
קח ונטה את־ידך במטך על הים cf. Cap. 7, 19. u. 8, 1. |[96]

Cap. 14, 18. Die letzte Hälfte des Verses hat Eliel so geschrieben: בהכבדי בפרעה בכל סוסו ברכבו ובפרשיו ובכל חילו

Cap. 14, 21. Es fehlt nach יָדוֹ das Wort במטהו vid. Cap. 8, 13.

Cap. 14, 23. Die zu Eliel gehörigen Worte haben so geheißen: *und es kam hinter ihnen her der Pharoh, alle Rosse des Pharoh, seine Wagen u seine Reiter, und seine Macht in die Mitte des Meeres*
ויבא פרעה אחרהים ------- וכל חילו

Cap. 14, 26. Dieser Vers hat so geheißen: strecke aus deinen Arm *mit deinem Stabe* über das Meer, und es wird zurücke kehren das Wasser über *den Pharoh den König*

---

94 S. 8.

95 S. 9.

96 S. 10.

Egyptens, *über* |[97] *alle seine Rosse*, über seine Wagen, und über seine Reiter *und über seine ganze Macht*

Cap. 14, 27. Es fehlt nach יָדוֹ das Wort: במטהו wie vs. 21. q. vide.

Cap. 14, 28. Die Worte haben geheißen: und es kehrte das Wasser zurück und bedeckte den *Pharoh den König Egyptens*, die Rosse, die Wagen, u die Reiter und die ganze Macht des Pharoh, die die da kamen *hinter den Israeliten* in die Meere. לְכֹל muß verändert werden in ואת כל

Cap. 14, 29. Dieser Vers wird hier übergangen; er gehört zu Cap. 15, 18. die letzte Hälfte, die dort verkürzt ist. |[98]

Cap. 15, 18. Diesen Vers hat Eliel I. so geschrieben: Weil kam *der Pharoh*, und die Rosse des Pharoh die Wagen desselben und seine Reiter *und seine ganze Macht*, in die Mitte des Meeres (אל תֹּךְ הים cf. cap. 14, 23) und Jehovah ließ die Wasser des Meeres zurückkehren über sie, und die Israeliten gingen im Trockenen in der Mitte des Meeres, *und das Wasser stand recht und links wie Mauern*. und Cap. 14, 29.

---

97 S. 11.

98 S. 12.

מלאך יהוה	angelus Jova	מַלְאָךְ
Gen. 16, 7.		Exod. 23, 20
Gen. 16, 9.		----- 33, 2.
Gen. 16, 10		Num. 20, 16
Genes. 16, 11.		Genes. 48, 16.
Genes. 21, 17.[99]		
Gen. 22, 11. Gen. 22, 15.		Haben Eliel II. und Elijah I.
Gen. 30, 11. Exod. 3, 2. אלהים		Was unterstrichen, ist zu Elijah I.
Exod. 14, 19. אלהים		מַלְאָכִי
Num. 22, 23.		Exod. 23, 23.
-------- 24.		----- 32, 34.
-------- 25.		מַלְאָכוֹ
-------- 26.		Gen. 24, 7.
-------- 27.		------- 40.
-------- 31.		
-------- 32.		
-------- 34.		
-------- 35.		

99 Randbemerkung אלהים

Vorläufige Bestimmung der einzelnen Theile in den V. B. Mosis.

Cap. I - IV, 44. *Erste Rede* in dem Gefilde Moab bey Beth Peor. Vorbereitung zur 2ten aus der Geschichte.

Cap. IV, 4.5 - 49. Cap. V. - XXVI, 1 bis 19. Zweite Rede, Vorlegung der Gesetze selbst u. Ermahnung zu ihrer Beobachtung.

Cap. XXVII, 1 - 8. Verordnung durch die Aeltesten Israels zur Aufrichtung von Steinen, auf dem Berge Ebal worauf die Gesetze geschrieben werden sollen. (vs. 8.) Dieses ist nicht zu verwechseln mit dem Segen u. Fluche auf Garizim u. Ebal Cap. XI, 29.

Cap. XXVII, 9. 10. Einleitung zu den Aussprüchen der Segen und Flüche.

11 - 26. Einschiebsel aus Eliel II. die Fluch-[?]

Cap. XXVIII. hängt mit Cap. XXVII, 10. zusammen. Die Segen und Flüche nach Josua 8, 30 - 35. welche Stelle den Beweis enthält. |[100]

XXVIII, 69. Überschrift zum 2ten Bündniß.

XXIX, 1 - 28. tot. Vermahnung das Bündniß betreffend.

XXX, 1 - 20. tot. Geht fort.

XXXI, 1 - 13. Moses legt sein Amt nieder, u stellt Josua als Nachfolger vor. Schriebt das Gesetz auf und verordnet das Ablesen alle 7. Jahr.

XXXI, 14 - 23. Einschiebsel wegen eines aufzuschreibenden Liedes. Josua zum Nachfolger Mosis von Jehovah ernannt. Eliel II.

24 - 29. Moses vollendet das Aufschreiben des Gesetzes, und läßt es beylegen neben die Lade des Bundes.

30. Moses recitirt (sup lin: liest) das Gesetz: [Eliel II.][101] war dem so muß der Text geändert werden.

XXXII, 1 - 43. Das Lied selbst (Eliel II. wie Cap. 31, 14 - 23.)

vs. 44. Moses recitirt das *Lied*.

45 - 47. Vollendung der Reden und Handlungen Mosis.
48 - 52. Mosis Tod (Eliel I.) Ankündigung

XXXIII, 1 - 29. Mosis letzter Segen. (Elijah I.

XXXIV, 1 - 12. Mosis Tod (Vollendung). Eliel I. u Elijah II. |[102]

---

100 S. 2.

101 Eliel II. später gestrichen.

102 S. 3.

Ausgang der Israeliten nach Eliel I.

Exod. XII, 51. An eben dem Tage führte sie Jehovah aus Egypten mit ihren Heeren. Hier fehlt die Zeitbestimmung. ויהי בחמשה עשר יום לחדש ממחרת הפסח aus Num. 33, 3. nun folgt Exod. 12, 51. בעצם היום הוציא יהוה את בני ישראל מארץ מצרים על־צבאתם
Hierauf vs. 40 - 42

vs. 40. *Und es war die Zeit des Aufenthalts der Israeliten in Egypten 430. Jahr.*

vs. 41. Von ויהי בעצם היום fehlt die Zeitbestimmung wie Cap. 12, 51. Und nach Ablauf von 430 Jahren בחדש הראשון בחמשה עשר יום לחדש הראשון ממחרת הפסח [ויהי] בעצם היום am 15ten Tage des ersten Monats am Tage nach Passah zogen die Heere Jehovahs aus v. Num. 33, 3. |[103]

Hier muß aber noch dabey gestanden haben nach בעצם היום gestanden haben בלילה nocte, per noctem) weil vs. 42. ליל und לילה erwähnt wird; und am Ende nach מארץ מצרים hat gefolgt ביד רמה, was Nu. 33, 3. steht, und Cap. 14, 8. an einer unpassenden Stelle eingeschoben ist. Aber Num. 33, 3. steht auch noch מעיני כל מצרים. Dieses hat unstreitig auch hier gestanden. Es kann noch Num. 33, 4. erste Hälfte hier gestanden haben; die andere Hälfte nicht, denn die paßt nicht zur ersten; oder es hat Eliel I. alles was von Cap. 12, 12. gesagt wiederholt, auf folgende Weise. *Denn die Egyptier begruben die erstgeborenen, die Jehovah geschlagen hatte: denn Jehovah nun das Land Egypten die Nacht durchzogen und geschlagen alles erstgeborene im Lande Egyptens vom Mensch bis zum Vieh, auch an den Göttern Egyptens hatte er Strafgerichte geübt.*

Nun kommt VI, 14. ff. das Verzeichnis der Stammvater und Familien, Moses und Aaron.

Dann Cap. 6, 28. mit Cap. 12, 37. vereint *An dem Tage also, den Jehovah in Egypten bestimmt hat, zogen die Israeliten von Ramses aus u kamen nach Sukkoth.* |[104]

---

103 S. 4.

104 Neues Blatt. Unpaginiert.

Formel der Verstockung des Pharoh.

ויחזק לב פ״	*Exod. 7, 13.*
	----- *7, 22.*
	----- *8, 15.*
NB. Cap. 9, 35 einzeln ohne Zusammenhang	----- *9, 35.*
de Jova אֲחַזֵּק aber bei Elijah f. leg. אכבד	Exod. 4, 21.
יחזק יהוה	*Exod. 9, 12.*
+ wahrsch. Elijah, und heißt יכבד	---- 10, 20.+)
++) wahrsch. Elijah I. u. muß heißen יכבד	---- 10, 27.++)
	---- 11, 10.
	---- 14, 4.
	---- 14, 8
	---- 14, 17.
ויכבד לב	Exod. 9, 7.
	----- 8, 15.
	(nach Buxtorf Concordanz)
von Jehovah - - - - - - -	---- 10, 1.
	---- 9, 35.
	---- 8, 11.
כָּבֵד לב Exod. 7, 14.	---- 8, 28.

verte! | [105]

Die 2. Formeln ויחזק יהוה את לב sind dem Eliel I. eigen.
ויחזק לב

Die Formeln ויכבד לב oder הכבדתי לב sind Elijah eigen.

Eliel II: hat diese Formeln gar nicht; sondern er sagt: *Und es fuhr Pharoh fort zu sündigen* v. Cap. 9, 35.

NB.
in dieser Stelle Cap. 9, 35. kommen aber 3. Formeln vor.

NB.
Sie werden verwechselt, weil sie dem Samler geläufig alle waren. | [106]

---

105 S. 2.

106 Die folgende Tabelle hat eigene Paginierung.

Exodus

Eliel Harischon et Eliel Haschscheni et Elijah Harischon Anordnung und Folge der einzelnen Stücke

Eliel I.	Eliel II.	Elijah I.
Ex. 1,1-7.12.med. -14	Cap.1,15-21.	Cap.1.8-11.20.fin. 22.
Cap.6,14-27.	" 2,15.med. -16.17.init	" 2.1-15.17.fin. 18.19.fin.
" 2,24.	" 2,19.init. 20.fin.	" 2,20.pr.et fin. 21.22.
" 6,1-9.	" 2,23.fin.	" 3,2.pr.3.4.pr.5.
" 6,10-12.	" 2,25.	" 3,9.
" 6,29-30.	" 3,1.2.fin.	" 4,19.20.pr.21-26.
" 7,1-5.	" 3,4.fin.	" 5,1-2.5.
" 6,13.	" 3,6-8.	" 7,26.27.29.
" 7,6-7.	" 3,10-22.	" 8,2. post.
" 7,8-13.	" 4,1-19.	" 8,4.5.pr.
" 7,19-20.med.	" 4,20.fin.	" 8,6.7.pr.8.pr.9.pr.
" 7,21. u med.22.	" 4,27-31.	" 8,11.pr.17.pr.18.pr.
" 8,1.2.med.	" 5,3-4.	" 8,19.post.20.med.
" 8,12-15.	" 5,6-23.	" 8,24.post.25.26.27.
" 9,8-11.	" 6,1.	" 8,28.
	" 7,15.16.init et fin.	" 9,1.pr.et post.2-7.
" 9,12.fin.coll. Cap.9,35.	" 7,17.18.	" 9,13.post.14-16.
	" 7,20.post.	" 9,18.23.post.
" 11,9.	" 7,21.princ.	" 9,24.post.28.med.
" 11,10.	" 7,23-25.28.	" 9,31.32.33.post.
" 12,1-20.	" 8,5.post.	
" 12,21.	" 8,7.med.et fin.	" 10,1-3.pr.et post.
" 12,43-51.	" 8,16.princ.	" 10,4.5.pr.et post.
" 12,40-42.	" 8,17.post. 18.19.pr.	" 10,7-11.
	" 8,20.pr.et post.	" 10,13.post.14.post.
" 12,37.init.und 14,8.fin.	" 8,21-24.pr.	" 10.15.pr.et post.
" 13,20.	" 8,26.med.	" 10,17.post.18.19.
	" 9,1.med.13. pr.et med.	
" 14,1-4.	" 9,19-23.pr.	" 10,26.28.29.
	" 9,24.pr.27.|	
" 14,8.	" 9,28.post. 29.33.pr.	" 11,4-8.
- 14,9.p.post.	" 9,34.post. 35.post.	" 11,3.
- 14,10.init.et fin.	" 10,3.med.5. med.6.	" 12,29-33.38.
- 14,11.12.	" 10,12.13.pr.	" 13,18.post.21.22.

	15.med.	
- 14,15.16.17. 18.19.	" 10,16.17.pr. 20-23.	
- 14,21.init. et fin.	" 11,1.2.36.	" 14,5.6.9.10.med. 13.14.
- 14,23.25.27.28. 29.31.		
- 15,19.27.	" 12,21-28. 34-36.39.	" 14,19.post.20. " 21.med.
- 16,1-3.	" 13,3-10.	" 14,23.pr.24.27.post.
- 16,11-12.		" 14,28.post.30. 31.post.
- 16,9.10.6.7.8.13.	" 13,1.2.11 -16.17.18.pr.	
- 16,13-27.	" 13,19.	" 15,20.21.23-26.
- 16,31-36.	" 14,7.17.med. 19.24.pr. 28 med.	" 16,4.5.
- 17,1.		" 16,27.28-30.
- 19,1.2.	" 15,1-18.	
	" 17,2.5-15.	" 17,3.4.
- 24,15-18.	" 18,1-27.	" 19,9.post.10-16.pr.
	" 19,2.med.bis 9.princ.	
- 25,1-40.tot.	" 19,16.post -19.	" 19,20-25.
	" 20,1-23.tot.	" 24,1.2.9-12.
- 26,1-37.tot.	" 21,1-37.tot.	
- 27,1-21.tot.	" 22,1-30.tot.	" 31,18.post.
- 28,1-43.tot.	" 23,1-32.tot.	
- 29,1-45.tot.	" 24,3-8. 13.14.	" 34,1-4.
	" 32,1-14.	
- 30,1-38.tot.		
	" 32,15.17-35.	
- 31,1-17.init.	" 33,1-23.tot.	
- 31,18.	" 34,5-28.	
- 32,15.		
- 34,29-35.		
- 35,1-35.tot.		
- 36,1-38.tot.		
- 37,1-29.tot.		
- 38,1-20.		
- 39,2-43.		
- 38,24-31.		
- 39,1.		
- 38,21-23.		
- 40,1-16.		
- 40,18-33.		
- 40,17.		
- 40,34-38.		

Bemerkung.

Exod.28,1. Soll Aharon und seine Söhne ausgesondert werden zur Verwaltung des Priesteramts.

Exod.29,1-45. weitläufiges Gebot wegen der Einweisung Aharons und seiner Söhne. Dieses steht bey Gelegenheit der *Kleider*. NB.

Exod. XL,12-15. wird bey Gelegenheit, da die Aufrichtung der Stiftshütte geboten wird, auch die Salbung und Weihung Aharons geboten.

Lev. VI,13.14. wird die Oblatio erwähnt, wie sie beschaffen seyn soll bey der Weihung Aharons und seiner Söhne.

Levit VIII.IX.X. weitläufige Erzählung der Weihung, die Jehovah ausdrücklich gebietet. Diese Erzählung paßt besser zu Ende des Exodus. Gleich nach der Errichtung der Stiftshütte; und dazu paßt auch die Einleitung Levit. 1, 1. |[107]
Die Gesetze, die der Leviticus enthält, sind nach der Unterschrift, Levit. VII, 37. 38. Levit. XXVI, 46. u. Levit. XXVII, 34. und nach der Ueberschrift XXV, 1. auf dem Berge Sinai gegeben; damit steht im Widerspruch Levit. 1, 1. wo alles aus der Stiftshütte kommt.
Es kann dieser Widerspruch eben dadurch gehoben werden, daß die Einleitung Lev. 1, 1. nur auf die Weihung des Aharon bezogen wird; die Gesetze aber von Lev. 1, 2. an, auf dem Berge mit gegeben werden. Es kann also Levit 1, 2. ff. mit der Ueberschrift Levit. XXV, 1. eingeschoben werden nach Exod. XXXI, 17. und nach Levit. XXVII, 34. kommt Exod XXXI, 18. Die Unterschrift Levit. 26, 46. kann die Ueberschrift werden von der ganzen Gesetzsammlung in den Levitucus. Moses kann unmöglich mit Anhörung der Verordnung zum Bau und der Einrichtung der Stiftshütte 40. Tage auf dem Berge Sinai zugebracht haben. Alles andere, die wichtigsten Gesetze, der sogenannte Decalogus wäre nicht auf Sinai gegeben. |[108]

---

107 Neues Blatt.

108 Neues Blatt und neues Heft.

Nota.

Die Genealogie Exod. 6, 14 - 27. kommt nach Cap. 12, 51. Sie ist defect; kann aber aus Genes. 46, 11. ff. ergänzt werden. Die Ergänzung muß nach dem 15ten Verse folgen. Also nach Exod. 12, 15. folgt Genes. 46, 11. 12. 13. 16. 17.

Ordo.[109]

Cap. 1, 1 - 7. Nahmen der Söhne Israels.

12 - 14. Zustand in Egypten.

Cap. 2, 24. Gott hört das Geschrey.

" 6, 2 - 9. Gott erscheint Moses und kündigt sich an als Jehovah. Moses soll zum Volke reden. Dieses hört ihn nicht.

" 6, 10 - 12. Moses soll nun zum Pharoh; er getrauet sich nicht.

" 6, 29 - 30. Moses wird von neuem aufgefordert; er soll zu Pharoh, u die Worte reden, die Jehovah spricht. |[110]
Moses weigert sich von neuen.

Cap. 7, 1 - 5. Neue Aufforderung; er soll Aron mit zu Hülfe nehmen.

--- 6. Moses willigt ein mit Aaron.

Cap. 6, 13. Nun redet Jehovah mit Moses und beauftragt sie zum Pharoh

Cap. 7, 7. Moses ist 80. u. Aaron 83. Jahr alt zu der Zeit. |[111]

---

109 Gemeint ist die Ordnung von Eliel Harischon.

110 Neues Blatt.

111 Neues Blatt.

Chronologische Bemerkungen.

Den 10ten des ersten Monats wird das Lamm abgesondert.

d. 14ten wird es gegessen abends.

d. 15ten der Auszug.

den 1ten des 3ten Monats kommen sie von Sinai

Moses besteigt den Berg.

bleibt 6. Tage.

am 7ten Tage wird er zu Jehovah gerufen.

Er verweilt daselbst 40. Tage.

Im 2ten Jahr d. 1. Tag des 1sten Monats wird das Bundes Zelt errichtet. Exod. 40. 37.

Im 2ten Jahr d. 1. Tag des 2ten Monats hält Moses Musterung, u läßt das Volk zählen. Num. 1, 1.

Im 2ten J. 1. Tag des 1. Monats wird das Passah eingeschärft wiederholt Num. IX, 1.

Im 2ten J. am 20. des 2ten Monats wird aufgebrochen aus Sinai. Num. 10 10, 11. nach *Pharan*. |[112]
Von Pharan aus Kundschafter geschickt Num. 13, 1.ff.

Korah, Dathan u. Abiram rebellieren Nu. 16, 1. ff. |[113]

Cap. 1.

V. 1. בני ישראל sind hier nicht *Söhne Israels*, sondern *Israeliten*. Die Stammväter der spätern Israeliter.

איש וביתו; das בית s. Genes. 45, 18. קחו בתיכם

3. Dieser Vers scheint bey dem ersten Anblick nach dem folgenden zu kommen. Denn da würden sie nach dem Alter folgen. Doch aber diese Ordnung, wo erst Söhne der Frauen, (Joseph ausgenommen) dann aber die Söhne der Beyschläferinnen aufgezählt werden, wie Genes. XXXV, 23. ff. XLVI, 26.

5. יוצאי־ירך יעקב Eben so Genes. XLVI, 26.
Eliel Harischon

112 S. 2.

113 S. 3.

6. דור Genes. VI, 9. Eliel Harischon.

7. וישרצו eben so Eliel Harischon Genes. IX, 7.

ויעצמו und waren mächtig; so Elijah Harischon. Genes. XXXVI, 16. u רב ועצום hat ebenfalls Elijah Harischon Genes. XVIII, 18. mit V. 7. stimmt in diesem C. 4. 20. überein. במאד מאד Eliel Harischon Genes. XII, 19. XVII, 6. 20. mit prüf. |[114]

Das Stück V. 1 - 7. gehört Eliel Harischon bis auf den 7ten Vers, der zum Theil einer anderen Urkunde angehört. Zu Eliel Harischon gehört.
Und die Israeliten waren fruchtbar, breiteten sich aus und vermehrten sich außerordentlich.
Zu der anderen Urkunde.
Und die Israeliten waren sehr stark.
Die letzten Worte scheinen zu Eliel Harischon zu gehören.

vs. 9. רב ועצום. s. Not. zu V. 7.

vs. 11. סבלתם, Kap. II, 11. Das suff. geht auf die Egyptier s. Cap. VI, Zu ויבן muß verstanden werden עם scil. Israelitarum. Man setzte Fronvoigte über sie, um sie durch auferlegte Last zu unterdrücken; sie mußten dem Pharao Magazinstädte bauen, Phitom, Raamses, die LXX. setzten noch On, d.i. Heliopolis hinzu.

12. ויפרץ, s. Elijah Harisch. Genes. XXVIII, 14. XXX, 30. 42.
ויקצו s. Eliel Harischon Genes. XXVII, 46.

v. 13. Dieser und der folgende Vers passen nicht gut in den Zusammenhang. Sie scheinen zu Eliel Harischon zu gehören. Die Sprache ist nicht dawider. ויעבדו vergl. |[115] Kap. VI, 5. מצרים מעבדים. V. 14. וימררו Vergl. Genes. XXVI, 35. מרת רוח; עבודה קשה, vergl. Exod. VI, 9.

V. 15. ויאמר מלך מצרים Von diesem Vers an scheint ein frisches Stück zu gehen bis V. 21. Vielleicht ist es von Eliel Haschscheni. Wenigstens ist das מלך מצרים dafür; weil Eliel Harischon, und Elijah Harischon פרעה zu setzen pflegen.

V. 20.21. Der Text ist in diesen beyden Versen auf jeden Fall verdorben. Die letzte Hälfte von V. 20. gehört zu V. 7. z. Th. 9. 12. und die erste Hälfte von V. 20. muß zwischen das erste und letzte Glied des 21ten V. zu stehen kommen.
בתים sind Familien, von בן, בנים; weil die בנים nicht getödet wurden. Die ausgeschlossenen Worte וירב העם ויעצמו מאד schließen sich an V. 12. med. וכן יפרץ sehr gut an; und auf diese folgt V. 22. |[116]

Ich mache vor der Hand folgende Vertheilung.

Eliel Harischon.	Eliel Haschsch.	Elijah Harisch.
I, 1 - 6	----- --------	------ -------
7. z.Th.	----- --------	7 - z.Th.
---- ---------	----- --------	8 - 11.
12. 1. St.	----- --------	12. e. St.
13. 14.	----- --------	------ -------

114 S. 4.

115 S. 5.

116 S. 6.

---- ---------	15 - 19.	------ -------
---- ---------	20. n. H.	20. l. H.
---- ---------	21.	------ -------
---- ---------	----- --------	22.

Cap. II.

Dieses Kapitel gehört wenigstens bis zum 15ten Vers zu Elijah Harischon: denn es steht mit V. 22. wo alle Kinder männlichen Geschlechts sollen in den Nil geworfen werden, in Zusamenhang.

3. זֶפֶת, Pech. Eliel Harischon Gens. VI, 14. hat כֹּפֶר

11. בסבלתם vergl. Cap. 1, 11. |[117]

14. שׂר vergl. Cap. I, 11.
אָכֵן eben so Elijah Harischon Genes. XXVIII, 16.

V. 15. In diesem Verse ist ein Fehler. וישב zwey Mahl gesetzt ist nicht von Einem Verfasser. Und was ist es für eine Verbindung: *Er ließ sich in Midian nieder, und setzte sich auf einen Brunnen.*
Der Alexandriner hat auch ganz anders gelesen: καὶ ᾤκησεν ἐν γῇ Μαδιάμ. ἐλθῶν δὲ εἰς γῆν Μαδιὰμ ἐκάθισεν ἐπί τοῦ φρέατος.
Er hat also noch gelesen von den 3. letzten Worten: ויבא בארץ מִדְיָן

V. 16. Der Alexandriner hat mehr als das hebr. Original; er setzt hinzu ποιμαίνουσαι τὰ πρόβατα τοῦ πατρὸς αὐτῶν. Ἰοθὸρ. Am Ende setzt er auch den Nahmen Ἰοθὸρ.

V. 17. Der Alex. setzt noch καὶ ἤντλησεν αὐταῖς hinzu. Welches des 19ten V. wegen nothwendig ist.

vs. 21. Das ויואל drückt der Alex, nicht aus.

V. 22. Dieser Vers, oder wenigstens die letzten Worte scheinen nicht hierher zu gehören: sie kommen Cap. XVIII, 3. vor. Vor ותלד hat noch ותהר gestanden, welches der LXX ausdrückt. |[118]

Vs. 23. Dieser Vers scheint Eliel Haschscheni zu gehören. Vergl. Cap. III, 7.

V. 24. Dieser Vers gehört Eliel Harischon; vergl. Cap. VI, 5.

V. 25. gehört Eliel Haschscheni. vergl. C. III, 7.

---

117 S. 7.

118 S. 8.

Nota.

Von V. 15-22. sind zwey Urkunden zusammengestellt. Gründe sind
1.) Weil der Nahme Reuel eher sollte genannt werden, als V. 18.
2.) Weil V. 19. die Töchter sagen Moses habe ihnen Wasser *geschöpft*; wie es auch V. 17. nach dem Alex. erzählt wird. Dieses ist aber im Widerspruch mit V. 16. wo die Töchter selbst schöpfen, u die Rinnen *füllen*, daß es Mose gar nicht nöthig hat.
3.) Weil der Vater fragt V. 18. warum sie Heute so bald kamen. Diese Frage konnte er nicht thun nach V. 16. denn nach diesem V. kamen sie ja um dieselbe Zeit, schöpften wie gewöhnlich, ohne Moses Hülfe.
4.) Weil der 22te V. Cap. XVIII, 3. faßt ganz wiederholt wird. |[119]

Ich vertheile eventualiter so.

Eliel Haschscheni.
15. Er kam in das Land Midian und setzte sich bey einem Brunnen
16. Nun hatte der Priester von Midian (Mit Namen Jethro) 7. Töchter, welche die Herde ihres Vaters weideten. Diese kamen, schöpften, und füllten die Tränkrinnen, um die Herde ihres Vaters zu tränken.
17. Da kamen die Hirten, und wollten sie abtreiben. Moses aber erhub sich und vertheidigte sie --

19. Ein Egyptischer Mann hat uns vor den Hirten vertheidiget
20. Er sagte zu seinen Töchtern: Warum habt ihr den Mann zurück gelassen.

Elijah Harisch.
15. Er ließ sich im Lande Midian nieder.

17. -- und schöpfte und tränkte ihre Herde.
18. Sie kamen darauf zu ihrem Vater Reguel. Er fragte, woher kommt ihr heute so zeitig.
19. Sie sagten: Ein Egyptischer Mann hat uns geschöpft, und die Herde getränkt.
20. (Er sagte zu seinen Töchtern): Wo ist er ruft ihn, daß er bey uns esse. (Sie thaten wie ihnen ihr Vater befohlen hatte)
21. Und Moses entschloß sich bey dem Manne zu bleiben. Er gab ihm seine Tochter Zipporah zur Frau. |[120]
22. Sie wurde schwanger und gebahr einen Sohn. Er gab ihm den Nahmen Gerschom. Er sprach: Ich bin Fremdling gewesen in einem unbekannten Lande.

Nota

Der Grund, wrum ich evantualiter die Verse, wo *Reguel* vorkommt, Elijah Harischon gebe, ist Num X, 29.ff.
1.) Reuel heißt da blos der *Midianiter*, nicht Priester. Hier stimt V. 21. האיש überein. was von dem Priester nicht würde gesagt seyn.
2.) Kommt daselbst V. 33. der Berg *Jehovahs*, nicht der Berg *Gottes* vor.
3.) Die Phraseologie ist dort wie die des Elijah p.E. V. 30. אל ארצי ולא מולדתי
Nach jener Vergleichung würde also die Lücke nach V. 15. so können ausgefüllt werden:

---

119 S. 9.

120 S. 10.

Nun hatte ein gewisser Midianiter, mit Nahmen Reuel (Hirt Gottes) sieben Töchter, die Hirtinnen waren. Und es begab sich (ויהי), daß Moses an einem Brunnen stand, und sie kamen mit ihrer Herde, um sie zu tränken (17) Und er schöpfte und tränkte die Herde pp | [121]

Nota

V. 23. ist im Text ein Zusammenschluß; es kann unmöglich heißen בימים הרבים ההם
Ich theile so: בימים הרבים
בימים ההם
Es erste gebe ich Eliel Harischon, und verbinde es mit V. 24. Das andere bleibt Eliel Haschscheni.

Cap. III.

V. 1. gehört Eliel Haschscheni, vergl. Cap.II, 16. Der *Berg Gottes* heißt Num X, 33. Berg Jehovahs. Und so hat Elijah Harischon auch hier geschrieben. Dort steht aber nicht חרב dabey. Vielleicht hat es auch hier nicht gestanden bey Elijah Harischon. Auch Cap. IV, 27. XVIII, 5. wo הר אלהים steht, ist חרב nicht dabey.

V. 2. Dieser Vers gehört Eliel Haschscheni bis an Atnach. מתוך הסנה Mit ihm steht in Verbindung V.4. von ויקרא an bis zu Ende. Für מלאך יהוה hat gestanden אלהים; das מלאך יהוה ist vom Sammler. Das וירא hat Bezug auf V. 16. | [122] Doch kann מלאך יהוה auch echt seyn von den Jehovisten: Hier erschien ihm der Engel Jehovahs; er sahe, daß ein Dornbusch brannte, und doch nicht verzehrt war. 3. // Moses sprach: ich will abgehen von der Straße, und sehen das große Wunderwerk, warum der Busch sich nicht verzehrt.

V. 3. Es muß wohl heißen: מדוע יבער הסנה ולא יאכל, damit Übereinstimmung ist mit V. 2. Der Alex. übersetzt κατα καιεται. Der Vers gehört Elijah.

V. 4. Die ersten 5. Worte gehören Elijah Harischon. An diese schließt sich V. 5. Daß V. 4. und 5. nicht kann zusammengehören; ergiebt der Inhalt. Denn V. 5. heißt: *komm nicht zu nahe.* Diese Worte leiden nicht: *Moses, Moses.* u *hier bin ich.* vorher.

V. 5. gehört Elijah.

V. 6. gehört Eliel Haschscheni.

V. 7. Eliel Haschscheni יהוה muß wegfallen; oder אלהים werden. | [123]

8. Eliel Haschscheni. Vergl. Genes. XV, fin.

V. 9. Dieser Vers ist eingeschoben; ob er aus Elijah Harischon ist, weiß ich nicht.

---

121 S. 11.

122 S. 12.

123 S. 13.

V. 10. לכה ... Vergl. Genes. XXXVII,13, פרעה. Der Alex. φαραω, βασιλει 'Αιγυπτου. Richtig. Eliel Hasch. hat מלך מצרים.

V. 11. פרעה. Alex. φαραώ, βασιλέα 'Αιγυπτου. Vielleicht ist *Pharoh* aus Elijah Harischon.

V. 14. Dieser Vers scheint nicht zu Eliel Haschscheni zu gehören. Wahrscheinlich gehört er zum Jehovisten. Das Wort אֶהְיֶה ist als N. proprium zu nehmen. Der Form nach ist es wie אֶפְאֶה vipera; der Bedeutung nach einer mit יהוה.

V. 15. Das עוד ist vom Samler, der sonst auch auf diese Weise ausflickt.

V. 16. זקני ישראל .cf. Cap. IV,29.
פקד פקדתי cf. Cap. XIII,19. und Genes. L,24. | 124

V. 17-22. gehört Eliel Haschscheni 1) wegen מלך מצרים V.18.19. wie V.11.12. nach dem Alexandriner. 2.) wegen dem זקני ישראל V.18. vergl. V.16. 3.) wegen der Beute aus Egypten V.21.22. Vergl. Genes. XV,14.

Cap. IV.

V. 1-18. gehört unstreitig Eliel Haschscheni.

V. 19. gehört dem Jehovisten, Elijah Harischon

V. 20. gehört Elijah Harischon. Denn nach Eliel Haschscheni reißt Moses ohne Frau, und Kinder, V. 18. Vergl. Kap. XVIII ab init. Es soll da nur ein Besuch seyn.
Die letzten Worte aber gehören Eliel Haschscheni denn V.14. soll er den Wunderstab mit sich nehmen.

V. 21-26 gehört Elijah Harischon.

Nota.

שׂמתי v. 21. muß durch das präsens übersetzt werden; oder durch das Futurum: *Alle Wunder, womit ich deinen Arm ausrüsten werde.* Wenn diese Wunder nichts fruchten, wie dieses gewiß geschehen wird, so soll Moses den Tod des Erstgebohrenen ankündigen. | 125

V. 25. חתן דמים, so wird Moses genannt, weil er als Mörder nach Midian gekommen war, und Bräutigam der Zipporah worden. Sponsus cadis reus. Die letzten Worte von

V. 26. sind ein Glossem.

V. 27-31. gehört Eliel Haschscheni.

---

124 S. 14.

125 S. 15.

Ungefähre Theilung von Cap. III.IV.

	Eliel Harischon	Eliel Haschsch.	Elijah Harisch.
Cap.III.	---- ----	1.	---- ----
	---- ----	2. 1.Th.	2. a.H.
	---- ----	---- ----	3. ----
	---- ----	4. 1.Th.	4. l.Th.
	---- ----	---- ----	5. ----
	---- ----	6 - 8.	---- ----
	---- ----	---- ----	9. ----
	---- ----	10 - 13.	---- ----
	---- ----	---- ----	14.NB. Der 14te
	---- ----	15 - 22.	- Vers ist eine
Cap.IV.	---- ----	1 - 18.	- Randanmerkung
	---- ----	---- ----	19. ----
	---- ----	20. 1.St.	20. 2.St.
	---- ----	---- ----	21 - 26.
	---- ----	27 - 31.	---- ----

| [126]

Cap. V.

V. 1. Dieser V. gehört Elijah Harischon; weil blos Pharao steht; und ויחגו, welches nicht übereinstimmt mit Kap. III,18.

V. 2. gehört Elijah Harischon wegen des Zusammenhanges mit dem vorhergehenden.

V. 3. gehört Eliel Haschscheni. Es stimmt mit Kap. III,18. überein. Nur fehlen die Worte, die durch V.1. verschlungen sind: *Darauf ging Moses und Aaron und die Aeltesten der Israeliten zu dem König von Egypten, und sprachen.*

V. 4. Gehört zu Eliel Haschscheni, bis die zwey letzten Worte לכו לסבלתיכם, welche Elijah Harischon gehören. Vergl. Kap. I,11. II,11.

V. 5. gehört Elijah Harischon.

V. 6-23. gehört wahrscheinlich alles Eliel Haschscheni.[127]

---

126 S. 16.

127 Hier folgen ein sechszehnseitiges und ein vierseitiges Heft. Beide sind offenbar in den laufenden Kontext eingeschaltet. Sie werden hier nicht ediert.
Das neue Blatt beginnt mit S. 17. und Kap. VI.

Cap. VI.

V. 1. gehört unbezweifelt Eliel Haschscheni; das ויגרשם ist Bürge dafür; vergl. Exod. XI,1. XII,33.

V. 2-30. Dieses ganze Stück ist von Eliel Harischon. Die Verwirrung aber ist schrecklich. 1.) Die Genealogie V. 14-27. ist unvollständig. So kann sie aus der Hand des Verfassers nicht gekommen seyn. Bey Levi wird abgebrochen. War es dem Verfasser blos um Moses und Aaron zu thun, so braucht es *Ruben* und *Simeon* nicht.

2.) V. 28. hat gar keinen Zusammenhang mit dem vorhergehenden und folgenden.

3.) V. 29.30 ist fast gleichen Inhalts mit V. 10-12.

Ich treffe vor der Hand folgende Anordnung der Urkunde des Eliel Harischon.

I.) Die Genealogie der Stämme, Kap. I, 1-7.

II.) Die Stammväter K.VI, 14-15. die aus Genes. XLVI, 8.ff. ergänzt werden kann.

III.) Die Genealogie Mosis und Aarons, Kap. VI, 16-27. |[128]

IV.) Die Erzählung von dem Druck der Israeliten Kap.I, 13.14.

V.) Daß Gott das Seufzen hört, K.II, 24.

VI.) Die erste Unterredung Gottes mit Moses Kap. VI, 2-9.

VII.) Hierauf folgt Kap. VI, 10-12. woran sich Kap. VII, 1.ff. anschließt.

NB.

V.13. ist Uebergang des Sammlers zu der eingerückten Genealogie vergl. V. 26.27. Und v. 28-30. ist Uebergang zu der folgenden Erzählung von eben derselben. Dies alles fällt also weg. |[129]

Cap. VII.

V. 1 - 7 gehört unstreitig Eliel Harischon.

V. 1. נְבִיאֶךָ, Genes. XX, 7.

---

128 S. 18.

129 S. 19.

V. 2. וישלח Ken. 158. 106. 223. ויישלח, welches besser ist.

V. 3. פרעה add. Ken. 176. מלך מצרים

V. 4. פרעה Ken. 184. add. מלך מצרים. Für וְנָתַתִּי muß gelesen werden vielleicht נָטִתִי wegen v. 5 בִּנְטֹתִי.

V. 6. ויעשׂ מֹשֶׁה. hier heißt es: *Er versprach es zu thun*; nicht: *er that es*. So kommt כן ויעשו vor bey Eliel Harischon Genes. XLII, 20.

V. 7. Dieser Vers ist gewiß von Eliel Harischon, weil das Alter Mosis angegeben wird.

Von dem folgenden 8ten Verse heben die größten Schwierigkeiten an. So viel ist gewiß, daß mehr als eine Urkunde die Plagen beschreibt; aber es ist schwer zu bestimmen, ob zwey oder drey. |[130]
Auch ist es schwer jedes Verfassers Manier zu entdecken; und wenn man sie entdeckt hat, welcher Verfasser es ist, der da redet.
Was daher hier folgt, ist blos Versuch.

V. 8.[131] scheint Elijah zu seyn, wegen מופת Kap. IV, 21. und wegen תנין, das der Stab nach Eliel Haschscheni zur Schlange wird, Kap. IV, 3.

V. 9. Elijah Harischon, des Zusammenhangs wegen und לפני wie Kap. IV, 21.

V. 10. Des Zusammenhangs wegen Elijah harischon bis 13.

V. 13 יחזק so Kap. IV, 21.

Die Manier dieses Verfasser unterscheidet sich eben so.

1.) Befiehlt Gott *Moses* u *Aaron*.

2.) Moses thut die Wunder nicht selbst, sondern Aaron.

3.) Die Zauberer Egyptens thun allezeit dasselbe.

4.) Es folgt alsdann der Refrain: *Und das Herz Pharaos verhärtete sich und er hörte nicht, wie Jehovah geredet hatte.* |[132]

---

130 S. 20.

131 Dies alles schon V. 9!

132 S. 21.

Ueber die 10. Plagen.

Die 10. Plagen werden von 3. Urkunden erzählt, davon jede ihre eigene Manier hat. Diese Manier muß abstrahirt werden aus Stellen, wo eine Urkunde allein erzählt, und sie nicht mit einer anderen vermischt ist. Solche Stellen sind zum Glück einige vorhanden. Ist die Manier abstrahirt, so muß sie zur Regel bey der Trennung der vermischten Nachrichten dienen. Und zuletzt müssen sich Merkmahle auffinden lassen, wodurch der Verfasser gewiß wird. Ich suche zuerst mich der eigenthümlichen Manier zu versichern.

Erste Manier (Wahrschl. Eliel Harischon.)

Sie findet sich rein Exod. VIII,12 - 15. Ihre Merkmahle sind.

1.) Jehovah spricht zu Moses.

2.) Moses muß Aaron befehlen seinen Stab auszustrecken.

3.) Es wird bemerkt daß der göttliche Befehl so vollzogen worden.

4.) Es wird die Wirkung davon umständlich beschrieben.

5.) Die Geheimkünstler Egyptens machen es nach *mit* oder *ohne* Erfolg.

6.) Die Wirkung ist: *Paraohs Herz bleibt hart, und hört nicht, wie Jehovah geredet hat.* S. Cap. VIII, 15. | [133]

Dritte Manier (Vermuthl. Elijah Har.)

NB. Die zweyte ist am schwersten zu abstrahiren, weil sie nirgends unvermischt gefunden wird. Sie muß aus blosen Bruchstücken gezogen werden. Sie kann daher nur zuletzt bestimmt werden.
Die dritte Manier ist Cap. 9,1-7.

1.) Jehovah spricht zu Moses allein.

2.) Moses soll zu Pharaoh gehen (בא).

3.) Jehovah heißt der Gott der Hebräer. (אלהי העברים).

4.) Die Worte Jehovahs sind: *Entlaß mein Volk, daß es mir diene.* Cap. IX,1.

5.) Die Einleitung wird mit כה אמר יהוה gemacht.

6.) Nach dem Befehl wird unter der Bedingung des Weigerns, die mit der Formel ausgedrückt ist כִּי אִם מָאֵן אַתָּה לְשַׁלֵּחַ, die Strafe angekündigt.

7.) Jehovah schickt diese Strafe selbst, ohne vorhergehende symbolische Handlung. | [134]

8.) Es wird die Zeit bestimmt. Cap. IX, 5.

---

133 S. 22.

134 S. 23.

9.) Es wird ein Unterschied gemacht zwischen den Israeliten und den Egyptiern. הִפְלָה בין

10.) Das Ende ist: *Das Herz des Pharaoh blieb gefühllos, und er entließ nicht das Volk.* Cap. IX, 7. |[135]

Zweyte Manier (Forts. El. Harschsch.)

1.) Moses erhält Befehl allein.

2.) Er soll an den Nil gehen des Morgens wo der Pharaoh auch seyn wird.

3.) Er muß den Stab mit nehmen. Cap. VII, 15.

4.) Der Anfang seines Vortrags soll seyn:
Jehovah, der Gott der Hebräer schickt mich zu dir, und läßt dir sagen. Siehe Du hast mich nicht gehört bisher. So spricht Jehovah: Darum sollst Du wissen, daß ich Jehovah bin. Siehe ich schlage mit dem Stabe pp. S. Cap. VII,16.17.

5.) Moses begeht allezeit die symbolische Handlung mit dem Stabe, den er ausstreckt, oder mit dem er schlägt: aber er begeht sie selbst.

6.) Moses thut keine bestimmte Erwähnung des Abzugs: denn dieses ist schon für alle Mahl bekannt, aus Cap. V, 3. Ehe noch der Dienst der Israeliten geschärft wurde. |[136]

7.) Nach der Ankündigung (NB. die am Ufer des Nils geschiehet) *wendet sich der Pharoh um, und geht nach Hause und achtet weiter nicht darauf.* S. die Hauptstelle Cap. VII, 23. NB. bey dem ersten Wunder nur das Wasser in Blut verwandelt wird, geht Pharoh erst nach der Verwandlung desselben nach Hause. Bey den übrigen aber nach der Androhung.

8.) Nachdem sich Pharao entfernt hat, so befiehlt Gott, das Wunder zu vollziehen. |[137]

9.) Wenn der Pharaoh kapitulirt, so sagt er: *Ich habe gesündiget gegen Jahovah euren Gott, u Euch. Nehmet auch dieses Mahl die Strafe meiner Sünde von mir.* S. Kap. 10, 17. |[138]

Anordnung des Elijah Harischon
in Exodo.

Ich lasse das 1. u 2te Capitel noch unvertheilt.

Nur von dem 2ten V.22. ziehe ich zu Elijah, weil unter Kap 18. die Erzählung von der Ankunft des Jethro, wo auch die Söhne, und die Ursache ihrer Nahmen angegeben ist, höchstwahrscheinlich von Eliel Haschscheni ist.

---

135 S. 24.

136 S. 25.

137 S. 26.

138 S. 27.

Cap. II, 21.

Und Moses entschloß sich bey dem Manne zu bleiben, und er gab ihm seine Tochter Zipproah zur Frau.

Vs. 22.

Und sie gebahr einen Sohn; und er nannte ihn Gerschom: denn ich bin, sagte er, Fremdling in einem unbekannten Lande.

V. 23 ad vba. מלך מצרים

Und es begab sich nach einer langen Zeit, daß der König von Egypten starb;

K. IV, 18.

Da sprach Gott zu Moses in Midian: Gehe, und kehre zurück nach Egypten: denn die Männer die nach deinem Leben trachteten sind todt. |[139]

Cap. IV, 20.

Da nahm Moses seine Frau und seine Söhne (cf. בָּנוֹ), und setzte sie auf einen Esel, und kehrte nach Egypten zurück.

Cap. III, 1

Als er an den Berg Horeb kam: (ויבא אל הר הרבה) - - -[140]

V. 2. pr.P.

so erschien ihm ein Abgesandter Jehovahs in der Feuerflamme aus einem Dornstrauche.

V. 3.

Da sprach Moses: Ich will doch seitwärts gehen und sehen, die große Erscheinung, warum der Dornstrauch nicht brennt.

V. 4. ex part.

Als Jehovah sahe, daß er bey Seite ging, um zusehen:

V. 5.

so sagte er: Nähere dich nicht weiter hierher: Ziehe deine Schuhe von deinen Füßen, denn der Ort, wo du stehest, ist ein heiliges Land (Moses that also - haben wir Jos. 5, 15.) |[141]

V. 7.

Hierauf sprach Jehovah:/
/Vielleicht ist hier eine ähnliche Ankündigung voraus gegangen, wie Eliel Haschscheni hat. Denn eben so pflegt Elijah Jehovah sich ankündigen zu lassen; s. Genes. XXVIII, 13.

---

139 S. 28.

140 Randbemerkung: Nota. Der Berg wird erst heiliges Land. V. 5.

141 S. 29.

V. 9.

Siehe das Geschrey der Israeliten ist zu mir gedrungen, und ich habe den Druck gesehen, womit sie die Egypter bedrücken.

vs. 10.

Und ich bin herabgestiegen, um sie auszuführen, in das Land, das ich ihren Vätern geschworen habe.
Wenn du wirst zurück gekommen seyn nach Egypten, so gehe zu dem Pharoh, und sage ihm: So spricht Jehovah der Gott Israels, entlaß mein Volk, daß es mir ein Fest feyere in der Wüste. Alle Wunder, womit ich deinen Arm ausrüste sollst du verrichten, aber ich werde das Herz des Pharoh verhärten, und er wird das Volk nicht entlassen.

Karl David Ilgen
[aus: Kraft, Vita Ilgenii]

Q. D. B. V.

A V C T O R I T A T E

SACRAE CAESAREAE MAIESTATIS

FRANCISCI II.

IMPERATORIS ROMANO-GERMANICI SEMPER AVGVSTI

S V M M I S Q V E A V S P I C I I S

SERENISSIMORVM SAXONIAE DVCVM

NVTRITORVM ACADEMIAE IENENSIS

M V N I F I C E N T I S S I M O R V M

R E C T O R E A C A D E M I A E M A G N I F I C E N T I S S I M O

SERENISSIMO PRINCIPE AC DOMINO

CAROLO AVGVSTO

DVCE SAXONIAE IVLIACI CLIVIAE MONTIVM ANGARIAE ET GVESTPHALIAE LANDGRAVIO THVRINGIAE MARCHIONE MISNIAE PRINCIPALI DIGNITATE COMITE HENNEBERGAE COMITE MARCAE ET RAVENSBERGAE DYNASTA RAVENSTEINII REL.

P R O R E C T O R E A C A D E M I A E M A G N I F I C O

VIRO ILLVSTRI ATQVE EXCELLENTISSIMO

IOANNE HENRICO VOIGT

PHILOSOPHIAE DOCTORE

SERENISS. DVCI SAX. VINAR. ET ISENAC. A CONSILIIS AVLAE MATHEMAT. PROF. PVBL. ORD. SOCIET. REG. SCIENTIAR. GOETTING. NEC NON SOCIETAT. SCIENTIAR. HARLEMENS. ET MATHEMATICO-PHYS. ERFORD. SODALI SOCIETATVM PHYS. IENENS. ET GVESTPHAL. MINERALOG. IENENS. SODALI HONORARIO

EX DECRETO VENERANDI THEOLOGORVM ORDINIS

CAROLVS CHRISTIANVS ERHARDVS SCHMID

THEOLOGIAE ET PHILOSOPHIAE DOCTOR ET PROFESSOR PVBLICVS ORDINARIVS

COLLEGII THEOL. H. T. DECANVS ET BRABEVTA

V I R O S V M M E R E V E R E N D O A T Q V E E X C E L L E N T I S S I M O

C A R O L O D A V I D I I L G E N

PHILOS. DOCTORI THEOL. ET LINGVAR. ORIENTAL. IN ACADEMIA IENENSI ADHVC P. P. O. SCHOLAE PROVINCIALIS PORTENSIS RECTORI DESIGNATO SOCIET. LATINAE ET MINERALOG. IENENSIS SODALI

DOCTORIS THEOLOGIAE HONORES ET GRADVM

I V R A E T P R I V I L E G I A

PROPTER MVLTA ERVDITIONIS THEOLOGICAE LIBRIS ET SCHOLIS PVBLICIS EDITA SPECIMINA

D E T V L I T

D E L A T A

PVBLICO HOCCE DIPLOMATE

CVI IMPRESSVM EST SIGNVM ORDINIS THEOLOGORVM

P R O M V L G A V I T

IENAE A. D. XIII. MAII cIↃIↃcccII.

L I T T E R I S E T Z D O R F I I E T S O C .

Ilgens Doktorurkunde
[aus: UAJ. Bestand J, Theologie, Nr. 47]

Humanissimis aestumatissimisque
Commilitonibus
S. P. D.
Carolus David Ilgen D.
P. P. O.

Per hiemem instantem his praelectionibus Vestris commodis inservire constitui:

I.) Hor: IX – X. Iesaiae vaticinia interpretabor.

II.) Hor: IV – V. quinque diebus Iliadem Homeri enarrabo, ita, ut non solum carminis virtutes demonstrem, sed etiam mores pristini orbis, instituta, opiniones religiosas illustrem, et, si res tulerit, cum iis quae in Mosaicis monumentis occurrunt, comparem.

III.) Binis diebus Lunae ac Iovis hor V – VI. scribendi ac disputandi scholas moderari pergam.

IV.) Diebus Martis et Veneris hor. V – VI. iis dux ero, qui ipsi periculum interpretationis in Veterum Scriptorum, tum Graecorum, et sacrorum et profanorum, tum Latinorum, monumentis facere voluerint.

V.) Diebus Mercurii et Saturni hor. II – III. linguae Arabicae elementa, Saulo praeeunte, docebo; et, qui ulterius in hac lingua progredi cupient, iis Corani partem, vel fabulas Locmani vel poemata ex Hamasa in Michaelis Chrestom. obvia explicabo.

Harum lectionum initium erit d. XXII. Octobr.

Valete, favete. Scripsi a. d. XII. Octobr. CIƆIƆCCXCIV.

Wer sich durch Pränumeration einen Platz im Auditorio verschaffen will, trifft mich am besten von 10 – 11. u. 1 – 2. U. auf meiner [illegible] 3. Treppen hoch im [illegible] hinter dem Markte. 145

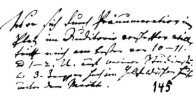

Lektionszettel
[aus: UAJ. Bestand M, Philosophie, Nr. 201, Blatt 145]

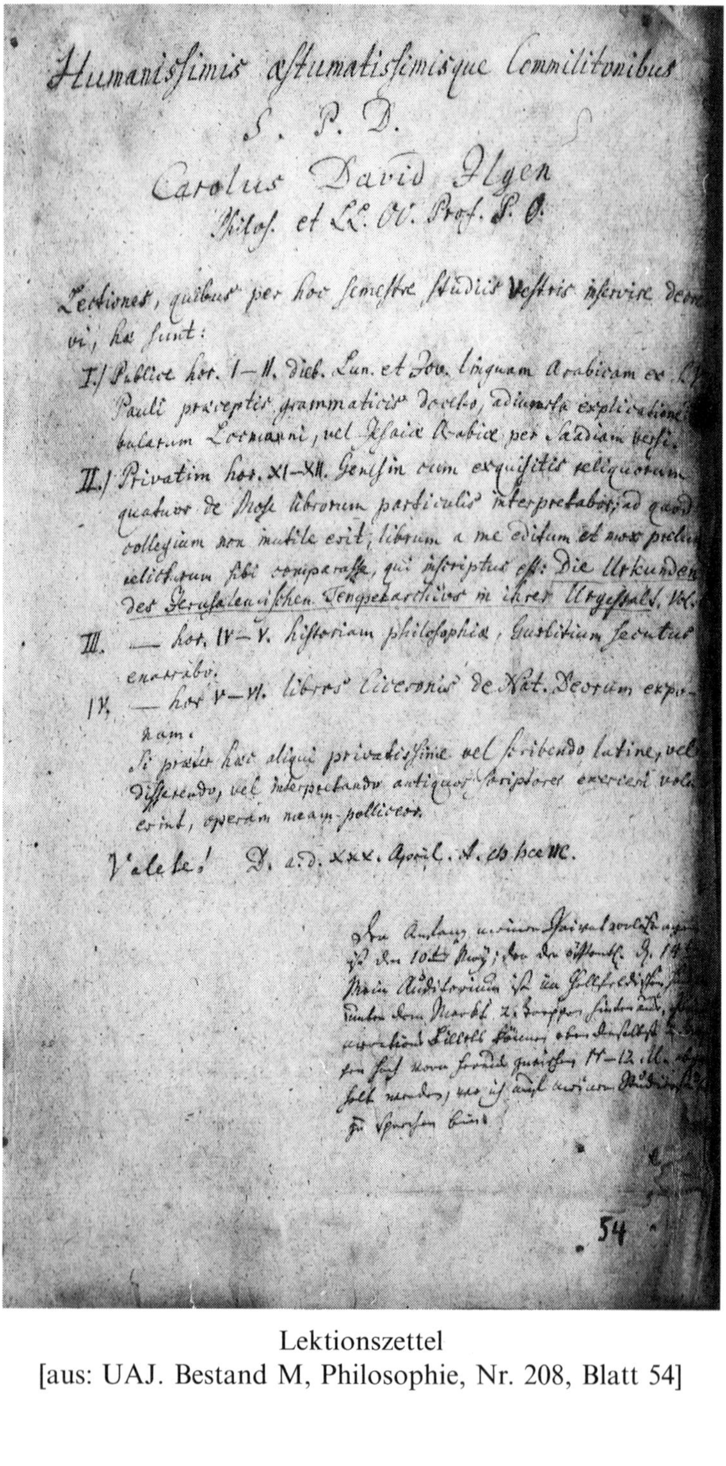

Humanissimis aestumatissimisque Commilitonibus
S. P. D.
Carolus David Ilgen
Philos. et LL. OO. Prof. P. O.

Lectiones, quibus per hoc semestre studiis vestris inservire decrevi, hae sunt:

I.) Publice hor. I–II. dieb. Lun. et Iov. linguam Arabicam ex Chr. Pauli praeceptis grammaticis docebo, adiuncta explicatione fabularum Locmanni, vel Jesaiae Arabice per Saadiam versi.

II.) Privatim hor. XI–XII. Genesin cum exquisitis reliquorum quatuor de Mose librorum particulis interpretabor; ad quod collegium non inutile erit, librum a me editum et nunc prelo relictum sibi comparasse, qui inscriptus est: Die Urkunden des Jerusalemischen Tempelarchivs in ihrer Urgestalt. Vol. [illegible]

III. — hor. IV–V. historiam philosophiae, Gurlitium secutus enarrabo.

IV. — hor. V–VI. libros Ciceronis de Nat. Deorum exponam.

Si praeter haec aliqui privatissime vel scribendo latine, vel disserendo, vel interpretando antiquos scriptores exerceri voluerint, operam meam polliceor.

Valete! D. a. d. XXX. April. A. [illegible]

[illegible]

54

Lektionszettel
[aus: UAJ. Bestand M, Philosophie, Nr. 208, Blatt 54]

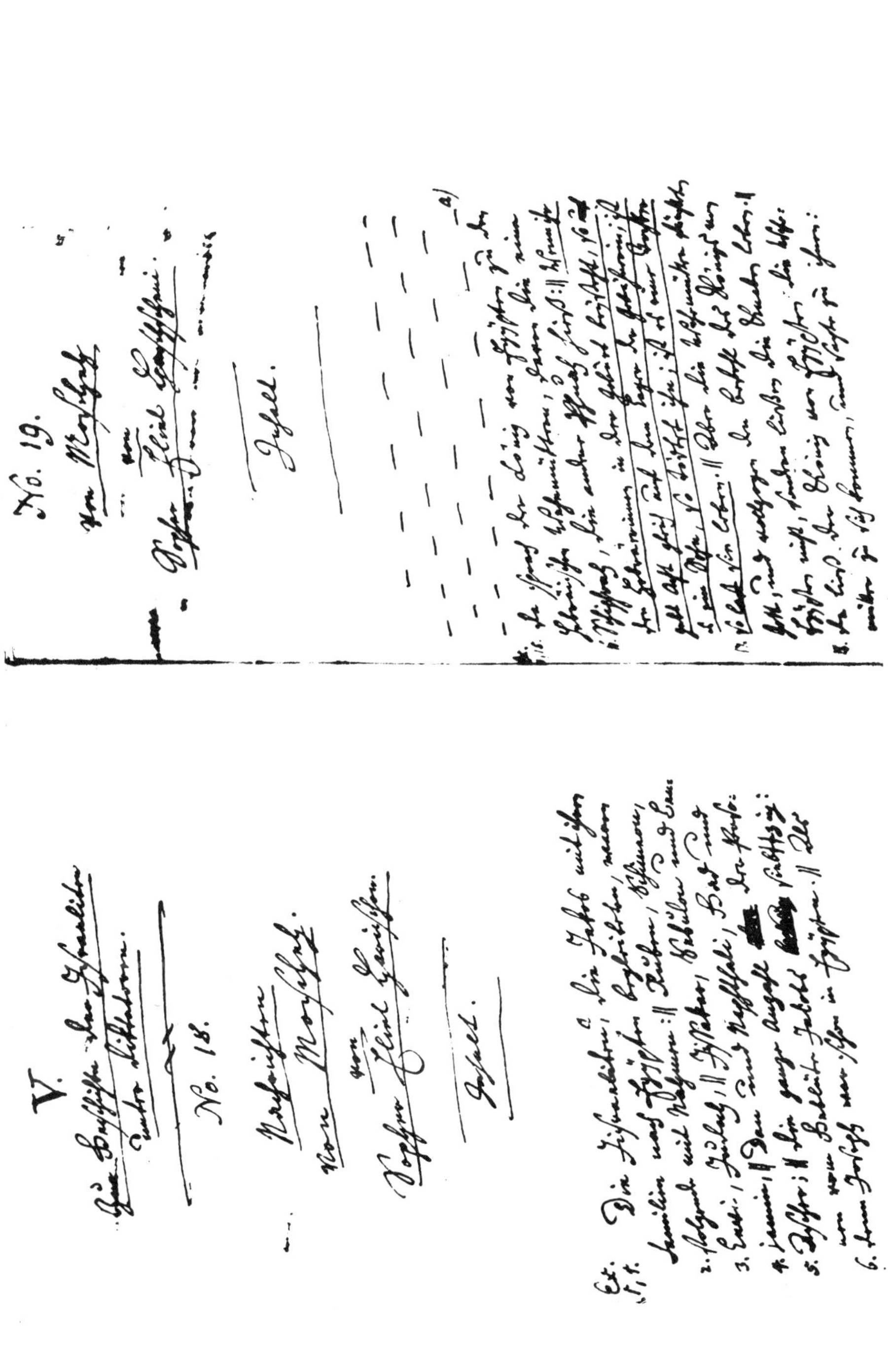

Zwei Seiten *"Zur Geschichte der Israeliten unter Diktatoren. V."*
[aus: Schulpforte. Port 150. Bd. 28.]